페데리코 펠리니

페데리코 펠리니

꿈과 기억의 주술사

툴리오 케치치 지음 · 한창호 옮김

FEDERICO FELLINI

볼피

차례

일러두기

- 영화 제목은 국내에서 통용되는 관례를 따르는 것을 원칙으로 했다.
- 외국의 인명, 지명 표기도 일반적인 관례를 따랐다.
- 이탈리아어 표기도 관례를 따르는 것을 원칙으로 했다. 하지만 바로잡아야 할 중요한 오기는 관례를 따르지 않았다. 예를 들어 줄리에타 마지나.
- 작품 제목은 책만 〈 〉로 표기했다. 영화 제목 등 나머지는 전부 ' '로 표기했다.
- 각주는 전부 역자의 주석이다.

1952년 9월,
'호텔 데 뱅'(Hotel des Bains)의 테라스에서

1952년 처음 페데리코 펠리니를 만났을 때, 나로서는 어떤 의심 같은 걸 갖고 있었다. 나는 그의 이름을 알고 있었고, 데뷔작(공동 연출) '버라이어티 쇼의 불빛'(1950)도 좋아했다. 하지만 나는 그 영화는 펠리니가 아니라, 공동 연출자인 중견 감독 알베르토 라투아다의 아이디어로 시작됐고, 또 쓰였다고 생각했다. 신인 펠리니의 이름이 크레딧에 올라온 것은 우정 혹은 계약상의 어떤 이유 때문일 것이라고 여겼다. 그래서 나는 감독이 되고자 하는 '시나리오 작가' 펠리니의 커다란 야망에 약간 당황스러워했다. 내 생각에 영화감독이라는 직업에 필요한 성격은 훗날 펠리니 자신이 잘 정의했듯, "집으로 되돌아가려는 선원들을 명령하는 크리스토퍼 콜럼버스" 같은 것이며, 여기엔 과거 파시스트들이 이름 붙였던 '명령하는 자세'에 필수적인 증오할 줄 아는 천성이 있어야 했다. 나는 시나리오 작가 펠리니의 천성에서 그런 태도를 거의 찾아 볼 수 없었다.

첫 만남은 펠리니와 나 모두에게 친구였던 배우 레오폴도 트리에스테가 주선했다. 1952년 베네치아영화제가 열릴 때였고, 장소는 '호텔 데 뱅'의 테라스(토마스 만의 〈베니스에서의 죽음〉 덕분에 이곳은 불멸의 장소가 됐다)였다. 아마 펠리니는 더욱 호화스러운 엑셀시오르 호텔보다 이곳을 더 좋아했을 것이다. 왜냐면 호텔 데 뱅은 고향 리미니에 있는 그란드 호텔의 외향과 닮아서, 펠리니의 유년 시절을 상기시키기 때문이다. 또는 당시의 펠리니 스태프는 호화스러운 호텔인 엑셀시오르에선 VIP 대접을 받지 못하는 것도 이유가 됐을 테다. 우리는 그해 영화제에서 '백인 추장'이 상영된 다음 날인 9월 7일에 만났다. 이 영화에 관한 관객의 반응은 나쁘지 않았다. 하지만 비평가들은 어떤 특별히 좋아할 만한 요소가 없다는 반응을 보였다.

그날 테라스에는 32살의 감독과 일련의 사람들이 버드나무 의자에 앉아 있었다. 사람들이 자주 나가고 들어왔으며, 나는 누가 무슨 말을 했는지 기억하지 못한다. 하지만 그 분위기에 녹아들자, 마치 내가 즐거운 형제들의 새로운 멤버가 된 것 같은 느낌을 받았다. 나는 마음이 푸근해졌고, 긴장이 풀렸는데, 이후에 알게 된 펠리니 특유의 표현을 빌리면, '많은 인형 속의 피노키오' 같았다. 혹은 해적들 사이에서 '선원의 목소리로 선원의 이야기'를 들려주는 〈보물섬〉의 소년 짐 호킨스 같았다.

당시 펠리니는 매우 마른 몸매였고, 머리를 길러 목까지 덮었다. 내 기억에 첫 만남에서 무언가에 관한 생각이 일치하는 일은 없었다. 아마 펠리니가 나를 그렇게 느끼게 했을 것이다. 나중에 나는 그것이 펠리니 특유의 버릇이란 걸 알았는데, 예를 들면 그는 이야기 도중에 다른 데를 설핏 보고, 잠깐 쉬고, 그리고 무슨 이유인지 모르게 킥킥대곤 했다. 우리는 그해에 경생부문에 출품된 이탈리아 영화에 대해 말했다. 그러면서 나는 피에트로 제르미의 '타카 델 루포의 산적'(Il brigante di Tacca del Lupo)부터 로베르토 로셀리니의 '유럽 51'(Europa 51) 같은 뛰어난 영화의 시나리오 작업에 펠리니가 모두 참여했다는 사실을 알고 놀랐다. 하지만 나는 그때 젊었고, 경솔하게도 그 앞에서 두 영화 모두 별 감흥은 없었다고 말했다. 그러자 펠리니는 영화 비평가들의 약점은 뭐든 추상화하는 것이라고 대답했다. 그리고 펠리니는 피에트로 제르미에 대한 최고의 연대감을 표현했다. "저격수가 산비탈을 마치 벌레처럼 기어 올라가는 장면은 아름답지 않았소? 그런데 더욱 중요한 것은 그런 장면이 실제 이야기에서 나왔다는 점이요. 아메데오 나차리가 연기한 캐릭터는 작가 툴리오 피넬리[1]의 친척이요." 그리고 대화가 로셀리니에 관한 것으로 바뀌자, 펠리니는 목소리까지 바꾸며 존경을 넘어선 숭배의 마음을 보여주었다. "나는 그가 하는 모든 것이 좋소. 나는 항상 그를 좋아합니다." 펠리니는 전혀 주저하지 않고 자신을 로셀리니주의자로 천명하며, 회의주의자와 마주하고 있는, 믿음이 굳은 신도처럼 행동했다.

　그 당시 펠리니의 주장에 동의한다 할지라도(당시 우리 대부분은 잘 인지하지 못하고 있던 점, 곧 '타카 델 루포의 산적'은 평범한 흥행 실패작이 아니라는 것, 그리고 당시에 로셀리니는 네오리얼리즘과 거리를 뒀다는 점 등), 나는 그의 말하는 태도에 약간 충격을 받았다. 아드리아해의 태양과 바람 속에서 제르미와 로셀리니라는 이름은 당시 시네클럽에서, 또는 나처럼 뭔가를 끄적대는 사람들 사이에서 토론되던 것과는 다른 의미를 보여주었다. 그의 발언은 영화에 관한 나의 무미건조하고 학습된 시각은 더욱 발전해야 한다는 것을 느끼게 했다. 그것은 어느 날 잎이 나게 할 나뭇가지 같았다. 펠리니를 비롯한 새로운 친구들과 앉아서, 에너지와 개방성을 과도하게 교환하며, 나는 더욱 밝은 길로 막 발을 디뎠음을 느꼈다.

1　툴리오 피넬리(Tullio Pinelli)는 펠리니의 주요 협업자로, 펠리니의 대부분 영화의 시나리오 작업에 참여했다.

당시의 위협적이고 어리석은 냉전 분위기는 우리의 신경을 곤두서게 했다. 장기 독재에 관한 '살라자르 정책'[2]의 유령은 이탈리아에서 더욱 무겁게 느껴졌다. 그리고 우리는 (적어도 우리의 대다수는) 스탈린이 어떤 구원을 주리라고도 믿지 않았다. 미국에선 로젠버그 부부[3]가 간첩죄로 전기의자에 앉아 처형됐다. 곧 아이젠하워 장군이 미국의 대통령이 됐다. 우리는 '다수당 법', 곧 일명 '사기법'(legge truffa)[4]을 놓고 거의 전투를 벌이듯 서로 싸웠다. 결국에 우파인 기독교민주당은 이 법을 이용하여 권력을 공고하게 했다. 우리는 국가가 오른쪽으로 심하게 기울고, 과거의 질서로 퇴행한다는 두려움을 느꼈다. 그리고 그때 우리는 정치적 입장을 표시하고, 실제적인 고발을 시도하고, 공격적으로 한쪽 편을 드는 영화들을 보았다. 우리는 해방 이후에 정치적 성찰을 통해 환영에서 깨어났다. 우리는 영화들이 우리의 사회적 문제를 진단해주기를 원했다. 심지어 우리는 영화가 처방전이 되기를 바라기도 했다. 시

---

2   포루투갈의 총리인 안토니오 데 올리베이라 살라자르(António de Oliveira Salazar)의 이름에서 유래한 것으로, 극우의 장기 독재 정권을 지칭한다. 살라자르는 1932년부터 1968년까지 포르투갈의 총리를 지내며, 비밀경찰을 이용해 반대 세력에 대한 탄압을 일삼았다. 특히 공산주의자들에 대한 탄압으로 악명 높았다.

3   1953년 로젠버그 부부는 옛 소련을 위해 간첩 활동을 했다는 혐의로 사형됐다. 미국에서 간첩 혐의로 민간인이 사형된 첫 사례였다.

4   이탈리아에서 1953년에 제출된 법으로, 총리를 배출한 당이 자동적으로 의회의 다수당이 된다는 내용을 담고 있다.

네 클럽에서 우리는 현재의 문제나 미래의 문제에 대해, 크든 작든 영향을 얼마나 미치는지로 영화를 평가했다. "이 영화는 세상의 악의 실제 원인에 관해 설명하고 있는가?" 그리고 우리는 물었다. "변화에 관해 어떤 영향을 미치는가?" 우리는 반전 관련 고전인 '서부 전선 이상없다' 같은 영화들을 거부했다. 왜냐면 그런 영화들은 1차대전을 심판하면서, 2차대전을 전혀 막지 못했기 때문이었다. 로버트 플래허티의 다큐멘터리 고전 '아란의 남자'도 황당한 것으로 여겼다. 이 작품은 단지 계절의 변화만 기록했을 뿐, 혁명의 의식을 형성하지 못했다는 이유에서였다. '긍정적인 영웅'에 대한 열망이 있었는데, 그건 정치 영화의 메시아에 대한 열망이었다.

나는 금방 알아차렸는데, 당시의 그런 관심은 펠리니 패거리 사이에선 거의 없었다. 정치적 의무에 관한 대화는 전혀 없었다. 이런 경향은 그날의 베네치아뿐 아니라, 이후의 여러 만남에서도 확인됐다. 그들은 다른 이야기를 했다. 그래서 그들은 경박해 보이기도 했다. 펠리니가 그런 주파수를 맞추었고, 그런 분위기에 큰 노력을 기울였다. 그가 다른 사람들과 관계 맺는 것을 보는 것은 그의 다음 영화를 보는 것과 같았다. 그는 너무나 쉽게 진지한 것에서 웃기는 것으로, 그로테스크한 것에서 애처로운 것으로 변화를 주었다. 펠리니는 동시에 진행되는 기획에서 지나친 극화를 줄이기 위해 반어법을 이용했고, 또 완벽히 기이한 것들을 찬양했다. 간단한 일을 설명하기 위해 펠리니가 많은 단어를 동원하는 일이 이상하게 보일 것이다. 하지만 바로 이런 성질이 펠리니의 전기에 내재된 문제를 이해하는 데 근본적일 것이다. 왜 그의 영화는 제작이 열정적으로 진행되던 1950년대의 10년 동안 이탈리아에서 그렇게 이해받지 못했을까? 왜 정치적 좌파들은 펠리니가 누구 편에 있는지를 아는데 그렇게 늦었을까?

펠리니가 처음 영화 세계에 데뷔했을 때, 그는 이데올로기를 공개적으로 거부함으로써 사람들을 화나게 했다. 정치적이라는 개념이 일반적으로 쓰이는 것을 염두에 두면, 그는 정치에 거의 관심을 두지 않았다는 게 맞다. 이탈리아 사회에서 가장 전통적인 두 개의 토픽은 정치와 축구인데, 이런 이야기를 할 때면 펠리니는 어른들의 대화를 듣고 지루해하는 소년처럼 보였다. 거장이 되기 전의 젊었을 때, 펠리니는 거의 매일 언론으로부터 공격을 받았고, 사회적 문제에 대한 논평을 강요받았다. 반면에 내가 그와 함께 있을 때, 그는 학창시절, 리미니에서 탈출하여 처음 와서 살았을 때의 로마에 대한 인상, 보통 사람들, 심리학적으로 분류되는 사람의 종류와 동화, 사람들이 거의 읽지 않은 책들, 점성술, 신문의 구석에 등장하는 이상한 이야기들, 그리고 꿈과 부모와 여성에 관해 이야기했다. 그와 내가 솔직한 마음으로 대화를 할 때면, 우리는 마치 '달콤한 인생'에서 "미래에 의미가 있을 분명하고 효율적인 예술"에 대해 이야기하는 마르첼로(마르첼로 마스트로이안니)와 그의 불안한 친구 스타이너(알랭 쿠니) 같았다.

우리가 베네치아의 리도섬에 있는 그 테라스에서 처음 만났을 때, 펠리니는 '길'의 스토리에 대해 솔직하게 이야기해주었다. 나에게 그 순간은 마법 같기도, 또 당황스럽기도 했다. 왜냐면 나는 펠리니가 영화-동화 작업에 몰두하는 게 걱정이 됐다. 게다가 그 작업에는 네오리얼리즘의 성격도 섞여 있었다. 나는 걱정이 많이 됐고, 만약 기회가 주어진다면 펠리니의 그 계획을 무산시켜야겠다고 다짐했다. 그런데 동시에 이야기꾼 펠리니의 새로운 시각도 읽을 수 있었다. 말하자면 펠리니는 옛날의 현실에 관한 새로운 전망을 막 펼치고 있었다. 내용은 이런 것들이다. 가난한 이탈리아, 유랑 극단들(극장의 프롤레타리아 이하 계급)이 다녔던 춥고 진흙탕 같은 길, 남성과 여성 사이의 원시적이고 심지어 잔인한 관계, 새로 건설되는 세상의 주변부에 머물던 농부들, 잃어버린 언어들, 마법, 어린 시절, 그리고 조상들에 대한 기억들이었다. 이제 막 데뷔한 펠리니는 자연스럽게 또 무의식적으로 프티 부르주아 문화의 벽을 부수려고 하고 있었다. 그 문화는 통일된 이탈리아와 더불어 자라온 것이었다(특히 펠리니의 고향인 이탈리아 중부의 로마냐 지역에서 더욱 그랬다. 로마냐에서 프티 부르주아 문화는 과거의 문화를 전면적으로 대체했다). 다시 말해 중산층은 과거로부터 내려온 모든 문화의 흔적을 지우려고 하고 있었다. 펠리니는 초기의 영화를 통해 황혼파(crepuscolare)[5] 예술가로 인식됐다. 펠리니 자신도 그런 해석에 동의했고, 최소한 받아들였다. 하지만 불가해하고, 많은 이들에게 숨겨진 카톨릭 교도로 비친 젤소미나의 비극적 오디세이는 다양한 주장의 표적이 됐다. 이후 수년간 에세이에서, 공공의 논쟁에서, 베네토 거리의 카페에서, 반지식인적 영혼을 가진 펠리니는 '문화의 아웃사이더'로 공격받았다. 1970년대가 되어서야, 좌파 지식인들은 동화 형식의 적법성을 재발견했고, 신화와 상징과 전복적인 잠재성까지 인식하기 시작했다. 스탈린, 베네데토 크로체, 그리고 교황 피우스 7세가 죽은 뒤에야, 지평선이 겨우 넓어졌다. 지식인들이 외부에서 들어온 궤적, 곧 '인간에 대한 과학'에 과감하게 뛰어들 때, 그들 다수는 '길'의 감독이 이미 그 길을 열고 있었다는 점을 알고 놀랐다.

호텔 데 뱅의 테라스에서 시작된 우정의 40여 년 동안, 그리고 펠리니가 죽은 뒤에도, 나는 펠리니와 가장 친했던 협력자들 사이에서 간혹 충돌이 생기고, 또 연대가 형성되는 것을 줄곧 지켜보았다. 그건 완벽한 모순 관계였는데, 곧 "펠리니는 항상 자신에게 충실했다."와 "펠리니는 변했다."로 대조됐다. 되돌아보면 두 의견은 모두 맞았다. '8과 1/2'의 창작자 펠리니는 어떻게 하면 자신에게 충실하며 불가능한 일을 해

---

5   20세기 초에 유행한 사조로, 일상의 평범한 사실에 싫증을 느끼며, 우수와 비판으로 인생을 황혼에 비교하며 노래했다. 세르지오 코라치니, 마리노 모레티 등의 시인이 유명하다.

내고, 동시에 상황이 변하는 것을 거부하지 않는 방법을 알고 있었다. 어떻게? 그건 어려운 이야기이며, 설명하기 불가능할지 모른다. 어릴 때 주입되고, 또 그런 식으로 사라진 종교적 믿음, 그 믿음은 간혹 무언가를 회복하려고 노력할 때 혼란스러운 불안과 섞인다고 펠리니는 말했는데, 그럼으로써 그는 운명과 우연과 환경에 대한 강력한 믿음을 갖게 됐다. 이것이 펠리니에게 예상하지 못한 선택을 하게 했고, 경력의 한 단계에서 다음 단계로 넘어가게 했다. 그리고 스스로 자신만의 영화적 임무를 발견할 때까지 어떤 특별한 목표를 두지 않고도, 일하게 했고 계속하게 했다. 그는 우연한 만남, 우연한 연애, 그리고 우연한 우정을 믿었다. 이 모든 것은 믿을 수 없는 속도로 몰려 왔고, 항상 폭로되며, 견뎌내야 하는 일이 됐다. 펠리니는 길들지 않는 호기심과 동요하지 않는 개방성 속에서 살았다. 펠리니는 도스토옙스키가 말한 '인생의 강'에 자신을 내맡겼다. 그는 강이 어딘가로 자신을 데려간다는 점을 진지하게 믿었다. 당신이 들고 있는 이 책은 그 여행의 동행자가 쓴 것인데, 신비롭고 영광스러운 실존적 여정의 항해일지가 되기를 기대한다.

그는 움직이는 기차에서 태어났을까?

"페데리코 펠리니의 삶에서 가장 기억할만한 일은 기차 안에서 일어났다. 펠리니는 비제르바와 리치오네 사이를 운행하는 기차의 1등 칸에서 태어났다. 정확히 말하면 그 지역은 리미니(Rimini)[1]이다." 이것이 1차 세계대전이 끝난 뒤에, 날짜는 알 수 없는 어떤 신문 조각에 묘사된 펠리니의 출생 관련 기사다. 이는 펠리니의 아내 줄리에타 마지나의 부친이 갖고 있던 신문 스크랩에서 나온 것이다. 말하자면 펠리니는 독특한

---

[1]   펠리니의 출생지인 리미니는 이탈리아 북쪽 에밀리아-로마냐 주에 있다. 이 주의 왼쪽은 에밀리아, 그리고 오른쪽이 로마냐이다. 리미니는 로마냐에 속한다.

환경에서 태어난 것 같은데, '정확히'라는 단어의 사용에도 불구하고, 탄생의 모든 이야기는 펠리니를 둘러싼 많은 신화가 그렇듯, 약간 안개에 가려져 있다. 실제로 펠리니는 늘 이동 속에서 살았다. 그는 계속하여 자신이 있는 곳이 아니라, 다른 곳으로 가려는 병적인 집착을 하며 살았다.

그런데 전기 작가에게 힘든 건, 당대의 신문을 참조한 뒤, 펠리니에 관련된 많은 신화 가운데 첫 번째 것의 사실 여부를 반드시 확인해야 한다는 부담이다. 달리는 기차에서 탄생했다는 증명하기 어려운 일은, 실제로 펠리니의 탄생일인 1920년 1월 20일이면 불가능한 것이었다. 왜냐면 그날 아침 6시부터 로마냐(Romagna) 지역의 아드리아해에 있는 작은 해변 도시 리미니를 통과하는 기차들은 10일간 이어졌던 파업 때문에 모두 멈췄기 때문이다. 이는 두 개의 성격이 다른 현지의 주간지들이 서로 주고받은 공격으로 기록에 남아 있다. 카톨릭계 주간지 '라우자'(L'Ausa, 이 지역 강 이름)는 '파업의 광기'에 반대하며, '게으른 자들에게 애가를'이라고 공격했다. 그것으로도 충분하지 않았던지, '라우자'는 파업 노동자들이 '붉은 밤샘 파티'를 준비하며, 281병 이상의 샴페인을 터뜨려졌다고 폭로했다. 반면에 사회주의 주간지인 '제르미날'(Germinal)[2]

---

2   에밀 졸라의 소설 제목 〈제르미날〉과 제호가 같다. 소설은 탄광의 파업을 다룬다.

은 성직자들의 비행을 공격하며, 파업 투표가 진행됐던 비토리오 엠마누엘레 극장의 집회 조직가들을 찬양했다.

그런데 두 주간지는 흥미로운 우연도 동시에 기사화했다. 펠리니가 태어난 화요일 밤, '리미니 폴리테아마' 극장에선 에르콜레 루이지 모르젤리의 비극 〈글라우코〉(Glauco)가 공연 중이었다. 주인공은 친절하고 젊으며, 강력한 감정으로 극장 안을 수차례 떨게 했던 페사로 출신의 배우 안니발레 닌키(Annibale Ninchi)가 맡았다. 그는 40년 뒤, '달콤한 인생'에서 페데리코 펠리니의 부친인 우르바노 펠리니(Urbano Fellini)의 이미지를 되살려낼 것이다. 말하자면 어떤 신화의 허구를 거두어내어 정직한 전기를 써내면, 신비롭게도 또 다른 신화가 만들어지는 것이다. 결과적으로 미래의 영화 시인 펠리니의 요람에 두 부친을 세울 수 있다. 우르바노와 안니발레, 곧 실제의 부친과 허구의 부친이 그들이다.

다시 말해 그 역사적인 출생의 저녁에, 페데리코의 모친 이다 펠리니(Ida Fellini, 결혼 전 성은 Barbiani)는 기차를 타고 여행하지 않았다. 모친은 리미니의 다르다넬리 거리 10번지에 있는 자신의 아파트에 있었다. 그 집은 '그란드 호텔'(Grand Hotel)[3] 뒤에 있는데, 이다는 남편이 억수 같이 내리는 비를 맞고 데려온 의사의 도움을 받으며, 출산의 고통을 겪고 있었다.

---

3   리미니의 유명 호텔로, 펠리니의 영화 '아마코드'의 주요 무대 중 하나다.

배 속의 아기는 잘못된 위치에 있었고, 상황이 복잡했다. 겸자 분만을 통해 아기는 겨우 빛을 봤는데, 그때는 천둥과 번개가 치던 저녁 9시 30분이었다. 출생 시간에 대해선 두 가지 다른 판본이 전한다. 먼저 펠리니 자신의 것("나는 염소자리의 마지막 날, 아침 12시 15분에 태어났다."), 그리고 출생 증명서가 있다. 여기에는 펠리니가 오전 11시 30분에 세상에 나온 것으로 돼 있다(그런데 이 자료도 믿을 수 없는 게, 페데리코의 성을 필리니[4]로 오기했다). 여러 가지를 고려하면 펠리니는 떠오르는 처녀자리와 함께 한 염소자리인데, 이렇듯 태어날 때부터 복잡한 별자리를 갖고 있다. 다시 말해 펠리니의 별자리는 가장 탁월한 점성술사가 해석한다 해도, 곧바로 반박 의견들이 나올 정도로 모호하다.

모친 이다는 리카르도 바르비아니와 마달레나 레알리의 딸로, 1896년 로마에서 태어났다. 이다의 부친 가족들은 리미니 출신이다. 그들은 사회주의자들이며, 달걀 도매상이었다. 이다의 모친은 로마에서 7세대째 살아온 집안 출신이었다. 이다와 우르바노의 결혼은 보통 가족들 사이에서 전해지는 낭만적 이야기와 비슷하다. 마치 가족 앨범을 넘길 때, 사진에 있는 모든 사람의 이름을 기억하지 못하는 것처럼, 미소와 약간의 모호함이 개입돼 있다. 그 이야기는 이렇다. 제1차 세계대

---

4   출생 증명서에는 필리니(Fillini)라고 돼 있다.

전이 발발하기 바로 전, 로마의 테르미니 역 근처에 있는 어떤 하숙집이 로마냐(Romagna) 출신의 피난민 거주지로 이용됐다. 하숙집은 바르비아니 가족의 집에서 가까웠다. 피난민 중에 착하고 인상 좋은 청년이 있었는데, 그는 리미니 근처의 작은 농촌 감베톨라(Gambettola) 출신이었다. 감베톨라는 로마냐 지역어로는 '숲'을 의미하는 보쉬(Bosch)라고 불렸다. 감베톨라는 체제나에서 리미니로 통하는 에밀리아 거리에 있다. 시인 조반니 파스콜리(Giovanni Pascoli)[5]의 고향인 산 마우로와도 가깝다.

부친 우르바노는 1894년에 태어났다. 그는 루이지 펠리니와 프란체스카 카잘리니 사이의 다섯 자식 중 넷째다. 이들 부부는 작은 경작지를 갖고 있었고, 또 일상품을 파는 가게도 운영했다. 펠리니와 이름이 같은 페데리코 삼촌은 1918년 전쟁 막바지에 지뢰를 밟아 22살에 죽고 말았다. 우르바노는 시골 생활을 좋아하지 않았다. 말년에 그는 자신이 도시 체제나 출신이며, 시골 감베톨라 출신이 아니라고도 말했다. 우르바노는 성공을 위해 로마로 갔고, 파스타 가게에서 조수로 일했다. 그는 감베톨라에서 질식할 것 같다고 느꼈다. 사반세기 뒤, 아들 페데리코도 이탈리아의 작은 시골에서 같은 한계를 느낄 것이다.

___

5   19세기 후반 이탈리아 문학을 대표하는 데카당스 시인.

우르바노는 로마의 마닌 거리에 사는 이웃 이다에게 반해 버렸다. 그 사랑은 보답을 받았다. 이다는 아름다웠고, 우르바노는 활기차고 매력적이었다. 그런데 처음부터 그들은 공통점이 별로 없었다. 그는 시골 청년이고, 그녀는 도시 처녀였다. 그는 살기 위해 벌어야 했고, 그녀는 좋은 조건에서 살았다. 그들은 대조되는 성격을 갖고 있었는데, 이런 차이점은 일생 변하지 않았다. 우르바노는 외향적이고, 재치 있었고, 사교적이었다. 이다는 소극적이고 태도가 엄격했다. 바르비아니 집안은 처음부터 이다의 구혼자를 인정하지 않았다. 그들은 이다가 더 나은 배필을 만날 것이라고 여겼다. 그러나 이다는 물러서지 않았다. 이다와 우르바노는 감베톨라에 있는 우르바노의 부친 집으로 낭만적인 도주를 감행했다. 이곳에서 이들은 결혼했다. 불행하게도 이다와 그의 가족과의 관계는 회복될 수 없을 정도로 나빠졌다. 처음에 그들은 타협점을 찾으려 했다. 그런데 그 시기에 이다의 모친이 해산열로 갑자기 죽고 말았다. 이다의 모친은 일곱 아이를 낳았고, 죽을 때 겨우 39살이었다. 이다는 자기 때문에 가족 관계가 깨져버렸다는 죄책감에 힘들어했다. 바르비아니 사람들은 이다를 책망하고 유산권을 박탈하며, 다시는 화해를 시도하려고 하지 않았다. 가족들은 이다가 타락했다고 여겼다. 이다는 우울증을 보였고, 침묵과 기도 속에 안식을 찾았다.

1919년 말, 이들 신혼부부는 감베톨라에서 리미니로 이사했다. 이곳에서 우르바노는 커피와 치즈를 다루는 도매업을 시작했는데, 이 직업은 평생 이어졌다. 첫째 아이 페데리코가 태어났을 때, 부부의 공식적인 거주지는 감베톨라였다. 그래서 출생신고서에 페데리코의 거주지 리미니는 '임시'(casuale)라고 등록돼 있다. '임시'라는 등록은 13개월 뒤에 태어난 동생 리카르도(Riccardo)의 출생신고에도 적용됐다. 당시의 관습에 따라, 페데리코는 생후 5개월간 똑바로 자라게 하려고, 마치 살라미처럼 포대에 싸여 있었다. 페데리코는 7개월이 됐을 때, 부친이 하는 행동에 따라 동물의 소리를 모방할 수 있었다. 1년이 됐을 때, 그는 걸었다. 아기는 통통하고 건강했는데, 얼마 뒤 걱정될 정도로 살이 빠졌다. 그때 생긴 별명이 '간디'이다.

〈페데리코 펠리니, 나의 사촌〉(Federico Fellini, mio cugino)이라는 작은 책에서 페르난다 벨라감바는 펠리니에 대한 기억들을 들려주었다. 벨라감바의 기억을 기록한 저자는 에치오 로렌치니(Ezio Lorenzini)인데, 다음은 책에는 들어 있지 않은 저자의 전언이다.

페데리코가 태어난 몇 달 뒤, 가족은 짧은 기간 동안 비공식적으로 로마로 이사했다. 이다는 여전히 로마에 큰 매력을 느꼈다. 우르바노는 로마에서 식품도매상을 시작했다. 하지만 몇 달 뒤, 이다가 부친과의 화해에 실패하면서,

이들의 로마 생활은 짧게 끝나고 말았다. 또 이다 가족과의 관계를 너무 걱정했던 우르바노는 새로운 고객을 만들 수가 없었다. 부부는 이다가 둘째 아들 리카르도를 임신했다는 사실을 알았을 때, 영원히 이 도시를 떠나기를 결정했다. 그들은 리미니로 돌아갔다.

(이후 로마로 돌아가는 또 다른 시도도 있었다. 2차 세계대전이 터지기 바로 전, 그리고 전쟁이 끝난 바로 뒤였다) 리미니로 돌아온 뒤, 우르바노의 도매업은 번창하기 시작했다. 그는 자주 출장을 다녔고, 고객들을 만나기 위해 지방과 외국을 가리지 않았다. 그는 프랑스, 그리고 벨기에까지 출장을 다녔다. 우르바노는 항상 경쾌한 기분을 주었고, 신뢰를 쌓았다. 어떤 이는 그에게 '상인의 군주'라는 별명을 지어주었다. 우르바노는 정서적으로 공화주의자[6]였다. 그래서 리미니의 파시스트들과 작은 알력을 빚었다. 하지만 그는 '아마코드'에서 묘사된 것처럼, 강제로 아주까리기름을 마시지는 않았다.

리미니는 1920년대의 여행안내서에는 이렇게 설명돼 있다. 상쾌한 리미니는 아드리아 해변에 위치한다. 리미니는 볼

---

6   당시 이탈리아의 국가 정체는 왕국(Regno d'Italia)이었다. 지금과 같은 이탈리아 공화국은 2차대전 이후에 설립된다. 파시스트들은 왕정의 승인 아래 정부를 구성했다. 공화주의자는 왕정을 인정하지 않았으므로, 펠리니의 부친은 반왕정주의자, 반파시스트로 몰려, 정치적으로 곤란에 처할 수 있었다.

로냐, 안코나, 그리고 라벤나 철도의 교차점에 있다. 공식적으로 리미니는 포를리(Forlì) 시에 속하고, 로마냐 주에 해당한다. 행정적으로는 이렇지만, 리미니 지역어는 로마냐보다는 바로 아래에 있는 마르케 지역의 말과 더욱 닮았다. 또 마르케 지역과 비슷한 특성도 갖고 있다. 곧 사람들은 근면하고, 대개 수산업과 어업에 종사하고 있었다.

안내서는 덧붙여 리미니 시의 인구가 대략 6만 명 정도 된다고 밝혔다(지금은 인구가 두 배로 늘었다). 리미니의 외곽에는 유명한 마을과 산악 마을도 있다고 묘사하고 있다. 리미니 바로 옆에 있는 리치오네(Riccione)는 베니토 무솔리니의 여름 휴양지로 유명하다. 하지만 무솔리니는 리미니에 대해서는 공개적으로 반감을 드러내곤 했다. 그는 리미니를 이렇게 폄하했다. "리미니는 마르케에서 버려졌고, 로마냐에서 거부됐다."

페데리코의 오랜 친구 가운데 한 명인 기자 세르지오 차볼리는 무솔리니가 리미니에 대해 가진 문제가 무엇인지 이렇게 말한다.

"무솔리니는 리미니에 대해 무엇을 책망했나? 리미니는 진정한 시민의 역사도, 확실한 열정도 보여주지 않았다. 리미니는 주변부이다. 지리적 시점에서도 그렇다. 정치적으로는 권리를 강하게 요구한 적도 없고, 문화적으로는 표피적이다. 이것이 무솔리니의 결론이다. 무솔리니가 그런 결론에 이른 것은 맞을지도 모른다. 리미니는 페라라, 포를리, 또는 라벤나처럼 입에 칼을 물어본 적도 없다. 리미니는 파시즘을 체념하듯, 부재한 듯, 그냥 참으면서 맞이했다. 그렇다고 열광한 적도 없다. 반파시즘에 대해 말하자면, 리미니가 전복적인 용광로 역할을 했다고도 말 못 하겠다." 이런 사회-인류학적 평가는 펠리니의 '무-파시즘'(afascismo)이 리미니의 전형적인 성격임을 잘 설명하고 있다.

페데리코는 독립적이고 성찰적인 아이였다. 모든 면에서 페데리코는 동생 리카르도에 비해 안정된 성격이었다. 동생은 모든 사람을 화나게 했고, 물건들을 부수는 경향이 있었다. 어린 시절에 대한 펠리니 개인의 시각은 자신의 만화 '리케티노, 평범한 아이'(Richettino, bambino qualunque)에 드러나 있다. 이 만화는 1941년 후반, 주간지 '마르카우렐리오'(Marc'Aurelio)[7]에 정기적으로 실렸는데, 아이들과 어른들 사이의 상호 몰이해에 초점을 맞추고 있다. 하지만 그런 갈등은 가족 구성원 밖의 어른인 하녀 테레지나와의 우정으로 부드럽게 이동해 있다. 반면에 부모들과의 대화, 또 그들의 규칙에 늘 당황해하던 동생 리카르도는 복수에 대한 상상과 도주 계

---

7   로마에서 일주일에 두 번 발행되던 시사지. 이름은 로마의 황제 마르쿠스 아우렐리우스의 이탈리아식 표기이다. '마르코 아우렐리오'(Marco Aurelio)인데, 모음을 붙여 쓰는 관례에 따르면 '마르카우렐리오'(Marc'Aurelio)가 된다. 펠리니가 저널리즘 경험을 하는 데 결정적인 역할을 했던 시사지이다.

획을 품기도 했다. 그의 의식이 자라며 반항도 자랐다.

1925년 파시즘은 독재가 되었고, 그해에 페데리코는 산 빈첸초(San Vincenzo) 수녀원의 초등학교에 진학했다. 이후 소년은 감바룽가 거리에 있는 공립학교 카를로 토니니(Carlo Tonini)로 옮겼다. 그는 평범한 학생이었다. 말년의 펠리니를 특징짓는 날카로운 지성과 성마른 성질을 떠올리면 쉽게 상상이 안 될 것이다. 이런 점에서 볼 때, 펠리니가 자신을 소극적이고, 인기 없는 학생으로 묘사한 것은 큰 과장이 아니었다. 그는 파시즘과 교회에 붙들려 있는, 이탈리아의 전형적인 소도시에 사는, 그림에 재능을 가진 소년이었다. 펠리니의 어린 시절, 마법적인 모험은 친할머니의 시골집이 있는 감베톨라에서 보낸 여름 방학 때 경험했다. 그곳은 훗날 '길'과 '아마코드'에서 다시 방문할 것이다. 방학 때 펠리니는 시골 생활에 푹 빠져 있었다. 그곳엔 여전히 19세기적인 관습과 예의가 유지되고 있었다. 세상과 동떨어져 있는 그곳엔 울창한 자연, 색깔, 신비가 남아 있었다. 이 지역의 옛말은 알아들을 수 없는 음성적 패턴을 갖고 있었다. 사람들은 오래된 직업에 여전히 종사했고, 방랑자와 집시들이 돌아다녔다. 곧 펠리니의 상상속에 들끓는 세상이 바로 이곳에 뿌리를 두고 있다.

영화와 꿈을 연결하는 훗날의 펠리니의 매력을 예시하는 소중한 사건이 하나 있다. 소년 페데리코는 할머니 집에 있는 침대의 네 모서리를 리미니에 있는 유명한 영화관 이름으로 세례를 했다. 네 영화관의 이름은 신화 같은 '플고르'(Fulgor)[8], '사보이아'(Savoia)[9], '술타노'(Sultano)[10], 그리고 '오페라 나치오날레 도포라보로'(Opera Nazionale Dopolavoro)[11]였다. 침대에 누워, 페데리코는 모서리를 차례로 옮겨가며, 명확한 지각 속에서 환영의 이미지를 모으는 경험을 처음으로 했다. 꿈꾸는 상태와 깨어 있는 상태 사이에서, 그는 초자연적인 경험 같은 것을 한 것이다. 환영 속에서 그는 마치 미국의 만화가 윈저 맥케이(Winsor McCay)의 작품에서 주인공 리틀 네모(Little Nemo)가 그랬던 것처럼, 독수리가 되어 날기도 하고, 다른 우주로 이동한 것 같은 감각을 느꼈다.

1927년 여름, '주요한 역사적 사건'이 벌어졌다(실제로는 약간의 사실만 들어 있을지 모른다). 곧 첫 번째 가출이 있었다. 그리고 두 번째, 세 번째 가출이 뒤따랐고, 세 번째가 결정적으로 중요했다. 광대 피에리노(Pierino, 훗날 영화 '광대들'에서 소환된다)가 펼친 쇼를 본 뒤, 몹시 흥분한 페데리코는 극장의 커튼이 내려지자, 서커스단에 합류하기 위해 가출했다. 펠리니는 도망쳤다고 주장했는데, 모친과 다른 가족들은 그런 일은

---

8   빛이라는 뜻.

9   당시 이탈리아 왕족의 성.

10   이슬람 술탄의 이탈리아식 표기.

11   퇴근 이후(Dopolavoro)의 국립 오페라(Opera Nazionale)라는 뜻.

일어나지 않았다고 항상 부인했다. 수십 년이 지난 뒤, 펠리니는 집을 나간 데는 주요한 이유가 있었다며 가출한 사실을 여전히 주장했다. 아마 주요한 이유는 서커스를 보며 즐겁고 놀라운 경험을 한 뒤, 영원히 서커스단에 포함되고 싶다던 단순한 욕망일 것이다. 이런 이유 때문에라도, 첫 번째 가출은 어떤 형태로든 실제로 일어났다고 말하는 것이 맞을지 모른다. 가출은 이틀도 넘기지 않았지만, 그 사실은 평생 남았다. 어쨌든 이 작은 이야기는 펠리니의 팬들에겐 주요한 사실인데, 믿을지 말지는 당신에게 달려 있다.

사실에 가까운 또 다른 사건은 학교 기록에는 없지만, 페데리코의 좋지 않은 학교생활 이야기다. 초등학교 3, 4학년 때 페데리코는 리미니 인근의 도시 파노(Fano)에 있는 종교 학교 '파드리 카리시미'(Padri Carissimi, 경애하는 신부님들)에 다녔고, 소년 페데리코는 악명이 높았다는 것이다. 하지만 페데리코가 그 학교에 다녔다는 증거는 없다. 반면 동생 리카르도는 그 학교에 다녔다. 아마도 페데리코는 동생을 통해, 학교의 엄격한 규율과 그에 따른 트라우마를 간접적으로 경험했을 것이다. 그런데 학교 이야기의 진짜 주인공은 페데리코가 아니라 리카르도라는 사실에도 불구하고, 앞의 소문은 가라앉지 않았다. 이와 비슷한 '8과 1/2'의 종교 학교 에피소드도 악소문을 퍼뜨리는 데 한몫했다. 엔니오 플라이아노(Ennio Flaiano)는 '8과 1/2'의 공동 작가인데, 그도 종교 기숙학교에 다녔다.

플라이아노는 '8과 1/2'의 종교 학교 에피소드의 주체는 자신이라고 생각했다. 그 점에 대해 펠리니와 오랜 세월 다투었던 플라이아노는 이렇게 말했다. "펠리니는 나의 모든 것을 훔쳤다. 심지어 나의 실제 삶의 이야기도 훔쳤다."

펠리니는 자신이 악동으로 기억되기를 원했지만, 모든 사실을 고려할 때, 그는 행동이 바른 소년이었다. 그는 인형극 놀이를 즐겼고, 나중에 자라면 인형극 공연자가 되고 싶다고 말했다. 그는 크레용으로 그림을 그리며 몇 시간을 보내기도 했다. 좀 더 성장한 뒤에, 펠리니는 주간 '코리에레 데이 피콜리'(Corriere dei Piccoli)[12]의 충실한 독자가 됐다. 그는 주간지를 모으고, 이들을 묶어 보관하기도 했다. 1920년대 후반부터 1930년대 초반까지, 이 작은 신문은 잊을 수 없는 캐릭터와 특별한 그림으로 표현된 생생한 이야기로 대단한 인기를 누렸다. 팻 설리반의 '미오 마오'(혹은 '고양이 펠릭스'라고도 불렀다), H. H. 네르의 '비비와 비보', 조지 맥머너스의 '직스와 매기', 그리고 프레더릭 버 오퍼의 '행운아' 등이 유명했다. 이런 미국의 만화와 함께 이탈리아 만화도 인기였다. 스토(세르지오 토파노)의 '보나벤투라', 조반니 만카의 '피에르 클로루로데 람비키'등이 연재됐다. 조반니 만카는 수채화 그림으로 특

---

12   이탈리아의 대표적인 일간지인 '코리에레 델라 세라'에서 부록으로 발간하던 만화 주간지. 주로 미국과 이탈리아의 만화를 실었다. 제호의 뜻은 '소년 코리에레'이다.

히 유명했는데, 펠리니도 '안토니오 박사의 유혹'(1962)의 포
스터에 주인공 아니타 에크베르그를 그릴 때 그를 따라 했다.
만화 속의 멋있는 주인공들 가운데, 리구리아(Liguria)[13]주 출
신의 안토니오 아우구스토 루비노가 그린 그림이 특히 페데
리코의 상상력을 자극했다. 루비노의 색깔이 풍부한 그림들
은 미래의 감독이 세상에 대해 갖는 시각에 지대한 영향을 미
쳤다. 또 루비노의 스타일과 유머 감각도 페데리코에게 강한
인상을 남겼다. 삽화 전문가인 파올라 팔로티노는 펠리니의
'길'과 1919년부터 1920년까지 연재된 루비노의 만화 사이의
유사성을 자료를 들어 주장했다. 만화의 주인공은 소년 지렐
리노(Girellino)와 집시 차라파(Zarappa)인데, 이는 '길'의 젤소
미나(Gelsomina)와 참파노(Zampanò)의 선소 격이었다.

이때 또는 약간 뒤에, 페데리코 펠리니는 에밀리오 살가리
(Emilio Salgari)[14] 모험소설의 열렬한 독자가 됐다. 페데리코는
해적들이 쓰는 속어의 전문가가 됐고, 이를 친구들과의 놀이
에서 써먹었다. 놀이는 항상 풍부한 상상의 대결로 끝나는 것
이었다. 페데리코의 놀이는 육체적인 노력, 또는 체육 활동 같
은 것과는 전혀 상관없었다. 축구에 대해 말하자면, 페데리코

---

13   리구리아는 이탈리아 북서쪽의 주 이름이다. 제노바가 주도다.

14   19세기 후반과 20세기 초에 절정기를 보낸 이탈리아의 모험소설 작가. SF소설
      의 선구자. 국내에는 대표작 〈산도칸〉이 번역돼 있다. 펠리니에게 평생 영향을
      미친 대표적인 이탈리아 작가다.

는 평생을 통해 절대 축구공은 손도 대지 않겠다고 맹세했다. 그는 축구 시합에는 전혀 관심을 보이지 않았다. 이는 이탈리아에서는 극히 드문 특성이다. 펠리니는 다른 엉뚱한 일에서도 자부심을 드러내곤 했다. 그는 아드리아해 출신이지만, 자신은 한 번도 수영복을 입은 적이 없고, 수영을 배운 적도 없다고 주장했다.

책에 관해 말하자면, 펠리니는 1970년대에 불면증을 앓기 전까지는 열정적인 독서가가 아니었다. 문학에 대한 어릴 때의 애정은 크지 않았다. 몇 작품 정도 읽었다. 10살 때 펠리니는 축약본으로 〈로빈슨 크루소〉를 읽었다(그는 주인공에 대해 조금은 지루함을 느꼈고, 또 조금은 흥미를 보였다). 〈걸리버 여행기〉는 끝까지 읽지 못했다. 하지만 14살 때, 〈올리버 트위스트〉, 〈보물섬〉, 그리고 소설가 조셉 콘래드에게 빠져들었다. 학교에서 그는 호메로스, 그리고 에드거 앨런 포의 〈검은 고양이〉를 읽은 것을 기억했다. 포의 소설은 펠리니가 옴니버스 영화 '죽음의 영혼'(1968)에서 자신의 에피소드를 만들 때, 다시 출현하게 될 것이다.

펠리니가 어릴 때 영화관에 거의 가지 않았다는 것은 의외의 사실이다. 자신에게 영향을 준 영화가 무엇인가에 대한 대답으로, 펠리니는 바르톨로메오 파가노(Bartolomeo Pagano)가 주연한 대중영화 '마치스테[15] 지옥에 가다'(Maciste all'inferno)를 본 기억을 들려주곤 했다. 영화에 대한 어린 시절 기억은 TV 영화 '펠리니 감독 노트'(1969)에 다시 나온다. 그는 일요일 오후 아버지와 함께 영화관에 갔다. 세일러복을 입고 아버지의 무릎에 앉아 있었는데, 영화관은 너무 사람이 많았고, 시끄러웠다고 기억했다. 페데리코에게 영화관은 친구들과 함께 가서 장난치는 곳이며, 또는 로맨틱한 만남(상상이든 아니든)을 갖는 곳이었다. '아마코드'에서 소년 티타가 그라디스카라는 아름다운 여성에게 접근하는 모험이라든지, 혹은 '비텔로니'(1953)에서 파우스토가 보여준 더욱 성적인 행위 같은 것을 상상해보시라. 펠리니는 항상 다른 감독들의 영화를 봤다는 사실을 인정하고 싶어 하지 않았다. 심지어 유년기에 대해 말할 때도, 펠리니는 영향이라는 개념에서 자유롭고 싶어 했다.

펠리니의 부모들은 결혼한 지 10년 동안 자주 이사했다. 신혼부부는 처음에 리미니의 다르다넬리 거리에서 시작했다.

---

15 마치스테(maciste)는 이탈리아 영화의 특별한 캐릭터이다. 마치 헤라클레스처럼 웅장한 육체와 탁월한 힘을 가진 남성이다. 마치스테는 조반니 파스트로네의 거대 서사극 '카비리아'(Cabiria, 1914)에 소개되면서 대중적인 인기를 얻기 시작했다. 이후 1920년대에 마치스테를 주인공으로 내세운 대중영화들이 쏟아져 나와, 이런 영화들을 '마치스테 장르'라고 부른다. 이 장르는 1960년대에 다시 유행했다. 마치스테들이 주로 고대의 짧은 상의(peplum)를 입고 나오는 이유로, 이런 영화들은 짧게 '페플럼(Peplum)'이라고도 불렀다.

바다 가까이 있었는데, 리미니에서는 그 지역을 '기찻길 너머'라고 불렀다. 로마에서 돌아온 뒤, 부부는 리미니 도시의 중심가로 이사했다. 처음엔 다우구스토 거리 115번지의 리파 건물에서 시작했다. 그리고는 감바룽가 거리 48번지의 체스키나 건물로 옮겼다. 이 건물은 '폴리테아마' 영화관 근처였고, 그때는 1926년 4월 1일이었다. 1929년 2월, 펠리니 가족은 클레멘티니 거리 9번지의 돌치 건물로 이사했는데, 그때는 대단히 추운 겨울이었다. 이다는 딸 마달레나를 임신했고, 아기는 1929년 10월 7일에 태어났다. 페데리코와 리카르도는 호기심에서 누이의 탄생을 환영했는데, 얼마 가지 않아 그녀에게 '바골로'(Bàgolo, 꼬마 문제아라는 뜻)라는 별명을 지어준다. 1931년 4월 21일, 가족은 다시 이사했는데, 바로 옆의 단테 거리 9번지(현재는 23번지)로 옮겼다.

페데리코는 감바룽가 거리에 있는 초등학교에서 한 번도 전학 가지 않았다. 1930년 그는 다우구스토 거리에 있는 줄리오 체사레(Giulio Cesare)[16] 중고등학교에 입학했다. 이후 8년간[17] 그의 짝은 루이지 벤치가 되는데, 그는 티타(Titta)라는 이름으로 더 유명하고, 혹은 '일 그로소'(Il Grosso, 덩치라는 뜻)라

---

16   줄리어스 시저의 이탈리아식 표기.

17   이탈리아의 일반적인 중고등학교 과정은 8년이다. 중학교 3년, 고등학교 5년이다. 현재도 그렇다.

고 불렸다. 티타는 건축업자의 아들인데, 펠리니가 '마르카우 렐리오' 신문에서 과거에 관해 쓸 때 자주 등장하는 인물이다. 티타는 펠리니의 미완성 작품 '아니타와의 여행'(Viaggio con Anita) 관련 시나리오에 등장하고, '아마코드'에선 주인공으로 나온다. 소년들은 그리스 군대와 트로이 군대로 나뉘어 싸우는 흉내를 내곤 했는데, 이는 우고 바시 거리에서 늘 벌어지곤 했다. 페데리코와 티타는 친구들과 몰려다니며 문제를 일으켰고, 여기에 동생 리카르도도 끼곤 했다. 이들은 빨랫줄에 걸려 있는 침대 시트를 훔치거나, 가게 앞에 전시된 말린 대구를 축축하게 만들며, 가정주부들과 점원들을 괴롭혔다. 어느 날 오후 티타의 차고에서 획득물을 나누던 중, 리카르도는 자기 몫을 옆집의 정원에 묻어 놓기로 했다. 막 그 일을 하고 있을 때, 리카르도는 부친의 창고에서 일하는 감독에게 들키고 말았다. 그는 리카르도를 엄마 이다에게 데리고 갔다. 이다는 아들 리카르도를 교회로 끌고 가서, 무릎을 꿇게 하고, 마돈나 앞에서 용서를 빌게 했다.

이다는 흔들림 없이 규칙을 강조하였고, 반면에 우르바노는 집에 자주 없었고, 관대했다. 펠리니는 아버지에 관해서는 늘 따뜻한 기억을 들려주곤 했다. 우르바노는 아이들의 삶을 그냥 지켜볼 뿐, 그들을 소유하려고 하지 않았다. 물론 예외도 있었다. 화를 내거나, 뒷머리를 치거나, 또는 접시를 부수기도 했다. 하지만 그는 규율에 관한 거의 모든 것을 아내에게 맡겼다. 페데리코와 리카르도가 벌인 반복된 말썽에 관해 도덕적 심판을 내리는 부담은 아내의 몫이었다. 우르바노는 출장 때문에 거의 집을 비웠다. 이다는 아이들에게 바르게 행동하라고 빌다시피 했다. 아이들이 그렇게 하지 않을 때, 이다는 매우 걱정했고, 큰 괴로움을 느꼈다. 이것이 두 아들에겐 늘 죄책감의 원인이 됐다. 아이들이 어릴 때, 이다는 저녁 8시 반이면 침대에 가게 했고, 잠들기 전에 꼭 기도하게 했다. 아이들이 조금 자란 뒤에는 오후 7시 반이면 집에 오도록 했다.

1935년 6월, 페데리코와 티타는 체제나의 몬티 고교에서 2학년 수료 시험을 봤다.[18] 그리고 둘은 정복을 입고 포를리로 가야 했다. 포를리에는 멜로초(Melozzo)[19] 전시회의 개막식을 위해, 이탈리아의 왕 비토리오 에마누엘레 3세(Vittorio Emanuele III)[20]가 왔다. 학생들은 왕의 명예 호위병으로 참석했다. 페데리코는 왕이 토끼를 닮았다고 생각했다. 그는 왕을 흉내 내어 학생들을 웃기기도 했다. 1936년 8월, 페데리코는 리미니에서 20km 떨어진 베루키오 산에 야영을 갔다. 그곳

---

18 이탈리아의 학교는 다른 유럽 국가들처럼 가을에 개학하고, 이듬해 여름에 종강한다. 학기제(6개월)가 아니라 학년제(1년)이다. 그래서 주로 6월에 학년 수료 시험을 본다.

19 멜로초는 포를리 출신의 르네상스 화가이자 건축가이다.

20 비토리오 에마누엘레 3세는 1900년부터 1946년까지 왕위에 있었다. 파시즘 때의 왕이었다. 키가 아주 작은(153cm) 특징을 갖고 있다.

에서 페데리코는 파시스트의 군사 훈련인 '바릴라'(balilla)[21]에 참석한 학생들의 캐리커처를 그렸다. 페데리코의 그림은 '야영자들 1936'(Campeggisti 1936)이라는 제목으로 나중에 일반에게 공개됐다. 다시 말해 1937년 2월, 리미니의 바릴라 군대는 〈라 디아나〉(La Diana)라는 제목으로 야영 관련 책을 냈고, 그 속에 캐리커처들은 'Av. Fellini Federico'[22]라는 서명과 함께 게재됐다. 여기서 'Av.'는 아방가르드를 뜻한다. 이것이 아마 펠리니의 최초의 발간된 작품일 것이다. 펠리니는 그림 솜씨 덕분에 캐리커처로 친구들을 사귀었고, 종종 용돈도 벌었다. 학교에서 펠리니는 교사들에게 채색 초상화를 그려주어, 그들의 마음을 훔칠 수 있었다.

페데리코의 그림에 관한 명성은 퍼져나갔다. 풀고르 영화관의 매니저는 바깥 창문에 전시하기 위해 유명 배우들의 초상화를 그려달라고 요청했다. 그런데 펠리니의 화가로서의 첫 번째 중요한 일은 1937년 여름에 일어났다. 17살이던 페데리코는 선배이자 화가인 데모스 보니니(Demos Bonini)와 팀을 이뤄, 휴양객들의 관심을 끌기 위한 초상화 작업실을 열었다.

---

21 '바릴라'는 파시즘 시절, 8살에서 14살 사이의 소년들이 산이나 야외에서 받은 일종의 군사 훈련을 말한다.

22 이탈리아에서는 보통 서양이 그렇듯, 일반적으로 이름 다음에 성을 쓴다. 곧 페데리코 펠리니라고 쓰고 말한다. 그런데 공식 문서 등에는 성을 먼저 쓰는 게 관례다. 그래서 여기서는 Fellini Federico라고 서명한 것이다.

이 사업은 훗날 로마에서의 사업을 예상하게 했는데, 작업실 이름은 '퍼니 페이스 숍'(Funny Face Shop)이었다. 그들은 영어로 이름을 정했다. 가게는 시내 중심인 '11월 4일 거리'에 있었는데, 대성당의 맞은편이었다. 입구에는 넓은 방이 있었고, 뒤에도 방이 하나 더 있었다. 작품에는 'Febo'(Fellini와 Bonini를 합친 이름)라는 서명을 했고, 이들은 캐리커처를 그리거나, 검은 종이에 실루엣을 그린 뒤, 흰색 종이에 오려 붙이는 작품을 만들었다.

1936년과 1937년 사이, 곧 고교 2학년은 펠리니의 리미니 생활에서 가장 중요한 해였다. 이는 훗날 유명한 만화인 '고교에 따르면'(Secondo liceo)[23]에서 기억될 것이다. 페데리코는 자신을 3인칭으로 묘사했고, 오직 성(Fellini)만 썼다. 늘 자신을 말썽을 일으키는 학생으로 묘사했는데, 이는 사실을 약간 과장한 것이었다. 어쨌든 성적표를 보면, 페데리코의 평균 점수는 평범하게도 10점 만점에 7점이었다. 8점을 몇 개 받았지만, 세 과목에선 6점을 받았다. 수학, 물리학, 그리고 군사교육이었다.

학교생활에 대한 펠리니의 이야기는 1940년에서 1941년까

---

23 1936-1937년에 펠리니는 고교 2학년이었는데, 만화 제목은 '고교 2학년'이 아니라, '고교에 따르면'(Secondo liceo)이라고 지었다. 직접적인 전기적 사실을 감추기 위한 장치로 보이며, '고교 2학년'은 여성형을 써서 '세콘다 리체오'(Seconda liceo)라고 써야 한다.

지 '마르카우렐리오'에 연재됐다. 이는 1946년부터 1947년까지 몇 개월간 또 다른 주간 신문인 '일 트라바조 델레 이데'(Il Travaso delle Idee, 아이디어의 전파)에 연재되기도 했다. 페데리코는 자화상도 게재했는데, 자신을 날카롭고 심술궂은 학생으로 그렸다. 1940년 12월 7일 자 마르카우렐리오에는 '학교 숙제'(Compito in classe)라는 제목으로 이런 만평이 실렸다.

교수는 저 멀리 바라보며 이렇게 말했다. "스파르타의 왕 아게실라오스는 해지기 전에 코린토스에 도착하기 위해 행군을 더욱 격려했다..." 교수는 천천히 연단에 오르며, "코린토스. 모두 썼어요?" 벤치(티타)는 마지막 문장을 반복하며, 천천히 그것을 받아 썼다... 자기 손톱을 바라보던 펠리니는 그 전날부터 생각해오던 것을 실행할 시간이 왔다고 마음을 먹었다... 바깥은 분명히 좋을 것이다... 밖엔 비가 내리고 있고, 카페엔 분명 사람들이 많을 것이다. 펠리니는 사전과 책을 덮었다. 그는 일어서서, 풀 죽고 불쌍한 표정을 지으며 연단으로 다가갔다. "교수님, 몸이 좋지 않습니다..." 교수는 말했다. "교실에서 나가고 싶은가요?" 그리고 펠리니는 바로 나갔다! 그는 복도에서 뛰어오르며 달렸다... 그는 기분이 아주, 아주 좋았다. 펠리니는 학교 청소부에게 착하게 보이기 위해, 과거에 들었던 전쟁 이야기를 해달라고 졸랐다. "다시 이야기해줘요, 루이지... 피아베(Piave)[24] 전선에 있었지요. 그리고 어느 날 밤..."

6년 뒤인 1946년 10월 20일 자, '트라바조 델레 이데'에서 페데리코는 자신의 '줄리오 체사레' 고교 2학년 첫날을 이렇게 묘사하고 있다.

광장의 끝에서 마르고, 헝클어진 머리에 더러운 수건을 쓴 소년이 빗속에서 나타났다. 그는 학교의 정문으로 방향을 틀었다. 그는 현관에 멈춰, 담배꽁초를 피며 기다렸다... 하지만 무엇을 기다리는가? 이미 그때는 8시 45분이었다! 독자 여러분, 그날이 개학 첫날이었지만, 펠리니는 자신의 명성을 유지해야 했고, 그래서 늦게 등교하는 것은 그의 임무였다. 그는 담배를 피우며, 코를 훌쩍거렸다. 그는 여전히 감기를 달고 있었다. 9시 정각이 되자, 그는 안으로 걸어가기 시작했다...

이것은 펠리니의 만화 캐릭터인 '리케티노'가 보여준 것과

---

24 이탈리아의 북동쪽 베네치아 근처에 있는 강. 1차 세계대전의 격전지. 이탈리아군과 오스트리아-헝가리 연합군이 여기서 전투를 벌였고, 이 전투에서 이탈리아가 승리하는 덕분에 전쟁에서 결정적으로 유리한 위치를 확보한다. 그래서 피아베강은 '조국의 성스러운 강'(Fiume Sacro alla Patria)이라고도 불린다.

같은 특성, 곧 반항이었다. 펠리니의 분신인 어린 학생은 '어른들의 세상'에 적응하는 데, 애를 먹었고, 이것이 그를 힘들게 했다. 그 세상의 한쪽엔 가족이, 또 다른 쪽엔 학교가 있었다. 학교의 서기는 그해 1년 동안 펠리니가 무려 67일을 결석했다는 기록을 보여줬다. 아마도 당대의 최고 기록일 것이다.

첫사랑은 리미니에서 펠리니가 마지막으로 살았던, 단테 거리의 집에서 싹텄다. 1936년이었고, 사랑의 대상은 비앙카 소리아니(Bianca Soriani)라는 달콤한 소녀였는데, 길 맞은편에 살았다. 1922년 페스카라에서 태어난 비앙카는 인쇄업을 하는 야망이 큰 부친을 따라 이사를 자주 다녔다. 비앙카는 직업학교에 진학했다. 소녀에게는 두 자매와 한 명의 남동생이 있었다. 세 사람은 모두 길 건너에 사는 소년 페데리코와 비앙카가 나누는 대화를 훔쳐 듣기 위해 경쟁했고, 늘 감시했다. 페데리코는 비앙카를 좋아했고, 열정적인 미국 배우 케이 프랜시스 또는 바버라 스탠윅과 비교했다. 하지만 막 탄생한 사랑의 목가는 많은 문제를 일으켰다. 페데리코의 모친 이다는 비앙카의 모친에게 딸을 잘 좀 감시하라고 말했고, 결국 비앙카의 모친은 딸을 때리기도 했다. 또 딸을 며칠 동안 방에 감금하기도 했다. 밝혀진 이야기는 당대의 전형적인 감정과 무지가 그대로 드러나는 것이었다. 사춘기 페데리코의 열정은 당시 너무나 격정적이었던 자기 삶의 형태를 바꿀 수 없었다. 아니 더욱 격정적으로 변했다. 그래서 비앙카를 보려는 자신의 시도가 부모들의 방해로 좌절되면, 페데리코는 실제로 기절하기도 했다. 이런 에피소드를 보면, 페데리코의 감수성과 예민함, 또는 너무 진지한 성격을 알 수 있을 것이다. 기절하는 것은 페데리코의 가장 뜨거운 열정, 곧 도주에 대한 다른 표현일 수 있다. 페데리코는 자신이 어떤 사람인지 알게 됐을 때부터 도주를 꿈꿨다. 도주는 어른 세계의 폭정에서 자신을 해방하려는 또 다른 방식이었다. 같은 식으로, 기절은 갑자기 교실을 벗어나려는 행위 같은 것이었다. 여기서 두 번째 가출 이야기가 나온다. 이건 첫 번째 것보다 더욱 신빙성이 떨어지는 이야기이기도 하다. 페데리코와 비앙카는 자전거를 타고 도시 근교까지 몇 번 다녀온 것보다 더 멀리 간 적은 없다. 그런데 이번에는 볼로냐행 기차에 숨어 탔다. 하지만 몇 시간이 지난 뒤, 이들은 철도경찰에 붙들리고 말았다.

2년 뒤인 1938년 10월, 비앙카 가족은 밀라노로 이사했다. 비앙카의 부친이 밀라노에 인쇄가게를 열었기 때문이었다. 비앙카의 이사는 아마 펠리니가 리미니를 영원히 떠나려고 결심하는 데, 대단히 중요한 이유가 됐을 것이다. 페데리코와 비앙카는 편지를 교환하기 시작했다. 펠리니의 친구 티타가 기억하길, 자신과 페데리코는 1939년 3월, 밀라노로 여행을 갔고, 그곳에서 페데리코는 연인을 만날 수 있었다. 이런 사랑의 이야기는 상상력 넘치는 펠리니의 기억 속에서 자신의 결혼 이야기와 혼동되기도 했다. 비앙카는 종종 '팔리노(Pallino)'

혹은 '팔리나'(Pallina)[25]라는 이름의 캐릭터로 마르카우렐리오에 연재된 펠리니의 작품에 등장하기도 했다. 이 캐릭터는 치코(Cico, 페데리코의 줄임형)라는 사내의 아내 이름이기도 한데, 라디오 드라마로 각색된 작품 속에서 그 역할은 펠리니의 미래의 아내 줄리에타 마지나가 맡을 것이다.

먼 훗날 1986년 2월 19일 자 편지에서 비앙카는 이렇게 기억했다. "아마 페데리코는 내가 부모 곁을 떠나 자신이 있는 로마로 합류하길 바랐을 것이다. 하지만 소녀는 꿈에서도 그런 드라마틱한 것을 꾼 적이 없었다. 나는 부모와 늘 다투기도 했지만, 그때는 그렇게 성장했고, 감히 페데리코가 원한 것을 실행에 옮길 수는 없었다." 둘이 떨어져 있을 때, 비앙카에겐 새로운 길이 열렸다. 비앙카는 로베르토 메르카탈리라는 청년과 사랑에 빠졌다. 두 사람은 유명 화학회사 몬테카티니(Montecatini)에서 함께 일했고, 그리고 결혼했다. 같은 편지에서 비앙카는 이렇게 썼다.

그렇게 나와 페데리코의 관계는 끝났다. 1940년은 그에게 그렇게 풍요로운 해는 아니었다. 하지만 그때 페데리코는 나를 방문할 돈은 마련할 수 있었다. 이런 방문이 있

---

25 팔리노와 팔리나는 작은 공이라는 뜻이다. 비앙카의 코가 공처럼 넓고 둥근 데서 연유했다.

었다. 그는 몬테카티니 회사 바깥에서 기다리고 있었다. 나의 여동생이 대신 나가, 그의 팔을 끼고, 저 멀리 걸었다. 그리고 동생은 내가 페데리코에게 느끼는 감정을 설명했고, 또 나에게 새로운 애인이 생겼다는 것을 말했다. 페데리코는 그 말을 들어야 했다. 그런데 바로 그날, 나와 나의 미래의 남편은 나의 여동생과 페데리코의 몇 미터 앞에서 걷고 있었다. 페데리코는 좀 울었던 것처럼 보였다. 많은 기억이 나지는 않는다. 우리가 무슨 말을 했는지, 우리 네 명이 어떻게 갑자기 섰는지, 서로를 어떻게 바라보았는지, 그리고 어떻게 헤어졌는지 잘 기억나지 않는다. 아마도 나는 고통을 받기 싫어서, 기억을 지우려고 했을 것이다. 그 일 이후, 페데리코는 나의 약혼자와 연락했다. 페데리코는 약혼자에게 자신이 그랬던 만큼, 나를 행복하게 해줘야 한다는 약속을 하라고 요구했다. 남편은 이제 우리 일은 페데리코와 아무 관계가 없으며, 더 이상 걱정도 하지 말라고 대답했다.

약혼자 메르카탈리는 재주가 많았고, 예술적인 재능도 갖고 있었다. 그는 글도 쓰고, 그림도 그렸다. 하지만 그는 두 가지 일과 자신을 둘러싼 세상에 항상 만족하지 못했다. 그는 그림을 완성하면, 그것을 벽에 던져버리곤 했다. "몇 년 동안 우리는 페데리코에 대한 소식을 전혀 듣지 못했다." 비앙카는 이렇게 썼다.

"페데리코는 자신의 첫 번째 영화를 밀라노에서 개봉할 때 갑자기 우리 앞에 나타났다. 그일 이후, 페데리코는 자신의 작품 시사회를 할 때마다 우리가 참석하기를 원했다... 페데리코는 나의 남편의 병에 간여하기 시작했다. 병이 최악에 달했을 때, 페데리코는 자주 전화했다. 그는 밀라노와 로마에서 알고 지내는 의사들을 우리에게 소개하려고 노력하기도 했다. 중요한 사실은 그는 언제나 나에게 안도감과 믿음을 주는 존재였다는 점이다..."

불행하게도 비앙카의 결혼 생활은 남편의 자살로 끝나고 말았다. 그는 죽기 몇 년 전부터 자살을 여러 번 말하기도 했다. 혼자 남은 비앙카는 자신의 이야기를 소설 〈한 번 더의 삶〉(Una vita in più)에 남겼다. 처음에 소설은 주간지에 연재됐다. 그때의 제목은 〈비어있음에 대한 공포〉(Paura del vuoto)였다. 여기에 등장하는 피에르루이지라는 인물이 바로 펠리니임을 알 수 있을 것이다.

저널리즘을 꿈꾸며

가족은 그를 지루하게 했고, 학교는 늘 그를 힘들게 했다. 페데리코 펠리니는 리미니가 그에게 줄 수 있는 모든 것을 이미 경험했다고 생각했다. 그해는 1938년인데, 18살의 펠리니는 이제 더 참을 수 없었다. 혼자 독립하여 살아야 하는 시간이 온 것 같았다. 하지만 집에는 경제적 여유가 없었고, 어린 자식들은 함께 살아야 한다는 게 당시의 윤리였다. 아이들이 하고 싶은 대로 그냥 둔다는 것은 건강한 교육법이 아니었다. 어쨌든 실제적으로든, 또 비유적으로든 돈이 없었다. 펠리니는 돈 때문에 고통을 당하는 경험을 이때부터 했다. 이것은 평생 이어질 것이다. 돈을 버는 것은 그에게 어려운 일이 아니었다. 하지만 돈을 벌기만 했지, 펠리니는 그걸 어떻게 이성적으로 관리하는지 전혀 알지 못했다. 돈은 그의 호주머니에 들어오자마자 나가기 바빴고, 별의별 곳에 다 써버렸다. 돈 문제는 그렇다 치고, 펠리니는 더욱 중요한 뭔가를 해야 한다는 욕망을 키우고 있었다. 무언가를 표현해야 한다는 절실함이, 느긋하고 다루기 힘든 소년의 마음속에 자리 잡고 있었다. 얼마 후, 펠리니는 이야기와 그림을 신문사에 투고하기 시작했다. 그의 투고를 게재한 최초의 신문은 당시 인기 있던 '라 도메니카 델 코리에레'(La Domenica del Corriere, 코리에레의 일요일)[1]였다. 마지막 페이지 바로 전에 있던 '독자의 엽서' 섹션을 통해서다. 섹션에는 이런 안내가 붙어 있었다. "선택된 엽서에는 20리라를 지불합니다." 펠리니의 엽서는 1938년 2월 6일 자에 실렸다. 제목은 '질투 왕'(Gelosone)이었고, 동물 조련사와 곡예사 아내에 관한 그림이었다. 남편은 이렇게 말했다. "당신이 공중제비를 돌 때, 조르지오의 손을 그렇게 꼭 잡을 필요는 없어. 오케이?" 이런 식의 학생 유머가 그해에만 12번 이상 '라 도메니카 델 코리에레'에 소개됐다. 모든 그림에는 'Dis. di Fellini'(그림 펠리니)라는 서명을 했다. 엽서는 어떤 면에서는 경력의 시작이었다. 하지만 일요판 '라 도메니카 델 코

---

1   이탈리아를 대표하는 중도 정론지인 코리에레 델라 세라에서 발간하던 일요판.

리에레'와의 협업은 일종의 아마추어적인 즐거움이었다. 펠리니는 진정한 도약을 해야 했다. 그때 그의 파트너였던 데모스 보니니가 주간지 '420'(Il 420)에 펠리니의 그림들을 보내기 시작했다. 당시 상황을 주간지 '독자' 섹션의 편집자와 주고받은 서신을 통해 재구축할 수 있다.

주간지 '420'은 독일의 강력한 장거리포의 이름을 따온 것이다. 광범위한 정치적 풍자를 싣는 이 주간지는 1914년 주세페 네르비니에 의해 피렌체에서 창간됐고, 1943년까지 발간된다. 펠리니는 '420'의 비교적 공격적인 정치 성향과는 일정한 거리를 두었다. '420'은 피렌체를 대표하는 파시스트 집단주의로 유명했다. 1면에는 부리코(Buriko, 본명은 Antonio Burattini)의 큰 그림이 늘 게재됐다. 그의 그림은 우아함과 사나운 정치선전 사이의 화합할 수 없는 대립을 압축하는 것 같았다. 이 신문은 다음과 같은 대상을 적으로 공격했다. 곧 에티오피아의 왕 네구스(Negus)[2], 유대인, 스페인 공화주의자 방송국인 '라디오 발렌시아'(Radio Valencia), 옛 소련의 곰, 캔터베리의 붉은 대주교[3], 프랑스의 파업 노동자들과 소가족 제도[4], 그리고 월터 클로셋(Walter Closet, 이 신문은 그의 머리를 늘

---

2   파시즘 시절 이탈리아는 에티오피아와 전쟁을 벌였고, 결국 식민지화했다.

3   휴렛 존슨(Hewlett Johnson) 신부를 말한다. 사회주의적인 활동으로 유명했고, 그래서 '붉은 대주교'라는 별명을 얻었다.

변기통처럼 그렸다)이라는 인물로 압축된 영국의 저널리즘 등이다. '420'은 '친구, 펠리니'(Fellas, Fellini)라고 부르며 1938년 1월 9일에 첫 답장을 보냈다. "만평을 보내지 마세요. 어떤 글도 보내지 마세요. 아직 소화하지 못한 투고가 넘치는 상황입니다." 하지만 저널리즘에 야망이 있던 펠리니는 투고를 두 배로 늘렸고, 다음 달 2월 6일에는 더욱 용기를 북돋우는 답장을 받았다. "리미니의 페데리코 펠리니. 우리가 어떻게 친구가 되지 않을 수 있을까요. 당신은 이미 당신 내부에 미래를 갖고 있소. 최소한 '420'의 다음 세대의 미래는 가질 것이요. 만약 당신이, 유머 감각이 있는 만큼, 인내하는 재능도 갖고 있으면 말이요. 당신 작품을 계속 보내시오. 일이 어떻게 진행되는지 알고 있지요. 당신이 더 좋은 작품을 반복해 보낸다면, 이런 일이 일어나길 정말 기대하는데, 다음은 앞으로 가는 일만 남을 것이요." 바로 그달에 '420'은 지면 형식을 더욱 크게 넓혔고, 매호 50개의 그림을 게재했다. 지면이 늘어남에 따라 그들은 더 많은 재료를 원했다. 협업의 기회는 늘어났지만, 당장 펠리니의 작품이 선택받는 건 아니었다. 그는 이런 편지를 받았다. "리미니의 페데리코 펠리니. 당신은 알게 될 것이고, 기뻐할 것이요. 행운과 더불어 당신의 작품 몇 편이

---

4   무솔리니의 파시스트 정부는 대가족 제도를 찬양하며, 자식을 많이 낳는 것을 국가적으로 장려했다.

'420'에 실릴 것을 발견할 것이요. 이런 발전이 이뤄져서 우리도 기쁘오." 펠리니는 그림에 맞는 대사를 써서 보냈다. 당시는 그림 그리기와 대사 쓰기를 독립적인 기능으로 다뤘다. 9월 18일에 드디어 이런 답장이 왔다. "당신의 요청에 따라, 우리는 당신의 작품이 모두 재미있고 창의력이 넘친다는 사실을 완벽하게 수용합니다." 답장의 톤은 드디어 펠리니가 해냈다는 것을 암시하는 것이고, 그 사실은 그림이 같은 호에 게재됨으로써 확인됐다. 그림에는 '펠라스'(Fellas)라는 서명이 붙었다. 그림은 리미니처럼 보이는 해변에 남편과 아내가 앉아 있는 걸 보여준다. 아내는 남편이 물에 너무 오래 있어, 감각을 잃어버린 것을 책망하고 있다. 저 멀리 수평선 위로, '아마코드'에 나오는 대형 여객선의 실루엣이 그려져 있다.

펠리니가 피렌체에 몇 년 살았다는 일부의 주장은 사실이 아니다. 펠리니가 직접 말한 게 더욱 신빙성이 높을 것이다. "나는 처음 피렌체에 갔을 때 15일간 머물렀고, 두 번째 갔을 때는 두 달 살았다." 짐작하건대, 처음과 두 번째는 1938년 후반기 몬티 고교를 졸업했을 때와 로마의 시사지 '마르카우렐리오'에서 일을 본격적으로 시작하기 전의 시기에 해당할 것이다. 펠리니는 '420'과 계속 일을 하려고, 처음엔 리미니와 피렌체 사이를, 뒤에는 로마와 피렌체 사이를 통근했다. 그리고 펠리니는 만화책을 만든 적은 없다. 그는 종종 그랬다고 말하며 즐겼지만 말이다. '플래시 고든'(Flash Gordon)[5]의 이탈리아 판본을 위한 그림도 그린 적이 없다. 1938년 가을, '플 래시 고든'의 원작자 알렉스 레이먼드(Alex Raymond)의 이름 이 이탈리아의 주간 만화잡지 '라벤투리오조'(L'avventurioso, 모 험가)의 페이지에서 사라졌다. '라벤투리오조'는 1934년 10월 15일 창간된 뒤, 1면에 플래시 고든을 늘 실어왔다. 그런데 강 경파 파시스트 부모와 교육자들의 압력을 받아, 당시 대중문 화부 장관은 젊은이를 대상으로 하는 출판물은 수준을 더욱 향상해야 한다는 주장을 몇 달 동안 해야 했다. 다시 말해 장 관은 미국 만화의 확산을 공격했다. 왜냐면 그 만화들이 반민 족적 이데올로기의 온상이란 것이었다. 미국에서 제작된 만 화들은 이탈리아 잡지에서 거부됐고, 그런 만화를 실은 잡지 는 판매가 곤두박질쳤다. 그때 펠리니는 네르비니 출판사의 '420'에서 막 둥지를 틀었다. 편집자들은 모든 수단을 동원 해 투고자들과 협상했고, 사라진 만화를 대신할 새로운 재료 를 찾으려고 안간힘을 썼다. 그래서 펠리니는 바로 이 시기에 '420'에 투고할 수 있었다. 그런데 네르비니 출판사에서의 도 제과정은 펠리니에게 아주 중요했다. 그때 네르비니 출판사 는 여러 잡지를 발행했고, 전국 단위의 판매망을 갖고 있어서, 젊은 펠리니는 많은 것을 배울 수 있었다. 더 나아가, '420'에 서 발표한 초기의 작품들 덕분에 펠리니는 작가와 화가로서

---

5   1934년 미국 작가 알렉스 레이먼드에 의해 창작된 '전설적'인 SF 만화.

의 신뢰를 쌓았다. 이런 경험이 더욱 세련된 문화를 갖고 있는 '마르카우렐리오'에서 일할 때 큰 도움이 됐다.

펠리니와 친구 티타 벤치는 이때도 늘 붙어 있었다. 1938년 여름, 둘은 모두 고교졸업시험 '마투리타'(Maturità, 성숙)를 통과했다. 최종 시험 일정에 대한 이상한 오류 때문인지, 두 학생은 좀 멀리 가서 시험을 봐야 했다. 필기시험은 체제나에서 봤고, 구술시험은 포를리에 있는 모르가니 고교에서 봤다.[6] 그해 여름은 또 동창의 자살 때문에라도 오래 기억된다. 그 동창은 졸업시험을 통과하지 못하자 깊은 우울증에 빠져 있었다. 이 일로 펠리니는 유용하지도 않고, 억압적인 학교에 대해 다시 한번 분노했다. 훗날 펠리니는 이를 '아마코드'에서 대단히 맹렬하게 비판한다. 1938년이 저물자, 리미니에서의 펠리니의 삶도 끝나가는 것 같았다. 별다른 드라마는 일어나지 않았지만, 아픔은 있었다. 세 번째 도주의 시간이 왔고, 이번 것은 결정적일 것이다.

---

6   고교졸업시험인 '마투리타'는 지금도 필기시험과 구술시험으로 구성돼 있다.

로마에서의 '보헤미안 시절'

"우리는 항상 떠나는 걸 말했다. 그런데 어느 날 아침, 우리 중 한 명이 누구에게도, 아무 말도 하지 않고, 진짜로 떠나버린 다..." 이런 보이스오버는 영화 '비텔로니'(1953)의 마지막 장면에서 나온다. 안녕이라는 말을 남기지도 않고, 모랄도는 그의 고향, 가족, 당구장의 친구들로부터 떠난다. "하지만 너는 여기서 행복하지 않았니?" 기차가 막 움직이기 시작할 때, 승강장에 서 있던 소년 철도원이 묻는다. 프랑코 인테르렝기가 연기한 밝고 인상 좋은 모랄도는 어떻게 대답해야 할지를 모른다. 그렇다, 그는 행복했다. 그러나... 움직이는 기차의 차창을 통해 모랄도는 침대에서 자는 그의 친구 모두를 보는 상상을 한다. 알베르토, 레오폴도, 파우스토, 리카르도. 기차가 속도를 내자 그는 울컥하기도 한다. 인생의 새로운 장이 열렸고, 앞의 소년 철도 노동자는 모랄도에게 미소를 보낸다. 그건 '달콤한 인생'의 마지막 장면에서 소녀 파올라가 마르첼로에게 보내는 미소와 같다. 그건 성장에 반드시 따르는 힘든 과정에 대한 반응이기도 하다. 우리가 더 넓은 세상으로 나가기 위해, 자신 있는 걸음을 내디딜 때면, 피할 수 없는 비통한 이별과 같다. 만약 당신이 귀 기울여 들으면, '안녕, 구이도'라는 목소리가 들릴 것이다. 그건 배우 인테르렝기에게 하는 소리가 아니라 바로 펠리니 자신에게 하는 소리일 것이다. 후시녹음 스튜디오에서 마이크 앞에 앉아, 펠리니는 개인적으로 자신의 청춘에게 이별을 고하고 싶었을 것이다.

뒤에 남은 친구들에 따르면, 리미니를 떠나는 펠리니의 출발은 영화처럼 시적이지 않았다. 그들은 지역 속어를 쓰며 펠리니를 애정을 담아 놀렸다. 그를 '××놈'(pacàta)[1]이라고 욕했다. 또 친구들은 펠리니가 혼자 떠난 게 아니라, 함께 떠났다고 증언했다. 티타 벤치에 따르면, 1939년 1월 4일 펠리니는 친구들과 함께 볼로냐로 떠났다. 이 날짜는 리미니 시 당국에서, 펠리니가 로마로 떠난 것은 1939년 3월 14일이라고 기록한 것과 제법 가깝다. 사실이 어떻든 떠나는 것은 슬펐고, 이

---

1   영어의 asshole과 비슷한 단어.

별의 인사를 서로 했다는 것이다. 펠리니가 로마에 도착하는 것은 영화 '로마'(1972)의 유명한 장면에 잘 묘사돼 있다. 흰색 면 정장을 입은 짙은 머리칼의 마른 청년이 로마의 테르미니역에 도착한다. 청년은 기차에서 내려, 가방을 마치 광대처럼 생긴 짐꾼에게 넘겨주고, 사람들로 혼란스러운 테르미니역을 빠져나온다. 〈이상한 나라의 앨리스〉처럼 크게 뜬 그의 눈 바로 앞으로, 성직자들, 군인들, 수녀들, 잡상인들, 경찰들, 선원들, 아름다운 여성들, 진압 경찰들, 그리고 깡패들이 지나간다. 기차역의 광고판에는 비토리오 데시카와 아시아 노리스의 얼굴이 그려진 '거대한 창고'(Grandi magazzini)의 영화 포스터가 붙어 있다(이 영화는 실제로 펠리니가 로마에 도착한 몇 달 뒤인 1939년 10월에 개봉됐다). 청년은 이탈리아 수도의 광기 속으로 합류해가며 놀라기도 하고, 긴장도 느낀다. 마치 자신을, 욕심 많고, 과보호하며, 위험하기까지 한 거대한 엄마에게 내맡긴 것 같았다. 우리가 기억해야 할 것은 펠리니는 신생아 시절 로마에 왔었고, 또 13살 혹은 14살 때 다시 왔었다는 사실이다. 두 번째 방문에 관해 펠리니는 생생하게 기억했다. 그때 펠리니는 외삼촌 알프레도와 함께 로마 유적지 관광을 했는데, 지하 무덤을 방문하던 중에 그들은 여행객 무리에서 떨어졌고, 결국 길을 잃어버렸다. 이건 트라우마로 남아 있다.

펠리니에 따르면 이번의 로마 여행이 세 번째 도주의 진짜 이야기다. 곧 야망이 큰 청년 펠리니는 어떤 저널리스트로부터 불확실한 약속을 받았고, 대도시에서 모험하기 위해 고향을 떠났다는 것이다. 이건 허구의 완벽한 시작일 수 있다. 하지만 실제 상황은 더욱 복잡했다. 도주 이야기의 진짜 주인공은 지방 출신의 가난한 남자와 결혼하기 위해, 가족을 뒤에 남기고 20년 전에 고향을 떠난 로마 출신의 소녀다. 다시 말해 이제 세 명의 자식을 둔 펠리니의 모친 이다가 바로 도주의 주인공이다. 그녀는 고향 로마에 대한 향수로 종종 고통받았고, 큰 오빠와의 관계를 개선하려 했다. 이다는 남편 우르바노가 로마에서 사업하기를 원했다. 하지만 우르바노는 더 벌기 위해 리미니에서 매우 열심히 일했고, 이를 단념하고 떠날 수는 없었다. 그런데 첫아들 페데리코가 이제 막 고교를 마쳤고, 대학에 진학할 준비를 하자, 이다는 이런 상황을 이용하기로 했다. 곧 이다는 아들과 함께 로마로 가서, 최소한 정착할 때까지 그곳에 머물기로 했다.

이번 이주가 영원하기를 희망하며, 이다는 리미니의 집을 닫아버렸고, 두 대의 트럭에 가구들을 실은 뒤, 딸 마달레나까지 데리고 떠났다. 그들의 새 주소는 '레 디 로마'(Re di Roma, 로마의 왕) 광장과 가까운 알바롱가 거리 13번지였다. 페데리코는 모친과 마달레나와 함께 그곳으로 이사했고, 부친과 둘째 아들 리카르도는 리미니에서 새로 방을 구해 지냈다. 이다는 가족 중에 성직자가 나오기를 기대했는데, 그 희망은 잃어버렸지만, 법률가(펠리니의 친구인 벤치처럼)가 나오는 것도 좋은 대안이라고 여겼다. 한편 리미니에서 부친은 둘째 아들 리카르도가 회계를 배운 뒤, 자신을 이어 사업을 해주기를 기대했다. 그를 창고에 여러 번 데려갔고, 열차 3등석 정기권을 끊어, 마르케주에 있는 자신의 단골들을 정기적으로 방문하게 했다. 하지만 리카르도는 자신이 리릭 테너의 목소리를 지닌 걸 알았고, 그래서 성악가 혹은 배우가 되고자 했다. 페데리코는 부모의 요구에 따라 의무적으로 법학과에 입학했다. 누이 마달레나에 따르면 학기 중에 시험은 하나 혹은 두 개 정도 봤다(아마 한 개도 보지 않았을지도). 페데리코에게는 오직 하나의 생각만 있었다. 곧 저널리스트가 되는 것이었다.

부친 우르바노는 한 달에 두어 번 로마를 방문했다. 하지만 동생 리카르도의 로마 소풍은 더욱 잦았다. 어떤 밝은 날, 리카르도도 알바롱가 거리에 있는 집에 합류했다. 구직을 위해 페데리코가 신문사 사무실 주변을 돌아다닐 때, 리카르도는 성악 교습을 받았고, 배역을 따내기 위해 영화제작사 주변을 맴돌았다(리카르도의 연기 선생은 줄리오 모레스키인데, 그는 '백인 추장'에서 호텔 리셉션 직원으로 나온다). 형제는 종일 나가 있었다. 저녁 이전에 들어오는 일이 거의 없었으며, 밤늦게 들어오는 일도 잦았다. 간혹 페데리코는 아예 집에 들어오지 않기도 했다. 마달레나와 집에 있는 이다는 리미니를 그리워하기 시작했다. 그해가 가기 전에 이다는 모든 가구를 다시 싸고, 트럭에 실은 뒤, 마달레나를 태워 리미니의 집으로 향했다. 그 겨울 여행은 위험하기도 했다. 이들은 눈이 덮인 산 중의 도로 '파소 델 푸를로'(Passo del Furlo)[2]를 지나야 했다.

이다가 로마의 자식들 일에 한 번 더 개입한 것은 리카르도의 하숙집을 구하기 위해서였다. 그 집은 투스콜로 광장에 있었는데, 어떤 과부가 운영했다. 이다는 하숙집을 구한 지 불과 며칠 뒤, 아들이 집주인 여성의 유혹에 넘어갔다는 사실을 알고 놀라기도 했다. 리카르도는 계속 성악 교습을 받았고, 훗날 22살 때 스승의 17살 딸과 결혼한다. 리카르도가 말하길 결혼은 자신이 빈첸초 벨리니의 오페라 '몽유병자'에 나오는 유명한 아리아 '그대에게 주어진 반지를 끼세요'(Prendi l'anel ti dono)를 너무 자주 불렀기 때문이라고 했다. 그는 로마에 머물기 위해, 싫어하는 일이지만, 광장에서 잡상인도 해야 했다. 짧은 기간이지만 리카르도는 로마의 '국립영화학교'(Centro Sperimentale di Cinematografia)[3]에 등록했고, 마리오 마톨리 감독의 '세 조종사'(I tre acquilotti, 1942)에서 단역을 맡기도 했다. 1942년 7월 16일, 페데리코는 리카르도에게 보내는 편지를 잡지 '치네 테아트로 라디오 마가치노'(CineTeatro

---

2   마르케주에 있는 협곡 옆의 길. 고대 로마 시대에 건설된 이 길은 협곡의 칸딜리아노(Candigliano) 강을 따라 건설돼 있다. 지금은 유명 관광지 중의 하나이다.

3   학교 이름의 뜻은 '영화 실험 센터'인데, 번역은 그 기능을 살려 '국립영화학교'로 옮겼다.

RadioMagazzino, 영화 연극 라디오 잡지)에 실렸다. 그 기사의 제목은 '동생에게 보내는 편지'인데, 축하와 조언, 그리고 배우 사진 전문가인 엘리오 루사르도가 찍은 리카르도의 사진으로 구성됐다.

알바롱가에 있는 아파트에서 나온 뒤부터, 페데리코와 리카르도는 각자 떨어져 살았다. 형제는 닮았는데, 그렇기 때문인지 둘은 서로를 찾지 않았고, 앞으로도 그럴 것이다. 로마에서의 도제 생활이 대단히 어려울 때, 페데리코는 동생을 우연히 길에서 만나면, 가장 중요한 일은 로마에서의 모든 일이 잘되고 있다고 부모에게 말하는 것이라고 강조했다. 그래야 부모의 개입을 막을 수 있기 때문이었다. 이다가 리미니로 돌아간 것은 두 형제에겐 탯줄을 끊는 것과 같았다. 그건 자유의 해방을 드디어 얻은 것이고, 어떤 의무도 없어진 것이었다.

이 기간에 페데리코는 오래 기억되는 꿈을 하나 꾼다. 그 꿈에는 위안과 냉소, 사랑과 후회의 이중감정이 뒤섞여 있다. 꿈속에서 페데리코는 리미니로 돌아갔고, 그란드 호텔에 머문다. 현관 근무자가 그에게 말한다. "이상하네. 당신의 성과 같은 성을 가진 부부가 여기에 머물고 있다. 저기에 있네." 그 직원은 테라스에 앉아 바다를 바라보고 있는 어떤 남자와 여자를 가리켰다. 그들의 등만 봤지만, 페데리코는 그들이 아버지와 어머니임을 금방 알았다. 그런데 어떤 면에선 그들은 부모처럼 보이지 않기도 했다. 페데리코는 관심 없다는 듯 "됐어요."라는 제스처를 호텔 직원에게 했다. 사적인 공간에서 부모를 엉겁결에 만나는 것은 잊을 수 없는 이미지로 남았다. 그들은 전형적인 아버지와 어머니의 모습이 아니었다. 그들은 단지 이곳에 존재하는 한 명의 남자와 한 명의 여자였다. 그 이상은 없었다. 이 장면은 훗날 미완성작 'G. 마스토르나의 여행'(Il viaggio di G. Mastorna)의 시나리오에 등장할 것이다.

로마는 이다의 도시이다. 따라서 이 도시에 대한 페데리코의 향수는 자궁 같은 것이다. 그래서인지 리미니로부터 로마로의 이주는 이별이기보다는 귀환 같았다. 도시를 바꾸는 것은 실제 어머니의 앞치마에서 '지중해의 위대한 어머니'의 앞치마로 이동하는 것이었다. 지중해의 어머니에 대해서는 펠리니가 카를 융의 심리학을 경유하며, 나중에 더 배우게 될 것이다. 도시와의 관계는 총체적인데, 그건 자유와 공포, 구원과 고독이 섞여 있는 것이었다. 그렇게 오기를 바랐던 대도시에서의 모든 놀라운 일들은 위험하고 또 위협적이었다. 펠리니는 실제 삶에서는 고향 리미니로 다시는 돌아가지 않는다. 물론 상상으로는 계속하여 돌아갔지만 말이다. 고독한 방랑자 펠리니는 곧이어 어머니를 대신할 여성의 존재에 대한 필요를 느꼈다. 그 여성은 펠리니에게 결정적인 보호를 제공할 것이다.

페데리코 펠리니는 로마의 친구들이 자신을 혼자 사는 사람으로 믿게 했다. 그러면 그는 자유롭게 하숙집들을 돌아다니며, 즐겁고 또 장난이 넘치는 놀이에 참여할 수 있었다. 펠리니는 실제로 자신이 어떻게 사는지는 당시에 가장 친한 친구인 화가 리날도 제렝(Rinaldo Geleng)에게도 말하지 않았다. 페데리코와 리날도는 대중식당의 창문 앞에서 우연히 만났다. 두 사람은 매우 배가 고팠고, 식당 안에서 손님으로 대접받는 불가능한 상상을 하고 있었다. 페데리코와 나이가 같은 리날도는 오토네 제렝(Ottone Geleng)[4]의 친척이다. 오토네는 프러시아 출신의 예술가로 시칠리아의 타오르미나를 관광명소로 만든 장본인이다. 펠리니의 미완성 영화 '도시의 모랄도'(Moraldo in città) 시나리오에서 리날도 제렝은 랑제(Lange)라는 이름으로 나온다. 두 청년은 함께 사업을 벌였고, 자신들의 그림으로 돈을 벌고자 했다. 이때가 펠리니의 '보헤미안 시절'이다. 이들은 카페의 창문을 디자인하기도 했고, 식당에서 고객들에게 캐리커처를 그려주기도 했다. 펠리니는 이런 일을 리미니에서 이미 해보았다. 그런데 둘 가운데 제렝이 더 성공적이었는데, 그는 이미 훌륭한 화가였기 때문이었다. 제렝은 고객들의 허영에 맞춰, 그들을 더욱 잘 생긴 사람으로, 또 실물과 닮게 그렸다. 반면에 펠리니는 사람들 얼굴에서 동

---

4   오토네 제렝(1843-1939)은 시칠리아의 타오르미나에서 사진작가로 더 유명했다. 예명은 빌헬름 폰 글뢰덴(Wilhelm von Gloeden)인데, 타오르미나와 그 지역 사람들을 찍은 고전적인 사진들(특히 누드)은 그와 타오르미나 모두에게 큰 명성을 안겨주었다.

물적 특성을 찾아내어 그들을 즐겁게 해주려고 했다. 그는 일반적인 초상화가 아니라, 기린, 코끼리, 코뿔소 등을 디자인하여, 동물성이 표현된 그림을 내놓았다. 그런 그림들에 펠리니의 고객은 자주 돈을 내려 하지 않았다. 제렝과 펠리니는 생계를 위해 다른 일도 해야 했다. 고대 이집트 사람 같은 옷을 입고, 여름에 카라칼라 목욕탕에서 공연하는 오페라 '아이다'의 단역으로 출연하기도 했다.

그런데 펠리니가 이런 모험들을 한 게, 재미를 위한 것인지 혹은 돈을 위한 것인지는 확실하지 않다. 당시의 친구들은 펠리니가 항상 돈이 없었다고 기억했다. 훗날 시사지 '마르카우렐리오'에서 그림을 그리며 제법 많은 급여를 받을 때도 그랬다. 어떤 인터뷰에서 배우 알베르토 소르디는 이런 기억을 들려줬다. 그들이 친구일 때 둘은 서로를 사진 찍어주며 놀기도 했다. 펠리니는 침대 시트로 로마의 기념물 같은 포즈를 취했다. 소르디가 찍은 그 사진 아래는 '페데리코 펠리니의 로마와 국민에게-1940'이라고 쓰여 있다. 사진을 보면 펠리니는 영양 상태가 엉망인 것 같다. 하지만 제렝은 펠리니가 어렵게 산 것은 친구들과의 교제에 너무 치중했기 때문이라고 말했다. 당시에 펠리니는 공원의 벤치에서 밤을 보내기도 했다. 사실은 알바롱가 거리의 집에 그를 위한 편안한 침대가 있었는데도 말이다. 펠리니는 매우 마른 청년이었고, 그래서 친구들에게 그는 잘 먹을 수도 없다는 강한 인상을 주었다.

그리고 이탈리아는 몇 달 뒤면 전쟁에 휘말려 들어갈 참이었다. 얼마 가지 않아, 식욕은 배고픔으로 바뀔 것이다. 식품은 귀해졌고, 1940년 2월 1일부터 배급제가 실시됐다. 펠리니는 가족에게 도움을 요청하지도 않았고, 그들도 어떤 도움을 줄 수 없었다. 사실인지 허구인지 알 수 없지만, 리날도와 다른 친구들과 함께 보낸 보헤미안 기간은 그리 길지 않았다. 그때 그들은 '비텔로니 같은 행동'(vitellonate, 속어로 빈둥거리는 청년의 행동을 뜻함)을 하며 지냈다. 나중에 펠리니는 영화 '비텔로니'(I vitelloni)에서 이 속어를 써먹는다. 어느 날 밤, 펠리니와 친구들은 마차를 빌려 집으로 가고 있었다. 도착하기 100m 전에 그들은 다리를 스트레칭해야 한다며 마부에게 잠시 세워달라고 했다. 그리고는 도망가 버렸다. 그들은 저녁 식사 시간이 지나면, 남은 음식을 예술가들에게 공짜로 주는 식당에 가곤 했다. 그리고 도나텔로(Donatello) 식당, 트라포로(Il Traforo) 식당, 브루노(Bruno) 식당은 이들에게 외상도 해주었다. 이런 손님들 가운데 루이지 가로네(Luigi Garrone)가 있었다. 중년의 피에몬테주 출신인 그는 '선동적인 저널리스트'였는데, 반파시즘 사상 때문에 블랙리스트에 이름이 올라 있었다. 가로네는 뚱뚱하고 얼굴이 불그스레 했는데, 뛰어난 여행 이야기꾼이었다. 가보지 않은 곳도 매우 재밌게 이야기했다. 그는 공짜로 저녁을 먹었고, 식사 이후에도 식당에 남아 포도주를 마시곤 했다. 가로네는 '에르'(r) 발음을 아주 부드럽게 하여 듣는 사람들의 혼을 뺐다. 그는 가끔 연기도 했다. 그는 비토리오 데시카의 '아이들이 우리를 바라본다'(1944)에서 소년 주인공을 해변에서 겁주는 방랑자로 나왔다. 그는 가토네 (Gattone, 큰 고양이)라는 이름으로 미완성작 '도시의 모랄도'의 시나리오에서 저널리스트로 출연하는데, 자신의 슬픈 종말에 관한 이야기를 들려줄 것이다. 그런데 이 가토네 캐릭터는 1958년 에두아르도 데 필립포 감독의 '포르투넬라'(Fortunella, 운이 좋은 소녀)에 또 등장한다. 그는 병원에서 죽어가는 캐릭터인데, 이름은 골피에로 파가니카 교수이다. 그 캐릭터의 연기는 미국 배우 폴 더글러스가 했다.

펠리니는 루이지 가로네에게 푹 빠졌다. 하지만 그도 가로네의 자기 파괴성을 알았다. 착한 가로네는 겁을 먹고 있었다. 그는 돌아갈 데가 없었고, 파국으로 치닫는 혼란스러운 삶의 상징이었다. 혹은 그의 페르소나는 상상과 엄격함, 영감과 장인적 기술, 그리고 꿈과 일을 서로 결합하라는 경고 같았다. 만약 일이 놀이 같이 느껴진다면 더 좋을 것이다. 로마에서의 새로운 삶의 첫 몇 달 동안 펠리니에게 일어났던 것처럼 말이다. 시사지 '마르카우렐리오' 편집부에 첫발을 디딜 때, 펠리니는 그렇게 할 것이다.

시사지 '마르카우렐리오'의 만평 작가

나는 산 실베스트로(San Silvestro) 우체국의 큰 방에서 너에게 편지를 쓴다. 25년 전 내가 오곤 했던 바로 그곳에서다. 그때 나에겐 쉴 곳도, 글을 쏠 타자기도 없었지. 내가 옛날에 여기 온 것은 '마르카우렐리오'에 나의 삽화를 보내기 위해서였다. 난로 속의 불꽃처럼 인생의 불꽃을 피웠던 바로 이 큰 방에서 말이야. 이 방의 큰 창문은 광장을 내려다보고 있고, 바깥에선 테르미니역에서 출발하고 도착하는 버스들이 부르릉 끼익하는 소리를 내고 있다.

지금까지 비밀로 남아 있는 이 편지를 펠리니는 로마의 중앙우체국에서 여자 친구 안나 조반니에게 썼다. 펠리니는 이런 편지쓰기라는 독특한 취미를 훗날까지 유지했다. 그 편지를 계속 보자.

> 혹독한 겨울에 나는 흰색 운동화를 신고 있었다. 혹시 캐리커처를 그릴 수 있을까 해서 나는 '카페 아라뇨'(Caffè Aragno)[1]에 들어가려 했다. 내가 그린 그림을 팔아서 저녁을 사 먹고, 영화관에서 피울 마체도니아 담배도 한 갑 사고, 운이 좋으면 코비안키(Cobianchi)[2]에서 목욕도 할 수 있어서였다.

리미니에서 로마에 대해 상상할 때, 청년 펠리니의 목표는 치네치타가 아니라, '마르카우렐리오'(Marc'Aulerio)였다. 당시 대단한 발행 부수를 자랑하던 로마의 이 신문은 1면에 금욕주의 철학자이자 황제였던 마르쿠스 아우렐리우스의 흉상을 실었다. 하지만 성직자들로부터는 청년들에게 나쁜 영향을 미친다는 이유로 큰 비난을 받기도 했다. 일주일에 두 번 발행되던 이 신문의 열렬한 독자였던 펠리니는 기고자가 되

---

1   1866년부터 1955년까지 문을 열었던 로마의 유명 카페다. 주로 작가, 화가들 같은 예술가들의 아지트였다.

2   로마에 있던 유명 목욕탕.

려는 꿈을 키웠다. 그는 수줍음을 무릅쓰고 리미니 해변에서 언론인 페란테 알바로 데 토레스(Ferrante Alvaro De Torres)에게 접근했다. 데 토레스의 칼럼이 실려 있는 페이지의 캐리커처를 통해, 펠리니는 그의 얼굴을 알고 있었다. 별난 성격의 데 토레스는 칸초네의 작사가이기도 했는데, 특히 극단적인 애국주의 노래 '사그라 디 지아라붑'(Sagra di Giarabub)[3]은 대단히 유명했다. 데 토레스는 좋은 감정으로 청년 펠리니를 맞이했다. 펠리니는 몇 편의 글과 그림들을 보여줬다. 리미니의 파라솔 아래에서 데 토레스는 종이들을 넘겨보고, 여기저기를 읽고, 곧바로 청년이 재능을 갖고 있음을 알아봤다. 리미니에서라면 그림을 그릴 줄 알고, 글을 쓸 줄 안다는 게 별 도움이 안 됐을 것이다. 하시만 로마에 가는 기회가 있다면…

그렇게 펠리니의 로마 입성은 마르카우렐리오 편집부로 향했다. 그곳은 레지나 엘레나 거리에 있는 큰 건물의 2층에 있었고, 그 건물에는 안젤로 리쫄리(Angelo Rizzoli)[4]의 출판사도 들어와 있었다. 그런데 건물의 수위인 지지오네가 펠리니를 데 토레스가 편집장으로 있는 일간지 '일 피콜로'(Il Piccolo)로 다시 보냈다. 시아라 궁(Palazzo Sciarra)에 있는 '일 피콜로' 사무

---

3   2차 세계대전 당시 북아프리카 리비아의 지아라붑 전투에서 승리를 거둔 이탈리아 군대를 찬양하는 노래. 제목은 '지아라붑의 희생'이란 뜻.

4   이탈리아의 대표적인 출판사인 리쫄리(Rizzoli)의 설립자. 영화제작도 겸해서 훗날 펠리니와 협업 관계에 이른다. '달콤한 인생', '8과 1/2' 등을 제작했다.

실에서 펠리니는 권위 있는 후원자 데 토레스의 환대를 받았다. 그렇게 펠리니는 진지한 신문사에 들어갔다. 현란한 적색 제호로 유명한 이 석간의 정식 이름은 '일 피콜로-조르날레 디탈리아'(Il Piccolo-Giornale d'Italia, 일 피콜로-이탈리아의 신문)인데, 편집이 정연하고 지면에 활기가 넘쳤다. 당시의 다른 일간지와 비교할 때, 공연안내 같은 저평가받던 기사들을 종종 1면에 실었다. 오페라와 연극의 개막, 그리고 간혹 영화비평도 다뤘다. 펠리니가 로마에 도착할 때, 교황 피우스 11세가 죽었고(1939년 2월 10일), 이탈리아의 왕은 알바니아의 왕관까지 접수했으며(2월 17일), 바티칸의 콘클라베는 에우제니오 파첼리(Eugenio Pacelli)를 피우스 12세 교황으로 선출했는데(3월 5일), 그는 218년만에 교황에 오른 로마인이었다. 그리고 스페인 공화국이 무너졌다(3월 24일 자 신문 헤드라인은 '마드리드, 공산주의의 무덤'[5]이었다). 얼마 후 전쟁의 기운이 퍼졌고, 행복감은 추락했다. 도시의 중심은 텅 비고, 공공판매소를 통해 고기와 생선은 한 접시로 제한 배급됐으며, 개인 승용차의 운행이 중단됐다.

이런 상황에서 '일 피콜로'에서 일하는 것이 안전성을 가질 수 없게 되자, 야심 찬 저널리스트 지망생 펠리니는 트리토네

---

5   프랑코 총통이 이끄는 극우 정권이 들어섰고, 이들은 공산주의자들에게 죽음
     의 복수를 했다. 이를 비유한 제목.

거리에 있는 더 오래됐고 더욱 권위적인 신문인 '일 포폴로 디 로마'(Il Popolo di Roma, 로마의 민중)에서도 일했다. 펠리니는 당시의 기억을 반추하며, 자신을 범죄를 좇는 조르주 심농 소설의 사건 기자처럼 상상하길 좋아했다. 하지만 그의 기자로 서의 경력은 신문에 범죄기사를 싣는 것을 금지하는 법이 통과되면서 중단되고 말았다. 어쨌든 정확한 팩트만을 요구하는 범죄기사의 성격은 판타지가 넘치는 펠리니의 기질과는 맞지 않았을 것이다.

어느 날 오후 펠리니는 다시 마르카우렐리오를 방문했고, 그곳에서 역시 야심 찬 청년 루제로 마카리(Ruggero Maccari)[6] 를 우연히 만난다. 동년배인 두 청년은 곧 친해졌고, 신문사의 중견이었던 스테파노 반지나(일명 스테노)[7]로부터 격려를 받았다(흥미롭게도 이때 미래의 시네아트스 3명이 만난 것이다). 두 청년은 아침부터 만나 만화에 실을 개그를 짰다. 이들은 바에서 자주 만났고, 시피오니 12번 가에 있는 마카리의 집에서, 또는 펠리니의 집에서 일하곤 했다. 펠리니의 모친은 종종 마카리에게 점심을 제공했다.

펠리니는 '들어가도 좋습니까?'(È permesso?)라는 제목의 만

6   루제로 마카리는 시나리오 작가이자 감독. 특히 에토레 스콜라 감독의 시나리오 작가로 명성을 얻는다.

7   스테노(Steno)라는 예명으로 더 유명한 반지나는 이탈리아식 코미디 전문 감독이 된다.

평으로 마르카우렐리오에 어떻게 입성(1939년 3월 7일 자)했는지를 게재했다. "이 젊은 친구(펠리니 자신)는 자신의 연재물을 가질 수 있을까? 미래가 약속되는 청년으로 평가될까?" 펠리니는 그 만평에서 자신이 이 신문사의 신입생이라는 조건을 자기 풍자의 대상으로 삼았다.[8] 펠리니는 기사에서, 편집장과 미래의 동료들이 자신이 펼쳐놓은 유머에 대해 용기를 꺾는 반응을 보이는 것을 강조했다. 하지만 펠리니 자신의 미래에 대한 믿음을 꺾을 순 없었다. 실제로 그로부터 불과 몇 달 후, 펠리니는 자기 기사에 서명하는 마르카우렐리오의 고정 필자 중의 한 명이 됐다. 그는 이름 페데리코로 사인하거나, 간단히 첫 글자 F로, 또는 간혹 펠리니라고도 서명했다. 대도시에서 새로 태어난 그는 불과 몇 년 뒤, 오직 페데리코라는 이름만으로도 유명해지기 시작한다.

　입사 초기에 펠리니는 유명 언론인 비토 데 벨리스(Vito De Bellis)를 멀리서 바라볼 수 있었다. 데 벨리스는 갓 서른이 넘었을 때 '일 포폴로 디 로마'의 스포츠부 편집장이었고, 마르카우렐리오의 첫 호(1931년 3월 14일)가 나올 때는 부편집장이었다. 밀라노의 출판인 거부 안젤로 리촐리(그는 훗날 '달콤한 인생'의 제작자가 된다)가 발행하는 이 신문은 '모든 이탈리아가 읽는 주 2회 정기간행물'로서 선전됐는데, 부수 30만 부를 넘

8　그래서 연재물 제목이 '들어가도 좋습니까?'이다.

겼고, 가격은 40센트였다. 수요일, 토요일에 발행되는 여섯 페이지짜리 마르카우렐리오는 만평, 유머가 있는 글, 특집 기사들을 실었다. 안톤 체호프가 기고자로 나설 때도 있었다. 정치적 풍자는 다행히도 펠리니와 별 관계 없는 1면에 등장했는데, 파시즘 시대의 의무적인 행동을 강조하는 허세들로 넘쳤다. 이를테면 프랑스, 루스벨트, 그리고 유대인을 공격했다. 또 무겁고 지나친 애국주의를 강조한 삽화들도 포함됐는데, 문맥상 벽면 서생의 유머 감각에도 미치지 못하거나, 모호한 비현실주의에 빠진 것도 있었다. 그러나 신문의 일반적인 태도는 아이러니가 섞인 거리두기였다. 피렌체에서 발간되던 '420'에서 다루는 격렬한 정치 풍자 같은 기사도 마르카우렐리오의 지면에 등장하긴 했다. 하지만 이들이 주로 일으키는 논쟁은 반지성주의를 향한 것이었다. 마르카우렐리오는 살롱의 지식인들, 작가들을 공격했고, 개인을 공격하는 데는 조심하는 법이 없었다. 그래서 종종 상처를 입은 사람들은 폭력적으로 반응하기도 했다. 펠리니가 마르카우렐리오에 도착했을 때, 편집부 사람들은 몇 년 전 공격을 받은 코미디언 에토레 페트롤리니가 화가 나서 신문사 사무실을 부수었던 에피소드를 여전히 이야기하고 있었다.

마침내 펠리니는 편집장 데 벨리스의 '성스러운' 방에 들어가게 됐다. 책상에 앉은 그의 모습은 존 포드 영화 '밀고자'(The Informer)의 주인공 빅터 맥라글렌(Victor McLaglen)[9]을 떠오르게 했다. 데 벨리스는 펠리니를 따뜻한 미소로 반겼다. 그는 펠리니가 막 쓰기 시작한 연재물을 언급하며, "나는 당신에게 만족해요. 사람들은 당신을 좋아해! 당신을 좋아해!"라고 큰소리로 칭찬했다. 하지만 이후 데 벨리스는 펠리니의 글들에 대해 부드럽지만 냉혹한 비판도 이어간다. 사교성이 높은 편집장은 대중의 감각을 읽는 데는 프로였는데, 펠리니에게는 자신의 사무실에 들어올 때 그냥 노크만 하면 된다는 특권까지 주었다. 데 벨리스는 청년 펠리니를 '막내'(piccino)라고 부를 정도로 호감을 보였고, 그가 신문사의 삶에 더욱 잘 녹아들게 인도했다. 데 벨리스는 어린 펠리니의 경솔함과 지각하는 버릇에 화를 내기도 했지만, 두 사람의 관계는 항상 진지했다. 하지만 그는 구식 편집장이었다. 그는 자신의 특권을 잘 알고 있었고, 펠리니는 그가 죽을 때(1986년 6월 19일)까지 항상 경어를 써야 했다.[10]

펠리니와 마카리는 예상보다 일찍 수요일과 금요일에 열리는 편집회의에 참석할 수 있었다. 이 회의는 오후 5시에 시작하여 자정을 넘기는 수가 많았다. 여기서 편집장 데 벨리스는

---

9   우락부락한 인상의 그는 주로 악역에 나왔다. 190cm가 넘는 키에, 큰 몸집을 갖고 있다.

10   이탈리아에서는 친한 사이끼리는 경어를 쓰지 않는다. 예를 들어 부모 자식 사이엔 모두 평어를 쓴다. 경어는 예의를 갖춘 표현이기도 하지만, 관계가 친하지 않다는 뜻이기도 하다. 사제 간에도 친해지면 평어를 쓰는 경우가 많다. 경어와 평어의 경계가 모호한 게 이탈리아어의 특징이기도 하다.

정부의 명령을 알리고, 편집자들은 여러 아이디어를 내놓았다. 이때 특집 기사, 1면의 정치 만평, 중요한 사건의 제목을 정했다. 정치에 대해 말할 때면 펠리니는 전형적인 소극적 태도로, 마치 학교에서 그랬던 것처럼 집중하지 않았다. 그건 반파시즘의 철학적 이유 때문이 아니라, 정치가 그에겐 재미가 없어서였다. 펠리니는 공습에 대비하여 도시에 일시적인 정전을 가져오는 정책을 다루는 만평을 그렸는데, 데 벨리스는 '위에서' 좋아하지 않는다며 상황을 이해시키려고 했다. 하지만 '위에서의 일'은 펠리니를 위협하지 못했고, 대신 그는 검열이 있다는 점에 대해 어떤 특권의식 같은 걸 느꼈다. 더 나아가 데 벨리스는 당국과의 관계에서 펠리니의 정치적 무감각을 직면하면, 항상 그를 덮어주며 보호했다. 펠리니가 아식 어려 조심성이 없어 그렇다는 식이었다. 또는 파시스트당의 서기 에토레 무티가 편집실을 방문하여 펠리니와 마주쳤을 때는 긴 머리를 좀 자르라고 말해, 주변 사람들을 웃게 만들게도 했다. 펠리니와 서기와의 첫 만남은 좋지 않았다. 편집자들은 서열에 따라 줄 서서, 각자의 이름과 칼럼의 제목을 대며 자신들을 소개했다. 펠리니도 자신의 순서가 됐을 때, 로마식으로 인사하고, 뒤꿈치를 탁 붙이면서 목청을 높여 소개했다. "펠리니. 그런데 너는 내 말을 듣고 있니?" 펠리니의 동명 칼럼('그런데 너는 내 말을 듣고 있니?')을 전혀 읽은 적이 없는 무티는 당황했고, 무뚝뚝하게 대답했다. "그럼 네 말을 듣고 있지. 펠리니 동지."

　금방 악명을 날리게 될 펠리니의 칼럼 '그런데 너는 내 말을 듣고 있니?'는 1939년 7월 26일 시작됐다. 이 칼럼은 항상 같은 형식으로 시작됐다. "나는 너에게 말하고 있어, 통통한 애인아..." 끝에도 같은 형식이 반복된다. "나는 너에게 말하고 있어, 통통한 애인아, 그런데 너는 내 말을 듣고 있니?" 이 칼럼은 1년 반 동안 연재됐는데, 항상 등장인물들을 바꾸었고, 특징 있는 그 캐릭터들은 하나의 부대를 이룰 정도였다. 예를 들어 흰색 셔츠의 웨이터, 시골 출신의 어린 소년, 버라이어티 쇼의 여주인공, 검은 앞치마를 두른 담배 가게 주인, 미국 스타일로 콧수염을 기른 배달원 등이다. 미래에 펠리니의 영화에 자주 등장하는 캐릭터들을 미리 보는 것 같았다.

　펠리니를 모방하는 사람들이 곧바로 등장했다. 이를테면 12월 3일 어떤 독자가 이런 투고를 했다. "나는 너에게 말하고 있어, 편집자여. 그런데 너는 내 말을 듣고 있니?" 그래서 펠리니는 다른 통로를 통해 '나쁜 편집자'(펠리니를 지칭)는 '모두에게 대답합니다'라는 칼럼에서 독자들의 투고에 응대했다. 그는 리비아의 트리폴리에 있는 두 독자에게 말했다. "우리의 지면은 '내 말을 듣고 있니'에 대한 독자들의 반응으로 넘쳐 납니다. 페데리코는 결국 거만해졌구요. 그는 말을 타고 출근하지를 않나, 눈을 반쯤 감은 채 말을 하고, 자신의 칼럼은 은박지에 인쇄돼야 한다고 요구합니다. 만약 그가 해고되기를 원치 않는다면, 그를 따라 하는 것을 그만두고 대신 우리에게 흑인 여성의 누드 사진을 보내주세요." 펠리니 극장의 전형적인 인물인 몸집 큰 연인 팔리나(Pallina)는 이 지면을 통해 처음 등장했다. 그녀의 이름은 리미니의 옛 애인 이름을 따라 비앙카로 바뀔 것이다.

펠리니는 자신의 초창기 코미디 형식을 넘어서면서, 점점 더 많은 지면을 원했다. 결국에 매호 마다 그는 셋 혹은 네 개의 기사를 배당받았다. 그러면서 그는 시골에서의 서민적인 삶에 대한 진정한 일기 같은 것, 곧 미리 보는 '아마코드' 같은 걸 구성했다. 같은 방식으로 그는 훗날 영화에서도 서민적인 호소력을 발견할 것이다. 펠리니의 산문은 친구들끼리 말할 때 느끼는 어떤 신뢰 같은 것으로, 특히 젊은 독자들의 주목을 받았다. 어린 학생들의 장난부터 단호한 자기 풍자까지, 이것은 '8과 1/2'의 정신분석학적 복잡성을 특징짓는 것인데, 초창기 때의 글쓰기에서 잉태된 이런 테마들은 펠리니의 미래 작업에서도 이어질 것이다. 예를 들어 고향과의 어색한 관계, 그가 고향을 떠나며 잃어버린 풍족함에 대한 그리움 같은 테마들 말이다. '듣고 있니'의 어떤 내용은 옛 친구에게 쓴 것도 있다. 펠리니는 어린 시절 자신을 놀렸던 동창과 유쾌하지 않은 편지를 교환하는 상황으로 꾸몄다. 동창이 펠리니를 놀리는 것처럼 썼다.

"그래서 여자들은? 너의 직업이라면 얼마나 많을까? 대학은? 너는 절대 중단하지 않겠지. 인생에서 대학 학위가 얼마나 유리한지 알지? 너는 얼마나 변했을까. 옛 친구들은 이제 기억나지도 않니? 왜 아직도 자가용을 사지 않니? 여성 스타들과는 얼마나 많이 키스해봤니?"

1940년 11월 23일 자 '두 친구 만나다'라는 만평에서 다루는 우정에 대한 주제는 플로베르의 비관주의를 떠오르게 했다. 특집 기사처럼 1면 아래에 이름을 달고 게재된 이 만평은 2년 이상 서로 보지 못한 채 기차역에서 우연히 만난 두 친구가 옛 시절의 아름다움을 열심히 기억하다가, 결국에는 서로를 모욕하고 주먹을 주고받는 것으로 끝난다.

버라이어티 쇼의 세상은 알도 파브리치(Aldo Fabrizi)[11] 덕분에 알게 됐는데, 펠리니는 쇼의 스텔라(작은 별, 곧 여주인공)에게 헌정하는 만평 '그런데 너는'(Ma tu...)을 발표한다. "이 영화에는 어머니가 없다. 단지 목소리가 쉰 소년들, 기술 파트 조수들, 잡일을 도맡아 하는 젊은이들, 힘들어하는 노인들뿐이다. 무대에 스텔라, 네가 나타날 때 관객들은 야수처럼 소리를 질러댄다." 또 다른 '그런데 너는'은 쇼의 곡예사, 무대를 여는 가수, 그리고 어린 발레리나에게 헌정했다. 1940년 11월 13일부터 새 연재물 '조명은 켜졌다'가 시작된다. 여기서도 모

11　알도 파브리치는 1940년대, 1950년대의 대표적인 코미디 배우. 로셀리니 감독의 '무방비 도시'(1945)에서의 비극적인 신부 역으로 유명하다.

든 만평은 같은 방식으로 시작한다. "쇼의 동료들, 곧 '어깨'[12]라고 불리는 그 사람들에 대해 말해봅시다." 1941년 1월 25일자 만평에서 펠리니는 쇼가 끝난 뒤 파브리치의 분장실에 우연히 들어가는 장면을 그린다. 그런데 캄포 디 피오리 시장[13]에서 장사했던 어떤 친구도 그곳에 왔다(파브리치도 한때 그 시장에서 일했다). 그는 파브리치를 지지한 게 아니라, 관객들 사이에서 그에 대해 안 좋은 말을 하면서 그의 성공에 흠집을 내려고 했었다. 하지만 그 친구는 "나는 너를 보호했어."라고 주장했다. "나는 '조용히 해!'라고 말했어. 저런 형편없는 사람(파브리치)도 자신의 빵을 구할 권리가 있어."라고 말했다는 것이다. 말하자면 쇼의 세계에 대한 펠리니의 상상은 이때 만들어졌고, 이는 우리가 훗날 보게 될 '버라이어티 쇼의 불빛'과 '로마' 같은 영화에서 확인될 것이다.

1940년 8월 17일부터 채플린식의 제목 '시티라이트'를 연재했다. 도시의 다양한 환경을 그린 이 만평의 소제목들은 '식당에서' '가구가 있는 방' '낮의 호텔' '벤치에 앉아' '공립공원' '간이식당' 등이다. 또 다른 연재물 '어떻게 행동해야 할까'는 오래 유지됐는데, 항상 하나의 테마를 던지고 시작했다. '어떻게 행동해야 할까. 하녀랑 걸을 때' 같은 식이다. 이것은

---

12   힘든 일을 하는 조수들.

13   Campo de' Fiori. 로마의 유명 광장 이름. 그곳에 있는 시장으로도 유명했다.

펠리니의 연재물 가운데 지금도 프린트가 남아 있으며, 1942년 내내 발표됐다. 이 연재물은 작가 자신을 포함해서, 평범한 일상에서 놀람을 느끼는 남자들의 다양한 태도를 관찰한 것이다. 여기에선 글쓰기에 대한 펠리니의 타고난 '자기반영적' 특성, 곧 '만평에 대한 만평'도 있는데, 이런 특성은 '8과 1/2'에서 보듯 '영화에 대한 영화'로 이어진다. 1941년 3월 15일 자 만평은 완벽한 사례다. '어떻게 행동해야 할까. 당신이 이 연재물을 써야 할 때'. 또 다른 흥미로운 것으로, '어떻게 행동해야 할까. 당신이 버라이어티 쇼의 배우를 만났을 때'. 1942년 1월 21일 자엔 '어떻게 행동해야 할까. 당신이 고리대금업자에게 갔을 때'[14] 등도 있다. 펠리니는 앞으로도 절대 포기하지 않을 자기 풍자의 즐거움을 그때 이미 표현하고 있었다.

자전적인 내용을 공적인 고백 형식을 통해 풀어내는 것은 1942년 1월 24일 자에 정점에 이른다. 이 기사에서 펠리니는 혼자서 어떤 파티도 없이, 멜랑콜리한 생일을 지내는 청년을 묘사한다. 이 만평은 펠리니가 로마에서 22번째 생일(1월 20일)을 맞은 4일 뒤 발표했다. 그때 그는 고독이란 것은 자유의 궁극적인 대가라는 점을 알았다.

'고교 2학년'이란 연재물은 특히 젊은이들에게 인기 있었

14　펠리니가 실제로 배우를 만나고, 고리대금업자를 찾아간 것을 스스로 풍자한 것.

다. '아마코드'의 학창시절에 대한 초기 판본 격인 이 연재는 1940년 12월 7일 시작됐고, 40회 이상 이어졌다. 주인공은 떨어질 수 없는 두 소년, 곧 펠리니와 그의 친구 티타 벤치였고, 또 이들에게 사랑받는 비앙키나, 그리고 어린 시절의 다른 인물들도 등장했다. 펠리니와 비앙키나와의 로맨스는 '첫사랑'이라는 칼럼에서 대단한 상찬을 받았다. 여기서 펠리니는 자신을 '페데리코'로 부르며 3인칭으로 서술했는데, 페데리코는 나중에 치코로 이름이 바뀐다. 마치 예언처럼, 이 연재물의 제목은 1942년 2월 28일 '오늘 결혼함'으로 바뀐다. 치코와 비앙키나의 결혼을 통해 펠리니는 자신과 줄리에타와의 결혼을 예시했다. 당시는 펠리니가 아직 줄리에타를 만나지도 않았다. 티타는 겸연쩍어하면서도 신혼부부를 방문하기 위해 온다. 그의 도착이 연재를 종결짓는다. 그러면서 펠리니의 모든 연재물을 길고도 아이러니한 하나의 자화상으로 통합시킨다.

이런 청춘 시절 덕분에, 펠리니는 언론계에서 처음엔 '모초'(mozzo, 소년 혹은 사환이란 뜻)로 알려졌지만, 곧 시사지계의 최고급 인물이 됐다. 신출내기였던 그는 편집장의 귀염둥이, 또 동료들이 가장 좋아하는 동료가 됐다. 하룻밤 새 유명해진 젊은 유머 작가 펠리니는 어느 날 '콧수염 41'이라는 슬랩스틱 코미디의 관객으로서 더욱 유명해졌다. 이 코미디 공연은 1941년 2월 17일부터 23일까지 로마의 '치네마테아트로 콰트로 폰타네'(Cinemateatro Quattro Fontane, 영화연극 네 개의 분수)

극장에서 열렸다. 공연은 매일 밤 어느 순간 관객에게 스포트라이트를 비추고, 유명인을 호명하는 이벤트를 한다. 어느 날 펠리니는 확성기를 통해 자기 이름이 불리고, 천둥 같은 박수 소리가 이어지는 데 매우 놀랐다. 그날 펠리니는 유명인이 되는 세례를 받은 것이다.

마르카우렐리오의 연봉도 좋았지만, 펠리니는 계속 만평을 제공함으로써 자기 수입을 잘 유지했다. '붕대를 두른 작은 이야기들', '다른 날', '카페에서', '네가 가장 좋아하는 동화'(수많은 동화가 소개되고, 주인공들이 결국 꿈을 이루는 이야기), '녹턴', '리케티노, 평범한 소년', '첫 돌을 던져라', '구름', '그렇게 말하고 생각하자... 밤의 신비한 소음을 들으면서'(이는 '밤에 그것은 말한다'로 발전한다), 이런 것들은 몇 호씩 이어진다. 또 칼럼들은 라디오의 시리즈가 되고, 청년기의 만평들은 펠리니의 후반기 영화 경력을 살찌울 것이다.

마르카우렐리오 시절은 발행 날짜가 분명하지 않은 작은 책 〈나의 친구 파스쿠알리노〉에 반영돼 있다. 이 책은 펠리니의 서명이 있는데, 책이라기보다는 74페이지의 노트 같은 것이다. 표지엔 자기 모자를 톡 치는 작은 남자가 디자인돼 있다. 프롤로그와 에필로그 그리고 10개의 챕터로 구성된 이 책에서 펠리니는 자신의 분신 파스쿠알리노의 초상화를 그리고 있다. 이 책은 펠리니가 고골, 카프카 등을 통해 이미 자기도 모르게 빠져 있던 정신분석 문화에 대한 준-문학적 표현이다

(마르첼로 마르케지[15]가 신문사의 모든 동료에게 몇 년 전 이탈리아어로 번역된 〈변신〉을 소개했다). 펠리니의 작은 책은 제임스 서버가 쓴 미국의 걸작 단편집 〈월터 미티의 은밀한 생활〉과 비교된다.[16] 이 책은 대니 케이가 주연한 영화로도 발표됐다.

펠리니가 라디오를 위해 글을 쓰면 쓸수록, 드라마 작가로서의 유명세도 함께 퍼졌다. 자연히 마르카우렐리오에 대한 기여도는 점점 낮아졌다. 펠리니의 마지막 칼럼은 몇 개의 특별 투고를 제외하곤 1942년 말에 끝난다. 독자들이 이런 사실에 불만을 품고 투고란에 편지를 보내면, '나쁜 편집자'(펠리니 자신)라는 필자는 '우리는 모두에게 대답합니다'라는 칼럼을 통해 답한다. "페데리코가 다른 놀라운 모험을 위해 제작에서 물러나 있는 건 아닙니다. 페데리코가 사무실에 나타날 때면 그로부터 대금을 받으려고 은신처에 숨어 있던 양복쟁이가 반드시 등장합니다. 페데리코는 빨리 도망가야지요. 마르카우렐리오의 문을 마치 화살처럼 지나쳐 사라집니다." 농담조의 이야기와 펠리니가 빚을 지고 있는 양복쟁이의 등장은 여기서 시작된 것 같다. 여기엔 연민을 느끼게 하는 현실도 있

---

15 이탈리아 문화계의 유명 인물. 특히 작가, 작사가, 시나리오 작가로 유명.

16 제임스 서버의 책은 중년 남자의 평범한 일상을 마치 자서전처럼 서술하고 있다. 이 소설은 1947년 대니 케이 주연으로 영화화됐다. 또 2013년 벤 스틸러(주연, 감독)가 원작을 각색했고, 우리에겐 '월터의 상상은 현실이 된다'로 소개됐다.

다. '놀라운 모험'이란 징병에 대한 암시다. '나쁜 편집자'는 러시아 전선에서 정기적인 칼럼을 보내던 젊은 유머 작가 토마소 베네데토를 어렴풋이 암시하고 있다. 베네데토는 데 벨리스의 조카다. 베네데토의 전쟁 기사는 1면에 '가장 아름다운 모험'이란 제목으로 수 개월간 연재됐다. 그런데 8월 7일 신문은 다음과 같은 알림 기사를 싣는다. "우리는 지난 12월 이후, 러시아 전선에 있는 용감한 전사 베네데토로부터 더는 기사를 받지 못했다. 우리의 심장은 그와 함께 있고, 그의 귀환을, 믿음을 갖고 간절하게 기다리고 있다." 귀환은 이뤄지지 않았다. 그럴 때 독자 투고란에 펠리니의 부재를 걱정하는 편지들도 계속 도착했다. 1943년 3월 3일 자 기사다. "펠리니는 비앙키나와 결혼하지 않았습니다. 그녀는 결혼했습니다. 펠리니와는 아닙니다. 차이점은 별로 없지만, 우리는 그의 부재를 느끼고 있습니다..."

사실을 말하자면 펠리니는 양복쟁이의 빚이 아니라 징병 서류에 쫓기고 있었다. 그는 1939년 이후 징병 대상이 됐고, 이후에는 병역을 피하기 위한 모든 수단을 동원했다. 징병을 피하는 것에 관한 한 펠리니는 거장의 정점에 도달할 창조적 재능을 보였다. 그는 전쟁이 살벌해지고 폭격이 쏟아지면서, 서류 발급에 대한 혼란이 늘어난 상황을 이용했다. 그는 징병 연기를 위한 모든 책략을 동원했다. 가슴 떨림, 갑상선 기능 항진증(튀어나온 눈동자가 증거였다)이 주요 이유였다. 펠리니는 여러 곳의 군 병원을 옮겨 다녔는데, 로마의 첼리오에서 시작하여 볼로냐까지 갔다. 로마와 리미니, 두 곳에 신고된 거주등록증도 이용했다. 그런데 책략이 점점 떨어져 갈 때, 마침 볼로냐에 있는 군사 기록실이 폭격을 당했고, 펠리니에 관련된 서류, 특히 신분 관련 서류는 모두 사라졌다(배급 카드까지도). 이런 혼란을 틈타 펠리니는 사라졌다. 머지않아 상황은 복원될 것이다. 그리고 파시스트 정부도 1943년 7월 25일 무너질 것이다. 모두 그리 멀지 않은 미래다.

마르카우렐리오 시기는 행복했다. 하지만 그 행복은 정치적 무관심이라는 부끄러움을 가린 것이다. 무솔리니 독재의 마지막 기간을 살아낸 사람이라면 누구나 정권에 대한 공식적인 충성과 유머에 대한 본질적인 자유 사이에서 신경쇠약에 걸릴 정도로 갈등했을 테다. 그러나 자유에 대한 불확실한 전망은 미래를 생각할 때 사람들을 우울하게 만들었고 공포에 빠뜨렸다. 펠리니가 정규직으로 일하고 또 숨어 있을 때, 그의 동료 마르케지는 1943년 여름의 사건(무솔리니 실각)에 대응하여, 새로운 정당, 곧 '세계 유머당' 창당을 제안했다. 말하자면 역사가 모든 모순을 당신에게 쏟아놓을 때, 당신은 웃어주면 된다는 것이다.

인기 라디오 방송 작가

1941년 새해를 앞둔 몇 주 전, 이탈리아 라디오방송사(Eiar, Ente italiano audizioni radiofoniche)의 프로그램에 변화가 왔다. 그때까지 방송은 존경받는 드라마작가들이 전통적인 방식으로 쓴 작품들에 의해 독점되고 있었다. 그런데 새로운 전략은 현대적 감각을 마이크 앞으로 데려오는 작은 쇼를 진행하는 것이었다. 대본은 신문에서 유명해진 유머 작가들이 썼다. 12월 12일 눈치오 필로가모의 연출로 '만화경'이란 제목의 버라이어티 쇼가 방송을 탔다. 막간극 '성냥'이 삽입됐는데, 이것을 펠리니와 루제로 마카리가 함께 썼다. 이야기는 한 청년이 다른 청년에게 성냥을 구하는 것으로 시작하여, 나중에는 다른 청년의 담배, 담뱃갑, 재킷, 바지 그리고 그의 애인까지 모두 뺏고 걸어 나가는 내용이다. 반세기가 지난 뒤 요양원에서 연출가 필로가모에게 들었는데, 그가 기억하길 펠리니는 "외향적이고, 항상 밝고, 생기있으며, 사람들과 잘 지내는 청년"이었다고 한다.

'성냥'에 바로 이어 펠리니와 마카리는 다시 팀을 이뤄 '엔딩은 없다'라는 제목의 프로그램 전체를 썼다. 거의 동시에 둘은 1941년 1월 4일부터 철도 잡지에 '이상적인 여행'도 썼다. 자료실에는 펠리니와 마카리가 서명한 '세계의 도시'라는 흥미로운 원고가 남아 있다. 검열 당국의 허가는 1940년 7월 29일 자로 찍혀 있다. 원고는 로마의 테르미니 역에서의 도착 장면으로 시작하는데, 이것은 30년 뒤 펠리니의 영화 '로마'의 도착 장면을 예시하는 것이었다. 내용은 로마 버스 투어를 다룬다. 버스는 미래의 펠리니 영화를 예언하듯 베네토 거리로 가고, 그곳에서 작가는 '가가'(gagà, 거만한 멋쟁이)들을 인터뷰한다. 버스 투어의 다른 주요 도착지는 로마를 조망할 수 있는 테라차 델 핀치오, 트라이아누스 포럼, 그리고 콜로세움 등이다. 여기엔 네로 황제의 악명 높은 근위대장 티겔리누스(Tigellinus)가 노래를 부르는 네로를 소개하는 작은 장면도 있다. 대단원은 '24명의 사자와 24명의 검투사'인데, 이들은 관중들 앞에 나타나, 학살을 자행한다. 이런 과감한 원고는 이제 스물을 갓 넘긴 두 청년의 작품인데, 다루는 내용은 펠리니의 가슴에 오래 남아 있는 상황들과 주제임을 알 수 있다. 실제로 그런 이야기는 훗날 펠리니의 영화, 예를 들어 '달콤한 인생', '사티리콘', 그리고 '로마'에서 다시 볼 수 있다.

방송 안내 주간지 '라디오코리에레'(Radiocorriere)에 따르면, '나랑 꿈꾸기를 원하니?'(1941년 4월 24일 방송)는 이런 내용을 담고 있다. "꿈은 가난한 사람들의 영화"라는 것이다. 포풀리스트 같은 언급은 차치하고, 이런 등식, 곧 '영화는 꿈'이라는 등식은 펠리니 철학의 핵심을 예견하게 했다. 연출자 필로가 모는 '어느 날 밤, 작은 별이 떨어지다'(5월 22일)도 방송했는데, 이는 별똥별과 소원 성취의 테마에 관한 변주였다. 방송은 이렇게 말했다. "사실 실현되는 꿈은 누구도 행복하게 하지 못한다." 그래서 일상에서의 작은 기쁨에 만족하는 게 낫다는 것이다. 이는 네오리얼리즘의 유명 작가 체사레 차바티니(Cesare Zavattini) 스타일의 도덕 이야기이며, 미국 작가 손튼 와일더의 〈우리 마을〉(Our Town)도 떠올리게 했다. 〈우리 마을〉은 1940년 엘자 메를리니가 주역을 맡아 이탈리아에서도 공연됐고, 관객들의 마음을 크게 움직였다. 펠리니와 마카리는 12월 25일 저녁 '냅킨 아래의 잡지'를 방송했다. 아이들이 쓴 크리스마스 카드를 숨겨두는 전통적인 자리에 관한 이야기를 비튼 것이었다. 또 두 청년은 특이한 쇼 프로그램인 '공원 벤치와의 인터뷰'도 함께 썼다. 자정에 공원 문을 넘어 들어가, 벤치와 인터뷰하려는 저널리스트 이야기였다. 이 원고는 1942년 4월 24일에 검열을 통과했다.

1942년 여름, 펠리니의 라디오 작업은 두각을 드러냈다. 이때 펠리니는 줄리에타 마지나를 만난 것으로 알려져 있다. 두 사람은 펠리니의 라디오 드라마에서 치코(Cico)와 팔리나(Pallina)라는 인물로 변형돼 있다. 그리고 펠리니는 세 명이 즐기는 카드 게임 테르칠리오(Terziglio)에서 이름을 딴 라디오 연재물 '테르칠리오'를 쓰면서, 마카리 없이 혼자 작업을 하기 시작했다. 피에몬테주 공무원 출신인 영재 연출가 체사레 카발로티는 혁신적인 연재물을 기획했는데, '세 명의 카드 놀이꾼이 있는 게임'(테르칠리오)처럼 단편을 구성했다. 매주 세 명의 작가가 같은 주제를 놓고, 따로 떨어져서, 서로 다른 그렇지만 비슷한 상황을 쓰고, 이것으로 1시간짜리 쇼를 만드는 것이다. 펠리니는 '사랑의 편지'라는 테마를 놓고, 테르칠리오의 1942년 9월 3일 첫 방송 예정 원고를 썼다. 원고는 6월 10일까지 검열을 받지 못했다. 그런데 펠리니는 6월 6일, 그 방송 원고와 거의 같은 이야기를 '마르카우렐리오'에 발표했다. 두 원고에서 작가(펠리니 작품의 전형적인 인물인 작가이자 화자)는 '슬픈 남자' 오미노 트리스테(Omino Triste)[1]의 이야기를 들려준다. 5년 전, 오미노라고 불리는 남자 로베르토는 작은 시골

---

1   오미노 트리스테는 특정 인물의 이름을 표기한 고유명사이지만, 일반명사로 풀면, 남자(오미노), 슬픈(트리스테)의 뜻이다. 곧 슬픈 남자라는 뜻을 고유명사로 쓰고 있다.

에서 행복하게 살았다. 그는 아드리아넬라와 약혼했다(페데리코와 비앙키나의 사랑 이야기에 대한 명백한 인용). 로베르토는 결혼을 위해 돈을 벌려고 행운을 좇아 떠났다. 두 사람은 모두 읽고 쓸 줄을 몰랐다. 하지만 로베르토는 매일 아드리아넬라에게 백지 편지지를 넣은 편지를 보냈다. 시간은 흘렀고, 로베르토는 쓸 줄을 알았다. 하지만 그는 더는 약혼녀를 사랑하지 않는다는 사실도 알았다. 다시 시간은 흘러, 그는 결혼했고, 두 아이를 가졌다. 하지만 아드리아넬라에게 편지는 계속 보냈다. 그녀의 생일을 축하하는 날에는 편지를 두 개나 보냈다.

펠리니는 라디오 극에선 자신의 이름을 전부 다 썼다(이와 달리 신문 만평을 쓸 때, 그는 '페데리코'라고만 서명했다). 그는 라디오 원고에 자신의 모든 시적 감수성을 쏟아부었다. 그리고 방대한 테마와 다양한 캐릭터를 선보였는데, 이는 2년 동안 신문 만평을 쓰며 축적한 것에서 나온 것이다. 드라마작가로서의 재능은 라디오 극을 쓰며 활짝 피기 시작했다. 이 젊은 작가는 연출가 카발로티에게 매주 1편의 드라마를 써내는 데, 전혀 어려움을 느끼지 않았다. 또 카발로티의 프로그램은 다양하고 재능 있는 코미디 작가들로부터 기고를 받았지만, 펠리니는 움직일 수 없는 고정 필자 가운데 한 명이 됐다. 일하는 방식은 늘 같았다. 카발로티는 다음 주 월요일 방송 예정의 원고 테마를 수요일 오후에 전화로 알렸다. 그런데 펠리니는 게을러서인지, 혹은 신문과 영화 등으로 다른 할 일이 많아서인지, 매번 아슬아슬하게 일요일 저녁이 되어서야 종이에 뭔가를 쓰기 시작했다.

펠리니는 당시 니코테라 거리 26번지에 있는 하숙집의 9호실에 살았다. 그는 5호실에 사는 리카르도 아라곤을 자주 찾아가, 시험공부를 하던 학생들에게 인기 있던 각성제 심파미나(Simpamina)를 빌리곤 했다. 아라곤도 테르칠리오의 기고자였다. 당시 심파미나는 유행이었다. 항상 당대의 변화에 민감했던 시사지 마르카우렐리오는 1942년 유명 의사들과 인터뷰를 하여, 약의 해악에 대한 기사를 내보냈다. 기사 제목은 '각성제의 정기적인 사용은 얼마나 해로운가?'였다. 약 때문인지 피곤했던 펠리니는 월요일에 나타나, 첫 원고를 넘겼다. 연출자 카발로티는 늘 그렇듯 즉각적인 비판을 했다. "이 원고는 아무도 이해하지 못할 거요." 그런데 신문의 방송 리뷰를 종합해 보면, 그 날의 테르칠리오는 성공이었다.

펠리니는 1942년 9월 8일 방송될 테르칠리오의 2회 원고도 썼다. 제목은 '아내와 남편'이었다. 카발로티는 기고자가 누구인지 모른 체하며 잡지 '라디오코리에레'에 이렇게 말했다. "펠리니라는 작가는 젊은 사람일 것이다. 오랜 기다림 끝에 마침내 세탁부 하녀를 고용할 수 있게 된 신혼부부의 이야기를 시적으로 표현하고 있다. 치코와 팔리나는 젊은 남편과 아내인데, 우리 모두 그렇게 되기를 원하는, 혹은 한 번쯤은 원했던 그런 부부다." 등장인물은 작가, 치코, 팔리나 그리고 로제타이다(치코와 팔리나는 펠리니의 다른 만평으로 이미 알려진 캐릭터이고, 가정부 로제타 에피소드도 1942년 4월 22일 '오늘날의 신혼부부들'이란 방송에서 이미 다룬 바 있다). 작가는 신혼부부를 소개한 뒤, 우리가 그들의 결혼식, 울적했던 신혼여행, 그리고 다른 모험들을 이미 알고 있다는 점을 상기시켰다. "어쩌면 그들은 결혼을 너무 일찍 한 것 같다." 작가는 회의한다. "그들은 남편과 아내가 되기에는 아직 너무 어린 것 같다." 그리고 그들이 첫 번째 하녀 로제타를 만났을 때를 그리고 있다. 팔리나와 하녀 로제타는 겨우 15살이었는데, 서로 웃고, 친해지고, 공을 갖고 함께 놀았다. 치코는 집에 왔을 때, 그들이 그렇게 친한 데 사실 좀 놀랐다. 그런데 그도 놀이에 합류했다. 이 장면은 당시로선 전통에 반하는 약간 무례한 내용이었다. 말하자면 그건 젊은이들의 솔직한 행동을 지지하는 것이며, 당대의 부르주아들이 가정부들을 어떻게 다루는지에 대한 명백한 비판이었다. 치코와 팔리나의 행동은 옛 관습에 도전하는 새로운 접근이었다. 그건 지나치게 진지하지도 않고, 정직했으며, 위선과 권위주의를 벗어버린 것이었다. 아마도 이것은 전쟁 중에 이미 시작된 사회적 변동이, 앞으로 이탈리아 사회에 몰고 올 새로운 흐름을 예고한 것인지도 모른다.

연출가 카발로티는 펠리니의 원고를 대단히 좋아했지만, 약간 당황하기도 했다. '밤에는 사물들이 말한다'를 방송한 뒤, 카발로티는 '라디오코리에레'에서 펠리니의 드라마를 '판타지'라고 정의했다. "내용은 진짜이지만, 존재하지 않는 것이다. 그건 느끼자마자 바로 표현되는 놀라움의 연속 같은 것이다." 카발로티는 계속 말했다. "이런 짧지만 진지한 작품에서 펠리니는 마침내 문학적 감수성을 최고치로 맞추었다. 하지만 그는 소음과 의성어에 지나치게 흥미를 갖는 유아기적 기질에서 완전히 벗어난 것 같지는 않다." 사실을 말하자면, 판타지 넘치는 라디오 극은 평범한 일상에서 마법을 발견하는 펠리니의 능력에 대한 증거이다. 같은 마법이 줄리에타의 영혼의 세상을 채울 것이다('영혼의 줄리에타'). 펠리니는 아직 젊은이였지만, 벌써 유아기의 환상과 마법에 대해 향수를 느끼고 있었다.

펠리니의 시학은 새로운 미디어에 대한 이해, 그리고 새로운 드라마 작성의 가능성에 대한 숙달로 더욱 발전했다. 그점은 후속편인 '가구 딸린 방들'에서 명확히 드러난다(8월 27일 검열을 통과했고, 9월 24일 방송됐다). 이야기는 하나의 방이 아니라 두 개의 방에서 전개된다. 첫 번째 것은 아들을 멀리 보낸 부모가 꾸는 꿈 같은 방이다. 하숙집 현관의 종소리는 집에 있는 종소리와 같다. 문을 열려고 나가는 하숙집 여주인의 모습은 펠리니의 모친을 닮았다. 유사성은 놀라운 수준으로 전개되는데, 여주인의 남편 이름이 펠리니의 부친 이름과 같은 우르바노이고, 딸의 이름은 펠리니의 여동생 이름과 같은 마달레나이다. 작가는 자신이 부친의 완벽한 복제 앞에 서 있는 사실을 알게 된다. 그 하숙집 주인 남자는 "인생에서 전부는 대학 학위야."라고 하숙인 작가에게 설명한다. 반면에 여주인은 신심이 깊은 모친처럼 '마달레나와의 주님의 기도'(il Padrenostro con Maddalena)를 낭송해달라고 끈질기게 요구한다. 한편 펠리니 같은 청년들은 색다른 종류의 가구 딸린 방, 곧 '8과 1/2'에 나오는 하렘 같은 방을 꿈꾼다. 두 번째 방은 시내 중심가의 현대식 빌딩 안에 있다. 현관 문지기에게는 7명의 사랑스러운 딸이 있는데, 그들은 전부 행복해야 했다. 5층에서, 친절한 여주인은 그에게 다른 여성 하숙인들을 소개한다. "남자 하숙인들도 여기에 있었다. 그런데 3일 전 당신이 온다는 사실을 알았을 때, 갑자기 여성들이 이곳으로 이사 왔다. 맞은 편 옷가게의 여성 재단사와 여성 디자이너, 왕립극장의 발레리나들, 8명의 여배우, 6명의 여가수, 당신의 초상화를 그리려는 두 명의 여성 화가, 3명의 여대생, 그리고 러시아의 공주까지 왔다." 부드럽게 성적 공격을 받는 것은 영화 '여성의 도시'를 예상케 하는 것이었다. 작가는 기뻐 소리를 지른다. "만세! 가구 딸린 방."

'신혼여행'은 10월 5일 방송됐고, 그날 검열도 받았다. 검열위원장인 레오폴도 추를로는 원고에서 여러 부분을 잘라 냈다. 펠리니 특유의 장면은 자주 그렇듯, 펠리니 자신이 작품 속에 직접 작가로 등장하여 이야기를 연다. "이것은 신랑 신부의 신혼여행 이야기이다. 당신은 이미 그들을 만났다. 페데리코와 비앙키나, 또는 치코와 팔리나로 불리는 부부다. 이들은 아주 어린 신혼부부인데, 너무 어릴지도 모르겠다. 결혼한지 1년이 지났지만, 아직 완전한 남편과 아내는 되지 못했다." 완결되지 않은 결혼은 이들에게 비현실적인 분위기, 서스펜스, 꿈같은 기분마저 느끼게 했다. "차가운 기차의 복도에 서서, 끝날 것 같지 않은 길고 긴 여행을 한 뒤, 이들은 피곤했고, 짜증이 났고, 실망한 채 낯설고 마음에 들지 않는 어느 도시에 도착했다." 이들은 길에서 오래 방황한 뒤, 어둡고 계단이 젖어 있는 어떤 문 앞에 도착했다. 벨을 누르니, 키 작은 마른 여성이 나왔다. 그녀는 부부에게 지금 집에 없는 아들의 방을 빌려주기로 했다. 아들은 시내에 나갔다. 작가가 덧붙인다. "그래서 이들 신혼부부는 불 꺼진 골목을 향해 있는 창문 하나의 오래된 방에 자기들만 있다는 사실을 알았다." 그들은 안도의 한숨을 쉬고, 눈물을 흘렸고, 키스했다. 그런데 이 작은 목가적인 시는 갑자기 돌아온 아들에 의해 중단되고 말았다. 아들은 신혼부부를 발길로 차서 길로 내쫓았다. 바깥엔 부부의 우울하고 불안한 그림 위로 달빛의 숨 막히는 풍경이 펼쳐졌다. 이는 펠리니 특유의 장면일 것이다. 곧 성적인 면에 있어서 수줍어하고 소극적인 신혼부부, 조잡하고 빈약한 셋방, 갑작스럽게 폭행을 저지르는 나쁜 아들들 말이다. 현실과 닮은 이야기에 불안해진 추를로는 보라색 펜으로 여러 군데에 표시를 남겼다. 펠리니의 작품은 겉으로는 소박한 허구처

럼 보이지만, 뭔가 불안한 것이 존재한다는 것을 느꼈기 때문일 테다.[2]

치코와 팔리나는 테르칠리오의 또 다른 에피소드인 '첫사랑'에 주연으로 나온다. 이 작품은 1941년 10월 3일 검열을 통과했고, 10월 20일 방송됐다. 이야기는 행복이 미래의 꿈일 때인 그들의 결혼 전을 다룬다. 팔리나는 많은 자식을 놓길 원하고, 치코는 원하지 않는다. 그들은 공원에서 이 문제로 막 다투기 시작했다. 그때 저쪽 울타리에서 작은 아이가 하나 나타났다. 그 아이를 돌봐야 할 때, 치코는 주저했고, 팔리나는 아주 기뻐했다. 두 사람은 아이에게 말을 걸었고, 팔리나는 안아주었으며, 치코는 아이에게 사탕을 사주기 위해 마지막 남은 돈을 썼다. 그때 아이를 잃어버렸던 보모가 나타났다. 그는 갑자기 아이의 뒷머리를 철썩 때리고는 휙 데리고 가버렸다. 연출가 카발로티는 이렇게 평가했다. "이 작품은 펠리니의 황혼파 특성을 표현하고 있다. 대단히 섬세하고, 언어보다는 의도 위주로 구성돼 있다. 열정보다는 감성으로 전달된다." 이 지점에서 우리는 카발로티도 펠리니의 정교한 유혹에 포로가 된, 많은 연출가 중의 한 사람이라는 사실을 알 수 있다.

'회사의 장난감'이라는 원고는 10월 18일 검열을 통과했고,

---

2 특히 폭행을 저지르는 나쁜 아들은 파시스트 청년을 연상시킨다.

11월 10일 방송됐다. 경영인 탈리(Tagli)[3]씨가 110명의 고용인에게 제공한 파티를 다룬다. 이곳에 작가가 신비하고 작은 기계를 하나 갖고 도착한다. 이 기계는 먼 과거에 당신이 했던 말, 어떤 언급, 대화를 반복할 수 있다. 카발로티는 이 장면에 관해 이렇게 말했다. "이 기계는 황혼파의 특성이라고 말할 수 있다. 성찰적이다. 모든 사람의 내밀한 부분을 파헤칠 수 있는 효과적인 방법이다. 현재의 삶이 잔인할 정도로 지워버리고 있는 지난날의 정직함, 희망, 꿈, 그리고 영감을 재발견해준다."

이탈리아 라디오방송사(Eiar)는 1942년 12월 25일 크리스마스를 펠리니와 두 번째로 함께 맞으며, 테르칠리오 방송으로 축하를 했다. 이런 드라마였다. 치코와 팔리나는 지나칠 정도로 새로운 집에 거주했고, 빙고 게임을 하며 크리스마스를 축하할 계획이었다. 그런데 팔리나가 거지 한 명을 초대했다. 그래서 팔리나와 치코는 그 이방인이 자는 동안, 한숨도 못 자고 곁을 지켜야 했다. 시리즈는 1943년에도 계속됐다. 그런데 종이 배급 문제로 '라디오코리에레'는 지면을 줄여야 했고, 그래서 작품 리뷰를 더욱 간결하게 해야 했다. 2월 20일 '첫 직업'이 방송됐다. "작품을 시작하며 작가는 문밖에서 객석

---

3   언어유희인데, '탈리'는 '자르기'(taglio)의 복수형이다. 많이 '자른다'는 뜻을 내포하고 있다.

을 훔쳐보고 있다. 안으로 들어오는 대신에 그는 우리에게 자기를 따라 길거리로 나가자고 제스처를 취한다. 우리는 이런 이상한 요구를 받아들여야 할까? 물론이다! 무엇보다도 그는 우리를 실망하게 하지 않을 페데리코 펠리니가 아닌가." 그래서 우리는 펠리니와 함께 치코와 팔리나가 사는 로마 근교의 월셋집까지 '드라이브'한다.

'산에서의 피난처'에서 펠리니는 다시 마법을 끌어들였다. '라디오코리에레'는 처음으로 배우들의 이름을 게재했다. 거기엔 줄리에타 마지나도 들어 있다. 줄리에타는 6월 19일 자의 '발명'에도 출연했다. 소도시의 작은 기차역에 있는 3등 칸 대기실이 무대다. 유랑극단의 희극배우들이 벤치에 앉아 잠을 청하고 있다. 수호천사가 한 명 나타나, 작은 발레리나에게 가장 아름다운 꿈을 선물한다(이것 보다 더욱 펠리니적일 수는 없을 것). 7월 3일 방송된 '백 주년'에서는 펠리니 특유의 작가와 화자 사이의 논쟁을 발견할 수 있다. 연출가 카발로티는 "펠리니는 별 것 아닌 것에 너무 화를 낸다."라고 썼다. 펠리니가 쓴 마지막 테르칠리오는 7월 12일 검열을 통과하고, 7월 17일 방송된 '새로운 집'이다. 팔리나는 운전사와 나폴리 출신 짐꾼들에게 이삿짐을 옮길 때 조심하라고 반복하여 경고한다. 하지만 값비싼 거울을 깨버린 장본인은 팔리나였다.

전쟁이 끝난 뒤에야 비로소 펠리니의 라디오 드라마가 다시 등장했다. 제목은 '치코와 팔리나의 모험'이었다. 이번에는 치코라는 이름에 과거와 달리 'c'가 두 개 들어 갔다(Cicco, 과거엔 Cico). 펠리니가 썼고, 줄리에타 마지나가 연기했다. 화장품 회사의 후원을 받은 15분짜리 일요일 방송도 있었는데, 이는 1946년 11월부터 진행되었다. 이 기간에 라디오 프로그램을 안내하는 책자를 뒤지면, 펠리니가 산발적으로 등장하는 것을 알 수 있다. 아마도 그는 당시에 자신이 온전하게 헌신할 영화세상을 준비하며, 옛 아이디어를, 그리고 오래된 장면들을 되살리기 위해 바빴을 것이다.

6. '미스 줄리'[1]

아내 줄리에타

모랄도의 삶에서 새로운 무언가가 생겼다. 새로운 무엇은 안드레이나였다. 모랄도는 거의 매일 밤 그녀를 만났다. 모랄도는 그 사실을 인식하지 못하고 있었지만, 저녁에 그녀와 산책하는 것은 하나의 습관이 됐다. 안드레이나는 신선하고, 활기차고, 진지했다. 그녀는 부유한 집안 출신인데, 행동하는 모든 것에서 그 사실을 알게 했다. 그녀는 타고난 자신감, 건전한 상식, 그리고 낙관주의적 태도를

---

1 '미스 줄리'는 아우구스트 스트린드베리의 희곡 제목이다. 줄리의 이탈리아식 이름이 줄리아다. 줄리에타는 줄리아의 애칭.

보였다. 말하자면 그녀는 모랄도가 갖지 못한 모든 것을 갖고 있었다.

펠리니는 사랑에 빠졌다. 1954년에 쓴 위의 '도시의 모랄도' 시나리오를 보면 짐작할 수 있다. 이 미완성 영화는 실제 사실에 기초한 것인데, 아쉽게도 제작되지는 못했다. 그때는 1943년 여름이었다. 연합군은 7월 10일 시칠리아에 상륙했고, 로마 공습의 위기는 높았다. 7월 19일 로마의 '산 로렌초' 지역이 폭격을 맞아, 166명의 사망자를 냈다. 7월 25일 무솔리니가 권좌에서 쫓겨났다.[2] 8월 13일 바돌리오(Badoglio) 장군 정부는 로마를 '무방비 도시'(città aperta, 비무장지역)로 선언했다. 하지만 이것은 비극을 잉태하는 역설적인 서곡[3]이 될 것이다. 펠리니가 살던 니코테라 거리(via Nicotera)의 분위기

---

2 당시 전세가 불리해지자, 이탈리아 왕국의 비토리오 에마누엘레 3세 왕은 무솔리니를 체포하고, 내각을 사퇴시켰다. 왕은 피에트로 바돌리오 장군을 정부의 수반으로 내세워, 연합군과 휴전을 맺으려고 시도했다. 그런데 9월 12일 무솔리니는 나치의 특수부대에 의해 전격적으로 감옥에서 구출되고, 이탈리아 북부의 소도시 살로에 '이탈리아 사회주의 공화국'을 건설한다. 사실상의 나치 괴뢰정부이며, 이때부터 무솔리니와 히틀러의 지휘를 받는 파시스트들의 폭력이 더욱 심해지고, 이에 저항하는 파르티잔의 반격이 이어졌다. 이탈리아는 사실상 남과 북으로 분리되는데, 북부는 파시스트와 파르티잔의 전투, 그리고 남부는 연합군의 통제 아래 임시적인 평화가 전개됐다. 폴 긴스버그, 〈이탈리아 현대사〉, 안준범 옮김, 후마니타스.

3 선언과 달리, 로마는 '무방비 도시'가 되지 못하고, 전쟁이 끝날 때까지 군사적 충돌의 한복판에 놓여 있었다. 이런 상황을 그린 영화가 로베르토 로셀리니의 '무방비 도시'(1945)이다.

도 달아올랐다. 왜냐면 펠리니가 자주 함께 저녁을 먹고, 영화를 보러 가던 친구 리카르도 아라뇨(각성제를 빌려주던 친구)가 체포되어 레지나 코엘리 감옥에 갇혔으며, 북부에 있는 카스텔프랑코 에밀리아의 교도소로 이송됐다는 소식이 전해졌기 때문이다. 정치에 무관심했지만, 펠리니는 아라뇨가 반파시스트 사회주의 레지스탕스 그룹인 '행동당'과 협력한 혐의로 체포됐다는 사실을 알았을 때, 구름에서 떨어지는 것 같은 충격을 받았다. 아라뇨는 감옥에서 탈출한 뒤, 수많은 역경을 거쳐 로마에 다시 나타났다. 그는 니코테라 거리의 어느 의자에 앉자마자 졸도했다. 펠리니는 그를 급히 침대로 옮겼다. 두 사람의 관계는 전쟁이 끝난 뒤에도 강하게 연결됐다. 훗날 아라뇨는 런던으로 이주했다. 그는 그곳에서 펠리니와 스탠리 큐브릭 사이의 가교역할도 했다. 아라뇨는 하숙집 친구이자, 라디오방송국 동료였던 젊은 펠리니를 기억하며 이렇게 말했다. "페데리코는 만화가가 되려 했다. 그는 재능이 넘쳤다. 그는 쓰는 것에는 관심을 많이 두지 않았다. 영화는 전혀 생각도 하지 않았다."

1942년 라디오방송국에서 처음 만난 페데리코와 줄리에타의 짧은 약혼 기간(1943년 1월부터 10월까지)은 이런 우울한 시기를 배경으로 9개월간 이어졌다. 줄리아 안나 마지나(Giulia Anna Masina)[4]는 1921년 2월 22일 볼로냐 근교에 있는 소도시 '산 조르지오 디 피아노'에서 태어났다. 부친 가족은 볼로냐가 주도인 에밀리아-로마냐주 출신, 모친 가족은 베네치아가 주도인 베네토주 출신이다. 줄리에타의 아버지 가에타노는 30살이 될 때까지 프랑코 기오네 오케스트라에서 바이올린 연주자로 일했다. 기오네 오케스트라는 이탈리아와 외국에서 주로 오페라를 연주했다. 그는 풍채가 좋았는데, 피에트로 마스카니의 오페라 '친구 프릿츠'(L'amico Fritz)에서 집시 역을 맡아 무대에 서기도 했다. 하지만 그는 결혼하기 위해 음악 경력을 중단했다. 아내 안젤라 플라비아 파스쿠알린은 베네치아 근처 '산 도나 디 피아베' 출신인데, 볼로냐 근처의 '산 베난초 디 갈레리아'에서 교사로 일하고 있었다. 그곳은 줄리에타의 출생지인 산 조르지오 디 피아노와 가깝다. 결혼 후에 부친은 토스카나주에 있는 소도시 몬테카티니의 농약 회사에 서기로 일하러 갔다. 줄리에타는 네 형제 가운데 맏딸이다. 둘째 에우제니아는 1922년에 태어났고, 7년 뒤 쌍둥이 마리오와 마리아가 태어났다. 에우제니아의 이름은 외삼촌 에우제니오의 이름에서 따온 것이다. 외삼촌은 롬바르디아주(주도는 밀라노) 출신의 매우 부유한 집안의 딸과 결혼했다. 줄리에타의 삶에 대단히 중요한 그 외숙모의 이름은 줄리아 사르디였고(이름이 같다), 외삼촌 부부는 로마의 아름다운 아파트의 로얄층(piano nobile)[5]에 살았다. 그 집은 웅게리아 광장 근처의

---

4   줄리에타는 줄리아의 애칭이다. 배우로 일할 때는 애칭을 공식 이름으로 썼다.

리에지 거리와 교차하는 루테치아 거리(via Lutezia)에 있었다. 부부는 미술과 음악, 그리고 연극을 좋아했다. 그들은 지식인들과 교류했고, 라스칼라의 개막 오페라를 보기 위해 밀라노로, 또 런던과 파리로 여행했다. 1925년 줄리에타는 이들 부부와 몇 달 동안 함께 살았다. 당시 줄리에타는 4살밖에 되지 않았지만, 외삼촌 부부는 그녀를 데리고 연극을 보곤 했다. 어떤 연극을 볼 때, 중간 휴식 시간에 외삼촌은 줄리에타를 무대 뒤로 데리고 가서 대단히 유명한 작가를 만나게 했다. 그는 루이지 피란델로였다. 몇 년 후 외삼촌은 46살의 이른 나이에 죽었고, 외숙모 줄리아는 절망에 빠져 있었다. 질녀를 너무나 사랑했던 외숙모는 로마에서 줄리에타와 함께 살고 싶다는 뜻을 가족들에게 전했다. 가족들은 동의했다.

줄리에타가 기억하는 외숙모는 매력적이며, 말랐고, 활기넘쳤다. 이런 특성뿐 아니라, 롬바르디아 억양 덕분에 당시 인기 있던 희극배우 디아나 갈리와 매우 닮아 보였다. 사고도 대단히 독립적이었는데, 외숙모는 질녀 줄리에타를 초등학교에 보내지 않기로 결정했다. 그래서 줄리에타는 여름 방학이면 집에서 교사인 모친과 함께 1년 치 학습을 다 했다. 그렇게 매년 학년을 통과하는 시험에 합격했다. 중학교에 진학할

---

5   이탈리아 말은 '귀족 층'(piano nobile)이란 뜻이며, 건물의 최고 좋은 층을 말한다. 유럽의 건물은 층마다 층고가 다른데, 유난히 층고가 높은 층을 말하며, 주로 2층에 있다.

때, 외숙모는 비로소 조카를 오르솔리네 사립학교에 보냈다. 오르솔리네는 진보적인 학교였고, '영혼의 줄리에타'(1965)에 묘사된 어두운 종교학교와는 아무런 관련이 없었다. 줄리에타는 오르솔리네에 8년간[6] 다녔다. 줄리에타는 학교 연극에 참여하며 자신이 연극을 좋아한다는 사실을 알았다.

성장기 때 줄리에타는 알토 목소리로 노래 연습을 했다. 하지만 그녀는 직업 가수가 되기에는 목소리가 충분히 크지 않았다. 줄리에타의 신체조건은 피아노 연습에서도 같은 어려움을 만났다. 그녀의 손가락은 피아노를 치기에 너무 작았다. 줄리에타가 상당한 노력을 기울였던 고전무용을 배울 때도 비슷한 어려움을 겪었다. 그러면서 줄리에타의 예술적 재능은 자연스럽게 연기로 수렴됐다. 오르솔리네 학교에서의 마지막 연극은 카를로 골도니의 '골동품상의 가족'(La famiglia dell'antiquario)이었는데 대단한 성공을 거두었다. 로마대학에서 줄리에타는 현대문학을 전공했다. 그때 줄리에타는 GUF(Gruppo Universario Fascista, 파시스트 대학 그룹이란 뜻이지만, 이름과 달리 정치적 활동과는 별 관련이 없었다)극단에 큰 매력을 느꼈다. 그녀는 오디션을 봤다. 당시 대학연극계에서 유명한 인물들도 여기에 왔다. 엔리코 풀키뇨니, 제라르도 구에리

---

6   이탈리아는 중학교는 3년, 고등학교는 5년 과정을 두고 있다. 중고등 과정이 8년이다. 사립학교는 주로 중학교, 고등학교를 함께 운영한다. 이 제도는 지금도 그대로이다.

에리, 루제로 야코비, 그리고 투리 바질레 등이 참여했다. 오디션에서 줄리에타는 '골동품상의 가족'의 마지막 장면과 루이지 피란델로의 '헐벗은 자에게 옷을 입히기'(Vestire gli ignudi)의 마지막 대사를 연기했다. 줄리에타는 곧 대학연극단인 '스튜디움 우르비스'(Studium Urbis, 도시의 학문, 곧 로마대학을 지칭)에 초대받았다. 이 극단은 전후에 '테아트로 아테네오'(Teatro Ateneo, 대학극장)로 이름이 바뀐다.

이들은 보수도 받지 않고 열정으로 일하는 아마추어 학생 단체였다. 학생들은 3일 공연을 위해 두 달 혹은 세 달 동안 연습했다. 줄리에타는 세 작품을 한 데 묶어 공연하는 독특한 작품에서 데뷔했다. 손튼 와일더의 '행복한 여행', 라빈드라나트 타고르의 '우체국', 피란델로의 '출구'를 묶은 공연이었다. 줄리에타는 '행복한 여행'에서는 중년의 어머니로, '우체국'에서는 14살짜리 소년으로, '출구'에선 매춘부로 나왔다. 당시 줄리에타는 소년처럼 보이는 여성이었고, 몸무게는 42kg밖에 되지 않았다. 하지만 줄리에타는 연극에서의 변신을 즐겼다. 기발한 3부작에서의 데뷔로 줄리에타는 히트를 쳤다. 1941년 공연 기간에는, 플라우투스와 루트비히 티크의 작품을 다루는 포스터에 줄리에타의 이름이 오르기도 했다. 1942년 줄리에타는 카타니아 출신의 떠오르는 작가인 비탈리아노 브란카티의 작품인 '에우스타키오의 트럼펫'에 출연했다. 그런데 신경쇠약에 걸린 브란카티는 치료를 위해 시칠리아로 돌아갔고, 자신이 맡고 있던 '마르게리타 디 사보이아' 고교의 문학 교사 자리를 줄리에타에게 제안했다. 줄리에타는 시칠리아 의 카타니아에서 3개월간 머물렀다. 하지만 가르치는 것은 자기 일이 아니라는 사실을 곧 알았다. 줄리에타는 로마에서 연기를 다시 했다. 대학생 무대부터 시작하여, 로마의 '예술극단'(Teatro delle Arti), '아르헨티나 극단', '퀴리노 극단'까지 이어졌다.

당시 최고급의 연극 비평가였던 실비오 다미코는 줄리에타가 연극에 관한 그 어떤 학습 배경도 갖고 있지 않다는 점에 놀랐다. 그는 줄리에타에게 자신이 학장으로 있는 '드라마 예술학교'에 등록하라고 조언했다. 작가 게라르도 게라르디는 '엘리제오 극단'의 고문이었는데, 막 떠오르는 줄리에타에게 매력적인 계약을 제안했다. 하지만 외숙모 줄리아가 단호하게 개입했다. 조카 줄리에타가 극장에서 연기하며 즐기는 것은 자유이지만, 즐기는 만큼 반드시 대학 학위를 마쳐야 한다고 말했다(줄리에타는 제법 연기됐지만 결국 학위를 받는다. 줄리에타는 1945년 기독교 고고학에 관한 논문을 제출했다). 많은 기회를 부여받았음에도 불구하고, 그것을 잘 이용하지 못했다고 자책한 줄리에타는 전혀 예상하지 않았던 분야에서 연기 경력을 쌓기 시작했다. 라디오방송국(Eiar)에서 줄리에타는 생방송 뮤지컬 코미디를 연기했다. 그녀는 버라이어티 쇼나 약식 오페라에서 연기도 하고 노래도 불렀다. 줄리에타는 가끔 라디오

방송국의 드라마 파트에서도 일했다. 하지만 줄리에타는 라디오에서 버라이어티 쇼를 더 좋아했고, '테르칠리오' 쇼에서 일할 때를 특히 좋아했다. 테르칠리오에서 줄리에타는 펠리니가 쓴 '치코와 팔리나의 모험'에서 연기했다. 줄리에타는 현실적인 여성이었고, 라디오 작업으로 제법 괜찮은 보수를 받는 사실을 좋아했다. 연극은 보수가 상대적으로 좋지 않았다. 그리고 유명세라는 게 중요했다. 라디오는 막 떠오르는 사업이었고, 코미디에 관한 리뷰는 많은 헌신적인 팬들을 갖게 했다.

1942년 가을의 어느 날, 펠리니가 테르칠리오의 연출가 체사레 카발로티의 사무실에 나타났을 때, 그는 줄리에타에게 특별한 인상을 주지 못했다. 줄리에타는 카발로티와 둘이서 말하고 있었다. 줄리에타는 키가 크고, 마르고, 말수가 적은 페데리코와 악수했다. 그것으로 그때는 끝이었다. 얼마 뒤, 페데리코는 줄리에타에게 얼굴 사진을 보낼 수 있냐고 물었다. 아마 그것은 핑계였는지도 모르겠다. 펠리니는 당시 무솔리니의 아들 비토리오 무솔리니가 운영하던 영화회사인 '이탈리아 영화 동맹'이 제작하던 '매일이 일요일'이라는 영화에서 일하고 있었다. 펠리니는 그 영화에서 막 결혼한 젊은 신부역이 줄리에타에게 맞는다고 생각했다. 페데리코는 줄리에타를 전설적인 배우 엘레오노라 두제(Eleonra Duse, 1858-1924)의 이름을 따서, '대학연극계의 두제'(Duse)라고 불렀다. 이것이 짧은 구애의 시작이자 또 긴 결혼의 시작이었다. 어쩌면 전형적인 고전 영화 스타일의 만남이었다. 말하자면 어떤 영화에서의 역할을 언급하며, 즉흥적으로 사진을 요구하는 방식 말이다. 그 영화는 2년 뒤, 무솔리니 정부 시절에 영화 스튜디오로 이용되던 베네치아 비엔날레의 홀에서 촬영된다. 하지만 줄리에타와 페데리코는 모두 참여하지 않았다.

두 사람은 라디오방송국 밖에 있는 보테게 오스쿠레 거리에서 오후 1시 30분에 만나기로 했다. 줄리에타는 '영화 청년'과의 식사 초대를 받아들였지만, 외숙모가 이 사실을 모르기를 바랐다. 그래서 줄리에타는 집에서 점심을 먹고, 데이트 장소로 급히 가서, 식당에서 페데리코와 다시 점심을 먹었다. 그 식당은 트리톤 동상[7] 옆에 있는 폴리 광장에 있었다. 식당은 대단히 화려했다. 줄리에타는 데이트 장소가 잘못됐다고 여겼고, 식사비를 내지 못할 것을 걱정했다. 그런데 계산서가 나오자, 페데리코는 늘 그랬다는 듯 자연스럽게 주머니에서 현금다발을 끄집어냈다. 훗날 줄리에타는 오랫동안 이 사실로 페데리코를 놀렸다. 그 이후로는 단 한 번도 페데리코가 주머니 속에 그렇게 많은 돈을 갖는 걸 보지 못했다는 것이다. 당시 로마에서 겨우 몇 년 동안만, 페데리코는 신문, 라디오, 영화에 글을 쓰며 제법 많은 돈을 벌었다. 줄리에타는 당시의

---

7   바로크의 거장 지안 로렌초 베르니니가 조각한 반인반어(트리톤)의 바다의 신이다. 그 조각과 분수는 바르베리니 광장(Piazza Barberini)에 있다.

페데리코가 말랐고(아니 수척했고), 머리가 길었으며, 눈동자에 빛이 났다고 기억했다. 페데리코는 매력적이고 재미있는 청년이었다. 당시 이들의 친구들은 두 연인의 관계는 안정적이고 솔직했다고 말했다. 두 사람은 밀고 당기는 게임 같은 건 하지 않았다. 두 사람은 서로 바라보았고, 서로 선택했는데, 그 한 번은 영원이 됐다.

파시스트 대학그룹(GUF) 극단의 매니저인 투리 바질레는 페데리코를 이렇게 기억했다. "그는 객석에 혼자 앉아 리허설을 보곤 했다. 참 달콤한 순간이었다. 우리는 모두 줄리에타가 오직 그를 위해 연기하는 것을 알았다. 줄리에타는 페데리코의 주목을 받으며 기뻐했다. 페데리코는 아닌 척했지만 말이다. 어느 날 그녀는 매우 기분이 좋지 않았고, 나에게 자신은 예쁘지 않다고 말했다. 하지만 줄리에타는 사랑스러운 선을 갖고 있다. 줄리에타는 자신이 그렇게 열정적인 주목의 대상이 될지는 상상하지 못했을 것이다."

처음 시작할 때부터 두 사람 사이의 다른 점은 비슷한 점보다 더욱 컸다. 그들은 다른 도시 출신이고, 다른 교육을 받았고, 삶에 대한 태도도 달랐다. 페데리코 옆에 있으면, 그가 무슨 생각을 하는지 전혀 알 수 없었고, 또 페데리코는 그런 점을 거의 신경 쓰지 않았다. 줄리에타는 단호함의 표본이었다. 어떤 점에서 보면 줄리에타는, 젊은 페데리코가 몇 번의 도주(상상이든 실재든)를 통해 그렇게 거부하려고 노력했던 바로 그

중산층의 가치를 갖고 있었다. 그런데 이상하게도 페데리코는 일생의 배우자가 될지 모를 줄리에타의 그런 가치관에 끌렸다. 빈번히 옮긴 가구 딸린 방과 하숙집에 지친 페데리코는 루테치아 거리에 있는 줄리에타 외숙모의 아늑한 집을 안전한 정박항이라고 생각했다. 줄리에타가 인생 계획을 짜자고 요구할 때면 페데리코는 늘 연기했지만, 바로 그녀로부터 보호받는다고 느꼈다. 이후에도 페데리코는 다른 여성에게 농을 거는 걸 멈추지 않았다. 하지만 어디까지나 옆에 줄리에타가 있다는 사실을 염두에 뒀다. 보헤미안 같은 페데리코의 친구들은, 그가 늘 매력을 느꼈던 화려하고 풍만한 여성과는 육체적으로 아주 다른 줄리에타와 사랑에 빠졌다는 사실을 알고 매우 놀랐다. 페데리코가 좋아하는 그런 여성은 로마 속어로 '보나'(bona)라고 불리는데, 훗날 '펠리니 타입'이라고 알려진다. 그런데 페데리코는 줄리에타의 요정 같은 분위기가 자신에게 힘을 준다고 말했다. 어떤 면에선, 페데리코는 자신을 지지해줄 강한 여성을 발견했다는 사실을 알았다. 또 다른 면에선, 두 사람의 사랑은 비현실적인 관계로 보일 수 있다. 그건 동화책에서 현실로 튀어나온 캐릭터로, 페데리코 자신이 만들어낸 관계이기도 하다. 두 사람은 또 서로에게서 유아기의 여러 특성을 끄집어냈다. 그리고 의식적이든 아니든, 전 생애를 통해서 두 사람은 상대에게 서로 아들과 딸로 느끼며 살았다. 훗날 이들은 함께 일을 하며, 그 관계를 더욱 굳건하게 발전시킨다. 그들 모두 지칠 줄 모르는 완벽주의자이고, 최선을 보여주기 위해 항상 희생할 준비가 돼 있었다. 예술적 영역에서의 강렬한 연결은 절대 분리될 수 없는 것이었다. 그 관계는 '테르칠리오' 방송부터 영화 '진저와 프레드'까지 40년 이상 이어졌다.

처음 이들이 만났을 때를 되돌아보면, 그때가 얼마나 불확실한 시대였는지를 기억할 필요가 있다. 1943년의 젊은이들은 급하게라도 자신들을 둘러싼 세상과 더욱 단단한 관계를 만들어내려고 했다. 당시의 20대들은 전선으로 떠나기 전에 약혼하거나 결혼하기를 원했다. 펠리니의 친구 리날로 제렝은 1943년 6월 6일 미술학교 동창생과 산 세바스티안넬로 교회에서 결혼했다. 펠리니 형제는 모두 결혼식에 초대받았다. 페데리코는 초청장을 그렸고, 리카르도는 슈베르트의 '아베 마리아'를 불렀는데, 이런 모든 것이 '비텔로니'의 결혼 장면처럼 진행됐다. 결혼식이 끝나갈 무렵, 감상적으로 변한 페데리코는 이런 말을 리날도에게 남겼다. "리날도, 모든 게 끝났어..." 휴전이 거론되던 1943년의 운명적인 여름에 사실 많은 것이 끝났다. 동시에 다른 것도 시작됐다. 그 결혼의 첫째 아들인 줄리아노 제렝은 부친처럼 화가가 됐는데, 30년 뒤 모든 인물이 열을 지어 등장하는 '아마코드'의 유명한 포스터를 그렸다. 둘째 아들 안토넬로 제렝은 미술감독이 되었고, 펠리니의 유명 협력자 중의 한 명이 됐다.

차바티니의 작은 노예

시나리오 작가의 이야기에 관해 쓴다는 것은 복잡한 문제이다. 이는 펠리니만의 문제가 아니다. 펠리니는 과묵하든, 반론을 펼치든, 자신이 시나리오 작업에 참여한 영화에 관해 어떤 역할을 했는지 정확한 확인을 해주려 하지 않았다. 펠리니는 자신이 결정적으로 참여한 작품에 관해서도 개입 여부를 종종 부인하곤 했다. 이제는 우리가 다 아는 사실인데도 말이다. 또 어떨 때는 자신이 절대 살았을 것 같지 않은 시대의 이야기를 마치 자전적인 것처럼 들려주기도 했다. 과거나 지금이나(이탈리아만의 경우도 아니다), 시나리오 작업의 참여에 관한 이야기는 복잡한 문제이다. 하나의 시나리오를 완성하기 위해 여러 손이 거쳐 가는 것은 충분히 중요한 문제이다. 어떤 작가는 혼자 일하고, 또 어떤 작가는 파트너와 함께 쓴다. 이런 식으로 어떤 작가(아주 적다)는 쓰고, 다른 작가는 말만 한다. 어떤 작가는 크레딧에 이름을 올리고, 다른 작가는 이름을 올리지 않는다(그들이 일을 덜 한 것도 아닌데 말이다).

체사레 차바티니는 이렇게 썼다. "영화는 협력 작업인데, 역설적으로 모든 사람은 다른 사람의 작업을 지워 나가려 한다." 적어도 전쟁 기간의 시나리오 작가 펠리니에 관해 말하자면, 그 역도 진실이다. 다시 말해 펠리니는 자신의 작업도 지우거나, 적어도 그 중요도를 최소화했다. 펠리니가 영화를 위해 쓴 유일한 이유는 신문이나 라디오를 위해 쓸 때보다 보수를 많이 받았기 때문이었다. 당시 시나리오에 대한 펠리니의 헌신은 오직 종이 위에서 시작하고, 거기서 끝났다. 펠리니는 자기가 쓴 내용을 시각화하려고 시도하지도 않았다. 다른 사람들과 일할 때는 아이디어를 책상 위에 모두 끄집어냈다. 그리고는 그 시나리오가 영화로 완성되는지는 전혀 신경 쓰지 않았다. 1942년 이후에 펠리니는 거의 10년 동안 시나리오 작가로 일했다. 간혹 그는 조감독으로 제작에 참여하기도 했고, 또 미술감독의 조력자로 일하기도 했다. 신문이나 라디오와의 작업은 점점 줄었고, 1947년에는 신문과 라디오에서 사실상 손을 뗐다. 이후 펠리니는 영화 산업에서 안정적으로 경력을 쌓았다. 그때 크레딧에 이름을 올린 작품이 20편이었고,

이 중 10편은 해방(1945)이 되기 전의 작품들이다. 이것 이외에도 펠리니는, 제작이 시도되지도 않았거나, 나중에라도 제작이 완성되지 않은 작품들의 시나리오도 썼다. 펠리니는 시나리오 작업의 협력자로 재능을 인정받았다. 그는 1946년 아카데미시상식에서 '무방비 도시'(로셀리니 연출) 덕분에 처음으로 후보에 이름을 올렸고,[1] 1949년 '전화의 저편'(로셀리니 연출)으로 다시 이름을 올렸다.[2]

펠리니가 어떻게 처음 영화계로 들어왔는가에 대한 전통적인 이야기는 이렇게 전한다. 피에몬테주 출신의 희극배우 에르미니오 마카리오(Erminio Macario)를 위해 함께 일할 유머 작가를 '마르카우렐리오' 편집부에서 구할 때, 스카우트됐다는 것이다. 당시 마카리오는, 변호사이자 감독인 마리오 마톨리와 작업하고 있었다. 마톨리는 소위 '소극'(spettacolo leggero, 가벼운 웃음의 코미디)의 장인으로 불렸던 감독이다. 그런데 펠리니는 1939년 10월 개봉한 '피고인, 일어나세요'의 시나리오를 썼던 10명의 작가 가운데 단순한 한 명이 아니었다. 즐거움을 줬던 이 작가들과의 전면 인터뷰가 5월 27일 주간지 '치네마가치노'(CineMagazzino, 영화 잡지)에 실렸다. 펠리니는 이 잡지

---

1   세르지오 아미데이와 펠리니가 함께 후보에 올랐다.

2   여러 작가가 참여했다. 세르지오 아미데이, 페데리코 펠리니, 마르첼로 팔리에로, 앨프리드 헤이스, 그리고 로베르토 로셀리니가 시나리오 작가 부분 후보에 올랐다.

에서 단기간 일한 적이 있고, 그때 짧은 이야기와 기사를 '펠라스'(Fellas)라는 서명과 함께 게재했다. 마톨리의 영화 작업에 참여했던 유명 희극 작가 마르첼로 마르케지는 단 하나의 시나리오를 위해 왜 그렇게 많은 작가가 동원됐는지를 이렇게 설명했다. "목표는 개그를 만드는 것이었다. 그건 영화의 플롯을 결정하지 않아도 됐다. 하지만 보기에 더욱 재밌어야 했고, 우스워야 했다. 그래서 우리는 유머 신문의 만평을 그리듯 작업했다." 이것이 바로 펠리니의 영화적 재능이 발전하게 되는 환경이었다. 이 인터뷰는 왜 펠리니가 영화에서 짧은 이야기들을 선호하는지, 그리고 왜 펠리니 영화에서 자주 보이는 특별한 화면 잡기는 만평 신문의 이상적인 모델을 참조하고 있는지를 잘 설명하고 있다.

펠리니는 마카리오가 주연하고, 마톨리가 감독한 두 편의 영화 곧 '네가 어떤 모습인지 보고 있니?'(1939)와 '나에게 말하지 마'(1940)에 연속하여 참여함으로써 개그 작가 그룹에 낄 수 있었다. 당시에 대해 펠리니는 이렇게 말하곤 했다. "어느 날, 나는 마르카우렐리오에서 일하고 있었다. 마톨리 감독이 왔다. 모두 마톨리는 돈을 산더미처럼 번다고들 했다. 그는 마카리오를 위해 쓴 시나리오를 갖고 있었다. 아마 그는 할리우드에서 그리하듯, 시나리오를 조금 읽어봤을 것이다. 그는 우리 작가들이 시나리오를 다시 읽고, 개그 부분을 더욱 윤택하게 해주기를 바랐다. 그때부터 나는 영화를 위해 글을 쓰기 시작했다. 하지만 나는 여전히 영화계 내부로 들어가서 일하지는 않았다. 기본적으로 나는 신문사에서 하는 것처럼 마톨리를 위해 일했다. 다시 말해 개그를 찾고, 장면을 만들고, 아이디어를 발전시키고…" 아마 '해적은 바로 나다'(1940)가 개그 작가 펠리니의 진정한 영화적 출발일 것이다. 펠리니는 원고료로 1천 리라를 받았다. 영화 잡지 '치네일루스트라토'(Cineillustrato, 영화 화보)의 비평가 엔니오 플라이아노(훗날 펠리니의 작가)는 그 영화를 '에밀리오 살가리 스타일의 풍경을 배경으로 한, 환상적인 모험극'이라고 묘사했다. 살가리는 10대 시절 펠리니가 좋아했던 작가이다. 배우 마카리오는 자신이 리미니 출신의 젊은 작가(펠리니)와 일하는 것이 얼마나 즐거웠는지를 회상하는 걸 좋아했다. 그는 제작자에게 펠리니에겐 더 많은 보수를 주라고 요구했다. 다른 작가들이 항의한다면 이렇게 대답하겠다고 말했다. "펠리니는 다른 작가보다 두 배나 훌륭해, 아니 세 배나 훌륭해."

영화계에 입문한 초기에 대해 회고할 때, 펠리니는 자신이 체사레 차바티니의 '작은 노예'(무대 뒤의 협력자)였다고 말하곤 했다. 일명 차(Za)라고 불린 차바티니는 자기 집에 있는 시나리오 공장을 돌릴 재료를 넘치도록 갖고 있었다. 완성된 시나리오에 대한 수많은 주문이 그의 작업실에 밀려들었다. 그의 작업실은 이후 30년간 젊은 작가 지망생들의 마음을 끌어당겼다. 펠리니가 영화계에 막 입문했을 때, 차바티니는 이미 거물이었다. 신문과 잡지의 정기 기고가였고, 유명한 두 권의 책도 발간했다. 〈나에 대해 말을 많이 해봐요〉(Parliamo tanto di me)와 〈가난한 사람은 미쳤다〉(I poveri sono matti)가 그것인데, 차바티니는 과거와는 다른 새로운 유머를 발굴했다. 그는 금기들을 깼고, 개방적이었으며, 초현실주의적인 여행을 썼고, 사회 현상에 대한 탁월한 감수성을 보여줬다. 그 감수성은 작가의 고향인 에밀리아 지역(볼로냐가 주도인 곳)의 농촌에 뿌리를 둔 것이었다. 1940년 무렵부터, 차바티니는 미국 영화 산업의 영향으로 창백해진 이탈리아 영화계에 새롭고 놀라운 접근을 시도했다.[3] 우리는 젊은 펠리니가 얼마나 깊이 차바티니와 관계를 맺었는지는 잘 모른다. 18년의 나이 차이와 차바티니의 명성은 펠리니에게 그를 장인, 고용주, 또는 아버지처럼 비치게 했을 것이다. 바로 그런 이유로, 펠리니는 차바티니의 등지에 오래 있지 않았던 것 같다. 하지만 그곳에서 펠리니는 자유로운 대학교육을 받는 것 같은 경험을 했다. 일종의 영화학교였는데, 하지만 시간표, 시험, 그리고 학위 같은 건 없는 곳이었다. 차바티니 집단에서 펠리니는 피렌체 출신인 피에로 텔리니(Piero Tellini)를 만났다. 그는 펠리니가 흠모하던 유명한 소프라노 이네스 알파니 텔리니의 아들이었다. 그는 펠리니보다 세 살 위이고, 로마의 국립영화학교 출신이었

---

3   차바티니의 네오리얼리즘에 대한 기여를 뜻한다.

으며, 이미 시나리오 작가로서의 명성을 갖고 있었다. 그는 알레산드로 블라제티 감독의 걸작 '구름 위의 네 발자국'(4 passi fra le nuvole, 1943)[4]의 시나리오 작업에 참여했는데, 그때 펠리니의 제안을 다수 수용했다. 두 사람은 종종 함께 일했고, 그렇지만 늘 두 사람 이름이 모두 크레딧에 오르는 것은 아니었다. 그런데 영화 세계에서 펠리니가 시나리오 작가로 이름을 알리는 진정한 이야기는 따로 있다. 그건 버라이어티 쇼와 함께, 그리고 당대 최고급의 희극배우를 만나면서 시작된다. 그 배우는 알도 파브리치(Aldo Fabrizi)이다.

---

4   이 작품의 할리우드 리메이크가 '구름 속의 산책'(1995)이다. 알폰소 아라우 연출, 키아누 리브스가 출연했다.

희극 스타 알도 파브리치와의 만남

알도 파브리치의 쇼는 어땠을까? 펠리니가 처음 파브리치를 만났을 때, 당시의 언론들은 그를 '현대적인 희극배우'(Il comico moderno)라고 치켜세웠다. 파브리치의 전형적인 쇼에 대해 비평가 엔니오 플라이아노는 이렇게 썼다.

> 쇼는 거의 관악기로 구성된 음악으로 열렸다. 턱시도와 중절모자를 쓴 파브리치는 무대로 올라오고, 곧 자신의 루틴을 시작했다. 그와 관객과의 관계는 거의 즉각적인 것이었다. 파브리치는 당시 인기 있는 유머 작가들이 쓴 새로운 언어로 말했고, 관객은 그것을 단번에 알아들었으

며, 그의 솔직한 도덕에 환호했다. 쇼가 끝나면 관객들은 앙코르를 외쳤다. 특히 자신들이 좋아하는 개그와 날카로운 재담을 또 해주길 요구했다. 파브리치는 시간이 늦었음을 알리며, 악단장에게 끝을 알리는 팡파르를 부탁하곤 했다.

플라이아노의 이 기사는 1939년 6월 3일 자에 실린 것이다. 이 시기에 펠리니는 버라이어티 쇼의 세계에 공식적으로 입문했다. 펠리니는 당시 '코르소 치네마'(Corso Cinema)극장에서 쇼를 진행하던 파브리치를 만나기 위해 무대 뒤로 가서, 정식으로 그에게 인사했다. 펠리니와 루제로 마카리는 1939년 6월 18일 자 '치네마가치노'(CineMagazzino, 영화 잡지) 잡지에 '버라이어티 쇼(avanspettacolo)[1]란 무엇인가?'라는 기사를 함께 썼다. 그 특집 기사에는 서명이 없었다. 특집에는 반은 창작된 11개의 인터뷰 기사도 실렸다. 하지만 펠리니가 썼다는 것은 특유의 스타일에서 볼 때 의심할 여지가 없었다. 게다가 그 기사에는 삽화들이 함께 게재됐는데, 전설적인 배우 토토

---

1   버라이어티 쇼는 일종의 극장 쇼 같은 것이다. 개그, 무용, 노래, 곡예 등 다양한 공연이 한 번에 다 진행된다. 당시 이탈리아에서는 이런 쇼를 '아방스페타콜로'(avanspettacolo, 전위 스펙터클), 또는 바리에타(varietà, 버라이어티)라고 불렸다. 두 표기 모두 이 책에선 우리에게 상대적으로 친숙한 용어인 버라이어티 쇼라고 옮겼다.

(Totò)를 그린 멋진 그림에, '펠라스'라는 서명이 있었다.

> 우리는 좌석 안내원을 매수하고, 현관 수위에게 돈을 주
> 고, 외투 보관 직원에게 아부하고, 좋은 기사를 써주겠다
> 며 무용수들과 합창단원들을 유혹하고, 그럼으로써 우리
> 는 로마의 거의 모든 극장의 무대에서 인터뷰를 계속하여
> 할 수 있었다. 우리는 5막과 다음 막 사이, 코미디 공연과
> 무용 사이, 관객들의 박수와 우리에게 비켜나라고 소리
> 지르는 무대 감독 사이에서, 쇼에 참여한 11명의 공연자
> 에게 물었다. 당신 생각에 버라이어티 쇼란 무엇입니까?

인터뷰에 응한 사람들의 답은, 인터뷰한 사람들에 의해 일
부 편집됐을 텐데, 자신들의 예술 형식에 관해 비평가들이 거
의 주목하지 않는 사실에 큰 상실감을 드러내는 것이었다. 태
도는 대단히 조심스러웠지만 말이다. 특히 파브리치는 언론
이 자신을 무시하는 사실에 불만이 많았고, 최고의 신문이라
면 버라이어티 쇼의 비평을 1면에 실어야 한다고 주장했다.

파브리치는 자신의 희극적인 캐릭터 덕분에 로마의 관객들
에게는 최고로 대접받았다. 그는 이미 라디오 작업도 했고, 11
개의 레코드도 발매했다. 파브리치는 세기가 막 바뀌는 1905
년 로마에서 태어났다. 그가 어릴 때 아버지가 죽었고, 파브
리치는 어머니와 다섯 자매를 부양해야 했다. 그는 돈을 벌기

위해 초등학교를 중간에 관두었다. 하지만 열정적으로 독학에 매진했고, 특히 글쓰기를 좋아했다. 파브리치는 코믹한 캐릭터 연기와 노래로 버라이어티 쇼에 데뷔할 수 있었다. 그는 '산 로렌초 인 루치나'(San Lorenzo in Lucina) 광장에 있던 코르소 치네마 극장에서 우연히 데뷔했다. 파브리치는 로마의 전형적인 캐릭터들을 자신만의 캐릭터로 발전시키며 주역으로 성장했다. 파브리치의 캐릭터들은 주로 트럭 운전사, 노점상, 수위 같은 것이었다. 그런 캐릭터를 연기하며, 파브리치는 인생에 관한 성찰적인 독백으로 관객의 사랑을 받았다. 파브리치는 거의 혼자 다 하는 이런 쇼로 이탈리아 전국은 물론, 미국의 브로드웨이에서도 공연했다. 그런데 간혹 파브리치는 무대에 세스트와 함께 오르기도 했다. 수로 공연이 끝날 무렵이었는데, 당시 세계의 어두운 상황에 관해, 비할 데 없는 독백을 할 때였다.

　파브리치는 두 젊은 작가(펠리니와 마카리)와 친구가 됐다는 사실에 자부심을 느꼈다. 그는 쇼가 끝나면 두 작가와 함께 예술가들이 많이 오던 베네치아 광장의 카스텔리노 카페에서 밤늦도록 시간을 보내곤 했다. 그곳에서 파브리치와 펠리니는 거의 조명이 꺼진 로마 하늘(공습에 대비해, 가로등이 거의 푸른색에 가깝게 어두워져 있었다) 아래서 집까지 함께 걸어갔다. 그들의 집은 산 조반니 성벽 너머의 같은 지역에 있었다. 파브리치의 집은 산니오 거리 37번지에 있었다. 그 주소 때문에 파브리치는 자신이 37살까지만 살 것이란 농담을 종종 했다. 그들은 걸으면서 이야기했고, 또는 목적 없이 그냥 걷기도 했다. 엔니오 플라이아노의 책 〈릴리에게 쓰는 편지와 다른 기호들〉(Lettere a Lilli e altri segni)의 서문에서 미술사가 줄리아노 브리간티는 이렇게 썼다.

> 문학적인 감각에서 로마를 소유하고 싶다면, 밤에 걸어보면 된다. 텅 빈 거리를 지나, 늦은 밤 집으로 급히 달려가는 사람들을 보고, 조명이 어두워진 창문을 지나고, 식당과 바에서 이제 막 셔터를 내리는 소음을 듣는 것이다. 이것이 의례의 핵심이다. 몇 시간이고 밤에 돌아다니며, 도시를 포획하기 위해, 도시의 비밀스러운 장소를 알기 위해, 그리고 도시의 한 부분이 되기 위해, 최종적으로 로마 사람을 느끼기 위해, 마지막 바가 셔터를 내린 뒤에도 오래 남아 있는 영원한 감각을 소유하길 원한다면 말이다.

가끔 펠리니와 마카리는 파브리치의 집에 초대받아 가족들과 함께 식사했다. 그리고 파브리치는 교대로 알바롱가 거리에 있는 펠리니의 집에 초대받아 가기를 원했다. 이 당시 펠리니가 찍은 사진에는 이런 서명이 있다. "아버지, 동료, 형제 그리고 친구인 알도 파브리치에게. 존경과 우정을 담아." 파브리치의 아들 마시모가 첫영성체와 견진성사를 할 때, 젊은 펠리니는 대부가 되었다. 파브리치가 치료를 위해 피우지(Fiuggii)[2] 온천에 갈 때, 펠리니와 마카리는 그곳을 방문했다. 파브리치는 그때 세 사람이 함께 찍은 사진을 마카리에게 보내며 이렇게 썼다. "만약 물이 포도주였다면, 너희는 떠나지 않았을 텐데."

신빙성이 떨어지긴 하지만, 당시에 펠리니는 '사랑의 섬광'(Faville d'amor)이라는 제목의 쇼를 위해 '극단의 시인'으로 지방 공연을 따라다녔다는 소문이 전한다(여기서 케코 달몬테의 공연 제목이 '버라이어티 쇼의 불빛'으로 정해졌다는 것이다)[3]. 또 펠리니는 시골 무대에서 엉겁결에 파브리치의 대역으로 등장하기도 했다는 소문도 있다. 반면에 마카리는 전쟁이 끝날 무렵 리노 리카마라는 예명을 쓰며, 남부 이탈리아에서 비슷한 경험을 했다. 마카리는 이 경험을 훗날 알베르토 소르디가 연출한 '스타더스트'(Polvere di stelle, 1973)[4]의 시나리오를 쓸 때 써먹는다. 파브리치가 1962년 2월 1일, 미래에 펠리니의 첫 전기 작가가 되는 안젤로 솔미에게 보낸 편지에는 이런 내용이 들어있다.

---

2   로마 동쪽으로 약 100km 떨어져 있는 유명 온천이며, 예부터 깨끗한 물로 유명하다.

3   펠리니의 감독 데뷔작이 '버라이어티 쇼의 불빛'(Luci del varietà)이며, 이 작품 속의 주인공인 유랑 극단장 이름이 케코 달몬테(Checco Dalmonte)이다.

4   이 영화도 유랑극단의 이야기를 다룬다.

나는 '사랑의 섬광'에 대해 들어 본 적이 없다. 펠리니에 따르면, 그건 가난한 사람들 앞에서 한 공연이었고, 창피 주고 속이는 코믹한 내용으로 가득 차 있었다고 한다. 그 공연에서 펠리니는 시인이며, 무대 감독이고, 또 배우이 자, 무대를 그린 화가였는데, 8명의 댄서 가운데 6명은 펠 리니의 사랑을 독차지하기 위해 거의 싸움을 벌였다는 것 이다... 그건 가볍게 지어낸 이야기일 뿐이다. 그렇게 가 난한 숙소, 형편없는 시설들, 심야에 도착하고 새벽에 떠 나는 것 등 극단 관련 이야기는 모두 지어낸 것이다. 내가 아는 한, 펠리니는 로마에서 전혀 이동하지 않고도 유명 인이 됐다.

그런데 파브리치가 공연의 막을 열 때, 펠리니와 마카리가 함께 쓴 원고를 이용했다는 것은 사실이다. 그는 늘 이렇게 말하며 자신의 공연 루틴을 시작했다. "그런데 본 적 있습니 까?"

이 기간에 펠리니와 마카리는 신문에 쓰던 원고들을 다른 희극배우들에게도 팔았다. 그중에는 판풀라(Fanfulla)[5]와 에르 미니오 마카리오도 있었다. 두 청년 작가는 로마에서 활동하

---

5   판풀라는 예명이고, 본명은 루이지 비스콘티이다. 훗날 펠리니의 '사티리콘'에
     서 로마의 희극배우로 등장한다.

는 극단들과는 직접 연락하여 협상했다. 또 다른 극단들을 위해서는 나폴리 출신의 변호사 줄리오 트레비자니가 운영하는 밀라노의 대행회사를 통해 일했다. 트레비자니는 훗날 이탈리아 공산당 기관지인 '루니타'(L'Unità, 연대) 신문에서 연극비평가로 일하며 명성을 날린다. 당시의 계약 관행은 이랬다. 주역 배우[6]는 원고료를 현금으로 작가에게 지불했다. 대신 배우는 그 원고에 대한 공연 저작권을 가졌다. 버라이어티 쇼의 관행도 비슷했다. 그럼으로써 주역 배우와 대행사는 작가에게는 조금 주고, 수익을 늘릴 수 있었다. 작가로서는 어쩔 수 없이 받아들여야 하는 혼란이었다. 왜냐면 그래도 극장이 신문보다 많이 주었기 때문이었다. 원고료는 일을 시작하기 전에 정해졌다. 하지만 작가들은 이런 관행을 늘 신뢰할 수는 없었다. 화가 리날로 제렝은 밀라노까지 펠리니와 동행한 일을 들려주었다. 그들은 기차를 탔는데, 승차권을 사지 않아, 여행 내내 화장실에 숨어 있어야 했다. 대행사 사장인 트레비자니가 펠리니에게 지급해야 할 돈을 주지 않아서, 그걸 받기 위해 가는 여행이었다. 그런데 전쟁 기간에 버라이어티 쇼는 하향세를 걸었다. 1941년 1월 29일 '마르카우렐리오'는 '왜 버라이어티 쇼는 황혼인가?'라는 제목의 특집 기사를 실었다. 2년 전에 '치네마가치노' 잡지에 실렸던 기사와 비슷했는데,

---

6   주역 배우(Capocomico)는 당시 연출과 주연을 겸임하는 게 관례였다.

내용은 더욱 비관적이었다. 인터뷰에서 희극배우 마카리오는 이미 10년 전에 위기는 시작되었다고 말했다. "영화가 유성(sound)으로 바뀌며, 버라이어티는 발판을 잃기 시작했다." 영화는 눈부시게 발전했고, 부채를 무릅써야 하는 버라이어티 쇼에는 새로 입문하는 도전자가 나오지 않았다.

"영화 '앞으로, 자리 있어요' 최고의 속도로 전진하다"라는 제목의 기사가 1942년 6월 18일 치네마가치노 잡지에 실렸다. 영화 '앞으로, 자리 있어요'(Avanti c'è posto)[7]의 주인공은 알도 파브리치인데, 기사에 따르면 그는 평범한 캐릭터를 무대 위로 가져와서 이름을 알린 배우가 됐다. 파브리치는 자신의 영화에 펠리니가 함께 일하기를 원했다. 그는 스토리를 짤 때, 펠리니와 체사레 차바티니, 그리고 자신이 함께 일해야 한다고 주장했다. 오래지 않아 청년 펠리니는 언론계에서는 '파브리치의 유명한 작가'로 알려진다. 펠리니는 제작자인 주세페 아마토와 계약했다. 제작자 아마토와는 20년 뒤 '달콤한 인생'을 만들기 위해 다시 만나게 될 것이다. 펠리니는 크레딧에 성은 쓰지 않고 '페데리코'라고만 올렸다. 순서는 파브리치 바로 다음이며, 차바티니와 피에로 텔리니 앞이었다. 치네마가치노는 이렇게 썼다. "플롯은 파브리치의 아이디어에 의해 구

---

7 제목은 버스 차장들이 승객을 앞으로 밀며 주로 하는 말이다. 앞에 공간이 있으니 더 들어가라는 뜻.

성됐다. 그리고 파브리치는 유명한 유머 작가인 펠리니와 차바티니와 함께 초안을 짜고, 시나리오를 완성했다. 감독은 마리오 보나르드이다."

이 기사는 85분짜리 영화의 스케치다. 영화에는 전쟁의 어두운 바람이 온 데 퍼져있다. 이야기는 이렇다. 체사레(파브리치)는 버스의 차장이다. 버스 안에서 소매치기를 당한 순진한 웨이트리스 로젤라(아드리아나 베네티)를 놓고 운전사 브루노(안드레아 케키)와 사랑의 경쟁을 벌인다. 종결부에서 브루노는 로젤라의 마음을 거의 뺐었는데, 그만 군대에 가게 됐다. 사랑의 패배자인 체사레가 기회를 잡은 셈이다. 그런데 체사레는 기회를 이용하지 않고, 로젤라를 버스에 태워, 미친 듯 질주하여 브루노가 있는 로마의 테르미니 역으로 간다. 그곳에서 브루노의 군대는 아프리카로 향할 것이다. 파브리치는 아버지 같기도 하고, 연인 같기도 한데, 종종 보호자의 역할을 하며 돈 후안 같은 인상도 줬다. 그는 가끔 외설적인 태도도 보였고, 그건 종결부에 가서 통제된다. 버라이어티 쇼를 닮은 멜로드라마적 요소는 종종 냉소주의를 드러내는데, 그건 로맨틱 코미디와 임박한 전쟁의 재난 사이에 어정쩡하게 끼어있는 이탈리아의 정신분열을 노출하고도 남았다.

'앞으로, 자리 있어요'는 1942년 9월에 개봉했고, 엄청난 성공을 거뒀다. 비평계의 반응은 매서웠다. 당시 권위 있는 잡지인 '치네마'(Cinema, 영화)는 이름을 밝히지 않은 필자를 통해 이 영화는 '진실에 대한 모독'이라고 공격했다. 이렇게 덧붙였다. "파브리치는 자신의 처량한 시각과 프티 부르주아의 한계를 보여줌으로써 우리를 기분 나쁘게 했다. 그의 얼굴도 기분 나쁘고, 재능은 썩히고 있으며, 연기도 게으르게 했다. 감상적이어서, 부정적인 성격을 초월하는 걸 전혀 보여주지 못했다. 게다가 그가 철학자인 체하는 것은 속을 더욱 메스껍게 했다." 이런 매서운 비평은 10월 25일 자에도 다시 등장한다. 치네마 잡지의 또 다른 기고가인 메스톨로(Mestolo, 본명은 Massimo Mida Puccini)는 볼포네(Volpone)라는 필자가 '베로톨도'라는 신문에 10월 2일에 썼던 내용을 문제 삼았다. 볼포네는 이렇게 우호적으로 썼다. "이 작은 영화의 미덕은 객관적인 감각(이런 건 존재할 수 없는데)에서의 진실이 아니라, '진실'한 이야기를 다루고 있는 점이다. 게다가 심리적으로는 더욱 진실하고, 그리고 작은 사물을 꼼꼼히 관찰하는 데도 더욱 진실하다. 우리를 둘러싸고 있는 진실인 작은 사물은 이렇게 아무것도 아닌 것에 관한 이야기에서는 본질적이기 때문이다. 보나르드 감독이 지적인 두 작가, 그리고 버라이어티 쇼의 베테랑인 파브리치와 함께 일하며, 자기 경력에서 최고의 영화를 만들었다는 사실은 흥미롭다. 이 점을 생각한다면, 이 영화는 영화에 대한 우리의 새로운 접근이 될 것이다." 메스톨로는 볼포네의 말을 인용하며 반격했다. "(볼포네는)가장 폭력적인 방식으로 우리를 기분 나쁘게 했다. 그는 영화 제작에 관한 이해의 결핍뿐 아니라, 비평의 감성과 취향에 관한 총체적인 결핍을 드러냈다." 그러나 잘못 이해한 사람은 메스톨로였다. 왜냐면 볼포네의 본명은 피에트로 비앙키(Pietro Bianchi)인데, 그는 당시 젊은 비평가를 대표하는 실력자였고, 이 영화의 본질과 새로움을 완벽히 이해하고 있었다.

파브리치의 두 번째 영화 '캄포 데 피오리'(Campo de' Fiori, 꽃의 광장이란 뜻으로 로마에 있는 유명 광장)는 운명적으로 1943년 7월[8]에 개봉됐는데, 치네마 잡지는 주요 비평가였던 주세페 데 산티스(Giuseppe De Santis)를 통해 다시 가혹한 비평을 내놓았다. 데 산티스는 곧 감독이 되고, '씁쓸한 쌀'(Riso amaro, 1949)로 유명해진다. 데 산티스는 파브리치를 이렇게 공격했다. "파브리치는 '앞으로, 자리 있어요'로 성공을 거뒀고, 엄청난 돈을 벌었다. 그런데 소문에 따르면 그는 '캄포 데 피오리'에 출연하며 백만리라 이상의 개런티를 요구했다는 것이다. 사실이 아니라 할지라도 파브리치를 배우라고는 불러줄 수 없다." 과다 지급된 배우라는 사실을 부풀리며, 데 산티스는 영화가 "상식을 공격하고, 거리의 거짓말을 훔치고, 암거래시장의 분위기를 퍼뜨리고 있다"라고 썼다.

이런 이질적인 비평은 다양한 입장을 드러내는 것이기도

---

8   1943년 7월에 무솔리니의 퇴각과 투옥, 곧이어 나치의 구출, 살로에 사회주의 공화국 건설 같은 역사적 격변이 벌어진다.

한데, 하지만 이는 해방 이후에도 이어지는 이탈리아 영화계의 깊은 분열을 예견하고 있었다. 잡지 치네마는 비밀 공산주의자 지식인들이 주도하던 매체인데,[9] 루키노 비스콘티의 1943년 데뷔작 '강박관념' 같은 영화를 지지했다. 반면에 버라이어티 쇼와 매스 미디어의 흔적이 들어와 있는 영화들은 폄하했다. '앞으로, 자리 있어요'가 개봉될 때의 이질적인 비평의 대립은, 1950년대에는 펠리니 지지와 비스콘티 지지라는 두 집단의 라이벌 의식으로까지 전개된다. 비평가들의 이렇게 서로 다른 미학적 개념은 영화의 선택과 배제에 관련된 일관된 논리를 유지했고, 그럼으로써 지지자들을 만들어냈다. 그런데 이런 흐름과 달리, 펠리니의 반지식인 태도는 분명하게 눈에 띄었다. 펠리니는 엄청나게 욕을 먹던 알도 파브리치의 공범자였다. 더 나아가 유머 작가로서 펠리니는, 영화를 위해서 쓰거나 그 비슷한 일을 하는 동료들과 자신을 구분했다. 펠리니는 잡지와 신문에 수많은 글을 기고했지만, '지식인'인 볼포네와 메스톨로처럼 비평이나 에세이를 담은 책을 내지는 않았다. 펠리니는 언론에 인터뷰도 간혹 썼다. 그런데

---

9 이 점이 이탈리아 영화사의 아이러니 가운데 하나다. 1940년대 '치네마' 잡지의 발행인은 무솔리니의 아들인 비토리오 무솔리니였기 때문이다. 알다시피 파시즘 정부는 공산주의자들을 가혹하게 탄압했다. 편집자들이 친공산주의 경향을 은밀하게 숨기고 '치네마' 잡지에서 일한 사실은 이탈리아 영화사에서 유명한 일화로 남아 있다.

그것도 '지적인' 저널리즘이기보다는 다양한 캐릭터와의 만남에 관한 인상적인 일탈 같은 것이었다. 그건 저널리즘이기보다는 판타지에 가까웠다. 펠리니가 쓴 것은 주로 기억에 관한 이야기들이었고, 무엇을 보았는지 이야기했고, 또는 자유 형식으로 쓴 철학적 장광설이었다.

파브리치와 함께 일하는 것은 전쟁에서 해방될 때까지, 펠리니의 영화 작업에서 핵심이 됐다. 로베르토 로셀리니가 '무방비 도시'를 만들 때, 펠리니를 찾은 이유는 유명 코미디 배우인 파브리치를 캐스팅하기 위해서였다. '캄포 데 피오리'는 주세페 아마토가 제작했고, 펠리니는 파브리치와 텔리니와 더불어 시나리오 작가로 크레딧에 이름을 올렸다. 영화 속에서 파브리치는 생선 장수이고, 안나 마냐니는 과일 상수이다. 광장에 있는 두 사람의 가판대는 옆에 붙어 있다. 마냐니는 파브리치를 좋아한다. 하지만 파브리치는 엘자라는 우아한 여성을 사랑한다. 카테리나 보라토가 연기한 엘자는 이중 생활을 하는 캐릭터다. 종결부에서 자신의 터무니 없이 높은 꿈에 배신당한 파브리치는 자신만의 상상의 모험을 한다. 파브리치는 그 이야기를 이발사(페피노 데 필리포)에게 해주는데, 이후에 진짜로 현실에서 예상치 못한 모험을 하게 된다. 이 작품은 이탈리아 영화의 미래에 대한 풍부한 전조를 보여주고 있다. 먼저 이 영화는 파브리치와 마냐니 커플을 소개했는데, 이들은 '무방비 도시'에서 상대역으로 다시 등장한다. 그리고 이 영화는 파브리치와 데 필리포의 매력적인 콤비 역할을 처음으로 선보였다. 이후 두 배우는 팀을 이뤄, '이탈리아 스타일의 코미디'(사회 풍자가 강한 코미디)에서 기둥 역할을 할 것이다. 재치가 넘치는 개그에는 펠리니의 흔적이 분명하게 확인된다. 또 펠리니 특유의 캐릭터들, 곧 카드사기꾼, 불량배 같은 지하세계의 인물에 대한 묘사가 있다. 이런 악당들은 펠리니의 영화 '사기꾼들'에서 다시 나온다. 그리고 카테리나 보라토는 '8과 1/2'에서 여성적 아름다움의 정수로 출연하며, 빛나는 성숙미를 보여줄 것이다. '캄포 데 피오리'를 만들 때, 미래의 감독 펠리니는 중요한 사람들을 만날 수 있었다. 우선 펠리니는 마냐니를 만났다. 물론 마냐니는 로셀리니와 연결지어 더욱 유명해지지만 말이다. 펠리니가 선호하는 희극배우인 페피노 데 필리포는 '버라이어티 쇼의 불빛'과 옴니버스 영화 '보카치오 70'의 에피소드 '안토니오 박사의 유혹'에서 주인공으로 나올 것이다. 파브리치 영화에 활기를 불어넣은 이런 배우들에서, 우리는 펠리니 영화의 어떤 인큐베이터를 보았다.

이런 시리즈(파브리치 주연에 펠리니 시나리오)의 세 번째 영화는 마리오 마톨리 감독의 '마지막 마차'이다. 마톨리 감독과 펠리니는 '앞으로, 자리 있어요'를 만들 때, 희극배우 에르미니오 마카리오를 통해 만났었다. '마지막 마차'를 만들 때, 카리스마 넘치는 파브리치와 그의 짝 펠리니 사이의 관계는 더욱 발전했고, 친밀함이 거의 배타적인 수준에 이르렀다. 크레 딧을 보면, 영화의 기획 아이디어(soggetto)[10]에는 파브리치만 이름을 올렸고, 시나리오에는 펠리니와 함께 두 사람만 이름을 올렸다. 파브리치는 실제로는 1925년에 운전면허를 땄는데, 이 영화에서는 거의 마지막으로 남은 마부로 나온다. 그는 택시의 침범에 완강하게 거부하고 있다. 영화는 전쟁 소식이 간헐적으로 들리는 것을 배경으로 이렇게 진행된다. 마부는 카페의 가수인 안나 마냐니를 기차역으로 데려다주며 알게 된다. 그런데 마냐니는 다이아몬드 반지(구애자의 선물)가 들어있는 서류 가방을 마차에 두고 내려버렸다. 파브리치는 서류 가방을 그녀에게 돌려주려고 가며, 신문에 공고됐던 보상금 500리라를 받을 수 있을 것으로 기대했다. 그런데 마냐니는 그가 진짜 다이아몬드를 가짜로 바꿔치기했다고 고발했다. 두 캐릭터 사이의 갈등이 스크린에 표현되는 것인데, 실제로 두 배우는 촬영현장에서도 크게 갈등을 빚었다. 이들의 관계는 '무방비 도시'를 찍을 때 더욱 나빠졌고, 두 사람의 사적인 감정은 현장에서 느껴질 정도였다.

한바탕의 재판이 벌어진 뒤, 마부는 무죄 판결을 받아 석방됐다. 영화가 끝날 때, 마부는 자신의 마차에 이젠 승객으로

---

10   이탈리아 영화의 특별한 관행인데, 처음 이야기의 주제(soggetto/subject)를 기획한 사람을 따로 표시한다. 스토리 창작의 첫 아이디어는 그것에서 나왔다는 점을 강조한 것.

앉아, 말에게 집으로 가자고 명령한다. 이 지점에서 펠리니가 제안했던 아이디어는 '말하는 말'을 등장시키자는 것이었다. 파브리치는 긍정적인 의미에서 펠리니가 얼마나 '미친' 작가였는지를 설명하기 위해, 이 에피소드를 종종 들려주었다. 영화는 1943년 12월에 개봉됐고, 관객의 반응은 둘로 나누어졌다. 리뷰는 주로 '유창한 시나리오'라고 평가했지만, 이 영화는 펠리니의 경력에서 특별한 역할을 하지 못했다. 하지만 한 가지 기억할 점은 이때 펠리니는 당시 편집 조수였던 레오 카토초(Leo Catozzo)를 만났다. 그가 훗날 펠리니의 많은 영화를 편집한다. 카토초는 1960년대에 편집과정을 혁신시킨 '카토초 압착기'(pressa Cotozzo)의 발명자이기도 하다. 이때 아세톤이 사라지고, 스카치테이프의 이용이 도입된다.

펠리니와 파브리치 사이의 조화는 3~4년간 더 이어진다. 그들은 새로운 협업에 대해 함께 알리곤 했다. 펠리니는 아르헨티나에서 새로운 영화 '이민자'를 파브리치와 함께 공동감독할 기회를 제안받았다. 하지만 펠리니는 그 제안을 받아들이지 않았다. 펠리니는 이미 다른 일을 계약했고, 새 영화의 기획을 신뢰할 수 없었기 때문이었다. 그리고 그때부터 펠리니는 로마를 떠나기를 아주 싫어했다. 이 태도는 이후 펠리니의 두 번째 천성이 된다. 1948년 여름, 결국 파브리치 혼자 아르헨티나로 떠났다.

전쟁 이후에, 펠리니와 파브리치 사이의 협업 가운데 가장 뛰어난 작품은 알베르토 라투아다(Alberto Lattuada)가 감독한 '조반니 에피스코포의 범죄'이다. 1946-1947년 겨울에 제작이 시작됐다. 파브리치가 로마의 베드로 광장을 완전히 뒤덮은 흰 눈을 삽으로 치우는 장면을 보면 그 시기를 알 수 있다. 눈은 자연이 선물한 특별한 경우인데, 제작사가 그 기회를 아주 잘 이용했다. 스토리는 가브리엘레 다눈치오의 단편 소설 〈조반니 에피스코포〉를 각색한 것이다. 이 소설을 좋아한 파브리치가 영화화 판권을 샀고, 그 판권을 룩스 필름(Lux Film)의 제작자 카를로 폰티(Carlo Ponti)에게 가져갔다. 당시 파브리치는 이탈리아 영화계 최고의 스타 가운데 한 명이었고, 외국에서도 인지도가 높았다. 파브리치는 감독과의 협상을 위해, 자신의 '동맹'(펠리니)과 함께 일하기를 원했다. 그는 알베르토 라투아다에게 특별한 사람을 보내겠다고 알렸다. 덧붙이길, "그는 머리가 두 개"라고 했다. 머리가 두 개인 작가는 오래 걸을 필요도 없었다. 라투아다 감독과 그의 아내이자 스타인 카를라 델 포지오(Carla Del Poggio) 부부가 사는 파가니니 거리 7번지 아파트의 1층에 도착하기 위해서는, 루테치아 거리에서 나와, 리에지 거리를 건너기만 하면 됐다.

1946년 여름이면, 롬바르디아주 출신인 라투아다는 이미 성공한 감독이 돼 있었다. 그때 개봉한 '산적'(Il bandito)은 스타일로 보면, 네오리얼리즘과 멜로드라마 사이에 걸쳐 있었는데, 발표 당시 엄청난 성공을 거뒀다. 반면에 데뷔작 '이상주의자 자코모'(1943)는 에밀리오 데 마르키의 동명 소설을 각색한 것인데, 대단히 장식적인 '칼리그라피스모'(Calligrafismo)[11]의 흔적을 갖고 있었다. 라투아다는 밀라노 공과대학에서 건축학 학위를 받은 뒤, 밀라노의 시네마테크인 '치네테카 이탈리아나'(Cineteca Italiana) 창립 운동에 참여했다. 그는 마리오 솔다티 감독의 '오래된 작은 세상'(1941)에서 일했다. 솔다티는 라투아다를 가리켜, '절대 고쳐지지 않을 수다쟁이'라고 말했다. 그런데 당시 라투아다는 1914년생의 젊은이였고, 재빨리 촬영현장에서 필요한 리더십을 습득했다.

펠리니와 라투아다는 서로 잘 어울릴 것 같지는 않았다. 라투아다는 세련된 문화 속에서 자랐고, 공식적인 교육을 다 받았다. 그는 사진을 통해 영화로 들어왔다. 펠리니는 사진에 대해선 거의 문외한이었다. 펠리니는 일생을 통해서 의미 있는 사진을 찍은 적도 없다. 라투아다는 시네필이었다. '조반니 에피스코포'의 영화화를 논의할 때, 라투아다는 오손 웰스의 '위대한 앰버슨가'를 본 감격에 빠져 있었다. 물론 펠리니는 그 영화를 보지 않았다. 하지만 놀랍게도 두 사람은 서로에게 대단히 개방적이었다. 다눈치오의 60쪽 자리 소설은 도스토예프스키의 작품을 영리하게 모방한 것으로, 1891년에 출간된

---

11   1940년대 초 이탈리아에서 유행한 영화 형식. 예술 지향적이며, 형식을 존중하고, 복잡한 표현을 선호했다. 동시대 이탈리아 문학을 주로 각색했다. 프랑수아 트뤼포가 비판한 '질의 영화'와 비슷하다.

것이다. 라투아다와 펠리니는 이 소설을 자유롭게 각색하여 20쪽짜리 초고로 만들어냈다. 문제는 이 영화의 제작을 의뢰했던 파브리치가 초고를 좋아하지 않았다는 점이다. 함께 일하던 작가들에게 늘 요구했듯, 파브리치는 '명확한' 시나리오를 기다렸다. 하지만 파브리치의 입장에선, 두 작가의 초고는 다시 '말하는 말'이 등장하는 것처럼 보였다. 그래서 파브리치는 시나리오 작업을 돕기 위해 수조 체키 다미코(Suso Cecchi d'Amico)[12]와 피에로 텔리니를 불렀다. 텔리니는 이 작업에 참여하는 걸 피하려 했다. 노예처럼 지나치게 일하는 라투아다의 악명을 알고 있어서였다. 라투아다는 타자기 앞에 한 번 앉으면, 일어설 줄을 몰랐고, 밤샘도 예사로 했다. 그런데 이상하게도 펠리니는 라투아다의 이런 무거운 규율에서 오히려 영감을 받았다. 펠리니는 라투아다의 작업 방식을 새로운 게임을 하는 것처럼 받아들였다. 펠리니는 밤샘하는 것을 좋아했고, 라투아다로부터 지시받은 특별한 일을 끝내며 새벽이 밝아오는 것을 볼 때는 희열도 느꼈다. 그리고는 말했다. "이제 진짜 피곤하네."

아마도 다눈치오 소설의 환각적 분위기가 영화 '조반니 에피스코포의 범죄'에 들어있다면, 그건 파가니니 거리(라투아다

---

12   수조 체키 다미코(1914~2010)는 당시로선 드문 여성 시나리오 작가였다. 이 탈리아 영화사에 큰 발자국을 남긴 '전설' 대접을 받았는데, 특히 '레오파드'를 비롯한 루키노 비스콘티의 주요작을 거의 다 썼다.

의 집)에서의 잠 못 드는 밤이 반향을 했기 때문일 테다. 소설은 1인칭 시점으로 서술되는데, 주인공 에피스코포는 소박한 사무직 직원이다. 그런데 그는 천박하고 오만한 반처라는 캐릭터와의 대결에 집착하고 있다. 판단력이 부족한 에피스코포는 싸구려 호텔에서 일했던 아름다운 웨이트리스와 결혼했다. 그런데 반처가 자신의 아내를 빼앗으려고 아르헨티나(이곳에 도망가 있었다)에서 돌아오자, 에피스코포는 미쳐버린다. 분노가 치밀어 오른 그는 사랑의 경쟁자를 살해함으로써 복수를 행한다. 펠리니는 원작을 별로 존중하지 않았고, 자기 식으로 이야기를 만들었다. 에피스코포는 사무실과 집을 오가며 삶을 보내고 있는 전형적인 소시민이다. 그는 자신에겐 영원한 여성성의 화신으로 보이는, 성적 매력을 가진 아내에게 반해버린다. 이 영화에 들어있는 요소들을 보면, 그것은 펠리니 특유의 상상력에 강하게 연결돼 있음을 알 수 있다. 이를테면 시끄럽고 방탕한 새해 기념 파티, 트레비 분수, '비텔로니'에 다시 등장하여 당구 큐를 들고 있을 알베르토 소르디 등이 여기서도 나온다. 곧 펠리니가 좋아하는 경계선 위의 인물들은 파브리치와 영화를 만들며 이미 생긴 것이었다. 라투아다 감독은 로마의 밤과 안개를 찍는 데 재능을 갖고 있었다. 또 에피스코포가 일하는 사무국(산 미켈레 호스피스에 있는 진짜 사무실에서 촬영)과 그가 홀딱 반한 카바레의 분위기를 잡는 데도 뛰어났다. 카바레는 요세프 폰 스테른버그의 '푸른 천사'(1930)에 등장한 카바레의 병적인 분위기를 약간 모방하고 있다. 파브리치는 여기서 대단히 절제된 연기를 보여주는데, 비평가들은 '푸른 천사'에서 롤라 롤라(마를레네 디트리히)의 애인 라트 교수를 연기한 에밀 야닝스와의 유사점을 지적했다.

그리고 늘 그렇듯 촬영현장에선 갈등이 있었다. 공동제작자로서 파브리치는 감독의 예술적 영역에 종종 침범하려 했다. 침착한 라투아다는 반응을 보이기보다는 파브리치에게 몸무게를 빼라고 요구했고, 알맞은 운동을 추천했다. 파브리치는 그리스 배우 이본느 산손(Yvonne Sanson)이 출연하는 것을 반대했는데, 라투아다는 산손을 '육체의 기념비'라고 칭송하며 그 의견을 무시했다. 알베르토 소르디는 수상한 구석이 있는 역할을 맡았다. 물론 이것은 친구 펠리니가 시나리오를 쓴 덕을 본 것인데, 여기에서 소르디는 그 특유의 역할, 곧 교활하고 무례한 역할을 발전시킨다. 파브리치는 소르디도 꺼림칙하게 여겼다. 버라이어티 쇼에서 소르디가 로마제국의 용사로 나왔을 때부터 그를 별로 좋아하지 않았다. 소르디가 주목을 받기 위해 너무 의욕적으로 연기를 하면, 파브리치가 엄청 화를 냈다고 펠리니는 기억했다. '조반니 에피스코포의 범죄'를 촬영할 때, 파브리치는 소르디가 자신의 장면을 훔쳐갔다고 불평했다. 그런데 영화의 결과는 성공이었다. 영화는 비평계의 호평을 받았고, 1947년 베네치아영화제에서는 기술 부문에서 상도 받았다. 그리고 주세페 데 산티스의 '비극적 사냥'(Caccia tragica)과 더불어 그해의 최고의 영화로 평가받았다. 파브리치는 이 영화에 자부심을 느꼈지만, 더는 예술 감각이 뛰어난 작가, 그리고 폭군 같은 감독을 참아내지 못했다. 그러면서 파브리치는 조금씩 전형적인 대중영화로 돌아갔다.

1950년대에 파브리치와 펠리니의 이름이 동시에 나오는 영화들은 몇 개 더 발표된다. '프란체스코, 신의 어릿광대'(1950)를 만들 때, 펠리니는 감독 로셀리니를 설득하여 직업 배우로서는 유일하게 파브리치가 출연하도록 했다. 나머지 주요 인물들은 전부 아마추어 연기자들이 맡았다. 파브리치는 폭군 니콜라이오로 출연했다. 그는 야만인 군사와 무기를 들고 도시를 공격했는데, 그건 알레산드로 블라제티 감독의 역사 서사극에서 종종 보던 장면과 비슷했다. 파브리치의 으르릉거리는 연기는 독특하게도 도르래에 걸려 있는 갑옷 안에서 대부분 진행됐다. 순진한 수도승 지네프로가 니콜라이오 앞에 끌려 왔을 때, 파브리치는 눈동자를 굴리고, 괴물처럼 소리를 지르며 연기한다. 아마도 파브리치의 경력에서 가장 펠리니다운 캐릭터를 연기한 부분일 것이다. 기괴한 분장과 과장된 동작은 펠리니가 발명한 만화적 표현, 바로 그것이었다.

이 시기에 파브리치가 연기한 다른 인물들은 대체로 관습적인 것들이었다. '아름답게 등장한 웨이트리스'(Cameriera bella presenza offresi, 1951)는 전쟁 전에 코미디 영화의 스타였던 엘자 메를리니를 재등장시키려고, 화려한 배우들을 그녀 옆에 동원했지만, 별무소득이었다. 여기서 펠리니가 파브리치를 위해 만들어낸 역할은 평화로운 여름 휴가를 보내려고 노력하는 어리석은 판매원이었다. 라투아다와 펠리니는 '버라이어티 쇼의 불빛'에 대한 계획을 발표했는데, 이것이 파브리치와 펠리니 사이에 결정적인 긴장을 몰고 왔다. 파브리치는 버라이어티 쇼 세계에서 자신이 펠리니의 멘토라고 생각했다. 그런데 그 세계에 대한 영화화의 계획에서 배제됐으니, 파브리치는 매우 화가 났다. 파브리치는 카를로 폰티의 영화사에서 만드는 '개 같은 인생'(1950)[13]에 출연하면서 일종의 복수를 했다. '개 같은 인생'은 '버라이어티 쇼의 불빛'의 명백한 경쟁작이었다. 파브리치는 다른 몇몇 작가들과 함께 시나리오 작업에도 참여했다. 이들 가운데는 펠리니의 친구인 작가 루제로 마카리도 있었다. 그때 마카리는 영화계로 다시 돌아와 있었고, 파브리치의 전속 작가가 되어, 이후 대략 20편의 영화에서 함께 일한다.

파브리치와 펠리니 사이의 우정은 이때 돌이킬 수 없게 무너진다. 펠리니가 버라이어티 쇼 세계에서 파브리치와 경험했던 사실들(혹은 상상들)을 대중들 앞에서 자주 언급하면서부터다. 펠리니는 일화들을 더욱 미화했고, 자신은 서투른 인턴 같은 역할을 맡은 희극적인 이야기를 계속 만들어냈다. 하지

13　'개 같은 인생'은 '버라이어티 쇼의 불빛'처럼 유랑극단의 이야기를 다룬다.

만 반복된 그런 이야기들(아마도 부분적으로는 창작됐을 텐데)과 사건들은 파브리치에 따르면 전혀 일어나지 않은 것들이었다. 파브리치는 펠리니가 옛 극단의 열악한 조건에 대해 계속 떠들어대는 것을 좋아하지 않았다. 그리고 그건 오해에서 비롯된 것이라고 말했다. 파브리치는 펠리니가 반어법으로 표현한 과거의 애정을 전혀 이해하지 못했다. 그래서 실제의 이야기든 지어낸 이야기든 펠리니의 말에 항상 이의를 제기했다. 그렇게 이들은 헤어졌고, 행사장에서 간혹 만날 따름이었다. 파브리치는 우정이 배반당했다는 씁쓸함을 느끼며 헤어졌다. 그의 극단 사람들은 대부분 그렇게 생각했다.

펠리니는 '앞으로, 자리 있어요' 등 파브리치의 성공작에서 자신이 개인적으로 한 일은 아무것도 없다고 말하곤 했다. 영화의 플롯이나 캐릭터 모두에서 펠리니 자신이 만들어낸 것은 없고, 시나리오에 혁신을 가져온 사람은 파브리치라고 말했다. 펠리니는 파브리치의 영화들을 생생한 불꽃이자 동시에 버라이어티 쇼의 한계라고 정의했다. 하지만 펠리니는 파브리치가 보여준 대중에게 다가가는 태도, 그리고 협력의 연대에 대해선 잊지 않고 있었다. 특히 파브리치의 리얼리즘에 대한 일관성을 기억했다. 함께 일할 때면 파브리치는 늘 이런 말을 했다. "진짜 삶을 사는 거야."

펠리니는 감독이 된 몇 년 뒤, 파브리치와 협력할 생각을 가끔 하곤 했다. 그런데 파브리치의 이미지는 너무나 굳어져

버렸고, 예상 가능했고, 방해되는 인물로 변해갔다. 1968년 '펠리니 사티리콘'을 만들 때, 감독은 조심성 없이 트리말초네 역에 파브리치를 캐스팅할 생각을 했다는 점을 퍼뜨렸다. 하지만 마지막 순간에 펠리니는 마리오 로마뇰리를 선택했다. 그는 로마 시내의 대단히 유명한 식당의 주인이자 배우인데, 별명이 '일 모로'(il Moro, 피부가 검다는 뜻)였다. 파브리치에게 이런 경솔한 행동은 용서할 수 없는 공격이었다. 이 사건이 그나마 남아 있던 우정을 완벽히 깨버렸다. 그런데 우리는 펠리니와 파브리치 사이의 열정적이고 고통스러운 관계에서, 아버지와 아들 사이에 반복되는 완벽한 오해에 의한 분노와 후회를 볼 수 있다. 더 나아가 엉켜버린 존경과 애정도 보일 것이다. 셰익스피어의 〈헨리 4세〉의 종결부에서 새로 왕이 된 헨리 5세가 옛 친구 팔스타프를 영원히 쫓아내는 숭고한 장면 같기도 하다. 그 장면은 이탈리아 영화사에서 벌어졌던 작은 챕터에 대한 최고의 삽화일 것이다. 파브리치는 전기 작가 안젤로 솔미에게 보낸 편지에서 펠리니와의 관계에 대해 가혹한 결론을 내린다. "따져보면, 나는 내가 가진 것보다 더 많은 것을 그에게 주었다."

전쟁의 공포 속에서도 계속 쓰다

전쟁은 벌어졌고, 이탈리아의 상황은 악화됐다. 그때 펠리니는 영화계의 최고 작가 가운데 한 명으로 막 떠오르고 있었다. 감독들에 대한 숭배가 커질 때이지만, 제작자들은 영화를 만들 때 작가들의 역량이 실질적으로, 또 예술적으로 대단히 중요하다는 사실도 알고 있었다. 훌륭한 작가는 존경을 받았고, 좋은 보수를 받았다. 그들을 두고 경쟁이 벌어지곤 했다. 펠리니는 영화산업계에서 이런 흐름을 타고 있었다. 그는 생생한 아이디어, 상상력, 혁신을 시사지 '마르카우렐리오'와 라디오에서 이미 보여줬다. 호기심에 대한 넘치는 감각은 그를 좋은 시나리오 작가로 성장시키는 힘이었다. 호기심은 업계와의 관계를 넘어, 이탈리아 영화의 재탄생에 결정적인 요인이 될 것이다.

당시에 펠리니는 영화라는 매체를 자신이 기고하던 많은 언론사와 다를 게 없는 것으로 여겼다. 차이점이 있다면 더욱 넓게 유포됐고, 보수가 더 좋다는 것이었다. 그는 자신의 창작물에 특별히 집착하지도 않았다. 그는 자신의 아이디어를 팔았고, 쉽게 팔 수 없는 것은 싸게 팔았다. 그는 책상 위에 아이디어를 모두 내놓고, 그것들을 또 잊어버렸다. 그건 언론계에서 일할 때도 그랬다. 당시의 많은 작가는 치네치타와 잘 지냈고, 또 신문, 라디오, 연극, 버라이어티 쇼에서도 일했다. 펠리니는 제법 유명한 영화에 이름을 올렸지만, 그때나 이후에나, 그런 영화의 유명세에 자신의 몫을 주장하지도 않았다. 그는 활발히 아이디어를 냈지만, 작업 과정의 핵심 인물은 아니었다. 게다가 펠리니는 일이 진척되고 완성되는 과정에는 전혀 관심을 두지 않았다. 그는 완성된 영화의 모습을 그려보지도 않았고, 실제적으로 어떻게 만들어지는 것인지에 대해서도 흥미를 느끼지 않았다. 하지만 펠리니는 집중하는 것 같은 여정 속에서의 팀워크에서 경험하는 압박에서는 대단한 유혹을 느꼈다. 그건 날씨가 어떻게 될지도 모르는 긴장 속에서의 작업까지 포함하는 것이었다.

이 중에서도 가장 매혹적인 것은 영화계의 인간 군집, 곧 광대하고 다양한 인간 형태를 관찰하는 즐거움이었다.

1942년 펠리니는 희극배우 일단과 함께 리미니에서 베네치아 입구의 키오지아(Chioggia)까지 배를 타고 여행할 때, 자신이 관찰력이 뛰어났던 18세기 희극 작가 카를로 골도니(Carlo Goldoni) 같다고 느꼈다. 당시의 스타 발렌티나 코르테제는 토리노에 있는 촬영장 가장자리에서 펠리니가 사람들을 '관찰하며' 맴돌고 있는 것을 보았다. 촬영장에서는 영화 '4쪽'(Quarta pagina)이 제작되고 있었다. 코르테제는 이렇게 기억했다. "(토리노의)발렌티노 공원의 길 위에서였다. 청년이 모자를 등 뒤에 쥐고, 저쪽에 서 있었다. 경쾌한 느낌의 얼굴, 아주 착한 인상, 지성이 넘치고 영재처럼 보였다. 그는 바로 그곳에서 영화에서 말해야 할 대사들을 모두 쏟아냈다. 대사의 분위기는 전형적인 그의 것이었다. 무관심한 듯하지만, 말들은 살아 있었다."

펠리니는 미모의 여배우에게 좋은 인상을 남긴 사실에 기뻐했지만, '4쪽'을 찍을 때 토리노에 있었다는 사실을 항상 부인했다. 하지만 코미디 작가이자 이 영화의 감독인 니콜라 만차리는 과거에 펠리니와 라디오 작업도 함께 했는데, 펠리니의 부인을 다시 부인했다. 만차리에 따르면, 펠리니는 '영화의 약점을 보완하기 위한 재담'을 쓰기 위해 토리노에 왔다. 하나의 작품을 위해 11명의 시나리오 작가가 동원된 것은 당시로선 최대 규모였고, 피에몬테주 출신으로 산업계의 주요 인물인 이 영화의 제작자가 당시에 선보였던 혁신적인 방법이었다. 이 작품이 제작자로서는 그의 데뷔작이었다. 이 신사는 영화계의 의례를 좋아했고, 리셉션 장면을 찍을 때는 토리노 사교계의 고급 인사들을 대거 초대했다. 펠리니는 훗날 '달콤한 인생'의 종결부에서, 바사노 디 수트리(Bassano di Sutri)에 있는 어느 궁에 로마의 귀족들을 초대하여 그 장면을 비슷하게 반복한다.

영화 '4쪽'의 주요 아이디어는 피에로 텔리니가 낸 것인데, 펠리니는 이탈리아 최초의 에피소드 영화 중 하나인 이 영화의 구성에 한몫했다. 이는 미국영화 '만약 백만 달러가 있다면'(If I Had a Million, 1932)과 프랑스 영화 '무도회의 수첩'(Un carnet de bal, 1937)을 모방한 것이었다. 영화는 많은 현금을 옮기던 운반자의 의문에 가득 찬 실종으로 시작된다. 그건 살인일 수도 있다. 보험 회사는 젊은 변호사(클라우디오 고라)와 그의 비서(발렌티나 코르테제)를 고용하여, 사건을 조사하게 한다. '4쪽'은 1942년 12월에 개봉됐다. 당시에 펠리니가 어려운 여건 속에서, 시나리오 작업에 참여한 유일한 작품이며, 휴전(1943) 이전에 정상적으로 개봉됐다. 이때 펠리니와 텔리니는 이런 장르의 전문가로 인식됐다. 잡지 치네마가치노는 두 사람이 함께 작업한 최근의 성공작들을 언급하며 '전문가'라는 결론을 내릴 수 있다고 썼다.

'누가 그를 봤는가?'는 1943년 여름에 완성됐지만, 개봉은 1945년에 했다. 이 영화는 일간지 코리에레 델라 세라의 일요판인 도메니카 델 코리에레(Domenica del Corriere)에 연재되던 실종자 찾기 기사에서 영감을 얻었다. 이야기와 시나리오는 텔리니와 펠리니가 썼다. 감독은 고프레도 알레산드리니였다. 첫 장면부터 영화는 전형적인 펠리니적 상황으로 시작한다. 배우 비르질리오 리엔토는 로마 근교 벨레트리에 있는 작은 시골 극장에서 햄릿의 독백을 연기하려고 한다. 그런데 객석이 매우 시끄럽다. 계속되는 방해에 화가 난 이 배우는 두 개골 소품을 객석으로 던지고, 무대에서 나가 버린다. 극단장은 재빨리 엉성한 무용수 4명을 무대에 올려, 그를 대신한 공연을 이어간다. 리엔토는 싸구려 호텔에서 도망가려 하는데, 어떤 여성이 그를 막고 서있다. 여성은 리엔토가 자신의 형부라고 주장한다. 리엔토는 5년 전에 지금의 아내와 함께 도망갔었다. 이어서 영화는 알레산드로 블라제티의 '구름 위의 산책'을 변주한다. 주인공은 이제 평범한 시골 생활에 적응해 살고 있고, 자기 딸(진짜인지는 모름)을 그녀가 원치 않는 곳에 시집보내려 한다. 버라이어티 쇼 취향은 펠리니의 것이며, 프티 부르주아를 반어법적으로 표현하는 것도 역시 그렇다.

아마도 펠리니는 프랑스 감독 장 드 리무르가 연출하고, 주세페 아마토가 제작한 '출현'(Apparizione)의 시나리오 작업에도 참여했을 것이다(펠리니는 자주 그랬듯 긍정도 부정도 하지 않았다). 이 영화는 1943년 여름에 촬영됐고, 엄혹한 해인 1944년 초에 개봉됐다. 공습의 공포 때문에 거의 아무도 영화관에 가지 않을 때였다. 전형적인 로맨틱 코미디인데, 공식적으로는 아마토, 텔리니, 그리고 루치오 데 카로가 시나리오를 썼다고 크레딧에 소개된다. 곧 이을 위기를 예견할 수 있는, 허장성세의 사회적 분위기가 영화 속에 스며있다. 펠리니의 참여를 짐작할 수 있는 점은 당대의 스타인 아메데오 나차리(Amedeo Nazzari)[1]가 출연한 까닭이다. 그는 허구의 인물이 아니라 영화 스타인 나차리 그대로 출연하는데, 10여 년 뒤에 '카비리아의 밤'에서 펠리니를 위해 실제 스타의 역할을 다시 할 것이다. 영화의 이야기는 이렇다. 스타는 자동차 여행 중이다. 갑자기 비가 퍼붓는 바람에 발이 묶인 그는 어쩔 수 없이 어느 시골 마을에 정차한다. 그날 밤 알리다 발리(Alida Valli)는 결혼식에서 입을 흰색 드레스를 선보이고 있다. 신랑은 시골의 기계공인 마시모 지로티(Massimo Girotti)[2]이다. 스타의 출현은 모든 것을 뒤집어 놓는다. 예비 신부는 처음엔 놀랐고, 곧바로 매혹된다. 예비 신랑은 경악했고, 질투를 느꼈다. 정말 놀라운 것은 짧은 만남에서 보여준 스타의 왕족과 같은 품위였다. 하지만 종결부에 가면 그도 동요를 느꼈음을 알 수 있다. 그는 개츠비 스타일의 화려한 저택에서 손에는 다음 영화의 시나리

---

1   아메데오 나차리(1907-1979)는 파시즘 시절부터 스타였다. 뛰어난 외모와 그리스 조각 같은 몸매로, 만인의 연인으로 통했다.

2   이 영화의 주요 인물을 연기한 세 배우, 곧 나차리, 발리, 지로티는 파시즘 시절을 거쳐, 해방 후에도 이탈리아 영화의 주요 배우로 성장한다.

오를 들고, 자기 자신의 대리석 조각 아래 혼자 서 있는 것이다. 나차리 집의 풍요로움은 훗날 카비리아의 반짝이는 눈을 통해 다시 볼 것이다.

이 기간에 펠리니가 제작에 참여한 작은 영화들 가운데 미완성 작품도 하나 있다. 〈치네치타 1930년대〉(Cinecittà anni trenta)라는 책에서 배우 구이도 첼라노는 평론가 프란체스코 사비오에게 일화를 하나 들려주었다. 그는 미군이 상륙할 때 아프리카에서 일하고 있었는데, 펠리니가 시나리오를 쓴 '사막의 기사들'(1942)을 찍고 있었다. 그런데 이 작품의 제작이 중단됐다. "나는 사하라 사막에 사는 이슬람 유목민인 투아레그(Tuareg)족의 족장 역을 맡았다. 루이자 페리다는 나의 딸, 그리고 오스발도 발렌티는 장교로 나왔다. 감독은 지노 탈라모였는데, 그는 몸이 아팠다. 실제로 교통사고를 당했다. 그래서 나와 발렌티는 펠리니에게 부탁하여 연출을 맡아달라고 말했다. 펠리니는 첫 장면을 연출했다. 우리는 말과 아랍인들, 그리고 나까지 포함하여 환상적인 장면을 만들었다." 하지만 미군이 알제리의 보나(Bona)[3]에 상륙했고, 모든 제작은 중단돼야 했다. "펠리니와 나를 포함한 모두는 집에 돌아오기 위해 위험천만한 비행을 해야 했다. 그들은 기관총을 쏘아댔다.

---

3   아프리카의 알제리 북부에 있는 도시. 보나는 당시의 이탈리아식 이름이며, 지금은 안나바(Annaba)로 불린다. 연합군이 이곳에 상륙하면서, 아프리카에서의 독일과 이탈리아 동맹이 결정적으로 무너지기 시작한다.

우리는 아주 낮게, 거의 물에 붙듯이 날아야 했다. 신의 도움으로, 우리는 로마까지 안전하게 돌아올 수 있었다." 이 증언은 펠리니와 관련된 다른 상황과도 일치한다. 펠리니는 1942년과 1943년 사이의 짧은 기간 동안, 로마의 프란체스코 크리스피 거리에 있는 비토리오 무솔리니(무솔리니의 아들)의 영화사에서 일하고 있었다. 이곳에서 펠리니는 로베르토 로셀리니를 처음 만났다. 로셀리니는 비토리오 무솔리니가 제작하는 '루치아노 세라, 조종사'(고프레도 알레산드리니 연출, 1938)에서 시나리오 작가로 일하고 있었다. 그런데 펠리니는 리비아의 트리폴리로 출장을 가야 했다. 영화 제작 관련 일 때문이기도 했고, 무엇보다도 펠리니는 징병을 연기할 다른 이유를 찾아야 했다. 만약 그때 징병 되면, 펠리니는 그리스 전선에 있는 이탈리아군에 합류해야 했다. 그래서 펠리니는 꼭 필요한 여행은 아니지만, 상당히 위험한 아프리카로의 비행을 위해 당시 로마에 있던 살라리오 공항으로 갔다.

리비아의 트리폴리 공항은 베니토 무솔리니의 이름을 따서, '베니토 성'(Castel Benito)이라고 불렸다(당시 리비아는 이탈리아의 식민지). 공항에서 펠리니는 제작 담당 프로듀서 루이지 '지제토' 지아코지(보통 줄여서 지게토라고 불린다)의 따뜻한 환영을 받았다. 지게토는 이후 펠리니의 아주 친한 친구가 된다. 트리폴리의 상황은 미쳐 돌아가고 있었다. 도시는 포위됐고, 하늘과 땅, 그리고 바다에서도 폭격이 날아왔다. 영화 제작팀은 도시에서 20km 떨어져 있는 사막에서의 촬영은 가능할 줄 알았다. 하지만 그들은 대부분 시간을 그란드 호텔의 지하 대피소에서 보내야 했다. 루이자 페리다는 임신 중이었는데, 신경쇠약에 걸렸다. 오스발도 발렌티는 코카인에서 위안을 찾았고, 구이도 첼라노는 자칼처럼 소리를 지르며 시간을 보냈다. 공습은 점점 위협적으로 변했고, 촬영에 쓰일 필름도 남아 있지 않았으며, 사막의 열풍 기블리(Ghibli)는 채찍을 휘두르는 것 같았다. 어느 날, 펠리니는 호텔 밖으로 나오며 종려나무들이 지붕을 뒤덮고 있는 것을 봤다. 그는 누가 그렇게 했는지, 왜 했는지를 물었다. 공습 때문에 생긴 강풍으로 나무들이 지붕 위로 날아왔다는 답을 들었다.

영국 군대가 '도시로부터 단지 20cm 떨어진 곳'(펠리니는 이렇게 과장하여 말하곤 했다)까지 왔을 때, 제작 담당 프랑코 리간티는 모두 집에 가기를 결정했다. 1943년 1월, 영국군에 넘어간 리비아에서 마지막으로 뜨는 비행기의 좌석은 불과 26석이었다. 펠리니, 첼라노, 지게토는 트리폴리에 남았다. 제작 회사는 좌석을 놓고 추첨을 했는데, 세 사람은 자진해서 빠졌다. 그들은 이후에 시칠리아의 서부에 있는 카스텔베트라노로 향하는 독일 군용기에 가까스로 탈 수 있었다. 그 비행기는 낮게 날았다. 연합군의 목표물이 되는 것을 피하기 위해서였다. 에밀리오 살가리의 모험 소설 같은 상황에 실제로 놓이다 보니, 펠리니는 공포를 느낄 틈도 없었다. 펠리니는 로마에서 팔려고 계획했던(하지만 이젠 불가능해진), 가죽 실내화들, 팔찌, 그리고 카펫이 들어 있던 짐들만 생각하고 있었다.

그런데 시칠리아에서 로마까지 돌아오는 것도 한 편의 오디세이였다. 펠리니의 인생에서 상상이 아닌, 실제로 일어난 가장 큰 규모의 모험 가운데 하나였다. 그래서 이 이야기는 펠리니가 자주 하지 않는다. 그들은 기차, 자동차, 자전거를 탔고, 그리고 걸었다. 기관단총을 피하며, 그들은 모험 소설과 다름없는 위험을 넘기고 살아남았다. 이때 펠리니는 시칠리아 서부에 있는 도시 시아카의 아름다운 광장이 태양 아래 흰색으로 빛나는 모습을 봤다. 훗날 펠리니는 피에트로 제르미가 '법의 이름으로'(1949)를 찍을 때 바로 이 광장을 추천했다.

시칠리아와 이탈리아 본토 사이에 있는 메시나 해협을 배를 타고 건너는 것도 큰 모험이었다. 본토 끝의 도시 레지오 칼라브리아에 도착한 뒤, 로마까지 오는 데는 또 10일이 더 걸렸다. 기차는 달팽이처럼 느리게 움직였다. 그것도 공습 때문에 자주 중단됐다. 그럴 때면 승객들은 전부 기차에서 내려, 기찻길 둑 아래로 뛰어 나무 밑에 숨어야 했다. 펠리니는 이때의 경험을 '최초의 비행'이라는 제목으로 1942년 11월 14일 자 마르카우렐리오에 실었다. 몇 개의 삽화도 게재했는데, 펠리니는 자신을 낙타를 타고 있는 모습으로 그렸다. 이 이야기는 펠리니가 완성하지 못한 첫 번째 영화일 것이다. 이는 25년 뒤, 'G. 마스토르나의 여행'이라는 펠리니가 완성하지 못한 또 다른 영화의 전주곡 같았다. 하지만 새로운 펠리니를 알리는 분명한 신호였다. 그는 더는 자신의 책상 위에서 쓰고 그림 그리는 시나리오 작가가 아니라, 야외에서 일하는 감독이 될 것이다. 그는 이제 영화를 쓰기만 하는 게 아니라, 영화와 살 것이다.

매일 반복되는 죽음의 공포

1943년 10월 30일 로마 토요일. 페데리코와 줄리에타의 결혼식 날짜다. 그때는 제2차 세계대전의 종결부에서 볼 수 있던, 전형적인 비극의 날이었다. 저녁 7시부터 다음 날 새벽 5시 반까지 등화관제와 통행금지가 이어졌다. 일간지 '메사제로'(Il Messagero, 메신저)는 당시 한 장짜리로 줄여 발간됐는데, 바로 그날 징집 확장에 관련된 뉴스를 내보냈다. 내각은 17살부터 37살까지의 모든 남성은 징집대상이라고 발표했다. 당시 23살이던 펠리니는 이 뉴스에 큰 스트레스를 받았다. 그날 신문에는 독일에 일하러 가는 노동자들에게 적용되는 새로운 규칙이 강조됐고, 소금과 담배에 대한 새로운 배급제가 발표됐다. 또 '독일 정부를 부정적으로 묘사하는 유언비어를 담은 인쇄물이 일반 가정의 우편함에서 발견되는 사실'에 대한 경고가 실렸다.[1] 그런 선전물이 유통될 수 있게, 주의를 기울이지 않은 사람은 집단수용소에 감금된다는 것이었다. 한편 시민을 위한 오락 시설들은 다시 문을 열었다. 토토, 판풀라, 라셀 같은 유명 코미디언들이 극장으로 돌아왔다. 혼란스럽게 모든 게 섞여 있는 점에선, 당시의 분위기는 '펠리니적'이었다. 사회면을 보면, 친퀘첸토 광장(piazza dei Cinquecento)[2]에서 어떤 사기꾼이 줄리어스 시저의 얼굴이 조각된 가짜 동전을 시골 농부에게 팔았다는 기사가 실려 있다.

상황은 아주 우울했다. 1943년 7월 25일 파시즘 정부의 붕괴는 사람들에게 일말의 희망을 줬다. 하지만 그 희망은 9월 8일 휴전조약과 함께 허물어졌다. 마르카우렐리오는 발간을 중단했다. 라디오는 정부 선전의 보루가 됐다. 영화는 사실상

---

1   1943년 9월 8일, 무솔리니를 퇴각시킨 이탈리아 왕국과 연합군 사이의 휴전조약이 맺어졌다. 하지만 이 휴전은 효과가 없었다. 독일의 나치 정부는 9월 12일 곧바로 무솔리니를 감옥에서 빼내, 9월 23일에 '이탈리아 사회주의 공화국'이라는 일종의 괴뢰정부를 세운다. 그럼으로써 이탈리아의 북쪽(로마를 포함한 대부분의 북쪽)은 나치의 지원을 받는 파시스트 정부, 남쪽(주로 나폴리 아래)은 이를 인정하지 않는 연합군의 우세 속에 있었다. 남과 북의 대치 속에서 매일매일 전황이 바뀌었고, 이탈리아 땅은 전쟁의 소용돌이 속으로 더욱더 휘말려 들어갔다. 로마는 로셀리니의 '무방비 도시'(1945)에서 보듯, 독일 나치의 통제 아래 있었다.

2   로마의 테르미니역 앞에 있는 광장.

존재하지 않았다. 어떤 사람들은 이탈리아 남부로 피난 갈 생각을 했다. 감독 마리오 솔다티와 제작자 디노 데 라우렌티스는 곧장 남부로 떠났다. 그런데 영화는 남쪽이 아니라 북쪽으로, 곧 베네치아로 가야 했다. 파시스트당의 선도자(il gerarca) 루이지 프레디(Luigi Freddi)[3]가 영화인들에게 북쪽으로 오라고 압력을 넣었기 때문이었다. 새로 태어난 파시스트[4]의 검은 깃발[5] 아래 모이라는 것이다. 그가 로마의 니코테라 거리에 살던 펠리니에게 전화했을 때, 펠리니는 집에 없는 척했다. 당시의 스타 오스발도 발렌티(앞 장에 소개했던 미완성작 '사막의 기사들'의 배우)도 같은 전화를 받았다. 발렌티는 1945년 4월 파르티잔에 의해 밀라노의 어느 인도에서 총살됐다.[6] 그런데 그때 어떤 시나리오 작가 동료가 무언가를 알리겠다며 계속 펠리니를 힘들게 했다. 그래서 펠리니는 이 역사의 태풍이 잠잠해질 때까지 완전히 숨어 있기로 했다. 10월 3일 독일군의 행진

---

3   파시스트 정부 시절, 사실상 영화 관련 최고 실무자였다. 로마에 있는 유럽 최대의 스튜디오인 '치네치타', 그리고 '국립영화학교'(Centro Sperimentale)가 그의 지휘 아래 만들어졌다.

4   9월 23일 파시스트들이 이탈리아 북쪽의 살로(Salò)에 이탈리아 사회주의 공화국을 세운 것을 의미. 살로는 베네치아로부터 서쪽으로 약 170km 떨어져 있다.

5   파시스트의 상징적인 색깔이 검정이다.

6   1945년 4월 30일, 발렌티와 그의 아내이자 역시 스타였던 루이자 페리다는 파시스트의 협력자라는 이유로 파르티잔에 의해 길에서 총살됐다. 4월 28일 무솔리니가 파르티잔에 의해 총살된 지 이틀 뒤였다. 한편 페리다도 '사막의 기사들'에 출연했다.

이 로마의 거리에서 행해졌다. 그건 로마가 '무방비 도시'(비무장 도시)가 되리라는 희망을 완전히 꺾어놓았다. 사람들은 자유를 향한 길이 아주 멀며, 대가는 클 것이란 점을 인식하기 시작했다. 다른 젊은이들처럼 펠리니도 징병을 이리저리 피했다. 니코테라 거리가 공습받을 가능성에 대비해서, 펠리니는 줄리에타의 외숙모 집이 있는 루테치아 거리에 숨어 살았다. 이런 상황에서, 페데리코와 줄리에타는 외숙모 줄리아의 축복까지 받자, 결혼하기로 정한 것이다.

안전을 위해 결혼식은 외숙모 집에서 진행됐다. 산타 마리아 마조레 교회의 고위성직자가 아파트의 같은 층에 살고 있었는데, 그가 특별히 결혼 미사를 진행했다. 그는 구석에 있던 작은 장식장을 제단으로 썼다. 하객은 정말 적었다. 전쟁 때문에 신랑 신부의 부모들은 모두 참석하지 못했다. 외숙모 줄리아와 하녀, 화가 리날로 제렝(신랑의 증인)과 그의 아내, 배우 비토리오 카프리올리(신부의 증인), 그리고 펠리니의 동생 리카르도와 당시 그의 약혼녀가 참석했다. 리카르도는 작은 오르간 반주에 맞춰 '아베 마리아'를 불렀다. 이 장면은 훗날 '비텔로니'에서 반복될 것이다. 오후에 신혼부부는 버라이어티 쇼를 보기 위해 콜론나 광장에 있는 치네마 갈레리아 극장에 갔다. 그곳에서 놀라운 일이 벌어졌는데, 알베르토 소르디가 무대 위로 올라와, 관객들에게 신혼부부를 위한 축하 박수를 유도했기 때문이었다.

결혼식을 위해 페데리코가 준비한 초대장은 그림으로 구성돼 있었다. 표지에는 천사들이 구름 위에서 공과 연을 갖고 놀고 있다. 한 천사는 무리에서 떨어져, 망원경을 통해 아래의 지상을 바라보고 있다. 초대장 안쪽에는 흰색 드레스를 입은 줄리에타와 턱시도에 중절모를 쓴 페데리코를 만화 캐릭터처럼 그려놓았다. 그들은 하트 모양의 중간에 무릎을 꿇고 있다. 하트는 주요한 두 도로가 만나는 곳에 그려져 있다. 길 안내판에는 각각 페데리코와 줄리에타의 이름이 붙어 있다. 그림 아래에 작은 새들이 두 개의 주소가 적혀 있는 플래카드를 들고 있다. 그건 루테치아 거리 11번지(줄리에타의 주소)와 니코테라 거리 26번지(페데리코의 주소)였다. 네 번째 페이지에는 소망을 담았다. 구석에서 작은 천사가 어떤 집으로 뛰어내린다. 동료들은 그에게 손수건을 흔들며 작별 인사를 한다. 구름 뒤로는 태양이 떠오른다. 그리고 길 안내판은 텅 빈 채 새로운 이름을 기다리고 있는데, 아기를 갖고 싶은 신혼부부의 바람을 그린 것이었다.

이 희망은 잔인할 만큼 절망으로 변한다. 결혼 몇 달 뒤, 줄리에타는 계단에서 떨어져, 아기를 유산했다. 줄리에타는 다시 임신했고, 1945년 3월 22일, 아들 피에르페데리코(Pierfederico)는 세례를 받았다. 그런데 아들은 뇌염에 걸려, 4월 24일 죽고 말았다. 겨우 한 달 정도 살았다. 이 사고는 부부의 삶에 큰 고통으로 남는다. 세월이 지난 뒤에도 페데리코는 그 일에 관해 말하고 싶어 하지 않았다. 반면에 줄리에타는 간혹 말하곤 했는데, 그 사고가 난 이후에도, 자신이 고통스러운 산욕열을 겪었던 점을 설명하기 위해서였다. 펠리니 부부와 친했던 소수의 친구는 당시의 비극적 사고가 부부의 정신적 결합은 더욱 굳게 만들었지만, 육체적 관계는 거의 종식시켰다고들 말했다.

  우편과 전화 서비스 상황이 아주 좋지 않아, 펠리니의 부모에게 결혼 소식을 알리는 것은 불가능했다. 펠리니의 부모는 훨씬 뒤에 적십자를 통해 아들의 결혼 소식을 알았다. 당시 리미니는 거의 지옥으로 변해 있었다. 결혼식을 올린 48시간 뒤인 1943년 11월 1일 월요일 오전 11시 50분, 튀니지에서 출발한 미군 폭격기는 리미니 상공에 나타났다. 〈폭격 맞은 리미니〉라는 책에서 파올로 찬기니는 이렇게 썼다. "사람들은 전혀 준비돼 있지 않았다. 경보가 울렸을 때 사람들은 대피소로 달려가지 않았다. 첫 번째 공습에서 백 명 이상이 죽었다." 독일군들이 구스타브 라인(Linea Gustav)[7]에서 북쪽인 고딕 라인(Linea Gotica)[8]으로 퇴각할 때, "리미니는 전략적 요충지였고, 연합군은 그곳을 중립지대로 만들려 했다." 철도, 도로, 항

---

7   독일군이 로마에서 남쪽으로 130km 떨어진 카시노(Cassino)를 중심으로, 동서로 구축한 방어벽이다.

8   독일군이 이탈리아 중부 페사로에서 비아레지오까지 동서로 구축한 방어벽이다.

구는 계속하여 하늘과 바다로부터 폭격을 받았다. 리미니가 남과 북을 연결하는 소통의 요충지라는 게 폭격의 이유였다. 피해 숫자는 끔찍했다. 1943년 11월에서 1944년 9월 사이, 리미니는 396회 폭격을 받았고, 607명의 시민이 죽었다. 2월 에는 7만 명의 도시 인구 가운데, 약 3천 명만 리미니에 계속 머물렀다. 약 7천 명은 아예 피난처를 찾아 떠났다. 피난민 가 운데는 펠리니의 부모 우르비노와 이다, 그리고 누이 마달레 나도 있었다. 이들은 처음엔 리미니 근처의 작은 도시 코리아 노(Coriano)로 갔고, 이어서 산 마리노로 간 뒤, 다시 코리아노 로 돌아왔다. 리미니의 풀고르(Fulgor) 영화관도 남아 있지 않 았다. 찬기니는 "리미니는 죽은 도시였다."라고 끝맺었다. 9월 22일 영국군이 늘어왔을 때, 그들은 오직 폐허가 된 돌무더기 위에만 발을 디딜 수 있었다.

다시 로마로 가보자. 펠리니는 결혼생활을 마치 도피자처 럼 살았다. 그는 법적으로 존재하지 않았기 때문에 식량 배급 표도 받을 수 없었다. 펠리니는 나치와 경찰의 수사를 살피며, 가능한 집에서 나가지 않았다. 부부는 찬장을 창문 쪽으로 옮 겨, 밖을 바라보는 임시 감시망처럼 이용했다. 그런데 10월 29일, 스페인 광장을 숨어서 걷던 중에 펠리니는 갑자기 진 행된 대규모 검거에 걸려들었고, 독일군 트럭에 올라타야만 했다. 바로 그 순간, 대담하고 천재적인 개그, 다시 말해 '펠 리니적인' 개그로 그는 자신을 구했다. 펠리니는 바부이노 거리의 인도에 서 있던 독일군 장교를 알아보는 척하며, 천천히 움직이던 트럭에서 뛰어내렸다. 그리고 미친 듯 손을 흔들며 소리를 질렀다. "프릿츠! 프릿츠!" 펠리니는 혼란스러워하는 독일군 장교를 껴안았다. 이 작은 소동은 펠리니가 사과하는 뜻의 제스처를 하며 끝났다. 그 사이에 트럭은 다시 움직였고, 그 장교는 지금 무슨 일이 일어나는지 알지 못했다. 펠리니는 옆으로 빠져 마르구타 거리로 뛰어가 숨었다. 펠리니는 숨을 몰아쉬며 차도와 인도 사이의 연석에 앉았다. 아이로니컬하게도 그곳은 펠리니가 말년을 살게 될 자신의 집 바로 앞이었다.

이런 모험을 경험하며 펠리니는 더욱 조심해야 했지만, 이 어려운 시기에 그는 계속 위험을 감수했다. 펠리니는 모든 수단을 이용하여, 더는 존재하지 않던 영화를 위해, 도시에 남아 있던 소수의 친구와 계속 토론하며 영화를 기획했다. 1944년 2월 18일 징병 기피자에 대한 새로운 법이 통과됐다. 위반자들은 자진신고 기간에 스스로 자수해야 했다. 그 이후에는 기피자들은 발각되면 총살형에 처한다고 했다. 펠리니는 스스로 자수하는 것은 전혀 고려하지 않았다. 펠리니는 자신감과 행운에 의지하며 위기를 헤쳐나가기로 했다. 그리고 1944년 6월 4일 로마는 해방됐다.

페데리코와 줄리에타의 결혼 초기 생활은 참으로 이상했다. 그들은 자신들의 가족과 헤어져 살았고, 임시적이고 위험한 세상에서 생존해내야 했다. 펠리니는 집을 떠남으로써 부모로부터 도피하려고 했는데, 현실은 과거의 상상을 훨씬 뛰어넘는 것이었다. 1945년 여름이 되어서야, 펠리니는 리미니로 돌아가서 부모와 누이를 만날 수 있었다. 그들도 폭격 기간에 피난을 갔던 곳에서 막 돌아와 있었다. 도시는 알아볼 수 없을 정도로 변해 있었다. "마치 달 같았다." 그건 구멍이 뚫린 습지이며, 부서진 성벽의 정글이고, 돌무더기의 사막이었다. 도시의 뒤에는 밝은 푸른색 바다가 반짝였는데, 이것은 우울한 도시의 풍경에 초현실적인 성격을 부여했다. 도시의 주요 광장은 '세 명의 순교자'를 뜻하는 '트레 마르티리'(Tre Martiri)로 이름이 바뀌어 있었다. 연합군은 그곳에 도시의 재건을 위한 모델을 전시해 놓았다. 리미니를 마치 라스베이거스처럼 만들 계획이었는데, 페데리코와 친구 티타는 그것을 의심스러운 눈빛으로 바라보았다. 그들은 농담할 기분이 아니었다. 펠리니는 리미니를 떠나며 티타에게 둘을 함께 그린 그림을 선물로 주었다. 그림 속의 그들은 폐허 위를 걷고 있었다. 감동한 티타는 그림을 액자로 장식했다. 그런데 훗날 이 그림은 자신의 변호사 사무실 로비에 걸려 있었는데, 그만 도둑을 맞고 말았다. 그림은 영원히 사라져버렸다.

로베르토 로셀리니의 조감독 시절

1944년 늦은 여름, 로마가 연합군 제5군의 마크 클라크 장군에 의해 해방됐을 때다. 로베르토 로셀리니는 나치오날레 거리에 있는 '퍼니 페이스 숍'(Funny Face Shop)[1]의 창문을 통해 안을 바라보았다. 그곳에서 펠리니는 미군들의 초상화를 그리고 있었다. 이 사업은 펠리니가 리미니에 있을 때 운영했던 가게 '페보'(Febo)의 재탄생이었다. 펠리니는 전후 로마의 경제불황에서 살아남기 위해 이 가게를 열었다. 신문사들은 기사에 대한 원고료를 지급하지 않았고, 영화도 없었고, 펠리니

---

1   펠리니는 미군을 주 고객으로 설정하여, 가게 이름도 영어로 지었다.

는 생계를 유지할 수 없었다. 펠리니가 시작하자 다른 초상화가들도 따라 했다. 그를 모방한 첫 가게는 산타 마리아 델레 프라테 거리에 생겼다. 그리고는 델라 비테 거리, 토마첼리 거리, 산 실베스트로 광장, 바르베리니 광장에도 생겼다. 이들 중 가장 큰 가게는 펠리니가 일하던 나치오날레 거리의 '퍼니 페이스 숍'이었다. '퍼니 페이스 숍'에서는 단 3달러에 초상화를 '10분 만에' 그려냈다. 수입은 일이 끝난 저녁에 배분했다. 일부는 후원자인 영화제작자 도메니코 포르제스 다반차티에게, 또 일부는 회계담당자에게, 그리고 나머지는 화가들에게 돌아갔다. 군인들은 고향에 보낼 수 있게 목소리도 녹음할 수 있었다. 그 녹음이 제대로 작동하는지는 알 수 없지만 말이다. 재밌게도 모든 가게는 같은 홍보 문구를 썼다. 전형적인 펠리니 스타일이었다. "가장 격렬하고 재밌는 캐리커처 화가가 당신을 보고 있다! 당장 앉아, 떨리지!"

어떤 이는 로셀리니의 퍼니 페이스 숍 방문을 네오리얼리즘의 '최초의 장면'으로 간주하기도 한다. 로셀리니는 '무방비 도시'에서 펠리니와 함께 일하기 위해 여기를 찾아왔다. 이 만남은 펠리니의 영화에 대한 잠재된 소명의식을 깨웠고, 그리고 최종적으로는 그를 자기 삶의 전체를 바치는 세계로 이끌었다. 로셀리니는 펠리니에게 '어제의 이야기'(Storie di ieri, 나중에 '무방비 도시'로 변함)라는 제목의 영화에서 시나리오를 같이 쓰자고 제안했다. 영화는 주세페 모로지니(Giuseppe Morosini)

신부의 순교에 관한 다큐멘터리에서 발전한 것이다. 모로지니는 로마 근교 산타 멜라니아의 교구 신부였는데, 1944년 4월 4일 나치에 반하는 행위를 했다는 이유로 친위대(SS)에 의해 처형된 인물이다.

로셀리니는 펠리니보다 14살 위다. 그는 로마의 상층부 가정 출신이다. 그의 부친은 유명한 건축가 안젤로 주세페 로셀리니였는데, 그의 작품 중에는 구이도니아(Guidonia) 공항, 그리고 로마의 몇몇 영화관들이 포함돼 있다. 로베르토의 동생 렌초 로셀리니[2]는 대중음악가이다. 1930년대에 로베르토 로셀리니는 특권적인 삶을 살았다. 셀럽들, 이를테면 스타 아시아 노리스(Assia Noris), 그리고 또 다른 여러 미인과 어울렸다. 그리고 무솔리니의 딸인 에다 치아노(Edda Ciano) 주위에 몰려들던 배타적인 멤버에 속했다. 무솔리니의 아들이자 에다의 동생인 비토리오 무솔리니와 친해지며, 로셀리니는 영화계에 입문했다. 로셀리니와 비토리오 무솔리니의 첫 협업은 '루치아노 세라, 조종사'(1938)[3]였다. 이 작업 이후에 로셀리니는 어업에 관한 다큐멘터리를 몇 편 찍었다. 그리고 세 편의 전쟁 영화를 통해 로셀리니는 드디어 감독으로 인식됐다. 세

2   렌초 로셀리니(Renzo Rossellini)는 1940, 1950년대에 이탈리아 영화계의 주요 음악가로 활동했다.

3   고프레도 알레산드리니 감독의 파시즘 선전영화. 로셀리니는 조감독, 그리고 비토리오 무솔리니는 총감독(Supervision)을 맡았다.

영화는 '하얀 배'(1941), '조종사 돌아오다'(1942), 그리고 '십자가의 남자'(1943)이다. 로셀리니의 네 번째 프로젝트인 '하역장'(Scalo merci)은 1944년 9월 8일 중단됐다. 회사는 이탈리아 중부 아브루초주에 있는 탈리아코초(Tagliacozzo)로 제작팀을 옮겨서 로셀리니의 작업을 계속 진행하려고 노력했지만 말이다(마르첼로 팔리에로 감독이 결국 이 영화를 완결지었고, 1945년 '욕망'이라는 제목으로 개봉됐다).

무슨 이유로 로셀리니는 펠리니를 생각했을까? 가장 중요한 것은 펠리니가 스타 알도 파브리치와 친하다는 이유 때문이었다. 알다시피 펠리니는 파브리치의 창작 뮤즈였다. 일을 시작하는 데 셀럽을 포함하는 것은 매우 중요했다. 파브리치를 끌어들이면, 로셀리니는 키아라 폴리티 백작 부인으로부터 소액의 제작비를 지원받을 수 있었다. 파브리치는 이 영화에 완벽한 배우였다. 문제는 당시에 파브리치가 받는 개런티는 1백만 리라였는데, 이것의 반을 주고 설득하는 것이었다. 협상은 결국 40만 리라에 결정됐다. 당시의 어려운 경제 상황이 고려됐다. 스타인 파브리치가 어떻게 낮은 금액의 계약서에 서명했는지는 누가 이야기를 전달하는가에 따라 조금씩 다르다. 네오리얼리즘의 대표적인 시나리오 작가 세르지오 아미데이에 따르면, 파브리치는 로셀리니로부터 영화의 이야기를 듣자마자 눈물을 흘렸고, 어떤 주저함도 없이 계약서에 서명했다고 한다. 펠리니의 기억은 다르다. 파브리치는 가만히 있었다. 펜도 잠시 허공에 머물렀고, 그리고 신경 쓰인다는 듯 "나치가 다시 돌아오면?"하고 물었다. 어쨌든 계약은 됐다. 파브리치는 자기 덕분에 펠리니가 계속 영화에서 시나리오를 쓸 수 있게 됐다고 말하고 다녔다. 실제로는 이 시나리오는 세르지오 아미데이가 거의 다 써놓은 것이었다.

분명한 것은 로셀리니와 펠리니의 첫 만남은 비밀리에 진행된 점이다. 질투심 많고 성질 급한 아미데이를 자극하지 않기 위해서였다. 이후 펠리니와 아미데이는 루테치아 거리에 있는 펠리니 집의 부엌에서 함께 일했다. 부엌이 그 집에서 가장 따뜻한 곳이었다. 그런데 작가로서 두 사람은 잘 어울리지 못했다. 그들 사이에 늘 일정한 경쟁이 있었다. 파브리치가 연기한 신부의 대사는 거의 펠리니가 썼다. 그럴 때면 펠리니와 파브리치 사이에 진정한 협업이 있었음을 짐작할 수 있다. 이를테면 피에트로 신부(영화에서 파브리치가 연기한 신부)가 프라이팬으로 어떤 노인의 머리를 때려, 그를 혼절케 하는 코믹한 장면이다. 그렇게 하여 독일 수색대에게, 자신이 종부성사를 하는 것으로 속이기 위해서였다. 이 장면은 어색할 수 있는데, 하지만 희극과 비극의 중첩은 '이탈리아식 코미디'의 씨앗으로 간주 되기도 했다. 펠리니의 참여는 1944년 10월 21일 자 계약서에 명시돼 있다. 펠리니는 시나리오의 전반부(전체의 반)를 함께 쓰고, 그리고 전반부의 시나리오와 대사를 책임지며, 후반부의 시나리오와 대사를 논평해야 했다. 그리고

2만5천리라를 받았다. 불행하게도 당시의 영화산업은 공식적인 규칙도 부족했고, 특히 돈이 없었다. '무방비 도시'의 대부분 촬영은 어쩔 수 없이 즉흥에 많이 의존했다. 제작비는 들어오자마자 바로 사라졌다. 촬영 장비는 수급이 어려웠고, 촬영감독 우발도 아라타(Ubaldo Arata)는 기일 지난 필름을 써야 했다. 실내장면을 찍을 스튜디오도 없었다. 치네치타는 전쟁 포로수용소로 쓰이고 있었다. 그래서 회사는 촬영 가능한 장소만 발견하면 어디서든 찍었다.

아무도 영화가 완성되리라는 것을 믿지 않는 가운데도 제작은 계속 앞으로 진행됐다. 반복되는 휴지기를 지나, 이제 함께 일하는 것 자체가 행복한 배우들과 제작팀은 로셀리니에게 많은 것을 묻지 않았다. 펠리니도 마찬가지였을 것이다. 이 영화는 로마가 나치에게 점령된 9개월 동안, 레지스탕스와 함께 일했던 세르지오 아미데이의 경험에서 나온 것이다. 하지만 같은 기간 동안 정치에 관해선 전혀 관심을 두지 않았던 펠리니에겐 이 사실이 결코 흥미로운 테마가 아니었다. 펠리니는 간혹 촬영장에 오곤 했다. 어느 날 촬영팀은 아비뇨네지 거리(via degli Avignonesi) 30번지(매음굴 바로 옆)에서 외부와 지하장면을 찍고 있었다. 그때 펠리니는 로셀리니의 상상력과 테크닉에 큰 인상을 받았다.

로셀리니는 독재적인 감독이 전혀 아니었다. 그는 소리지르지도 않았고, 명령하지도 않았다. 그는 대단히 침착했고, 아주 쉬운 말로 자신이 뭘 원하는지를 길게 설명했다. 로셀리니는 시민공동체에, 특히 로마 사람들에게 고통스러웠던 사건들과 최근의 역사적 사실을 참조하는 데 대단히 조심했다. 예산은 이 영화로 최소한 도산은 피하는 수준에 맞춰져 있었다. 그래서 적은 돈으로 일하다 보니, '어제의 역사'를 기록하는 목적을 달성하기 위한 기발한 아이디어가 동원됐다. 허구 혹은 멜로드라마 같은 소위 '영화 만들기'를 위한 공간도, 또 인력도 부족했기 때문이었다. 로셀리니는, 배우들은 그냥 자신들의 옷을 입은 채 일하게 했고, 재촬영은 거의 하지 않았다. 로셀리니는 필름을 아껴야 했고, 그리고 아름다운 이미지에 대한 숭배 같은 건 아예 갖고 있지 않았다. 그는 두 호랑이, 곧 알도 파브리치와 안나 마냐니를 상대해야 했다. 로셀리니는 두 스타를 똑같이 대했고, 아마추어 배우들도 역시 그들처럼 대했다. 로셀리니는 스타십의 매혹, 무게, 그리고 특권을 느끼지도 않았고, 원하지도 않았다. 버라이어티쇼에서 발전된 그들의 스타십은 이탈리아에만 국한된 빈약한 현상에 지나지 않는다고 봤다. 영화 홍보에도 이탈리아의 한계를 벗어나려는 그런 생각이 반영돼 있었다. 로셀리니는 오프닝 크레딧에서는 마냐니와 파브리치를 스타들의 위치인 서두에 소개했지만, 마지막 크레딧에서는 다른 배우들과 함께 두 스타도 그냥 알파벳 순서대로 등장시켰다. 하지만 로셀리니도 두 배우의 변덕에, 서로에 대한 개인적인 갈등에, 또 배우로서의 경쟁의식에 애를 먹기도 했다. 1945년 초반기의 몇 달 동안, 펠리니는 확실히 로셀리니로부터 소중한 교육을 받았다. 로셀리니가 어떻게 배우들이 연기하는 데 집중력을 갖게 하는지, 또 어떻게 스타 배우들이 갖고 있거나 혹은 가졌다고 믿는 카리스마에 너무 신뢰를 보내지는 않는지, 그리고 어떻게 스타들이 진행 중인 일에서 특별한 능력을 보여줄 때 간단히 또 즉각적으로 가치를 평가하는지를 보았다.

하지만 펠리니는 가능한 한 촬영장과 거리를 두려고 했다. 알도 파브리치가 이렇게 저예산이고 가난한 영화의 제작에 참여한 것을 계속 불평해댔기 때문이기도 했다. 파브리치는 어쩌면 자신의 평판을 유지하기 위해 그런 불평을 했을지도 모른다. 하지만 그는 촬영 중인 영화를 사랑했고, 가치를 매길 수 없는 헌신을 했다. 파브리치는 노동자 계급의 문화를 실제로 겪은 사람으로서 유효한 제안을 내놓기도 했다. 1944년 3월 2일, 파브리치는 임신한 여인이 독일군에 의해 살해되는 현장을 실제로 목격한 적도 있다. 이미 다섯 아이의 어머니인 테레자 굴라체(Teresa Gullace)는 당시 감옥으로 쓰고 있던 줄리오 체사레 거리의 부대 앞에서 시위하다가 그런 변을 당했다. 카질리노(Casilino) 구역에서 촬영된 안나 마냐니의 살해 장면은 파브리치가 목격한 실제 사건을 어느 정도 재연한 것이었다.

'무방비 도시'는 1945년 9월 24일 월요일에 발표됐다. 로마에 있는 '퀴리노 극장'(Teatro Quirino)에서 진행됐던 영화제의 두 번째 주에 상영됐다. 영화제에서는 22편의 새 영화가 소개됐다. 이들 중에는 로렌스 올리비에의 '헨리 5세', 세르게이 에이젠슈타인의 '이반 대제', 그리고 마르셀 카르네의 '천국의 아이들' 등이 포함돼 있었다. '무방비 도시'는 미적지근한 환대를 받았다. 언론의 반응도 나누어졌다. 어떤 이는 전반부를 상찬하고, 후반부를 혹평했다. 고문 장면이 너무 잔인하다는 평도 나왔다. 가장 까다로운 비평가들은 연출이 관습적이었고, 배우의 연기 지도는 특히 엉성하다고 지적했다. 대부분 비평가가 로셀리니를 중요한 감독으로 상찬하기를 꺼렸다. 호감을 드러내는 비평들은 영화의 애국적 가치를 강조하는 정도였다. 공산주의자 활동가와 신부의 죽음을 순교로, 동렬 비교한 정치적 메시지는 세르지오 아미데이의 아이디어인데, 이는 훗날의 '역사적 대타협'(Compromesso storico)'을 예견하는 것이었다. 실제로 몇십 년 뒤, 엔리코 베를링구에르(Enrico Berlinguer)가 이탈리아 공산당(PCI)의 당 대표가 될 때, 대타협은 일부 실현된다.[4] 그런데 평단의 심심한 반응과는 달리 관객들은 큰 호응을 보냈다. 로마의 대표적인 영화관인 '치네마 카프라니카'(Cinema Capranica)와 '치네마 임페리알레'(Cinema Imperiale)에는 사람들이 넘쳐났다. '무방비 도시'는 그해 최고의 흥행성적을 냈다.

1946년 2월, '무방비 도시'는 이탈리아어 대사에 영어 자막이 붙은 판본으로 뉴욕의 '시네마 월드'(Cinema World) 극장에서 개봉됐다. 엄청난 성공을 거뒀다. 언론의 상찬이 이어졌고, 아미 데이와 펠리니는 아카데미 시상식의 각본상 후보에 이름을 올렸다. 이것이 아카데미에서 펠리니가 처음 이름을 올린 순간이었고, 훗날 그는 아카데미에서 더 큰 영예를 누릴 것이다. 유럽 시장은 상대적으로 느리게 움직였다. 9월 말에서 10월 초에 제1회 칸영화제가 열렸는데, 로셀리니는 이탈리아의 공식 대표가 "이 영화를 대단히 혐오했다."라고 알렸다. 실제로 '무방비 도시'는 11개의 작품에 공동으로 주어지는 상을 받아, 위로를 받는 정도에 그쳤다(그랑프리는 르네 클레망의 '철로변 전투'가 차지했다). 하지만 2개월 뒤, '무방비 도시'는 파리에서 개봉됐는데, 역시 엄청난 성공을 거두었다.

훗날 로셀리니와의 경험에 대해 말할 때, 펠리니는 종종 모순된 답을 내놓았다. 펠리니는 로셀리니에게서 모든 것을 배

---

4 이탈리아 공산당의 거물 정치인인 엔리코 베를링구에르(1922-1984)는 1972년 당 대표가 됐다. 당시의 집권당인 우익 기독교민주당의 당 대표는 알도 모로. 베를링구에르는 민주주의 사회를 안정화하기 위해 우익인 기민당과 좌익인 공산당이 서로 싸울 게 아니라 힘을 합쳐야 한다고 제안했다. 당시 의회의 제1당이 기민당, 제2당이 공산당이었다. 민중세력이 국가 권력의 기본 지렛대를 장악하면, 반민주적인 반동세력은 더욱 폭력적이고 격렬해지는 경향을 보이는 데, 이를 사전에 막자는 전략이었다. 칠레에서 살바도르 아옌데 민주 정부가 군사 쿠데타에 의해 무너진 사건이 큰 계기였다. 이탈리아의 제도권 정치도 언제든 무너질 수 있다는 불안감이 이런 제안의 배경이 됐다. 베를링구에르와 모로 사이에 협약이 체결됐고, 이를 '역사적 대타협'이라고 부른다. 이런 기조는 1970년대 내내 이어진다. 폴 긴스버그, 〈이탈리아 현대사〉, 안준범 옮김, 후마니타스.

왔다고 말하기도 하고, 또 다른 때는 로셀리니는 자신에게 아무것도 가르친 게 없다고 말하기도 했다. 두 대답은 어느 한쪽이 전적으로 틀렸다고 말할 수 없는 것이다. 로셀리니는 펠리니의 진화에서 핵심적인 인물이다. "로셀리니는 내가 길을 건너도록 도와주는 교통경찰 같았다." 하지만 로셀리니의 방법론(즉흥에 기초하는 것, 기분에 휘둘리는 것, 느리게 일하는 것, 중요한 장면을 찍을 때인데도 전화를 걸기 위해 자리를 비우는 것)은 펠리니가 감독이 된 뒤에 삶과 일에서 보여주는 그의 특성과는 전혀 반대되는 것이었다. 로셀리니는 논란의 대상인 인물이었고, 살아있는 전설이며, 사랑받았고, 또 통제가 안 되는 인물이었다. 로셀리니는 리미니 출신 젊은이가 모방하려고 시도조차 할 수 없는 생활 방식을 보여주었다. 로셀리니는 대륙을 횡단하는 모험, 많은 아내, 인도와 미래학의 중심인 휴스턴으로의 여행, 과학 지식에 관한 탐구심, 그리고 영화는 이미 죽었다는 반복된 주장으로 유명했다. 이런 성격은 펠리니에게선 전혀 보이지 않았다. 두 사람 모두 거짓말을 잘했고, 또 그것 때문에 유명한데, 그 성격은 달랐다. 로셀리니의 거짓말은 기능적이고, 전략적이고, 모험에 가득한 복잡한 삶 때문에 생긴 것이다. 펠리니의 거짓말은 추상적이고, 아기 같고, 종종 아무런 실질적인 이유 없이 행해지곤 했다.

줄리에타도 페데리코처럼 로셀리니가 매력적인 인물이라는 데는 동의했다. 하지만 줄리에타는 로셀리니를 늘 의심했고, 그런 태도를 바꾸지 않았다. 줄리에타는 현실에 대한 합리적인 시각을 발전시켰고, 창의력은 무질서를 의미한다는 전제를 받아들이지 않았다. 줄리에타는 예술가에게도 질서 있는 삶이 요구된다고 생각했다. 펠리니와 로셀리니의 우정은 위험하다고 걱정했는데, 그 이유가 로셀리니의 돈 씀씀이가 헤픈 것만은 아니었다. 하지만 로셀리니는 줄리에타를 좋아했다. 줄리에타를 '파타티니아'(Patatinia, 작은 감자)라고 불렀으며, 그녀를 위한 배역을 찾으려고 노력했다. 그래서 '전화의 저편'에 나오게 했다. 피렌체 에피소드에서의 짧은 장면이었다. 그 에피소드의 주인공인 렌초 아반초와 해리엇 화이트가 파르티잔의 리더를 간절하게 찾으며, 어느 집의 계단에서 내려올 때였다. 그 장면은 피렌체가 아니라, 로마의 루테치아 거리에 있는 줄리에타의 외숙모 집에서 찍었다. 촬영 허가는 사실상 외숙모로부터 '훔친' 것이었다. 외숙모도 로베르토 로셀리니의 매력에 흠뻑 빠져 있어서 가능했다.

'전화의 저편'은 로셀리니와 펠리니 사이의 우정이 가장 정점에 도달할 때 나왔다. 두 사람의 관계는 예술적인 협력 수준을 넘어선 것이었다. '무방비 도시'와 비교할 때, 여러 상황은 여기서 역전된다. 시나리오를 앞에서 끌고 가는 사람은 이제 아미데이가 아니라 펠리니였다. 이때부터 로셀리니와 아미데이의 관계가 퇴보하기 시작했다. 트리에스테 출신인 아미데이는 매일 자신의 아이디어가 조금씩 변형되는 것을 지켜볼 수밖에 없었다. '전화의 저편'의 원래의 계획은 이탈리아 전투에서 미군들이 경험하는 것에 관한 7편의 에피소드를 만드는 것이었다. 이는 최종적으로 6편이 됐다.[5] 크레딧을 보면 시나리오의 주제는 세르지오 아미데이가 썼고, 공동 작가로 5명의 이름이 소개된다. 이들은 클라우스 만, 페데리코 펠리니, V. 헤이스(미국 작가 앨프리드 헤이스의 또 다른 이름이다. 그는 소설 〈플라미니아 거리의 소녀〉를 발표했다), 마르첼로 팔리에로,[6] 그리고 로베르토 로셀리니였다. 독일의 문호 토마스 만의 고통 받는 아들로 유명한 클라우스 만은 1945년 가을, '미국 출신의 7명'(Seven from the U.S.)이라는 시나리오 전체를 쓰기로 계약을 맺었다. 그런데 잔인한 내용 때문에 그의 시나리오는 전혀 사용되지 못했다. '전화의 저편'에서 클라우스 만은 젊은 파시스트의 죽음에 관한 에피소드 '사제'의 대부분을 썼는데, 이 에피소드는 특별한 이유 없이 그냥 사라지고 말았다.

유명 작가 바스코 프라톨리니(Vasco Pratolini)도 '전화의 저편'의 시나리오 작성에 참여했다. 로셀리니와 펠리니는 그를 만나려 나폴리로 갔다. 프라톨리니는 두 편의 소설을 동시에

---

5   6편의 에피소드는 남쪽에서 시작하여 북쪽으로 옮겨가며 진행된다. 장소만 소개하면 이렇다. 시칠리아, 나폴리, 로마, 피렌체, 에밀리아로마냐주의 수도원, 그리고 포강 일대다.

6   마르첼로 팔리에로(Marcello Pagliero)는 로셀리니의 '무방비 도시'에서 레지스탕스 리더로 나왔던 배우다. 그는 시나리오 작가이자, 영화감독이기도 하다.

쓰기 위해, 막 밀라노에서 나폴리에 있는 자기 아내의 집으로 옮겨가 있었다. 두 소설은 1947년에 발표된 〈가족 연대기〉와 〈가난한 연인들의 연대기〉[7]이다. 프라톨리니는 '전화의 저편' 에서, 시칠리아 에피소드에 나오는 대사를 썼다. 시칠리아 에피소드는 농촌의 처녀(카르멜라 사치오)가 자기 말을 전혀 알아듣지 못하는 미군을 돕다가 죽음에 이르는 이야기다. 프라톨리니는 피렌체 에피소드의 시나리오 작성에도 일부 참여했다. 단 하루에 관한 이야기인데, 1944년 8월 4일 독일 군인들이 베키오 다리만 제외하고 아르노강에 있는 모든 다리를 폭파한 날에 관한 것이었다. 프라톨리니의 이름은 '전화의 저편'의 크레딧에 소개되지 않았다. 그때 그는 파시스트 경찰의 협력자였다는 스캔들에 휩싸였기 때문이었다.[8]

영화의 스태프들은 약간 걱정하는 마음으로 미국 배우들을 실어오는 배를 환영하기 위해 나폴리의 베베렐로(Beverello)

---

7   프라톨리니의 소설 〈가난한 연인들의 연대기〉는 1954년 카롤로 리차니에 의해 동명 영화로 각색됐다.

8   바스코 프라톨리니는 전후 이탈리아 문학계의 대표적인 사실주의 작가다. 전쟁 중에는 반파시스트로서 레지스탕스에도 참여했고, 그의 지인들은 대체로 좌파 지식인들이었다. 문학계의 엘리오 비토리니(〈시칠리아에서의 대화〉), 그리고 영화계의 루키노 비스콘티와 친했다. 〈가족 연대기〉와 〈가난한 연인들의 연대기〉 등의 작품으로 노벨상 후보에도 종종 이름을 올렸다. 그래서 그가 파시스트의 협력자였다는 일부의 주장은 큰 스캔들이었다. 하지만 사실 여부에 대해선 밝혀진 게 아무것도 없다. 스캔들 이후 프라톨리니는 문학계에서, 그리고 영화계에서 더 큰 활약을 보여주었다. 1983년 고향인 피렌체대학교에서 명예박사학위를 받았다.

부두에 서 있었다. 제작자를 자처했던 미국의 로드 E. 가이거는 할리우드의 떠오르는 배우들로 팀을 꾸렸다고 알렸다. 가이거는 브로드웨이의 연기 지도자의 아들인데, 당시에는 광고 카피라이터이기도 했다. 그는 특이한 캐릭터를 가진 사람인데, 어느 날 밤에 갑자기 '무방비 도시'가 촬영 중인 아비뇨네지 거리에 불쑥 나타났었다. 밤에 외출을 나온 많은 미군이 그랬듯, 가이거도 촬영장이었던 건물의 바로 옆에 있던 매음굴 출입문과 혼동하여 그곳에 온 것이었다. 그 매음굴에서의 운명의 밤이 로셀리니가 미국에서 성공을 거두는 데 큰 역할을 한 셈이었다. 말하자면 가이거는 '무방비 도시'를 미국에 팔았고, 이탈리아에서의 전쟁에 관한 로셀리니의 새 영화를 제작하기를 원했다. 그래서 '전화의 저편'이 탄생했다. 그런데 미국 배우들은 가이거가 말한 만큼 유명하지는 않았다. 그들 가운데 피렌체 에피소드에서 나왔던 해리엇 화이트가 있었다. 화이트는 훗날 이탈리아의 미술감독인 가스토네 메딘과 결혼했고, 펠리니의 '달콤한 인생'에서 아니타 에크베르그의 비서로 출연한다. 그때 왔던 미국인들 중에는 아예 배우가 아닌 사람들도 있었다. 하지만 로셀리니는 별로 신경 쓰지 않았고, 어떡하든 그들을 모두 이용하는 방법을 찾았다. 알다시피 로셀리니는 전문 배우들보다는 무명의 진짜 사람들 얼굴을 더 좋아했다.

펠리니는 이 영화를 준비할 때, 유치장에서 하룻밤을 보내기도 했다. 그는 미국인 여성 기자와 나폴리의 메르젤리나(Mergellina)에 있던 동굴 같은 빈민촌을 동행했는데, 기자는 주민들의 가난에 충격을 받았고, 두 사람은 그만 나폴리의 항구에서 길을 잃고 말았다. 펠리니는 어쩔 수 없이 유치장에서 하룻밤을 보내야 했다. '전화의 저편'의 시나리오에 따르면 영화의 촬영 장소는 시칠리아에서 알프스까지 걸쳐 있다. 하지만 실제로는 영화의 적지 않은 부분이 나폴리 인근 아말피 해안의 마이오리(Maiori) 부근에서 촬영됐다.[9] 그곳은 로셀리니가 좋아하던 장소인데, 몇 년 뒤, '사랑'의 두 번째 에피소드인 '기적'을 역시 이곳에서 찍는다.

'고딕 라인'(이탈리아의 중부를 잇는 독일군의 방어 라인)에 있는 것으로 설정된 수도원 시퀀스에서는, 이동 중이던 미군 7사단의 기독교 군목인 뉴어 존스, 그리고 유대교 사제의 조수인 엘머 펠드먼 상사가 진짜 수도원에서 함께 촬영에 임했다. 이곳에 동원된 군인들은 다른 시퀀스에서도 나왔는데, 그건 시나리오에 따르면 시칠리아 장면이었다. 로셀리니는 시무룩한 시칠리아 소녀 역을 맡기기 위해, 당시 14살이던 카멜라 사치오를 길에서 캐스팅했다. 영화에서 실제의 성직자를 캐스팅한 점에 대해 어떤 신문은 이렇게 언급했다. "영화 제작

---

9   이탈리아 남부 아말피 해변의 작은 도시인 마이오리에서는 6개의 에피소드 가운데 '시칠리아 에피소드', 그리고 '에밀리아로마냐주의 수도원 에피소드'가 촬영됐다.

팀의 아이디어는 군목이 생각하고, 행동하고, 말하는 것이 시퀀스에서 그대로 녹아나야 한다는 것이었다. 시나리오 작가인 펠리니는 인공적인 무엇을 전혀 보태지 않았다." 대단히 집중적이고 섬세한 이런 작업 방식은 로셀리니와 펠리니가 1950년 〈성인 프란체스코의 작은 꽃들〉[10]에서 발췌해 각색한 영화 '프란체스코, 신의 어릿광대'의 작업방식을 예시하는 것이었다.

펠리니는 영화 작업의 특성 중 하나가, 매일 전망을 바꾸고, 또 새로운 딜레마를 만나는 것이라고 생각했다. 그는 이것을 영화의 핵심으로 봤고, 그 사실에 고무받았으며, 그래서 작업에 온 힘을 다했다. 앞의 신문은 이렇게도 썼다. "로셀리니를 제외하고, 이 제작팀의 스타는 의심할 여지 없이, 시나리오 작가이자, 만화가이며, 화가이자, 언론인인 젊은 페데리코 펠리니이다. 촬영현장인 마이오리에는 이런 농담이 돌아다닌다. 당신이 잠들 때, 펠리니는 일한다. 약간 악의적인 사람들은 또 이렇게도 말한다. 당신이 일할 때, 펠리니는 잔다."

제작팀이 피렌체로 옮겼을 때였다. 펠리니는 이때 처음으로 임시적이지만 연출을 맡게 됐다. 촬영 중에 로셀리니는 아파 누웠고, 작업 일자를 연기할 수 없어서, 펠리니에게 일부

---

10 〈성인 프란체스코의 작은 꽃들〉(I fioretti di san Francesco)은 성인 프란체스코의 삶을 그린 시화집이다. 모두 53장으로 구성돼 있다.

장면을 감독하게 했다. 그 장면은 파시스트 저격수들의 공격 아래서 조그만 수레를 이용하여, 큰 물병을 이 길에서 맞은편 길로 옮기는 것이었다. 펠리니는 촬영감독인 오텔로 마르텔리와 바로 논쟁을 벌였다. 마르텔리는 그 장면은 하이앵글로 찍어야 한다고 말했다. 반면에 펠리니는 로앵글을 원했고, 거의 땅의 시점에서 찍기를 요구했다. 펠리니는 화가 조르지오 데 키리코를 생각했고, 그의 '형이상학'[11] 미학의 도시 풍경을 떠올렸다. 마르텔리는 그건 '설치류의 시선'이라며 전적으로 반대했다. 펠리니는 더 낮은 카메라 시선을 확보하기 위해 땅을 파겠다고 맞섰다. 물을 담은 유리병은 길을 가로질러 옮겨졌고, 출렁거리기 시작했다. 이틀 뒤, 펠리니는 시사실에서 자신이 연출한 장면을 바라보는 첫 경험을 하였다. 펠리니는 훗날 유리병이 등장하는 그 유명한 장면에 관해 고백했다. 속이 울렁거렸고, "그런데 어두운 방에서, 나의 뒷머리를 톡톡 치는 로셀리니의 손길을 느꼈다."라고 말했다.

촬영감독과의 논쟁에서 펠리니는 예상하지 못했던 단호함을 보여줬지만, 자신이 현장에 있는 이유는 마리오 마톨리 감독 혹은 마리오 보나르드 감독에게 그랬던 것처럼, 오직 시나리오를 다시 고쳐 쓸 준비를 하기 위해서라고 생각했다. 펠리

---

11   조르지오 데 키리코의 추상화를 당시에 '형이상학'의 미학이라고 불렀다. 꿈과 같이 현실과 다른 형상을 표현했기 때문이었다.

니는 영화가 자신에게 속한다는 생각도 하지 않았고, 특히 기술적인 고려에는 전혀 관심조차 두지 않았다. 촬영감독 마르텔리가 여러 조수에게 둘러싸여서, 카메라를 점검하기 위해 부분적으로 기계를 해체할 때도, 젊은 조감독 펠리니는 카메라의 내부 구조에 대해 일말의 호기심도 갖지 않았다. 펠리니는 촬영의 속성을 이해하지 못했다. 아니 관심을 두지 않았다. 펠리니는 오텔로 마르텔리를 좋아했다. 특히 로셀리니의 끊임없는 기술적 요구에, 마르텔리가 화를 내며 불만을 터뜨리는 것을 즐겁게 구경하기도 했다. 현장에 있으면 있을수록 펠리니는 영화의 성공에 가장 책임이 큰 사람은 감독이 아니라 촬영감독이라고 생각했다. 이것은 펠리니가 과거 이탈리아 영화의 전통에 영향을 받았기 때문일 것이다. 이전에 펠리니는 거장 촬영 감독들의 작업을 옆에서 지켜봤었다. 이를테면, 카를로 몬투오리, 우발도 아라타, 마시모 테르차노, 아르투로 갈레아, 그리고 안키제 브리치 등이 그들이다. 오텔로 마르텔리는 브리치 촬영팀 출신이다. 이것은 그가 미국식 촬영법을 따른다는 의미이다. 곧 확산조명을 이용하고, 여성 얼굴의 클로즈업은 주로 소프트 포커스로 잡았다. 펠리니가 자신의 첫 영화 '버라이어티 쇼의 불빛'을 감독할 때, 공동 연출가 알베르토 라투아다와 상의하여 마르텔리를 촬영감독으로 합류하게 했다. 펠리니와 마르텔리 사이의 굳은 협력관계는 이때 만들어졌고, 이는 십 년 이상 이어진다.

파르티잔에 관한 마지막 에피소드를 찍을 때였다. 촬영팀은 처음의 예정과 달리 서북쪽 이탈리아 알프스 지역인 발 다오스타(Val D'Aosta)에 가지 않았다. 이미 8월이었고, 눈은 모두 녹아 있었다. 로셀리니는 대신에 포강 유역으로 가기로 했다. 그곳은 베네치아와 가까운 포르토 톨레(Porto Tolle)와 사카디 스카르도바리(Sacca di Scardovari) 사이였는데, 이것 때문에 시나리오를 고쳐 써야 했다. 펠리니는 에피소드 전체를 극단적으로 고쳤고, 훗날 시나리오집이 출판됐을 때, 저자로는 오직 펠리니와 로셀리니의 이름만 적혀 있었다. 이 에피소드가 '전화의 저편'에서 결정적인 부분이다. 그리고 로셀리니가 조감독인 펠리니와 마시모 미다 푸치니에게 화를 낸 유일한 경우이기도 하다. 왜냐면 두 조감독이 파르티잔의 시체가 강에 떠내려올 때, 여성들에게 바라보라는 신호를 제 때에 보내지 않았기 때문이었다.

당시에 로셀리니는 평소와 달리 대단히 긴장하고 바쁘게 일했다. 그는 영감이 넘쳐나는지, 쉬지도 않고 촬영을 연속하여 진행했다. 펠리니와 다른 스태프도 긴장한 채 주의를 기울였고, 로셀리니의 촬영속도를 따라갔다. 이 부분이 '전화의 저편'의 가장 중요한 장면이고, 현대 영화사의 한 페이지로 기록될 것이다. 비록 다른 사람들이 모두 이해하는 데는 시간이 걸렸지만 말이다. 작업하기 전에 아미데이는 전적으로 반대했다. "파르티잔이 마치 닭 도둑처럼 보일 것이야."

미군과 '세뇨리나'(segnorina, 매춘부를 의미) 에피소드, 곧 영화의 세 번째 에피소드를 찍기 위해 촬영팀은 다시 로마로 돌아왔다. 세뇨리나 역은 '무방비 도시'에서 파르티잔 리더의 애인으로 나왔던 마리아 미키(Maria Michi)가 맡았다. 이때서야 로셀리니는 평소의 평정심을 되찾았다. 아비뇨네지 거리에 있는 촬영장에는 아미데이가 다시 나타났다. 그는 마리아 미키와 엉켜버린 감정적인 관계를 풀고, 평화를 되찾고 싶어 했다. 아미데이의 연인인 마리아 미키는 과거에 로마의 어느 영화관의 아름다운 직원이었다. 로셀리니는 이미 다른 데 정신이 팔려있었다. 세뇨리아와 미군이 처음 만나는 장면은 리보르노에서 찍은 것인데, 이번에는 마시모 미다 푸치니에게 연출을 맡겼다.

'전화의 저편'을 만들며 이탈리아를 여행하는 것은 펠리니에게 아주 소중한 기억으로 남았다. 그때까지 펠리니는 리미니와 로마를 제외하고 다른 곳은 거의 가보지 못했다. 새로운 풍경과 마을, 그리고 지역어의 발견은 펠리니의 상상력을 끝없이 자극했다. 펠리니는 그때 영화 속에서 살겠다는 자신의 결정을 더욱 굳혔다. 그 결정은 사실 로셀리니 특유의 일하는 방식에서 배운 것이다. 이는 로셀리니의 연출부 모두에게 영향을 미쳤다. 로셀리니가 촬영장에서 하루를 보내는 것은 마치 시골로 친구들과 소풍을 가는 것처럼 보였기 때문이었다.

'전화의 저편'은 전후에 다시 열린 베네치아영화제에서 미지근한 환영을 받았다. 영화는 1946년 9월 17일 마지막 날에 상영됐다. 베네치아에 도착했을 때, 로셀리니는 몇 주 전에 스페인에서 죽은 그의 아들 로마노의 기억에서 벗어나지 못하고 있었다. 마시모 미다 푸치니에 따르면, 로셀리니는 언론 시사를 마친 뒤, 루나 호텔의 자기 방에서 혼자 울고 있었다고 한다. 영화 리뷰는 악의적이기보다는 혼란스러웠다. 현대적인 스타일이라고도 했고, 에피소드 사이의 톤이 안 맞는다고도 했고, 로셀리니는 이제 관습을 무시하고 있다고도 했다. 펠리니는 다른 일 때문에 베네치아에 가지 않았다. 그는 우연히 길에서 세르지오 아미데이를 만났다. 펠리니의 기억에 따르면, 아미데이는 로셀리니가 베네치아에서 영화를 공개한 점을 격렬하게 비판했다. '전화의 저편'은 로렌스 올리비에의 '헨리 5세', 마르셀 카르네의 '천국의 아이들'과 함께 심사위원들의 주의를 별로 끌지 못했다. 그해에는 공식적인 심사위원단을 기자들로 대신 구성했다. 아미데이의 공격은 이것 때문인 게 컸다. 최우수 작품상은 장 르누아르의 '남부인'(The Southener)이 받았다. 한편 '전화의 저편'은 국내 영화제인 은빛 리본(Nastri d'argento)상에서 최우수 작품상과 감독상을, 그리고 렌초 로셀리니는 음악상을 받았다.

12월에 '전화의 저편'은 새로운 판본으로 극장 개봉했다. 이때는 리뷰가 약간 호전됐다. 하지만 당시의 이탈리아 영화 시장은 미국 영화가 압도하고 있었다. 자국 영화가 흥행에서

성공하기란 매우 어려웠다. '전화의 저편'의 배급사인 MGM
은 적극성을 보이지 않았다. 대신 그들은 1946-1947년 시즌
에, 다른 영화에서 흥행 성공의 가능성을 봤다. '전화의 저편'
은 그해 흥행 9위를 했다. 나쁘지 않은 성적이었고, 나중에 로
셀리니 영화가 흥행에서 거두는 성적을 생각하면 더욱 그랬
다. '무방비 도시'가 아카데미에서 후보에 올랐던 점에 고무받
아, '전화의 저편'도 전 세계적인 관심을 받았다. 그런 관심은
1949년에도 이어졌고, '전화의 저편'은 아카데미에서 각본상
후보에 지명됐다. 한편 '전화의 저편'은 뉴욕 비평가협회에서
1948년 최고 외국어영화상을 받았다.

영화 소식지 '할리우드 리포터'가 로셀리니를 '영화의 거인
중 한 명'으로 추켜세웠지만, 그는 영화 만들기에서 많은 어
려움을 겪고 있었다. 로셀리니의 영감(어떤 이들은 '즉흥'이라고
불렀다)은 시장의 법칙에 자리를 내주어야 했다.[12] 로셀리니는
안나 마냐니와 1947년 중반에 폭풍 같은 사랑을 했는데, 감독
은 마냐니를 기쁘게 해주고 싶었다. 로셀리니는 장 콕토가 쓴,
연극배우를 위한 1인극 〈사람의 목소리〉를 영화적으로 해석
하여 촬영했다. 이 일을 끝낸 뒤, 로셀리니는 전쟁 3부작의 세
번째 작품이 될 '독일 영년'을 찍기 위해 베를린으로 갔다. 당
시 펠리니는 다른 일을 하고 있었고, 여행하는 것도 주저되어,
결국 제작에 참여하지 않았다. 하지만 로셀리니가 베를린에
서 돌아오자, 펠리니는 다시 그에게 갔다. 로셀리니는 펠리니

에게 '사람의 목소리'를 찍는 데, 도와달라고 했다. 이 영화는 40분 정도밖에 되지 않아, 극장 개봉을 하기 어려웠다. 로셀리니는 또 다른 에피소드를 만들려고 했고, 베네치아영화제에 다시 도전하기 위해, 즉각 일에 착수했다.

그때는 여름이 거의 다 됐을 때였다. 1948년 영화제는 8월에 열릴 예정이었다. 그래서 로셀리니는 펠리니에게 마냐니를 위한 간단하고, 비용이 많이 들지 않는 이야기를 하나 써달라고 했다. 펠리니는 작가 툴리오 피넬리와 토론한 뒤, 훗날 '카비리아의 밤'에 등장하는 아메데오 나차리의 시퀀스를 떠올렸다. 그 장면은 교외에서 벌어지는 매춘부와 영화 스타와의 만남을 다루고 있다. 마냐니가 그 이야기를 좋아하지 않자, 펠리니는 다른 것을 기획해야 했다. 펠리니와 피넬리는 방랑자에 의해 임신을 하게 되는 여성 양치기에 관한 이야기를 떠

---

12 로셀리니의 제작 방식은 대단히 특별했다. 아이디어만 담은 간단한 초안으로, 촬영장에서 매번 '즉흥'을 펼치며 영화를 만들었다. 어떤 공식을 미리 만들어 놓고, 그 공식에 따라 작품을 만드는 게 아니었다. 로셀리니는 종종 공식마저 촬영현장에서 '즉흥'으로 바꾸기도 했다. 이를테면 현장에서 배우들이 자기 대사를 직접 쓰도록 했다. 이런 즉흥 연출 때문에, '무방비 도시'가 세계적인 히트를 했지만, 제작자들, 특히 할리우드의 거물들은 그의 제작 방식을 이해할 수 없었고, 그래서 투자를 철회했다. 그들이 요구한 것은 매일의 시간표가 그려진 촬영일정표였다. 로셀리니는 할리우드의 제작자들과 갈등을 빚었고, 언론과의 인터뷰에서 '할리우드 영화는 공장에서 만든 통조림'이라는 유명한 말을 남긴다. 로셀리니의 제작 방식을 승계한 대표적인 감독이 장 뤽 고다르이다. Tag Gallagher, The Adventures of Roberto Rossellini: His Life and Film, Da Capo Press, 1998

올렸다. 그 여성은 자신이 성인 요셉의 아이를 가졌다고 믿게 된다. 펠리니는 이 아이디어를 마냐니에게 팔며, 이야기는 러시아 전설에서 가져온 것이라고 말했다. 펠리니는 훗날 부당하게도 스페인 작가 라몬 마리아 델 바예-인클란의 소설 〈성스러움의 꽃〉을 표절했다고 고소당한다. 로셀리니는 펠리니가 다시 쓴 이야기를 보고 기뻐했는데, 왜냐면 자신이 좋아하던 마이오리에서 촬영할 수 있었기 때문이었다. 촬영 날짜가 다가오자, 로셀리니는 펠리니도 가짜 성인 요셉 역을 맡아, 이 영화에 출연할 것을 원했다. 로셀리니는 펠리니가 그 역을 맡도록, 온갖 유혹의 기술을 펼쳤다. 펠리니의 손에 1백만 리라의 수표를 쥐어 주기도 했다. 30분 뒤, 그것을 다시 돌려달라고 했지만 말이다. 로셀리니는 대신 다른 선물로 펠리니를 만족시켰다. 그것은 65만 리라짜리 검붉은색 피아트 토폴리노(Topolino)였다. 미래에 펠리니가 많이 갖게 될, 여러 예쁜 차 중의 첫 번째 차였다.

펠리니가 연기하는 데, 더 큰 불편함을 느낀 것은 그 역을 맡기 위해서는 머리를 금발로 염색해야 했기 때문이었다. 금발 외모 때문에 펠리니는 친구들로부터 놀림도 많이 받았다. 펠리니와 피넬리는 룩스 필름 영화사에서 보수적인 사업가인 구이도 가티와 만났는데, 금발 때문에 황당한 경험도 했다. 구이도 가티는 동성애를 암시하는 그 모든 것에 불쾌감을 드러내는 사람이었는데, 펠리니의 금발을 보자, 바로 그런 싸늘한 반응을 보였다. 한편 안나 마냐니는 촬영장에서 상대역 배우(펠리니)가 자신을 압도할 기회조차 없는 인물이라는 점을 알고 기뻐했다. '사랑'('사람의 목소리'와 펠리니가 출연하는 '기적'을 합쳐 이 제목을 달았다)이 베네치아영화제에서 발표됐을 때, 마냐니는 최고의 찬사를 받았다. 얼마 지난 뒤, 펠리니가 출연한 '기적' 에피소드를 두고 '신성모독'이라는 논쟁이 벌어졌다. 프랑스의 어느 신문에 따르면, 바티칸의 고위 성직자들이 '사랑'에 대해 별 이견을 내지 않았다는 사실이 알려졌는데도 논쟁은 이어졌다. 파리에서 발간되는 주간지 '프랑스 디망시'(France Dimanche)가 주장하길, "교황은 공산주의자 감독에 의해 만들어진 동정녀 마리아의 출산에 관한 현대적 해석은 성이롭다!"라고 말했다는 것이다. 하지만 로셀리니는 공산주의자였던 적이 없고, 교황 피우스 12세가 '사랑'을 봤다는 증거도 없었다. 짐작하건대, 교황은 이전에 연설을 통해 강조했던 '이상적인 영화'의 모범에는 미치지 못한다고 생각했을 것이다.

유럽에서의 '사랑'에 대한 카톨릭의 반대 의견은 점잖은 수준이었다. 반면에 미국의 성직자들은 이 영화에 강력하게 반대했다. '무방비 도시'를 미국에 배급했던 활달한 사업가 조셉 버스틴은 '사랑'도 옴니버스 영화의 한 부분으로 묶어, '사랑의 방식'(Ways of Love)이라는 새 제목을 달아, 미국에 배급했다. 로셀리니의 '사랑'에, 다른 두 개의 에피소드를 덧붙였다. 다른 두 개는 장 르누아르의 '시골에서의 하루'와 마르셀 파뇰의 '사랑의 방식'(이게 최종 제목이 됐다)이었다. 뉴욕 타임스의 보슬리 크로더는 '기적' 부분이 이단의 입장이긴 하지만, 믿음에 관한 영광을 표현한 것인지, 아니면 잔인한 경멸인지 구분할 수 없다고 썼다. 프랜시스 스펠먼 추기경은 영화를 보지 않았지만, 숨어 있는 '무신론자의 공산주의'에 대해 비난했다. 그는 뉴욕의 상영위원회에 압력을 가해, 이 영화가 더 배급되지 않도록 했다. 하지만 버스틴은 이런 상황을 대법원까지 가져 갔고, 결국 이데올로기적 검열을 하는 것은 불법이라는 결정을 끌어냈다.

'사랑'이 끝난 뒤, 펠리니와 피넬리는 로셀리니와 마냐니를 위한 새로운 시나리오를 쓰기 시작했다. '몬테 크리스토의 백작 부인'이라는 제목을 단 이 시나리오는 자살한 어느 이상한 남자의 재산을 모두 상속받은 방랑자 음악가에 관한 재밌는 내용을 담고 있다. 하지만 이 영화는 만들어지지 않았다. 당시 로셀리니는 마냐니와의 관계를 짐처럼 느끼기 시작했고, 도망갈 생각을 하고 있었다. 1948년 5월 8일, 로셀리니에게 한 통의 편지가 전해졌다. 전설에 따르면, 그 편지는 1947년 미네르바(Minerva) 영화사의 화재에서도 살아남은 것이었다. 그건 할리우드에서 잉그리드 버그먼이 보낸 짧은 내용의 편지였다. 자신은 로셀리니 영화의 팬이며, 함께 영화를 만들고 싶다는 내용이었다. 이때부터 이탈리아와 미국 사이에 전보가 활발하게 이어졌다. 당시 로셀리니는 아말피 해안에서 '나쁜 사람을 죽이는 카메라'(La macchina ammazzacattivi, 1952)를 찍고 있었다. 화가 치밀은 마냐니는 스파게티 접시를 로셀리니의 머리 위에 부어버렸다. 바로 이어 로셀리니는 로스앤젤레스로 가서, 버그먼이 '스트롬볼리'의 계약서에 서명하게 했다. 1949년 3월 20일 잉그리드 버그먼이 로마에 도착했다. 그날 저녁 로셀리니는 부오치 거리에 있는 자신의 집에서 친구들에게 버그먼을 소개했다. 집의 벽은 펠리니가 스트롬볼리섬에서 찍을 영화에 영감을 받아 그린 만화로 장식돼 있었다.

이어진 몇 주, 아니 몇 달 동안, 이탈리아 감독과 스웨덴 배우 사이의 열정에 관한 스캔들은 우주를 삼킬 듯 퍼져갔다. 거기엔 과장과 애를 태우는 호기심, 소문에 미친 파파라치, 그리고 윤리적 십자군 운동까지 포함하고 있었다. 감정이 격해진 마냐니는 '스트롬볼리'와 직접 경쟁하며 개봉할 미국 영화에 출연하기로 했다. 마냐니는 스트롬볼리 옆에 있는 불카노(Vulcano)섬으로 갔고, 그 영화는 독일계로 미국에서 활동하던 윌리엄 디틀레가 연출했다. 로마의 영화 세계는 반으로 쪼개졌다. 반은 마냐니와 함께, 그리고 반은 로셀리니와 함께였다. 로셀리니 지지자의 규모가 더 작았다. 펠리니는 여기에 속했다. 펠리니는 '스트롬볼리' 제작에 직접 참여하진 않았다. 하지만 로셀리니와 정기적으로 전화를 했고, 충실한 친구로 남았다. 줄리에타와 잉그리드도 잘 지냈다. 촬영팀이 에올리에

제도(스트롬볼리와 불카노섬이 있는 곳)에서 돌아오면, 두 여성은 더 자주 만났다. 겨울에는 로마에서, 그리고 여름이면 로마 근처 산타 마리넬라(Santa Marinella)에 있는 로셀리니의 별장에서 만났다. 펠리니와 로셀리니의 협업은 '프란체스코, 신의 어릿광대'를 준비하며, 새로운 열정으로 다시 시작됐다. 시화집 〈성인 프란체스코의 작은 꽃들〉에서 11개 챕터를 선택하여, 펠리니와 로셀리니는 시나리오 작업을 함께 했다. 당시 펠리니는 촬영현장에는 직접 가지 않을 것이며, 에피소드들을 선택하고, 그것을 각색하는 일만 하겠다는 말을 자주 했다.

카톨릭계는 성인 프란체스코 관련 영화에 영향력을 미치기 위해 로셀리니의 연애 스캔들을 이용하려고 했다. 하지만 로셀리니는 바로 그들이 보여준 스캔들에 관한 관심을 이용하여, 이 영화의 제작에 개입하는 것을 영리하게 차단했다. 새 영화에 관한 로셀리니의 열정은 순수한 것이었다. 〈성인 프란체스코의 작은 꽃들〉을 영화로 각색하겠다는 아이디어는 마이오리에 있는 수도원에서 '전화의 저편'을 찍을 때 떠올랐다. 그때 그랬던 것처럼 이번의 새 영화에서도 진짜 성직자들이 연기하게 했다. 일부 종교계의 개입 의도는 저절로 없어졌다. 1950년 초, 로마 근처 산악지역에서 촬영된 '프란체스코, 신의 어릿광대'는 ('사랑' 에피소드 중의)'기적'의 현실과 '길'의 사회적 동화가 교차하는 자연스러운 창작물이었다. 이런 이유 등으로 4년 뒤, '프란체스코, 신의 어릿광대'에서 일했던 사람들, 이를테면 촬영감독 마르텔리와 제작팀의 지제토 지아코지는 펠리니의 '길' 제작에도 참여하게 된다.

프란체스코 수도사들은 교황을 만난 뒤, 걸어서 돌아올 때, 화면에 처음 등장하는데, 진흙탕에 비가 퍼붓는 풍경은 '길'에서 참파노가 길을 달릴 때의 황량함과 닮아있다. 코믹한 수도사 지네프로(Ginepro)는 반은 바보 같고, 반은 예시력을 가진 인물인데, 이는 '길'의 젤소미나의 등장을 예고하는 것이었다. 시나리오 작가들은 성인 프란체스코 못지않게, 지네프로에게도 극적인 무게를 두고 있다. 지네프로는 에피소드의 거의 반에 걸쳐 주인공 역할을 한다. 옛 방식의 코미디는 강조되기도 하고, 다른 장면에서 표현되는 영감 넘치는 서정주의와 대조되기도 한다. 서정주의 장면으로는 프란체스코와 키아라의 만남, 그리고 프란체스코가 나환자에게 키스하는 게 대표적이다. 이 영화에서 성인과 그의 추종자들은 주변화돼 있다. 그들은 바깥에서 추위에 떨고, 그 어떤 신화적 진실도 보여주지 않는다. 이 영화의 원래 기획은 이탈리아의 가난함을 묘사하려는 것이었다. 이런 과정에서 인류학과 민담 연구에 관한 당대 이탈리아 학계의 발전도 저절로 반영됐다.

영화의 새로운 문화적 전망은 전후 이탈리아 사회에서 거의 이해되지 못했다. 당시 우익의 문화는 거의 부서져 있었고, 좌익의 문화는 스탈린주의였다. '프란체스코, 신의 어릿광대'에 관한, 의견이 갈리거나 혹은 무관심한 비평은 '전화의 저편'의 수도원 에피소드에 보여줬던 양가적인 반응을 떠오르게 했다. 로셀리니에 관한 좌파 진영의 몰이해는 '유럽 51'에서는 더욱 강하게 표현되며, 이는 펠리니의 '길'에서는 불처럼 타오를 것이다. 1950년 9월, 제11회 베네치아영화제에서 '프란체스코, 신의 어릿광대'와 '스트롬볼리'가 모두 상영됐을 때, 로셀리니에 대한 영화계의 압박을 느낄 수 있었다. 영화에 대한 반응은 그렇게 나쁘지 않았다. 하지만 영화는 교회와 좌파들 모두를 당황하게 했다. 좌파들은 로셀리니가 점점 종교적인 테마에 관심을 보이는 데 놀랐고, 카톨릭계는 성인의 삶에 관한 세속적인 표현에 아직 적응하지 못했기 때문이었다.

'유럽 51'의 아이디어는 로셀리니와 펠리니가, 촬영장 주변에서 알도 파브리치가 '아시시의 프란체스코는 틀림없이 미친 사람'이라고 말하는 것을 들었을 때 탄생했다. '유럽 51'의 주인공인 이레네(잉그리드 버그먼)는 자신의 세속적인 삶에 묶여 있는, 전형적인 상층 계급 여성이다. 그런데 비극이 일어난다. 집에서 디너 파티가 열리고 있을 때, 이레네의 아들이 계단에서 투신한다. '독일 영년'의 종결부에서 자살한 소년 에드문드가 전쟁에 희생된 순교자라면, 어린 미켈레(이레네의 아들)는 '불안한 평화'의 희생자이다. 미켈레는 손님들이 평화에 관해 학문적으로 토론하고 있을 때, 투신했다. 이런 비극을 겪으며, 이레네는 삶의 방식을 바꾸고, 자신 너머를 바라보려고 노력한다. 하지만 이레네 주변의 모든 사람, 곧 친척들, 의사들,

변호사들, 정치가들, 그리고 성직자까지, 그녀를 이해하기보다는 그녀의 행동이 위험해 보이므로 당장 정신병원에 입원시켜야 한다고 뜻을 모은다.

펠리니와 피넬리는 '유럽 51'을 함께 쓰기 시작했다. 제작은 카를로 폰티와 디노 데 라우렌티스가 맡을 것이다. 펠리니와 피넬리는 이야기의 중심 테마, 곧 자살 문제('달콤한 인생'에서 스타이너가 보여준 친족 살해와 그렇게 다르지 않은)를 발전시켰다. 펠리니는 영화 속에서 제기된 문제를 극단적인 기독교적 태도로 접근하는 세력과 직면하는 로셀리니의 용기를 존경했다. 그건 모든 이를 로셀리니로부터 등을 돌리게 할 것인데 말이다. '유럽 51'은 네오리얼리즘의 중요한 전환점이며, 또 인간을 다루는 영화 만들기에서 보여준 용감한 시도이다. 하지만 펠리니는 영화 제작에 개입하며, 로셀리니가 스토리에 주입하려는 사회적, 정치적 암시들에 자신은 준비가 돼 있지 않았다고 느꼈고, 심지어 약간 겁을 먹기도 했다. 펠리니는 제작에서 물러났다. 펠리니는 고문단의 개입도 불편하게 여겼다. 그들은 서로 다른 의견을 내는, 다양한 이데올로기를 가진 사람들이었다. 만족할 줄 모르는 호기심을 가진 로셀리니가 그들을 제작에 참여시켰다.

1951년 여름, 펠리니와 피넬리 두 시나리오 작가는 파리에서 로셀리니를 만났다. 펠리니에겐 첫 파리 여행이었다. 로셀리니는 두 작가를 기차역에서 맞이한 뒤, 24시간 동안 '빛의 도시'(Ville Lumière) 파리를 숨겨진 곳 위주로 관광을 시켜 놀라게 했다. 그런데 이들이 영화 일을 다시 시작하자, 열정은 점점 줄어들었다. 감독이자 배우인 엔리코 풀키뇨니가 '유럽 51'의 철학적 정의를 내리는 데 도움을 받기 위해, 파리의 지식인들을 라파엘 호텔로 초대했다. 펠리니는 자신이 개입한 부분이 배제되는 것을 느끼며, 주변으로 밀려나는 것 같다고 생각했다. 프랑스 말을 모국어처럼 하는 로셀리니에게 파리는 로마와 같은 곳이다. 반면에 펠리니는 자신이 외국에 있는 이탈리아인이란 점을 실감했다. 앞으로도 계속 그럴 것이다. 펠리니는 프랑스 말을 하지 못 했다. 이후에 프랑스말을 배웠지만, 자유롭게 의사 표현을 하는 정도에는 이르지 못했다. 펠리니는 영어는 조금 했다. 하지만 어쩔 수 없는 경우에 영어를 했고, 늘 이탈리아말로 되돌아왔다. 어떤 이는, 펠리니는 세계에는 거의 나가지도 않고, 세계적인 인물이 됐다고 말하기도 했다. 파리에서의 경험, 곧 탁자에 앉아 오래 논쟁하는 것은, 로셀리니는 즐겼지만, 펠리니는 당황스러워 했다. 자신과 거의 의견이 같던 피넬리에게 말한 뒤, 그리고 프랑스 제작자가 자신들에게 더 이상 원고료를 지불할 의사가 없다는 사실을 알았을 때, 펠리니는 이 영화의 제작에서 발을 뺐고, 가능한 빨리 도망치듯 로마로 돌아왔다. 펠리니는 로셀리니에게 온갖 변명을 하며 '유럽 51'의 제작에서 벗어나 있었고, 단지 우정어린 조언을 하는 데 자신의 역할을 한정했다. 그래서 펠리니도, 또 피넬리도 '유럽 51'의 시나리오 작가 리스트에 이름이 오르지 않는다. 하지만 펠리니는 이레네의 고통 받는 캐릭터에 깊은 연민을 느끼고 있었고, 로셀리니의 작업에 대한 존경을 잃지 않고 있었다. '유럽 51'은 제13회 베네치아 영화제의 경쟁부문에 초대됐다. 경쟁부문에는 펠리니가 시나리오를 쓴 피에트로 제르미의 '타카 델 루포의 산적'(Il brigante di Tacca del Lupo), 그리고 펠리니의 단독 연출 데뷔작인 '백인 추장'이 포함됐다. 로셀리니에 대한 저항감이 당시에 베네치아에서 유행이 된 사실이 펠리니를 슬프게 했다.

로셀리니는 몇 번의 발표를 통해 잉그리드 버그먼은 연기에서 은퇴한다고 말했는데, 다시 마음을 바꾸었다. 버그먼은 오직 다른 감독들과의 연기에서는 은퇴한나는 것이었다. 이것은 버그먼이 훗날 자서전에서, 로셀리니의 전형적인 이탈리아적 태도 가운데 하나라고 공개적으로 비난한 사실이다. 실제로 로셀리니의 완강한 질투는 버그먼이 펠리니, 또는 그어떤 다른 감독과도 일하는 것을 막았다. 한편 '백인 추장'이 발표된 뒤, 두 감독 사이의 관계가 조금씩 멀어지기 시작했다. 아마도 노장 감독은 자신의 제자가 계속 성장하는 것을 바라보는 게 쉽지는 않았을 것이다. '백인 추장'에 관한 로셀리니의 의견은 두 개의 다른 판본으로 전해진다. 로셀리니는 '백인 추장'이 베네치아에서 공개되기 훨씬 전에 개인 시사실에서 이미 영화를 봤다. 어떤 이는 로셀리니가 애정 어린 지지를 보냈다고 하고, 다른 이는 그가 화를 내며 거부했다고도 했다. 진실은 둘 사이 어딘 가에 있을 것이다. 로셀리니는 '백인 추장'의 가치를 인정했다. 하지만 몇 개의 사실들은 좋아하지 않았다. 특히 바다 한가운데서 알베르토 소르디와 브루넬라 보보가 배를 타고 있는 장면은 펠리니가 재촬영하는 게 좋겠다고 말했다. 왜냐면 그렇게 찍으면, 그들이 사실 바닷가 모래밭에 있는 배에서 연기했다는 점이 너무 분명하게 보였기 때문이었다. 펠리니는 지적한 것처럼 그렇게 찍으려면, 돈과 시간이 얼마나 걸리는지 잘 아는 로셀리니가 현실을 모르는 체 하는 것을 못마땅하게 여겼다. 그리고 로셀리니는 신인 감독인 펠리니가 조언을 들으려 하지 않는다고 느꼈다. "라파엘로가 아무리 완벽해도, 그림 위에 먼지가 있다면, 불어서 그것을 없애야 한다"라고 로셀리니는 말했다.

이런 어두운 구름이 걷힌 뒤, 두 사람의 관계는 더욱 단단해졌다. 이듬해, 로셀리니가 아팠을 때, 혹은 동면에 들어갔을 때(로셀리니에게 그 차이점을 알기란 대단히 어렵다), 펠리니는 로셀리니를 대신하여 '자유는 어디에 있는가'(1954)의 재판 장면을 감독했다. 로셀리니를 대신해 감독했지만, 펠리니가 평소에 존경하던 전설적인 배우 토토(Totò)와 일했던 유일한 기회였다. 펠리니는 위대한 배우 토토를 만났을 때, 너무나 흥분하여 선배 영화인들이 그랬듯 그를 '군주'(Principe)라고 불렀다. 본명이 안토니오 데 쿠르티스(Antonio de Curtis)인 토토는 펠리니에게 "그냥 안토니오라고 불러."라고 대답했다.

펠리니는 로셀리니가 삶의 부침을 드러낼 때, 공개적으로 그와의 연대를 표현했다. 로셀리니가 인도로 여행을 떠나, 그곳에서 새로운 연애 스캔들을 터뜨려, 다시 위기에 빠질 때도 그랬다. 상황이 두 사람 가운데 한 명에게 힘들 때, 두 감독의 관계는 더욱 가까워지는 것 같았다. 하지만 상황이 좋아질 때, 두 사람은 힘든 시간을 보내기도 했다. 예를 들어 '달콤한 인생'이 발표됐을 때, 로셀리니는 그 영화를 비판했다. 펠리니는 잘못된 길을 가고 있으며, 누군가 그를 막아야 한다고 말했다. 어떤 이가 이를 펠리니에게 달려가 소상히 말했고, 두 감독이 다시 만났을 때는 당황스러운 기운이 흘렀다. 펠리니는 이렇게 기억했다. "로셀리니는 나를 마치 소크라테스가 그의 제자 크리토를 바라보듯 했다. 갑자기 믿음을 잃어버렸을 때의 크리토 말이다."

이후에 두 감독의 길은 갈렸다. 로셀리니가 주장한 영화의 죽음은 펠리니를 화나게 했다. 로셀리니의 이론 가운데 하나인 TV의 교육적인 이용은 펠리니를 지루하게 만들었다. 펠리니는 로셀리니의 역사 영화에 관해 전혀 관심을 보이지 않았다. 로셀리니의 시각에서 보면, 펠리니의 영화들은 가벼운 판타지물에 지나지 않았다. 하지만 조금 세월이 흐른 뒤, 두 감독은 만날 때마다, 갑작스럽게 만나더라도 마치 형제처럼 행동했다. 서로의 영화는 TV를 통해 알았다. 두 감독 사이의 특별한 친화력은 서로에 대한 존중, 유머 감각, 항상 공유했던 흠모의 마음을 어떤 상황에서도 드러나게 했다. 인격과 삶의 방식이 아주 다름에도 불구하고, 두 감독은 함께 공유했던 지울 수 없는 역사에서 나온 상호 존중과 사랑을 늘 갖고 있었다. 1977년 6월 3일 로셀리니가 죽었을 때, 펠리니는 세상에 혼자 남은 것 같은 기분을 느꼈다. 이후 펠리니는 카사노바와 로셀리니 사이의 특별한 유사점에 관해 생각하기 시작했다. 무대 위처럼 실제 삶에서도 즐겁게 연기하는 것, 자기의 이미지를 스스로 만드는 것, 다른 사람(특히 여성)으로부터 늘 구애를 받는 것, 매일 매일을 마치 마지막 날인 듯 사는 긴장의 즐거움, 간헐적인 문화적 열병, 절대적인 관대함을 동반한 현실에 대한 틀림없는 감각 등이 두 사람의 유사점이라고 봤다.

평생의 협업 작가 툴리오 피넬리

전쟁 이후에 포 거리(via Po) 36번지에 있던 '룩스 필름'(Lux Film) 영화사(지금도 그 자리에 그대로 있는 현대식 건물)의 간판 불빛은 밤새도록 번쩍였다. 이 건물에서, 접근이 어려운 3층에, 이탈리아 북부 피에몬테주 비엘라(Biella) 출신의 영향력 있는 사업가 리카르도 구알리노(Riccardo Gualino)의 사무실이 따로 떨어져 있었다. 그가 룩스 필름 영화사를 이끌었다. 그는 1920년대에 큰 사업을 성공시켜 이탈리아의 유력 경제인이 된 뒤, 영화에 투신하기 시작했다. 2층에는 구알리노의 친구이자 역시 피에몬테주 출신인 음악학자 구이도 가티(Guido Gatti)의 사무실이 있었다. 그는 이 회사의 제작 총책임자였다.

1층에는 제작담당 발렌티노 브로지오의 지휘 아래 독립 프로듀서들이 함께 일하고 있었다. 밀라노 출신의 카를로 폰티, 그리고 나폴리 출신의 디노 데 라우렌티스는 이들 독립 프로듀서에 속했다. 두 사람은 곧 두각을 드러내기 시작한다.

펠리니는 이 영화사의 건물에서 늘 원고료를 받으려고 줄을 서던 방문객 중의 한 명이었다. 룩스 필름 영화사에 대해 회상하며, 펠리니는 배우들, 감독들, 작가들, 그리고 스태프들이 활발하게 들어오고 나가는 모습을 즐겨 이야기했다. 로마의 영화계는 이 회사의 이름을 이탈리아식으로 바꾸어 '루케세필메'(Lucchessefilme, 빛의 영화)로 불렀다. 이곳에서 펠리니는 코가 날카롭게 생긴 마른 남자 툴리오 피넬리(Tullio Pinelli)를 처음 만났다. 피넬리는 토리노의 변호사였는데, 영화계에서 일하기 위해 그 직업을 관두고, 아내와 네 아이를 데리고 로마에 왔다. 1946년 연말의 어느 날, 펠리니와 피넬리는 바르베리니 광장에서 우연히 만났다. 그때 두 사람은 신문 가판대에 걸려 있는 같은 신문을 읽고 있었다. 피넬리는 이렇게 기억했다.

"이름이 펠리니라는 젊은 친구는 같은 신문의 바로 옆 페이지를 읽고 있었다. 우리는 인사했고, 이야기를 시작했으며, 곧 어울렸다. 그건 예술적으로 첫눈에 반한 것과 같았다. 처음부터 우리는 같은 언어로 말했다. 우리는 함께 산책했고, 그가 줄리에타와 그녀의 외숙모와 함께 살던 루테치아 거리의 집에 도착할 때야 끝났다. 우리는 당시에 유행하던 것과는 정반대의 방식으로 시나리오를 쓰는 것을 상상했다. 이를테면 대단히 수줍어하는 평범한 사무직 직원 이야기가 있다. 그는 자신이 날 수 있다는 것을 알게 된다. 그래서 그는 팔을 펄떡이기 시작하고, 창을 통해 날아서 도주하는 것이다. 그건 네오리얼리즘이 절대 아니었다. 어쨌든 그 이야기는 영화화는 되지 못했다." 말하자면 그건 펠리니가 제안했던 '말하는 말(馬)'에 대해 알도 파브리치가 단숨에 거부했던 옛 에피소드를 떠오르게 했다.

피넬리는 펠리니보다 나이가 많다. 하지만 로마는 더 늦게 왔다. 고향에서 그는 변호사였다. 그 전에 피넬리는, 과거에 반파시스트였고 훗날 정부의 장관이 되는 마닐로 브로지오를 위해 일했다. 룩스 필름의 발렌티노 브로지오는 그의 사촌이다. 피넬리는 애국자 가문 출신이다. 증조부의 형제인 페르디난도 피넬리 장군은 이탈리아의 통일 이후에 칼라브리아에서 일어났던 산적들의 봉기를 진압한 인물이다. 피에트로 제르미 감독의 '타카 델 루포의 산적'에서 아메데오 나차리가 연기한 인물은 피넬리 장군을 모델로 한 것이다. 툴리오 피넬리는 10년간 변호사 일을 했는데, 그때도 평범한 변호사는 아니었다. 그는 변호사 일을 하며, 사실은 극장에서 더 많은 일을 했다. 1932년 에르미니오 마카리오가 피넬리의 첫 희곡을 무대에 올렸다. 그 작품은 피에몬테주의 지역어로 쓰였다. 이것이 펠리니와 피넬리 사이의 직접적인 연결 가운데 하나였다. 펠리니는 나중에 마카리오의 영화에서 개그를 썼다. 피넬리는 계속 희곡을 발표했다. 예를 들어 '황금 벼룩', '포르타 가족', '에트루리아의 선조들' 등이었다. 비평가들도 그즈음 피넬리의 작품에 관심을 보이기 시작했다. 1943년 '천사와의 싸움'에 대해 비평가 실비오 다미코는 이렇게 썼다. "이 작품은 그동안 우리가 익숙해져 있던, 낮고 창피한 수준을 단숨에 넘어서는 성과를 냈다." 퀴리노 극장에서 '에트루리아의 선조들'이 성공을 거두고 있을 때, 룩스 필름의 발렌티노 브로지오는 회사의 제작 책임자인 구이도 가티에게 피넬리를 사무실에 초대하도록 했다. 문학 애호가이자, 영화는 예술에 이른 적이 없다고 생각하던 가티는 늘 영화산업에 지식인들, 특히 북부 출신의 지식인들을 스카우트하려 했다. 피넬리는 북부 토리노 출신이다. 가티는 피넬리에게 푸시킨의 〈대위의 딸〉을 영화로 각색해달라고 제안했다. 1947년 마리오 카메리니 감독에 의해 이 영화가 완성됐을 때, 가티는 결과에 대해 대단히 기뻐했다. 희곡 작가 피넬리는 1년에 3개의 영화 시나리오를 쓴다는 독점계약을 맺었다. 그는 어떤 소설을 영화로 각색할 것인지에 관해서도 의견을 내기로 했다. 피넬리는 이후 로마와 토리노를 왕복했고, 결국 로마에 정착했다. 마리오 솔다티 감독이 피넬리와 공동 집필한 '트라베트씨의 슬픔'을 연출하고 있을 때였다.

무대에 관해 말하자면, 펠리니는 오직 버라이어티 쇼만 좋아했다. 그는 정통 연극을 보는 것을 좋아하지 않았고, 친구들이 관계된 연극이라도 개막식의 초대에 응하는 경우는 거의 없었다. 펠리니는 일부 연극배우의 매너리즘을 싫어했다. 특히 연극감독이 무대의 효과와 연기, 그리고 전체 분위기를 조절하기 어렵다는 사실 때문에 흥미를 잃었다. 펠리니는 연극이 매일 밤 바뀔 수 있다는 사실을 받아들일 수 없었다. 그리고 그렇게 오래 연구하고 준비했던 작품이 배우들의 변덕이나 다양한 해석에 따라 변주된다는 사실을 싫어했다. 펠리니가 피넬리에 관심을 보인 것은 그의 작품 때문이 아니었다. 펠리니가 이 지식인을 만나고 놀란 것은 피넬리도 펠리니처럼 환상적이고 주변적인 것에 큰 관심을 보여서였다. 그리고 피넬리는 자연주의의 방향 아래에서, 당시에 인기를 끌던 마법적 리얼리즘에 대해서도 인내를 갖고 파고들고 있었다.

전쟁이 끝난 뒤부터 펠리니는 동료 작가 피에로 텔리니와더는 함께 작업하지 않았다. 하지만 5, 6년 동안 이어진 경험을 통해, 펠리니는 시나리오 작업은 팀을 조직하는 게 더 낫다는 것을 알게 됐다. 이상적인 것은 사람 사이의 합의를 끌어내는 것이었다. 일이 좀 지체되더라도, 피리 소리를 듣고 다른 곳으로 달려가는 피노키오의 이야기를 발명하는 것처럼, 협력자와 아름다운 공모 관계를 만드는 것이었다. 피넬리는 아주 책임감이 큰 사람처럼 보이지만, 속에는 흥미진진한 성격이 숨어 있었다. 그는 재판소와 작은 극장들에서 동시에 일할 때, 많은 고생을 했다. 피넬리는 룩스 필름의 제안을 즉각 받아들였다. 그건 돈 때문만은 아니었다. 피넬리는 영화 세계의 활기에 강한 매력을 느꼈다. 사람들이 말하길, 피넬리는 이탈리아 연극계의 피할 수 없는 쇠퇴를 느끼고 있었고, 마치 생쥐처럼 배 위로 올라탔다는 말을 자주 했다는 것이다. 펠리니와 피넬리는 완벽한 타임에 만났다. 두 사람은 놀랍고도 혁신적인 기간의 특성인, 유일하게 활기찬 흐름을 보여주던 영화계에 동시에 올라탔다. 그때 전직 변호사 피넬리는 거의 마흔 살이었는데, 명랑한 성격의 27살이던 펠리니를 새로운 환경으로 끌어들였다. 두 사람을 연결한 것은 훗날 피넬리가 정확하게 정의를 했듯, '상호 보완적인 다양성'이었다. 많은 아이디어가 두 사람 사이의 대화에서 나왔다. 그런데 살기 위해서는 돈이 필요했다. 이를테면 피넬리는 두일리오 콜레티의 영화 '뱃사공'(1947)에서, 펠리니에게 공동 시나리오 작업을 하도록 했다. 로사노 브라치가 주연한 이 영화는 로마의 산적 스테파노 펠로니의 모험을 다루고 있다. 지금 보면 평범한 영화다. 하지만 산적 가운데 한 명으로 나왔던 알베르토 소르디의 활약을 확인할 수 있을 것이다. 그는 다른 감독들의 시선을 받기 위해서는 무슨 일이든 다 하겠다는 듯 열정을 다해 연기하고 있었다.

펠리니와 피넬리는 곧 자신들의 작업 방식을 발전시켰다.

그들은 책상에 타자기를 놓고, 마주 보고 앉아서, 장면을 배분했다. 가끔 이들은 수다를 떨기 위해 일을 중단하기도 했다. 최고의 아이디어는 이럴 때 나오기도 한다. 그리고 각자 자신의 집에서 개별적으로 일을 이어갔다. 펠리니는 당시를 이렇게 회상했다. "피넬리와 나는 하루를 두 부분으로 나누어 일했다. 왜냐면 우리는 거의 매번, 동시에 하나 이상의 시나리오 작업을 진행했기 때문이었다. 오전에는 주로 거물들, 이를테면 알베르토 라투아다, 피에트로 제르미, 로베르토 로셀리니 같은 감독들의 시나리오 작업을 했다. 오후에는 그렇게 중요한 감독들은 아니지만, 주류 영화계에서 일하는 감독들, 이를테면 젠나로 리겔리, 라파엘로 마타라초, 그리고 또 다른 훌륭한 감독들을 위한 시나리오를 썼다. 하지만 누구도 이런 감독들의 영화를 진지한 예술로는 받아들이지 않을 때였다."

펠리니가 알베르토 라투아다의 새 작품 제작에 피넬리를 끌어들였을 때, 호기심에 따라 이탈리아를 돌아다니려던 바람(당시 이탈리아 영화의 특성이었다)은 충분히 실현됐다. 펠리니는 라투아다와 곧 친해졌고, '동정도 없이'(Senza pietà, 1948)의 시나리오를 피넬리와 함께 쓰겠다고 했다. 이 영화는 에토레 마리아 마르가돈나가 초안을 쓴 것인데, '안녕, 오셀로'라는 제목으로 영화계에 돌아다니던 것이었다. 이야기는 흑인과 이탈리아 매춘부 사이에 비극적으로 끝나는 불가능한 사랑을 다루고 있는데, 리보르노(Livorno) 근처 톰볼로 소나무 숲에서 시작된다. 리보르노는 당시에 거의 지옥이었다. 군인들, 암시장 상인들, 탈영병들, 그리고 돈을 벌기 위해 이탈리아 전역에서 몰려온 매춘부들로 넘쳤다. 이런 영화를 책상에만 앉아서 쓸 수는 없을 것이다. 그래서 프로듀서 클레멘테 프라카시(Clemente Fracassi)의 승인을 받아, 두 작가는 범죄 현장을 방문하기로 했다(프라카시는 훗날 '달콤한 인생'의 프로듀서가 된다). 조사는 위험했고, 불안했다. 당시의 보도에 따르면, '톰볼로와 리보르노 부두 사이에 걸쳐 있는 범죄 세상에 대한 담대한 조사'였다.

하지만 펠리니와 피넬리는 이런 경험을 즐겼다. 그리고 할 수만 있다면 이런 일을 반복했다. 그들은 뉴욕에 있는 카모라(Camorra)[1] 마피아의 지부에 관한 시나리오 작성을 의뢰받았을 때, 나폴리로 가서 엑셀시오르 호텔에 머물며, 밖으로 나가 직접 노동자들을 조사했다. 이 작업은 그들이 발각되고, 도시에서 쫓겨날 때까지 이어졌다. 두 사람은 이탈리아 북동쪽 끝에 있는 트리에스테(Trieste)와 그 근교에 가서 3주 동안 머물기도 했다. 당시에 이들은 스위스 언론인으로 위장하여, 소위 '트리에스테 자유 지구'(Territorio Libero di Trieste)[2]를 돌아다니기도 했다. '트리에스테의 여성'(La ragazza di Trieste)이라는 시나리오를 쓰기 위한 작업이었는데, 이 영화는 미국의 데이

---

1   카모라는 나폴리를 주 무대로 활동하는 마피아의 이름이다.

비드 O. 셀즈닉이 제작하고, 알리다 발리 주연에, 마리오 솔다티가 연출할 예정이었다. 당시의 여행은 모험의 연속이었고, 시나리오도 나쁘지 않았지만, 영화 제작은 이루어지지 않았다. 스타 알리다 발리를 이용한 미국 제작의 미완성 영화는 또 있다. 마리오 카메리니 감독의 '행복한 나라'(Felice Paese)라는 작품인데, 캐리 그랜트가 주연을 맡을 예정이었다. 그랜트는 미국인 기술자인데, 이탈리아가 기름을 찾기 위해 유정을 뚫거나, 자연을 훼손하는 개발을 하기에는 너무나 아름다운 나라라는 사실을 알게 된다.

이런 여행을 통해(특히 목적이 없을 때 가장 행복했는데), 두 작가는 매우 소중한 인연을 쌓아간다. 이를테면 이들은 유명 작가 리카르도 바켈리(Riccardo Bacchelli)[3]를 만났다. 그의 대작 소설 〈포강의 방앗간〉을 놓고, 시나리오 작업을 할 때다. 바켈리의 소설을 각색한 영화 '포강의 방앗간'(1949)은 룩스 필름의 작품으로, 이탈리아 영화를 더욱 발전시키려는 제작자 구

---

2   이 지역은 이탈리아와 당시 유고슬라비아 사이에 있었는데, 2차대전 이후에 국경문제가 해결되지 않은 채 남아 있었다. 1947년부터 1954년까지 어느 국가에도 속하지 않은 상태로, 유엔의 중재 아래 있었다. 지금은 이탈리아, 슬로베니아, 크로아티아 등 3국의 일부로 편입돼 있다.

3   리카르도 바켈리(1891-1985)는 이탈리아 관련 대서사의 작가로 유명하다. 특히 〈포강의 방앗간〉(Il mulino del Po)은 19세기 농민의 삶을 통해 당대의 이탈리아 역사를 녹여낸 걸작이다. 하층계급의 삶을 통해 이탈리아의 역사를 꿰뚫는 대서사는 알레산드로 만초니의 〈약혼자들〉을 계승한 작업으로 평가됐다. 바켈리는 모두 8번 노벨상 후보에 이름을 올렸다.

이도 가티의 야망에서 나온 것이다. 펠리니와 피넬리에겐 바켈리의 소설 3권이 주어졌다. 펠리니가 제1권, 피넬리가 제2권을 읽었고, 제3권은 아무도 읽지 않았다. 감독 알베르토 라투아다가 참여하며, 두 작가는 제2권의 특정 부분을 더욱 발전시키기로 했다. 곧 방앗간 아가씨 베르타(카를라 델 포지오)와 비극적으로 죽는 농부 오르비노(자크 세르나스) 사이의 슬픈 사랑의 이야기다. 이 이야기는 19세기 말, 포강이 흐르는 폴레지네(Polesine) 지역을 배경으로 전개된다. 당시는 혁명적인 이념과 피의 억압이 공존할 때다. 바켈리가 영화화를 앞두고 로마에 왔고, 펠리니와 피넬리는 작가와 끊임없이 대화하며, 등장인물과 환경에 관해 새로운 사실들을 발견할 기회를 얻었다. 세 사람은 바켈리가 마치 음식의 스승처럼 행동하는 식당에서, 밤늦게까지 이야기를 하곤 했다. 음식은 끝없이 나왔다. 바켈리는 식사의 의례에 대한 자기 생각이 있었고, 두 친구에게 더욱 천천히 씹을 것을 권고했다. 식사보다는 시나리오 작업에 대한 동의가 쉽지 않았다. 펠리니가 극적인 부분을 큰 목소리로 읽어주면, 바켈리는 원저의 텍스트를 인용하며 수정하려 했다. 바켈리는 같은 내용이지만, 더 많은 어휘를 동원했다. 그렇게 장황하게 말하면 관객들이 웃을 것이라고 펠리니가 대답하자, 바켈리는 이렇게 말했다. "그들에게 웃지 말라고 말할 순 없나요?"

하지만 바켈리는 환상적일 정도로 친절했다. 이와는 정반대로 제노바 출신의 피에트로 제르미는 너무 과묵하여 당황스러울 정도였다. 두 작가는 피에트로 제르미의 '법의 이름으로' 시나리오 작업을 피넬리의 별장이 있는 피틸리아노(Pitigliano)의 시골에서 함께 했다. 제르미와의 협업에는 시간이 걸렸다. 이때쯤 언론은 두 작가를 '시나리오 작가의 에이스'라고 불렀다. 그들은 제르미의 또 다른 작품 '가족'(제작되지 않음)의 시나리오 작업도 했다. 두 작가의 조사도 계속 진행됐다. 나폴리에 가서 '포지오레알레의 왕'(Il re di Poggioreale)의 시나리오를 위한 조사를 벌였고, 이 작품은 다른 작가의 손에 의해 훗날 완성된다. 두 작가는 피에트로 제르미의 '희망의 길'(Il cammino della speranza)과 관련해서, 상을 받기 위해 베를린에 갔다. 이때 피넬리는 강요하다시피 하여, 펠리니가 쾰른 대성당을 보도록 했다. 이는 몇 년 뒤, 시커멓고 위협적인 모습으로 'G. 마스토르나의 여행'(미완성 작품)의 세트에 등장할 것이다. 또 이들은 제노바와 토리노의 매음굴을 조사하기도 했다. 당시에 이들은 매춘과 관련된 '닫힌 창문의 뒤에'(Persiane Chiuse, 1950)라는 영화의 시나리오를 쓰려고 했다. 하지만 완성된 영화에 이들의 이름은 오르지 않는다.

당시에 두 작가는 일할 때면, 주도권을 쥐려고, 열정적으로 임했다. 지식을 교환하고, 새로운 경험을 쌓았다. 펠리니와 피넬리는 곧 성공적인 팀으로 알려졌다. 1947년 주간지 '비스'(Bis)에 따르면, 이탈리아에서 가장 유명한 네 작가는 차바티니, 텔리니, 아미데이, 그리고 펠리니라고 했다. 두 작가는 초안 작성에 50만 리라, 각색에 50만 리라, 그리고 시나리오 작성에 50만 리라를 받았다. 당대 최고로 알려진 차바티니는 작업마다 백만 리라를 받았다. 또 비스 잡지는 이들 시나리오 작가들은 대개 시골 출신들인데, 자신들이 쓸 작품의 장소에 직접 가고, 또 산다고도 알렸다. 이들은 델라 크로체 거리에 있는 체사레토 식당이나, 포폴로 광장이나 베네토 거리에 있는 로자티 카페, 혹은 마르구타 거리의 아무 테라스에 가서 사람들을 만나는 것을 좋아한다고도 했다. 비스에 따르면 작가들은 그들만의 특성도 갖고 있다. 펠리니는 이야기들을 섞는 데 능했다. 텔리니는 장면 구성을 잘했다. 피넬리는 무대의 분위기를 만들어내는 상황을 설정하고, 그것에 색깔을 잘 입혔다. 그리고 또 펠리니는 조감독 자리에 앉아서 마지막 대사를 써곤 했다. 펠리니는 복사 사무실에서 타이피스트들의 의견을 들을 뒤, 상황을 바꾸거나 심지어 엔딩을 바꾸기도 했다. 펠리니와 피넬리가 독일 감독 게오르그 W. 팝스트(Georg W. Pabst)의 '오디세이' 시나리오를 쓰겠다고 서명했을 때, 언론들은 다음 작품이 '펠리니, 호메로스, 그리고 피넬리의 오디세이'가 될 것이라고 보도했다.

시간이 지나며 펠리니와 피넬리는 영화의 게임을 즐겼다. 피넬리는 자신들이 영화 '테로니'(Terroni, 땅의 사람들)의 시나리오를 쓰기로 했을 때, 룩스 필름의 수많은 사람이 자기들을 보러 왔다고 기억했다. '테로니'는 나중에 제목을 '희망의 길'로 바꾸어, 혹시 있을지 모를 남부 사람들의 불쾌감을 자극하지 않기로 했다.[4] 영화의 종결부에서, 며칠 낮 동안에 모든 나이의 남자와 여자들이 피에트로 제르미 감독 앞을 행진하는 장면이 있다. 그는 토스카나 시가를 물고 의자에 앉아 있었는데, 무슨 생각을 하고 있는지 알 수 없는 표정이었다. 아마 사람들을 바라보는 펠리니 특유의 태도는 그때부터 발전했을 것이다. 그런데 이때부터 펠리니와 피넬리 사이의 다른 점이 드러나기 시작했다. 두 작가는 영화 공장에 대해, 서로 다른 태도를 발전시켰다. 피넬리는 절대 촬영장에 가지 않았다. 그는 촬영이 중단되고, 기다리고, 또 재촬영을 하는 느린 제작 과정을 참지 못했다. 피넬리는 감독이 되리라는 생각은 전혀 하지 않았다. 영화감독이 되기에는 특별한 성질이 요구된다고 봤다. 곧 끝없는 참을성, 한번 결정을 내리면 흔들리지 않는 것, 그리고 믿을 수 없는 에너지 등이었다. 토리노 출신의 작가 피넬리는 이런 성질 가운데 자신은 하나도 갖고 있지 않다고 여겼다. 가끔 두 작가는 참을 수 없을 정도로 자기중심적인 감독들과의 회의를 마치고 나올 때면 감독에게 요구되는 성질에 관해 이야기하곤 했다. 펠리니는 항상 피넬리의 의

---

4   테로니(terroni)라는 말은 '땅의 사람들'이란 뜻인데, 농업에 많이 종사하던 이탈리아 남부 사람들을 폄하할 때 쓰이기도 한다.

견에 동의하는 건 아니었다. 피넬리는 사물들을 연극의 렌즈를 통해 봤고, 펠리니는 저널리스트의 시각으로 봤다. 펠리니는 상황이 요구하면, 다시 쓰고, 다시 편집하는 데 익숙했다. 그렇지만 펠리니도 감독이 된다는 것은 광기가 요구되며, 농담하지 않는 독재자가 되어야 한다는 의견엔 동의했다. 펠리니는 이런 규칙들을 반드시 따르지는 않겠다고 생각했다. 하지만 그런 규칙들을 어떻게 갑자기 내려놓는지 배울 생각도 하지 않았다. 토론도 하고, 생각도 했지만, 무엇보다도 당시에 두 작가는 자기들 일에 너무나 바빴다. 그들은 생각하기보다는 행동했다. 이번 주를 지나 다음 주로, 이번 계약을 지나 다음 계약으로, 앞으로 나아가기 바빴다.

그런데 펠리니는 거의 무의식적으로 밖으로 돌아다니는 데 더 많은 시간을 썼다. 책상에 앉아 있는 시간은 점점 줄었다. 그는 마감을 코앞에 두고 장면을 고쳤고, 라디오에서 일할 때처럼 종종 밤을 새웠다. 펠리니는 아침 일찍 집을 나가, 밤늦게 들어오는 습관을 갖게 됐다. 그는 제작 회의, 시나리오 회의, 사업상의 식사, 오디션과 캐스팅 회의 등에 참석했다. 펠리니는 감독이 원한다면 언제든지 도움을 줄 수 있는 비상 상태에 대비했다. 곧 펠리니는 비상 상태의 대가였다. 시나리오 독회에서, 펠리니는 마치 참호에 들어가, 감독이 자신이 쓴 원고를 들고 배우들과 제대로 일하는지 관찰하는 것 같았다. 당시 펠리니는 공개적으로 인정하진 않았지만, 세트장을 집처럼 느끼기 시작했다. 펠리니는 모든 불안한 점을 해결하기 위해 그곳에 가곤 했다.

이것이 '백인 추장' 이전의 펠리니의 삶이다. 그는 구조대원이었고, 문제의 해결사였으며, 비상 상태의 조정자였다. 비가 오면, 날씨에 맞춰 시나리오를 고쳤다. 여배우가 나타났는데, 예상보다 10살 더 나이 들어 보이면, 캐릭터를 수정했다. 상대 배우가 다리를 부러뜨리면, 앉아서 일할 수 있게 시나리오를 고쳤다. 시나리오에서 백 명의 엑스트라를 요구했는데, 제작팀에서 25명에 해당하는 예산만 내놓는다면, 어떤 식으로든 해결책을 찾아야 했다. 하지만 눈에 보이지 않는 그 응급조치는 좋은 결과를 내야 했다. 이런 모든 임기응변을 마치면, 편집, 동분서주하는 것, 그리고 토론이 이어진다. 이어서 밤이 되면, 시사실에 가서, 감독과 촬영감독과 함께 지난 이틀 동안 찍은 필름을 함께 보아야 했다. 그런데 어떤 의심이 생기면, 펠리니는 피넬리에게 전화했다. 피넬리는 주로 그때면 가족들과 집에서 식사하고 있었다.

펠리니의 놀라운 에너지를 기억하며, 프로듀서 클레멘테 프라카시는 이렇게 말했다. "그는 자신을 보호하려는 어떤 개인적인 태도도 취하지 않았다. 펠리니는 행복하게 잡담을 나눴고, 삶을 그 자체로 즐겼다. 펠리니는 영화 세계, 여성들, 그리고 미친 시간을 좋아했다. 그는 행복해 보였다. 그가 방에 들어올 때면, 마치 봄이 피어나는 것 같았다." 시간이 지나며 이런 활기는 조금씩 작아졌지만, 단 한 번도 완전히 사라지진 않았다. '8과 1/2'을 끝낸 뒤, "사람들은 펠리니가 건조한 야심가가 됐고, 주위 사람들을 이용한다고 말하기 시작했다." 하지만 프라카시에 따르면 진실은 다른 데 있었다. "펠리니는 긍정적인 의미에서 해석한 마키아벨리주의자였다. 그는 영화의 실용주의를 잘 알고 있었다. 그는 결과의 법칙에 충실했다. 펠리니는 그 무엇보다 영화 자체를 중요하게 여겼다. 펠리니는 영화에 요구되는 것은 명확한 아이디어, 열정적으로 일하는 것, 그리고 그 누구도 정면으로 바라보지 않는 능력이라고 가르쳤다."

펠리니와 피넬리 사이의 관계를 보면, 두 친구는 이 기간을 통해 서로에게 무의식적으로 영향을 미쳤다. 그들은 상대방의 특징을 받아들였다. 펠리니는 피넬리로부터 전통적인 드라마 쓰기의 단단한 교육을 받았다. 그렇다고 펠리니가 그런 규칙에 매달린 것은 아니지만, 피넬리를 통해 사려 깊게 시나리오를 쓰고, 대사는 여러 번 고쳐 쓰는 것이 얼마나 중요한 것인지 알게 됐다. 반면에 엄격한 피넬리는 이야기의 비현실적인 가능성에 더욱 마음을 열었고, 펠리니의 감수성과 교감하며, 자신도 동화와 환상을 더욱 발전시킬 수 있었다. 이는 피넬리가 '황금 벼룩'(1939)에선 조심스럽게 시도한 특성이었다. 시나리오에 대해 말하자면, '길'이 피넬리의 개인적이고 시적인 세계와 펠리니의 세계가 융합된 이상적인 지점일 것이다. 하지만 펠리니와 조사를 위한 여행을 다니며 피넬리가 배웠던 가장 중요한 사실은 각지에 배급되는 형식으로서의 영화를 사랑하고, 항상 인간 존재로부터 놀라움을 발견하는 것이었다. 그리고 피넬리는 펠리니 덕분에 다른 활동(연극)을 하지 않은 것을 후회하지 않았다. 그곳에서 작가로서의 중요성과 개인적인 출세의 기회가 더 많을 수 있었지만 말이다. 피넬리는 불행한 시나리오 작가의 신드롬, 곧 감독과 제작자에게 약탈당하고 배반당했다고 여기는 것과 같은 고통을 느끼지 않았다. 피넬리는 이를테면 스콧 피츠제럴드처럼 행동했다. 피츠제럴드는 할리우드에서 거의 인정 받지 못했지만, 항상 열정과 호기심을 갖고 일에 임했다. 피넬리는 펠리니의 또 다른 협업 작가 엔니오 플라이아노와는 정반대였다. 플라이아노는 늘 고통받았고, 자신의 작품이 제대로 평가받지 못한다고 생각했다. 피넬리는 드물게도 만족하는 시나리오 작가였다. "시나리오 작업은 작품 그 자체로 받아들여야 한다. 펠리니는 자기가 작업을 통제하려 했다. 하지만 천재와 협력하다 보면 많은 보상도 따른다. 물론 타협도 해야 하고, 실망하는 일도 있지만 말이다."

오랜 협력 기간을 통해, 펠리니와 피넬리 사이에 서로 보완되는 성질은 마치 삼투압처럼 작동하는 것 같았다. 피넬리는 '영혼의 줄리에타'까지, 펠리니가 만든 모든 영화에서 시나리오를 썼다. 이 작품 이후 펠리니의 연출 방식에 동의하지 않은 피넬리는 뒤로 물러서게 됐다. 하지만 피넬리는 물러나며 그 어떤 호들갑도 떨지 않았고, 이유도 설명하지 않았다. 피넬리는 이후에도 줄리에타 마지나의 고문 작가로 남았고, 1970년대에 마지나의 TV 히트작인 '엘레오노라'와 '카밀라'를 썼다. 그리고 '영혼의 줄리에타' 이후, 마지나가 펠리니 영화에 처음 출연한 '진저와 프레드'에서, 피넬리와 펠리니의 이름이 크레딧에 동시에 올라온 것은 우연이 아니었다. 그때 두 작가는 다시 함께 일하게 됐다. 과거에 그들은 18년간 함께 일했다. 그 기간이 이후의 20년간 따로 떨어져 일했던 시기보다 더욱 중요했다. 피넬리는 이렇게 기억했다. "어느 날 아침 현관문의 벨이 울렸다. 펠리니가 그곳에 서 있었다. 펠리니는 '진저와 프레드'의 이야기를 읽어달라고 요구하기 위해 집에 왔었다. 마치 바로 전날 밤에 만난 사람 같았다. 펠리니와 나 사이에는 거대한 상호이해가 이미 자리 잡고 있었다."

알베르토 라투아다와
피에트로 제르미의 조감독

시나리오 작가로 10년 동안 일하며, 펠리니는 자신이 감독 스타일은 아니라고 여겼고, 또 그런 큰 변화를 하리라 상상하지도 않았다. 다른 사람도 펠리니가 그런 종류의 말을 하는 것을 기억하지 못했다. 툴리오 피넬리는 펠리니가 종종 카메라 뒤에 가는 것은 제작자들이 요구했기 때문이라고 생각했다. 아마도 맞을 것이다. 하지만 더 깊이 생각해보면, '전화의 저편'이 어떤 계시였다. 펠리니는 당시에 강렬하고, 혼란스럽고, 유목민적인 현장의 경험을 즐겼다. 그때 마음 깊은 곳에서 어떤 변화가 일어났다. 그건 미래의 감독이 소명의 신비한 신호를 인식한 순간이었다. 그 소명은 야망과 욕망이 뒤섞인 가시

덤불 속에 있었다. 그러나 그 변화는 1940년대 말이 되자, 이미 진행 중이었고, 멈출 수 없는 것이 됐다. 영화는 펠리니의 성격 속에 있는 어떤 모순 하나를 해결해 주었다. 곧 영화는 펠리니가 항상 원했던 '다른 곳'으로의 도주를 가능하게 했고, '고정된' 일에 전념하면서도 '도주'를 할 수 있게 해, 윤리적 명령과 화해할 수 있게도 했다. 말하자면 펠리니는 영화 일을 하면서, 동시에 가족적, 사회적 의무를 피할 수 있었다. 비록 학교 수업을 빼먹었지만, 정말 진지한 일을 생각하는 것과 같았다. 모든 것에서 도주하고, 자신이 상상한 야망을 좇아 달리는 것, 혹은 본능에 따라 달리는 것, 이 모든 것은 영화를 만들며 실현될 것이다.

펠리니는 촬영장을 지루하게 느끼던 동료 작가 피넬리와는 달리, '여행하는 파티' 같은 영화 만들기와 사랑에 빠졌다. 알베르토 라투아다는, 펠리니가 자신과 영화와의 관계를 새롭게 정의하기 위해, 큰 고민 속에 빠져 있다는 사실을 일찍 알았다. 라투아다와 펠리니의 관계는 '조반니 에피스코포의 범죄' 이후부터 5년간 이어진다. 이 기간에 펠리니는 라투아다의 영화들, 곧 '동정도 없이'와 '포강의 방앗간', 그리고 '버라이어티 쇼의 불빛'의 시나리오를 썼다. 펠리니는 '동정도 없이'에서는 라투아다의 조감독이었고, '버라이어티 쇼의 불빛'에선 공동감독이었다.

펠리니가 '동정도 없이'에서 경험한 것은 '전화의 저편'처럼 중요했다. 피넬리와 함께 모험적인 지역 조사를 마친 뒤, 펠리니는 프로듀서 클레멘테 프라카시와 동행하여 리보르노 근처에서 로케이션 장소를 찾아다녔다. 1947년 늦여름에 촬영이 시작되자, 조감독 펠리니는 다음 날 찍을 장면들을 준비하기 시작했다. 그는 36일 동안, 거의 잠을 자지 않고, 프라카시와 함께, 로케이션 장소를 찾고, 배우들 일정을 조절하고, 돌발상황을 처리했다. 펠리니는 매춘부들을 끌어모으는 데도 재주가 있었다(그들은 펠리니를 매력적으로 봤다). 펠리니는 엉성하고 거친 영어로 대화하며, 연합군 장교들과 금방 친해질 수 있었다. 그는 점점 영화적 동물로 변했고, 최고의 마키아벨리주의자 같은 재능을 보였다. 촬영장에서는 별의별 일이 다 일어난다. 어느 날 라투아다 감독과 어떤 불량배 사이에 싸움이 벌어졌는데, 넥타이가 붙들린 감독은 꼼짝 못 하고 당하고 있었다. 배우 폴코 룰리가 끼어들어 고함을 지르고, 의자로 위협하지 않았다면, 라투아다는 거의 질식사할 뻔했다. 폴코 룰리는 과거 파르티잔의 지휘자 중 한 명이었다.

항상 긴장감이 느껴지던 현장에선 예상할 수 없는 일들이 벌어지곤 했다. 어느 날 라투아다 감독은 주인공 존 키츠밀러(John Kitzmiller)의 발을 향해, 땅에 대고 쏘는 총이 사실적이지 않다고 불만을 드러냈다. 그러자 명사수 출신인 제작 담당 브루노 토디니는 진짜 총으로 그 장면을 찍자고 제안했다. 그래서 토디니는 총탄 한 통을 모두 키츠밀러의 발 근처에 쏘았고, 키츠밀러는 계속 위아래로 점프해야 했다. 흑인 배우 키츠밀러는 전직 화학공학 기술자인데, 우연히 루이지 참파 감독의 '평화에 살다'(Vivere in pace, 1947)에서 연기를 하며 영화계에 들어왔다. 그는 자신의 경력을 통틀어 그때처럼 아드레날린이 샘솟는 스릴을 경험한 적이 없었다고 말했다. '동정도 없이'에서 일하며, 펠리니는 예상할 수 없는 일을 대처하는 법을 배웠다. 펠리니는 라투아다가 군중 속으로 카메라를 집어넣는 것을 좋아했다. 나이트클럽 장면인데, 라투아다는 배우와 엑스트라에게 이 상황을 실제로 산다고 생각하고, 최대한 자유를 누리면서 움직이라고 요구했다. 리보르노 시내와 그 근처에서 촬영하며, 펠리니는 특유의 스타일을 만들어내는 라투아다의 테크닉에 관해 큰 존경심을 가졌다. 펠리니는 '호루라기와 메가폰'을 들고 일하던 라투아다가 자신에겐 감독의 권위에 관한 영원한 상징으로 남았다고 말했다. 그건 로셀리니의 영향보다 더 강했는데, 로셀리니는 촬영장에선 간혹 구경꾼처럼 보이곤 했다.

그런데 비평계는 '동정도 없이'를 혹평했다. 멜로드라마 문학의 낡고 전형적인 '암시장'이라는 꼬리표를 붙였다. 하지만 포스트모던 시각이 대두될 때, '동정도 없이'는 라이너 베르너 파스빈더의 작품과 비교되며, 다시 조명받았다. 라투아다는 실제 사실과 미국 스타일에 대한 향수를 섞어, 관객의 머리에 강력한 인상을 남기는 재능을 갖고 있었다. 로맨틱 코미디의 스타인 카를라 델 포지오가 주역인 안젤라 역을 맡았다. 그녀는 도입부에 바로 등장한다. 넝마 같은 옷을 입은 안젤라는 다루기 힘든 인상의 캐릭터인데, 화물 기차에 숨어 타고, 행운을 좇아 리보르노로 가고 있다. 그녀의 첫 이미지는 달리는 화물칸의 난간에 다리를 걸치고 앉아 있는 모습이다. 기차 밖으로 다리를 내놓은 그녀는 하품하고, 머리를 긁적거리고, 침을 뱉고, 신발을 벗어버린다. 영화는 매춘부로 전락하는 안젤라와 키츠밀러가 연기한 흑인 병사 사이의 사랑을 다룬다. 이 사랑은 '리보르노의 대부'라고 불리는 악명 높은 마피아 두목에 의해 좌절된다. 두목 역은 로마의 마제스틱 호텔 매니저였던 피에르 클로데가 맡았다. 그는 늘 흰색 양복을 입고 등장한다. 그는 발기불능의 사악한 캐릭터인데, 윌리엄 포크너의 소설 〈성역〉에 나오는 불한당 포파이 캐릭터를 참조한 것이었다. 많은 문학적, 영화적 인용(대개가 당시로선 펠리니와는 관계 없는 요소)은 이 영화가 관객에게 보내는 작은 신호였다. 이는 주류 영화이면서 세련된 영화를 만들려는 라투아다의 노력이었다. 풍부한 자연주의적 디테일과 문학적 터치는 영감과 지혜로 넘쳤다.

또 하나 중요한 사실은 라투아다가 줄리에타 마지나를 캐스팅한 점이다. 라투아다는 과거에 마지나가 연극 무대 위에서 연기할 때 처음 보았다. 영화에서는 주인공 안젤라와 친구가 되는, 작고 괴짜인 매춘부 마르첼라 역을 맡겼다. 마르첼라는 안젤라와 비교되는 이야기를 끌어간다. 펠리니는 마지나가 영화에서 맡은 중요한 첫 역할을 쓰며, '카비리아의 밤'의 결정적인 순간, 곧 결혼을 준비하는 순간을 상상했던 것 같다. 마르첼라는 부산하게 돌아다니며, 여행 가방을 싸고, 탈영병인 흑인 애인과 도망갈 준비를 하고 있다. 마르첼라는 자신을 위해서는 몇 개의 짐만 싸고, 나머지는 모두 친구들에게 나누어 준다. 이 장면은 '카비리아의 밤'에서, 카비리아가 자신보다 더 운이 없는 여자친구에게 자수가 놓인 셔츠를 모두 줘버리는 장면과 상응하는 것이다. 새벽에 마르첼라는 해변으로 향한다. 배는 도착했고, 마르첼라는 바다로 뛰어간다. 그리고는 다시 친구 안젤라에게 돌아와 이별의 포옹을 한다. 이 장면은 알도 톤티에 의해 매우 아름답게 찍혔다. 마르첼라의 얼굴은 어두침침한 바다를 배경으로 밝게 빛나고, 파도의 포말은 반짝이며, 수평선은 쇠의 빛을 내고 있다. 감성적인 니노 로타의 음악도 넘실댄다. 이 에피소드는 마르첼라에게 덧씌워진 운명, 곧 제목인 '동정도 없이'의 의미를 생각하게 한다. 마르첼라의 운명은 주인공인 안젤라의 운명에 대한 암시일 테다. 거부할 수 없는 부드러움을 가진 안젤라의 비극적인 운명 말이다.

1948년 베네치아영화제에서 관객들은 두 여성이 포옹할 때, 즉각적으로 박수를 하며 호응했다. 그건 줄리에타 마지나의 경력에서 승리가 확인되는 순간이었다. 하지만 줄리에타는 베네치아에 올 수 없었다. 유산 이후 줄리에타는 계속 침대에 누워 있어야 했다. 그리고 이후 펠리니가 전화로 들려준 사실을 믿을 수 없었다. 긴장하고 감정이 격해져 있던 펠리니는 전화로, 줄리에타가 '동정도 없이'로 은빛 리본 영화제에서 조연상을 받았다고 알렸다. 마지나는 1949년 8월, 로마의 댄스 클럽 '라 루치올라'에서 진행된 시상식에서 그 상을 받았다. 관객들은 마지나를 좋아했고, 비평계는 그를 존경했지만, 제작자들은 이후에도 그가 계속 매춘부 역만을 해주기를 바랐다.

'동정도 없이'가 펠리니 경력에서 얼마나 중요한 작품인지 알려면, 이 영화 제작에 참여한 사람들 이름을 한 번 보면 된다. 여기엔 성말 중요한 사람들 이름이 포함돼 있다. 먼저 라투아다 감독이다. 그는 펠리니에게 차기작인 '버라이어티 쇼의 불빛'에서 공동 연출을 할 것을 제안했다. 아니 강제했다. 프로듀서인 클레멘테 프라카시는 펠리니의 경력에서 가장 창의력이 넘치던 시기에 제작을 이끈다. 다시 말해 그는 '달콤한 인생', '8과 1/2' 그리고 '영혼의 줄리에타'에서의 프로듀서가 된다. 촬영감독 알도 톤티는 '카비리아의 밤'의 대부분 장면을 찍는다. 그리고 어쩌면 가장 중요한 사실은 펠리니가 니노 로타를 만난 점일 것이다. 그가 작곡한 '동정도 없이'의 음악은 미국의 영가에서 영감을 받았다. 무대와 의상 담당은 피에로 게라르디인데, 그는 이후에 펠리니의 영화에서도 같은 역할을 맡는다(이 영화에서의 넝마 같은 옷은 '카비리아의 밤'에서도 반복하여 등장한다).

1949년 8월 22일 펠리니는 라투아다의 새 영화 '포강의 방앗간'의 시나리오 작가로서, 베네치아영화제에 참석했다. '포강의 방앗간'은 몇 주 전에 열렸던 로카르노영화제에서 상영됐기 때문에, 경쟁부문에 초대되진 않았다. 베네치아에서 영화는 긍정적인 반응을 얻었다. 하지만 시대의 영향인데, 약간 당황스러운 비판도 받았다. 당시는 1948년 4월 총선[1]의 여파로, 좌우 사이에 정치적 갈등을 빚고 있었다. 라투아다는 예리한 리얼리즘과 세련된 스타일을 통해, 계급투쟁에 관해서는 균형 잡힌 태도를 유지하려고 노력했다. 그는 좌도 우도 지지하지 않았다. 그의 태도는 아마도 펠리니의 정치적 무관심, 아니 그 특유의 비참여주의가 지독한 중립성을 유지하는 데 큰 이유가 됐을 테다. 하지만 '포강의 방앗간'은 결국에는 좋은 비평을 받았고, 농촌 계급에 관한 선구적인 작품으로 평가됐다. '포강의 방앗간'은 베르나르도 베르톨루치의 '1900'(1976), 그리고 에르만노 올미의 '나막신 나무'(1978)의 등장에 터를

---

1   총선 전의 예상은 이탈리아공산당의 승리였다. 서유럽에서 최초의 공산당 정부가 들어선다는 예상도 나왔다. 그러자 미국과 영국을 중심으로, 이를 막으려는 강력한 국제정치적 개입이 이어졌다. 결국에 총선은 우파인 기독교민주당의 승리로 끝났는데, 이후 좌우의 갈등은 더욱 심해졌다. 폴 긴스버그, 〈이탈리아 현대사〉, 안준범 옮김, 후마니타스.

닭은 작품으로 받아 들여졌다.

'포강의 방앗간'은 '동정도 없이'처럼 비전문 배우들을 많이 기용했는데, 가장 눈에 띄는 사람은 자코모 주라데이였다. 그는 건장한 남자 프린치발레 역을 맡았다. 프린치발레 캐릭터는 미국 문학에서 참조한 것으로, 존 스타인벡의 〈생쥐와 인간〉에 나오는 레니를 떠오르게 했다. 여성들과 군인들 사이의 충돌 장면은 방앗간 노동자들 가운데 파업 참가자들과 파업 방해자들 사이의 충돌을 비유한 것인데, 대단한 호응을 이끌었고, 이 장면은 바로 영화의 역사에 남게 됐다. 펠리니는 이 영화에서 라투아다의 조감독을 하기로 했는데, 최종적으로 조감독은 카를로 리차니(Carlo Lizzani)로 바뀌었다(조감독이 펠리니에서 리차니로 바뀌는 일은 로셀리니 감독이 '독일 영년'을 만들 때도 일어났었다). 하지만 '포강의 방앗간'의 성공은 펠리니의 명성을 높여 주었고, 라투아다와의 관계를 더욱 굳게 만들었다.

전쟁이 끝난 뒤, 펠리니는 시나리오 작가 일을 계속했고, 가끔 조감독 일도 했다. 1948년 펠리니는 그의 옛 친구이기도 한 마리오 보나르드 감독의 '고통스러운 도시'(Città dolente)에서 함께 일했는데, 이 영화는 유고슬라비아의 합병 이후 폴라(Pola)[2]로부터 탈출한 이탈리아인들을 다룬 유일한 작품이었

---

2   2차대전 이후 국경 분쟁을 겪던 곳으로, 지금은 크로아티아의 도시 풀라(Pula)가 됐다. 폴라는 이탈리아식 이름이다.

다. 1945년에서 1950년 사이 펠리니는 젠나로 리겔리, 라파엘로 마타라초 감독과도 일했다(크레딧에 이름이 오르진 않았다). 펠리니는 마타라초를 위해 쓴 것은 '오직 재미를 위한 것'이었다고 말했다. 내용은 '왜 이탈리아인들은 항상 새치기하는가'였다. 그런데 펠리니가 감독이 되는 과정에서 중요한 역할을 한 감독 세 명을 꼽자면, 로셀리니, 라투아다 그리고 제르미이다.

피에트로 제르미와의 협업도 아주 중요하다. 제르미와 펠리니는 5년 동안, 후기 네오리얼리즘에 속하는 중요한 작품 네 개를 함께 만들었다. 이 작품들의 프로듀서는 루이지 로베레(Luigi Rovere)였다. 그는 나중에 펠리니의 첫 독립 연출작 '백인 추장'을 제작한다. 1948년 로베레는 막 마흔 살이 됐는데, 이미 많은 경험을 쌓은 뒤였다. 과거에 가구 판매상이었던 로베레는 전쟁 시기에 영화에 관심을 가졌다. 그는 촬영장의 매니저였고, 문제해결사였으며, 토리노 소재 영화사인 페르트(FERT)가 제작하는 영화의 매니저이기도 했다. 1941년경, 로베레는 남부 토레 아눈치아타 출신으로 국립영화학교에서 연기를 배운 머리 좋은 프로듀서와 친구가 됐다. 그의 이름은 아고스티노(애칭 디노) 데 라우렌티스인데, 그럼으로써 제작회사 RDL(Rovere-De Laurentiis)은 전쟁이 끝나자마자 사업을 시작했다. 이들은 라투아다의 '산적' 그리고 룩스 필름 영화사의 작품들을 프로듀스했다. 곧 마리오 카메리니의 '대위의 딸',

카를로 보르게지오의 '나는 어떻게 전쟁에서 패배했나', 두일리오 콜레티의 '뱃사공'의 프로듀서로 일했다. 룩스 필름 영화사의 작품들은 훗날 펠리니의 단짝 작가가 되는 툴리오 피넬리의 초기 작업에서 나왔다. 펠리니와 로베레는 '뱃사공'을 수정 작업할 때 처음 만났다. 이 일 이후, 로베레와 데 라우렌티스는 헤어졌다. 로베레는 독립적으로 작품을 해나가기 위해 좋은 아이디어를 찾고 있었다.

로베레는 자신을 위한 규칙을 하나 만들었다. 곧 매일 밤무명작가의 작품을 읽기로 한 것이었다. 그 일을 실천하던 중에, 로베레는 우연히 〈작은 법정〉(Piccola pretura)이라는 소설을 알게 됐다. 다음 날 아침, 로베레는 작가를 만나기 위해 그의 집을 찾아갔다. 작가는 주세페 구이도 로 스키아보(Giuseppe Guido Lo Schiavo)라는 판사로, 시칠리아에 있는 바라프랑카(Barrafranca) 법정에서 경험한 사실을 바탕으로 소설을 썼다. 판사는 영화 저작료로 30만 리라를 원했다. 그런데 자신감에 넘치던 로베레는 오히려 50만 리라를 지불했다. 하지만 룩스 필름 영화사는 이 영화에 대해 별 관심을 보이지 않았다. 룩스 필름 영화사의 제작 총책임자 구이도 가티는 루이지 참파와 또 다른 감독들에게 이 영화의 연출에 관해 관심이 있는지 물었다. 모두 거절했다. 로베레도 포기하려고 마음먹었을 때, 우연히 영사 기사 레나토 스토라로(Renato Straro)의 영사실에 들렀다. 그는 미래에 빛나는 촬영감독이 되는 비토리오 스토라로(Vittorio Storaro)[3]의 아버지다. 그 방에선 '잃어버린 청춘'(Gioventù perduta)[4]이 시사되고 있었다. 이 영화는 1947년에 발표된 피에트로 제르미의 감독 데뷔작이다. 개봉을 앞두고 영화가 검열의 위기에 놓였을 때, 35명의 영화인이 지지 서명을 담은 편지를 정부에 보내 화제가 되기도 했다. 펠리니도 서명했다. 당시 정부의 공연 담당 차관보인 줄리오 안드레오티(Giulio Andreotti)[5]는 이 편지에 답하며, 여당 정치인들이 얼마나 네오리얼리즘을 끝내고 싶어 하는지를 드러냈다.[6] 안드레오티는 말했다. "아마도 어떤 사람들에겐, 존재하지도 않는 유령에 대해 격분하는 것은 이미 정해진 이야기를 하려고 그랬던 것 같다. 그리고 바로 이런 이유로 세 편의 걸작, 곧 '무방비 도시'(로셀리니), '구두닦이'(데시카), '평화에 살다'(루이

---

3   비토리오 스토라로(1940~)는 화려하고 회화적인 촬영법으로 이름을 날린다. 특히 베르나르도 베르톨루치와의 협업으로 유명하다. '순응자', '파리에서의 마지막 탱고' 등 베르톨루치의 대표작을 거의 다 찍었다. 할리우드에서도 활동했다. 모두 세 번에 걸쳐 아카데미 촬영상을 받았다. '지옥의 묵시록'(프랜시스 포드 코폴라 감독), '레즈'(워렌 비티), 그리고 '마지막 황제'(베르나르도 베르톨루치) 등이다.

4   '잃어버린 청춘'은 이탈리아의 어두운 면을 배경으로 한 범죄영화다. 강도 사건이 주요 내용인데, 몇몇 폭력적인 장면이 검열의 대상이 됐다.

5   줄리오 안드레오티(1919~2013)는 이탈리아의 대표적인 우파 정치인이다. 20대 때부터 정부의 요직에 올랐고, 총리를 7번, 장관을 25번 역임했다. 정치적 부패 혐의로 여러 번 기소됐지만, 결국 무죄로 풀려나곤 했다. 그의 '화려한' 정치적 변신은 파올로 소렌티노 감독의 '일 디보'(2008)에 극화되어 있다.

6   정부 여당인 우파 기독교민주당은 네오리얼리즘 영화가 이탈리아의 어두운 부분을 드러낸다는 이유로 대부분 작품을 좋아하지 않았다.

지 참패)에 상응하는 좋은 영화가 더는 안 나오는 것 같다. 오랫동안 세 편처럼, 해외에서 우리에게 성공을 가져다준 작품은 더는 없었다." 하지만 로베레의 생각은 달랐다. '잃어버린 청춘'의 몇몇 장면을 보며, 로베레는 자신이 연출의 적격자를 만났음을 확신했다. 로베레는 피에트로 제르미에게 〈작은 법정〉을 읽어보라고 권했고, 제르미는 감독을 맡기로 했다. 그리고 펠리니와 피넬리가 시나리오 작성에 합류했다. 영화 제목은 '법의 이름으로'(In nome della legge)이라고 새로 정해졌고, 시칠리아의 시아카(Sciacca) 근교에서 촬영됐다. 마시모 지로티가 주연을 맡은 이 영화는 시칠리아 중부의 작은 마을을 배경으로, 용감한 판사가 마피아를 상대로 외로운 싸움을 벌이는 과정을 다루고 있다. 판사의 적은 신사인 듯 행동하는 마피아 두목이다. 비극적 갈등은 판사의 친구인 어느 젊은이가 마피아에 의해 살해되면서 촉발된다. 그런데 종결부에서 그 마피아 두목은 고귀하지만 불가능할 것 같은 행위를 하며 판사의 생명을 구한다. 영화가 개봉됐던 1949년 여름에는 전설적인 산적 줄리아노 살바토레(Giuliano Salvatore)가 팔레르모에서 출몰하고 있을 때였다. 그는 불과 2년 전인 1947년 5월 1일, 시칠리아의 포르텔라 델라 지네스트라(Portella della Ginestra)에서 무장하지 않은 농부들을 대상으로 학살을 자행한 인물이다. 하지만 관객과 비평가들은 '법의 이름으로'를 시칠리아 웨스턴처럼 보았다. 그들은 영화의 질 높은 형식과 장대한 서사를 좋아했다. 이 영화의 성공은 네 사람, 곧 제르미, 로베레, 피넬리, 그리고 펠리니의 관계를 더욱 굳게 만들었다.

'법의 이름으로'가 발표된 뒤, 펠리니는 로베레의 사무실에서 매일 오전 시간을 같이 보냈다. 그러면서 로베레의 가장 친한 협업자가 됐다. 펠리니는 로베레의 방에서 잡담도 나누고, 기획도 하고, 그림도 그렸다. 말은 잘 못 하지만, 제르미도 가끔 이 방에 와서 함께 어울렸다. 성격이 괴팍한 제르미는 제노바 출신이다. 펠리니보다 6살 위인 제르미는 로마의 국립 영화학교 연기과에 등록하기 전에는 해양학교에 다녔다. 제르미는 알레산드로 블라제티 감독의 조감독을 했고, 이후 '작은 폭군'으로 인식됐다. 언제 분노를 폭발시킬지 모를 침묵 때문에 공포감을 주기도 했기 때문이었다. 제르미는 쉽게 어울릴 수 있는 사람이 아니었다. 하지만 로베레는 그와 일하는 것을 높이 평가했고, 더 많은 영화를 만들려고 했다. 제작팀은, 일하기 위해 프랑스 국경을 불법으로 넘어가는 남부 이탈리아인들을 다룰 영화를 기획하고 있었다. 영화는 시칠리아에서 시작하여 프랑스 국경의 알프스에서 끝난다. 그 과정에서 나폴리, 로마, 그리고 에밀리아 지역을 지나친다. 에피소드의 모음 구조는 '무방비 도시'를 모방한 것이며, 원래의 제목인 '테로니'(Terroni, 땅의 사람들, 곧 남쪽 사람들)도 로셀리니를 떠오르게 했다. 하지만 이 영화의 진정한 모델은 '분노의 포도'

이다. 1940년 존 포드가 영화로 각색하여 발표한 작품 말이다. 당시 펠리니는 존 포드를 최고의 감독으로 여겼다.

과묵한 피에트로 제르미는 쉽게 접근할 수 있는 사람이 아니었다. 그는 문제가 발생하면 사람들의 선의에 호소하며 해결했다. 그는 펠리니가 싫어하는 거의 모든 특성을 갖고 있었다. 이를테면 제르미는 이야기의 도입부와 종결부가 명확하게 구성된 것을 좋아했다. 펠리니와 피넬리는 마치 학생들이 선생을 놀리듯, 종종 제르미에 관한 농담을 주고받곤 했다. 펠리니가 가장 참기 힘들어한 것은 제르미의 조급함이었다. 그렇지만 펠리니는 제르미의 일하는 방식에는 큰 흥미를 보였다. 특히 제르미의 집중력과 프로로서의 단호함을 존경했다. 펠리니는 제르미와의 협업을 좋아했고, 그때마다 최선을 다했다. 영화의 연출 방향이 펠리니가 생각하는 것과 다를 때도 마찬가지였다. '테로니'에서 '희망의 길'로 제목을 바꾼 이 영화를 만들 때도 갈등이 있었다. 영화의 종결부를 찍을 때였다. 남부 출신의 이민자들은 프랑스 국경에서, 경비대에 막혀 더 갈 수는 없었다. 그들은 프랑스로 넘어갈 수 있을까? 펠리니는 그들을 뒤로 물러서게 해야 한다고 생각했다. 제르미는 그들이 국경을 넘기를 바랐다. 영화는 해피 엔딩이 됐지만, 이것 때문에 이탈리아 정부는 이 영화에 관한 재정 지원을 철회하려 했다. 그런데 언론이 이 문제에 개입하는 덕분에 겨우 지원을 받을 수 있었다. '희망의 길'은 이탈리아보다는 외국에서 더 좋은 성적을 냈다. 이탈리아 국내의 흥행 성적은 별로 좋지 않았다. '희망의 길'은 카를로비 바리 영화제에서 데이비드 셀즈닉으로부터 황금월계수(Golden Laurel)상을 받았고, 하이델베르크영화제에서도 최고상을 받았다(그 상은 추상화였는데, 제르미는 그 그림을 집에서도 걸려고 하지 않았다).

펠리니와 피넬리가 피에트로 제르미와 함께 일한 다음 영화는 로베레가 거부하는 바람에, '치네스'(Cines) 영화사에서 제작했다. 이번에는 상황이 다르게 진행됐다. 이때까지는 제르미가 늘 논쟁의 주도권을 쥐고 있었다. 하지만 이번엔 펠리니의 취향이 지배적이었다. 이 영화는 계획을 잘 못 세운 네 명의 범죄인을 다루고 있는데, 이들은 일요일 축구 경기장에서 돈을 훔치려 했다. 이 계획이 실패로 끝나는 것은 그들의 기량 부족 때문이었는데, 이것이 이야기 전개의 가장 큰 특징이었다. 그건 제르미가 아니라 펠리니의 아이디어였다. 영화의 제목은 '도시는 스스로 지킨다'(La città si difende)이다. 흥미로운 사실은 당시 누구도 펠리니의 특성을 지적하지 않은 점이다. 그 특성은 훗날 '사기꾼들'에서 드러날 것이다. 1951년 9월 10일 베네치아영화제에서 '도시는 스스로 지킨다'는 야유를 받았다. 제목만 보면 경찰과 강도의 이야기가 기대되는데, 그렇지 않았기 때문이었다. 다시 말해 스크린에 표현된 것은 스스로 몰락하는 범죄단이었다. 보통 법의 집행으로 격파되는 다른 범죄단과는 달랐다.

제르미는 질서와 조화를 좋아했다. 그래서 이 영화와는 편하게 지내지 못했다. 그는 이번 영화의 배우들도 좋아하지 않았다. 거의 투쟁하다시피 그들을 연출했다. '도시는 스스로 지킨다'의 이야기는 일종의 '도시의 모랄도'의 범죄 버전이다. '도시의 모랄도'는 이후에도 오랫동안 시나리오 작성이 완결되지 못했는데, 하지만 그 아이디어의 맹아는 이미 펠리니의 마음속에 있었던 셈이다. 영화는 로마의 유명한 장소는 물론 숨겨진 장소까지 배경으로 등장시킨다. 곧 튀김집, 화려한 식당, 하숙집, 비밀스러운 여성의 집, 개들의 경주장, 조각가의 스튜디오, 테르미니 기차역, 커플이 반지를 교환하며 서약을 다시 하는 전차(이는 '마르카우렐리오' 시절 짧은 이야기로 발표한 바 있다) 등이다. 펠리니 신화의 초기 요소들도 많다. 주인공 역을 맡은 레나토 발디니는 약탈한 돈이 들어 있는 서류 가방을 찾기 위해 밤에 분수 속으로 들어간다. 그건 '달콤한 인생'에서 아니타 에크베르그가 트레비 분수로 들어가는 장면과 비교된다. 화가 역을 맡은 폴 뮐러는 식당에서 사람들의 초상화를 그리는데, 이건 펠리니가 젊은 시절 자주 하던 일이다. 그리고 화가는 도로 옆의 경사에 매달려 죽을 것 같은 상처를 입는데, 이건 '사기꾼들'에서 브로데릭 크로포드가 범죄단에게 두들겨 맞은 뒤의 위급한 상황과 비슷하다. 이 영화를 만들며 왜 제르미가 불편함을 느꼈는지 쉽게 이해된다. 그는 뛰어난 협력자 펠리니를 갖고 있었다. 하지만 그 협력자는 제르미의 관습적인 시각을 따르지 않았다.

다음 영화는 펠리니가 제르미를 위해 마지막으로 쓴 시나리오인데, 제목은 '타카 델 루포의 산적'(Il brigante di Tacca del Lupo)이며, 다시 로베레가 제작을 맡았다. 여기서 펠리니는 전통적인 공식으로 돌아온다. 리카르도 바켈리의 원작에, 피넬리가 자기 가족의 이야기를 첨가하여 영화에 새로운 생명을 불어넣었다. 피넬리의 조상 중엔 이탈리아의 왕국의 장군이 있었다. 이탈리아의 통일 과정에서 남부를 중심으로 산적들이 발호하자, 그가 이를 진압하였다. 한편 펠리니는 '게릴라 전투'의 일상적이고 역사적인 사실에만 관심을 가졌다. 펠리니는 마지막 장면도 별로 좋아하지 않았다. 그건 액션 영화의 형식에 표현된 민족주의와 포퓰리즘이었다. 펠리니는 '도시는 스스로 지킨다'를 만들 때, 제르미의 인격에 작은 상처를 냈다. 이번 일에서는 제르미를 지지하기 위해 집중된 노력을 기울였다. 하지만 약간은 당황스러운 협력자의 역할이었다.

치네치타에서 열린 비공식 시사회의 반응은 대단히 성공적이었다. 로베레를 제외한 모든 사람이 자신들은 좋은 영화를 만들었다고 생각했다. 하지만 로베레는 당시 제르미의 뮤즈였던 여주인공 코제타 그레코가 맡은 캐릭터를 좋아하지 않았다. 특히 후반부의 역할은 전반부와 비교해 매우 좋지 않았다고 생각했다. 시사회가 끝났을 때, 로베레는 그 점을 제르미에게 말했고, 제르미는 어깨를 으쓱하는 것으로 대답했다. 그런데 베네치아에서의 관객과 비평가는 로베레와 비슷한 의견을 내놓았다. 그럼으로써 제작팀 사이의 조화는 균열을 맞았다. '타카 델 루포의 산적'을 마친 뒤, 제르미와 로베레는 헤어졌다. 최종적으로 '법의 이름으로'를 만든 팀워크는 해체되고 말았다.

펠리니는 점점 시나리오를 쓰는 데 흥미를 잃었다. 그는 로베레가 제작하고, 토리노에서 촬영한 '닫힌 창문의 뒤에'(Persiane chiuse)의 시나리오 부분 크레딧에 자기 이름을 올리려고도 하지 않았다. 로베레는 자신이 데리고 있는 감독들 가운데 새로운 인물을 발굴해내야 한다고 생각했다. 그래서 잔니 푸치니(Gianni Puccini)에게 연출을 맡겼다. 푸치니는 영화잡지 '치네마'에서 네오리얼리즘의 개념을 발전시킨 비평가 중의 한 명이었다. 그런데 촬영이 시작된 3~4일 뒤, 바로 위기가 닥쳤다. 로베레는 기자들에게 푸치니가 마감을 지키지 못한다고 알렸다. 푸치니는 해고됐고, 영화는 감독이 없는 채로 남았다. 펠리니는 이 일에 개입하고 싶어 하지 않았다. 당시 그는 줄리에타 마지나와 함께 촬영장이 있던 토리노에 머물고 있었다. 마지나가 여기서 다시 한번 달콤하고 고통스러운 매춘부 역을 맡아 출연하고 있어서였다. 이번에는 심지어 병원에서 죽는 장면까지 연기해야 했다. 그래서 로베레는 펠리니에게 연출을 제안했다. 펠리니는 그 제안을 거절하고 대신 루이지 코멘치니를 추천했다. 펠리니는 코멘치니에게 직접 전화를 걸었다. 코멘치니가 오는 동안 제작을 멈출 수 없어, 펠리니는 경찰이 강에서 시체를 발견하는 장면을 연출하기로 합의했다. 이 장면을 찍으며 펠리니는 베테랑 촬영 감독 아르투로 갈레아(Arturo Gallea)를 만난다. 그는 거의 모든 테크닉에 능수능란했고, 나중에 펠리니의 '백인 추장'에서 함께 일한다. 단 한 장면을 찍는 작은 일인데, 결과는 넘치는 프로의식으로 완결됐다. 이것이 로베레에게 큰 인상을 남겼고, 그는 러쉬 필름을 보자마자, 펠리니에게 영화 한 편의 연출을 맡기기로 결정했다.

1948년부터 영화잡지들은 페데리코 펠리니의 감독 데뷔 가능성을 알리는 기사를 실었다. 계속 그 데뷔가 연기되긴 했지만 말이다. 무엇보다도 펠리니는 체사레 차바티니의 아이디어에 기초한 '코끼리와 회계사'를 감독할 예정이었다. 이는 세월이 흐른 뒤, 1952년 '좋은 아침, 코끼리'라는 제목으로 만들어졌다(감독 잔니 프란촐리니). 펠리니는 또 '그리스도는 에볼리에 멈추었다'(Cristo si è fermato a Eboli)를 감독할 예정이었다. 이 작업을 위해 펠리니는 원작자 카를로 레비와 토론을 하기도 했다(이 작품은 뒤늦게 1979년에 프란체스코 로지에 의해 완성된다). 그런데 펠리니는 감독이 되는 데 진정으로 흥미를 갖는 것 같지는 않았다. 이러는 사이 펠리니는 눈에 띄는 신체적 변화를 겪는다. 1949년경, 어느 신문엔 '영화의 무게는 얼마인가?'라는 기사가 실렸다. 기사는 "3년 동안 펠리니의 몸무게는 20kg 늘었고, 그래서 지금은 90kg"이라고 알렸다. 펠리니의 몸무게는 친구 알베르토 라투아다와 공동으로 연출하는 '버라이어티 쇼의 불빛'을 찍을 때, 더 늘어날 것이다.

데뷔는 공동 연출

펠리니의 첫 연출작 '버라이어티 쇼의 불빛'은 낙관적 분위기에서 출범했다. "영화는 유명해질 것이다". 하지만 흥행 참패의 결과를 내고 말았다. 이 영화를 만들기로 한 것은 공동연출자 알베르토 라투아다의 아이디어였다. 라투아다는 '포강의 방앗간' 이후 몇 번의 제작 번복을 경험하며, 제작자들에게 지쳐 있었고, 일정 수준을 유지한 영화를 스스로 만들기로 했

---

1   펠리니의 데뷔작 제목은 종종 '펠리니의 청춘군상'으로 소개됐다. 원래의 뜻을 살려 이 책에선 '버라이어티 쇼의 불빛'으로 번역했다. 펠리니가 버라이어티 쇼, 곧 극장 쇼 같은 것을 보며, 영화적 상상력을 키운 점을 강조하기 위해서다.

다. 그리고 정치적 거리를 엄격하게 두어, 정부를 자극하는 일은 하지 않으려 했다.

펠리니는 영화 만들기에서 제작은 맡지 않으려 했다. 경력 후반부에 가서도, 펠리니는 자기 영화의 제작은 하지 않는다. 제작자로서의 기업가적인 성격은 펠리니의 게으른 천성, 몸에 밴 습관과도 맞지 않는 것 같았다. 또 펠리니는 전투를 벌일 때, 심리적으로 주변에 아버지 같은 존재를 필요로 했다. 그래서 펠리니에게 제작에도 함께 참여하자고 설득하는 것은 라투아다에게도 쉽지 않았다. 게다가 어디까지 '협동하는지' 분명하지도 않았다. 1950년 초, 언론은 '남편들과 아내들의 협동'에 관해 호기심을 갖고 언급하기 시작했다. 카를라 델 포지오와 줄리에타 마지나는 각각 라투아다와 펠리니의 아내이다. 일급 제작 매니저인 라투아다의 누이 비앙카 라투아다가 새 영화에 합류했다. 라투아다의 부친인 펠리체 라투아다는 음악을 맡을 것이다. 임시로 만들어진 영화사 '필름 카피톨리움'(Film Capitolium)은 제작비의 65%를 제공할 것이며, 여기엔 기술 비용과 주연 배우 페피노 데 필립포(Peppino De Filippo)의 개런티가 포함돼 있다. 나머지 35%는 이 협동회사에 관련된 사람들의 지원으로 충당될 것이다.

이 영화가 무엇을 다룰지를 정하는 데는 별로 시간이 걸리지 않았다. 펠리니, 라투아다, 그리고 툴리오 피넬리 사이에 몇 번의 대화가 오간 뒤, 세 사람은 모두 이번 영화가 버라이어티 쇼를 다룰 것이라고 동의했다. 이 영화의 제목은 처음엔 '예술의 아이들'(Figli d'arte)[2], 그리고 '작은 별들'로 정했다. 하지만 최종적으로 '버라이어티 쇼의 불빛'으로 합의했다. 이 영화는 버라이어티 쇼의 현상을 표현하려 했다. 이는 펠리니가 만평가로 일할 때부터 가슴에 새긴 주제였다. 하지만 영화를 만들 당시에는 버라이어티 쇼는 이미 빛을 잃고 있었다. 버라이어티 쇼의 세계는 사라져가고 있었고, 몇 년이 지나지 않아, 시네마스코프의 도입과 대형 스크린의 발전과 맞물려, 겨우 기억에만 남게 된다.

영화의 플롯은 순회극단 주연 배우에게 초점이 맞춰 있다. 그는 젊은 여배우의 피그말리온이 되어, 그녀와 사랑에 빠지고, 나중에는 그녀를 잃는다. 이는 새로운 이야기가 아니다. '거리의 악사'(Sidewalks of London, 1938)에서 비비안 리는 성공과 렉스 해리슨의 사랑을 쟁취하기 위해 찰스 로튼을 버린다. 이런 플롯은 찰리 채플린의 '라임라이트'(1952)에 다시 등장한다. '버라이어티 쇼의 불빛'에서 유랑 극단의 리더인 페피노 데 필립포는 젊은 여성 카를라 델 포지오와 사랑에 빠진다. 야망이 큰 그녀는 데 필립포의 극단에 가입했고, 무대에서 치마가 벗겨졌을 때 큰 환호를 받는다. 데 필립포는 그녀의

---

2   '예술의 아이들'은 유명 예술가의 아이를 말할 때 쓰는 이탈리아식 표현법이다. 말하자면 예술가 집안에서 태어난 '금수저(예술가)'를 지칭한다.

매력에 푹 빠져, 헌신적인 파트너(줄리에타 마지나)의 존재 자체를 잊어버린다. 그는 젊은 여성의 무대를 만들기 위해 모든 것을 희생한다. 하지만 그녀는 규모가 큰 버라이어티 쇼에 캐스팅됐을 때, 그의 곁을 떠나버린다. 최종적으로 데 필립포는 정상적인 삶으로, 곧 줄리에타 마지나에게로 돌아온다.

그들만의 방식으로 '버라이어티 쇼의 불빛'을 만들기로 한 결정은 영화산업계로부터 약간의 견제를 받았다. 그 방식은 산업계를 자극하는 건 아니지만, 관습적인 것에선 벗어나 있었다. 제작자 협회는 이들의 방식으로 제작 관습이 바뀌지 않을까 염려했다. 말하자면 제작자들은 감독이 중개인을 거치지 않고, 펀딩을 위해 바로 노동은행(Banca del Lavoro)으로 직행한 전례를 만든 점을 불편하게 여겼다. 아마도 이런 이유로, 제작자 카를로 폰티는 경쟁작인 '개 같은 인생'(Vita da cani)에 투자했을 것이다. 알도 파브리치의 스타성을 이용한 작품인데, 바로 1년 전에 파브리치와 펠리니가 비슷한 계획을 제안했을 때는 보류됐었다. 카를로 폰티는 시나리오 작업을 위해 작가들을 다시 모았다. 그들은 모두 펠리니의 삶에서 중요했고, 앞으로 중요해질 인물들이다. 시나리오 작업엔 스테노(Steno), 세르지오 아미데이, 그리고 루제로 마카리가 참여했다. 감독은 스테노와 마리오 모니첼리가 함께 맡았다. 니노 로타가 음악을 작곡했고, 주연 중의 하나로 젊은 마르첼로 마스트로이안니가 나왔다. 앞으로 펠리니와 밀접한 관계를 맺을 클레멘테 프라카시가 프로듀서로 일했다. 그때의 상황을 보면, 알도 파브리치가 라투아다와 펠리니가 함께 일하고 있는 '버라이어티 쇼의 불빛' 촬영장을 방문해, 기쁘게 웃고 있는 사진도 남아 있다.

'개 같은 인생'은 '버라이어티 쇼의 불빛'에 비해 접근이 더 쉬웠고, 더 사실적이었다. 이야기 구성은 비슷하다. 사랑에 빠진 희극 배우가 신인 여성 배우(지나 롤로브리지다)를 도우려 한다. 그런데 모든 것이 잘 되려고 할 때, 그는 신인으로부터 버림받는다. '개 같은 인생'의 전반부는 시골에서, 그리고 후반부는 도시에서 촬영됐다. 비평가들은 도입부에 나오는 시골에서의 개막 쇼 장면을 최고로 꼽았다. 카를로 폰티의 영화는 영화산업계의 정비된 인프라 속에서 작업이 진행됐다. 그리고 '버라이어티 쇼의 불빛'보다 빨리, 10월 초에 촬영이 끝났다. 이 점이 상대적으로 예산이 적은 영화인 '버라이어티 쇼의 불빛'에 작은 손해를 입혔다. 아마도 제작자 협회의 요구 때문일 텐데, 촬영감독 협회는 '버라이어티 쇼의 불빛'의 특별한 예술적 가치를 위해 일반적으로 행해지던 추가 제작 지원을 전혀 하지 않았다. 비평가들은 '버라이어티 쇼의 불빛'을 좋아했지만, 이 영화는 산업적으로는 실패했다. 1950-1951년 시즌에 '버라이어티 쇼의 불빛'은 이탈리아 영화 가운데 65위를 기록했다. '개 같은 인생'은 34위였는데, 수입은 두 배였다. 이런 나쁜 결과는 공동 제작자이자 연출가인 라투아다와 펠리니에게 큰 타격이었다. 두 사람은 수년에 걸쳐 대출금을 갚아야 했다.

상황이 좋게 전개되지 않으면, 친구들 사이에서도 팽팽한 분위기가 만들어진다. '버라이어티 쇼의 불빛'이 끝난 뒤, 두 협력자 사이의 관계는 식기 시작했다. 펠리니는 이제 단독 연출을 눈앞에 두고 있었고, 시나리오 쓰기는 그만둘 것이며, 함께 영화를 만들 그 어떤 여지도 남겨놓지 않았다. 훗날 펠리니가 유명해지기 시작할 때, '버라이어티 쇼의 불빛'의 진정한 연출자는 누구였는지에 관한 혼란스러운 논쟁이 벌어지곤 했다. 펠리니의 새로운 팬들은 그 영화의 연출자는 펠리니라고 여겼다. 두 감독과의 인터뷰들은, 효과를 위해 편집이 됐겠지만, 두 감독 사이에 묻어두었던 나쁜 감정을 드러내곤 했다. 하지만 영화 뒤에 숨겨져 있던 비밀 같은 것은 없었다. 크레딧에 따르면 감독은 라투아다와 펠리니였다. 이름이 알파벳 순서로 표기되지 않은 것은, 당시에 라투아다는 중견 감독 가운데 한 명이었고, 펠리니는 신예였기 때문일 것이다. 영화는 1950년 여름에 로마, 스칼레라(Scalera) 스튜디오, 그리고 로마 근교의 카프라니카(Capranica)에서 촬영됐다. 영화 제작에 참여한 사람들은 세트장이 아주 즐겁고 편안한 분위기였다고 기억했다. 모두 친절했고, 의욕적이었으며, 그 어떤 다툼도 없었다. 사람들은 이 영화가 성공하리라고 믿었다. 라투아다가 연출의 기본 책임자였다. 하지만 펠리니는 항상 영화 속에 있었다. 테마, 캐릭터, 로케이션은 펠리니 영화의 전형적인 요소였다. 그건 펠리니가 '마르카우렐리오'에서 일할 때, '조명은 켜졌다'(Il riflettore è acesso)라는 연재물에서 씨앗을 뿌린 것으로, 영화는 그것과 관련된 분명한 미학적 궤적을 보여주었다. 영화는 두 감독이 동등하게 협력한 작품이었다. 그건 당시 영화산업계에선 드문 일이었다. 그 점이 바로 공동연출이 얼마나 어려운 일인지 알게 하고, 또 이후에도 많은 논쟁을 낳았다.

제작 매니저인 비앙카 라투아다는 라투아다가 거의 모든 장면을 연출했고, 펠리니는 몇 개 장면만 책임졌다고 말하곤 했다. 이를테면 지역의 부잣집에서의 파티가 좋지 않게 끝난 뒤, 아침 일찍 유랑극단이 시골길을 걷는 장면, 그리고 존 키츠밀러가 자신의 트럼펫을 들고, 밤에 도시를 걸어서 통과하는 가난한 집 장면 등이다. 지금 다시 이 영화를 되돌아보면, 이미 펠리니 특유의 시학이 드러나 있음을 알 수 있다. 당시는 펠리니의 경력이 막 동틀 때인데, 전통적인 스토리 속에서도 특유의 시각, 재치 있는 대사들, 그리고 그로테스크하거나 혹은 마음을 울리는 표현들이 들어 있다. '개 같은 인생'과 비교할 때, 아마도 라투아다와 펠리니의 영화는 받아들이기에 좀 더 괴상했을 테다. 하지만 두 영화 사이에 커다란 질적 차이 같은 것은 없다. 두 영화 모두 네오리얼리즘의 황혼기에 속한다. 당시 사람들은 즐길 수 있는 재밌는 영화를 찾았고,

이런 장르는 이후에 '이탈리아식 코미디'(commedia all'italiana)[3] 라고 불리며 등장할 것이다. 당시에 영화인들은, 네오리얼리 즘이 이탈리아의 '더러운 빵'을 전 세계에 전시한다는 정부의 집요한 공격을 방어하는 데 지쳐 있었다.

'버라이어티 쇼의 불빛'이 실패로 끝난 뒤, 라투아다와 펠리니는 정반대로 반응했다. 라투아다는 폰티와 데 라우렌티스에게로 돌아가, '안나'(Anna)를 발표하며, 다시 화려하게 흥행에서 성공했다. 이 영화는 10억 리라를 벌어들였다. 실바나 망가노가 수녀이자 맘보 댄서인 1인 2역을 맡은 멜로드라마인데, 이탈리아 영화가 '씁쓸한 쌀'(Riso amaro) 이후 외국에서 거둔 최고의 성적이었다. 이것으로 라투아다는 자신이 원하기만 하면, 대작 영화를 만들 수 있다는 것을 증명했다. 같은 방식으로 펠리니도 사니리오 작가계의 왕자로 복귀할 수 있었다. 하지만 펠리니는 이번의 경험이 모든 것을 되돌릴 수 없게 변화시켰다고 느꼈다.

---

3   네오리얼리즘이 끝난 뒤, 특히 1950년대부터 1960년대까지 유행한 형식이다. 코미디 속에 이탈리아 사회를 풍자하는 내용을 담고 있다. 그래서 결과적으로는 웃음이 나오지만, 자기성찰적인 태도에 이르게 하는 매력을 갖고 있다. 마리오 모니첼리, 루이지 코멘치니, 디노 리지 등이 이 장르를 발전시킨 '3대 감독'으로 꼽힌다.

15. '백인 추장'(Lo sceicco bianco, 1952)

펠리니와 니노 로타의 인연

펠리니가 들려주기 좋아하는 이야기가 하나 있다. 이 이야기 엔 주제와 변주도 있는데, '펠리니가 펠리니가 되는' 5분에 관 한 것이다. 먼저 이런 이야기가 전한다. 그때는 1951년 9월이 었고, 이제 막 데뷔한 펠리니는 로마 근교 프레제네(Fregene) 해변에 있는 촬영장에 늦게 도착했다. 배우들, 촬영팀, 그리고 로마의 동물원에서 빌린 낙타까지, 모두 '백인 추장'의 첫 장 면을 찍기 위해 준비하고 있었다. 해변에는 두 개의 촬영팀이 있었다. 촬영팀 안에 또 다른 촬영팀이 있는 것인데, 왜냐하면 그 날은 해변에서 작업중인 허구의 촬영팀을 실제의 촬영팀 이 찍는 장면을 준비해야 했기 때문이었다. 반짝이는 눈을 가진 젊은 신부 반다 카발리(브루넬라 보보)는 외국의 댄서처럼 이국적인 베일을 입고 있는데, 이 장면에서 허구의 주인공 시크족으로 분장한 한량 페르난도 리볼리(알베르토 소르디)에게 소개된다. 펠리니가 들려준 이야기에 따르면, 마치 귓속에 녹음테이프가 있어, 그가 연출하려는 것에 대해 모호한 소리만 해대는 것 같았다. 이것이 펠리니를 무척 놀라게 했다. 결국에 그는 갑작스러운 기억상실증, 집중할 수 없는 총체적 무능력에 빠져 촬영감독 레오니다 바르보니를 전혀 지휘하지 못하고 말았다. 레오니다 바르보니는 피에트로 제르미의 촬영감독인데, 며칠간 베테랑 촬영감독인 아르투로 갈레아를 대체하고 있었다. 갈레아는 펠리니에게 아버지 같은 존재였고, 확신을 주는 사람이었다.

진실에 관한 펠리니의 또 다른 판본은 자신의 책 〈영화 만들기〉(Fare un film)에 소개돼 있다. 촬영 첫날은 소르디와 보보의 장면을 찍는 데 하루 모두를 보냈다. 그들은 작은 배에 타고 있었고, 그 장면은 마치 저 멀리 바다에서 진행되듯 찍었다. 촬영장에서 보낸 펠리니의 첫 연출은 거의 악몽 같은 전쟁이었다. 하지만 그는 자신감을 되찾았고, 긴장을 풀었으며, 그 이후는 게임을 즐기듯 진행했다. 카메라 준비! 배우들은 위치로! 첫 테이크, 조명, 카메라, 액션! 그리고 컷. 좋아요. 한 번 더 찍어요. 두 번째 테이크, 카메라, 액션. 이것은 마치 니노 로타가 '8과 1/2'에서 들려준 행진곡의 속도처럼 진행됐다. 회오리바람은 불었고, 이는 멈추지 않을 것이다. 그날 감독 펠리니가 탄생했다.

다른 사람의 다른 판본도 있다. 〈펠리니와 로시, 여섯 번째 비텔로네〉(Fellini e Rossi, il sesto vitellone)라는 자서전에서, 펠리니의 조감독이자 여배우 코제타 그레코의 오빠인 모랄도 로시는 첫날을 다르게 기억했다. 그들은 테베레강 하구의 해변인 피우미치노(Fiumicino)에서 종일 촬영에 임했다. 하지만 나쁜 날씨와 펠리니의 미숙함 때문에 그날의 촬영을 포기해야 했다. 다음 날, 그들은 모든 촬영팀을 이냐치오 마스티노가 소유한 프레제네의 해변으로 옮겼다. 사르데냐 출신의 마스티노는 훗날 그곳에 식당을 열었고, 이는 영화팬들 사이에서 유명 장소가 됐다. 이곳에서 알베르토 소르디는 시크족 캐릭터를 위해 직접 썼던 초현실적인 독백을 하며, 비로소 자신의 연기를 펼칠 수 있었다. 바로 이 두 번째 날, 펠리니는 자신감을 가질 수 있었다. 동시에 펠리니는 제작자 루이지 로베레와 일할 때면, 언제든지 해고의 위기에 놓일 수 있다는 사실도 인식했다. 알다시피 그런 일은 잔니 푸치니에게 일어났었다.

첫날의 진실에 관한 다른 판본은 펠리니가 완전히 신인은 아니라는 사실에 충분히 주의를 기울이지 않았다. 펠리니는 과거에 이미 카메라 옆에 서 있었고, 연출을 대행하기도 했다. 이를테면 '사막의 기사들' 촬영장인 아프리카의 리비아에서, '전화의 저편' 촬영장인 피렌체에서, '닫힌 창문의 뒤에'의 촬영장인 토리노에서 그랬다. 게다가 펠리니는 수많은 오디션을 지휘했고, 그리고 '버라이어티 쇼의 불빛'에선 공동연출자였다. 이런 경우들을 돌아볼 때, 프레제네 해변에서 펠리니가 감독으로 일할 수 있었던 것은 영화계의 전통적인 수련 과정을 거쳤기 때문이었다. 프랑스의 누벨바그가 탄생하기 전인 1950년대에, 감독이 되려고 하는 유망주들은 다큐멘터리를 찍으며 시작할 수 있었다. 미켈란젤로 안토니오니, 루이지 코멘치니, 디노 리지, 그리고 루치아노 엠메르 등이 이 길을 따랐다. 아니면 시나리오 작가 또는 조감독을 해야 했다. 펠리니가 그렇게 했다. 카를로 리차니는 다큐멘터리도 찍고, 작가와 조감독 생활까지 했다. 당시에는 영화 만들기를 위한 공적인 투자가 없었고, 유망주들은 경제적 위험을 감수할 제작자를 스스로 찾아야 했다. 그리고 일이 확정되기 전까지, 기획안이 이 제작자에서 저 제작자로 수없이 옮겨 다니는 일('제작자의 춤')도 흔히 일어났다.

'이반에게'(Caro Ivan)라는 제목이 붙은 20쪽짜리 초안이 바로 그랬다. 초안엔 '미켈란젤로 안토니오니, 빌라 마시모 거리 24'라고 적혀 있었다. 날짜가 확인되진 않지만, 주소를 보면 안토니오니가 1949년에 썼음을 짐작할 수 있다. 당시에 그는 다큐멘터리 '아름다운 거짓말'을 막 끝냈다. 이 작품은 '볼레로 필름'(Bolero Film) 또는 '그랜드 호텔'(Grand Hotel) 같은 과거에 유행하던 포토로만초(Fotoromanzo)에 관한 다큐멘터리였다. 포토로만초는 스틸 사진(foto)으로 구성된 허구(romanzo)로, 과거에 이탈리아의 소도시, 시골에서는 대단한 인기를 끈 대중매체였다.[1] 안토니오니의 다큐멘터리에 따르면, 포토로만초 관련 잡지는 매주 합쳐 2백만 권씩 팔렸고, 독자는 5백만 명에 달했다. 포토로만초는 이를테면 '휴대용 영화'였다. 여기엔 독자를 위한 광장도 있었다. 독자들은 예명을 이용하여 자신들의 상상을 투고할 수 있었고, 어떤 투고자는 유명해져서 작품의 주인공들과 경쟁하기까지 했다. '이반에게'는 어떤 독자가 '나를 네가 원하는 대로 해'라는 제목을 달아, 포토로만초에 보낸 편지의 아이디어에서 영감을 얻은 것이다. 내용은 로마에 처음 온 어느 청년에 관한 것이다. 그는 고향인 이몰라(Imola)에 애인을 두고 왔는데, 로마에서 여배우와 사랑에 빠진다. 청년은 연기도 하게 되고, 여배우와 함께 잡지를 위해 포즈를 잡기도 한다. 한편 유혹받았고 이제 버림받은 고향의 애인이 갑자기 나타나 로마의 목가적인 분위기는 깨진다. 코믹한 분위기는 자살로 중단되는데, 사람의 감정을 갖고 노는 것은 위험한 게임이라는 메시지를 남기고 있다.

안토니오니는 장편 데뷔작이 될 '어느 사랑의 연대기' (Cronaca di un amore)의 제작에 관한 소식을 기다리고 있을 때,

---

1 포토로만초는 지금의 만화와 비교하면, 그림 부분을 사진으로 처리한 것이다. 영화 발전의 과도기적 형식인데, 독자들은 상대적으로 만화보다 리얼리티가 높은 이런 작품을 좋아했고, 일부 스타는 팬덤까지 형성했다.

'이반에게'를 자신의 첫 번째 극영화로 만들 것도 고민하고 있었다. 카를로 폰티가 '이반에게'의 제작을 맡기로 했고, 시나리오 작업을 위해 펠리니와 피넬리를 불렀다. 피넬리는 이렇게 제안했다. "젊은 신부 이야기로 바꾸어 보자. 그녀는 자신의 스타 배우를 만나기 위해 집에서 나온다." 펠리니가 덧붙였다. "그래, 그렇다면 그녀가 신혼여행 중에 나오는 것으로 하자." 이반은 알타빌라 마리티마(허구의 도시) 출신의 신랑으로 바꾸고, 신혼여행을 로마에 온 것으로 설정했다(또 등장한 테르미니역!). 그는 호텔에서 신부 반다가 사라진 것을 알게 된다. 반다는 주간 포토로만초 '인칸토 블루'(Incanto blu, 푸른 마법)의 편집실로 찾아간다. 그녀의 꿈의 영웅인 페르난도 리볼리, 곧 '백인 추장'(주인공 이름)을 만나기 위해서다. 이미 그에게 '열정적인 인형'이라는 서명을 한 편지를 여러 통 보냈다.

빛나는 장면은 반다가 서 있는 마지오 거리 24번지의 옛 건물 안마당에서 펼쳐진다. 바로 빈털터리들이 등장하는 펠리니 영화 특유의 가장행렬이다. 각종 의상을 입은 인물들이 건물의 계단을 따라 계속 내려오고 있다. 이 장면에서는 행진곡이 연주된다. 니노 로타가 펠리니 영화를 위해 작곡하는 여러 행진곡 가운데 첫 번째 곡이다. 니노 로타는 체코 작곡가 율리우스 푸치크(Julius Fučík)의 작품인 '검투사들의 입장'을 변주했다. 가장행렬 가운데는 그리스의 신비스러운 여성 펠가,

베두인족인 오마르, 그리고 일군의 흑인 소년들이 있다. 이들은 기다리고 있던 트럭으로 빨리 걸어간다. 그리고 고함을 지르는 명령들이 뒤따른다. 이건 영화와 거의 비슷한 상황인 셈이다. 반다는 이끌리듯 트럭에 타고, 스태프를 따라 프레제네 해변까지 간다. 이곳에서 그들은 포토로만초의 모험 장면을 찍을 것이다. 신부는 이런 새로운 세계에 완전히 매혹됐다. 그녀의 눈에는 모든 게 동화처럼 보이지만, 결국에는 기괴하고 불편한 일들이 드러날 것이다. 한편 이반은 반다를 찾기 위해 로마를 헤매고 다닌다. 종결부에서 신혼부부는 겨우 비극은 피하고, 다시 만난다. 그리고 베드로 광장에 가서, 다른 2백 커플과 함께 교황을 만나기 위해 기다릴 것이다.

펠리니는 자신의 책 〈영화 만들기〉에서 당시를 이렇게 기억했다. "안토니오니는 우리가 수정한 이야기를 별로 좋아하지 않았다. 그는 아무 말도 하지 않고, 머리를 갸웃거렸다. 약간 당황한 것 같았다." 그리고 당시에 안토니오니는 자신의 다큐멘터리 '괴물들의 빌라'(La villa dei mostri)를 로마 북쪽의 보마르초(Bomarzo)에서 만들고 있었는데, 그만 병에 걸려, '이반에게'의 연출은 알베르토 라투아다에게 넘겨졌다. 그런데 라투아다도 연출을 거절하자, 펠리니는 자신이 새로 만든 이야기에 큰 애정을 느끼고 있음을 알았고, 직접 연출을 하는 것에 대해 고민했다. 제작자인 루이지 로베레는 펠리니에게 용기를 불어넣었다. 로베레는 젊은 작가 펠리니가 자기 자신과 현실 사이에서 유머를 만들어내는 방식을 이해했다. 로베레는 펠리니에게 리더의 능력도 있다고 여겼다. 하지만 펠리니는 어떤 기자로부터 질문을 받았을 때, 자기 내부에서 '성스러운 불'이 타고 있었다는 사실을 부정했다. "나는 다른 사람들에게 어떤 메시지도 전하길 원치 않는다. 나는 단지 이야기를 하면서 더 깊이 영화 속으로 들어가길 원할 뿐이다. 그건 내가 바에서 친구들과 이야기하는 것과 같은 방식이다." 시나리오 작가로서 계속 일했다면 그는 행복했을 것이다. 그런데 감독은 시나리오의 아이디어를 바꾸어야 할 때가 있고, 거기엔 정해진 선 같은 건 없다. '이반에게'도 많이 고쳤다. 또 펠리니는 항상 캐릭터와 상황을 그림으로 시각화하는 습관을 갖고 있었다. 말하자면 이런 성향이 펠리니를 연출가로 만드는데 적절했을 것이다.

영화 만들기가 진행되자, 펠리니는 신랑 역에 누구를 캐스팅할지 고민했다. 사랑하는 신부를 신경증적으로 찾는 신랑의 역할이 스토리의 극적인 무게를 결정할 것이기 때문이었다. 알베르토 소르디는 이미 제외됐는데, 그는 라투아다와 함께 한 오디션을 이미 망쳐버렸다. 전설적인 희극배우 토토는 너무 비쌌다. 카를로 크로콜로, 에르미니오 마카리오, 레나토 라셸이 후보자로 떠올랐다. 라셸도 불가능했는데, 그가 포토로만초를 다루는 다른 영화에 캐스팅됐기 때문이었다. 이탈리아 영화계에서는 모두 베긴다. 그 영화의 제목은 '영웅은 나야!'였고, 룩스 필름 영화사가 제작하여, '백인 추장'보다 몇 달 빠른 1952년 5월에 개봉했다. 비슷한 영화가 비슷한 시기에 개봉하는 것은 '버라이어티 쇼의 불빛'과 '개 같은 인생'의 개봉을 떠오르게 했다. 펠리니는 새로운 영화의 제작이 가능할지 확신할 수 없었지만, 신랑 역을 페피노 데 필립포에게 제안했다. 펠리니는 그를 항상 존경했고, 라투아다와 함께 일할 때 그와 친구가 됐다. 하지만 마지막 순간에서 페피노도 출연할 수 없었다. 펠리니는 그를 대신하여 비전문배우인 레오폴도 트리에스테(Leopoldo Trieste)를 캐스팅했다. 당시 34살이던 트리에스테는 칼라브리아 출신으로 희곡작가였다. 그는 현실 사회에 기초한 희곡 '국경'(Frontiera), '사건일지'(Cronaca) 같은 작품을 썼다. 트리에스테는 영화에도 관심을 보였는데, 수입이 더 늘어나고, 또 여성들을 더 만날 수 있을 것이란 기대 때문이었다. '과달루페의 거리 위에서'(Sulla via di Guadalupe)의 시나리오를 완결한 뒤, 트리에스테는 이 영화의 제작자이자 감독인 니노 바차니로부터 주역을 제안받았다. 주역은 멕시코 혁명 시기에 총살되는 성직자 영웅인데, 존 포드의 '도망자'(1947)에 나오는 헨리 폰다와 비슷한 역할이다. '과달루페의 거리 위에서'는 로마 근교의 시골에서 촬영됐는데, 거의 스파게티 웨스턴의 효시 같았다. 그런데 제작비가 부족하여 영화는 촬영이 중단됐다. 바차니는 그때까지 찍은 필름을 모아 시사회를 열었다. 제작비를 지원할 새로운 후원자를 만나기 위해서였다. 펠리니는 당시 같은 건물에 있었고, 시사회에 우연히 참석했다. 그리고 레오폴도 트리에스테의 얼굴을 큰 스크린에서 봤을 때, 완전히 반하고 말았다.

'과달루페의 거리 위에서'가 비극임에도 불구하고, 펠리니는 이를 명백하게 활기찬 영화로 봤다. 펠리니는 이상한 멕시코 성직자(트리에스테)에 관해 물었고, 즉시 그에게 전화했다. 그 전화로 펠리니는 하나만 지불하고, 두 개를 얻는다. 말하자면, 펠리니는 신랑 역을 얻었고, 일생의 친구까지 사귀게 됐다. 펠리니는 레오폴도 트리에스테를 애칭 '폴디노'로 주로 불렀다. 펠리니는 트리에스테에게 과거의 희극배우 같은 이름(폴디노)을 예명으로 가지라고 설득했다. 트리에스테는 모든 사람에게 인기였다. 그는 경쾌한 성격, 남쪽 문화의 뿌리, 그리고 웃고 울게 하는 유머 감각을 가진 사람이었다. 그리고 완벽한 연인을 찾기 위해, 밤에 도시를 돌아다닌 모험 소설 같은 이야기로 시선을 끌었다. 펠리니는 자신의 새로운 동행자가 글을 매우 세심하게 읽는 독자임을 알았고, 대단히 신뢰할 수 있는 사람임을 알았다. 트리에스테는 펠리니가 항상 도움을 구하는 비밀 상담자 중의 한 명이 된다. 그들 비밀 상담자들에게 펠리니는 새로운 작업에 들어갈 때, 항상 전화하곤 했다.

'과달루페의 거리 위에서'를 보며, 두 친구가 어떻게 만났는지에 관한 이야기는 물론 펠리니가 기억하는 판본이다. 트리에스테는 다르게 말했다. 그에 따르면 두 사람은 로마의 명소인 콜론나 미술관(Galleria Colonna)[2]에서 만났다. 당시에 버라이어티 쇼의 배우들은 그곳에 자주 갔고, 그곳에서 어슬렁거리다 계약을 따내곤 했다. 콜론나 미술관에 관한 전형적인 장면은 '버라이어티 쇼의 불빛'에서도 묘사됐다. 펠리니와 트리에스테는 두 사람 모두에게 친구였던 줄리오 칼리를 통해 서로 알게 됐다. 칼리는 '버라이어티 쇼의 불빛'에서 인도 마법사로 나왔던 배우다. 펠리니는 트리에스테가 지나가는 발레리나들을 욕망 섞인 시선으로 바라보는 것을 알아챘다. 그리고 트리에스테가 이렇게 말하는 것을 들었다. "글쎄, 희곡이 3막까지 필요할까. 만약 네가 여성을 원한다면, 문화를 그렇게 파고들 필요가 없어." 며칠 뒤, 펠리니는 트리에스테에게 전화했다. 처음 만났을 때를 떠올리며 펠리니는 이렇게 말했다. "너는 너무 재밌다. 그런데 네가 어떤 사람인지는 전혀 모르는 것 같다." 그리고는 '백인 추장'의 오디션을 보러 오라고 권했다. 트리에스테는 매력을 느꼈고 그 제안을 받아들였다. 그는 역할에 관한 설명을 들었고, 그들이 제안한 출연료가 얼마인지를 듣고는 바로 수락했다. 이 일로 연극계는 촉망받는 작가를 잃었고, 반면에 영화계는 개성이 뚜렷한 배우를 하나 얻었다. 이후 트리에스테는 50년간 1백 편 이상의 영화에 출연

---

2   '로마의 휴일'의 마지막 장면이 촬영된 곳으로 유명하다.

한다. 트리에스테의 희곡작가로서의 소명을 생각하면, 펠리니는 자신이 청년을 '치명적으로 부패시킨 사람'이라고 여겨주길 바랐다. 빛나는 트리에스테의 데뷔는 펠리니가 그의 목소리를 더빙하기 위해 카를로 로마노를 캐스팅한 것 이외는 흠잡을 데가 없었다.

펠리니는 로셀리니의 사례를 따라, 자신의 영화에서 마치 외인부대를 모집하듯 배우들을 캐스팅했다. 펠리니는 배우들이 자기를 만나기 이전에 무엇을 했는지를 전혀 개의치 않았다. 또 그들의 티켓 파워에 대해서도 신경 쓰지 않았다. 시크족의 배역을 위해 펠리니는 친구인 알베르토 소르디를 불렀다. 당시 소르디는 비토리오 데시카가 제작을 맡고, 자신이 주역을 맡은 '맘마 미아, 대단하네!'(Mamma mia, che impressione!, 1951)가 흥행에서 참패하는 쓴 경험을 했다. 소르디는 펠리니가 여전히 자신을 신뢰한다는 점에 감동했다. 두 사람은 오래된 친구이다. 펠리니가 로마에 막 왔을 때, 공원 벤치에 앉아 있는 그를 찍은 소르디의 사진도 있다. 하지만 소르디는 실패의 반복을 두려워했고, 그런 재난이 또 올 것 같다고 여겼다. 펠리니의 집에서도 걱정이 많았다. 줄리에타 마지나는 남편이 자신에게 주역인 반다 역을 제안할 줄 알았다. 그런데 시나리오 작업에 엔니오 플라이아노가 개입하면서, 마지나는 카비리아라는 매춘부 역을 맡았다. 이반이 낯선 도시를 종일 돌아다니다, 밤에 캄피텔리 광장에서 만나는 여성이다. 마지나는 배우로서 실망했고, 아내로서 기분이 상해, 그 역을 거부하려 했다. 펠리니가 설명하길, 반다 역에는 아주 단순하며 순수한 성격이 요구된다고 했다. 그건 시골 출신의 순결함 같은 것인데, 마지나에겐 낯선 특성이라고 말했다. 그런 이유로 펠리니는 브루넬라 보보를 캐스팅했다. 보보는 데시카 감독의 '밀라노의 기적'에서 연기했는데, 이 영화는 흥행에선 좋은 성적을 내지 못했다. 보보의 목소리는 리나 모렐리가 더빙했다. 나머지 역은 마치 캐리커처를 그리듯 캐스팅했다. 연극계의 베테랑 배우인 에르네스토 알미란테는 영화 속 감독, 파니 마르키오는 잡지 편집장, 그리고 지나 마세티는 시크족의 아내로 나왔다. 버라이어티 쇼 출신 배우들도 많았다. 트리에스테 출신의 욜레 실바니는 줄리에타 마지나와 함께 등장하는 덩치 큰 매춘부로 나왔다. 실바니는 훗날 '여성의 도시'에서 미친 듯 자전거를 타는 여성으로 나온다. 이건 펠리니가 친구를 잊지 않는다는 하나의 증거일 테다. 비전문 배우 중에는 우고 아타나지오가 돋보인다. 그는 스타 카를라 델 포지오의 아버지이고, 여기선 바티칸의 관료이자 권위적인 삼촌으로 나온다.

캐스팅은 특이한 사람들의 모음이었지만, 기술과 예술의 협력자는 매우 사려 깊게 뽑았다. 펠리니는 이후 이들과 오랫동안 함께 일한다. 사전 준비의 마지막 단계에서, 피넬리와 함께 하던 시나리오 작업에 엔니오 플라이아노가 합류했다. 펠리니는 시사지 '마르카우렐리오'에서 일할 때부터 플라이아노를 알고 있었다. 플라이아노는 작가이자, 합리주의자이고, 극단적인 현실주의자였다. 플라이아노는 '옴니부스'(Omnibus)라는 잡지에서 일했는데, 이 잡지는 마르카우렐리오와 비슷한 논조를 갖고 있었다. 펠리니는 플라이아노의 촌철살인 같은 경구의 유머는 피넬리의 시적인 부드러움과 균형을 이룰 것으로 생각했다. 플라이아노의 간단한 문장 하나가 시나리오에 크로테스크한 분위기를 몰고 오곤 했다. 이러한 '풍자의 보증'은 세 번째로 합류한 시나리오 작가 플라이아노의 기본적인 특성이었다.

플라이아노는 〈살인의 시간〉이란 소설의 저자였다. 그를 데려오자, 펠리니는 뜻하지 않게 베네토 거리에 있는 로자티(Rosati) 카페 같은 곳에 자주 모이는 지식인들과도 알게 됐다. 그쪽에서 플라이아노는 천재적인 작가로 통했다. 간헐적으로 일어나는 예외를 제외하고, 이때부터 펠리니와 문학계는 서로 조심하는 오랜 역사를 시작하게 된다. 아마 전략적으로 서로 합쳐지지 않으려고 했을 것이다. 펠리니는 마르카우렐리오의 연재물인 '자몽, 작가'의 저자이지만, 한 번도 소설가가 되겠다는 생각을 하지는 않았다. 반면에 베네토 거리의 작가들은 자신들의 소명에 대한 엘리트 의식이 강해서인지, 영화감독에게 군이 경의를 표하지는 않았다. 그리고 또 펠리니도 자신을 그냥 '캐리커처 저널리스트'라고만 겸손하게 정의했다. 이후에도 플라이아노는 지식인 가운데서, 펠리니에게 새로운 만남과 또 감독의 팬들을 소개했다. 하지만 이런 일들이 글쟁이와 지식인들에 관한 펠리니의 생각을 바꾸지는 못했다. 펠리니는 그들을 '달콤한 인생'에서 스타이너 캐릭터에서 묘사한 것처럼 비극적 인물로 여겼다. 다시 말해 스타이너는 존경받지만, 고민에 가득 찬 캐릭터였다.

1951년 9월, '백인 추장'의 촬영이 막 시작된 뒤, 단독 연출은 처음인 펠리니는 프로듀서인 엔초 프로벤찰레와 신경전을 벌였다. 메시나 출신으로 붉은 털이 특징이었던 프로벤찰레는 지적이고, 예민한 사람이었다. 프로벤찰레는 엄격한 제작 계획을 준비했다. 하지만 펠리니는 이때부터 자기식으로 느슨하게 일했다. 이는 그의 습관이 된다. 그리고 펠리니는 원래의 스크립트에서 벗어나, 어떤 순간에는 장면을 바꾸기도 했다. 펠리니가 즉흥을 하는 게 아니었다. 왜냐면 펠리니는 자신이 무엇을 원하는지, 그걸 달성하려면 어떻게 하는지 이미 알고 있었다. 하지만 그는 일하는 도중에 생겨나는 아이디어, 또는 다른 전개를 무시하지는 않았다. 펠리니의 방법론은 촬영 첫 주에 이렇게 정해졌다. 그리고 앞으로도 여기서 별로 변하지 않을 것이다. 펠리니는 일할 때, 유연성 있고 느긋한 프로듀서들, 곧 지제토 지아코지, 클레멘테 프라카시, 그리고 피에트로 노타리안니 등과 잘 맞았다. 하지만 프로벤찰레는 엄격한 사람이었고, 자주 충돌했다. 성격이 예민한 그는 펠리니로부터 자존심 상하는 상처를 받았다고 생각했고, 촬영장에 다시는 발을 디디지 않겠다고 말했다. 그는 촬영장 근처에 있는 가까운 바에서 제작을 지켜보았고, 감독에게 연락하고 싶을 때는 비서를 이용했다. 프로벤찰레는 비테 거리에 있는 지네브라 호텔에도 나타나지 않았다. 그곳에서 촬영팀은 신혼부부 관련 복도, 계단 그리고 방 장면을 찍었다. 촬영이 이어지며, 작은 호텔에서의 삶도 계속됐다. 그건 즐겁기도 했지만, 예상하지 못한 일도 많이 겪어야 했다. 스태프는 자신들이 휴가를 즐긴다고 생각하기도 했다. 이건 펠리니의 촬영장에서 전형적으로 볼 수 있는 인상이다. 이런 흥겨운 분위기 때문인지, 촬영이 길어져서, 결국 크리스마스까지 연장되는 것을 아무도 불평하지 않았다. 제작자 루이지 로베레는 신경 쓰지 않는 것처럼 보였다. 로베레는 펠리니 같은 감독과 부딪히는 것은 의미 없는 일이라고 생각했다. 처음의 예산 계획은 1억2천만 리라였는데, 1억 6천만 리라로 늘어났는데도 그랬다.

'백인 추장'의 음악에 대해 고려해야 할 때, 펠리니는 평생의 협력자 니노 로타(Nino Rota)를 만난다. 니로 로타는 1911년 12월 3일 밀라노에서 태어났다. 그는 펠리니보다 9살 연상이었다. 니노 로타의 외할아버지 조반니 리날디는 제노바 출신의 피아니스트였는데, '이탈리아의 쇼팽'으로 이름을 날렸다. 그의 모친 에르네스타 역시 피아니스트였다. 니노 로타의 친할아버지 피로 로타는 포를리 출신으로, 19세기의 무대 디자이너였다. 니노 로타는 모차르트 같은 재능을 가진 신동이었다. 10살 때 이미 그의 팬 가운데는 작가 가브리엘레 다눈치오와 지휘자 아르투로 토스카니니도 포함돼 있었다. 그는 이탈리아의 유명 피아니스트이자 교수인 일데브란도 피체티(Ildebrando Pizzetti)와 알프레도 카젤라(Alfredo Casella)의 가장 촉망받는 제자였다. 로타는 장학금을 받고 미국 유학에 올랐고, 그곳에서 영화 음악을 작곡하는 데 흥미를 느꼈다. 20회 생일이 막 지난 뒤, 로타는 라파엘로 마타라초가 감독한 '3등 열차'(Treno popolare)의 음악을 작곡했다. 1943년부터 로타는 영화계에서 꾸준히 일했다. 그는 주로 룩스 필름 영화사에서 일했고, 그곳의 제작 총책임자인 구이도 가티의 총애를 받았다. 이일뿐 아니라 로타는 남쪽의 바리 음악학교에서 가르치고, 지휘도 했다. 그리고 영화와 연극을 위한 작곡은 계속했다. 그의 경력을 통틀어, 로타는 140편의 영화 음악을 작곡한다.

펠리니와 로타는 전쟁이 막 끝났을 때 만났다. 펠리니는 포거리에 있는 룩스 필름 영화사 건물에서 나와, 니노 로타가 버스 정류소에 서 있는 것을 보았다. 펠리니는 어떤 버스를 기다리냐고 물었다. 그런데 로타는 그곳을 지나지 않는 버스 이름을 댔다. 그래서 펠리니는 로타가 잘못된 방향에 서 있다는 사실을 계속 설명했다. 그런데 믿을 수 없게도 그 버스가 도착했다. 이 이야기에는 펠리니 특유의 창작이 섞였을지 모르지만, 바로 그 장면은 감독과 작곡가 사이의 관계를 규정했다. 그 관계는 이후 25년간 이어진다. 공감과 비합리주의, 그리고 마법의 관계 말이다.

두 사람은 서로에 관해 즉각 이해했다. 그들은 시험해볼 필요도 없었고, 많은 말을 할 필요도 없었다. 토론하거나 논쟁을 하지도 않았다. 펠리니 영화의 음악과 관련해선 작곡가 카를로 사비나(Carlo Savina)도 편곡과 오케스트라 지휘를 하며 중요한 역할을 하는데, 펠리니와 로타 사이에 단 한 번의 의견 충돌도 기억해내지 못했다. 그건 우선 로타의 천사 같은 성격 덕을 봤다. 그 성격은 창작의 영감으로 더욱 빛났다. 처음부터 로타는 펠리니의 이중적인 성격, 곧 활기와 멜랑콜리의 병존을 바로 알았다. '백인 추장'의 도입부 음악은 이 섬을 반영하고 있다. 카니발의 팡파르 같은 음악은 곧 감상적인 것으로 변한다. 이런 음악은 펠리니 영화의 특징적이고 원형적인 공식이 되며, '오케스트라 리허설'(1978)까지 이어진다. 어떤 이는 이후에도, 곧 니노 로타가 없을 때도 그 특성은 유지된다고 말한다. 로타는 펠리니의 영혼을 읽는 것 같았고, 그의 변덕을 음악으로 전환했다. 그에겐 어떤 지침도 필요 없었고, 예술적 협력을 할 때면 발생하는 소유권에 대해 논쟁하는 것도 피했다.

로타는 항상 준비돼 있었고, 광범위한 취향을 갖고 있었다. 로타는 스승 카젤라의 스트라빈스키 취향의 영향을 받았지만, 모든 음악을 사랑하는 절충주의자였다. 그는 고급 취향과 대중 취향, 그리고 자신의 음악과 다른 사람의 음악을 구분하지 않았다. 가끔 로타는 그런 음악들 사이에 차이는 없다고 봤다. 그는 모방하기도 하고, 비슷하게 만들기도 했다. 자신의 음악은 물론 음악의 역사 모두에서 즐거운 마음으로 훔치기도 했다. 하지만 그런 작업엔 항상 자신만의 표현으로 색깔을 입혔다. 이는 로타의 특성이 됐는데, 사실 로시니와 다른 많은 위대한 음악가들도 그렇게 했다. 로타는 영화의 특정 부분을 오페라로 옮기기도 했고(그 역도 마찬가지), 어떤 영화에서 다른 영화로 옮기기도 했다. 마르첼로 팔리에로 감독의 '로마, 해방된 도시'(Roma città libera, 1946)에 나왔던, 자신이 작곡한 노래 '밤의 비행'(Vola nella notte)은 '비텔로니'에서 다시 쓰였다. '사기꾼들'의 테마 음악은 에두아르도 데 필립포 감독의 '포르투넬라'(Fortunella, 1958)의 종결부 음악으로 쓰였다. 그리고 '포르투넬라'의 멜로디는 자신이 음악을 담당한 '대부'의 노래로 변했다(아카데미상 수상).

사실 펠리니는 음악성과는 거리가 먼 사람이었다. 이건 로마냐 출신들의 특성이기도 하다. 특정 음악에 대한 사랑도 없었고, 그 방면에 대한 지식도 적었다. 하지만 그건 문제가 되지 않았다. 로타는 즐거운 마음으로 펠리니가 좋아하는 경쾌한 모티브와 무거운 리듬, 그리고 감독의 신호에 자신을 맞추었다. 로타는 펠리니의 아이디어에 따라 일했고, 종종 다른 데서 사용된 녹음된 음악을 추천하기도 했다. 이들은 녹음된 음악을 저작권 문제 때문에 사용할 수 없었다. 하지만 가끔 두 사람은 용기를 내서, 감히 그들 식으로 해내기도 했다. 이를테면, 두 사람은 피아노에 함께 앉아, 웃으며 또 농담하며, 로타의 손가락 아래서 이미 사용된 음악이 과감하게 변주되어 새 음악으로 태어나는 과정을 바라보기도 했다. 니노 로타는 당시의 일에 대해, "부끄러울 정도로 짧은 시간에" 모두 해냈다고 말했다.

펠리니는 '버라이어티 쇼의 불빛'과 '백인 추장' 사이에서 거대한 진전을 했다는 점을 인식하지 못한 것 같다. '버라이어티 쇼의 불빛'은 국가적 축제인 1950년의 '성스러운 연도'(Anno Santo)[3]에 개봉됐다. '백인 추장'은 이탈리아인들이 지속해온 크고 작은 신화의 테마를 예시하고 있다. 이 영화의 분위기는 조롱기도 담고 있지만, '버라이어티 쇼의 불빛'의 감상주의와 만화적인 성격을 초월하고 있다. 이것이 이미 진전이고, 몇 년이 지난 뒤 '달콤한 인생'에서 드러나겠지만, 당대 사회의 초조함에 대한 펠리니의 선언을 예시하고 있다. "우리는 좀 더 용기를 가져야 하지 않을까? 우리는 잘못된 환영, 파시즘, 무관심, 무익한 열정을 그만둬야 하지 않을까? 모든 것

---

3   이탈리아에서는 50주년, 100주년을 성년(giubilèo)으로 삼아, 국가적인 축일로 기념한다.

이 고장 났다. 우리는 아무것도 더는 믿지 않는다. 그래서?"

그런데 이런 혁명적이랄 수 있는 메시지는 펠리니 자신에게도 분명하지 않았던 것 같다. 그러니 다른 사람들에게도 그랬을 것이다. 영화계와 비평가들, 그리고 관객들도 마찬가지로, 이런 가벼운 이야기 아래에 숨어 있는 펠리니의 정치적 사회적 분노를 알아낼 수는 없었다. 게다가 펠리니는 항상 진지한 언급을 하는 것을 스스로 금지해 왔던 사람이다. 영화는 개봉을 앞두고 있는데, 제작에 참여한 사람들은 영화를 어떻게 규정하고, 또 어떻게 팔아야 할지 여전히 모르고 있었다. 혼란의 기간이 길어졌고, 이는 8개월간 이어졌다. 1952년 1월, 펠리니가 편집 작업을 하고 있을 때, 제작자 루이지 로베레는 자신의 손에 히트작이 쥐어져 있다는 사실을 알았다. 하지만 산업계의 소문이 그의 자신감을 무너뜨리려 했다. 어느 일요일 오후, 로베레는 작가 플라이아노와 함께 비공개 시사를 위해, 베네토 거리에 있는 시사실로 향했다. 그곳에서 로베레는 영화계의 큰손 안젤로 리촐리와 감독 마리오 카메리니를 만났다. 리촐리와 카메리니는 자발적으로 그곳에 왔었다. 시사가 끝났을 때, 리촐리와 카메리니는 약간의 비아냥도 섞었지만, 대체로 좋은 언급을 했다. 그들은 몇몇 장면을 삭제하고 또 첨가하기를 제안했다. 그러자 플라이아노가 불같이 화를 내며 대답했다. "자를 것은 하나도 없다. 만약 해야 할 게 있다면, 우리가 첨가하겠다." 아마 이 일이 플라이아노와 리촐리의 관계를 영원히 망쳤을 것이다. 이런 이야기는 언론에도 보도됐고, 사람들이 말하길, 밀라노의 거부 리촐리는 경제적인 이유 때문에라도 '백인 추장'을 좋아하지 않는다고들 했다. 그가 운영하는 리촐리(Rizzoli) 출판사는 포토로만초 관련 최대급 출판사인데, 영화에 공개적으로 묘사된 포토로만초 세계에 대한 풍자는 독자들에게 혼란을 심어줄 수 있다고 염려했다는 것이다.

칸영화제 경쟁작 출품을 위한 움직임은 전쟁 같았다. 주간지 '오지'(Oggi, 오늘)의 영화비평가인 안젤로 솔미(Angelo Solmi)는 '백인 추장'을 지지했고(그는 펠리니 관련 최초의 전기 작가가 된다), 이 영화가 경쟁부문에 네 번째의 이탈리아 영화로 참가하길 바랐다. 다른 세 작품은 레나토 카스텔라니 감독의 '희망의 두 푼'(오손 웰스의 '오셀로'와 황금종려상 공동 수상), 라투아다의 '외투', 그리고 데시카의 '움베르토 D.'였다. 하지만 마지막 순간에 '백인 추장'은 경쟁부문 선택에서 밀렸고, 이탈리아의 네 번째 경쟁작은 스테노와 마리오 모니첼리의 공동 연출작인 '경찰과 도둑'이라고 공식적으로 발표됐다. 이 영화로 피에로 텔리니는 시나리오 상을 받았다. 영화의 성수기는 이미 시작됐고, 여름 개봉은 생산적이지 못한 선택이 됐다. 유일한 방법은 베네치아영화제를 기다리는 것이었다. 1952년 9월 6일 일요일, '백인 추장'은 베네치아에서 상영됐다.

베네치아에서의 상영은 나쁘지 않았다. 웃음과 박수가 터저 나왔다. 펠리니는 상영이 마치 '축구 경기' 같았다고 기억했다. 그리고 영화가 '어떤 동정심'을 받았다는 점을 인정했다. 나쁜 뉴스는 리뷰가 공개됐을 때 나왔다. 중간 정도의 점수에서 적의까지 드러내는 게 다수였다. 소수의 지지하는 비평도 있었다. 이들 중에 칼리스토 코줄리치는 영화의 특별함을 즉각 알아차렸다. 그리고 적절한 표현을 남겼다. "이탈리아 최초의 무정부주의 영화다." 부정적인 비평 가운데는 권위 있는 비평지인 '비앙코 에 네로'(Bianco e Nero, 백과 흑)의 지적이 가장 혹독했다. "값싸고 천박한 취향, 그리고 서사의 허점은 인습주의와 뒤섞여 있다. 누군가는 펠리니가 감독으로 입문하는 것이 우리에게 흥미를 끌 수 있을지 합리적으로 의심해야 했다. 더 나아가 그는 영원히 흥미를 끌지 못할 수도 있다."

'백인 추장'이 극장에서 개봉했을 때, 영화는 거의 한 푼도 벌지 못했다. 하지만 제작자 로베레는 당당했고, 이렇게 말했다. "우리는 아름다운 영화를 만들었다. 시대보다 5년은 앞선 영화다." 누군가는 영화가 실패한 것은 제목 때문이라고도 했다. 관객들은 모험 영화를 기대했다는 것이다. 불행하게도 '백인 추장'의 실패는 당시 로베레의 유일한 실패가 아니었다. 그의 배급회사는 규모가 커졌고, 이 점이 영화 만들기에 영향을 미쳐, 그는 엄청난 비용을 감수해야 했다. 훗날 로베레는, 만약 그때 재정적 재난을 겪지 않았다면, 펠리니 영화의 제작을 계속했을 것이라고 말했다. 특히 '길'은 초안을 보았을 그 순간부터 제작하기로 마음먹었었다. 이런 말도 남겼다. 1961년 리촐리가 '백인 추장'을 새로 편집하여 재개봉했을 때, 이때는 '달콤한 인생'이 엄청난 성공을 거둔 뒤였는데도, 이 영화는 거의 돈을 벌지 못했다는 점을 상기시켰다. 로베레의 운명론적인 결론은 이렇다. "어떤 것은 그렇게 태어나기도 한다."

16. '비텔로니'(I vitelloni, 1953)

청춘이여 안녕

펠리니의 1950년대 작품들, 곧 '버라이어티 쇼의 불빛'부터 '카비리아의 밤'에 이르기까지 모든 영화에는 이별이 넘쳐 난다. 이때 이탈리아의 10년은 변화의 시대였다. 농업에서 산업으로, 또 그때까지 무겁게 자리 잡고 있던 신화들, 특히 파시즘 같은 건 사라지고 있었다. 파시스트는 늙었고, 교회는 시대의 변화를 인정하지 않았는데, 하지만 젊은이들은 더욱 과감한 민주주의를 찾아 끊임없이 외국을 바라보았다. 한편으론 모든 게 여전히 정지된 것 같았다. 시대에 뒤처진 전통과 윤리관이 여전히 영향을 미쳤다. 특히 남부에선 문맹률과 실업률은 지속적인 문제였다. 하지만 다른 한편으론 일상에서 새로운 것들이 계속 생겨났다. 맹렬한 비즈니스 문화, 부의 성장, 가부장 가족의 쇠퇴, 교통수단의 발달로 외곽의 고립된 지역을 중심의 상업지역과 연결하기, 그리고 잠자는 지방을 깨우는 텔레비전 같은 것이다.

불과 몇 년 사이에 당시의 현상 유지를 상징하던 세 유명인이 세상에서 사라졌다. 베네데토 크로체(1952), 스탈린(1953), 그리고 교황 피우스 12세(1958) 등이다. 학문의 영역에서 나폴리 출신 철학자 크로체의 죽음은 관념론 헤게모니의 황혼을 가져왔고, '의사과학'(Pseudoscience)을 불법화하던 것을 끝냈다. 그때까지 의사과학은 과학적 합법성의 이유로 금지돼 있었다. 변화가 생기자 인문과학은 새로운 진전을 이뤘다. 심리학과 정신분석학이 새로이 인식됐고, 새로운 방법론들이 비판적인 분석에서 계속 도입됐다. 1956년 헝가리 위기와 함께 시작된 스탈린 비판은, 전후부터 이어진 좌익과 우익이라는 양극화의 경계를 흐릿하게 만들었다. 정치에 새로운 공간이 생겼고, 이는 새로운 정부 형태를 이끌었다. 이는 과거처럼 엄격한 독트린이나 이데올로기적 엘리트주의로 작동한 게 아니었다. 심지어 교회에서도 변화가 생겼다. 교황 피우스 12세를 이은 교황 요한 23세는 평신도 배제와 마돈나 숭배라는 완고한 관습을 끝냈다. 대신 더욱 민주주의화 된 세상에서 교인들의 열망에 교회는 어떻게 반응할 것인가에 대해 숙고하기 시작했다.

펠리니는 그답게, 이렇게 지적이고 사회적인 변화에 확고한 이성보다는 본능으로 반응했다. 대부분의 이탈리아 사람들과 달리 펠리니는 공개된 곳에서 정치 문제를 놓고 의견을 개진하는 데 재능이 없었고, 열정도 없었다. 대신 그는 별로 특별하지 않은 문화를 가진 사람들, 이를테면 학교생활에 별 흥미를 갖지 않은 사람들에 대해서는 열정을 갖고 있었다. 펠리니는 매일 여러 종류의 신문을 열심히 읽었다. 비록 그가 '마르카우렐리오'의 반지성주의 환경 속에서 성장했지만, 그곳에서 일할 때도 저녁엔 독서로 시간을 보냈다. 펠리니는 과도하게 정치화된 좌익으로부터는 비정치적이라고 종종 비판받았다. 심지어 반동이라는 비난도 받았다. 하지만 그는 모더니티를 절대적인 자연처럼 여기고 산 진정한 아티스트이다. 그래서 그의 작품은 종종 사회적 대변화를 거울처럼 담고, 또 예시하기도 한다. 10년간 그가 만든 6과 1/2[1]은 이별에 관한 작품들이다. 그 이별은 이탈리아의 작은 도시, 지방의 애향심, 버라이어티 쇼, 만평, 집시, 사기꾼, 그리고 매춘부들과의 이별이었다. 이런 맥락에서 '비텔로니'(1953)는 특별한 자전적 요소를 갖고 있고, 펠리니의 예술적 진화에 결정적인 역할을 한다. 이 영화는 카리스마 넘치는 코미디로 수용됐으며, 곧 펠

---

[1] 1950년에 데뷔한 펠리니는 1950년대의 10년간 6개의 장편과 1개의 단편을 만들었다. 그 숫자를 합쳐 '6과 1/2'이라고 표현하고 있다.

리니 세대의 독특한 현상이 됐다.

'백인 추장'의 경험이 쓰라렸지만, 펠리니의 지인들에 따르면 그는 나쁜 비평과 관객의 무시를 별로 신경 쓰지 않았다. 펠리니는 '버라이어티 쇼의 불빛'에 이어 '백인 추장'으로 연속하여 실패했다는 지적을 받았는데, 이에도 꿈쩍하지 않았다. 이 정도면 다른 사람은 자신의 경력을 이어가는 데 어려움을 겪을 것이다. 그런데 펠리니는 이상한 자기 믿음을 발전시켰고, 마치 자기 영화가 성공한 듯 행동했다. 작가 툴리오 피넬리와의 협업은 계속됐다. 펠리니는 훗날 '길'이라고 불릴 현대의 동화에 대해 생각하고 있었다. 1952년 초, '길'의 촬영 장소를 찾기 위해 라치오주를 돌아다녔다. 그것은 펠리니가 다른 사람들의 의견을 모두 무시하고, 역류하듯 헤엄치는 것 같았다. 특히 도무지 이해할 수 없는 장르에 겁을 먹은 제작자들, 곧 펠리니의 미래의 제작자들 의견까지 무시했다. 그들이 걱정할 수밖에 없는 게, 환상을 섞은 영화 '밀라노의 기적', 곧 최고의 팀이라는 비토리오 데시카와 체사레 차바티니가 함께 만든 과감하고 창의력 뛰어난 이 영화도 흥행에 참패했기 때문이었다. 하지만 시나리오는 이미 작성됐고, 제작자 루이지 로베레는 어떡하든 참여할 것이다. 그런데 로베레의 사업 형편은 급속도로 나빠졌다. 로베레는 로렌초 페고라로에게 제작권을 넘겨야 했다. 페고라로는 과거 서체 전공 교수였는데, 야심 차게 영화의 세계로 들어온 인물이었다.

한편 펠리니에겐 다른 제안들도 많이 들어왔다. 펠리니를 주류의 일반적인 영화로 유인하려는 제안들이었다. 개인적 표현을 중시하는 영화는 그만두라는 것이었다. 매혹적인 제안 중의 하나는 디에고 파브리의 연극 '유혹자'를 각색하는 것인데, 만약 수용하면 레오폴도 트리에스테와 줄리에타 마지나를 캐스팅할 수 있었다. 인도차이나에서 찍는 선교사에 관한 영화도 있었는데, 이미 피에트로 제르미와 로베르토 로셀리니가 거절한 것이었다. 어떤 제작자는 전 미스 이탈리아 폴비아 프랑코와 그녀의 남편인 복서 티베리오 미트리 주연의 영화를 들고 오기도 했다. 카를로 폰티는 펠리니의 이전의 아이디어를 살려, 룩스 필름 영화사에서 탐정영화를 만들자고 제안했다. 이렇게 선택권이 많다는 것은 이전의 실패에도 불구하고 영화계에서 펠리니가 여전히 인정받는다는 증거다. 하지만 펠리니는 자신의 특권을 오직 자기만의 영화를 만드는 데 쓰고 싶었다. 리미니 출신인 그는 자기 자신을 믿어야 하고, 또 포기하기 전에 할 수 있는 모든 시도를 다 해야 한다는 것을 배웠다. 이런 점에서 펠리니는 미켈란젤로 안토니오니와 같았다. 안토니오니의 예술적 궤적은 마치 기차의 레일 위를 평행하게 달리는 것 같았기 때문이었다. 안토니오니는 제작자들과 타협하지 않고, 자기 미학을 지키며, 그들과 평행선을 긋듯 일하고 있었다. 펠리니와 안토니오니는 서로에게 존경심을 갖고 있었다. 펠리니는 자기식으로 일했다. 자기를 위해 게임을 어떻게, 어디서, 언제 해야 하는지 알았다. 그는 다른 사람들의 현실적인 조언은 받아들이지 않았다. 그의 대답은 항상 같았다. '길'이 아니면 아무것도 하지 않겠다는 것이었다. 페고라로는 유랑극단에 대한 영화는 너무 위험이 크다고 생각했다. 그는 코미디를 만드는 것 이상의 위험은 감수할 준비가 돼 있지 않았다. 어느 날 오후, 엔니오 플라이아노와 오래 이야기한 끝에, 펠리니는 '비텔로니'에 대한 아이디어를 떠올렸다.

영화는 빠르게 진척됐다. 특이한 제목은 시작 단계서부터 만들어졌다. '비텔로니'(Vitelloni)는 리미니의 지역어 '비들론'(vidlon)에서 나온 것이다. 그곳에서 노동자들은 이 말을 학생들, 곧 아드리아해 주변의 마을에 사는 부르주아 계층의 젊은이들을 지칭하는 데 썼다. 그들은 쉽게 말해 아무것도 하지 않고, 뜨거운 여름이나 겨울의 낮들을 낭비하는 청춘들로 비쳤다. 지역어로 만든 신조어의 제목에 관해 오랜 논쟁이 있었다. 일부에 따르면 그런 표현은 마르케 지역이지, 로마냐[2] 지역에서 나온 게 아니라고들 했다. 비텔로니는 플라이아노의 고향인 페사로[3] 지역에서 보통 쓰인다고 했다. 이 영화의 시나리오 작가인 플라이아노는 1971년의 편지에서 이 용어의

---

2   펠리니의 고향 리미니는 로마냐 지역이다.
3   페사로는 마르케 지역에 있는 해변 도시다. 마르케와 로마냐는 붙어 있다.

유래를 이렇게 설명했다.

> 비텔로니라는 용어는 나의 젊은 시절 소박한 가정의 젊은
> 이를 지칭하는 데 쓰였다. 대체로 학생을 말하는데, 그는
> 자신의 경력을 위해 정해놓은 일정에서 이미 뒤처져 있
> 거나, 종일 아무것도 안 하는 젊은이다. 내 생각에 이 용
> 어는 큰 내장을 의미하는 부델로네(vudellone)의 경멸적 표
> 현이다. 혹은 너무 많이 먹는 사람들을 말한다. 어쨌든 이
> 용어는 어떤 가정의 아들, 그런데 먹기만 하고 '생산'하는
> 것은 없는 젊은이, 마치 채워지기만을 기다리는 내장 같
> 은 젊은이를 묘사하는 것이다.

리미니에서 지금도 이런 젊은이들은 비리(birri)라고 불린
다. '비텔로니'에 관한 기획이 알려지자, 펠리니가 자신의 삶
에 대한 영화를 만들 것이라는 추측이 나왔다. 그 추측은 잘
못됐다. 그건 '아마코드'(Amarcord)'가 될 것이다. 펠리니는 '비
텔로네'(vitellone, 비텔로니의 단수형)인 적이 없다. 그는 비텔로
네가 되기 전에 고향을 떠났다. 펠리니의 친구인 화가 데모스
보니니처럼, 영화에서 동료로 환기되는 캐릭터들은 사실 펠
리니와 절친 티타 벤치에 비해 8살 혹은 10살 위였다. 그들은
롱코트를 주로 입고, 어른들 모자를 쓰고, 긴 스카프를 즐겼으
며, 짧은 수염을 길렀고, 모두 단정한 헤어스타일을 했다. 현

실에서 그런 그룹은 고교생인 펠리니에게는 눈길 한번 주지 않았을 테다.

다른 일은 제쳐두고라도, 제목은 영화 제작을 더욱 어렵게 만들었다. 배급업자들은 계약서에 서명할 준비가 됐지만, 제목은 바뀌어야 한다고 말했다. 누군가는 '바가본드'(방랑자)를 제안했다. 그러면 펠리니의 빈정대는 답변이 돌아왔다. "느낌표까지 붙이지요. '바가본드!' 이렇게요." 제목은 외국에서 번역할 때도 문제가 됐다. 미국에선 'The Young and the Passionate'(젊고 열정적인 사람들), 영국에선 'The Drones'(게으름뱅이), 독일에선 'Die Müssigänger'(파업자들), 스페인에선 'Los inutiles'(쓸모없는 사람들)로 소개됐다. 프랑스에서만 제목을 살려 'Les vitelloni'라고 번역됐다.

영화를 만들어가는 과정은 매우 즐거웠다. 펠리니는 도전하고 싶었고 빨리 시작하고 싶었다. 시나리오를 쓸 때 리미니, 그리고 가족들, 친구들에 대한 기억들이 떠올랐지만, 영화의 배경을 그곳으로만 한정하여, 자신의 고향에 대한 감수성을 시험하는 건 원치 않았다. 그래서 펠리니는 여기저기에서 이것저것을 조금씩 가져와 상상의 도시를 만들었다. 영화에서 리미니가 만들어지는 것은 정확히 20년 뒤, '아마코드' 때, 치네치타의 스튜디오에서다(흥미로운 사실은 펠리니는 자신의 경력을 통틀어 고향에선 단 한 장면도 찍지 않았다).[4] 제목 이외에, 더 큰 문제는 '비텔로니'의 제작비가 모자란 점이었다. 어떡하든 세트를 '훔치는' 일도 필요했다. 주인공들이 바닷가에 서서 겨울 바다를 바라보는 장면, 이것은 훗날 아드리아해에 관한 고전적인 이미지가 되는데, 사실 이 장면은 로마 근교의 오스티아의 바다에서 찍은 것이다. 이 영화의 나머지 바다 풍경도 전부 오스티아에서 찍었다.

간이 큰 프로듀서 지제토 지아코지는 과거 펠리니와 트리폴리에서 위험한 비행기도 같이 탄 적이 있다. 그는 가난한 촬영 현장에서 수표와 불안한 어음으로 겨우 제작을 끌어갔다. 어쨌든 지제토는 제작을 통제했고, 배우들 앞에선 마치 야전 지휘관처럼 행동했다. "너희들은 비텔로니야." 그는 말했다. "너희를 원하는 사람은 그(펠리니)야. 하지만 기억해. 나에게 필요한 것은 너희들의 얼굴이야." 캐스팅할 때, 모든 사람의 반대 의견에도 불구하고 펠리니는 알베르토 소르디를 원했다. 그런데 아쉽게도 소르디는 거의 매번 촬영장에 늦게 왔다. 소르디는 스타 여배우인 반다 오시리스와 '대소동'이라는 버라이어티 쇼 투어를 다니고 있었다. 영화 스태프는 그를 좇아 한 도시에서 또 다른 도시로 추적했고, 또 비테르보나 피렌체에서 그를 만나면 그곳에 머물게 했다. 오직 소르디를 촬영하기 위해서였다. 이것이 영화의 첫 촬영이 피렌체의 '골도니 극장'(Teatro Goldoni)에서 진행된 이유다. 이 극장은 당시에

---

4   '아마코드'의 리미니 장면도 전부 스튜디오이거나 로마 근처에서 촬영됐다.

쥐가 우글거리는 곳으로 유명했다. 비아레지오(Viareggio) 카니발에서 가져온 소품을 이용하여, 영화 중반부의 밤샘 파티가 이 극장에서 촬영됐다. 제작은 절룩거리며 진행됐다. 지원품 부족의 문제도 있었지만, 근본적으로 제작비가 모자랐다. 펠리니는 이처럼 신경이 날카로울 수 있는 환경에서도 침착했다. 그는 계속 앞으로 나갔고, 이런 상황에서도 할 수 있는 모든 걸 다 했다. 하지만 가끔 일정은 정말 빡빡했다. 그러면 펠리니는 촬영감독 오텔로 마르텔리가 실내 장면을 찍을 때, 조명 장치를 너무 오래 한다고 조바심을 내곤 했다. '시뇨르 오텔로'(Signor Otello)[5]와 펠리니 사이의 긴장은 피할 수 없었다. 하지만 두 사람의 협업은 '달콤한 인생'까지 이어진다. 촬영이 중단되고 재개되고 하는 사이, 여러 촬영감독이 '비텔로니'에 참여했는데, 처음부터 끝까지 관여한 유일한 촬영감독은 오텔로 마르텔리였다.

제작자들이 강력하게 반대했지만, 펠리니 덕분에 '뒷문으로' 출연진에 합류한 알베르토 소르디는 당시 영화계에서 흥행의 독약으로 간주 됐다. 상황이 이러니 배급업자들은 포스터에 소르디의 이름은 올리지 않는다는 조항을 계약서에 요구했다. 그런데 바로 이 '비텔로니' 덕분에 소르디는 본격

---

5   오텔로는 자유분방한 펠리니와 달리, 격식을 지키는 사람이어서 '시뇨르'라는 호칭을 붙였다.

적으로 경력을 꽃피우기 시작했다. 이 영화에 출연한 뒤 소르디는 이탈리아 영화계에서 흥행의 독약이 아니라 꽃이 됐다. 1954년 한 해에만, 그는 14편에 출연한다. 그의 성공은 펠리니와 절친 티타 벤치가 실제로 겪었던 일에서 영감을 받은 한 장면에서 연유한다. 비텔로니들은 시골에서의 하루를 보내고 집으로 돌아오는데, 도로 위에서 노동자들이 보수 작업을 하고 있다. 소르디의 극 중 인물인 알베르토는 그들을 골려주고 싶은 유혹을 참지 못한다. 빈정대는 웃음을 띠고 그는 차창 밖으로 얼굴을 내밀어 "일꾼들!(lavoratori!)"이라고 소리 지른 뒤, 허공에 주먹으로 욕을 날리고, 입술로 모욕적인 소리도 낸다. "열심히 일해!" 그는 계속 놀렸고, 그런데 바로 그때 차가 고장 났다. 겁먹은 알베르토는 도망쳤고, 일꾼들은 열을 내며 쫓아왔다. 결국에 비텔로니들은 전부 붙잡혔고, 화면 밖에서 두들겨 맞는 소리가 크게 들린다.

펠리니는 특히 어려움을 겪는 배우들에게 끌렸던 것 같다. 비텔로니의 리더 격인 파우스토 역(극 중 이름은 원래 출연하기로 했던 배우 파우스토 토치에서 따온 것)에는 배급업자들이 당시 스타였던 라프 발로네 혹은 발터 키아리를 밀었는데, 펠리니는 두 배우에 별 관심이 없었다. 펠리니는 소르디를 배제하려는 압력을 무시하고 오히려 그를 주연 중 한 명인 알베르토에 캐스팅하지 않았던가. 펠리니는 파우스토 역에는 당시 무명이며, 반다 오시리스 팀의 댄서였던 프랑코 파브리치를 뽑았다.

그 역의 더빙은 중견인 니노 만프레디에게 맡겼다. 프랑코 파브리치는 스타인 알도 파브리치와 성이 같지만, 아무 친척 관계도 아니다. 그는 재앙 같은 영화 '그리스도는 외양간을 지났다'에 나왔을 뿐이다. 제목 말고는 할 말이 없는 영화였다. 파우스토의 아내인 산드라 역의 엘레오노라 루포는 '시바의 여왕'(1953)으로 막 알려진 배우였다. '구두닦이'(비토리오 데시카 감독, 1946)의 아역 출신인 프랑코 인테르렝기도 이런 신인급 캐스팅에 포함됐다. 그의 극 중 이름은 모랄도(산드라의 오빠)인데, 조감독 모랄도 로시의 이름을 따른 것이다. 그리고 과거의 연극 무대 출신들도 있는데, 엔리코 비아리지오(모랄도의 부친), 파올라 보르보니(모랄도의 모친), 카를로 로마노(골동품점 주인) 등이다. 펠리니의 동생 리카르도도 실제 이름 그대로 나온다. 덧붙여 프랑스의 조연급 배우 세 명도 나온다. 장 브로샤르(파우스토의 부친), 클로드 파렐(알베르토의 누이), 아를레트 소바주(영화관의 미지의 여인) 등이다. 모두 공동 제작사인 프랑스의 시테 필름 출신들이다. 그리고 독일 제3 제국 출신 셀럽 배우도 출연했다. 그는 골동품 가게 안주인 역의 체코 배우인 리다 바로바(Lída Baarová)인데, 히틀러의 선전상 요세프 괴벨스와의 폭풍 같은 사랑으로 유명했다. 출연 당시 38살이었던 바로바는 그때까지 수많은 모험과 불행을 겪었다. 선전상의 가족을 보호하려는 히틀러로부터 박해도 받았고, 공산화된 체코의 프라하 감옥에 갇히기도 했다. 이후 아르헨티나로 탈출했으며, 촬영 당시는 스페인에 잠시 물러나 있었다. 이 아름답고 신비스러운 여성은 인생의 황혼으로 향하고 있다고 여겼다. 하지만 그녀의 삶은 영화와 또 다른 모험을 위한 여지를 남겨 두었다.

비토리오 데시카를 동성애 배우 역에 캐스팅하려는 시도가 있었다. 당시 데시카는 '종착역'(1953) 연출로 바빴다. 그런데도 데시카는 폐쇄된 궤도에 정차해 있는 기차의 식당칸에서 펠리니를 만났다. 그는 친절했지만, 그 역을 맡지는 않았다. 그 역은 분량도 적었고, 출연료도 작았다. 그리고 데시카는 당시에 자신이 동성애자라는 소문이 퍼지는 것에 크게 신경을 쓰고 있었다. 그는 펠리니에게 인사하고, 성공을 빌어주었다. 이후에 사람들은 펠리니에게 조언을 하나 했다. 영광스러운 무대 배우인 아킬레 마예로니와 만날 때는 그 역의 동성애 특성을 말하지 말라는 것이었다. 마예로니는 그 역을 맡았다. 그가 등장하는 장면은 가장 코믹한 순간 중 하나일 것이다. 무리 중 한 명인 레오폴도는 야심 찬 작가 지망생인데(배우 레오폴도 트리에스테의 쌉쌀한 자기 풍자), 그는 자신의 첫 작품을 무대에 올리려 노력하고 있었다. 그는 버라이어티 쇼에서 연기하는 노배우를 조금 속여, 자신의 희곡을 읽게 하려고 했다. 그런데 늦은 밤 해변에서의 산책에서, 레오폴도는 자신을 향한 노배우의 관심이 '이상한' 데 있다는 것을 알고 공포를 느낀다. 마예로니는 레오폴도의 희곡을 이해하지 못한 채 그냥 읽는다. 그는 (유혹을)주저하기도 하고, 계속 시도하기도 한다. "이 부분 좀 이상한 게 있네. 사람들을 생각하게 하는 그 어떤 것..." 노배우는 계속 말하며, 걱정할 건 하나도 없다는 식으로 말한다. 그리고는 겁을 먹고 도망가는 레오폴도의 뒤에서 혼자서 한참 웃는 것이다.

'비텔로니'의 촬영은 1952년 12월에 시작하여, 크리스마스 휴가 때 쉬었고, 1월 15일에 재개됐다. 여정이 변하는 일정 때문에, 촬영 장소는 피렌체, 비테르보, 로마, 그리고 피우미치노 해변에 있는 쿠르살 호텔 등에서 진행됐다. 변하지 않고 계속된 것은 제작팀의 즐거운 기분이었다. 그들은 함께 어울렸고, 매일 저녁 함께 식사했다. 돈은 없었지만, 영화계 사람들의 관습대로, 그들은 방문하는 모든 도시마다, 좋은 식당에서 저녁을 함께 먹었다. 그때가 펠리니의 인생에서 가장 사교적인 시기였다. 그는 휴식을 취하며 침잠하기도 했고, 변하는 기분의 균형을 잡기 위해 웃기는 행동도 하곤 했다. 제작자 페고라로와의 전투는 늘 있었다. 교수 출신인 그는 몇 장면을 본 뒤, "선생님, 당신은 사디스트이고, 추함을 좋아하는군요."라며 경고하기도 했다. 그는 '비텔로니'는 재앙이 될 것으로 확신했고, 벌충하기 위해 성공이 보장된다고 판단한 다른 프로젝트에 빨리 투자했다. 그러나 신성 마리아 피오레가 주연한 '1953년의 자투리'는 망했다. 반면에 펠리니의 영화 '비텔로니'는 다른 사람들의 예상을 깨고, 그 시즌 최고급의 흥행

성적을 냈다. 불행하게도 페고라로는 민감한 시기에 이 영화를 이미 안젤로 리촐리에게 팔았다. 그것도 싼 가격에.

　영화가 성공하리라는 것은 처음 발표될 때부터 분명했다. 1953년 8월 26일 베네치아영화제에서 '비텔로니'는 공개됐는데, 관객과 비평 모두 새로운 감독이 탄생했다고 찬사를 보냈다. 노벨문학상 수상 시인인 에우제니오 몬탈레가 심사위원장이었다. 그는 과거에 영화를 경멸했었고, 영화의 형식을 '매춘과 범죄의 피할 수 없는 원천'으로 간주했는데, 이젠 영화의 새로운 장점을 인식했고, 그와 심사위원단은 '비텔로니'에 은사자상을 수여했다. 그해에 최고상인 황금사자상 수상작은 없었다. 대신 6개의 은사자상이 수여됐다. 펠리니의 작품은 은사자상 가운데 미조구치 겐지의 '우게츠 이야기'에 이어 두 번째로 호명됐다. '비텔로니'의 모든 배우는 펠리니와 함께 베네치아로 가서, '호텔 드 뱅'(Hotel des Bains)에 머물렀다. 그들은 많이 마셨고, 조금 잤고, 마치 영화의 마지막 챕터 다음을 살고 있는듯한 기분을 느꼈다. 펠리니는 베네치아에 다시 올 것이다. 하지만 그때와 같은 즐거움은 다시 맛보지 못할 것이다. 이탈리아 비평가 가운데 거의 모든 이가, 온건하든, 박하든, 당시의 축제 분위기에 의심을 하는 사람은 없었다.

　스토리텔링 테크닉을 가지고 104분짜리 실험을 한 펠리니의 시그니처는 '비텔로니'에 잘 드러나 있다. 일반적인 서사와 달리, 펠리니는 상황을 묘사하기보다는 의미 있는 에피소드들을 연결하는 쪽으로 나아갔다. 에피소드는 1년간 이어지는데, 여름의 끝에서 시작하여 다음 해 여름의 초입에 종결된다. 영화는 크게 네 개의 부분으로 나뉘고, 또 그것은 재차 작은 시퀀스들로 구성된다. 그리고 에필로그가 있다. 그건 무리 중 가장 어린 청년이 고향을 떠나며, 어떤 소년에게 인사를 하는 장면이다. 첫 번째 챕터는 파우스토와 산드라와의 갑작스러운 결혼이다. 모랄도의 동생인 산드라는 임신 중이다. 두 번째 챕터에서 파우스토와 산드라는 신혼여행을 갔고, 우리는 비텔로니들이 일상을 어떻게 보내는지 보게 된다. 세 번째에서 파우스토는 안정적인 직업을 얻기 위해 마지못해 종교 관련 골동품점에서 일한다. 그곳에서 파우스토는 주인의 아내를 유혹한다. 네 번째에서 '사랑의 불꽃'(쇼가 다시 등장하기를 바라는 마음에서 펠리니가 지어낸 이름)이라는 버라이어티 쇼가 이 도시에 들어온다. 파우스토는 다시 아내 산드라를 속여, 나폴리 시녀 역을 맡은 사랑스러운 배우(마야 니포라)와 사랑에 빠진다. 그녀는 쇼에서 이마에 두건을 쓰고, 이탈리아라는 배역을 맡는다. '버라이어티 쇼의 불빛' 때처럼, 우리는 다시 순결하고 관능적인 버라이어티 쇼의 세계에 빠져든다. 영화 속 여성 인물들은 매력적인 캐리커처였다. 그들이 괴물로 변해가는 것은 펠리니의 후반기 작품에서다. 쉽게 사랑에 빠지는 파우스토 때문에 결혼은 위기에 처한다. 하지만 어려움은 해결될 것이다. 파우스토 커플이 화해하고 집으로 갈 때, 내레이터가 말한다. "파우스토와 산드라의 이야기는 지금 여기서 끝난다. 레오폴도, 알베르토, 리카르도, 그리고 나머지들의 이야기는... 글쎄, 당신이 상상할 수 있을 것이다." 자신의 운명에서 탈출하는 유일한 인물이 모랄도이다. 그는 대도시로 떠난다.

우리는 이미 '비텔로니'에 대해 호평을 꺼리는 평론가들, 특히 이탈리아 평론가들이 존재했음을 알았다. 1950년대 초반 젊은 좌파 평론가들은 영화는 정치적 방법으로 사회 문제를 드러내야 하고, 가능하면 대안까지 제시해야 한다고 믿었다. 당시 이탈리아 영화계의 상식, 곧 소위 '참여' 영화는 영화가 제시하는 주제에 대한 탐사가 있어야 한다는 것이었다. 심지어 이런 교훈이 영화에서 사용되지 않거나, 또 영화가 그 교훈에 반한다 할지라도 말이다. 그래서 펠리니의 실용적인 태도와 그와 비슷한 입장을 가진 사람들은 펠리니의 가벼운 접근법에 죄의식까지 느껴야 했다. 이를테면 사회 문제가 분명하게 천명되지 않거나, 또는 현실이 과학적인 방법으로 존중되지 않을 때 말이다. 그 많은 비판 가운데, 가장 합의된 지적은 펠리니가 파시스트를 포함한 과거 세대를 전부 용서하는 태도를 지녔다는 것이었다. 펠리니도 과거 세대들이 더욱 악화된 환경 속에, 자식들을 몰아넣은 그 세계를 좋아하지 않았다. 하지만 그는 항상 이렇게 말했다. "우리는 인생 전반부의 교육이 만든 고장을, 인생 후반부에서는 그것을 고치면서 보낸다." 아마도 펠리니는 이런 상황 논리를 '비텔로니'에서도 실현하고 싶었을 테다. 왜냐면 종결부에서 관객은 파우스토 가 진짜 매를 좀 맞기를 바랐을 텐데, 펠리니는 그렇게 하지 않았다.

'비텔로니'는 펠리니의 첫 해외배급 영화다. 영화는 아르 헨티나에서 엄청난 성공을, 그리고 프랑스와 미국에서도 좋은 성적을 냈다. 미국에선 1956년 11월 개봉됐는데, 시사잡지 뉴스위크의 리뷰 제목은 '마티[6], 이탈리안 스타일'이었다. 영국에선 1957년 런던 햄스테드의 '에브리맨 시네마'에서 개봉되어 역시 큰 인기를 끌었다. 영화는 상도 많이 받았다. 베네치아영화제에서 세 개의 은사자상을 받았다. 작품상, 감독상, 조연상(알베르토 소르디)을 받았다. 세상의 많은 감독이 이 작품을 모델로 삼았다. 모방작들이 너무 많아 전부 밝히기가 불가능할 정도다. 1956년 스페인에서 후안 안토니오 바르뎀은 '사랑꾼'(Calle mayor)을 내놓았다. 당시 스페인에서 망명자처럼 활동하던 이탈리아 감독 마르코 페레리는 1959년 '소년들'(Los chicos)를 발표했다. 두 영화는 '비텔로니'에게 오마주를 보냈다. 1960년 프란체스코 마젤리는 아스콜리 피체노[7]에서 '돌고래들'을 만들었다. 1963년 펠리니의 연출부 출신인 리나 베르트뮐러는 데뷔작 '도마뱀들'을 내놓았다. 스승

---

6   '마티(Marty)'는 델버트 만 감독의 1955년 작품이다. 이탈리아계 미국인 노총 각 마티의 좌충우돌을 다룬다. 당시에 큰 사랑을 받았고, 아카데미에서 작품 상, 칸영화제에서 황금종려상을 받았다.

의 그림자에서 벗어나 자기만의 방식으로 찍었지만, 가족에 대해 내밀하게 이야기하는 펠리니의 구조를 빌렸다. '비텔로니'는 이후에도 많은 영향을 미친다. 마틴 스콜세지의 '비열한 거리'(1973), 조지 루카스의 '청춘 낙서'(1974), 그리고 조엘 슈마허의 '세인트 엘모의 열정'(1985) 등이 대표적이다.

펠리니가 처음으로 흥행에서 크게 성공하자, 후속작을 만들자는 제안이 밀려 들어왔다. 어떤 제작자는 '비텔로네'(Le vitellone, 비텔로니의 여성 판본)를 만들자며 백지수표를 내밀었다. 이런 모든 유혹에 펠리니는 흔들리지 않았고, 모든 후속작 제안을 거절했다. '길'을 촬영 중이던 1954년 1월, 잠시의 휴식기 중에 모랄도가 마음에 걸렸고, 펠리니는 새로운 기획을 하기도 했다. 두 작가 피넬리와 플라이아노의 도움을 받아 펠리니는 '도시의 모랄도'라는 작품의 기획을 시작했다. 어떤 이는 이 프로젝트가 펠리니가 가장 애착을 느낀 것이라고도 했다. 하지만 최종적으로는 만들어지지 않았다. 제작은 되지 않았지만, '도시의 모랄도'는 '달콤한 인생'의 아이디어에 씨앗이 됐다.

'비텔로니'처럼, 1950년대에 '도시의 모랄도'을 만드는 데 더욱 긴요한 것은 기획의 실현 능력이 아니라 투자재원의 확

---

7   아스콜리 피체노(Ascoli Piceno)는 이탈리아 중부 마르케주에 있는 도시로, 아름답고 살기 좋은 곳으로 유명하다.

보였다. 1953년 아드리아해의 어느 이름 없는 도시로 설정된 '비텔로니'는 1938년의 리미니 환경과 사건들을 떠오르게 했다. '도시의 모랄도'는 1939년 펠리니가 로마에 처음 도착해서 경험한 것들을 기록한 일기를 충실히 따른다. 직장을 구하기 위해 신문사 주변을 어슬렁거린 일, 이름이 랑게(리날로 제렝이라는 실제 인물)인 화가와의 우정, 보헤미안 같은 저널리스트 가토네의 죽음, 세련된 어느 여자와의 불같은 관계, 안드레이나와의 진정한 사랑 등이 들어 있다. 모랄도는 심각한 위기를 겪을 것이고, 하지만 종국에는 스펙터클 같은 이 세상에서 희망을 되찾을 것이다. 카비리아[8]가 그랬듯 말이다. 이 계획은 초안 수준에 머물렀고, 시나리오 작성에는 이르지 못했다. 제작자들이 동의하지 않았다. 그들은 작품이 지나치게 멜랑콜리하며, 파편적이고, 사랑 이야기도 약하며, 해피엔딩이 없다고 지적했다. 하지만 테마는 중요했다. 그것은 과거의 펠리니와 현재의 펠리니를 연결하는 것이며, 곧 마르카우렐리오 시절의 유쾌한 저널리스트 펠리니와 '달콤한 인생'에서 도달하게 될 성숙한 이야기꾼으로서의 펠리니 사이를 연결하는 것이었다. '달콤한 인생'은 비슷한 테마와 캐릭터(주인공 이름이 처음엔 모랄도였는데, 마르첼로 루비니로 바뀌고, 이 역을 마르첼로 마스트로이안니가 맡는다)를 가진 '도시의 모랄도'가 공을 들여

---

8   '카비리아의 밤'(1957)의 주인공 이름.

만든 작품 같은 것이다. 자신의 10대 시절을 '비텔로니'에 풀어놓음으로써, 펠리니는 일단 리미니와의 관계를 최종적으로 정리했다(최소한 그때는 그렇게 생각했다). 15년 뒤, 거의 로마 사람이 됐지만 완전한 로마 사람이라고는 할 수 없을 때, 펠리니는 과거와는 다른 정의를 새로 시도할 것이다. 이런 테마는 '달콤한 인생'뿐 아니라 '로마'와 '인터뷰' 같은 작품에도 등장한다. 그때는 사실에 주목하기보다는 분위기와 환경, 그리고 감성에 더욱 주목할 것이다.

17. '결혼중개소'(Un'agenzia matrimoniale, 1953).
옴니버스 영화 '도시의 사랑'의 에피소드

약간은 카프카처럼

'비텔로니'와 '길' 사이에는 짧은 간주곡이 있다. 두 작품 사이에, 펠리니는 '결혼중개소'를 만들었는데, 이는 옴니버스 영화 '도시의 사랑'의 한 에피소드이다. 이 작품을 통해 펠리니는 처음으로 자신이 짧은 형식에도 재능이 있음을 보여주었다. 펠리니는 경력 전체를 통해, 이런 짧은 형식에 매력을 느꼈다. 일화나 단편에 대한 펠리니의 사랑은 '마르카우렐리오'의 경험에서 나왔을 것이다. 펠리니는 특별한 사심 없이, 즐거운 마음으로 파로 필름(Faro Film) 영화사의 가난하지만 민첩한 프로듀서인 리카르도 기오네와 마르코 페레리의 초대를 받아들였다. 그럼으로써 '로 스페타토레'(Lo spettatore, 관객)라는 제목의, 영화로 만드는 잡지 형식의 첫 호 제작에 참여하게 됐다. 첫 호의 테마는 로마에서의 사랑이었다. 페레리는 훗날 천재적 감독으로 성장하여, '그란 뷔페'(La grande bouffe, 1973)라는 대표작을 남긴다. 밀라노 출신의 괴짜인 페레리는 수의학 전공을 중단하고, 영화계에 진출하기 전에 주류 기업의 영업 부문에서 일하기도 했다. 1950년에서 1951년 사이, 기오네와 페레리는 '도쿠멘토 멘실레'(Documento mensile, 월간 다큐멘터리)라는 제목의 문화 영화 3편을 제작했다. 이런 참신한 기획은 당시 영화계에 어떤 두려움을 안겨주었다. 이들은 이제 매년 영화로 만드는 연감을 제작하고자 했다. 이런 아이디어를 제안한 사람은 지칠 줄 모르는 작가 체사레 차파티니였는데, 그가 이 기획의 조정을 맡았다. 하지만 이 연감 기획은 '도시의 사랑' 이후에까지 진전되지는 않았다.

이 기획의 목표는 '삶과 스펙터클 사이의 공간을 최소화'하자는 것이었다. 이런 공식은 차바티니가 주장한 이상적인 저널리즘이라는 개념에서 나왔다. 곧 작은 팩트와 일상의 캐릭터에 관해 주의 깊게 관찰하는 작업이었다. '도시의 사랑'은 네오리얼리즘의 황혼기에 나왔다. 당시에 네오리얼리즘은 '피곤한 것'으로 여겨지고 있었다. 하지만 이 기획은 특별한 위치를 확보할 수 있었다. 그런데 제작 자체는 의도만큼 완성되지는 않았다. 일군의 감독을 모아, 같은 주제의 영화를 만들게 하는 것은 유토피아적인 기획으로 드러났다. 모든 감독은 자신의 부분만 신경을 썼다. 자신의 작업이 집단 작업의 하나일 뿐이며, 그래서 동료 감독들은 무엇을 찍는지 전혀 관심을 두지 않았다. 이런 일은 펠리니가 참여한 다른 집단 제작에서도 반복된다. 곧 '보카치오 70'과 '죽음의 영혼'에서도 그랬다.

차바티니는 자신의 에세이 〈영화 일기〉에서, 협력자들의 의도를 하나로 묶어내는 데 실패했다고 인정했다. "우리는 이따금 서로 연락하는 데 그쳤다." 그래서인지 영화를 하나로 묶는 테마에 관한 중심 생각이나 시각이 존재하지 않았다. '도시의 사랑'은 소위 '총체적 리얼리즘'(realismo integrale)이 얼마나 위험한지에 관한 완벽한 사례였다. 총체적 리얼리즘은 간단하고 산재한 사실과 현상으로 조사를 한정하고, 이들 사이에 의도적으로 어떤 연결을 짓지 않으며, 궁극적으로는 시도적인 개념조차 갖지 않는 것을 말한다. 카를로 리차니의 매춘에 관한 조사, 그리고 미켈란젤로 안토니오니의 자살에 관한 조사는 모두 흥미로운 아이디어에서 나왔지만, 결과물은 주제 자체가 추상화되면서 비슷한 수준에 이르지 못했다. 디노 리지는 댄스 클럽에 관한 빛나는 소품을 만들었고, 알베르토 라투아다는 길을 지나치는 모든 여성을 고개를 돌려 바라보는 이탈리아 남성의 습관에 관한 무거운 풍자물을 선보였다. 차바티니의 에피소드 제목은 '카테리나의 이야기'로, 10대 미혼모가 겪은 실제 사건인데, 현실의 바로 그 소녀가 연기했다. 차바티니의 까다롭고 근심 많은 엄밀함은 사건들을 아주

상세하게 재구축하게 했다. 이런 형식은 안토니오니의 후계자라고 할 수 있는, 이 에피소드의 공동연출자 프란체스코 마젤리의 스타일 넘친 에너지와 대조되었다. 차바티니와 마젤리는 어쩌면 불가능할 형식인 현실의 복제를 시도했다. 다른 감독들은 다큐멘터리 스타일의 해석을 선호했다. 펠리니는 영리하게도 '거짓 진실'(finto vero)의 허구를 표현했다. 펠리니는 네오리얼리즘의 이론가인 차바티니의 미학에 동의한 적이 없다. 펠리니는 스크린 위에서는 모든 것을 발명할 수 있다고 믿었기 때문이었다.

일부 사람들에 의하면, 펠리니는 자기 에피소드를 위해 진짜 결혼중개소 '오메가'(Omega)에 신분을 숨기고 들어가, 조사를 벌였다고 한다. 또 다른 사람들은 그건 차바티니에게 제출하기 위한 '네오리얼리즘의 알리바이'였다고 주장하기도 한다. 이론적 연대를 보여주기 위한 가면이었다는 것이다. 분명한 사실은 툴리오 피넬리와 함께 쓴 '결혼중개소'에는 실제 삶에서 끌어온 이야기는 하나도 없다는 점이다. 이 에피소드에는 두 명의 유명 배우가 등장한다. 안토니오 치파리엘로는 엔리코 마리아 살레르노가 더빙했는데, 자기가 맡은 역에서 실제 이름 그대로 나왔다. 펠리니 특유의 허구와 진실을 섞는 공식이 전개된 것이다. 치파리엘로는 이전에 이미 몇 편의 영화에 출연했고, 이후에는 감상적 네오리얼리즘을 뜻하는 '장밋빛 네오리얼리즘'(neorealismo rosa)에서 가장 유명한 배우 가운데 한 명이 된다. 그리고 그는 유명한 TV 다큐멘터리 감독이 됐는데, 불행하게도 1968년 아프리카에서 비행기 사고로 죽는다. 소녀 로사나 역은 리비아 벤투리니가 맡았다. 벤투리니는 배우이자 성우였는데, 훗날 '길'에서 어린 수녀로, 그리고 또 다른 영화에도 출연한다. 영화 전체의 촬영감독은 잔니 디 베난초(Gianni Di Venanzo)였다. 그는 펠리니와 이후에도 함께 일한다. 그는 펠리니의 마지막 흑백 영화인 '8과 1/2'에서, 그리고 첫 번째 컬러 영화인 '영혼의 줄리에타'에서 촬영을 맡았다. '도시의 사랑'을 찍을 때 두 사람은 처음 만났는데, 펠리니는 서로에 대해 알만한 시간이 없었다고 기억했다.

이야기는 겁 없는 기자 치파리엘로를 따라간다. 그는 결혼 중개소 '치벨레'(Cibele)를 찾아, 로마에 있는 어느 큰 건물 속으로 들어간다. 실제 촬영장소는 로마의 룽고테베레 리파 지역에 있는 산 미켈레 호스피스였다. 과거에 이곳에서 '조반니 에피스코포의 범죄'를 찍었었다. 기자는 중개소 여주인에게, 어릴 때 친구가 하나 있는데, 그는 지금 시골에서 대단한 부자 부모와 함께 살고 있고, 문제는 그가 간질을 앓고 있는 점이라고 말했다. 치파리엘로는 덧붙여, 의사가 말하길 친구의 유일한 희망은 결혼이란 점을 전했다. 며칠 뒤, 여주인은 시골 친구를 위한 후보자를 한 명 천거했다. 로사나라는 이름의 여성을 기자에게 보내며, 여주인은 다음과 같은 사실을 그녀에게 강조했다. "알겠니? 너는 귀부인이 되는 거야." 치파리엘로는 여성에게 말했다. 아주 부자인 남자와 데이트하는 것은 맞는데, 그는 늑대인간 병을 앓고 있고, 달이 그에겐 치명적이라고 말했다. 여성은 금방 큰 동정심을 드러내며 "불쌍한 남자"라고 말하고, "하지만 그는 착한 남자이지요?"라고 물었다. 여성의 부모들은 농부이며, 그녀는 임시로 도시에 살고 있는데, 그곳에서 더는 머물 수가 없었다. 그녀는 자신이 앞으로 어떻게 생존할지 몰랐고, 늑대인간과의 결혼은 어쩌면 하나의 해결책이 될 수 있다고 생각했다. "만약 그가 착한 사람이면, 나는 나를 잘 아는데, 잘 지낼 수 있을 겁니다." 기자는 그런 답이 나올지 예상하지 못했으며, 자신의 계략을 계속 진행할 용기도 잃어버렸다. 기자는 경고하듯 말했다. "이 일에 대해 잊어버리는 게 차라리 낫겠어요." 그러자 여성은 눈을 아래로 향하며 "미안합니다."라고 어깨를 으쓱했다. 그리고 마치 자신이 부적격자 판정을 받은 것처럼 말했다. "나는 그 자리가 나를 위한 것이 아니라는 걸 알았어요."

1953년 11월, '도시의 사랑'이 개봉됐을 때, 관객들은 별 관심을 보이지 않았다. 하지만 비평가들은 일부 관심을 보였고, 특히 펠리니 에피소드를 특별하게 언급했다. 그들은 펠리니 에피소드의 '메타-리얼리즘'(metarealistico) 성격과 카프카를 참조하고 있는 점을 지적했다. 이를테면 도입부에서 기자가 어두운 방들을 지나가는 장면을 꼽았다. '도시의 사랑'은 외국에선 단축된 판본으로 소개됐다. 특히 매춘에 관한 카를로 리차니의 에피소드는 국가적 이미지에 좋지 않다고 여겨져서, 빠져버렸다. 1957년 2월 파리에서, 앙드레 바쟁은 '결혼중개소' 에피소드는 "전적으로 펠리니적이지는 않지만, 좋은 작품"이라고 평가했다. 또 바쟁은 풍경과 캐릭터를 섞는 펠리니의 특성을 상찬했다.

짧은 이 협력 기간에, 펠리니와 페레리의 관계는 진지했고 또 농담을 주고받는 수준으로 발전했다. 하지만 우정으로까지 이어지진 않았는데, 부분적으로는 페레리가 곧 스페인으로 떠났기 때문이기도 했다. 수년이 흐른 뒤, 이젠 페레리도 유명해졌을 때, 두 감독은 서로 경쟁 관계에 있다는 점을 알았다. 특히 모든 사람이 좋아하는 배우가 된 마르첼로 마스트로이안니를 놓고 경쟁을 해야 했다. 마스트로이안니는 자주 페레리와 일해 펠리니를 '배신'했다. 마스트로이안니는 '암캐'(1971)를 찍을 때 페레리의 친구가 됐다. 우스갯소리에 따르면, 어느 날 치네치타에서 두 감독이 우연히 만났을 때, 펠리니는 페레리의 약을 올리려고 이렇게 물었다. "우리 둘 중에 누가 더 유명하오?" 그러자 페레리는 이렇게 대답했다. "나는 그런 것은 잘 모르오. 하지만 누가 더 나은지는 말할 수 있소." 아마 이것이 위트의 대결에서 펠리니가 패한 흔치 않은 경우일 것이다.

18. '길'(La strada, 1954)

현실은 우화다

소명은 복종하지 않을 수 없는 내부의 명령이다. 소명은 자율
적이어서, 스스로 어떤 이에겐 일찍, 또 어떤 이에겐 늦게 온
다. 그 사실을 알았을 때, 소명은 실존의 절대적 조건이 된다.
소명이 찾아오면, 그것을 위한 적절한 시기, 편리함, 상식, 그
리고 더욱 편안한 삶의 추구 같은 것은 아예 논쟁 밖으로 밀
려난다. 소명은 염색체, 트라우마, 희망, 기억, 본능, 좌절, 사
색 그리고 역사와 함께 결정된다. 소명이 언제 의식의 요소가
됐는지, 정확한 순간을 구별하는 것은 불가능하다. 또 여러 요
소가 무제한적으로 섞여 있어서 소명을 분석하는 것도 불가
능하다.

펠리니의 영화적 소명은 '길'을 만들 때 정점에 도달했다. 소명은 신인 감독 펠리니가 '백인 추장'을 편집할 때인 1952년 초에 시작됐다. 펠리니가 영화계에 들어온 지 10년이 됐을 때다. 그는 영화계에서 모든 일을 다 했다. 펠리니는 쓰고, 자문하고, 결정하고, 문제를 풀고, 의견을 내고, 그리고 영화의 많은 부분을 책임지는 데에 이르렀다. 하지만 펠리니는 이 모든 일을 하면서도, 진정으로 자신이 원하는 것은 화가라는 점을 늘 가슴에 새겼다. 만약 그것이 불가능하다면, 차선은 저널리스트였다. 그리고 다른 직업상의 기회를 위해 펠리니는 항상 문을 열어놓고 있었다. 어떤 경우든 그 일은 최소한 '펜과 종이'로 할 것이었다. 펠리니에게 자연스러울 정도로 편안한 일은 쓰는 것이었다. 자신은 아니라고 부정했지만, 셸리니는 지식인이었다. 그런 그가 영화의 세상에 빠진 것은, 일부는 호기심 때문이며, 또 일부는 탐욕 때문이기도 했다. 여기까지가 반쯤 감독이 되고, 곧 실제로 감독이 됐을 때까지의 변천 시나리오다. 편집실의 어두운 불빛 아래서, 자신의 첫 영화 시퀀스들을 조합할 때, 펠리니는 표현의 수단을 자기 손에 쥐고 있다는 사실을 처음으로 인식했고, 어떤 빛을 보았다.

자신이 언어를 통제하는 것을 배웠다는 인식은 소통에 대한 강렬한 욕구로 드러났다. 32살의 펠리니는 명석하고 자부심이 넘쳤는데, 드디어 자신이 뭐가 되고 싶은지, 그리고 그것을 영원히 원하는지도 알았다. '길'이 이미 자신의 두뇌 속에 완벽하게 형상화돼 있었지만, '비텔로니' 혹은 옴니버스 영화 '결혼중개소' 같은 영화들을 먼저 만들어야 하는 조건에 놓여 있었던 것은 우연이 아니었다. 예술 작품은 정확한 시간을 기다리며, 달구어져야 한다는 가설에도 맞는 일이었다. 실천적인 면에서도, 펠리니의 영화 만들기는 진보하고 있었다. 특히 '비텔로니'는 단순히 테크닉의 결과가 아니라, 더욱 깊은 수준에 이른 작품이었다. 영화를 만들며 매일 경험했던 긴급한 일들은 이제 최종적인 어려움만 남겨두었다. 곧 영화는 적절한 시간이 왔을 때, 제 때에 만들어질 수 있는가였다.

'길'의 시나리오는 어떻게 태어났을까? 시나리오는 오랜 토론과 많은 노동을 요구했다. 펠리니와 작가 툴리오 피넬리는 모호한 테마를 놓고, 토론하며 일을 시작했다. 테마는 중세의 방랑하는 기사의 모험이라는 정도로 정해두었다. 그런 뒤, 집시들의 세상, 서커스의 삶이 스토리의 주변에 끼어들었다. 피넬리는 이렇게 말했다.

매년 나는 토리노에 사는 내 가족, 부모들을 뵙기 위해 로마에서 자동차를 몰고 그곳까지 갔다. 당시는 아직 남북을 잇는 '태양의 고속도로'(Autostrada del Sole)가 건설되지 않을 때였다. 토리노까지 가려면 산길을 넘어야 했다. 어느 날, 나는 참파노와 젤소미나를 그런 산길에서 봤다. 몸집이 큰 남자가 장막이 처진 삼륜차를 앞에서 끌고 있었다. 장막에는 인어가 그려져 있었고, 작은 여성이 뒤에서 그 차를 밀고 있었다. 이 광경은 내가 토리노가 있는 피에 몬테주로 여행할 때마다 겪었던 모든 경험을 다시 기억나게 했다. 그 길 위에는 늘 시장, 축제, 이곳저곳을 방랑하는 사람들, 그리고 끝나지 않는 범죄들이 있었다. 그래서 나는 로마로 돌아왔을 때, 펠리니에게 영화의 아이디어가 하나 있다고 말했다. 펠리니는 '나도 아이디어가 있어.'라고 답했다. 이상하게도 우리는 비슷한 생각을 하고 있었다. 펠리니도 방랑자를 생각하고 있었다. 하지만 펠리니는 그 당시 돌아다니던 작은 서커스단에 초점을 맞추고 있었다. 우리는 아이디어를 섞었고, 그래서 하나의 영화가 나왔다.

두 사람은 시나리오를 쓰는 그들만의 시스템을 갖고 있었다. 1951년에 초안 만들기가 시작됐고, 1953년에는 최종본을 위한 작업을 진행했다. 그때는 작가 엔니오 플라이아노도 합류하여, 열정적인 개정 작업을 이어갔다. 당시 플라이아노는 이 영화의 아이디어를 전혀 좋아하지 않았다. 이런 시나리오 작성 시스템은 펠리니의 미래 영화에서도 적용된다. 특히 펠리니의 영화가 새로운 변화를 가져올 때면 더욱 그렇게 작동된다. 이제 남은 의례는 '제작자들의 춤'이다. 시나리오는 이들 사이에 돌아다닐 것이며, 열정이 솟기도, 또 식기도 할 것이다.

'길'은 제작자 루이지 로베레에 의해 탄생했다. 그리고 제작자 로렌초 페고라로의 손에 넘어갔다. 그는 플라이아노처럼 의심했으며, 줄리에타 마지나가 출연하는 것을 원치 않았다. 페고라로는 다른 해결책을 찾으려 했고, 펠리니에게 마리아 피아 카질리오를 오디션 대상으로 추천했다. 카질리오는 비토리오 데시카의 '움베르토 D.'에서 하녀로 나왔던 작은 소녀다. 펠리니는 제작자의 오디션 제안을 받아들였다. 하지만 그는 속으로 줄리에타를 여전히 생각하고 있었고, 여배우를 바꾸는 것은 심하게 말하면 감독을 바꾸는 것으로 여겼다. 줄리에타의 경력상의 상황은 협상에서도 논쟁이 됐지만, 대단히 역설적이었다. 말하자면 줄리에타는 비평적으로는 호평받았고, 많은 상도 받았지만, 제작자들에게 그녀는 알베르토 라투아다 감독의 '동정도 없이'(1948)에 나왔던 불쌍한 매춘부로 각인돼 있었다. 젤소미나 역에 줄리에타가 나온다면, 남자 방랑자는 너무 많은 짐을 질 것이라고 제작자들은 생각했다. 페고라로는 제작을 포기했고, 다른 제작자들도 이런 말을 했다. '길'? 아마 되겠지. 하지만 줄리에타 마지나는 아니야.

페데리코 펠리니는 이런 모든 이야기를 하는 대신에, 줄리에타에게 시나리오 초안을 주었다. 그것을 읽은 줄리에타의 눈에선 눈물이 흘렀고, 바로 일을 하려고 했다. 그러나 얼마 되지 않아, 두 사람 사이에 젤소미나 캐릭터를 두고 줄다리기가 벌어졌다. 줄리에타는 젤소미나를 일종의 신데렐라처럼 여겼다. 나쁜 운명의 희생자이지만, 완벽하게 부드러운 피조물로 봤다. 반면에 페데리코는 젤소미나에 관해 전혀 다른 시각을 갖고 있었다. 감독에게 젤소미나는 조금 이상한 싸움꾼이었다. 페데리코는 이런 생각을 고집 센 아내에게 주입하기 시작했다. '백인 추장'이 끝나자마자, 의상과 분장 테스트가 바로 이어졌다. 하지만 그때는 '길'을 만들 가능성은 거의 제로에 가까웠다. 사진작가는 수백 개의 사진을 찍었다. 페데리코는 그 모든 사진을 공부했고, 그 위에 그림을 덧그렸다. 페데리코는 줄리에타에게 머리를 짧게 자르게 하고, 노랗게 염색을 시켰다. 그는 머리에 면도 비누와 파우더를 발라, 머리카락이 부스스하게 보이도록 했다. 그리고 찢어진 티셔츠, 테니스 신발과 양말, 중절모, 멜빵이 달린 짧은 치마, 군인용 코트, 그리고 1차대전 때 이용되던 병사용 망토를 고안했다. 그 망토는 이탈리아 중부 아브루초주에서 어느 목동이 등에 하고 있던 것을 가져왔다. 그런데 망토의 양털이 너무 빳빳하여 줄리에타의 목에는 상처가 남았다. 그때 줄리에타는 겨우 30살이었고, 여전히 예뻤다. 당연히 스크린에서 멋있게 보이길 원했을 것이다. 하지만 페데리코는 줄리에타에게 그 어떤 '우아함'도 남기지 않고, 모두 지우려고 했다. 실제 삶에서도 그랬다. 옷장에 있던 줄리에타의 많은 파티용 드레스들이 점점 없어지기 시작했다. 페데리코는 줄리에타가 더는 '숙녀처럼 옷을 입는 것'을 보지 않으려 했다.

'길'의 이야기는 제작자들의 흥미를 끌진 못했다. 해진 옷을 입고 있는 젤소미나는 반은 젊은 수도승처럼, 반은 광대처럼 보이기도 한다. 그는 작은 마을이나 장터에서 쇼를 보여주는 집시 참파노에게 1만 리라에 팔려간다. 참파노는 차력 쇼를 한다. 가슴 근육을 이용하여 철제 체인을 끊는 쇼이다. 참파노는 칭찬은 전혀 하지 않고, 젤소미나에게 쇼에서 그를 어떻게 돕는지, 이동하는 차에서 어떻게 하녀처럼 일하는지, 또어떻게 아내로 사는지를 가르친다. 어느 날 밤에, 젤소미나는 도망가려 했고, 이 불쌍한 노예는 사람들이 가득 찬 광장에서 높이 설치된 줄 위를 걷는 광대 '일 마토'(Il Matto, 미친 남자)를 본다. 줄타기 광대는 친구가 됐고, 젤소미나에게 삶에 믿음을 갖도록 이끈다. 한편 광대는 참파노를 자극하는 일을 끝없이 벌이기도 한다. 결국에 그는 참파노와 싸우다가 죽고 만다. 이 사건 이후 젤소미나는 절망적인 상태에 빠지고, 영화는 비극적 결말로 향한다. 참파노는 후회하지만, 그건 너무 늦은 것이었다.

펠리니와 프로듀서 지제토 지아코지는 '비텔로니'를 촬영하며 돌아다닐 때, 오랜 시간 '길'의 계획에 대해 서로 토론했다. 지아코지가 펠리니를 로마의 바스카 나발레 거리에 있는 카를로 폰티와 디노 데 라우렌티스의 사무실로 데리고 갔다. 두 거물 제작자는 순례 오페라 극단인 카로 디 테스피(Carro di Tespi)의 옛 창고에 새로운 사무실을 열었다. 두 사람은 당시 힘을 합쳐 한 팀을 만들었는데, 다들 짐작하겠지만 이 팀은 그리 오래 가지 않는다. 두 사람은 그들이 기획한 모든 영화의 제작을 함께 담당했는데, 킹 비더의 '전쟁과 평화'의 사전제작 시기에 심하게 다퉜다. 야망이 큰 디노는 세계 영화 배급시장에서, 존중받을 수 있는 소수의 영화에 집중하기를 바랐다. 카를로는 상대적으로 낮은 예산으로 더 많은 영화를 만들어 제작의 위험 부담을 줄이려 했다. 그래서 그는 확신이 드는 영화를 만들려고 했다. 이를테면 이탈리아의 코미디 스타 토토가 출연한다면 다 좋다는 식이었다. 또 다른 대조점도 있었다. 디노 데 라우렌티스는 고정적인 스튜디오에서, 자신이 지휘하며 영화를 만들려고 했다. 결국에 그는 1960년대 초에 폰티나 거리에, 자기의 스튜디오인 디노치타(Dinocittà)를 건설했다. 반면에 카를로 폰티는 제작자의 역할은 사업의 조정자라고 봤다. 스튜디오를 만들고, 다른 서비스를 하는 부담을 질 필요가 없다고 생각했다. 1956년 두 사람이 헤어졌을 때, 디노는 그들이 제작한 모든 영화의 저작권을 사들였다. 여기엔 '길'도 포함됐는데, 당시에 '길'은 세상의 거의 모든 곳에서 이미 상영된 영화였다.

예산을 두고는 그리 오랜 토론이 필요하지 않았다. 영화를 만들 마음이 간절했던 펠리니는 믿을 수 없을 정도로 낮은 예산에 합의했다. 속으로 펠리니는 추후 보상이 따를 것이고, 어떤 경우에는 상징적인 보상도 있을 것으로 내다봤다. 그런데 캐스팅을 두고는 역시 논쟁이 벌어졌다. 펠리니는 디노 데 라우렌티스가 자신의 아내인 실바나 망가노를 젤소미나 역에 캐스팅하려고 밀었다는 이야기를 즐겨 들려주곤 했다. 디노는 그런 적이 없다고 부인했다. 이상한 점은 페데리코와 디노는 서로 존중하고 좋아했으며, 함께 있을 때 대단히 즐거워했다. 이런 식으로 두 사람은 처음 만났을 때부터 친구가 됐고, 이 우정은 오래도록 갈 것이다. 이상한 이유는, 영화에 대한 두 사람의 시각은 아주 달랐는데, 그렇지만 관계가 갈등을 빚는 쪽으로 변하는 경우는 드물었다는 점이다. 디노는 영어를 전혀 못 했는데, 마치 미국인처럼 행동했고, 좋은 영화를 만드는 유일한 방식은 할리우드 시스템이라고 생각했다. 반면에 페데리코 펠리니는 유럽영화, 곧 나중에 프랑스 영화인들이 주장하는 '작가 정책'을 신뢰했다. 그런데도 디노는 페데리코를 한정 없이 존중했고, 페데리코는 디노의 인격을 좋아했다. 두 사람은 나이가 거의 같았다.

디노는 1919년 나폴리 근처에 있는 토레 아눈치아타(Torre Annunziata)에서 태어났다. 그런데 디노는 페데리코를 마치 현자가 어린 영재를 다루듯 대했다. 그에게 페데리코는 특별한 재능을 가졌지만, 현실적인 감각은 거의 없는 소년 같았다. 하지만 디노의 격정, 나폴리 천성의 탄원과 우정에 호소하는 감상적 태도는 페데리코 앞에선 아무 소용이 없었다. 페데리코 펠리니의 그 유명한 창조자로서의 변덕은 디노에게 제작을 포기하게 할 정도였다. '길'의 민감한 부분을 놓고 논쟁이 벌어졌다. 죽음의 운명에 놓인 두 캐릭터를 어떻게 살릴 것인가였다. 펠리니는 '일 마토'가 죽는 걸 좋아하지 않았다. 작가 피넬리는 그의 죽음이 없다면 영화는 의미를 잃을 것이라며 반대했다. 디노는 젤소미나가 마지막에 살아남기를 원했다. 그래서 디노는 의견을 듣기 위해 베테랑 작가인 엔니오 데 콘치니를 고용했다. 콘치니는 많은 제안을 했다. 하지만 마지막에는 펠리니의 움직이지 않는 단호한 태도에 존경심을 표하며 항복했다. 그리고 디노에겐 정해진 그대로 하라고 의견을 냈다.

1953년 초로 돌아가 보자. 그때 30대 초반의 감독과 제작자(페데리코 펠리니와 디노 데 라우렌티스) 사이의 오래 이어지는 첫 번째 결투가 시작됐다. 프로듀서 지아코지는 두 명의 주인 사이에 낀 하인처럼 행동했다. 아니 프로듀서라면 최고의 전통인, 이중 중개인처럼 가운데 서 있었다. 그는 말하자면 '8과 1/2' 속 프로듀서인 마리오 코노키아 같았다. 배우 이름 그대로 출연하는 그 제작 담당 캐릭터는 사랑과 증오의 존재로 묘사돼 있다. 디노 데 라우렌티스는 '일 마토'의 캐스팅에 영향을 미치려 했다. 펠리니에게 발터 키아리와 알베르토 소르디의 오디션을 보라고 제안했다. 디노는 두 배우를 불과 몇 달 전만 해도, 흥행의 재난이라고 비난했는데 말이다. 무겁고 음울한 캐릭터를 생각하면, 소르디는 차라리 참파노 역을 맡을 수 있을 것이다. 소르디는 몇 년 뒤 '포르투넬라'(1958)에서 비슷한 역을 맡기도 했다. 하지만 소르디는 경쾌하고 시적인 일 마토와는 정반대의 배우였다. 펠리니는 이 사실을 이미 알고 있었다. 그런데 제작자의 제안에 늘 '아니오'라고만 대답할 수 없어서, 실수라고 변명했지만, 소르디에게 오디션을 보러 오라고 연락했다. 바로 이 일 때문에 펠리니와 소르디는 오랫동안 서로 서먹해졌다. 두 사람은 다시는 함께 일하지 않는다. 가끔 있는 친목 모임에서 만나는 걸 제외하곤, 두 사람은 서로의 소식도 모른 채 지냈다. 많은 세월이 흐른 뒤에야, 두 사람은 영화 촬영장에서 다시 만난다. 당시는 펠리니가 소르디가 연출한 '택시 기사'(1983)에 자기 이름 그대로 출연하기로 합의했을 때였다. 조감독인 모랄도 로시도 일 마토 역의 오디션을 봤다. 그 역이 요구하는 서커스 곡예를 조금 할 줄 알아서였다.

이상한 우연인데, 펠리니는 '길'의 전체 캐스팅을 다른 영화의 촬영장에서 한꺼번에 정했다. 그 영화는 제작자이자 감독인 주세페 아마토의 '금지된 여성들'(1953)이다. 세 명의 매춘부가 주인공인데, 그 역은 미국 배우 린다 다넬, 그리고 레아 파도바니와 발렌티나 코르테제가 맡았다. 이 영화에서 줄리에타 마지나는 매춘부가 아니라 일종의 포주로 나온다. 린다 다넬[1]에 푹 빠져 있던 아마토는 이 영화를 연출하며, 영어와 나폴리 지역어를 마구 섞어 이상한 말을 하고 있었다. 펠리니는 변화무쌍한 아마토에 연민을 느끼며, 동시에 압도당해 있었다. 아마토는 펠리니가 알도 파브리치와 일할 때, 이미 제작자로 활동하고 있어서, 둘은 알고 있는 사이였다. 미래에 아마토는 '달콤한 인생'이 위기에 빠질 때, 구원자로 등장할 것이다. 앤서니 퀸도 '금지된 여성들'에 출연하고 있었고, 또 다른 미국 배우인 리처드 베이스하트는 당시의 아내였던 발렌티나 코르테제를 마중하려고 촬영장을 방문하곤 했다. 펠리니는 이들과 몇 번 저녁을 먹은 뒤, 자신이 참파노와 일 마토를 발견했다는 사실을 알았다. 펠리니는 특히 베이스하트와 대단히 친해졌다. 펠리니는 베이스하트가 '14시간'(1951)에서, 고층빌딩의 맨 꼭대기에 올라가 자살을 시도하던 장면을 잊지 못했다. 베이스하트는 달콤한 성격과 미소를 가졌는데, 그를 볼 때마다 펠리니는 찰리 채플린을 떠올렸다.

'길'의 촬영은 1953년 10월에 시작됐다. 제작에 관한 불화와 중지는 다음 해 봄까지 이어졌다. 한편 사비트리라는 이름의 남자가 촬영장에 나타났다. 그는 철제 체인을 끊고, 불을 먹는 차력사였다. 그의 아내 암브레타는 항상 남편 곁에 머물렀다. 만약 펠리니가 집시 커플의 실제 모델을 찾고 있었다면, 바로 그들이 눈앞에 나타난 것이었다. 사비트리가 앤서니 퀸

---

1   린다 다넬(Linda Darnell, 1923-1965)은 1940년대와 1950년대에 이름을 알린 할리우드의 스타다. 대표작으로는 존 포드의 '황야의 결투'(1946), 조셉 맹키위츠의 '세 부인'(1949) 등이 있다.

의 차력 쇼를 안무했다. 어떻게 체인을 준비하고, 어떻게 말하고 행동하는지 가르쳤다. 당시 앤서니 퀸은 카를로 폰티와 디노 데 라우렌티스의 또 다른 영화인 '아틸라'(1954)에도 동시에 출연하고 있었다. 퀸은 두 촬영장에서 일하며, 자신이 얼마나 다르게 대접받고 있는지 알았다. 블록버스터 역사극인 '아틸라'에서 퀸은 난방이 되는 이동차와 수많은 조력자의 도움을 받았다. 퀸의 미래의 아내인 욜란다 아돌로리도 조력자들 가운데 한 명이었다. 하지만 펠리니의 촬영장에서, 퀸은 어디인지도 모르는 작은 마을의 벽 앞에 놓인 의자에 앉아, 분장은 스스로 해야 했다. 할리우드 배우가 특권을 포기하는 건 쉬운 일이 아니다. 멕시코 출신인 퀸은 이 영화의 정신에 합류하는 데 큰 애를 먹었다. 하지만 그는 예술적으로 감수성이 뛰어난 배우였다. 퀸이 영화의 질적 수준을 이해하자마자, 모든 문제가 사라졌다. 베이스하트의 틀림없는 신중함, 모든 출연진과 스태프의 헌신적인 노력, 장난꾸러기 같은 프로듀서 지제토 지아코지의 외교력 등이 합쳐져, 앤서니 퀸의 긴장을 풀어주었다. '길'에서 함께 일한 것은 '진짜' 참파노에겐 잊을 수 없는 기억이었다. 1990년 앤서니 퀸은 펠리니와 마지나에게 이렇게 편지를 쓴다. "당신 둘은 내 인생 최고의 정점이었소. 안토니오[2]."

---

2   안토니오(Antonio)는 앤서니(Anthony)의 이탈리아식 이름이다.

몇 주 뒤, 줄리에타가 사고를 당했다. 바뇨레지오(Bagnoregio)[3]에서 수녀원 장면을 찍을 때, 줄리에타는 손수레를 타던 중, 발목을 삐고 말았다. 촬영은 연기해야만 했다. 제작자 디노 데 라우렌티스는 거의 협박 당하듯 주연 여배우의 캐스팅에 동의했는데, 하지만 그때까지 줄리에타와의 계약서에 서명은 하지 않고 있었다. 그래서 그때 제작자는 여배우를 바꿀 생각을 한다는 소문이 돌았다. 하지만 제작 관련 인사들이 배급사인 파라마운트 사무실에서 러쉬 필름을 봤을 때, 그들은 여배우에 대해 최고의 상찬을 표현했다. 그러자 데 라우렌티스는 이렇게 말했다. "그녀는 나와 계약했어. 그건 독점계약이야." 그는 지아코지를 보내, 줄리에타와 즉각 계약을 맺게 했다. 줄리에타 마지나는 앤서니 퀸 출연료의 1/3을 받았다.

1954년 2월에 촬영은 재개됐다. 오텔로 마르텔리가 새로운 촬영감독으로 와서, 카를로 카를리니를 대신했다. 카를리니는 예술적 시각의 차이로 떠났다. 촬영감독 사이에서 이런 일은 종종 일어난다. '카비리아의 밤'을 찍을 때 알도 톤티가 새로 왔고, '진저와 프레드'를 찍을 때 엔니오 구아르니에리도 그랬다. 온도는 영하 5도 이하로 자주 떨어졌다. 고원 도시 로

---

3   바뇨레지오는 로마에서 북쪽으로 120km 정도 떨어져 있는 산악도시다. 이탈리아의 산악도시를 말할 때, 최고로 아름다운 도시로 종종 뽑힌다. '길'의 주요 배경으로 등장한다.

카라조(Roccaraso)[4]에 있는 작은 호텔에 촬영팀이 머물렀는데, 난방도 되지 않고 온수도 나오지 않았다. 배우와 스태프들은 촬영장에서 숙소로 돌아오면, 너무 추워, 모든 옷을 다 입고, 모자까지 쓰고, 침대에 들어갔다. 제작 담당 프로듀서 지아코지는 거의 영웅적으로 행동했다. 그는 팀을 이끌고 비테르보(Vitervo)에서 오빈돌리(Ovindoli)의 산악지대, 그리고 로마 인근 해변인 피우미치노(Fiumicino)까지 서른 곳이 넘는 촬영현장을 관리했다. 그는 적은 돈으로 상황을 헤쳐나가는 데 재능을 갖고 있었다. 서커스 장면을 찍기 위해 펠리니는 이동 마차, 천막, 그리고 '참페를라'(Zamperla) 서커스단의 단원을 요구했다. 이 일이 계기가 되어, 이후 참페를라의 가족들은 이탈리아 영화계에 최고의 스턴트 작업을 선사할 수 있었다. '일 마토'가 죽은 뒤 폭발하는 차는 차력사 사비트리의 오래된 피아트 승용차 바릴라(Balilla)였다. 물론 사비트리는 대가로 보수를 받았다. 바뇨레지오 광장 위에서 베이스하트가 보여준 공중 줄타기는 자부심 넘치는 어느 곡예사가 대행한 것이다. 그는 소방수들이 안전을 위해 그물을 들고 나타나자 공연을 하지 않으려 했다. 그의 품위 있는 공연은 광장에 모인 4천 명의 엑스트라들 위에서 진행됐다. 엑스트라들은 지아코지가

---

4   로카라조는 로마의 동쪽으로 200km 정도 떨어져 있다. 고원지대에 있는 작은 마을이며, 이 지역에서 '길'의 설경 장면이 거의 다 촬영됐다.

한 푼도 들이지 않고 끌어모은 것이다. 지아코지는 지역 성직자를 만나, 며칠 후면 다가올 바뇨레지오의 수호신을 위한 4월 8일 축제를, 이곳에서 알리자고 설득하는 데 성공했다. 3월 25일 오빈돌리에서 '성인 지아코지'는 심지어 눈도 내리게 했다. 진짜 눈은 아니고, 지아코지는 30개가 넘는 석고와 이 지역에서 구할 수 있는 100개 이상의 침대보를 모아, 배우들 뒤를 눈으로 보이게 장식했다.

펠리니는 지아코지의 조정 능력에 감탄했고, 간혹 불가능한 것을 요구하여 그를 놀리기도 했다. 어느 날 펠리니는 소리를 질렀다. "코끼리는 어디 있어?" 지아코지는 사라졌고, 한 시간 뒤에 아주 차가운 표정으로 돌아왔는데, 그의 옆에는 코끼리가 있었다. 작업이 자꾸 길어지자, 사람들은 지쳤고, 활기는 잃어갔다. 촬영팀은 회색을 얻기 위해 아크등(arc lamp)을 자주 사용했는데, 이것 때문에 줄리에타는 눈을 다쳐, 며칠 동안 안대를 하고 있기도 했다. 지치는 걸 모르던 펠리니도 서서히 압박을 느끼기 시작했다. 펠리니는 갑작스러운 무기력과 통제가 되지 않는 불쾌감을 느끼더니, 피우미치노 해변에서 촬영하던 중에 그만 쓰러지고 말았다. 영화의 전체 촬영이 끝나기 3주 전이었다(이런 일은 미래에 또 일어날 것이다).

다행인 것은 원인 모를 펠리니의 병이, 영화제작 마감과 질적 수준에 전혀 영향을 미치지 않았다는 점이다. 어떤 사람들은 펠리니가 '아틸라'를 위해 앤서니 퀸과 함께 여분의 장면을 찍기로 합의했다고 주장하기도 했다. 디노 데 라우렌티스는 다르게 말했는데, 앤서니 퀸과 친하게 하려고, 펠리니에게 '아틸라'에서 일을 좀 하면 어떻겠냐는 제안을 했다는 것이다. 어떤 일이 벌어졌든, 촬영은 5월에 모두 끝났고, 더빙이 시작됐다. 처음에 앤서니 퀸 역을 더빙한 배우는 펠리니를 설득시키지 못했다. 펠리니는 불현듯 '라쇼몽'에서 미후네 도시로를 더빙했던 아르놀도 포아를 기억했다. 펠리니는 시간이 빡빡했지만 포아를 급히 수소문했고, 마감이 임박해 도착한 그는 전체 부분을 완벽히 소화했다.

1954년 9월 6일 베네치아영화제에서 '길'이 소개됐는데, 첫 상영일의 모습이 어땠을지는 평론가 티노 라니에리의 말을 들어보면 될 것 같다.

그날 밤은 이상했고, 매서웠다. 바깥 공기에도 따뜻함이란 전혀 없었다. 관객들은 산만했고, 지쳐있었고, 짜증도 부렸다. 펠리니와 마지나 커플이 극장으로 들어오자, 소수의 사람만 차가운 눈빛으로 바라보았다. 이유를 알 수 없지만, 이렇게 싸늘한 분위기에서 영화가 상영됐다. 짐작만 할 수 있는 건데, 영화제 참가자들은 지친 것 같았다. 하지만 '길'은 실패는 아니다. 오히려 좋은 영화, 아니 아름다운 영화였다. 상영이 시작될 때 이 영화를 별로 좋아하지 않던 관객들은, 끝날 때쯤 자신들의 의견을 약간 바꾼 듯했다. 하지만 어떤 경우에도, 이 영화는 마땅한 대접을 받지 못했다.

'길'에 대한 차가움은 다음 날 밤까지 이어졌다. 영화제의 감독이자 보석사업가인 오타비오 크로체가 수상작을 알리자 긴장은 폭발했다. 8월 초부터, 정부는 룩스 필름 영화사에서 만든 루키노 비스콘티의 '센소'를 보이콧할 것이란 소문이 영화제 주변에 돌았다. 어떤 사람들에 따르면 '센소'를 경쟁부문에도 넣지 않으려 했다는 것이다. 당시에 비스콘티는 공산주의자들의 리더로 간주 됐고, 이는 정부 여당인 기독교민주당에 반한다는 것이었다. 비스콘티가 '흔들리는 대지'(1948)를 만든 뒤, 좌파 비평가들은 그를 네오리얼리즘의 진정한 기수로 추대했다. 밀라노 출신의 귀족인 비스콘티는 이런 역할에 약간 숨이 막히는 것 같은 기분을 느꼈다. 비스콘티는 자신의 데카당스한 지적인 삶을 포기하지 않았고, 오페라 감독으로서도 폭넓은 활동을 펼쳤다. 다른 한 편, 거친 정치대결과 견강부회의 의견에 기초한 근시안적인 주장도 나왔다. 비스콘티의 역사 유물론적 영화에 맞서, 펠리니는 영적 영화의 수장이라는 것이었다.

시상식을 기다리며 영화제가 열리는 리도섬엔 이런 소문도 돌았다. 경쟁부문 심사위원장은 모호하고 멜랑콜리한 작가 이냐치오 실로네인데, 심사위원들(9명 중 5명이 이탈리아인들인데, 이들은 예상할 수 있는 모든 압박을 받았다)이 '센소'를 무시하고 '길'에 대상을 주기로 했다는 것이다. 실제로 심사위원들은 둘로 분열돼 있었다. 한쪽은 19세기의 문학 스타일의 화려한 '센소'를, 다른 한쪽은 인류학적 동화 같은 '길'을 지지했다. 또 이건 세르피에리 백작 부인('센소'이 주인공)과 방랑자 젤소미나 사이의 대결이기도 했다. 심사위원들은 솔로몬을 흉내 낸 결정을 내려, 제3의 경쟁작인 '줄리에타와 로메오'에게 대상을 수여했다. 이러면서 감독 레나토 카스텔라니가 셰익스피어의 작품을 천재의 솜씨로 각색했다는 사실은 아쉽게도 묻히고 말았다. 황금사자상이 발표되자, 모든 사람이 불만을 쏟아냈다. 네 개의 은사자상이 발표됐다. 엘리아 카잔의 '워터프론트', 구로사와 아키라의 '7인의 사무라이', 미조구치 겐지의 '산쇼다유', 그리고 '길'이었다. '길'에는 이런 언급이 뒤따랐다. "작가이자 감독인 젊은이의 흥미로운 시도로서, 그의 감수성과 독립성을 분명히 보여줬다." 언급은 뻔한 것이었지만('흥미로운', '시도', 그리고 '젊은이'), 객석은 지옥으로 변했다. 비스콘티는 대리석처럼 굳은 채 앉아 있었다. 그의 지지자들은 휘파람을 불고 격렬하게 결정에 항의했다. 반면에 객석의 나머지 반은 박수를 보냈다. 그래서 1954년 9월 7일 저녁은 진지한 네오리얼리스트와 새로운 영화의 팬들 사이의 선전포고로 역사에 남았다. 그날 저녁의 절정은 펠리니의 조감독인 모랄도 로시가 비스콘티의 조감독인 프랑코 제피렐리를 공격할 때였다. 주먹질이 난무했고, 로시는 제작자 디노 데라우렌티스의 단호한 개입 덕분에 경찰의 진압봉을 피할 수 있었다. 심사위원들은 훌륭한 배우들인 알리다 발리('센소')와 줄리에타 마지나 사이에서 주연상 수상자를 뽑을 수 있었는데, 부끄럽게도 아무에게도 상을 주지 않기로 결정했다(그 해에는 여우주연상 수상자가 없었다). 하지만 주상영관인 '영화의 궁전'(Palazzo del Cinema) 내부에서 무슨 일이 벌어졌는지 모르는 밖의 관객들은, 줄리에타 마지나가 나오자 환호의 박수를 보냈다. 이 모든 일은 당시의 사회적 분위기, 곧 표피적인 냉전 이데올로기의 문맥에서 읽힐 것이다. 한편 우리는 취향이 변한다는 사실도 알아야 한다. 경쟁부문 진출작인 '이창'이 아무런 언급조차 받지 않았다는 사실을 기억하면 문제는 분명히 보일 것이다. 지금은 '이창'을 히치콕의 걸작 가운데 하나로 받아들이는 데 말이다.

'센소'와 '길'을 놓고 싸움이 벌어진 뒤, 거의 10년 동안 펠리니와 비스콘티 지지자들 사이의 소모적인 대결은 점점 깊어졌다. 하지만 그건 인위적인 구분이었다. 예컨대 공산주의자 비스콘티는 많은 사람이 생각하는 것처럼 정치적 절대주의자가 아니었다. 비스콘티는 귀족 출신이고(밀라노의 백작), 그쪽 전통에 속하는 건 맞다. 그러나 그것보다 비스콘티는 데카당스에 더욱 큰 매력을 느끼고 있었다. 한편 카톨릭에 대해 펠리니의 편견은 더 심했다. 이는 '달콤한 인생'을 두고 벌어진 논쟁으로 분명해질 것이다. 좌익들이 '길'에서 읽은 것은 반동적 성격이었다. 월간지 '카톨릭 영화 센터'(Il Centro Cattolico Cinematografico)는 조심스럽게 이렇게 말했다. "어린 사람들이 이 영화의 정확한 의미를 구별한다는 것은 대단히 어려울 것이다. 또 남성 주인공이 도덕적 제한 없이 행동하고 있다는 점에서, 우리는 이 영화를 오직 성인들에게만 추천하고 싶다." 비스콘티는 '센소'가 보이콧 당한 뒤, 펠리니의 영화를 '네오추상주의'라며 폄하했다. 며칠 뒤 비스콘티는 밀라노의 '프린치페 디 사보이아' 호텔 복도에서 펠리니와 맞닥뜨렸는데, 모르는 척했다. 수년 동안 두 감독은 자기 길만 갔고, 만나려고도 하지 않았고, 간단히 말해 서로를 무시했다. 이런 상황에 대한 우스운 이야기들이 전한다. 로마의 '인민 광장'(Piazza del popolo)에 차를 주차하며 펠리니는 지나가는 '인민'들에게 경고했다는 것이다. "차창을 꼭 닫으세요. '귀족' 비스콘티가 옆에 걸어가면, 안에 침을 뱉을 것이요." 그리고 '달콤한 인생'이 발표됐을 때, 비스콘티는 이렇게 말했다는 것이다. "그 사람들('달콤한 인생'에서 귀족 연기를 한 사람들)은 귀족들이요. 내 시종의 시각에서 볼 때." 펠리니 진영에서 줄리에타는 비스콘티 백작으로부터 점잖은 예우를 받던 유일한 사람이었다. 줄리에타는 두 감독 사이의 채널을 항상 열어두려고 했다. 줄리에타 덕분에 1963년 모스크바영화제('8과 1/2'이 대상 수상)에서, 두 감독 사이에 극적인 화해가 이루어졌다. 모스크바 호텔 로비에서 두 감독은 서로 포옹했고, 10년간의 오해를 다 지워버렸다.

그 일 이후, 펠리니와 비스콘티 사이의 관계는 아주 다정하게 변했다. 펠리니는 비스콘티의 '이방인'을 보기 위해 베네치아에 직접 가기도 했다. 그 영화는 주역인 마스트로이안니가 제작도 겸했다. 시사회가 끝난 뒤, 펠리니는 비스콘티에게 축하를 건넨 첫 번째 사람 중의 한 명이었다. "이건 당신의 최고 영화요." 하지만 알베르 카뮈의 소설을 각색한 이 영화는 비스콘티의 작품 중 최악에 속했다. 축사는 아마 반어법으로 들렸을 것이다. 1969년 답례로 백작은 펠리니의 '사티리콘' 시사회에 참석하기 위해 베네치아에 갔다. 비스콘티는 시사회가 끝난 뒤, 펠리니를 향해 커다란 키스의 제스처를 보냈다. 부드러운 장난을 주고받으며 두 사람의 관계는 더욱 발전했고, 이제 그들은 서로를 같은 팀으로 여길 정도였다. 두 감독은 당대 젊은이들의 시위에 대한 반감도 함께 나눴다. 1970년 스폴레토(Spoleto) 축제[5] 기간에 TV에서 그런 의견을 드러냈다. 두 감독은 청년들의 시위에 관해 우울하게 말했고, 어두운 전망을 했고, 그런 뒤에 서로에게 축하의 말도 전했다. 펠리니가 말했다. "나는 동료 루키노와 악수를 하고 싶다. 왜냐면

---

5   매년 여름 이탈리아 중부 스폴레토에서 열리는 음악과 오페라의 축제. 비스콘티는 이 축제에 오페라 연출가로 종종 참석했다.

루키노는 일관됨과 건강함을 보여줬기 때문이다. 나도 같이 나누고 싶은 특성들이다. 나는 루키노가 자기를 표현하는 방식, 그의 참여의식, 그리고 예술적 열정에 이르는 그의 겸손을 정말 존경한다." 그리고 펠리니는 비스콘티를 흘깃 바라보며 "만족합니까?"라고 물었다. 이 헌사에는 약간의 과장이 섞여 있다. 특히 겸손은 비스콘티의 특성이 아니다. 비스콘티는 얼굴을 약간 찌푸리며 답했다. "아주 만족합니다. 그 찬사를 작은 묘비에 써두고 싶군요." 몇 년 뒤, 비스콘티가 마비 증상으로 입원했을 때, 펠리니는 자주 병문안을 갔다. 그리고 마지막 순간까지 일하는 비스콘티의 금욕주의를 순수한 마음으로 존경했다. 비스콘티가 죽은 뒤, 그의 열정적인 프로듀서인 피에트로 노타리안니가 펠리니 캠프에 합류했다. 그에 따르면, 두 위대한 감독은 아주 다른 예술적 시각을 가졌지만, 일에 전적으로 헌신하는 태도는 매우 닮아 있었다고 한다.

1954년으로 돌아가자. '길'은 외국과 비교하면, 이탈리아에서는 대단히 다르게 수용됐다. 어떤 이는 '길'의 진가를 알아보았다. 예를 들어 피에르 파올로 파졸리니는 이 영화를 걸작이라고 평가했다. 하지만 호평은 문화적으로 억압받는 환경에서 나왔다. 1950년대 이탈리아의 정치 권력은 우익이 쥐고 있었다. 반면에 문화는 거의 좌익의 손에 놓여 있었다. 이런 상황은 사회당이 정부 구성에 참여하는 '중도 좌파' 정부까지 이어진다.[6] 당시에 이데올로기적 분열은 극심했고, 좌파들에게 펠리니는 네오리얼리즘의 배반자로 악마화됐다. 베네치아에서 이 영화가 소개된 뒤, 이들 평론가들은 허점을 찾아내려고 온갖 노력을 기울였다. 어떤 이는 이 영화는 출발은 괜찮았지만, 결국 스토리가 엉켜버렸다고 말했다. 또 다른 이는 반대로, 결말에서 파토스를 느꼈지만, 초반부가 마음에 들지 않는다고도 했다. 반복되는 지적은 이 영화가 늙었고, 가짜고, 진지하지 않으며, 문학적이고, 사실적이지 않으며, 병적이고, 유치하다는 것이었다. 물론 평론가들 사이에서도 서로 논쟁을 벌였다. 어떤 평론가가 이 영화는 과도하게 순진하다고 지적하면, 다른 이는 지나치게 영리하다고 맞받았다. 어떤 이는 스타일의 결핍을 말했고, 다른 이는 지나친 장식을 말했다.

이런 논쟁은 잡지를 통해서도 계속 이어졌다. 그러면서 동화 같은 이야기를 끌어안지 못하는 이탈리아의 문화적 불능을 드러내고 말았다. 가장 중요한 좌파 출판인인 줄리오 에이나우디(Giulio Einaudi)가 1946년에 이미 소비에트 학자 블라디미르 프로프가 쓴 〈민담의 형태론〉을 발간했음에도 말이다.

---

6   1950년대는 우익인 기독교민주당 단독으로 정부를 세울 수 있었다. 하지만 1960년대 즈음에 이탈리아공산당이 성장하자, 이들의 집권을 우려한 기독교민주당과 또 다른 진보정당인 사회당이 연합하여 정부를 구성했다. 이를 '중도 좌파' 정부라고 부른다. 기독교민주당의 중도 세력이 중심이 되고, 여기에 좌파(사회당)가 합쳤다는 뜻이다. 거칠게 말하면 '공산당만 빼고 전부 모여'식의 정부가 구성됐다. 이런 상황은 1960년대, 1970년대까지 이어졌다. 참고로 이탈리아 공산당은 기독교민주당에 이어 늘 제2의 다수당이었다. 폴 긴스버그 지음, 〈이탈리아 현대사〉, 안준범 옮김, 후마니타스, 2018.

좌파 비평가들은 결혼 테마에 관한 행간을 읽지 못했을 뿐만 아니라, '일 마토' 캐릭터에 걸려 넘어져, 그가 이탈리아 영화의 유물론에 영적 침입을 하고 있다고 공격했다. 이런 점에서 볼 때, 좌파는 이탈리아의 또 다른 면, 곧 주변화된 '프롤레타리아 이하 계급'을 간과했다. 그러면서 당시 떠오르던 인류학에 관한 문화적 무지도 드러내고 말았다. 이탈리아의 인류학은 남부 이탈리아에 관한 에르네스토 데 마르티노의 연구를 통해 잉태됐고, 카를로 레비의 소설 〈그리스도는 에볼리에 멈췄다〉(Cristo si è fermato a Eboli, 1945)가 성공을 거두며 발진하고 있었는데 말이다.

당시에 나온 잡지들의 기사를 보면 흥미로운 사실들을 많이 발견할 수 있다. 어떤 비평가들은 특별히 예외적인 인물들을 재현하는 데 대해 적의를 드러내는가 하면, 또 다른 이들은 시대착오적 발상, 지나친 주관주의, 비인간성, 혼란, 무지, 그리고 지어낸 갈등이라고 지적하며 악평을 내놓았다. 루이스 부뉴엘의 '로빈슨 크루소'(1954)가 이탈리아에서 피상적이고, 동정심 가득한 주목 정도만 받았다는 것은 우연이 아니다.[7] 그런데 초현실주의에 관한 단단한 바탕이 존재하는 프랑스에서 '길'은 아주 다른 평가를 받았다. 비평가들은 많은 예

---

7   다니엘 디포의 원작 자체가 일부 좌파들에 따르면 제국주의 소설의 대표작이다.

술적 참조를 열거했다. 이를테면 화가 마크 샤갈, 피테르 브뢰헬, 조르주 루오, 그리고 작가 폴 클로델, 스페인 학자 에우헤니오 오르스(바로크 예술에 관한 그의 연구 때문에), 또 철학자 엠마뉘엘 무니에를 언급했다. 그리고 루이스 부뉴엘과의 대조도 시도됐고, 성스러운 가치에 대한 과감한 성찰도 있었다. 당시 프랑스에서 가장 권위 있는 공산주의자 비평가인 조르주 사둘은 처음에는 이탈리아 동지들의 부정적인 평가에 동의했는데, 나중에는 의견을 바꾸었다. 파리에서 '길'에 대한 대중적인 사랑은 더욱 커졌다. 반면 이탈리아에서 비평가들은 아이러니하게도 프랑스의 문화적 퇴행에 관해 쓰기 시작했다.

'길'은 프랑스 비평가들이 이탈리아 영화의 가치에 대해 재인식하는 결정적인 계기가 됐다. '길'에 대한 이탈리아 쪽의 분석들이 약간 당황스러움을 안겨줬지만, 프랑스에서는 펠리니 같은 젊은 감독들, 그리고 '이탈리아식 코미디'(commedia all'italiana)가 주목받았다. 더불어 로베르토 로셀리니의 영화들은 잉마르 베리만과 함께 재조명됐는데, 특히 '이탈리아 기행'(1953)이 크게 호평받았다. 당시 미국의 주류 비평가인 로버트 호킨스는 1954년 9월 14일 잡지 버라이어티에, '길'은 엘리트 비평가들이 열광하고, 배급자들이 다루기 꺼리는 예술 영화의 정수라고 썼다. 이런 영화는 전쟁이 끝난 뒤에 더 많이 나왔고, 지금은 흔치 않다고도 했다. 이런 이유로, '길'은 강력하게 지지받아야 하고, 입소문을 통해 퍼뜨려야 한다는

것이다. '길'은 미국에서 배급되기 위해서는 몇 장면은 삭제돼
야 한다고도 주장했다.

'길'은 바로 국제적인 성공의 물결을 탔다. 버라이어티 잡지
의 조심스러운 전망은 신경 쓸 필요도 없었다. 한번 주류 영
화관의 흥행에서 성공을 거두자, 이탈리아의 흥행에서도 적
은 예산과 비교하면 상대적으로 좋은 성적을 냈다. '길'은 '센
소'나 '줄리에타와 로메오'처럼은 벌지 못했다. 그러나 '길'은
두 영화보다 훨씬 예산을 적게 썼다. 베네치아에서 은사자상
을 받은 것은 실수가 아니었다. 펠리니는 이탈리아 국내의 권
위적인 영화제인 은빛리본상(Nastri d'argento) 시상식에서 작
품상과 감독상을 받았다. '길'은 오스트리아, 독일, 폴란드, 네
덜란드 등에서 국제적으로 소개되며 50개 이상의 상을 쓸어
담았다. 벨기에에서는 비평가상을, 일본에서도 여러 상을 받
았다. 그해 덴마크에서는 최고의 영화에 선정됐고, 프랑스에
서는 비평가상과 3개의 다른 상을 받았다. 영국에서는 스트
랫퍼드 영화제에서 상을 받았다. 제작자 디노 데 라우렌티스
는 1955년 3월 이 영화를 더욱 알리기 위해 파리의 살 플레옐
(Salle Pleyel)에서 개최된 전시회에 참가했다. '길'은 지구상의
모든 영화제에 참석하는 투어에 올랐다. 줄리에타와 페데리
코는 거의 모든 곳으로부터 초대를 받았다. 두 사람은 그들이
들어보지도 못한 곳에서 트로피와 조각상을 받기도 했다. 그
리고 뉴욕에서 비평가상을 받은 뒤, 최고급의 축하가 뒤따랐

다. 1957년 아카데미영화제에서 '길'은 최우수 외국어영화상을 받았다. 외국어영화상 부문이 생긴 뒤의 최초 수상이었다 (이전에는 단지 '특별상'이라는 부문이 있었다).

1957년 3월 27일, 페데리코와 줄리에타 부부, 작가 피넬리, 앤서니 퀸, 그리고 데 라우렌티스는 할리우드의 RKO 판타지스 극장(RKO Pantages Theatre)[8]에 있었다. 비평가들은 줄리에타를 프랑스의 마임 연출가이자 배우인 장-루이 바로, 역시 마임 배우인 마르셀 마르소, 그리고 미국의 무성영화 배우 해리 랭던과 비교했다. 줄리에타는 '여성 채플린'으로 불렸다. 채플린은 훗날 뉴욕 타임스와의 인터뷰(1966년 2월 1일)에서 줄리에타에 대해 직접 말했다. "내가 가장 존경하는 배우가 줄리에타이다." 1957년 당시 할리우드의 비평가들은 이미 줄리에타에게 흠뻑 빠져 있었다. 파티장에서 젤소미나는 클라크 게이블을 보고 사인을 요청하지 않을 수 없었다. '왕'(The King, 클라크 게이블)은 진짜 왕처럼 대답했다. "오늘 사인을 요청할 사람은 당신이 아니라 바로 나요." 펠리니는 늘 그랬듯 명예와 의무를 반어법의 유머를 섞어 응대했다. 그는 할리우드에서 아주 행복했다. 그래서 버트 랭커스터의 영화사인 '헤히트-힐-랭커스터'(Hecht-Hill-Lancaster)의 초청을 받아들였다. 랭커스터는 펠리니에게 할리우드에 한 달 반 정도 더 머물며,

---

8   1949년부터 1959년까지 아카데미 시상식은 판타지스 극장에서 열렸다.

비밀 프로젝트를 진행하자고 제안했다. '길'의 성공은 시간이 지날수록 더 견고했다. 할리우드의 알렉산더 코다 감독은 후속편 '젤소미나의 모험'을 만들자고 제안했는데, 펠리니는 미소로 답을 피했다. 지금 돌이켜 보면, 그 제안이 그렇게 터무니없는 것은 아니었다. 니노 로타의 음악은 미국에서도 히트였고, 테마곡은 노래로 만들어졌다. 제목은 '당신 눈에 빛나는 별들'(Stars Shine in Your Eyes)이었다.

'길'은 어떤 면에서 보면 개인의 정신적 여행에 관한 이야기이다. 이것은 진짜 꿈에 관한 동화다. 저자가 자신의 '임상 사례'를 위험을 무릅쓰고 들려주고 있다. 이런 이유로 '길'은 모든 해석과 주석, 그리고 모든 이론의 적용에 열려 있다. 만약 모두가 자기만의 이야기를 갖는다면, '길'은 펠리니의 삶에 관한 가장 고통스럽고 수수께끼 같은 동화이다. 많은 비평가가 이 영화를 분석하기 위해 여러 공식을 적용했다. 펠리니는 젤소미나와 참파노의 이야기를 결혼에 관한 은유로 읽는 것을 좋아하지 않았다. 그런데 일부 비평가는 그 결혼은 페미니즘이 확산되기 전에, 사나운 남자와 모욕당하고 복종하는 여자의 관계에 대한 은유라고 봤다. 사실 펠리니 자신이 '길'을 막 발표했을 때, "대개의 결혼이 그렇지 않나."라고 말하기도 했다. 그래서 이 동화에서 성별 투쟁의 원형을 보는 것은 합리적일 테다. 그건 펠리니가 어린 시절 보았던 것과 비슷한 관계였다. 펠리니의 부친은 외향적이고 지배적이었다(부친은 직업상 참파노처럼 여러 곳을 돌아다녔다는 사실을 기억하자). 펠리니의 모친은 그냥 상황을 초월하면서 자신을 달랬다(젤소미나와 크게 다르지 않다). 줄리에타는 '길'이 그들의 결혼을 반추한다고 주장하는 사람들과 논쟁했다. 그 사람들은 펠리니는 참파노이고, 이 영화는 아내에 대해 둔감하고 신경을 덜 쓰는 남편의 태도에 관한 고백이라고 말했다(그리고 이들은 '영혼의 줄리에타'의 남편인 조르지오는 잘 차려입은 참파노라고 읽었다). 줄리에타는 작은 희생자 젤소미나와 자신을 동일시하는 해석을 거부했다. 차라리 불타는 낙관주의를 보여주는 '카비리아의 밤'의 주인공과 동일시하는 것을 선호했다. 줄리에타는 젤소미나를 연기하는 것은 대단히 어려웠다고 말했다. 만약 성공했다면 자신이 많은 훈련을 받은 배우이기 때문이라고 설명했다.

　젤소미나가 줄리에타가 아니라면, 그녀는 누구인가? 줄리에타의 답은 간단하고 놀라웠다. 젤소미나는 펠리니라는 것이다. 줄리에타에 따르면, 해변에 있는 집에서 나와서, 외부로 가는 차에 올라탄 인물은 펠리니였다. 펠리니는 광대의 기술을 배웠고, 거대한 실존과 마주 서자, '정신의 리얼리티'를 드러내는 데 이를 이용했다는 것이다. 이후에도 줄리에타는 이런 해석을 계속 이어갔다. '길'의 심리학적 극장에서, 펠리니는 삼위일체 같다고도 했다. 곧 펠리니에게 젤소미나, 참파노, 그리고 일 마토가 모두 들어 있다는 주장이다. 이는 영화의 신비한 배경 위에 입혀진 시적 긴장이었다. 이는 관념을 배제하고 현실을 적용하는 잔인한 실용주의와 반어적 표현들일 수도 있는데, 그 정도가 자기파괴에 이르렀다는 것이다. 젤소미나가 자연 속에 빠져, 아이들과 이야기하며 범신론을 드러내는 장면은 '소년 펠리니'와 관련됐다고들 말한다. 여기엔 어린 시절 로마냐의 풍경과 (로마냐 출신의 시인)조반니 파스콜리의 시가 참조됐다는 것이다. 또 참파노의 만족할 줄 모르는 방랑벽은 역시 펠리니의 특성으로 해석한다(펠리니는 오랫동안 차에서 살다시피 했고, 성찰했고, 모든 것을 토론했다. 펠리니는 항상 이동 중이었다. 운전하지 않기로 결정한 뒤에도 그의 삶은 늘 움직임 속에 있었다). 그리고 초월적인 광대-철학자인 일 마토가 "나는 늘 사람들을 웃게 하고 싶었어."라고 말할 때, 그도 역시 펠리니라는 것이다. 하지만 예술가가 하나의 작품 속에 자신의 모든 것을 집어넣는 것은 위험한 훈련이 될 수도 있다.

펠리니 스타일의 여성 캐릭터

다시 피우미치노의 해변으로 돌아가 보자. 그때는 '길'의 촬영 종료가 20일쯤 남아 있었다. 무슨 일이 일어났을까? "그건 누군가가 아무런 경고 없이 갑자기 모든 불을 꺼버리는 것과 같았다." 펠리니는 그 끔찍한 순간을 폭발 같은 것, 갑자기 머리가 비어버리는 것, 그리고 우울증 속으로 빠지는 것으로 기억했다. 많은 세월이 지난 뒤에도 그것은 큰 불안으로 남았다. 펠리니는 훗날 그 순간을 '일종의 정신적 체르노빌'이었다고 표현했다. 검은 구름이 머리 위로 내려와, 기분과 정신을 모호한 현기증 속으로 밀어 넣는 데, 그건 아기일 때 느껴봤을 모든 불안이 한꺼번에 몰려오는 것과 같다는 것이다. 당시 펠리니는 그 일에 대해 누구에게도, 심지어 줄리에타에게도 말하려 하지 않았다. 줄리에타는 알았다면 대단히 놀랐을 것이다. 펠리니는 프로듀서인 지아코지에게도 말하지 않았다. 그는 현장에서 바로 제작자 디노 데 라우렌티스에게 전화하여, 재난 상황을 보고했을 것이다. 펠리니는 버텨야 했고, 앞으로 나가야 했다. 스태프들은 라티나(Latina)에 있는 호텔에서 머물렀다. 그날 밤, 펠리니는 피곤하고 머리가 아프다며, 저녁 식사에 불참했다. 하지만 그는 잠들지 못했다. 그때부터 일생 펠리니는 살인적일 정도로 일을 하며, 밤엔 잠을 잘 자지 못했고, 완전히 쓰러질지 모른다는 불안 속에 살았다.

주말이 됐을 때, 줄리에타는 문제가 있음을 인식했고, 정신분석의를 불렀다. 이탈리아 정신분석학계의 유명학자인 에밀리오 세르바디오(Emilio Servadio)가 1954년 봄, 루테치아 거리에 있는 펠리니의 집에 도착한 날은 감독의 영화 세계에 정신분석이 공식적으로 입장한 날로 기록된다. 그때까지 펠리니는 정신분석을 거의 몰랐고, '유대인의 과학' 정도로만 알고 있었다. 그는 지그문트 프로이트의 책을 몇 페이지 정도 읽은 게 전부였다. 하지만 정신분석은 펠리니의 삶에서, 문화적 현상이 아니라, 마치 응급실의 치료처럼 들어왔다. 세르바디오는 증상을 확인했고, 펠리니에게 당분간 절대안정을 취해야 한다고 처방했다. 펠리니를 진단하며, 세르바디오는 환자의 마음을 탐구하는 기회를 얻었다. 그리고 세르바디오는 찍고 있던 영화를 완결짓는 것이 근본적인 문제이기 때문에, 펠리니에게 현재 진행 중인 일에 집중하라고 조언했다. 그런 뒤에, 두 사람은 건강 문제에 대해 다시 말할 수 있을 것이고, 그래야 실질적인 치료에 들어갈 수 있다고 했다. 의사와의 만남을 통해 진정된 펠리니는 영화를 끝내는 데 집중할 수 있었고, 그리고는 곧장 프로빈체 광장에 있는 세르바디오의 진료실에 갔다. 하지만 펠리니는 겨우 두 번 정도 진료를 받았다. 그는 환자와 정신분석의 사이의 관계를 어색하게 여겼다. 치료가 끝났음을 알리는 시계 소리는 관료주의의 명령(지금 말 하시오. 말을 중단하시오.) 같았다. 그리고 소파 위에 있을 때, 펠리니는 숨이 막히는 것 같은 폐소공포증을 느꼈다. 어느 날 세르바디오는 펠리니가 공기 부족을 느끼며 창문을 여는 것을 봤다. 바깥에는 여름의 폭풍우가 몰려오고 있었다. 펠리니는 평생 여름 폭풍우를 좋아했는데, 어서 바깥으로 나가서 그 속에 있고 싶어 했다. 다른 핑계를 대고 펠리니는 바깥으로 나갔다. 우산도 없이 쏟아지는 폭우 속에 나간 그는 나무 아래에서 은신처를 찾았다. 그런데 바로 그때 마법처럼, 펠리니의 삶에 새로운 페이지, 아니 비밀의 페이지가 열렸다. 그건 가능성의 빛으로 가득 차 있었고, 우울함의 터널에서 벗어나게 하는 탈출구 같았다.

훗날 90살이 넘었을 때 세르바디오는 펠리니에 관련된 전체 이야기를 믿을 수 있는 동료 시모나 아르젠티에리에게 들려주었다. 세르바디오에 따르면 만남은 많지 않았지만, 두 번 이상은 됐다. 두 사람의 만남은 의미 없는 게 아니었다. 치료 도중에 펠리니가 밖으로 나간 날엔 폭풍우가 없었다. 하지만 뭔가 특별한 일이 일어난 것만은 분명했다. 아르젠티에리는 그것을 '치료로부터의 탈출'이라는 고전적인 사례라고 설명했다.

여름 폭풍우가 사실인지 허구인지 알 수 없지만, 그날 무슨 일이 일어났을까? 빗속에서 펠리니는 나무 아래로 몸을 숙였다. 그곳에 어떤 여성이 우산을 들고 나타났다. 아니 어딘지 알 수 없는 데서 나타난 것 같았다. "이쪽으로 피하시겠어요?" 여성의 그 초청이 매우 매력적이었다. 여성은 믿을 수 없을 정도로 아름다웠다. 펠리니는 그 장면을 기억할 때면(가장 내밀한 친구들에게), 영리한 재담을 늘어놓곤 했다. 그것은 말을 탁구 하듯 주고받는 일종의 '세련된 코미디' 같았다. 펠리니에 따르면 육감적인 몸매를 가진 그녀는 막 패션 잡지에서 튀어나온 것 같았다. 변호사이자 친구인 티타 벤치가 그 여성을 만났는데, 펠리니의 의견에 동의했다. 그 여성은 펠리니가 상상하는 완벽한 여성의 전범이었다. 작은 우산을 함께 쓰고, 펠리니와 그 여성은 짧고 영적인 만남을 가졌다. 하지만 이후에 비가 오지 않아도 오후에는 그 만남은 계속됐다. 두 사람의 만남은 일정한 거리 두기와 머리가 곤두서는 파괴적인 관계, 그리고 재결합을 반복하며 몇 년간 이어졌다.

펠리니에 관한 전기를 쓴다면, 그와 여성에 관한 챕터를 빼놓을 수 없을 것이다. 그리고 이 주제에 관해서는 전기 작가는 대단히 조심해야 한다. 먼저 분명하게 말해둘 것은 반세기 동안 이어진 결혼 기간, 펠리니는 신의에서 완벽하진 않았지만, 단혼제의 실천자였다. 그는 여성들에게 자주 반했고, '비텔로니'의 그들처럼 섹스에 관한 농담도 즐겨 했다. 식당의 냅킨에 야한 텍스트를 첨부한 야한 그림을 그리기도 했다. 대화할 때도 사랑에 관한 토픽이 등장하면 행복한 마음으로 끼어들었다. 그래서 친구들이 이런 말을 하며 놀려대곤 했다. "말 많이 하는 사람은 행동은 못 하더라." 그러면 펠리니는 광대 같은 눈빛으로 쳐다보며, 바지 속에 숨어 있는 '만족할 줄 모르는 용'을 꺼씹어낼 듯 위협하곤 했다. 상황이 어땠는지 정말로 아는 사람은 없을 것이다. 하지만 한 가지 사실은 분명하다. 펠리니에겐 사는 동안 유혹도, 기회도 많았는데, 그가 오직 한 여성하고만 알고 지내지는 않았다는 점이다. 매력이 있었는지는 모르지만, 어떤 여성은 펠리니의 군건한 결혼 관계를 일시적으로 깰 것 같기도 했다. 알다시피 펠리니의 결혼은 금혼식까지 이른다. 펠리니는 20살 때 가족이 될 것이라고 선택한 여성에 대한 마음을 절대 바꾸지 않았다. 줄리에타 마지나의 존재는 펠리니에게 필수적이었다. 결혼생활 중에 전형적으로 일어나는 참지 못하는 상황, 논쟁, 그리고 오해의 순간이 종종 있었지만 말이다.

펠리니는 돈 조반니이기보다는 케루비노(Cherubino)[1]였다. 펠리니는 나이에 관계가 없이 많은 여성과 사귀었다. 그럴 때마다 펠리니는 늘 상대방이 자신에게 의미 있는 존재라는 인상을 주었다. 그래서인지 자신이 펠리니의 연인이라고 주장하며, 여성들이 직접 쓴 수많은 회고록이 존재한다. 그것은 하나의 문학 장르가 될 수준이고, 어떤 연구의 대상이 되기에도 충분하다. 좋았든 나빴든 이런 감성적이고 관능적인 관계의 얽힘은 사람들에게 상상력을 자극했는데, 이를테면 누가 특정 시기에 가장 사랑받는 여성이었을까, 그리고 그 관계가 정말로 중요한 것이었을까, 하는 것들이었다. 하지만 어떤 여성들이 유명한 남자인 펠리니와의 가까운 관계를 이용했는가, 혹은 그를 거절했는가를 상상하는 것은 별로 중요하지 않다. 중요한 것은 펠리니가 사람들과의 관계에서, 남자들과의 관계까지 포함하여, 어떤 반응을 보였는지에 관한 상상이다. 펠리니는 짧은 순간 이어진 관계에서도, 언제나 상대방이 자신에게 특별하고 독점적인 관계에 있다는 인상을 주었다. 작가 베르나르디노 차포니는 회고록 〈나의 펠리니〉(Il mio Fellini)에서 이 주제에 관해 이런 말을 남겼다. "펠리니는 항상 자기 옆

---

1 모차르트의 오페라 〈피가로의 결혼〉에 등장하는 인물로, 어리고 예쁜 외모를 가진 남성이다. 케루비노는 〈피가로의 결혼〉의 주요 인물인 백작부인과 수잔나는 물론, 다른 많은 여성에게도 추파를 던지는 '귀여운 바람둥이'로 설정돼 있다. 곧 계급, 나이를 불문하고 주변의 거의 모든 여성에게서 사랑을 찾았다.

에 어떤 여성을 두었다. 그곳은 주로 더빙 녹음실이거나 사운드 믹싱 스튜디오였다. 영화를 만들 때마다 그의 곁엔 다른 여성이 있었다. 그들은 주로 편안한 인상을 주는 여성이었다. 겸손하고 헌신적이었다. 그 여성들은 펠리니의 손을 잡으며 그의 열정과 분노를 함께 나누기도 했다. 그런데 영화가 완결되면, 그 여성들은 사라졌다. 전통적인 여성성에 매력을 느끼고 강박적이었던 펠리니는 그 여성들이 자신을 보듬게 하고, 붙잡아 주고, 아껴주기를 바랐다. 하지만 펠리니는 항상 자신을 자유롭게 할 준비가 돼 있었다. 그럴 때면, 마치 놀란 고양이처럼 그런 관계에서 뛰쳐 나왔다."

말년의 인터뷰에서 펠리니는 이런 말을 했다. "여성은 하나의 메시지다. 삶의 기쁨은 메시지를 기다리는 데서 오는 것이지, 메시지 자체에 있는 건 아니다." 여성들은 펠리니의 이런 모습에 실망할 수 있다. 왜냐면 겉보기와는 다르기 때문이다. 하지만 펠리니에겐 오직 한 명의 여성만이 있었다. 곧 펠리니에게 언제나 신뢰를 잃지 않았던 줄리에타 마지나가 있었다. 두 사람이 보여준 예술적 협력관계가 그 증거다. 이들의 예술적 관계는 라디오에서 시작하여 스크린까지 이어졌다. 영화에서 보여준 이들의 관계는 전설이다. 두 사람의 영화적 협업은 '버라이어티 쇼의 불빛'에서 시작하여, '백인 추장', '길', '사기꾼들', '카비리아의 밤', '영혼의 줄리에타' 그리고 '진저와 프레드'에까지 이른다.

그렇지만 펠리니에 관련된 비밀스러운 이야기들이 있다. 그리고 몇 명의 여성은 제법 긴 기간 펠리니에게 영향을 미쳤다. 이런 이야기는 비 오는 날 우산 아래에서 있었던 만남부터 시작한 것 같지는 않다. 그일 이전에 굳이 이름과 얼굴을 밝힐 필요는 없는 연인에 관한 떠도는 이야기들이 있었다. 하지만 산 마리노 출신의 레아 자코미니(Lea Giacomini)는 펠리니의 삶에 의미를 남긴 첫 번째로 중요한 여성이었다. 펠리니가 말하길, 그들의 열정이 계속된 데는 거부할 수 없는 그녀의 관능성이 있었기 때문이었다. 당사자들의 고백과 대화에서 추론할 수 있는데, '달콤한 인생'에서 마르첼로 마스트로이안니에게 잔소리를 하는 연인으로 나오는 프랑스 배우 이본 푸르노의 캐릭터는 까칠한 성격을 가진 레아로부터 영감을 받았다. 사람들이 말하길, 영화에서 밤에 두 사람이 차 안에서 싸우고, 마스트로이안니가 시외의 한적한 거리에서 여성을 혼자 두고 떠나버리는 장면은 실제 이야기에 근거한 것이었다. 실제와 영화가 다른 것은 레아가 더욱 폭력적으로 반응했다는 점이다. 레아는 펠리니가 새로 산 플라미니아(Flaminia) 스포츠카에 돌을 던져 거의 부수었다고 한다. 레아를 연상시키는 또 다른 캐릭터도 있는데, '달의 목소리'(1990)에서 '섹스의 기관차' 역할을 했던 마리자 캐릭터도 레아의 풍만함에서 영감을 받은 것이다. 펠리니에 따르면, 그 영화를 만들 때는 레아는 이미 에밀리아 로마냐에 있는 정신병동에서 죽은 뒤였다. 레아에 관한 것은 몇 개의 스케치만 남아 있다. 고통도 받았던 연인 펠리니가 그린 것으로, 그 그림들을 통해 레아를 기억하곤 했다.

항상 등장하는 친구 티타 벤치는 펠리니가 산 마리노에 있는 티타노(Titano) 산으로 사랑의 모험을 떠날 때 가끔 동행하곤 했다. 그가 몇 가지 일화를 들려주었다. 늦은 밤에 펠리니는 티타 벤치에게 산 마리노까지 운전해달라고 부탁했다. 펠리니는 자신이 레아를 놀라게 하고 올 테니, 티타는 바에서 기다리라고 했다. 바가 문 닫을 시간이 됐는데, 펠리니는 여전히 돌아오지 않았다. 티타는 결국 몸이 얼 것 같은 추위 속에서, 지붕 아래 선 채 펠리니를 기다렸다. 새벽이 거의 다 되어서야 펠리니는 나타났다. 추위 때문에 거의 감각을 잃은 상태에서 티타는 펠리니를 공격했다. "어떻게 이렇게 추운 날에 오랫동안 나를 밖에서 기다리게 할 수 있어?" 펠리니는 늘 하던 대답을 했다. "우정은 어디 갔어?"

또 다른 일화도 있다. 많은 세월이 지난 뒤, 펠리니는 티타에게 산 마리노까지 운전해 달라고 또 부탁했다. 펠리니가 레아를 마지막으로 본지도 제법 지났을 때였다. 펠리니는 이유를 대길, 가서 잘 지내냐고 인사를 하고 싶다고 했다. 그들은 레아의 집 근처에 주차했는데, 이상하게 펠리니는 주저했고, 차에서 내릴 생각을 하지 않았다. 티타가 물었다. "갈 거야, 말 거야?" 펠리니가 대답했다. "잠깐만, 레아는 지금 많이 늙었겠지?" "당연하지. 우리는 1920년에 태어났고, 내 생각에 레아는 1918년에 태어났으니, 레아는 당연히 늙었지." 펠리니는 빨리 결정을 내렸다. "그래 관두자. 집에 가자."

산 마리노와 리미니 사람들은 펠리니와 레아의 관계에 관해 말들을 하고 있었다. 하지만 더욱 오래, 더욱 집중된 관계를 맺었던 안나 조반니니(Anna Giovannini)에 관해서는 아는 사람이 매우 적었다(펠리니가 살아 있을 때는 이 일을 아는 사람은 더욱 적었다). 펠리니의 도플갱어이자 가장 믿을 수 있는 사람인 마르첼로 마스트로이안니조차 안나에 관해선 아는 것이 하나도 없었다. 펠리니가 죽고 난 뒤, 언론을 통해 그 사실을 알게 된 마스트로이안니는 매우 섭섭하게 생각했다. "나는 나의 관계들에 대해 펠리니에게 전부 말했다. 그는 그럴 때면 웃곤 했는데, 자기에 대해서는 한마디도 하지 않았다. 이제 기억이 나는데, 펠리니는 약속이 있다며 간혹 자기를 웅게리아 광장에 데려 달라고 했다. 그는 차에서 내리면, 내가 차를 몰고 떠날 때까지 그곳에 서 있었다. 내가 떠난 뒤에 그는 어떤 방향으로 향했다. 이제 알겠는데, 그는 자신이 달려가는 방향의 문을 나에게 알려주고 싶지 않았던 거다."

1995년 6월, 펠리니가 죽은 2년 뒤 안나 조반니니는 40년의 침묵을 깨고 나타났다. 인터뷰도 하고, 사진과 그림, 그리고 편지를 공개했다. 안나는 언론이 자신을 '펠리니 인생의 진정한 동반자'라고 보도하는 데 만족감을 느꼈다. 그런 보도는 과장이었다. 하지만 차림새와 육감적인 몸매를 고려할 때, 이 여성이 '8과 1/2'에서 산드라 밀로가 연기한 마스트로이안니의 애인 캐릭터라는 것은 사실이다. 펠리니는 안나를 '라 파치오카'(la Paciocca)라고 불렀다. 사전에 따르면 이 단어는 명랑하고 풍성한 몸매를 가진 성격 좋은 여성을 의미한다. 안나는 펠리니보다 5살 연상이며, 1915년 지금은 슬로바키아의 도시인 코시체(Kosice)에서 태어났다. 안나는 이탈리아 북부 트렌토에서 살았고, 1952년 로마로 이주했다. 그곳에서 딸 파트리치아가 태어났다. 어떤 신문은 파트리치아가 펠리니의 딸이라고 보도하기도 했다. 하지만 그건 마법사인 펠리니보다 더욱 위대한 사람이라 할지라도 불가능한 기적이다. 두 사람이 만났을 때 아이는 이미 5살이었다. 이 사실은 두 사람의 만남 30주년을 기념하여, 펠리니가 그린 흥겨운 그림으로 확인된다.

1957년 5월 14일, 펠리니는 쉐보레를 몰고 로마의 룽고테베레를 가고 있었다. 그는 어떤 여성의 체형을 보고 매혹됐다. 펠리니는 그 여성을 따라, 유명 빵집인 루스케나(Ruschena)에 들어갔다. 그리고는 대화를 시도했다. 안나 조반니니는 펠리니를 알아보지 못했다. 갑작스런 접근에 긴장하던 안나는 그의 이름을 잘 못 들었고, 그래서 그를 엔리코라고 불렀다. 그러자 펠리니가 말했다. "엔리코가 아니라, 나는 페데리코요! 페데리코 펠리니!" 그 당시 안나는 친구의 약국에서 서무를 보고 있었다. 그런데 구애자 펠리니의 요구가 하도 강해서, 안나는 그 일을 관두었고, 이후 펠리니는 언제든지 안나를 만날 수 있었다. 안나는 불멸이 됐는데, 펠리니의 친구인 화가 리날로 제렝이 딸과 함께 안나의 초상화를 그려놓았기 때문이다. 제렝은 그 그림을 가장 영감이 뛰어난 초상화 가운데 하나로 기억했다. 안나는 줄리에타 마지나가 질투하고 있다는 사실을 알고 있었고, 그렇지만 펠리니의 결혼 생활을 전혀 위협하지는 않았다. 마지나는 늘 그렇듯 선의의 영혼을 잃지 않았지만, 경계를 하고 있었다. 이런 상황은 '영혼의 줄리에타'에 참조돼 있다. 마리오 피주가 연기한, 바람을 피우는 남편이 사립탐정에 의해 추적되고 필름으로 찍히는 별로 유쾌하지 않은 시퀀스가 바로 그 상황이다.

실제로는 펠리니는 사진은 찍혔고, 필름(동영상)은 찍히지는 않았다. 하지만 그는 연인의 집으로 남몰래 성급하게 걸어가는 자신의 모습을 사진으로 봐야 했을 때, 대단히 기분 나빠했다고 전해진다("이방인이 된 듯한 무서운 기분"). 일련의 사진들은 1971년 11월 7일, 여성 주간지에서 소개됐다. 펠리니와 여자 친구는 식당에서 나오다가 파파라치들에게 들켰고, 플래시 세례를 받았다, 이 사진은 그가 또 다른 가족을 가졌을 가능성에 대해 말하는 것 같았다. 그런데 이상하게도 주간지는 이런 사진들을 '파파라치들의 복수'라는 제목 아래 소개했다. 그럼으로써 사진 속의 여성은 영화 '로마'에 출연했던 많은 배우 가운데 한 명이고, 펠리니가 촬영을 마친 뒤에 집에

바래다주는 것 같은 인상을 주었다. 말하자면 이탈리아 언론은 항상 펠리니를 존중했고, 또 어떨 때는 공범자가 되어 주었다. 사실 그들에겐 펠리니의 연애 사건을 폭로하는 것은 너무 쉬운 일이었다. 하지만 그렇게 하지 않았다. 이런 상황에 예외는 거의 없었다. 죽어서 종합 병원에 누워 있는 펠리니의 시신을 찍은 비열한 사진('특종'이라고 했다) 정도밖에 없을 것이다.

안나 조반니니가 말한 대로, 펠리니는 항상 사려 깊고 열정적인 파트너였다. 하지만 그는 질투를 느낄 때는 분노를 폭발하곤 했다. 이를테면 안나의 집에서 누군가가 보낸 꽃을 보면, 창문 밖으로 던져버렸다. 그럴 때면 어떤 사람의 머리를 칠뻔하기도 했다. 안나는 말했다. "기본적으로 사랑이라는 이름으로, 페데리코는 내 주변에 그 누구도 두지 않으려 했다." 두 사람의 사랑 이야기는 삶과 함께 가는 또 다른 삶이었다. 사랑 이야기는 꽃을 피웠고, 만발했다. 분명한 사실은 펠리니는 한 번도 연인을 방기하지 않았다는 점이다. 사람들이 말하길, 1989년 안나의 건강에 문제가 생겼을 때, 펠리니는 절망할 정도로 놀랐다고 한다.

펠리니의 비밀스러운 삶에 관한 나머지 이야기는 전부 우스개 수준이었다. 그런 일들은 말년에 주로 일어났는데, 끊임없이 전화하고, 전보를 보내고, 이상한 장소에서 데이트한다는 것이었다. 그런 것들은 촬영장에서 농담의 소재였고, 긴장을 풀어주는 뒷담화 정도였다. 펠리니는 촬영장에서, 유명배우든 무명배우든 쾌활하게 유혹했다. 실제로는 그렇지 않았지만, 펠리니는 자신이 위대한 유혹자인 듯 연기하는 것을 즐겼다. '달콤한 인생'을 찍을 때, 어떤 친구는 펠리니가 아니타 에크베르그와 섹스를 했다는 사실을 폭로하겠다고 말했다. 펠리니는 이렇게 대답했다. "부탁인데, 제발 말해주게."

이와 관련해서, 유명 언론인인 인드로 몬타넬리(Indro Montanelli)가 들려준 일화를 주목할 필요가 있다. 몬타넬리는 회고록 〈단지 기자로서〉(Soltanto un giornalista)에서 티치아나 아바테에게 이렇게 말했다. "아니타 에크베르그가 '달콤한 인생'에 출연하기 위해 로마에 왔을 때, 처음 한 일은 펠리니에게 전화해서, 자기가 묵고 있던 호텔로 초대한 것이었다. 아니타는 마치 준비됐다는 듯, 아무것도 입지 않은 채 침대 안에 누워 있었다. 하지만 펠리니는 장전한 총을 차고 어슬렁거리는 그런 남자가 아니었다. 그는 대단히 당황했다. 그런 상황에서 그가 할 수 있는 것은, 갑자기 맹장이 아픈 척 연기하는 것이었다. 그런데 그 연기가 실제로 효과를 냈는지, 이후 진짜로 맹장 수술을 받았다." 이런 이야기는 사실과는 거리가 멀다. 우선 아니타 에크베르그는 펠리니에게 그렇게 접근한 적이 없다. 에크베르그가 계약서에 서명한 것은 매니저들인 행크 카우프만과 진 러너의 압력이 집요했기 때문이었다. 특히 진 러너는 에크베르그가 서명하기를 자꾸 거절하자, 화를 내며 이렇게 말했다. "당신이 이 계약서에 서명하지 않으면, 내가 대신 서명할 거요!" 그리고 몬타넬리의 동화 같은 이야기는 펠리니가 지어낸 것일 수 있다. 그런데 그 이야기에서 약간 우스운 것은 펠리니의 성적 능력에 대해 의문이 남아 있는 점일 것이다.

성에 관련된 소문은 로마의 영화계에서 끊임없이 반복됐다. 그런 소문은 펠리니가 불능의 카사노바라는 데까지 과장된다. 언론인 세르지오 차볼리는 자신의 책 〈사건기자의 일기〉(Diario di un cronista)에서 직접 들은 이야기들을 근거로 이렇게 썼다. 펠리니가 리미니에서 몰려다니는 친구들과 처음으로 매음굴을 경험한 것은 16살 때였다. 하지만 성적 경험이 실제로 일어난 것은 1938년 피렌체에서였다. 발리오니 호텔 뒤에 있는 매음굴에 갔는데(화가 지오베 토피가 데려갔다), 그때의 경험은 펠리니에게 트라우마가 됐고, 악몽이 됐다. 차볼리의 주장에 따르면, 그건 치료하기 어려운 '성에 관한 불안'으로 펠리니에게 남아 있다는 것이다.

증명하기 어려운 이런 보도들도 있다. 펠리니는 어떤 신성 여배우의 코 수술을 위해 돈을 지불했다, 다른 여배우에겐 백과사전을 선물했다, 또 다른 여배우에겐 외국으로 가는 비행기 표를 주었는데, 더 이상 그를 보지 않으려 했기 때문이다, 같은 것들이다. 펠리니는 피상적인 관계에선 금방 싫증을 냈다. 그런 관계는 대개 가벼운 마음으로 시작됐고, 욕망에 따라 만났던 상대를 계속 보는 것은 싫어했다. 펠리니는 그런 상대들은 촬영장에도 못 오게 했다. 그는 그들로부터 돌려받아야 할 그 어떤 것도 요구하지 않았다. 그런 연인들 가운데 조금 알려진 어떤 여성은 펠리니와의 관계(사실인지 아닌지 알 수 없다)를 고백류 책에서 폭로했다. 그리고 그 책에 무례하게도 마지나에게 헌정한다고 밝히며, 부부가 살던 마르구타 거리의 집에 보냈다. 이런 황당한 일이 벌어져도 펠리니 부부는 품위 있게 대처했다. 그들은 전혀 반응하지 않았고, 전화를 걸어 질문하는 기자들에겐 모호하게 말했다("그랬대요? 그 여성이 책을 썼대요? 시간이 나면 한 번 읽어볼게요."). 그리고는 그 이야기는 끝났다.

줄리에타 마지나는 펠리니의 실수들에 적응했고, 이런 문제로 더는 그를 공격하지 않았다. 마지나는 자신과 남편과의 관계에 대해 확신하고 있었고, 그래서 어떤 일이 벌어져도 미소를 지었다. 이들 부부의 오랜 친구인 작가 베르나르디노 차포티는 이렇게 설명했다. "펠리니는 줄리에타를 떠나는 것을 생각조차 하지 않았을 것이다. 왜냐면 줄리에타가 자기의 애정과 삶의 기둥일 뿐만 아니라, 자기의 인생에 영원한 수수께끼로 남아 있었기 때문이었다." 펠리니와 친했던 안젤로 아르파 신부는 이와 비슷한 내용을 시적으로 말했다. "줄리에타는 그를 지지하는 사람 정도가 아니다. 줄리에타는 그의 숨결이었다."

20. '사기꾼들'(Il bidone, 1955)

사기의 순교자

현재 통용되는 '사기꾼들'의 상영 시간은 92분이다. 이 영화
관련 전문 카탈로그나 안내에는 상영 시간이 105분으로 나와
있는 것도 있다. 그런데 1955년 9월 9일, 제16회 베네치아영
화제에서 처음 상영됐을 때, 이 영화의 상영 시간은 두 시간
을 넘었다. 펠리니가 찍은 것과 이후에 축소된 것 사이의 30
분의 차이는 이 영화의 특별한 운명을 분명히 보여준다. '길'
이 엄청난 성공을 거두자, 1955년 초에 제작자들은 펠리니의
다음 작품을 잡기 위해 서로 경쟁했다. 그런데 디노 데 라우
렌티스는 '사기꾼들'의 초안을 읽고, 이 작품을 하지 않기로
했다. 다른 제작자들도 비슷한 반응을 보였다. 새 영화에 비교

적 반대하지 않은 제작자가 티타누스 영화사의 고프레도 롬바르도였다. 오랜 숙고 끝에 롬바르도는 펠리니의 새 작품을 제작하기로 했다.

'비텔로니' 때와 달리, 이번에 펠리니는 알려지지 않은 단어를 제목으로 쓰지는 않았다. 이탈리아의 대표적 사전인 칭가렐리(Zingarelli)에 따르면, '사기'(bidone, 원제목)는 '속임수, 조롱, 놀림, 약간 무거운 농담'으로 쓰이고, 이에 파생된 단어인 '사기꾼'(bidonista), '사기당한'(bidonato) 같은 단어들은 당시 이탈리아에서 이미 15년 전부터 쓰였다. 이런 표현은 롬바르디아주의 학생들에 의해 처음 쓰였다. 바로 이어 이 표현은 사회 주변부 사람들에게 퍼졌고, 의미는 속이고, 사기 치고, 거짓말하고, 범죄를 저지르는 것까지 포함했다. 사기의 세상은 역사적으로 구성되는 것도 아니고, 경계도 알 수 없으며, 얼굴을 밝힐 수 없는 수많은 주인공으로 가득 차 있었다. 하지만 펠리니는 그런 사람들을 알고 있었다. 그는 전쟁의 가난 속에서 그들을 만났고, 또 전쟁이 막 끝났을 때는 암시장과 또 다른 생존 투쟁 속에서 그들을 만났다. 그때는 거의 모든 사람이 살아남기 위해 사회에 적응하는 기술에 의지해야 했다. 그런데 이 영화는 1950년대 중반에 발표됐고, 그때는 상대적으로 사회가 안정돼 있었다. 이탈리아에서의 삶은 재건설과 경제 성장의 발판 속에서 자리를 잡아 갔다. 사람들은 이제 생존하기 위해 속임수를 쓰는 일은 점점 하지 않았다. '사기꾼들'은 사라져가는 사기 기술에 관한 영화다. 다시 말해 사기의 데카당스와 죽음에 관한 영화다. 그래서 영화 홍보에서 보이는 밝은 기운의 피카레스크 작품이기보다는 데카당스 '황혼파'의 작품에 더 가까웠다.

펠리니에게 종종 그랬듯, 이 영화의 영감은 사람들에게서 직접 들은 이야기로부터 나왔다. 아이디어는 '길'을 촬영할 때, 로마 근교 오빈돌리의 식당에서 만난 어느 나이 든 사기꾼과의 대화에서 시작됐다. 또 펠리니는 '늑대 놈'이라고 불렸던 친구 에우제니오 리치로부터도 이야기를 들었다. 그는 1940년 펠리니를 치네치타에 보내, 당대의 스타였던 아시아 노리스와 오스발도 발렌티에게 가짜 다이아몬드를 팔게 했던 인물이다. 영화 '사기꾼들'은 펠리니의 삶에서 존재의 의미가 특별히 불투명할 때 잉태됐다. 곧 '길'을 마친 뒤 펠리니는 극심한 우울증에 시달렸고, 어떤 면에서 이 영화는 그런 중압감을 약간 풀어주었다. 영화의 아이디어가 발전되자(툴리오 피넬리, 엔니오 플라이아노, 두 작가와 함께), 펠리니에겐 강렬하고 비극적인 얼굴을 가진 배우가 필요했다. 펠리니는 주역 아우구스토 역에 험프리 보가트를 원했다. 펠리니는 보가트가 남부 칼라브리아주 출신의 전형적인 사기꾼 남자 얼굴을 하고 있다고 생각했다. 하지만 불행하게도 보가트는 당시 병에 걸려 있었고, 불과 2년 뒤에 죽는다. 펠리니는 다른 사람을 찾아야 했다. 프랭크 시나트라의 이름이 거론됐지만, 펠리니는 그가 오만하다는 평판을 듣고는 곧 제외했다. 또 다른 사람들은 펠리니에게 프랑스 배우, 이를테면 피에르 프레네, 장 세르베를 추천했다. 세르베는 줄스 다신 감독의 '리피피'(Rififi, 1955)에 출연한 배우다. 한편 펠리니는 데뷔했을 때를 빼고, 영화관에는 전혀 가지 않는 독특한 감독이다. 그래서 그는 로버트 존슨 감독의 '모두가 왕의 부하들'(1949)을 보지 않았다. 그런데 영화 포스터에서 브로데릭 크로포드의 얼굴을 봤을 때, 펠리니는 거의 얼어붙고 말았다. 크로포드는 이 영화로 1950년 아카데미 시상식에서 주연상을 받았다. 그는 무겁고 멜랑콜리하지만, 동시에 달콤한 눈매를 갖고 있었다. 그는 '사기꾼들'에 완벽한 배우였다. 몇 번의 전보를 교환한 뒤, 크로포드는 계약서에 서명했다.

크로포드는 비행기에서 내리는 순간부터 기뻐했다. 그는 로마의 생활을 즐겼다. 아침 식사로는 미네랄 워터만 마셨고, 펠리니와 형제처럼 지냈다. 두 사람은 함께 먹은 첫 저녁 식사에서, 디저트를 즐기며 친구가 됐다. 크로포드의 부모도 모두 배우였다. 그의 이름에서, 브로데릭은 모친의 성이고, 크로포드는 부친의 성이다. 크로포드는 어릴 때부터 영화계에서 일했다. 당시 그는 자신의 많은 결혼 가운데 하나에서 난파하고 있었고, 그 사실을 씁쓸하게 말했다. 펠리니는 그에게 힘을 내라며 이렇게 응원했다. 곧 당신은 지금 이탈리아에 있고, 거의 바캉스를 즐기듯 지낼 것이며, 그러는 사이에 아름다운 영화가 한 편 만들어진다고 말이다. 펠리니는 크로포드가 브로드웨이에서 존 스타인벡의 〈생쥐와 인간〉을 연기했다는 사실을 몰랐다. 그런데 펠리니는 크로포드를 마치 〈생쥐와 인간〉의 주인공 중 하나인 레니처럼 다루었다. 마음이 넓고, 몸집이 크며, 그런데 생각이 느리고, 알 수 없는 무엇을 표면 아래 숨기고 있는 듯한 인물이 레니이다.

촬영은 4월 말, 로마 남쪽의 전원 지역인 카스텔리 로마니(Castelli Romani)의 작은 도시 마리노(Marino)에서 시작됐다. 그런데 그들은 일을 시작할 때, 그곳에서 포도주 축제가 열린다는 사실을 아무도 몰랐다. 카스텔리 로마니에 도착했을 때, 크로포드는 축제를 상징하는 마차, 그리고 나뭇가지를 흔들고 박카스 신을 찬양하며 노래를 부르는 사람들을 보자, 바로 그 행렬로 뛰어들었다. 처음에 크로포드는 축제 행렬에 약간 어리둥절했다. 하지만 곧 무슨 일어 벌어지고 있는지를 이해한 그는 유혹에 저항할 수 없었다. 펠리니는 훗날 이렇게 기억했다. 크로포드는 행렬 속으로 뛰어든 뒤 사라졌고, 이틀 뒤 나타났는데, 도랑 같은 곳에 자고 있었다는 것이다.

그제야 촬영팀은 크로포드와의 계약이 대부분 금지사항, 허가사항, 그리고 술에 관한 것으로 꽉 차 있다는 사실을 알았다. 사실 크로포드는 알코올중독 치료원에서 막 나왔고, 치료의 효과는 그가 포도주 축제에 뛰어들면서, 완벽한 실패로 귀착되고 말았다. 그때부터는 대혼란이 시작됐다. 크로포드는 펠리니의 표현에 따르면 '알코올의 구름 속'에서 연기를 했다. 자기 대사를 잊어버렸을 뿐만 아니라, 자신이 무엇을 하는지, 어디에 있는지를 모를 때도 있었다. 그는 갑자기 울음을 터뜨리거나, 지나치게 자신만만하여 감정을 폭발하기도 했다. 어떤 날에는 펠리니를 알아보지 못했고, 또 어떤 날엔 줄리에타 마지나 바로 앞에서 펠리니에게 결혼 같은 건 하지 말라고 조언하기도 했다.

펠리니는 결사적으로 모든 것을 다 해보려고 했다. 대사를 위해 프롬프터도 설치했고, 하나의 장면을 완결하기 위해, 로프와 나무 작대기를 이용하여 크로포드를 통제했다. 크로포드는 끝까지 해낼 것 같지 않았다. 모든 촬영이 그가 할 수 있는 지상에서의 마지막 촬영처럼 느껴졌다. 영화사의 간부들은 걱정했고, 크로포드는 다시 일어섰다. 사실 그는 강한 남자였다. 크로포드는 이 영화를 마칠 뿐만 아니라, 이후에도 30년 동안 더 연기하며 생존한다. 그는 생물학과 미학이 만난 기적 같았다. 크로포드는 아우구스토 역에는 완벽했다. 당시 크로포드는 44살이었고, 아우구스토는 48살로 설정돼 있었는데, 이보다 10살이나 더 나이 들어 보였다. 크로포드의 인물 해석은 연기 테크닉과 깊은 인간적 감수성의 조합에서 나온 것이었다. 펠리니는 아우구스토를 통해 고통받는 순수함과 희망을 품는 순진함도 드러내려 했다. 아마 크로포드에겐 비슷한 성격이 있었던 것 같다. 그는 젊은 시절 선원이 되겠다며, 충동적으로 연극무대에서 나와버린 적이 있다. 크로포드는 광기 넘친 표현을 통해, 영화에 어떤 내밀한 고통을 가져왔는데, 그건 흠모와 동정을 자극하는 그 무엇일 테다.

주연 배우의 문제 이외에, 제작 현장은 정상이라고는 할 수 없는 열기에 휩싸여 있었다. 펠리니의 모든 촬영 현장은 각각 다른 분위기를 보였고, 그것은 항상 펠리니의 기분에 의해 좌우됐다. 그런데 펠리니는 이번 영화 제작에 자신이 깊이 연결됐다고 느끼지 못했다. '비텔로니' 때는 흥겨움을, '길'에서는 현기증이 날 정도의 집중을 경험했는데, 이상하게도 이번에 펠리니는 '사기꾼들'과는 자꾸 멀어지는 것 같았다. 이런 이상한 기분은 많은 세월이 흐른 뒤, 더욱 극단적인 형태로 '펠리니의 카사노바'의 촬영장에서 다시 반복될 것이다. 이번에 펠리니는 자신의 캐릭터들에게 큰 매력을 느끼지 못했고, 그들로부터 영향을 받지도 않았다. 펠리니는 캐릭터들에게 단순히 그들이 연기해야 할 이야기를 들려주기만 했다. 반면에 배우들과 스태프들은 펠리니의 매력에 빠져 있었다. 당시에는 아이디어 수준이었고, 나중에 이론화되는 게 있다. 곧 펠리니의 촬영장은 스펙터클의 실험실 같다는 것이다. 다시 말해, 그곳에선 영화의 가치와 의미와는 절대적으로 독립적인 해프닝들이 벌어지고 있었다. '사기꾼들' 촬영장에서 배우와 스태프는 펠리니를 마법사처럼 바라보았다. 누군가는 펠리니를 '일 파로'(Il Faro, 등대)라고 별명을 붙였다. 이후에 펠리니는 '영화의 시인' 또는 '마에스토로'라고도 불렸는데, 이런 별칭들은 전부 아이러니와 존경을 섞은 것이었다.

촬영팀은 외부 장면을 마리노와 그 주변에서 찍은 뒤, 내부 장면을 찍기 위해 티타누스 영화사의 스튜디오로 이동했다. 스튜디오는 과거에 유명했던 어떤 사기꾼의 집으로 꾸며졌고, 6월 10일부터 17일 사이, 신년 축하 파티 장면이 이곳에서 촬영됐다. 세트는 미술 감독인 다리오 체키가 만들었다. 훗날 비평가들은 이 장면이 '달콤한 인생'의 리허설 같다고 말했다. 모든 캐릭터는 진짜 어둠의 세계에서 신중히 선택한 것 같았고, 이들은 하이퍼리얼리즘과 표현주의 미학으로 묘사됐다. 악당들의 활기가 촬영이 거듭되며 더욱 살아났다. 펠리니는 이 장면이 영화 속의 또 다른 영화라고 생각했다. 이 장면을 찍을 때 펠리니는 깊은 집중력을 보여주었고, 스스로 이 장면을 '지옥'이라고 이름 붙였다. 이는 펠리니가 묘사한 많은 지옥 가운데 첫 번째 것이 된다. 하지만 이 장면의 예시를 우리는 이미 '비텔로니'의 신년 파티에서 본 적이 있다.

펠리니의 영화에서 앞으로도 반복되고, 그래서 그의 특징이 되는 또 다른 공간은 나이트클럽이다. 여기서도 아우구스토 관련 이야기가 나온다. 나이트클럽 장면은 '달콤한 인생'의 나이트클럽처럼, 실제 장소인 카노바(Canova) 바에서 촬영됐다. 이곳은 '포폴로(인민) 광장'에서 시간을 보내는 사람들의 최종 목적지였고, 계급을 넘어 연예계에서 일하는 모든 사람의 피난처였고, 또 펠리니가 자주 가던 곳이었다. 또 영화관도 중요하다. 아우구스토가 딸을 데리고 영화를 보러 가는 곳, 그곳에서 그에게 피해를 입은 어떤 사람과 부딪히는데, 이 장면은 에우클리데 광장의 에우클리데 영화관에서 찍었다. 영화관의 외부는 플라미니오 영화관 앞에서 촬영했다. 그리고 고대 로마의 유적지 수로도 등장한다. 7월 5일부터 7월 10일까지는 유적지 수로 아쿠아 펠리체(Acqua Felice) 근처에서 촬영했다. 그곳은 로마의 동쪽 문이었던 포르타 마조레 바깥에 있다. 최종적인 사기가 벌어지는 장면은 로마 북쪽의 체르베테리(Cerveteri)에서 찍었다. 아우구스토의 죽음을 묘사하는 얼굴 클로즈업 장면은 7월 16일 스튜디오에서 찍었다.

베네치아영화제의 마감이 40일 정도 남았을 때, '사기꾼들'의 모든 일은 목이 부러질 정도로 빠르게 진행됐다. 제작자 롬바르도는 이 작품의 성공을 확신했고, 이렇게 말했다. "이번에는 그 누구도 우리로부터 황금사자를 뺏어가지 못할 것이다." 편집은 두 대의 모비올라를 이용하여, 두 명의 편집자, 곧 주세페 바리와 마리오 세란드레이가 동시에 진행했다. 네오리얼리즘의 많은 걸작을 편집했던 마리오 세란드레이는 훌륭한 취향을 가진 높은 교양의 지식인인데, 감독들과 깊은 대화를 하며 일을 진행하곤 했다. 하지만 이번에는 토론할 시간이 없었다.

첫 번째 편집본은 고통스러울 정도로 길었다. 필름 길이가

4천 6백 미터였고, 반드시 줄여야 했다. 결과적으로 중요한 장면들이 쓰레기통으로 버려졌고, 펠리니는 팔이 잘려나가는 것 같은 아픔을 느꼈다. 그러나 영화의 운명은 여기서 그치지 않았다. 길이를 줄이기 위한 투쟁에서, 모든 장식적인 상황은 하나씩 없어졌다. 조연급 캐릭터들은 자신들의 스토리를 일부 잃었다. 별명이 피카소인 화가(리처드 베이스하트)와 그의 아내 이리스(줄리에타 마지나) 장면도 일부 잘렸다. 허영심 많은 로베르토(프랑코 파브리치)는 어떤 지점에서 슬그머니 사라졌다. 아우구스토만 남았다. 외롭고, 폐허가 된 유적지 같았고, 무너져가는 건물더미 속에 서 있는 것 같았다. 그는 옷을 잘 차려입은 '길'의 참파노였다. 곧 생존을 위해 특기를 반복하며, 부르주아 사회에 버려진 서커스의 차력사였다.

아우구스토는 어떤 면에선 펠리니였다. 로마의 보헤미안 시절, 펠리니의 친구이자 경쟁자들은 펠리니가 아우구스토처럼 늙어, 인생을 끝낼 것이라고 말하곤 했다. 그런데 이제 성공한 펠리니는 자신의 또 다른 자아를 관찰하기 위해 잠시 멈추었다. 아우구스토는 직업도 없고, 갈 곳도 없고, 실패했으며, 부수어졌고, 쓰레기로 버려질 운명이었다. 그는 펠리니의 형제 같았고, 혹은 '분신'이었다. 펠리니는 그를 통해 자신으로부터 악령을 쫓아내고, 그 분신을 거부했으며, 최종적으로 매장했다. 그것은 마치 자신의 장례식에, 자신이 참석하는 것을 꿈꿨을 때의 공포 같기도 했다.

니노 로타는 음악을 기록적으로 빠르게 작곡했다. 사운드 트랙은 8월 28일에 완성됐다. 그리고 편집에서 잠시 의문이 제기됐다. 세란드레이는 아우구스토의 얼굴 클로즈업으로 끝내길 바랐다. 하지만 펠리니는 두 명의 여성 농부와 아이들이 함께 걸어가는 장면을 선택했다. 펠리니는 그것이 덜 결사적이라고 여겼다. 9월 5일에 믹싱을 마쳤다. 그렇게 해서 제16회 베네치아영화제의 폐막식 바로 전날에 맞춰, 필름을 현상하고 인쇄할 수 있었다.

'사기꾼들'은 9월 9일 베네치아에서 발표됐다. 그런데 그곳에선 긴장감이 흘렀다. 좌파들은 지난해 루키노 비스콘티와 전투를 벌인 펠리니를 다시 적대시했다. 또 '길'의 엄청난 성공 때문인지 많은 사람은 일부러 이 '천재'의 성질을 건드리려고 했다. 먼저 줄리에타 마지나가 표적이 됐다. 마지나는 베네치아와 가까운 트렌티노 산악 지대의 몬타냐 피네에 있는 포스타 호텔에 머물고 있었다. 이 호텔의 운영인은 마지나의 과거 하녀였던 안나 레오나르델리였다. 마지나와 하녀는 항상 애정 어린 관계로 지냈다. 그런데 밀라노에서 발행되는 어느 신문은 마지나가 리처드 베이스하트와 함께 런던으로 도망갔다는 보도를 냈다. 그 뉴스는 마지나가 영화 속의 남편인 리처드 베이스하트와 지내기 위해, 실제 남편인 펠리니를 버렸다고 알렸다. 베이스하트는 당시 이탈리아의 스타였던 발렌티나 코르테제의 남편이었다. 그런데 이 뉴스가 이 신문에서 저 신문으로 퍼지기 시작했다. 그때 펠리니는 베이스하트와 함께 베네치아의 리도섬에 막 도착했다. 기자들은 이들을 에워쌌고, 펠리니는 평소에 기자들을 잘 다루듯, 여기서도 재치를 발휘했다. 기자들에게 펠리니는 다음에 만들 영화에서 마지나는 시골의 수녀로, 그리고 베이스하트는 수도승으로 출연할 것이라고 말했다. 이것보다 더욱 재치있게 결백을 말할 수 있을까? 그런데 이날 따라 사교적인 펠리니가 기자들에게 엄청 예민하게 구는 게 보였다. 진실을 말하자면, 이유는 아내의 불륜을 의심하는 보도 때문이 아니었다. 펠리니는 편집을 너무 급하게 진행하여, 그 과정에선 거의 생각을 못 하고 일을 했다는 불안을 느끼고 있었다. 어쨌든 펠리니 부부와 베이스하트 부부의 사진이 함께 보도되면서, 이상한 소문은 끝났다.

상영회에서 펠리니는 어떤 장관 옆에 앉았다. 그런데 그 장관은 영화를 보며 어리석은 질문을 계속했다. "저 차는 어떤 차요? 베이스하트는 코르테제와 결혼하지 않았소? 코르테제는 왜 영화에 나오지 않나요?" 객석에선 많은 기침 소리가 들렸고, 영화의 반이 지나자 그들은 떠나기 시작했다. 어떤 사람들은 영화가 재미없다고 생각했다. '비텔로니'를 만든 유머는 어디로 갔는지 그들은 의아하게 여겼다. 바깥에선 돌풍이 불었고, 삐걱거리는 비상구를 통해 관객들은 빠져나가기 시작했다. 장관은 "발렌티나 코르테제를 소개할 수 있나요?" 같은 질문을 계속해댔다. 짧게 말해, 그날 밤은 완벽하게 잊고 싶은 그런 밤이 됐다. 안젤로 솔미 기자는 이렇게 썼다. "전투 같은 건 없었다. 상영회 끝에 피곤한 박수만 있었다. 그리고 관객들은 고개를 숙이고, 줄을 지어 빠져나갔다. 차가운 환대를 받은 펠리니와 마지나는 씁쓸한 기분에 빠져 있었다." 9월 10일 밤, 제작자 롬바르도가 희망했던 황금사자상은 칼 테오도르 드레이어의 '오르뎃'(Ordet)에게 돌아갔다. 영화평론가 마리오 그로모가 이끌었던 심사위원단은 '사기꾼들'에게 그 어떤 상도 주지 않았고, 아예 언급조차 하지 않았다. 그때 펠리니는 다시는 영화를 들고 리도섬에 오지 않겠다고 결심했다. 하지만 펠리니는 14년 뒤인 1969년 '사티리콘'을 비경쟁부문에 출품하며 베네치아에 돌아온다.

'길' 때는 비평이 양분됐다면, '사기꾼들'에서는 부정적인 비평이 압도했다. 관객들의 차가운 반응 이후에 신랄한 비평이 쏟아졌다. 곧 펠리니는 우리에게 사기를 쳤다, 그는 걸작을 보여주지 못했다, 자기를 반복했고, 캐릭터들을 좋아하지 않았으며, 병적인 사건에 집착했으며, 가난한 사람들을 놀렸다, 등의 지적이 잇따랐다. 어떤 비평가는 "만약 펠리니가 자기를 복사하는 창작을 무한정으로 반복한다면, 그는 그 어디에도 도달하지 못할 것이다."라고 말하기도 했다. 좌파 비평계의 교황 같은 인물은 이렇게 말했다. "이것은 총체적 실패이자, 영화사를 통틀어 가장 불쾌하고 서툰 작품이 됐다. 말하자면 조잡하게 제작된 주제넘은 영화였다." 모든 비평가가 이렇게 묵시록적인 심판을 한 것은 아니지만, 그들은 대부분 이 영화가 실수였다는 데는 동의했다. 펠리니의 지지자들은 '백인 추장' 때처럼 작은 그룹을 형성할 정도는 됐는데, 이번에는 그 수가 더 적었다. 그들은 펠리니가 손쉬운 해결책, 예상할 수 있는 결말, 그리고 사치스러운 장치들을 피했다고 주목했는데, 이 점은 분노한 평가들 위에 일말의 긍정적인 빛을 던지는 것이었다. 그리고 펠리니 희비극의 굽히지 않는 캐릭터는, 현실을 환상적인 차원으로 변화시키는 펠리니의 뛰어난 능력과 더불어 이 영화에서 가장 의미 있는 자산일 테다.

네오리얼리즘에 뿌리를 둔 여러 작품 가운데, '사기꾼들'은 가장 독창적이고 가장 풍요로운 작품으로 밝혀질 것이다. 펠리니는, 카프카적인 시스템의 함정에 빠져 심판받고 저주받은 반영웅의 객관화된 세계, 곧 소외된 존재들과 관심받지 못하는 존재들의 세계로 끌고 갔다. '사기꾼들'은 의미를 정하는 것을 거역했으며, 도그마적인 비평가들을 모욕하는 것이었다. 이 영화는 당대의 취향에서 너무 벗어나 있어서, 일부 비평가들은 완벽하게 오독하기도 했다. 곧 그들은 마지막 사기에서 성직자 복장을 한 주인공은 돈을 장애인 여성에게 돌려주고, 죽음을 통해 구원을 얻는다고 말했다. 또 '카톨릭 센터'의 성직자들은 아우구스토의 마지막 불법 행위는 더욱 위대한 선을 위해 행해졌다고 읽기도 했다. 주인공의 행위가 그렇게 읽힌다면 그건 할리우드 제작의 영화일 것이다. 하지만 펠리니의 영화에서, 장애인 여성의 모습은 아우구스토에게 바로 자기 딸의 문제를 상기시킬 뿐이다. 아우구스토가 마지막으로 사기를 시도하고, 동료들을 속이려고 했던 것은 바로 딸을 위해서였다. 그것이 그를 죽음에 이르게 했다.

이때가 펠리니가 가장 안 좋을 때다. '길'에 대한 이탈리아 내의 나쁜 평가에 대한 변호는 외국에서 나왔었다. 하지만 이번에는 그 어떤 위로도 없었다. 솜마캄파냐 거리에 있는 티타누스 영화사에는 우울한 기운이 뒤따랐다. 제작자 롬바르도는 이 영화에 대한 믿음을 잃었고, 팸플릿에 특별한 문구를 달아서 개봉을 준비했다. "사기꾼들, 이탈리아 비평계에서 긍정적이고 또 부정적인 심판을 받은 인간적인 문제의 영화." 이는 모든 것을 이념에 대한 논쟁으로 끌어감으로써, 펠리니에 대한 언론의 공격을 완화하려고 한 시도였다. 흥행 성적도 실망스러웠다. 국제 배급도 빠르게 진행되지 못했다. 미국에선 1964년에야 배급됐다. 안 좋은 비평들이 나왔고, 뉴욕 타임스의 보슬리 크로더는 '나쁜 영화'라고 썼다. 폴린 카엘은 더욱 외교적이었는데, '잘 되진 않았지만, 의미가 없지는 않다'라고 썼다. 하지만 훗날 친구와 경쟁자들까지, 많은 사람은 '사기꾼들'을 중요한 작품이라고 여겼다. 심지어 일부는 펠리니의 가장 과감하고 엄격한 노력의 결과가 이 작품이라며, 부활을 알렸다.

길거리의 선한 영혼

1955년이 끝날 무렵이었다. 제작자 고프레도 롬바르도는 펠리니와의 회의를 소집했다. 펠리니는 롬바르도의 티타누스(Titanus) 영화사와 두 번째 영화를 만든다는 계약 아래 있었다. '사기꾼들'의 비참한 흥행 성적을 보여주는 수입 내역서가 책상 위에 펼쳐져 있었다. 롬바르도는 논쟁을 벌이기 위해 힘을 모으는 것 같았다. "그는 티타누스의 모든 역사를 말하는 것으로 시작했다. 그의 아버지와 어머니가 처음 일을 벌였던 것부터 말했다. 그의 어머니는 무성영화의 훌륭한 배우였다. 그리고는 그는 내가 이 경이로운 회사의 재정 위기에 얼마나 큰 책임이 있는지를 말했다. 계속 그런 이야기가 이어졌다. 내가 무엇을 할 수 있겠는가? 내 생각에 나는 다음 작품에 관한 계약서를 찢어버림으로써, 그가 예상했던 것 이상으로 만족감을 주었던 것 같다. '사기꾼들'은 내가 그와 함께 만든 최초의 영화이자 마지막 영화가 됐다." 기회의 게임이란 것은 오직 펠리니가 성공적인 영화를 만들었을 때만 작동했다. '사기꾼들'을 만들기 전에 펠리니는 제작자 디노 데 라우렌티스에게 버림받았고, 이젠 롬바르도에게도 버림받았다. 펠리니는 제작자들에게 신물이 났고, 이젠 모든 일을 직접 해볼 생각도 했다. 하지만 자금을 자기가 직접 은행으로부터 끌어온다는 것은 다른 차원의 문제였고, 이는 실현이 불가능한 것 같았다. 그리고 펠리니는 천성적으로 사업에 전적으로 몰입하는 것을 싫어했고, 또 사업가로서 끝까지 책임지는 것도 주저했다. 그리고 펠리니는 그 일을 자기를 대신해서 해줄 사람도 찾지 못했다.

펠리니는 새로운 영화를 기획하는 데 다시 몰두했다. 이번에는 동시에 네 개의 프로젝트를 구상했다. 첫 번째 것은 15명의 아내와 15개의 가족을 가진 어떤 남자에 관한 이야기였다. 그 남자는 가족 모두를 만족시키기 위해 노력하는 인물이다. 유토피아적인 이 이야기는 몇 년 뒤 '8과 1/2'의 하렘 시퀀스에서 일부 실현된다. 두 번째 것은 제목이 '작은 수녀'였다. 이는 베네치아의 리도에서 베이스하트와 마지나 사이의 스캔들이 터졌을 때, 펠리니가 기자들에게 재치 있게 말했던 것에서 나왔다. 신비스러운 동화 같은 이 이야기는 '길'을 찍을 때, 바뇨레지오 수도원의 도서관에 있던 필사본을 읽은 것에서 영감을 받았다. 19세기의 수녀가 주인공인데, 그는 사람들 사이에서 성인으로 여겨졌다. 왜냐면 그는 화병 속의 꽃을 만개하게 했고, 사람들에게 천상의 찬가를 들려주는 등 작은 기적들을 보여주었기 때문이었다. 수도원이 이런 현상에 관해 말하기 시작했다. 결국에 최고 성직자들에 의한 조사가 준비됐다. 수녀는 로마의 '신성한 사무실'(Sant'Uffizio, 바티칸)로 갔다. 그곳에서 엄격한 심문이 이어졌다. 수녀는 자기의 익숙한 환경과 너무 다른 데서 상처를 받았고, 그곳에서 그만 죽고 말았다. 수녀는 그 어떤 시복도 받지 못했다.

세 번째 기획은 좀 더 구체적으로 진행됐다. 마리오 토비노가 쓴 책 〈말리아노의 자유로운 여성들〉(Le libere donne di Magliano)에서 영감을 받았다. 이 책은 작가가 1949년부터 1951년 사이에 썼던 일기를 새로 편집한 것이었다. 당시 작가는 의사로서, 마지아노(Maggiano) 정신병원의 여성 병동 책임자였다. 마지아노 병원은 토스카나의 루카 근처, 비아레지오의 언덕 위에 있었다. 작가 토비노는 이렇게 설명했다. "내가 보여주고 싶었던 것은 정신병동에도 어떤 질서가 있다는 점이었다. 곧 광기에도 우리가 사는 삶처럼, 법과 규칙과 미스터리가 있었다." 펠리니는 후기작 '도시의 여성들'의 초기 판본 같은 이 이야기를 듣고 충격을 받았다. '도시의 여성들'처럼 일종의 지옥 같은 곳이 존재하는데, 그곳에선 수많은 여성이 야수처럼 분노를 드러내고, 동시에 전혀 예상하지 못한 통찰력과 친절함을 표현하기도 했다. 이 모든 일은 농촌 사회의 한 가운데서 일어나며, 그곳은 존재의 원초적인 가치, 말하자면 강력한 동물적 관능성이 지배하는 곳이었다.

펠리니와 툴리오 피넬리는 책에서 표현된 믿을 수 없는 상황을 직접 보기 위해, 병원으로 토비노 의사를 찾아갔다. 펠리니는 특히 '이끼의 방'에 놀랐다. 이곳엔 무언가를 찢고 부수기 시작하는 환자들이 나체로 보내졌다. 이런 폭력적인 상태의 위기에서, 그 여성들이 냉기로부터 자신을 보호할 수 있는 유일한 수단은 이끼였다. 이것이 펠리니가 당대에 유통되던 책에서 각색을 시도한 최초의(그리고 '달의 목소리'까지는 유일한) 행위였다. 펠리니는 토비노라는 의사를 진정으로 동정적인 인물로 봤다. 프랑스의 영화 잡지 카이에 뒤 시네마의 1957년 2월호에는 펠리니가 영화에 대해 상세하게 묘사한 기사가 실렸다. 전화로 진행한 긴 시간의 대화를 녹음한 것 같았고, 종종 오역도 섞여 있었다. 이 이야기는 펠리니가 직접 참여한 사적인 성격을 갖고 있었는데, 아쉽게도 결국에는 영화화되지 못했다.

각색을 준비하며 펠리니는 주인공 역에 미국 배우인 몽고메리 클리프트(1920-1966)를 캐스팅하려 했다. 클리프트는 아마도 자기 세대의 가장 재능 있는 배우이자, 가장 불행한 배우일 것이다. 펠리니가 클리프트를 염두에 둘 때, 그는 '붉은 강'(하워드 혹스 감독, 1948)에서 그랬던 것처럼 여전히 아름답고 표현력이 풍부했다. 하지만 슬프게도 클리프트는 1957년 5월 12일 끔찍한 자동차 사고를 당했고, 얼굴의 반이 심하게 훼손됐다. 성형수술을 받은 지 수년이 지난 뒤, 클리프트는 존 휴스턴 감독의 '프로이트'(1962)에서 주연을 맡았다. 이는 클리프트가 토비노의 작품 속 의사인 로베르토 역에 맞을 것이란 펠리니의 예감을 확인하는 것이었다.

젊은 의사 로베르토(책의 캐릭터보다 10살 어림)는 시골의 정신병원으로 망명해 있는 일종의 '비텔로니'이다. 이야기는 딱 1년간 이어진다. 로베르토는 '달콤한 인생'의 마르첼로처럼 세상을 떠다니는데, 그는 모든 종류의 유혹에 노출돼 있다. 로베르토의 일과는 퇴근 시각 6시가 되기를 기다리는 것으로만 차 있다. 퇴근 뒤에, 로베르토는 동료 의사들과 당구도 치고, 여성들을 뒤따라가기도 한다. 6시 종소리가 들리면, 로베르토는 루카 혹은 비아레지오로 탈출할 수 있다. 그는 항상 중세도시 루카와 카니발로 유명한 해안 도시 비아레지오를 놓고 어디로 갈지 고민한다. 그러던 중 그는 동시에 정신병원의 세계 속으로 점점 몰두해 들어간다. 로베르토는 비이성적인 질병과 깊고도 의학적인 관계를 창조할 수 있을 것이란 생각에까지 이른다. 그가 최종적으로 선택한 것은 바로 이곳에서의 정신과 의사의 길이며, 자신이 도울 수 있을 것이란 확신을 가졌다. 그 길은 펠리니가 마지아노 병원에서, 직접 경험한 것에 의해 확인되기도 했다. 어느 날 펠리니는 태어날 때부터 볼 수 없고, 들을 수 없고, 말할 수도 없는 불쌍한 여성의 침대 옆에 앉아 있었는데, 그 여성은 신기하게도 펠리니가 옆에 있다는 사실을 감각적으로 알았다. 펠리니가 떠나자 그 여성은 몹시 흥분하기도 했다. 불행하게도 클리프트는 영화의 주제가 자신을 불편하게 한다며, 로베르토 역을 거절했다. 그래서 '미친 여성에 관한 영화'는 더는 진전되지 못했다. 1975년 마우로 볼로니니 감독은 토비노의 다른 책을 각색하여, 마르첼로 마스트로이안니를 대단히 펠리니적인 인물로 연기하게 한 작품을 만든다. 그 영화는 '오래된 계단을 위해'(Per le antiche scale)였는데, 〈말리아노의 자유로운 여성들〉의 후속편으로 간주됐다.

펠리니의 마음을 사로잡은 또 다른 아이디어가 있었다. 그건 그해 여름, 지역 신문에서 읽은 기사에서 나왔다. 1955년 7월 12일 기사인데, 카스텔 간돌포 호숫가에서 발견된 머리가 잘린 여성에 관한 끔찍한 뉴스였다. 그곳은 로마 남쪽의 아름다운 전원 지역 카스텔리 로마니(Castelli Romani)에 포함되는데, 사건이 일어난 장소의 지명은 아쿠아 아체토자(Acqua Acetosa)였다. 기사는 '카스텔 간돌포의 머리 잘린 여성'이라는 제목을 달고 빠르게 퍼졌다. 피해자의 이름은 안토니에타 롱고이며, 30살이고, 시칠리아 출신의 웨이트리스였다. 그 여성은 몇 달 전에 사라졌다. 안토니에타는 주위의 모든 사람에게 '착한 남자'와 결혼한다는 말을 남겼다고 한다. 떠나기 전에 그는 자신의 저금을 모두 찾았는데, 그 돈도 사라졌다. 살인자들이 그렇듯, 혐의자는 어떤 흔적도 남기지 않았다. 자신의 운명을 그렇게 추락시킨 여성의 순진함에 충격을 받은 펠리니는 이 사건을 반다라는 매춘부에 관한 다른 이야기와 연결했다. 반다는 '사기꾼들'을 찍을 때, 유적지인 아쿠에도토 펠리체에서 만났다. 반다는 프롤레타리아 이하의 삶을 살았고, 닭장 같은 곳에 거주했으며, 모든 사람과 싸웠다. 반다는 세 번 자살을 시도했는데, 모두 사랑이 이유였고, 그때마다 새로운 생명력으로 다시 일어났다.

'카비리아의 밤'을 발전시키는 또 다른 주요한 요소는 펠리니가 별명이 '자루의 남자'(L'uomo del sacco)인 마리오 티라바시를 만나면서 나왔다. 그는 오르비에토 출신의 전직 간호사인데, 매일 밤 자루 속에 음식과 옷을 담아 가난한 사람들에게 나누어주었다. 그는 그 일을 마치 조용하고 외로운 임무를 수행하듯 실천했다. 이 세 가지가 새 영화에 영감을 준 요소들이다(살해된 여성, 매춘부 반다, 자루의 남자). 그리고 직접 관계 있지는 않지만, 우리는 영화 속에서 남성 스타를 우연히 만나는 매춘부 역을 안나 마냐니가 거절한 일화를 알고 있다. 이 매춘부는 줄리에타 마지나의 캐릭터가 될 것인데, 마지나는 '백인 추장'에서 카비리아라는 이름의 매춘부로 등장했었다.

〈말리아노의 자유로운 여성들〉에 나오는 의사처럼, 펠리니는 이중생활을 시작했다. 밤이 되면 펠리니는 쉼 없이 악의 소굴을 찾아다녔다. 이를테면 콜로세움 근처의 유적지를 도는 '고고학의 산책'(Passeggiata Archeologica) 코스, 카페들, 로마 근교 산골 마을의 우유 가게들, 콜로세움의 어두운 곳, 그리고 테베레강의 강둑[1]이었다. 프로덕션 디자이너인 피에로 게라르디가 자주 펠리니와 동행했다. 게라르디는 토스카나의 포피(Poppi) 출신인데, 재미있고, 모든 것에 호기심이 많았고, 대단한 재능을 갖고 있었다. 그는 '카비리아의 밤'에 처음으로 이름을 올린다. 하지만 게라르디는 '비텔로니' 이후부터 촬영지를 찾고, 엑스트라를 뽑으며, 이미 펠리니와 함께 일해왔다. 펠리니는 게라르디를 피노키오의 친구인 루치뇰로(Lucignolo)라고 생각했다. 탐욕스럽고, 아이 같아서다. 특히 펠리니는 게라르디가 라치오(Lazio)의 모든 숨어 있는 곳을 아는 데, 큰 매력을 느꼈다. 게라르디는 완벽한 안내자였다. 게라르디 덕분에, 어떤 날에는 모든 사이프러스 나무가 한 방향으로 기울어져 있는 것을 보고, 다음 날에는 숲 가까이 있는 소작인의 농가를 보고, 그다음 날엔 어디에서 보는 가에 따라 변하는 소라테(Soratte) 산의 백 가지 다른 모습을 보는 식이었다. "피에로 게라르디는 모든 것을 보았고, 모든 것을 기억했다. 그는

---

1   여기서 언급된 장소는 대개 매춘과 관련된 곳이다.

당신이 상상한 그 무엇의 물리적 형상을 찾아내는 예언자 같았다."

그리고 펠리니는 더빙 감독 프랑코 로시가 소개한 젊은 작가 피에르 파올로 파졸리니와도 동행했다. 파졸리니는 소설 〈생명의 젊은이들〉(Ragazzi di vita) 때문에 최근 밀라노 법정에 섰었고, 이제 막 외설 혐의에서 벗어났다. 파졸리니는 빈민촌 출신의 형제인 세르지오 치티, 프랑코 치티[2]와 잘 어울렸고, 종종 그들과 함께 왔다. 그들은 펠리니의 검은색 쉐보레, 또는 펠리니의 제작 회사가 파졸리니에게 협업의 대가로 내어준 피아트 세이첸토를 타고, 밤의 방랑을 자주 즐겼다. 그럼으로써 펠리니는 새로운 지역을 알게 됐다. 구이도니아(Guidonia)[3], 티부르티노 테르초(Tiburtino Terzo)[4], 피에트랄라타(Pietralata)[5], 그리고 파졸리니가 1975년 11월 2일 살해당한 곳인 오스티아 해변의 이드로스칼로(Idroscalo) 등이다. 작가 파졸리니는 로마 하층 계급의 삶과 언어에 대해 줄기차게 공부하는 전문가였다. 그는 펠리니에게 독특한 장소와 인물들을

---

2   형 세르지오 치티는 시나리오 작가이자 감독이다. 파졸리니의 데뷔작 '아카토네'의 시나리오를 함께 쓴 뒤, 파졸리니와 자주 협업했다. 동생 프랑코 치티는 배우다. '아카토네'에서 주역을 맡은 뒤, 파졸리니의 영화에 자주 출연했다.

3   파시즘 정부 때 개발된 산업 지역.

4   로마의 공원.

5   과거 로마의 대표적인 빈민촌.

소개했다. 파졸리니는 잘 듣는 사람이었고, 펠리니의 작가 툴리오 피넬리와 엔니오 플라이아노와 함께 시나리오의 대사를 담당했다. 그는 당시의 로마 사투리를 두 작가에게 번역해주었다. 파졸리니는 펠리니에게 대단한 흥미를 느꼈다. 그리고 그런 상황 속에서 펠리니를 공부하고, 펠리니와 아주 가까이에서 정신없이 놀기도 했다. 파졸리니는 특히 펠리니의 목소리를 좋아했다. "펠리니는 가장 흥미로운 음소를 갖고 있다. 그건 로마냐 지역어와 로마 사투리의 합성에서 나온 것이다. 절규, 놀람, 감탄, 그리고 축소형 접미사 등에서 두드러진다."

밤새 돌아다니는 이들은 '봄바'(Bomba, 폭탄)를 찾는다는 헛된 추적을 하기도 했다. 봄바는 몸집이 대단히 큰 매춘부인데, 파졸리니가 〈모비 딕〉의 고래에 빗대 붙인 이름이다. 이들은 매일 밤 다른 일을, 또는 이미 했던 일을 반복하며 어울렸다. 펠리니는 종종 새벽 4시에 집에 들어오곤 했다. 이 점이 줄리에타 마지나를 걱정하게 했다. 마지나는 동성애자 파졸리니를 처음 본 순간부터 탐탁하지 않게 여겼다. 결백한 젊은 영혼들을 타락시킨다는 이유였다. 펠리니의 낮은 늘 그렇듯, 이 사무실에서 저 사무실로 돌아다니며 제작자들을 만나는 것이었다. 제작을 확정하기 위해, 그들과 추는 '춤'은 대부분 소극이 됐다. 펠리니는 확실한 계약을 맺기 전까지 10여 명의 제작자를 만나야 했다. 냉정하게 거절당하기도 하고, 마음이 바뀐 제작자의 열정적인 신호를 받기도 했다. 제작 선금을 받으려는 문제는 특정 제작자와 일을 계속해야 하는 일종의 담보가 되기도 했다. 리처드 베이스하트가 선의를 갖고, 아직 결정적인 의사를 밝히지 않은 미국인 제작자를 찾아냈다. 그런데 그는 거의 갱스터였다. 미국의 전설적인 마피아인 럭키 루치아노와 친한 점을 노골적으로 자랑했다. 이어서 스위스의 대단한 부자가 나타났고, 그리고는 갑자기 사라졌다. 한편 정부 당국과 이 영화를 놓고 갈등이 벌어졌다. 왜? 당시 정부는 네오리얼리즘의 위험이 사라졌고, 장밋빛 코미디인 '정부의 코미디'(commedia di stato)가 승리했다고 여겼다. 그런데 카톨릭 신도인 펠리니가 '더러운 빵'을 다시 뒤지기 시작했다는 것이다. 그리고 소문이 돌았다. '영원한 도시'(Città Eterna)이자 '기독교의 수도'인 로마에서 제작되는 매춘부 관련 영화는 교황도, 그리고 교회도 화나게 할 것이란 내용이었다. 그러자 제작자들은 더욱 조심했다. 예를 들어 제작자들은 이런 요구를 했다. 곧 감독이 영화를 만들길 원한다면, 검열이 요구하는 것이라면 그 어떤 것도 수용해야 한다는 것이었다.

'카비리아의 밤'은 일반 사람들의 특별한 주목을 받기도 했다. 사회당 상원의원인 리나 메를린이 제안한 새로운 법과 관련해, 논쟁의 중심에 섰기 때문이었다. 메를린 상원의원이 제안한 법은 매음굴의 폐지였다. 이 법은 상원에서 1955년 1월 21일 통과됐다. 그리고 3년 뒤인 1958년 2월 10일 하원에서도 통과된다. 이탈리아의 매음굴은 몇 방울의 눈물과 외설적인 행사를 뒤로 남기고, 1958년 9월 20일 영원히 문을 닫는다. '카비리아의 밤'의 사전 제작 과정, 촬영, 그리고 배급은 모두 이런 긴장된 시기에 진행됐다. 그러나 펠리니는 매춘 관련 작품인 루이지 코멘치니 감독의 '닫힌 창문의 뒤에'(Persiane chiuse, 1951)에서 일한 경험이 있지만, 매춘에 관해선 그 어떤 정치적 입장을 드러내지 않았다. 또 펠리니는 암시장의 대안으로 매음굴을 합법화하자는 제안에도 참여하지 않았다. 하지만 사람들은 영화 속에 표현된 카비리아의 직업이 분명히 매춘부임을 알았다. 그리고 '고고학의 산책' 길에 나와 있는 착한 여성(줄리에타 마지나)은 영화에서 표현된 매춘부 가운데 가장 성적이지 않은 여성이란 점도 알았다. 그 매춘부는 차라리 만화의 캐릭터 같았다.

펠리니는 여기저기에서 제작비를 끌어모아 수백만 리라를 만들었는데, 이것이 상황을 점점 더 무겁게 만들었다. 당시는 1956년 봄이었고, 새 영화의 제작은 취소의 분위기로 가고 있었다. 그때 제작자 디노 데 라우렌티스가 개입했다. 그는 차에서 시나리오의 앞 페이지를 읽었다. 그리고는 푸른 신호를 보냈다. 그는 마치 나폴레옹처럼 자신의 결정을 밝혔다. "내가 이 영화를 만들겠소. 언제 시작할 수 있소?" 그런데 준비 작업은 5월 말 갑자기 중단됐다. 리미니에서 소식이 왔는데, 펠리니의 부친이 심장마비로 병원에 입원했다는 것이었다. 예상하지 않았던 아들의 방문을 받고, 부친은 감동했고, 침대에서 "힘들게 뭐하러 왔어?"라고 말했다. 그때가 아버지와 아들이 대화를 나눌 수 있는 이상적인 순간이 될 수 있었을 것이다. 하지만 의사가 계속하여 대화를 못 하게 했다. 조금 안심이 되어, 펠리니는 점심을 먹으려 식당에 갔다. 식사하고 있는데, 누군가가 정신없이 뛰어와서 부친이 갑자기 죽었다고 전했다. 그 날은 펠리니에게 평생 치유되지 않는 상처로 남았다. 그 일 때문에 펠리니는 나중에 리미니를 거의 방문하지 않았다. 이 사건은 훗날 '아니타와의 여행'(Viaggio con Anita)이라는 미완성 작품의 시나리오에서 판타지로 등장할 것이다. 펠리니의 모친은 언론인 세르지오 차볼리와의 TV 인터뷰에서 훗날 이런 말을 했다. "그런데 '8과 1/2'의 공동묘지 장면에서 주인공은 부친에게 이렇게 말해요. '우리가 너무 말을 하지 않은 걸 후회해요.' 나는 페데리코가 그 말을 나에게는 하지 않기를 간절히 바랍니다."

1년 전에 줄리에타 마지나의 외숙모 줄리아도 죽었다. 루테치아 거리에 있는 빛나던 아파트의 심장은 사라졌다. 펠리니와 마지나는 그 집에서 떠나야 했다. 부부는 로마의 파리올리(Parioli) 지역에 있는 아르키메데 거리 141A 번지의 빛이 잘 들어오는 꼭대기 층 아파트로 이사했다. 이웃들은 품위가 있었고, 영화인들도 제법 살았다. 이사는 '카비리아의 밤'의 제작이 막 시작되기 직전에 이루어졌다. 어떤 면에서 보면, 가족 중에 중요한 인물이 사라지며, 펠리니 부부는 진정으로 성인의 삶을 시작한 셈이다. 특별히 긴장된 시기를 맞아, 부부의 관계는 다시 단단해졌고, 새로운 집은 이들에게 진정한 안정을 가져다주었다. 이런 점에 찬사를 보내던 친구에게 펠리니는 흉금을 털어놓고 말했다. "정말 이 집이 마음에 드니? 나도 마음에 들어. 하지만 누군가가 문의 벨을 누르고, '모든 게 농담이었어.'라고 말하면, 나는 전혀 논쟁하지 않고 이 집을 바로 떠나겠네."[6]

'카비리아의 밤'의 촬영은 1956년 7월 9일부터 10월 1일까지 12주간 이어졌다. 제작 책임자 루이지 데 라우렌티스(제작자 디노의 동생)의 기록 보관소에서 발견된 제작 일지에 따르면 그렇다. 하지만 우리는 작업이 지연된 사실도 참작해야 한다. 마지막 장면을 찍을 때 줄리에타 마지나는 사고를 당했고, 제작은 마감을 넘겼다. 루이지 데 라우렌티스에 따르면, 그들은 로마 근교 아칠리아에서 작업을 시작했다. 아칠리아는 오스티아 유적지 근처의 빈민촌인데, 델 마레 거리에 있었다. 미술 감독 게라르디는 그곳에 카비리아의 작은 '주사위 집'(casa-dado)을 지었다. 그리고 촬영 순서는 이랬다. 제작팀은 '고고학의 산책' 길과 남자 스타 배우의 집으로 갔다. 남자 스타 집의 복도와 1층은 상원의원 레나토 안지오릴로의 저택에서 찍

---

6   아버지의 죽음, 외숙모 줄리아의 죽음 같은 게 없었다면, 곧 그 일들이 농담이었다면, 이 집에 이사 올 이유가 없다는 뜻.

었다. 의원의 집은 로마 순환도로 옆에 있었다. 침실과 화장실은 바스카 나발레 거리에 있는 스튜디오에서 촬영했다. 도입부의 테베레강 장면에 이어, 제작팀은 '신성한 사랑'(Divino Amore)의 성당 장면을 촬영했다. 교회의 허락을 받기 위해 제작팀은 큰 어려움을 겪어야 했다.

로마의 수호성인을 모신 '신성한 사랑' 성당의 정식 이름은 '신성한 사랑 마돈나의 성당'(Il santuario della Madonna del Divino Amore)인데, 로마의 카스텔 디 레바 지역의 아르데아티나 거리에 있다. 이 건축물은 14세기에 일어났던 마리아의 기적적인 출현을 기념하기 위해 1744년 세워졌다. 마리아의 그 출현이 사나운 개들의 공격을 받던 순례자를 구한 것으로 알려져 있다. 지금도 순례자들은 성령강림절 월요일부터 10월 말까지 그곳을 방문하곤 한다. 영화에서 매춘부들이 이 성소를 방문하는 것은 많은 카톨릭 관객들을 혼란에 빠뜨렸다. 그 장면은 언제든지 성직자들이 제작팀을 추방할 수 있다는 불안 속에서 촬영됐다. 펠리니는 진짜 순례자들을 여러 각도에서 다양하게 찍는 바람에 제작 프로듀서 루이지 데 라우렌티스를 초조하게 만들었다. 하지만 그 장면들은 편집실에서 대부분 잘려나갔다. 종교적 광신주의에 대한 묘사 같은 것은 피하려 했기 때문이었다. 이어서 촬영팀은 일정에 따라 어떤 극장으로 향했다. 그곳에서 카비리아는 마법사(알도 실바니)에 의해 최면에 걸린다. 뒤이어 악의를 가진 구애자 장면이 있고, 카스텔 간돌포 호수 부근에서의 비극적 결말이 진행된다. 마지막 장면은 필터를 이용하여 찍었다. 치네치타의 스튜디오에서 차창을 통해 찍은 것이다.

종결부를 찍을 때 일어났던 마지나의 사고, 곧 어떤 일이 일어났고, 얼마나 심각했는가에 대해선 여러 다른 의견이 전한다. 마지나는 그 장면을 찍을 때 무릎을 다쳤다고 말했다. 그때 카비리아는 비로소 나쁜 구애자 오스카의 악의를 알게 됐고, 땅에 쓰러지며 "나를 죽여, 나를 죽여!"라고 소리 지른다. 루이지 데 라우렌티스는 그 장면을 찍을 때 대단한 긴장이 흘렀고, 노동량도 많았다고 기억했다(서른 번 이상 반복하여 찍었다). 하지만 그는 그 일을 사고와 연결짓지는 않았다. 제작 담당자로서 그는 그 장면의 일이, 이미 과거에 수없이 봐왔던 것 중의 하나였다고 기억했다. 곧 펠리니는 엄청나게 많이 일하는 스타일이며, 마지나에 관해서는 늘 참을성이 없었다는 것이었다. 왜냐면 거의 매번 마지나는 펠리니의 연출 지시를 바로 받아들이지는 않았기 때문이었다(펠리니도 이 점을 다른 장소에서 여러 번 설명하곤 했다). 그럴 때면, 펠리니는 자신의 육체가 자신에게 배반하는 것 같다고 느꼈다. 다시 말해 뇌의 지시에 따르지 않고, 팔이 갑자기 마비되는 느낌이란 것이다. 한편 펠리니는 사고에 관해 더욱 가정적인 이유를 댔다. 마지나는 침대에서 떨어지며 다쳤고, 3주 혹은 4주 동안 깁스를 해야 했다고 말했다. 루이지는 깁스를 기억하지 못했다. 어쨌든 마지나는 다쳤다. 다행히도 부상은 심각하지 않았고, 제작은 다시 진지하게 진행됐으며, 다들 열심히 일했고, 총비용도 상대적으로 중간급인 원래의 예산에서 많이 넘지 않았다.

줄리에타 마지는 카비리아를 자신의 일생의 캐릭터로 여겼다. 그리고 이 영화의 제작은 몇 주간 이어진 파티 같은 것으로 기억했다. 마지나는 '길'에서 젤소미나의 캐릭터에 몰입하는 데는 애를 먹었지만, 카비리아의 역할은 본능적으로 좋아했다. 젤소미나는 마지나를 늘 불안하게 했다. 하지만 순진하고 늘 패배자인 카비리아는 쓰러질 때마다 다시 일어나는 생명력을 가졌는데, 그건 펠리니가 몸집이 큰 매춘부 반다에게 불어넣은 것으로, 마지나는 자신에게도 그런 성격이 있다는 것을 알았다.

펠리니와 마지나는 카비리아 캐릭터에 대한 서로 다른 의견 때문에 제작 기간 내내 충돌했다. 펠리니는 인형처럼 조종당하는 카비리아를 원했다. 반면에 마지나는 카비리아가 멜로드라마적 캐릭터 그 이상이라고 봤다. 이를테면 서무 직원 오스카가 세일러 복장을 한 카비리아에게 길 한복판에서 갑자기 청혼하는 장면이 대표적이다. 펠리니는 카비리아가 모호하지만 쓰러지기를 원했다. 하지만 마지나의 연기대로, 카비리아는 그 청혼에 너무 놀라서, 오스카에게 자기 같은 여성을 아내로 맞이해선 안 된다고까지 말한다. 카비리아는 뛰고, 논쟁하며, 길가의 수돗물을 급하게 마신다. 완벽한 결과를 얻기 위해 이 장면은 많이 반복해 찍었다. 이 장면을 완성하는 데는 오스카 역을 맡은 재능 있고 경험 많은 연기자인 프랑수아 페리에(François Périer)의 도움이 컸다. 프랑스 배우인 페리에는 레오폴도 트리에스테 대신 이 작품에 참여했다. 펠리니는 처음에 오스카 역으로 트리에스테를 원했다. 하지만 배우이자 작가인 트리에스테는 자신의 감독 데뷔작 '밤의 도시'를 만들기에 바빴다. 트리에스테는 오직 데뷔작 연출에만 전념하길 바랐다. 페리에는 프랑스 연극무대 출신인데(실비오 노토가 더빙했다), 큰 역할에 익숙했고, 오스카 캐릭터에 남부 이탈리아인의 느낌과 믿음이 가지 않는 성격을 부여했다. 펠리니는 단역 배우, 또는 비전문 배우들과 일하는 것을 마다하지 않았다. 그들에겐 대사 대신에 쉽게 '숫자 말하기'를 시켰다. 대사는 나중에 성우들이 더빙하면 됐다. 하지만 펠리니는 진정한 프로 배우를 만났을 때, 그들을 더욱 잘 이용할 줄도 알았다. 페리에가 그런 경우였다.

영화계의 스타 역할로, 현실에서도 스타였던 아메데오 나차리를 캐스팅한 것은 자연스러운 일이었다. 하지만 펠리니에 따르면, 나차리는 처음엔 그 역할을 맡는 데 약간 주저했다. 당시에 이탈리아에서 가장 유명한 배우였던 그가 주저한 것은 결코 실수가 아니었다. 그의 개인적인 습관들은 이미 가십 잡지 구독자들에겐 잘 알려져 있었고, 바로 그것들이 영화에서 전시될 것이기 때문이었다. 이를테면 그의 나이

트클럽에서의 '달콤한 인생', 폭풍 같은 애정 스캔들, 스포츠
카에 대한 광적인 사랑, 어마어마하게 큰 옷장, 그의 집사 등
은 관객들에게 이미 알려진 유명한 이야기였다. 그리고 실제
의 삶처럼 그가 혼자 사는 저택의 많은 방과 흰색 전화들이
영화에 등장한다. 영화에서 그의 집은 아피아 거리로 나오지
만 실제로는 카시아 거리에 있었다. 말하자면 나차리는 영화
가 자신을 흉내 내며 놀린다고 느꼈다. 그리고 펠리니는 '출
현'(Apparizione, 1943)[7]에서 나차리가 그랬던 것처럼, 실제 이름
을 그대로 쓰자고 제안했다. 시나리오에는 나차리의 캐릭터
는 그냥 '배우'라고만 이름이 붙어 있었다. 촬영이 시작되며,
그의 캐릭터는 현실적인 이유 등으로 이름을 조금 바꾸어 알
베르토 라차리(Alberto Lazzari)로 불렸다. 아메데오 나차리는
막상 촬영에 임하자 훌륭한 유머 감각을 보여주었고, 전혀 놀
림당한다고 느끼지 않았다. 그의 유일한 아쉬움은 자신의 촬
영분이 불과 며칠밖에 되지 않는다는 점이었다. 훗날 나차리
는 다른 인터뷰에서 또 다른 아쉬움을 밝히기도 했다. 촬영이
끝나자, 그는 친구 펠리니로부터 다시는 연락을 받지 못했다
는 것이다. 크리스마스 때도 연락은 없었다. 하지만 그런 일
은 영화 세계에서는 늘 일어나는 일이다. 촬영장에서 탄생한
위대한 우정은 주로 촬영이 진행될 때까지만 유지되니까 말

---

7   이 영화에서도 나차리는 실제 그대로, 영화 스타 캐릭터로 등장한다.

이다.

이와 약간 비슷한데, 카비리아의 친구 반다 역을 맡은 프랑카 마르치는 얼마간 줄리에타 마지나의 가장 친한 친구가 되었다. 마르치는 성격이 좋은 사람이었고, 권투 선수 프랑코 페스투치의 약혼녀였다. 몇 달 뒤, 마르치는 페스투치와 결혼하는데, 촬영 당시는 임신 중이었다. 마르치는 미술 감독 게라르디가 자신의 몸집을 더 키우기 위해 패드 같은 보충 장치를 자꾸 더 쓰게 하는 것을 전혀 불평하지 않았다. 그건 펠리니의 선동에 따른 것이기도 한데, 그럼으로써 반다의 큰 몸과 카비리아의 작은 몸을 대조하려고 했다. 이런 대조, 곧 몸집이 크고 작은 캐릭터의 대조는 원래 '백인 추장'을 찍을 때, 줄리에타 마지나와 욜레 실바니 사이의 대조에서 이용한 것이었다.

프로덕션 디자이너(미술 감독) 피에로 게라르디는 언제나 가격을 매길 수 없는 협력자였다. 그는 끊임없이 새로운 발명과 새로운 의상을 들고 촬영장에 나타났다. 카비리아의 집을 주사위 모양의 작은 집으로 제안한 사람이 바로 게라르디다. 그 집에는 지붕이 없어서, 촬영팀은 내부와 외부 모두를 충분한 조명을 이용하여 찍을 수 있었다. 토스카나 출신의 건축가인 게라르디의 재능은 디테일에 관한 초현실주의적인 감각으로 빛났다(이는 '달콤한 인생'에서 더욱 큰 규모로 실현된다). 예를 들어 '카비리아의 밤'에서 그는 영화 스타의 집에 거대한 수족

관과 역시 거대한 유리 새장을 끼워 넣었다. 그리고 스타의 집에 거대한 붙박이장을 만들었는데, 이 옷장의 미닫이문은 열리고 닫을 때마다 종소리가 나게 했다. 하지만 게라르디의 가장 상상력 넘친 발명은 카비리아와 그의 친구들이 입고 나오는 옷일 것이다. 그들의 옷은 화려하고 기이하기도 했는데, 전부 실제 매춘부의 옷에서 영감을 얻은 것이었다. 카비리아의 의상들, 특히 등에 두 명의 멕시코 댄서 그림이 그려져 있는 기모노, 그리고 닭털로 만든 조끼는 고전이 됐다. 펠리니와 게라르디 두 명 모두 그림을 그릴 줄 알았고, 이들은 캐릭터를 만화처럼 동물의 세계에서 참고하여 그린 뒤, 이를 서로 돌려 보았다. 두 사람은 특별한 노력을 기울이지 않고도 서로를 잘 이해했다. 그것은 경이롭고 매혹적인 텔레파시였다. 이런 관계는 더욱 세련되며, 앞으로도 몇 년간 더 이어질 것이다.

줄리에타 마지나의 사고 이후에 일을 다시 시작할 때, 촬영 감독 알도 톤티가 해고됐다(많은 이유가 떠돌아다녔다. 하지만 호수에서 찍은 마지막 장면의 작업에 펠리니가 만족하지 못한 이유가 컸던 것 같다). 오텔로 마르텔리가 그를 대신하여 고용된 뒤, 마지막 장면을 찍었다. 이런 상황은 과거에도 있었고, 앞으로도 일어날 것이다. 펠리니의 영화에서 촬영 감독을 바꾸는 일은 불확실성의 순간을 넘어가기 위한 희생의 제의처럼 보였다. 어떤 이유에서든 펠리니는 톤티와의 경험을 긍정적으로 기억했다. 짐작하건대 펠리니는 자신이 실수했다고 생각했을 것이다. 그리고 항상 톤티와 다시 일하지 않은 점을 후회하곤 했다. 1910년 로마에서 태어난 톤티는 네오리얼리즘의 선구자 중 한 명이었다. 그는 비스콘티의 '강박관념'을 비롯하여 많은 작품에서 촬영을 맡았다. 그의 흑백 화면은 매끄러웠고, 또 그는 키아로스쿠로(흑백대비) 조명을 극적으로 이용하는 데 전문가였다. 매번 더할 나위 없는 결과를 내던 톤티는 조명을 조절하는 데도 대단히 빨랐다. 그의 속도 덕분에 배우들은 감정을 계속하여 유지할 수 있었다.

모든 촬영이 끝나자, 사용된 필름의 길이는 5천 6백 미터가 됐다. 펠리니는 편집 담당 레오 카토초와 함께 장편 극영화 길이로 상영시간을 조절해야 했다. 니노 로타와의 음악 작업도 쫓기는 시간 속에서 진행됐다. 펠리니와 로타는 피아노를 시사실로 가져가서, 마치 무성영화 시절에 반주자들이 했던 것처럼, 화면의 리듬을 따라가며 음악을 만들었다. 로타는 늘 그렇듯 이곳저곳에서 음악을 끌어와 이용했다. 버라이어티 쇼에서 순례자의 종교음악까지, 무엇에서든 영감을 얻었다. 하지만 로타는 멋진 원곡을 작곡하기도 했다. 이를테면 카비리아의 모티프, '고고학의 산책' 길에서의 재즈 리듬, 그리고 마지막에 기적이 일어난 것 같은 카비리아 주변에서 젊은이들이 작은 콘서트를 하듯 들려주는 '랄-리-리-라'(Lla-ri-lli-rà)의 노래 등이다.

바스카 나발레 거리에 있는 디노 데 라우렌티스 집안의 영화사는 낙관주의가 넘쳤다. 그런데 정부 당국으로부터 소문이 흘러나왔고, 그들은 그것이 말 그대로 소문이기를 기대했다. 이런 것들이다. 문화부의 담당 국장인 니콜라 데 피로는 영화 속에 들어 있다고 추정되는 비윤리적이고 심지어 신성 모독적인 내용에, 대단한 염려를 표시했다. 집권당인 우익 기독교민주당 소속의 로마 시장 살바토레 레베키니는 역사적 도시의 시내에, 이 영화를 배급하는데 반대하는 계획을 이미 잡고 있었다. 그는 이 영화가 로마를 악의 동맥으로 그렸다고 비난했다. 그런데 로마 시장은 많은 매춘부와 포주들이 실제로 특정 지역에서 일하고 있다는 점, 그리고 많은 사람이 최근에 벌어진 '고고학의 산책'에서의 여성에 대한 살인사건에 큰 관심을 보인다는 점을 전혀 개의치 않았다. 그 사건은 '고고학의 산책에서의 망치 든 남자'라고 알려져 있었다. 어떤 이유에서든 당국은 이 영화가 '영원한 도시' 로마의 신성을 훼손하려는 분명한 목적을 가지고 묘사했다며, 바로 이런 태도를 수용하지 않을 것이라고들 했다. 이 소문은 기 드 모파상의 작품 〈텔리에의 집〉(La Maison Tellier)에서 영감을 받은, 매춘부들이 종교 행사에 참석하는 장면이 가장 큰 이유라고들 했다. 반면에 봉사 단체들은 어떤 종단에도 속하지 않는 '자루를 든 남자'를 이상화하는데 큰 관심을 보였다. 그는 형제애에 호소하는 외로운 선행자라고들 했다.

칸영화제 경쟁부문에 나가기 위해서 '카비리아의 밤'은 검열 당국으로부터 허가를 받아야 했다. 1957년 3월 9일 열린 위원회는 허가서를 내주려고 했다. 단 16세 이하의 관객에겐 금지된다는 경고를 다는 조건이었다. 하지만 이 허가는 내무부를 대표하는 검찰관 아돌포 멤모의 반대에 부닥쳤다. 그는 이 영화가 '국가의 명예를 훼손한다'라고 보았다. 그래서 이 영화는 배급이 금지돼야 한다고 요구했다. 말하자면 펠리니는 이중의 문제를 만났는데, 먼저 그는 칸영화제에 갈 수 없었고, 또 영화관에서 개봉되어도 일부 화면이 잘릴 것이란 고민에 빠졌다. 펠리니는 '길'이 베네치아에서 발표됐을 때, 시나리오 작가 브루넬로 론디를 통해 만났던 예수회 성직자에게 도움을 청했다. 그 성직자는 안젤로 아르파 신부이다(헝가리계 신부이며 원래 성은 아르파드이다). 아르파 신부는 훗날 펠리니가 '토비 댐잇'에서 카톨릭 영화광 캐릭터로 사랑스럽게 표현한다. 아르파 신부는 정말 특이한 사람이었다. 그는 순수한 영혼을 실용주의와 섞어놓은 인물이었다. 언론에서 '시리아의 하프'(이는 1956년 일본 영화 '버마의 하프'를 참조한 것인데, 신부의 이탈리아 성은 하프라는 뜻이다)라고 별명을 붙인 그는 제노바의 고위성직자 주세페 시리에게 이 문제를 호소하려 했다. 아르파 신부는 이탈리아에서 가장 어린 추기경인 시리 추기경을 우연히 알게 됐고, 이후에 그와 잘 지내고 있었다. 아르파 신부의 책 〈펠리니의 하프〉에 따르면, "시리 추기경은 교황 피우스 12세의 마지막 시기에는 일종의 부교황이나 다름없었다. 시리 추기경은 이탈리아 주교 회의를 이끌었고, 당시 여당인 기독교 민주당에게 투표하던 '카톨릭 행동'(Azione cattolica)의 회원들을 지휘했고, 국가의 중요한 문제를 다루는 거의 모든 위원회에 명예 회원으로 참석했다." 아프라 신부의 계획은 시리 추기경을 위해 '카비리아의 밤' 관련 비밀 시사회를 열자는 것이었다. 만약 추기경이 영화를 좋아한다면, 모든 장애는 없어질 것이기 때문이었다.

아프라 신부는 전화를 걸었다. 펠리니는 필름 복사본을 들고 충실한 프로듀서 지제토 지아코지와 함께 제노바로 향했다. 무엇보다도 추기경을 위한 즉각적인 시사가 중요했다. 하지만 이용할 수 있는 작은 영화관은 항구 뒤쪽의 골목길인 소위 '카루지'(caruggi)에 있는 것뿐이었다. 이런 누추한 지역에 신성모독을 했다고 알려진 영화를 시사하기 위해 교회의 왕자를 초대할 수 있을까? 시간은 얼마 없었다. 이 행사에 어떤 품위를 만들어내기 위해 지아코지는 가구 수리점에 달려가서, 황금 옥좌를 빌려왔다. 그는 작은 오케스트라 자리의 중간에 그 의자를 놓았다. 합의에 따르면 시리 추기경은 관객들이 그날의 마지막 상영을 본 뒤, 자정에 특별 시사에 참석할 예정이었다. 극장에는 영사기가 하나밖에 없었고, 필름 통을 갈 때는 휴지기를 가져야만 했다. 아프라 신부는 펠리니를 뒤에 숨어 있게 했다. 만약 추기경이 영화를 좋아하지 않으면, 펠리니를 만나지 않고 나갈 수 있게 하려는 것이었다. "우리가 나올 때, 당신에게 신호를 보내겠다."

펠리니와 지아코지는 극장 바깥 복도에서 반은 숨은 채 자정이 몇 분 지난 뒤, 추기경과 수행원이 함께 도착하는 것을 보았다. 그날 밤 두 남자는 복도에서 오랫동안 기다렸다. 극장 밖에선 술 취한 선원들이 소리를 지르며 실제 세상 매춘부들의 초대를 뿌리치고 있었다. 반면에 극장 안에서는 성직자들이 실제 세상을 반영한 매춘부의 허구를 보고 있었다. 몇 번의 휴지기가 이어졌고, 시사회는 거의 3시쯤에 끝났다. 두 남자는 복도에 숨어서, 걱정스럽게 어둠 속을 바라보았고, 아프라 신부의 안도하는 미소를 얼핏 보았다. 아프라 신부는 두 남자에게 오라고 손짓을 했다. 펠리니는 단숨에 달려가 추기경 옆에 섰다. 아프라 신부는 소개말을 조금 했고, 시리 추기경은 펠리니를 바라보았는데, 그의 시선엔 거리를 두려는 게 보였다. 그는 단 세 마디만 했다. "무언가를 해야겠어요."(Bisogna fare qualcosa). 그리고는 한숨을 쉬었다. 이것으로 추기경이 검열의 복잡함에 대한 정치적 의견을 내놓은 것인지, 혹은 영화에서 제기된 인간적이고 사회적인 문제에 대해 영혼의 보호자가 되겠다는 것인지 알 수 없었다. 그리고 추기경과 수행원은 밤 속으로 사라져버렸다. 조급한 지아코지는 돈키호테 펠리니 옆에 서 있는 산초 판사 같았다. "추기경께서 뭘 말씀하셨지? 우리에게 허락하셨나?"

교회가 관련됐을 때는 종종 그랬듯, 답은 간접적으로 왔다.

다음 날 아침 문화부의 니콜라 데 페로는 디노 데 라우렌티스에게 몹시 화난 목소리로 전화했다. "꼭 그래야만 했어요?" 이 에피소드는 당대 이탈리아를 이해하는 어떤 통찰력을 제공하고 있다. 곧 추기경이 허락하면 영화는 생존의 권리를 가질 수 있다는 점이다. '카톨릭 영화 센터'의 고위성직자인 알비노 갈레토가 즉각 '가장 빛나는 성직자(제노바의 추기경)의 판단'을 확인하는 과정을 밟았다. 칸영화제가 끝나면 검열위원회는 다시 소집될 것이며, 제작자들에게 고독한 선행자 에피소드를 자르라고 요구할 것임을 전했다. 자루를 맨 남자를 빼면, 다른 모든 건 좋다고 했다. 선행은 반드시 적법한 절차를 통해 행해져야 하기 때문이었다. 펠리니는 주저했다. 디노 데 라우렌티스는 직접 편집실로 가서 이렇게 말했다. "그 장면을 훔쳐."

펠리니가 시리 추기경을 찾아갔다는 뉴스는 좌파들에게 폭풍 같은 분노를 불러일으켰다. 펠리니의 행동은 교회 권력에 투항하는 것으로 읽혔다. 교회는 진정으로 정부의 문화 장관 또는 검열 당국보다 더욱 큰 영향력을 갖고 있는가? 펠리니는 이런 비판들에 무반응으로 대응했다. 펠리니는 자신이 알고 있는 가장 효과적인 방법으로 영화를 지켜냈고, 전혀 죄의식을 느끼지 않았으며, 칸영화제를 위한 준비를 할 수 있었다.

제10회 칸영화제의 명예 위원장은 장 콕토였다. 심사위원은 대체로 프랑스의 지식인들로 구성됐다. 앙드레 모루아(심사위원장), 마르셀 파뇰, 쥘 로맹 등이 참여했다. 펠리니의 경쟁자들은 쟁쟁했다. '제7의 봉인'의 잉마르 베리만, '사형수 탈옥하다'의 로베르 브레송, '카날'(Kanal)의 안제이 바이다 등이었는데, 종종 그렇듯 황금종려상은 크게 주목받지 못한 미국 영화인 윌리엄 와일러의 '우정어린 설득'에 돌아갔다. '카비리아의 밤'은 5월 10일 상영됐고, 줄리에타 마지나는 여우주연상을 받았다. 특별한 언급이 있었다. "줄리에타 마지나, 이탈리아와 그의 페르소나에게, 그리고 펠리니에 존경을 표하며." 덧붙여 "따뜻한 휴머니즘에 대한 상"이라고도 했다. 마지나, 펠리니, 나차리가 상영회에 참석했다. 프랑수아 페리에는 마다가스카르섬의 타나나리브(Tananarive)에서 축하 전보를 보냈다. 결과가 이것보다 더 좋을 수는 없었다. 디노 데 라우렌티스와 아내이자 배우인 실바나 망가노는 프랑스 남쪽 마르탱 만(Cap Martin)에 있는 저택에서의 파티를 준비했다. 손님들을 실어나르기 위해 부부는 기차 한량을 전부 빌렸다.

칸영화제의 결과는 이탈리아의 비평가들 사이에서 즉각적인 반향을 몰고 왔다. 그들은 '카비리아의 밤'을 논쟁적인 '사기꾼들'과는 다르게 받아들였다. 부정적인 의견, 현학적인 주장, 그리고 폄하하는 사람들이 없지는 않았다. 하지만 또다시 비평가들과 영화에 대한 보편적인 반향은 서로 아무런 관련이 없음을 알게 됐다. 어떤 이는 이번 작품이 펠리니의 최고 걸작이라고도 썼다. 또 다른 사람들은 과도하게 무거운 자연주의와 과잉일 정도로 타협적인 감상주의, 둘 모두에 공평하게 거리를 두는 펠리니의 능력을 상찬했다. 거의 모든 사람은 마지나의 연기를 찬양했다. 그런데 정말 주목해야 할 사실은 염려했던 도덕적 문제는 완벽히 사라져버렸다는 것이다. 아무도 이 영화를 천박하다거나, 불경하다거나 또 신성모독적이라고 보지 않았다. 펠리니는 시적인 재능뿐 아니라 정치적 재능도 가진 것 같았다. 의견들과 문제들을 혁신적으로 다루면서, 자유로운 표현의 영역을 확장했다. 펠리니의 모든 영화는 표현 자유의 교두보를 마련했다. 하지만 그때마다 논란을 불러일으키는 오만을 드러내지도 않았다. 펠리니는 단지 어떤 것은 표현할 수 있고, 표현되어야만 한다는 사실을 간단하게 또 분명하게 보여주었다. 펠리니는 항상 자유가 있는 곳에서 영화는 만개한다고 확신했다.

칸영화제 이후, '카비리아의 밤'은 세계적인 성공을 거두었고, 그때까지는 펠리니의 가장 사랑받는 작품이 됐다. 1957년 10월 이탈리아에서 개봉됐는데, 흥행 성적도 좋았고, 국내의 은빛 리본 영화제에서 4개의 은빛 리본을 받았다(감독상 펠리니, 여우주연상 마지나, 여우조연상 프랑카 마르치, 작품상 디노 데 라우렌티스). 이에 덧붙여 전 세계로부터 수많은 상을 받았다. 아르키메데 거리의 집에 있는 상들은 너무 많아 골칫거리가 됐다. 수도 많았고, 크기도 문제가 됐다. 그래서 마지나는 모든 상을 한 방에 다 넣기로 했다. 기념패, 상장, 트로피, 그리고 메달이 그 방을 가득 채웠다. 방에 들어서면 그것들은 봉헌물의 수집품처럼 보였다. 그래서 펠리니는 즉각 그 방을 '성스러운 사랑의 성소'라고 이름을 붙였다. 자기 반어법적인 표현인데, 언론이 이 이름을 즐겨 썼다. 10월 그달에, 영화는 미국에서도 개봉됐다. 펠리니의 영화 중 미국에서 동시 개봉한 첫 번째 작품이고, 이는 펠리니의 영화들이 이제 국제적으로 주목을 받는 것을 의미했다. 뉴욕 타임스의 보슬리 크로더는 초점에서 빗나가는 언급을 했다. "영화는 말하고자 하는 바를 밝히는 데는 너무 멀리 가버렸다." 하지만 대부분 비평가는 이 영화를 상찬했다.

펠리니 부부는 홍보를 위해 다시 미국에 갔다. 그때 이들은 '길'로, 미국영화감독조합에서 주는 상을 하나 더 받았다. 이 상은 조합의 회장인 프랭크 캐프라의 아이디어에서 나왔다. 캐프라는 아카데미 외국어영화상이 감독이 아니라 제작자에게 수여되는 것을 좋아하지 않았다. 펠리니와의 연회는, 미국 감독들이 영화에 대한 소유권(예를 들어 시나리오를 고치고, 최종 장면을 정하는 것)은 감독 자신들에게 있다는 사실을 인식하는 좋은 계기를 제공했다. 그 권리는 유럽의 동료들은 이미 누리는 것이었다. 시칠리아 출신의 요리사들이 젤소미나와 참파노가 타던 차 모양의 케이크를 굽고 장식을 하여 내놓았다. 그때 존경하는 존 포드가 장황한 연설을 하며, 저녁 모임은 절정을 맞았다. 펠리니는 '역마차'(1939)의 감독 존 포드의 헌신적인 팬이었다. 감정적으로는 대단히 흥분해있었지만, 펠리니는 영어는 잘못해, 존 포드가 자신의 영화에 관해 뭐라고 말하는지 전혀 알지 못했다.

1958년 3월 26일, '카비리아의 밤'은 예상과 달리 아카데미 영화제에서 외국어영화상을 받았다. '길'에 이어 1년 만에 연속하여 받은 셈이다. 할리우드의 판타지스 극장에서 줄리에타 마지나는 데이너 윈터와 프레드 아스테어로부터 오스카상을 받았다. 그때 펠리니는 로마에 있었는데, 라디오에서 그 뉴스를 듣고 자신의 귀를 의심했다. 카비리아의 이야기는 대단한 인기를 끌었고, 1959년 '달콤한 자선'(Sweet Charity)이라는 뮤지컬로 만들어졌다. 희곡 작가는 닐 사이먼이었다. 브로드웨이에서 발표된 뮤지컬의 감독은 새로운 영재의 도착을 알리는 밥 포시였다. 그웬 버돈이 무대의 주역이었고, 캐릭터 이름은 미국식으로 바뀌었으며, 직업 댄서로 나왔다. 1969년 밥 포시는 그 뮤지컬을 다시 영화로 만들었는데, 주역은 셜리 맥클레인이 맡았다. 펠리니는 이런 일에 기뻐하기보다는 좀 당황했다. 그는 뮤지컬은 보지 않았고, 비행기 속에서 영화를 봤다. 하지만 그의 반응은 당황함 그 자체였다. "영화를 각색한 뮤지컬을 각색한 영화? 이건 뭐지?"

자전적 내용의 미완성 작품

펠리니가 대단히 좋아했던 영화 가운데, 자신이 쓴 날로부터 20년 이상이 지난 뒤, 다른 사람에 의해 완성된 영화가 '아니타와의 여행'이다. 다른 제목 '사랑의 여행'(Viaggio d'amore)으로도 알려져 있는데, 이는 펠리니의 전기적이고 은밀한 사실에 근거한 픽션이다. 이야기는 1956년 5월 부친이 죽었을 때, 펠리니가 리미니로 갔던 여행에 기초하고 있다. '카비리아의 밤'이 대성공을 거둔 뒤, 펠리니는 영화계에서 전권을 가진 인물이 됐다. 그는 여러 기획 가운데 하나를 선택만 하면 됐다. 펠리니는 감독으로서 장기간 계약에 묶여 있던 불편한 조건에서도 자유로웠다. 그 계약은 미래에도 지켜지지는 않을 것이다. 제작자 디노 데 라우렌티스가 원한 것은 오직 펠리니의 차기 걸작이었다. 소피아 로렌이 합류했고, 그는 빨리 작업을 시작하길 바랐다. 1957년 가을, 로렌은 펠리니에게 전화하기 시작했고, 통화는 늘 길었다. 전화할 때마다 로렌은 "나야, 아니타."라며 말을 시작했다. 그레고리 펙도 합류하기로 했다. LA의 호텔 방에서 펠리니는 통역을 통해 그레고리 펙에게 영화에 대해 길게 설명했고, 그 말을 들은 뒤, 펙은 계약서에 서명했다. 그런데 사실을 말하자면 펙과의 만남은 열정적인 데 라우렌티스에 의해 마련됐는데, 펠리니는 크게 동의하지는 않았다. 펠리니는 그레고리 펙이 친절하고 따뜻한 사람이란 것은 알았다. 하지만 펙은 영화계를 대표하는 기념비적인 남자로 추앙받고 있었다. 바로 그 점이 캐릭터의 자전적인 성격에는 맞지 않았다. 자전적 성격은 펠리니가 훗날 마르첼로 마스트로이안니에게서 발견할 것이다. 하지만 펠리니는 마법 같은 이탈리아의 기후를 믿어보기로 했다. 펠리니는, 아드리아해의 미풍이 완벽한 배우이자 신사인 외국인 스타 펙을 결국 가족처럼 만들 것을 생각했다. 이를테면 토니(앤서니 퀸), 딕(리처드 베이스하트). 브로드(브로데릭 크로포드), 그리고 프랑수아 페리에가 그랬던 것처럼 말이다.

이 영화의 이야기는 '백경'(존 휴스턴 감독, 1956)의 에이합 선장(펙)을 약간 당황스럽게 만들었을 것이다. 펠리니와 툴리오 피넬리가 함께 쓴 시나리오의 모티브들을 보면, 그 점을 추측할 수 있다. 다시 한번 영화는, '전화의 저편' 혹은 '희망의 길'처럼 남쪽에서 북쪽으로의 이동을 통해 이탈리아를 여행한다. 여정은 이렇다. 로마에서 출발하여, 이탈리아의 남북을 연결하는 카시아(Cassia) 고속도로를 타고, 이어서 오른쪽 마르케주에 있는 파소 델 푸를로(Passo del Furlo)로 방향을 틀고, 그리고는 아드리아해의 파노(Fano)에 도착하는 것이다. 시나리오는 리미니에 대한 사랑의 편지인데, 조심스럽게 영화 속 목적지는 파노로 설정돼 있다. 하지만 그 지역의 풍경은 펠리니의 고향 리미니처럼 꾸며져 있다. 예를 들어, 마레키아(Marecchia)강의 다리, 트레 마르티리 광장, 말라테스타 사원, 그리고 펠리니의 친구인 티타 벤치의 변호사 사무실 등이다.

한 가지 기억해야 할 점은 펠리니가 이 영화의 소재들을 훗날 '달콤한 인생', '8과 1/2', '아마코드' 그리고 다른 영화에서도 써먹는 것이다. '아니타와의 여행'의 주인공 이름은 '8과 1/2'의 주인공처럼 구이도이고, 성격도 비슷하다. 여기에서의 구이도는 '8과 1/2'의 원래 아이디어처럼 유명한 작가인데, 결혼 생활의 위기를 겪고 있고, 자신이 원했던 연인과 사귀고 있는데, 동시에 그 연인을 두려워하기도 한다. 이 영화는 더는 설명이 필요 없을지도 모르겠다. 왜냐면 영화는 전적으로 펠리니의 자전적 이야기로 이해될 수 있기 때문이다. 물론 소설적인 플롯이 끼어있지만 말이다.

'아니타와의 여행'의 첫 장면은 '달콤한 인생'의 도입부 에피소드처럼, 중국인 작가를 위한 이상한 칵테일 파티로 시작한다. 구이도는 집에 돌아오자마자 파노에 있는 여동생 지나의 전화를 받는다. 부친이 아프다는 것이다. 그런데 구이도는 당장 출발하지는 않는다. 그는 별 것 아닌 것처럼 아내 잔나에게 말하는데, 그녀가 동행하겠다는 제의를 하지 않게 하려는 이유에서였다. 구이도는 한밤중에 집을 떠난 뒤, 애인 아니타를 깨우기 위해 달려간다. 구이도는 아니타에게 동행을 요구한다. 그들은 밤새, 그리고 다음 날까지 캐딜락을 운전하며 달렸고, 바사노 디 수트리(Bassano di Sutri)에 처음 정차했다. 그리고 아레초와 산세폴크로 사이의 언덕에 가서, 피에로 델라 프란체스카의 마돈나에게 존경을 표시한다(이 그림은 1983년 타르코프스키의 영화 '노스텔지아'에서 강조될 것이다). 북동 방향으로 가며 이들은 '성 요한의 밤'(La notte di san Giovanni, 6월 24일) 축제를 벌이는 어느 농장에 도착한다. 그곳에서 아니타는 농장 여성들을 알게 됐는데, 그들이 아니타를 전통 의례에 참여하게 했다. 그건 달빛 아래서 나체로 멀리 풀밭 위를 구르는 것이다. 하지만 남자들 시야에서 너무 멀리 떨어지는 것은 아니었다. 이들은 다시 길에 오르고, 바다를 보려고 잠시 멈췄을 때, 구이도는 부친 생각을 하기 시작한다. 불안해진 구이도는 부친이 좀 회복됐는지 궁금하여 집에 전화를 걸었다. 그때야 구이도는 여행의 이유를 아니타에게 말한다.

구이도는 애인을 고향의 외곽 어느 호텔에 묵게 한 뒤, 부친의 집으로 향한다. 그런데 그는 갑자기 먼 과거에 관련된 괴로운 기억 때문에 혼란에 빠진다. 구이도는 집에 도착해, 부친이 의사들, 초조해하는 여동생, 그리고 불안에 사로잡힌 모친에 둘러싸여 있는 것을 본다. 치료와 기도 덕분인지, 부친 조반니씨는 나은 것처럼 보인다. 그래서 구이도는 잠시 집 밖으로 나왔다. 그런데 구이도가 바에 앉아 있을 때, 숨을 헐떡이며 몹시 걱정하는 표정으로 택시 기사가 달려와, 부친이 죽었다고 알리는 것이다. 구이도는 이제 모든 것을 혼자 돌봐야 한다. 모친을 위로하고, 수녀들을 불러 밤샘 기도를 하게 하고, 애도하는 방문객을 맞고, 음식을 준비시킨다. 구이도는 한밤중이 되어서야 겨우 아니타에게 돌아갈 수 있었다.

다음 날 구이도는 매장에 관련된 서류를 처리해야 했고, 묘비를 골라야 했다. 친구 티타가 와서 돕겠다고 했다. 그들이 시청 홀에 함께 있을 때, 티타는 애정을 갖고, 죽음에 관한 사건들과 이야기들을 반추했다. 카페에서 두 사람은 어떤 건축가를 만났다. 건축가는 기념비 같은 부조리한 묘를 제안했다. 그건 대단히 유명한 아들의 명성에 어울리는 것이었다. 그날 밤 구이도는 침대에서 아버지가 잤던 자리에 누워 어머니 옆에서 잔다. 그렇게 해서 어머니를 홀로 남기지 않으려고 했다. 어머니는 구이도의 결혼 생활에 관해 물었고, 이야기가 길어지자, 아들이 자식을 갖고 있지 않으며, 아내와 앞으로도 잘 지낼 것 같지 않다는 사실을 알게 된다.

아니타는 해변을 걸으며, 구이도에 관해 더 잘 알기 위해, 그를 비밀리에 추적하기로 마음먹는다. 염을 마친 부친의 관이 관습에 따라 교회에 옮겨질 때, 구이도는 모친과 여동생과 함께 아침 식사를 하러 식당에 간다. 그날 저녁 구이도는 아니타와 저녁 식사를 하며, 자신과 부친 사이의 오이디푸스적인 오랜 충돌의 역사에 관해 이야기한다. 그리고 구이도는 우연히 어떤 사진을 보며 그라디스카(Gradisca)[1]의 빛바랜 이미지를 떠올린다. 어린 시절, 아름다운 그녀를 보며 구이도와 다른 소년들은 에로티시즘에 관련된 자신들만의 꿈을 키웠다. 기억 속에 잠긴 구이도는 그라디스카와 아니타를 혼동하기도 하고, 실제로 아니타를 반복하여 그라디스카라고 부르기도 한다. 밤이 깊어지자, 구이도는 부친을 다시 보고 싶다는 억누를 수 없는 충동을 느낀다. 교회 문은 닫혔다. 하지만 그는 소년 시절 숨어 들어가곤 했던 작은 문을 기억해냈다('영혼의 줄리에타'에 나오는 작은 문을 기억하라). 구이도는 비둘기들의 둥지가 있는 틈 위로 올라갔고, 아니타도 뒤따랐다. 그런데 문은 사라지고 없었다. 그곳은 벽으로 막혀있었다. 구이도와 아니타는 과거 소년 시절에 이용했던 그 틈새 속에서 서로를 포옹한다. 그곳은 아이에게 새 생명을 주는 자궁의 상징 같다. 새

---

1   그라디스카는 '아마코드'에서 주요한 인물로 등장한다. 관능적인 몸매를 가진 중년 미용사인데, 소년 주인공의 에로티시즘의 대상으로 설정돼 있다.

벽에 구이도는 자신이 새로운 사람이 된 것 같은 기분을 느낀다. 그리고는 인생을 바꾸겠다고 다짐하고, 바로 옆에 자는 여성과 함께 운명을 따르기로 마음먹는다.

장례식 도중에 구이도는 어떤 여성이 과도하게 슬퍼하는 것을 본다. 그 여성은 부친의 '아니타'처럼 보였다. 그리고 구이도는 호텔에 돌아왔는데, 아니타가 떠나버린 사실을 알았다. 파노를 떠나며, 구이도는 공동묘지에 다시 들렀고, 부친의 묘에서 그 여성을 또 만났다. 두 사람은 몇 마디 말을 나누었다. 슬프지만 진지한 말들이었다. 구이도는 캐딜락을 타고 로마로 향했다. 공동묘지의 철문 뒤에서 그 여인은 계속하여 멀어지는 구이도를 바라보았다.

영화에 관련된 모든 일은 다음 단계를 위한 준비를 마쳤다(시나리오 초안은 1957년 7월에 나왔다). 그런데 그때부터 문제가 터지기 시작됐다. 제작자 카를로 폰티와 디노 데 라우렌티스는 파트너 관계가 깨진 뒤, 서로에 대해 악감정을 키워왔다. 하지만 무슨 운명인지 카를로의 연인 소피아 로렌이 디노의 차기작 주인공이 될 예정이었다. 그래서 두 제작자는 마지못해 협상하기 시작했다. 하지만 실질적인 일보다는 서로에게 고통을 주는 데 더 많은 시간을 썼다. 카를로는 소피아 로렌의 개런티로 천문학적인 숫자를 요구했다. 디노는 그건 잊어버리라고 말했다. 전화를 걸면 걸수록 기획은 재난으로 점점 변해갔다. 한편 소피아와 카를로는 9월 17일 멕시코의 시우다드 후아레스(Ciudad Juárez)에서 임시변통의 결혼식을 올렸다. 이것이 예상치 못한 상황을 만들었다. 법무부는 카를로 폰티를 중혼 혐의로 조사하기 시작했다. 소피아 로렌은 이탈리아로 돌아올 수 있을지, 불확실성은 더욱 커졌다. 펠리니는 소피아 이외의 다른 배우는 전혀 원하지 않았다. 펠리니는 마음속으로 주제와 관련된 거의 모든 구조를 소피아 로렌에 맞춰 만들어놓았다. 이런 대조법을 생각했다. 곧 남성은 문화이고, 여성은 자연이며, 의심이 남성이라면 단호함은 여성이고, 남성은 생각하고 주저하고 거짓말한다면, 여성은 그냥 산다는 것이다. 펠리니는 훗날 이런 역학관계를 '달콤한 인생'에서 다른 아니타(에크베르그)를 통해 묘사한다. 하지만 당시에 펠리니는 다른 배우가, 설사 소피아 로렌보다 낫다 할지라도, 그 역할은 하지 못한다고 생각했다. 펠리니는 이번 기획을 연기하기로 했다. 펠리니는 '달콤한 인생'을 끝내면, 소피아 로렌과 마스트로이안니를 캐스팅하여, 그 기획을 다시 할 수 있을 것으로 생각했다. 하지만 모든 기획은 자기에게 맞는 시간이 있고, 그렇지 못하면 다른 것이 되고 만다. '아니타와의 여행'은 불행하게도 주저앉고 말았다. 많은 세월이 지나, 1979년에 미국 배우 골디 혼과 잔카를로 잔니니 주연으로, 마리오 모니첼리가 감독한 '아니타와의 여행'이 발표됐다.

1958년 봄에 디노 데 라우렌티스는 새로운 기획을 진행하기로 했다. 그는 펠리니에게, 과거에 그와 논의했던 기획에 관해 광범위하게 이야기했다. '카사노바의 기억', '데카메론', '돈키호테', 엔니오 플라이아노의 유명한 단편 소설을 각색한 '로마의 화성인' 등이다. 그리고 노벨문학상 수상자인 스웨덴 작가 페르 라게르크비스트의 소설 〈바라바〉(Barabbas)를 각색할 계획도 세웠다. 펠리니는 스웨덴 작가의 작품을 아주 좋아했다. 그래서 디노에게 저작권을 사라고 요구했다. 하지만 디노는 최종적으로 연출권을 1962년에 미국 감독 리처드 플레이셔에게 주었다. 참파노를 연기했던 앤서니 퀸이 주역을 맡았다.

마지막에 가서 디노 데 라우렌티스와 펠리니는 '도시의 모랄도'를 만들기로 했다. 이 영화는 '길'이 만들어지기 전부터 서랍 속에서 잠들고 있었다. 데 라우렌티스는 이 기획은 지금도 실행할 수 있다고 생각했다. 생생하고, 젊고, 모험적인 이 영화는 많은 동화적인 캐릭터를 갖고 있고, 국제적인 캐스팅을 할 수 있을 것으로 봤다. 데 라우렌티스는 어떻게 이 기획을 진행할지 이미 알고 있었고, 그건 친구들은 물론 적들도 매력을 느낄 것으로 예상했다. 곧 기획은 "펠리니는 비텔로니로 돌아왔다."였다. 펠리니는 제작자의 열정에는 감사를 표했지만, 그 열정을 나누고 싶진 않았다. 펠리니의 협력자 툴리오 피넬리는 이미 미루어두었던 것으로 되돌아가는 것은 하지 않는 게 낫다고 생각했다. 반면 엔니오 플라이아노는 그답게 이런 의견에 전적으로 반대했다. 이들 모두 새로운 가능성을 토론하고 있을 때, 베네토 거리의 위대한 여름은 갑자기 폭발했다.

23. '달콤한 인생'(La dolce vita, 1960)

베네토 거리의 뜨거운 여름

베네토 거리(via Veneto)라는 이름은 19세기 말 마지막 10년 기간에 생겼다. 교황 그레고리 15세의 조카였던 루도비지 추기경의 무너진 저택에서 유래했는데, 저택이 없어지자 큰 길이 새로 만들어졌다. 이 거리는 1차 세계대전에서 이탈리아가 승리한 뒤, 그 승전을 기념하기 위해 전장의 이름을 따서 비토리오 베네토 거리(via Vittorio Veneto)[1]로 바뀐다. 이 길이 통과하는 로마의 구역 이름은 '루도비지 구역'이다. 또 베

---

1   1차 세계대전 때, 이탈리아는 '비토리오 베네토 전투'(1918)에서 오스트리아-헝가리 연합군에게 결정적인 승리를 거둔다. 비토리오 베네토는 베네치아 근처에 있는 지명이다.

네토주에서 이름을 따온 까닭에, 주 이름은 빼고 그냥 '주 구역'(Quartiere delle regioni)이라고도 불린다. 베네토 거리는 바르베니니 광장에 있는, 조각가 베르니니의 트리톤 분수에서 시작하여 포르타 핀치아나에 있는 고대의 성벽까지 이어진다. 베네토 거리에는 2열의 플라타너스 가로수와 그 길을 따라 관목들이 서 있고, 네오바로크 양식의 건물들이 들어서 있다. 건물들은 길이 생기고 발전할 때 유행했던 아르누보와 파시스트 스타일[2]로 장식돼 있다. 이 거리의 호텔에 바들이 들어선 것은 19세기 후반이다. 그런데 베네토 거리가 양차 대전 사이에 사교계와 지식인 사회의 중심으로 성장할 때, 이번에는 카페가 큰 역할을 했다. 이를테면 로자티, 스트레가-제파, 도네이 그리고 카페 드 파리가 유명했다. 이 카페들은 봄과 여름이면 테이블을 밖으로 내었고, 밤늦도록 문을 열었다.

베네토 거리에 관련된 책들은 많이 있다. 주로 이런 카페에 출입하던 사람들이 쓴 것으로, 예를 들어 작가 엔니오 플라이아노가 쓴 것이 유명하다. 이 거리에 있던 카페들은 지금은 대부분 식당이나 은행으로 변했지만, 1950년대에 연예계와 언론계에 있던 사람들은 여기 모여서, 문화적 환경에 접근하는 것을 즐기곤 했다. 카페 로자티(Caffe' Rosati)에 가면, 사람

---

2   파시즘 정부가 권장한 양식. 권위를 나타내는 신고전주의를 단순화하고, 현대적인 느낌이 나도록 건축했다. 로마의 남쪽 에우르(EUR)에 파시스트 양식의 건물들이 몰려 있다. 펠리니의 '달콤한 인생'에서 쉽게 볼 수 있는 건물들이다.

들은 유명한 지식인과 언론인을 만날 수 있었고, 문화에 관한 가장 최신의 재담과 논쟁을 엿들을 수 있었다. 배우들과 영화계 사람들은 길 건너편에 있는 스트레가-제파(Strega-Zeppa) 카페에 모였으며, 혹은 좀 더 시내 쪽으로 들어가서 도네이 (Doney) 카페에 모여 있기도 했다. 새벽 1시가 되면, 일군의 사람들이 도착하기 시작하는데, 이들은 막 발표된 영화 혹은 연극을 보고 왔을 것이며, 그들이 본 것을 서로 흉내 내기도 했다. 나쁜 소문은 신랄하게 반어법적으로 표현됐다. 사람들은 헐뜯으면서도 즐겼고, 합류하지 않은 누군가는 석쇠에서 구워졌다(간혹 참석자 가운데도 그 대상이 된다). 이런 모든 일은 몇 년이 지난 뒤, 그런 밤에 참석한 사람들에 의해 애정의 방식으로, 또 죄의식 없이 기억됐다. 그리고 또 북부의 모데나 혹은 남부의 비셸리에에서 베네토 거리에 막 도착한 젊은 여성은 이 길을 천천히 산책할 것이며, 치네치타의 스턴트맨은 마르첼로 마스트로이안니를 만나면 그를 포옹할 것이고, 어떤 매니저는 유명한 감독과의 친밀한 시간을 훔치기 위해 완벽하게 편안한 순간을 끈기 있게 기다릴 것이다.

2차 세계대전이 끝난 뒤부터, 사람들은 로마에는 진정한 '밤의 삶'이 없다고 말했다. 그건 "교황이 원치 않기 때문"이라고들 했다. 교황 피우스 12세는 본명이 에우제니오 파첼리(Eugenio Pacelli)인데, 로마의 상층 부르주아 가족 출신이었다. 그는 분명하게 그런 것들을 좋아하지 않았다. 일종의 길

거리 파티 같은 열정이 몇 년 뒤 베네토 거리에서 생겨난 이유를 교황의 쇠약해진 건강에서 찾는 것도 틀린 말은 아니었다(그는 1958년 10월 9일 죽는다). 늦게까지 일하는 게 습관이 된 기자들은 이곳과 가까운 곳에 있던 나이트클럽에서 돌아오며 여기를 지났고, 혹은 엑셀시오르 또는 그랜드 호텔에서 돌아오며 여기를 지났다. 로마에는 새로운 관습이 생겼다. 곧 항상 밝은 조명이 켜져 있는 거리에서 저녁을 오랫동안 즐기는 것이었다. 바다에서 불어오는 미풍을 즐기고, 파파라치들로부터 도망가려는 셀럽들을 보는 걸 즐겼다. 그 광경은 마치 투우 같았다. 이곳엔 에바 가드너가 주연한 '맨발의 백작 부인'(1954) 같은 맨발의 백작 부인'들'이 있었고, 무엇이라도 시도해보려는 신인들이 있었다. 이탈리아에 망명해 있던 이집트의 왕 파루크는 이런 유명한 말을 남겼다. "몇 년 안에 세상에는 오직 다섯 왕이 남을 것이다. 네 왕은 프랑스 카드에 있고, 나머지 하나는 영국의 여왕이다."

사진 기자들은 현실의 목격자이자, 참가자, 그리고 창작자였다. 이 분야의 선구자는 로마 토박이인 타치오 세키아롤리(Tazio Secchiaroli)였다. 그는 '달콤한 인생'에서 펠리니의 첫 번째 뮤즈가 된다. 그는 스타 발터 키아리와의 싸움으로, 또 1958년 8월 14일 사진기의 플래시 때문에 파루크 왕의 공격을 받아 유명해졌다. 유명인을 도발하는 여러 새로운 작전이 동원되기도 했다. 중요한 인물의 성질을 폭발하게 하여, 더욱 흥미로운 사진을 찍었고, 이런 사진들은 황색 언론에서 더 좋은 대가를 받았다. 일반적으로 볼 때 사진 기자들 사이에는 살벌한 경쟁이 있었지만, 베네토 거리의 이들은 상황에 따라 연합하기도 했다. 예를 들어, 어느 사진 기자가 대상에 접근해 사진을 찍으면, 다른 작가들이 모두 뛰어들어, 그 대상이 더욱 폭력적인 반응을 하게 하고, 다시 그것을 찍는 식이었다. 아니타 에크베르그와 앤서니 스틸은 술에 취해 질투하는 장면으로 이런 함정에 자주 걸려든 커플이었다. 세키아롤리는 이런 사진을 찍자마자 동료를 통해 언론사에 필름을 보냈고, 걸려든 사람들이 무례한 필름을 돌려달라고 요구하면, 그는 빈 필름 통을 내놓았다.

펠리니는 이런 장면들을 거의 매일 밤 바라보며 미완성작 '도시의 모랄도'를 위한 새로운 배경을 고안하기도 했다. 펠리니는 과거만 바라보는 것은 실수라고 생각하기 시작했다. 다시 말해 이제 과거와 이별하는 의례는 그에겐 더는 필요 없었다. 리미니는 멀어졌고, 아버지의 유령은 사라졌다. 이제 새로운 세대가 생겨났다. 그 세대는 전쟁 중에는 없었다. 이제 펠리니는 눈을 뜨고, 자기 주변의 세상에서 무슨 일이 일어나는지 이야기해야 했다. 펠리니는 서서히 기억의 둥지에서 벗어나 당대의 사건으로 들어갔다. 빛바랜 일기장을 덮고, 펠리니는 다른 사람들이 이제 막 이론화하기 시작했던 '열린 예술작품'(opera aperta)[3] 속으로 뛰어들었다. '도시의 모랄도'를 개정하는 작업이 진행될 때, 작가 툴리오 피넬리는 약간 머뭇거렸다. 그는 이 영화가 아이디어를 넘어, 드라마 같은 그 무엇을 갖고 있다는 사실에 선뜻 동의하지 않았다. 반면에 엔니오 플라이아노는 보통 때보다 더욱 적극적이었다. 펠리니가 자신의 실제 상황에서 아이디어를 끌어온다는 것에 자극받았다. 그리고 에피소드 사이의 연결을 파괴한다는 펠리니의 개념도 좋아했다. "우리는 피카소 스타일로 조각을 해야 해. 다시 다 부수고, 우리가 원하는 대로 다시 합치는 거야."

세 작가(펠리니, 피넬리, 플라이아노)는 작업에 본격적으로 들어가며, 이 작품을 더 좋아하기 시작했다. 그런데 제작자 디노 데 라우렌티스는 어떤 열정도 보여주지 않았다. 그는 전형적인 이탈리아 코미디인 '도시의 모랄도'를 더 좋아했다. 새 영화는 파편화돼 있고, 위험해 보였으며, 모르는 것들이 너무 많았다. 그는 시나리오의 첫 판본(석 달 동안 쓴 것)을 본 뒤, 거절했다. 하지만 디노는 자신의 의견을 확신할 순 없었고, 펠리니에게 다른 사람의 의견을 좀 들어보라고 권했다. 실제로 세

---

3   예술작품이 하나의 완결된 형태로 제시되며, 그래서 합의된 해석으로 통일되는 것을 반대하여, 해석을 열어놓는 작품을 말한다. 의도적으로 미완결된 작품, 해석을 혼란스럽게 만드는 작품을 내놓아, 관객의 다양한 해석을 유도하는 것이다. 여기엔 형식의 파괴가 중요하다. 관습적인 형식에선 관습적인 해석이 주로 나오고, 따라서 이런 관습을 깨려면 새로운 형식을 제시해야 한다는 것이다. 아방가르드 예술의 미덕이 바로 여기에 있다고 강조한다. 이런 이론을 확산시킨 미학자는 움베르토 에코가 대표적이며, 그의 저서 〈열린 예술작품〉(조형준 옮김, 새물결, 2006)에 '열린'의 개념이 복합적으로 설명돼 있다.

개의 다른 의견을 들었다. 의견을 낸 사람은 시나리오 작가 이보 페릴리, 비평가 지노 비젠티니, 그리고 권위 있는 이론가 루이지 키아리니였다. 세 사람 모두 제작자의 의견에 동의했다. 이들이 낸 일부 의견은 물론 정당했다. 하지만 주된 의견은 과거의 네오리얼리즘 논쟁으로 되돌아간 것이었다. 새 작품의 시나리오에는 이탈리아 사회의 '건강한 충동'을 재현하는 장면이 부족하다고 지적했다.

디노 데 라우렌티스를 특별하게 걱정시킨, 건강하지 않은 부분은, 스타이너의 아파트에서 벌어지는 학살(친족살해) 장면이었다. 전형적인 나폴리 사람인 디노는 잔인한 장면을 고쳐서 다시 써달라고 펠리니를 설득했다. 디노는 같은 나폴리 출신의 유명 극작가인 에두아르도 데 필립포의 희곡 '필루메나 마르투라노'(Filumena Marturano)의 마지막 대사를 인용하며 이렇게 말했다. "그래도 자식들은 자식들이야." 그리고 이미 영화가 길어질 것이 예상돼, 디노는 죽음을 부르는 지식인인 스타이너 부분을 시나리오에서 빼려 했다. 하지만 펠리니가 보기에, 스타이너는 '달콤한 인생'의 초석 가운데 하나였다. 그것을 빼면 영화의 의미가 변할 것이다. 이렇게 논쟁이 이어졌다고 디노는 기억했다. 반면에 펠리니는 훗날, 첫 번째 시나리오에서 스타이너는 아예 없었다는 주장까지 했다.

제작자 디노와 페데리코 사이의 갈등에서, 가장 중요한 것 중의 하나가 주연 배우 캐스팅이었다. 디노는 세계적인 스타를 원했다. 예를 들어 모리스 슈발리에, 바바라 스탠윅, 헨리 폰다, 월터 피전, 루이제 라이너, 그리고 실바나 망가노 같은 배우 중에서 주연을 뽑으려 했다. 특히 그는 이탈리아 남자 배우가 주연으로 나와서 영화를 끌어가리라고는 생각도 하지 않았다. 그래서 그는 펠리니에게 당시에 출연 가능했던 폴 뉴먼을 추천했다. 하지만 펠리니는 이미 마르첼로 마스트로이안니를 주연으로 캐스팅하는 점에 대단히 만족하고 있었다. 펠리니는 마스트로이안니를 잘 알지 못했다. 하지만 그에게 한 번 방문해달라고 말했고, 대화를 나눴다. 이후 펠리니는 주연 배우로 마스트로이안니 이외에 다른 사람을 생각할 수 없었다. 펠리니는 곧바로 주역의 이름을 모랄도에서 마르첼로로 바꾸었다. 선택은 결정됐고, 변경은 불가능했다. 자기 의견에 반대하는 걸 좋아하지 않던 디노에겐 이건 상당히 기분 나쁜 일이었다.

그래서 '제작자들의 춤'이 다시 시작됐다. 펠리니는 누군가가 디노에게 7천 5백만 리라를 내고 저작권을 사오기를 기대했다. 비데스(Vides) 영화사의 프랑코 크리스탈디, 혹은 티타누스(Titanus) 영화사의 고프레도 롬바르도가 할 수 있을 것 같았다. 롬바르도는 '사기꾼들'의 실패에서 이젠 벗어나 있었다. 롬바르도는 영화의 예산을 4억 리라에서 맞추려 했다. 하지만 이미 영화는 그 상한선을 초과한 것처럼 보였다. 펠리니는 다른 제작자 주세페(애칭 '페피노'로 더 자주 불렸다) 아마토

412

(Giuseppe Amato)를 만나려고 엑셀시오르 호텔로 달려갔다. 아마토는 그곳에서 살았고, 그곳에서 일했다. 아마토는 자신이 사랑하던 베네토 거리가 영화의 배경이란 점을 알고 대단히 흥분했다. 펠리니는 아마토를, 알도 파브리치가 주연했던 영화 '앞으로, 자리 있어요' 제작 때부터 알고 있었다. 아마토는 이탈리아 영화의 선구자 중 한 명이었으며, 그가 제작한 영화들뿐만 아니라, 재치 넘치는 이름 짓기 그리고 초현실주의적인 발언 등으로 유명했다. 사무엘 골드윈이 할리우드에서 '골드위니즘'[4]을 창시한 것처럼, '돈 페피노'(페피노 아마토)는 이탈리아 영화 관련 새로운 어휘의 발명가였다. 아마토는 밀라노의 타이쿤 안젤로 리촐리(Angelo Rizzoli)가 확실한 제작 파트너가 될 것이라며, 펠리니를 안심시켰다. 리촐리는 투자할 게 틀림없으며, 심지어 6억 리라도 가능할 것이라고 말했다. 그리고 아마토는 이 영화가 이탈리아 영화사에서 반석이 될 것이라고 예상했다. 하지만 제목은 반드시 '베네토 거리'가 되어야 한다고 말했다. 펠리니는 그를 만족시켜주겠다고 약속했다. 사실은 '달콤한 인생'이란 제목을 여전히 더 좋아했지만 말이다. 그런데 이 제목은 이미 오래전에 잊히긴 했지만, 작가 아르날도 프라카롤리가 1912년에 쓴 코미디의 제목이기

---

4   골드위니즘(Goldwynism)은 유머의 한 방식이다. 사무엘 골드윈이 관용구를 틀리게 말해, 웃음을 유발하는 것에서 유래했다.

도 했다. 펠리니는 독일 제작자의 전화도 받았다. 독일 제작자는 독일 배우 릴리 팔머가 배역을 하나 맡으면 투자를 하겠다고 약속했다. 언론인 아르투로 토파넬리는 롬바르디아주에서 영화사를 운영하고 있었는데, 그도 제작에 참여하겠다고 했다. 어떤 시점에선 제작 참여의 수가 혼란스러울 정도로 늘어났다. 프로듀서 클레멘테 프라카시는 이런 초현실적인 영화에 도대체 무슨 일이 벌어지고 있는지 파악할 수 없을 정도였다고 말했다.

제작자 아마토는 거친 협상가였다. 그는 제목이 '베네토 거리'여야 한다는 의견을 양보하지 않았다. 그는 변호사들과 만날 때마다, 토론을 거의 광기의 수준으로까지 끌고 갔다. 그 제목이 들어 있지 않다면, 차라리 계약서에 서약할 때 쓰는 잉크를 마시겠다고 말하며, 실제로 잉크를 조금 마시기도 했다. 또 어떨 때는 계약서를 이빨로 찢어버리고 씹어먹기도 했다. 하지만 마지막 만남에서 아마토는 협상가들을 폭행 미수범이라고 공격하며, 항복의 표시로 바지를 내렸다. 이런 진기한 일화들을 아마토는 훗날 재미있게 기억하기도 했고, 또 전적으로 부인하기도 했다. 하지만 그는 이탈리아 영화계의 최고의 협상가 중의 한 명이었다. 그는 다른 사람들보다 더 좋은 협상을 맺는데 많은 시간을 들이지 않았다. 특히 리촐리는 그를 믿었다. 나이 많은 백만장자 리촐리는 펠리니가 만들려는 영화가 그렇게 첨단적이고 어려운지 몰랐다. 아마토가 능숙하게 설명하여, 리촐리가 제작에 참여하도록 만든 것이었다.

리촐리와 펠리니가 처음 만났을 때, 두 사람은 곧바로 서로에 대해 깊은 호감을 느꼈다. 리촐리는 펠리니에게 거의 아버지뻘이었고, 펠리니를 '사랑하는 예술가'(caro artista)라고 부르며 삶의 지혜를 넘겨주려 했다. 만약 펠리니가 리촐리가 원한 대로 했다면, 세상에서 가장 부자인 감독도 될 수 있었을 것이다. 리촐리는 펠리니를 젊은 기인처럼 대했다. 리촐리는 작가 플라이아노가 영재 펠리니에게 나쁜 영향을 주고 있다고 여겼다. 리촐리는 자신에 대해 플라이아노가 좋지 않은 소문을 퍼뜨리고 있는 것을 알고 있었다(플라이아노는 사실인지 아닌지 모르지만 이런 소문을 냈다고 알려졌다. 리촐리가 이런 말을 했다는 것이다. "그런데 그 톨스토이 말이요. 그 사람 도스토예프스키가 아니라는 게 정말이요?"). 그래서 리촐리는 마지막 수정본 시나리오에서 스타이너가 자식들을 죽이고 자살하는 장면을 읽을 때, 이건 플라이아노의 아이디어라고 단정했다. 리촐리는 펠리니에게 말했다. "당신이 그런 끔찍한 생각을 할 리가 없어. 그렇게 선한 얼굴을 갖고 있는데." 그런데 진실을 말하자면 자살 에피소드를 쓴 작가는 툴리오 피넬리였다. 그는 체사레 파베제(Cesare Pavese)[5]의 동창이며, 작가의 비극적인 이야기를 가까이서 지켜봤다. 디노 데 라우렌티스는 펠리니의 영화에서 '건강한 충동'을 원했는데, 리촐리는 이와 비슷하게 영화에 '태양의 빛'이 있기를 바랐다.

'달콤한 인생'을 만드는 사무실은 계속 이사했다. 바스카 나발레 거리에서 5월 24일 거리[6]로, 또 살란드라 거리, 최종적으로는 성 요한과 바울 광장에 있는 사파-팔라티노 스튜디오로 옮겼다. 자주 옮겼지만, 펠리니는 거의 신경 쓰지 않았고, 영화를 위한 만남을 이어갔다. 그는 계속 배우들 클로즈업 사진을 봤고, 작가들과 믿을 수 있는 친구들과 함께 스토리에 대해 토론했다. 그는 비밀로 자문단을 운영하는 자신만의 방법도 만들었다. 펠리니는 아이디어를 나누고 싶은 사람을 '납치'했고, 밤에 문제가 완전히 풀릴 때까지 로마 근교를 차를 몰고 돌아다녔다. 피에르 파올로 파졸리니도 이런 끝나지 않은 '사라방드 춤'에 걸려든 친구 가운데 한 명이었다. 펠리니와 파졸리니는 친한 친구가 됐다. 펠리니는 치네치타에서 오디션을 진행할 때 파졸리니를 초대하여, 의견을 구하곤 했다.

펠리니는 수많은 캐스팅 가운데 몇 개는 이미 정했다. 마달레나 역은 오디션을 본 뒤 밀라노 상층계급 출신인 아드리아나 보티로 정했다. 펠리니는 밀라노로 가서 작가 엘리오 비

---

5   체사레 파베제(1908-1950)는 전후 이탈리아 문학을 대표하는 소설가였다. 왕성한 활동을 하던 시기에 갑자기 자살해 큰 아쉬움을 남겼다. 자살 이유로는 실연의 상처가 큰 것으로 알려져 있다. 대표작 〈달과 불〉, 〈레우코와의 대화〉, 〈피곤한 노동〉 등이 번역돼 있다.

6   1915년 5월 24일 이탈리아는 오스트리아-헝가리 제국과 전투를 벌이며, 1차 세계대전에 참여했다. 곧 5월 24일은 참전 기념일이다.

토리니(Elio Vittorini)[7]를 만나 스타이너 역을 제안했지만, 비토리니는 거절했다. 여행 중에 펠리니는 엘비스 프레슬리를 흉내 내며 이름을 알리고 있던 젊은 가수 아드리아노 첼렌타노(Adriano Celentano)[8]에 대해 들었고, 그도 캐스팅했다. 아버지 역에는 몇몇 연극배우들을 참조했다. 하지만 영화 '스키피오 아프리카누스'(1937)에 나왔던 왕년의 스타 안니발레 닌키(Annibale Ninchi)를 만났을 때, 펠리니는 닌키가 자신의 부친인 우르바노 펠리니를 매우 닮았다는 사실에 섬뜩한 기분을 느꼈다. 그건 마치 계시의 순간 같았고, 이때부터 두 사람 사이에는 대단히 친밀한 관계가 싹튼다. 펠리니는 20년만에 스크린에 복귀하는 루이제 라이너(Luise Rainer)를 캐스팅하는 기회를 놓치려 하지 않았다. 라이너를 마르첼로의 연인이자 보호자인 작가 돌로레스 역에 캐스팅했다. 하지만 시나리오를 수정해 가는 과정에서 돌로레스 캐릭터는 점점 장황해졌고, 라이너가 무척 실망했지만, 펠리니는 돌로레스 부분을 전부 제외하기로 정했다. 또 다른 제외된 장면은 리촐리에게 유리한

---

7   엘리오 비토리니(1908-1966)는 체사레 파베제와 더불어 전후 이탈리아 문학을 대표하는 작가다. 동갑내기인 두 작가는 모두 토리노를 중심으로, 저항문학, 네오리얼리즘, 그리고 진보문학의 지도자 역할을 했다. 대표작 〈시칠리아에서의 대화〉가 번역돼 있다.

8   아드리아노 첼렌타노(1938~)는 이탈리아의 록을 대표하는 가수로 성장하며, 거의 '살아 있는 전설'로 대접받는다. 영화에선 카라칼라 목욕탕 파티 장면에서 엘비스 프레슬리 스타일의 록을 부른다.

것인데, 상영시간이 너무 길어지고, 비용이 많이 들기 때문이었다. 이 장면은 리촐리가 좋아하던 이스키아 섬에서 찍을 예정이었다. 일군의 사람들이 배를 타고 여행 중인데, 모터보트에 둘러싸인 아름다운 여성이 물에서 산채로 불타고, 그래서 여행이 엉망이 되는 장면이었다.

1959년 3월 16일 오전 11시 35분, 조감독을 지원한 잔프랑코 민고치는 치네치타의 '스튜디오 14'에서 첫 촬영의 시작을 알렸다. 미술감독 피에로 게라르디는 그 스튜디오에 베드로 성당의 돔으로 올라가는 회전 계단을 만들어 놓았다. 아니타 에크베르그는 검정 드레스를 입고, 성직자의 모자 같은 것을 쓰고 있었다. 에크베르그는 이 작품이 잘 될 것을 확신했다. 스웨덴의 미스 말뫼 출신인 에크베르그는 영화가 자신의 결혼생활에 대한 풍자로 비추어지는 게 걱정이 돼서, 펠리니에게 캐릭터의 이름을 아니타에서 실비아로 바꾸어 달라고 요구했다. 아니타 에크베르그는 이제 로마에 서 있고, 페데리코와 마르첼로가 보여주는 관심의 중심이 된 사실에 기뻐했다. 마르첼로는 아니타(Anita) 에크베르그를 애칭인 아니토나(Anitona)라고 불렀다. 다음 장면은 역시 치네치타에서 찍은 것인데, 엑셀시오르 호텔에서의 기자회견이었다. 펠리니는 이 장면을 찍을 때 진짜 기자들을 일부 초대했다. 촬영이 시작되기 전에 그들에게 즉흥으로 만든 질문지를 돌려 연습하게 했다. 영화 속의 미국인 '디바'(에크베르그) 관련 장면으로, 가장 오래 찍은 것은 카라칼라 목욕탕의 야외 나이트클럽 시퀀스이다. 그리고 아마도 모두를 놀라게 한 장면은 아니타와 마르첼로가 길고 힘든 밤을 보낸 뒤, 트레비 분수로 들어가는 순간일 테다. 이 장면은 펠리니와 자주 일했던 사진작가 피에르루이지 프라투르롱이 들려준 이야기에서 영감을 얻었다. 1920년대 재즈 시대에, 스콧 피츠제럴드의 아내 젤다가 뉴욕에서의 신혼여행 중에 남편에게 지지 않기 위해 유니언 스퀘어의 분수로 뛰어들었으며, 이 행위는 데뷔작 〈낙원의 이편〉(This Side of Paradise)을 발표했던 스콧을 자극했고, 그는 후에 플라자 호텔 앞에 있는 분수로 뛰어들어 아내와 보조를 맞추었다는 내용이었다.

당시 펠리니의 촬영장은 그 자체로 스펙터클이 됐다. 관광객들의 목적지이자, 초대 손님과 그냥 지나치는 사람들 모두를 위한 하나의 이벤트가 됐다. 로마 전체가 트레비 분수 앞에서 영화 스태프가 일하고 있는 모습을 보고 싶어 했다. 물론 북구의 금발 미녀인 아니타 에크베르그를 보려고 몰려들기도 했다. 아니타는 이런 광적인 분위기에서 숭배의 대상이 됐으며, 즉각적으로 그리고 영원히 한 시대의 상징이 됐다. 그건 역사에 남는 이벤트가 됐다. 실제로 15년 뒤, 감독 에토레 스콜라는 '우리는 우리를 너무나 사랑했네'(1974)를 찍을 때, '달콤한 인생'의 트레비 분수 촬영 장면을 재연했다. 이 장면에 직접 참가한 펠리니는 심술궂은 표정이었고, 마스트로이안니는 즐기고 있었다.

마르첼로가 부친을 데리고 오는 클럽은 로마 근교 티볼리의 온천 가운데 가장 유명한 아쿠에 알불레(Acque Albule)에 지어졌다. 마달레나의 풀장에서 진행되는 밤 장면도 그곳에서 찍었다. 최종적으로는 아누크 에메가 마달레나 역을 맡아, 4월 25일 제작현장에 합류했다. 에메는 수줍어하는 성격이고, 펠리니는 프랑스 말을 별로 못하는 바람에, 두 사람이 처음 만났을 때는 분위기가 약간 어색하기도 했다. 하지만 '아누키나'(Anucchina, 이탈리아 친구들이 부르는 애칭)는 곧바로 팀의 일원이 됐다. 아누크 에메는 아주 기분 나쁜 상황에 부닥쳐도 화를 내지 않았다. 이런 일이 있었다. 로마의 변두리 토르 디스키아비에서 매춘부 집 장면을 촬영할 때, 일군의 청년들이 에크베르그 같은 배우를 기대하며 몰려들었다. 그런데 너무나 야윈 배우를 보자, 소리를 지르며 야유를 보냈는데, 에메는 전혀 반응하지 않았다. 5월에 촬영 팀은 귀족들의 파티를 찍기 위해, 카시아 거리를 따라 로마의 북쪽으로 42km 떨어진 바사노 디 수트리(Bassano di Sutri)로 이동했다. 귀족 리비오 오데스칼키의 경이로운 16세기 저택이 촬영장소였다. 이곳을 찍을 때는 귀족사회를 잘 알고, 특유의 어법까지 꿰고 있던 배우 구이다리노 구이디의 도움이 컸는데, 그의 조언을 받아 수많은 캐릭터를 동원할 수 있었다. 펠리니는 귀족들을 맞이하는 완벽한 주인 같았다. 그들이 진짜든 가짜든, 혹은 왕자든 그렇지 않든 말이다. 배경음악은 쿠르트 바일이 작곡한 '맥 더 나이프'(Mack the Knife)로 하려 했다. 하지만 저작권 사용료가 너무 올라 포기했고, 대신 니노 로타가 그것과 약간 비슷한 음악을 만들어냈다.

제작이 조금 지체된 것은 베네토 거리의 촬영 때문이었다. 밤에만 촬영할 수 있었고, 제한 규칙이 너무 많았다. 그래서 제작회사는 악명 높은 그 거리를 치네치타의 '스튜디오 5'[9]에 다시 만들기로 했다. 6월 6일의 칵테일 파티에서 리촐리는 예산이 풍선처럼 불어날까 걱정했다. '카페 드 파리스'(Café de Paris) 앞의 인도는 경사져 있지 않았다는 점만 빼면 원본의 완벽한 복제품이었다. 펠리니는 주변 사람들에게 늘 말했는데, 영화는 현실을 모방할 필요가 없으며, 현실을 새로 만들면 되는 것이었다. 치네치타에 세워진 베네토 거리가 원본보다 더 좋고 더 현실적이었다. 얼마 지나지 않아, 펠리니는 더는 현장에서 촬영하지 않고, 모든 것을 스튜디오에서 새로 만들어내려 했다.

프로듀서 클레멘테 프라카시로서는 의심하고, 주저하고, 갑자기 결정을 내리는 감독과 보조를 맞추는 것이 쉬운 일은 아니었다. 전설 같은 이야기도 전한다. 어느 날 아침 펠리니는

---

9   '스튜디오 5'(Teatro 5)는 치네치타에 있는 수많은 세트장 가운데 하나다. 그런데 이후에 펠리니가 이곳을 자주 쓰며, 거의 펠리니 전용 세트장이 됐다. 지금도 펠리니를 기념하는 장소로 쓰이고 있다.

현장으로 가고 있던 촬영 팀을 앞질러 갔다. 그런데 끼익 소리를 내고 돌아와 서더니, 제스처를 크게 하며 모두 뒤돌아가라고 말했다. 촬영장소가 바뀐 것이다. 끝없이 장소를 물색하다가, 그들은 드디어 가짜 기적이 일어나는 장면의 촬영장소를 찾았다. 그곳은 나이트클럽 장면이 찍혔던 로마 근처의 바니 디 티볼리(Bagni di Tivoli)였다. 그 장면은 소화전으로 쏘아대는 잔인한 물세례를 견뎌낼 수백 명의 엑스트라를 요구했다. 게다가 이 장면은 밤에 연속적으로 촬영됐다. 그래서 펠리니의 친구들은 더 많이 이곳을 향한 '순례'의 길을 떠났고, 호기심 넘치는 사람들은 펠리니의 작업을 서로 지켜보려고 했다. 이 장면, 곧 기적 에피소드는 얼마 전인 1958년 6월, 사진기자 세키아롤리가 직접 경험한 것에 기초한 것이었다. 세키아롤리는 두 어린이가 성모 마리아를 봤다고 주장하는 기사를 읽자마자, 사진을 찍기 위해 움브리아주에 있는 테르니로 달려갔다. '달콤한 인생'이 베네토 거리에서 일어나는 실제 삶에 관한 영화라는 소문이 퍼지면서, 여러 이야기가 떠돌았다. 6월 21일 암바샤토리 호텔에 불이 났을 때, 물품보관소의 직원 네 명이 불길에 갇혔고, 창문을 통해 리구리아 거리로 뛰어내려야 했다. 일부 언론은 펠리니가 자기 영화에 쓰기 위해, 이 장면을 모두 찍어 갔다고 보도하기도 했다.

펠리니는 스타이너 캐릭터에 대해 여전히 고민 중이었고, 프랑스 배우 알랭 퀴니와 이탈리아 배우 엔리코 마리아 살레르노 사이에서 캐스팅을 정하지 못하고 있었다. 펠리니는 두 배우를 데리고 오래도록 오디션을 봤고, 전체 연기 분을 한꺼번에 다 하게 했고, 그래도 마지막까지 결정을 내리지 못 했다. 파졸리니가 이 결정에 큰 영향을 미쳤다. 파졸리니는 퀴니가 고딕 성당 같다고 말했다. 실제로 미술감독 게라르디가 만든 거대한 배경은 프랑스 배우의 뛰어난 침착함과 아주 잘 맞았다.

소위 난교 파티는 치네치타에서 찍었다. 나디아 그레이의 누드 장면을 어디까지 할 것인지 논쟁하며 많은 시간을 보냈다. 나디아는 신체의 주요 부위는 세심하게 가린 뒤, 스트립 장면을 아주 조심스럽게 찍었다. 펠리니는 제작자들의 압력에 점차 지쳤고, 짜증을 내기 시작했다. 거의 매일 예산을 넘길지 아닐지 논쟁을 했고, 이것 때문에 펠리니는 좋은 기분 속에 있을 수 없었다. 그런데 이제 8월 말이 됐으며, 약간의 외부 촬영 장면만 남겨 놓았다. 곧 빌라에서 파티 참가자들이 떠나고, 해변에 미술감독 게라르디가 준비한 물고기-괴물이 끌려오는 장면이 남아 있었다. 지쳐있던 펠리니는 그 괴물을 사전에 보려고도 하지 않았다. 물고기-괴물 상황은 1934년 봄, 리미니의 미라마레 지역 해변에, 무섭고 분류되지 않는 물고기가 떠밀려와 죽은 실제 사건에서 따온 것이다. 그 사건은 당시 코리에레 델라 세라의 일요판 1면에 실리기도 했다. 영화에 이 에피소드는 파소 오스쿠로(Passo Oscuro) 해변에서 촬영됐다. 파소 오스쿠로는 로마에서 아우렐리아 도로를 따라 북쪽으로 30km 떨어진 곳에 있다. 이후에 스태프는 헬리콥터에서 몇 장면을 더 찍었고, 9월 초가 되자 영화 촬영은 거의 다 끝났다.

'달콤한 인생'의 제작은 촬영에 참여한 모든 사람에게 독특한 경험으로 기억될 것이다. 거의 매일 놀랄 일들이 벌어졌고, 예상치 않게 촬영장소가 바뀌었고, 캐릭터와 장면 만들기는 항상 변화를 몰고 왔기 때문이었다. 펠리니에겐 일종의 긴 휴가 같기도 했다. 그런 인상은 줄리에타 마지나의 오랜 부재로 더 강해졌다. 줄리에타는 다른 영화 때문에 외국에 있었다. 9월 중순에 펠리니는 편집기사 레오 카토초와 함께 꼼꼼히 편집작업을 시작했다. 수많은 대사의 더빙이 이어졌고, 관련 음악이 만들어졌다. 니노 로타는 촬영현장에서 이용했던 음악들을 가능한 한 많이 쓰려고 했다. 로타는 그렇게 음악들을 콜라주하는 것을 좋아했다. 하지만 그는 자신의 느긋함을 버려야 했고, 결국 많은 새로운 곡을 작곡했다.

영화의 첫 번째 편집본은 그해 가을에 완성됐다. 그 판본은 펠리니의 명령과 변화무쌍한 욕이 마구 섞여 있는, 원래의 목소리가 모두 포함된 사운드트랙이었다. 그 판본의 상영시간은 3시간 20분이었고, 보기에 전율이 돋았다. 몇 주가 지난 뒤, 몇 명의 친구들과 지인들이 치네치타의 개인 시사실에서 새로운 판본을 봤다. 이들 가운데는 최종적으로 더빙되고 편집된 판본은 원래 판본의 매력을 일부 잃어버렸다고 말하기도 했다. 아쉽지만 그 원래의 판본은 지금도 찾을 수 없다.

'달콤한 인생'의 최종 판본 상영시간은 3시간이다. '불관용', '탐욕', '이반 대제' 같은 많은 위대한 영화들처럼 긴 상영시간 자체가 하나의 사건이었다. 처음부터 긴 영화를 만들려고 작정해서 길어진 게 아니다. 다섯 달 동안 이어진 열정적인 촬영현장에서, 테마와 캐릭터가 계속 발전했기 때문에 길어졌다. 펠리니의 처음 생각은 에피소드들을 통해 이 사회의 원형적인 캐릭터, 곧 저널리스트를 보여주려는 것이었다. 그런데 끝내고 나니, 영화는 전 세계에 대한 거대한 초상화가 됐다. 어떤 비평가는 이 영화는 '20세기의 사티리콘'[10]이라고 명명하여, 미래의 펠리니 영화를 예시하기도 했다.

모자이크 같은 7개의 기본 에피소드는 저널리스트 마르첼로 루비니(마르첼로 마스트로이안니)에 의해 연결돼 있다. 7개 에피소드는 이렇다. 마르첼로와 상속녀 마달레나의 저녁 데이트, 미국 출신 관능적인 배우와의 오랜 밤, 지식인 스타이너와의 관계(이 에피소드는 세 부분으로 나뉘 있다. 만남, 파티, 그리고 비극), 가짜 기적, 부친의 방문, 귀족들의 파티, 그리고 난교파티 등이다. 이 에피소드들의 연결은 중간에 막간극처럼, 천사 같

---

10   〈사티리콘〉은 페트로니우스가 쓴 고대 라틴 희극의 걸작. 한 젊은이가 고대 로마를 배경으로 많은 모험을 한다. 1969년 펠리니는 이 라틴 문학의 걸작을 영화화하여 '펠리니 사티리콘'으로 발표한다.

은 파올라의 등장으로 양분된다. 그리고 도입부에 프롤로그(로마의 하늘을 나는 예수의 동상)와 종결부에 에필로그(물고기-괴물의 등장)로 구성돼 있다. 상징적인 앞뒤의 두 부분은 대칭적 구조다. 모든 에피소드에는 마르첼로와 그의 연인인 엠마와의 어려운 관계가 배경처럼 깔려 있다. 이 관계는 두 사람이 심하게 말다툼을 하는 작은 장면에서 더욱 깊게 폭발한다.

이 영화의 주된 테마는 카페 사교계이다. 그곳은 전후에 폐허와 가난 위에 세워진 다양하고 화려한 세상이었다. 카페 사교계는 파티와 유람선 사이, 스캔들과 광기 사이를 쫓아다니는 극소수 사람들의 왕국이었다. 그러므로 이 영화는 사실 영원한 카니발 같은, 세상의 표면 아래 숨어 있는 황폐함에 대한 비극적 알레고리일 것이다. 원제목(La dolce vita, 달콤한 인생)은 감독의 의도와는 전혀 관계없이, 도덕적 해석을 내린 것처럼 비친다. 그러나 펠리니는 사실관계 이상을 표현하는 것은 목적에 두지 않았다. 그래서 펠리니는 이를 위해 전통적인 드라마에서 사용하는 전형적인 속임수나 비유 등을 피하고, 논리적 연결이 깨어져 있는 이야기를 들려주었다. '달콤한 인생'은 '밤의 일기장' 같은 것이다. 주인공은 자기가 사는 세상에 호감과 역겨움을 동시에 느끼는 인물이다. 마스트로이안니의 연기에 따르면 기자 마르첼로는 평범하고 전형적인 남자다. 이 캐릭터는 전적으로 펠리니의 의도에 맞춘 것이다. 마르첼로는 뿌리가 없는 사람이어서, 언제든지 지옥으로 떨어질 수 있는데, 그런 자신을 막지 못한다. 그러나 현실 너머의 계시 같은 것을 금방 감지할 정도로 영리하기도 하다. 마르첼로는 다른 무엇보다도 자기 자신과 먼저 싸워야 한다. 그는 헛되고, 순간적이고 나쁜 것에 쉽게 넘어간다. 그런데 자신을 누르고 있지만, 질서와 청결에 대한 태생적인 열망도 갖고 있다. 하지만 도덕에 관해선 무뢰한처럼 행동한다. 마르첼로는 '길'의 참파노, 또는 '사기꾼들'의 아우구스토와 같은 근원적인 고통을 갖고 있다. 마르첼로가 펠리니의 다른 캐릭터들처럼 마지막에 혼자 남아 있는 것은 우연이 아니다. 마르첼로가 다른 캐릭터와 유일하게 다른 점은, 그는 교육받은 사람이란 사실이다. 마르첼로는 자기 주변에 일어나는 일을 완벽하게 이해하고 있지만, 동시에 파티를 끝없이 쫓아다니는 것을 낳지 못한다.

변하고 싶어 하는 마르첼로의 열망은 그가 만나는 사람들에 의해 의인화돼 있다. 하지만 아무도 마르첼로가 원하는 도움을 주지 못한다. 아름다운 상속녀인 마달레나는 버릇은 없지만 대단한 부자이고, 마르첼로가 무엇을 원하는지 정도는 잘 알고 있다. 연인 엠마는 지나치게 성적이고, 소유욕이 강하다. 마르첼로의 부친은 여전히 낯선 존재인데, 그의 방문은 후회와 죄의식과 우울함만 가져왔다. 스타이너는 알 수 없는 바다를 헤매고 있는데, 자부심과 그리스 비극에 나올 법한 살인으로 공포의 순간을 몰고 온다. 마르첼로-펠리니 캐릭터는 어떤 면에선 작은 파우스트이다. 파우스트가 최종적으로는 모성의 왕국으로 내려가고자 원했던 점에서 그렇다. 은하수처럼 변화무쌍한 이 영화에서 진짜로 일어난 작업상의 일탈은 없다. 모든 디테일은 큰 그림과 이미 정해진 여정에 따라 진행됐다. 중세의 도덕극처럼 여러 에피소드는 상징적 기능을 하고 있다. 에피소드는 모두 마르첼로를 위한 평화의 길을 재현한다. 그 길들은 사전에 다 막히지만 말이다. 종결부에서 총체적인 악의 명백한 상징인 물고기-괴물이 해변에 등장했을 때, 천사 같은 파올라가 마르첼로를 부르는데, 그의 목소리는 바람 속으로 사라져버린다. 파올라는 뭔가를 말하려고 했다. 하지만 늘 그랬듯 마르첼로는 그 말을 듣지 못한다. 그런데 관객인 우리는 파올라의 수수께끼 같은 미소를 이해할 수 있을 것 같다. 아마도 이 길만은 마르첼로에게 전적으로 막혀 있진 않을 것이다.

사람들은 펠리니의 영화가 현대 사회에 어떤 영향을 미쳤는지, 그가 세상을 바꾸었는지, 그리고 그는 어느 편에 서 있는지 등의 문제를 놓고 논쟁을 했다. 그의 적들은 작은 소리로, 펠리니는 정치사회적 판단을 표현할 줄 모른다고들 했다. 적극적인 시각을 표현하지 못하는 것은 펠리니의 병이라고들 했다. 이런 수많은 논란을 뒤로 미루고, 이제 펠리니는 세계 영화계에서 보편적으로 인식되는 거장의 위치에 오른다. 그리고 그 위치는 점점 명확해진다. 예술이 교육적 가치를 위한 수단이 될 수 있으며, 그래서 예술은 참여와 네오리얼리즘에서 출발해야 한다는 이념은 이제 시대착오적으로 비쳤다. 더 큰 지지를 받은 것은 이제 예술작품은 정치를 초월한다는 개념이었다. 감독이 자신은 '올바른 편'에 서 있다는 점을 증명하기 위해 명시적인 고발을 하거나 깃발을 흔들 필요는 없었다. 왜냐면 예술가에게 올바른 편이란 단지 상상력이며, 진정성이며, 영감이기 때문이었다. 그건 예술가가 실제 삶에서 직면하는 문제를 넘어서는 것이었다. 바로 이 점 때문에, 환멸을 느끼게 하는 영화 '달콤한 인생'은 단지 도덕적 파산을 다루고만 있다고 설명할 수는 없다. 말하자면 이 영화는 자기만족의 척도에서 보자면, 음울한 세상에서 벌어지는 죽음의 춤이다. 이는 '달콤한 인생'이 명백하게 묘사하고 있는 자기 성찰의 결과다. 장면들을 세밀하게 분석하면, 이 영화는 실패에 관한 이야기일 수 있다. 그렇다면 '달콤한 인생'의 타고난 밝은 성질은 어떻게 설명할 것인가? 개별적인 장면들이 갖는 어둡고 씁쓸하고 공포스러운 분위기와는 대조되는, 영화의 넓은 의미는 또 어떻게 설명할 것인가?

물고기-괴물도 물고기다. 우리의 공포는 대개 환영과 수사학과 감상주의에서 생겨난다. '달콤한 인생'은 이 모든 것을 모아서, 해체하고, 신화화된 것을 깨버린다. 펠리니는 그때 성숙함의 정점에 도달했다. 그는 더는 풍자와 캐리커처, 그리고 비관주의의 유혹에 휘둘리지 않았다. 예외로서, 그렇지만 이해할만한 수준에서, 감상주의적 탐닉의 에피소드가 하나 들어 있는데, 바로 아버지의 방문이다. 여기에선 착한 매춘부라는 전통적인 캐릭터가 다시 등장한다. 그걸 빼면 '달콤한 인생'은 메마르고, 남성적이고, 속임수가 없는 영화다. 펠리니는 이렇게 말하는 것 같다. 사물들을 있는 그대로 보자. 그러면 구름이 걷히고 수평선이 드러날 것이다.

이 영화의 시학은 모든 캐릭터, 심지어 악명 높고 별 주목받지 못하는 캐릭터까지, 전부를 존중한 데서 나온다. 그건 긍정의 척도에서 나왔다. 마르첼로의 생각에는 부정적인 해결책이라고 할 수 있지만 말이다. 또 그건 진지함에 이르는 길은 다양하다는 인식에서 나왔다. 에크베르그가 트레비 분수에 뛰어드는 순간은 순수하게 성적이고, 삶의 행복한 순간이다. 가짜 기적 장면에서 군중들이 보여준 열정은 영적 긴장의 충만함을 드러낸 것이다. 비록 그 충만함에는 끔찍한 왜곡이 숨어 있지만 말이다. 귀족들은 생존의 위기 속에서도 품위를 유지하고 있다. '달콤한 인생'의 모호함은 자기 보호에 대한 긴박함이나 판단을 미루려는 시도에서 나온 게 아니다. 대신에 그건 인간의 판단이란 게 약하고 역전 가능하다는 인식에서 나온 것이다. 그 누구도 전적으로 선하거나 악하진 않다. 우리의 시각에는 항상 약간의 편견이 끼어 있다. 이런 점에서 보면 스타이너의 칵테일 파티는 계시적이다. 손님들은 녹음기 주변에 모여 녹음된 자연의 소리를 듣는다. 창문 바깥의 번쩍이는 번개는 알 수 없는 새로운 날을 알리는 것 같다. 자연과 인간과 진보의 불확실성 사이의 관계는 이렇게 염려하는 마음과 다정한 마음 모두로 표현돼 있다.

펠리니는 당대의 모든 순간을 심판하려 했다고 말할 수도 있다. 하지만 그는 자기 시대를 증오하거나 무서워하지는 않았다. 펠리니는 삶을 단지 영양의 근원과 새로운 경험으로 그렸다. 어떤 면에선 '달콤한 인생'은 에우제니오 몬탈레의 시구를 떠오르게 한다. "이것은 오늘 오직 너에게 말할 수 있다/우리가 아닌 것은, 우리가 원할 수 없는 것이다"(codesto solo oggi possiamo dirti/ ciò che non siamo, ciò che non vogliamo). 하지만 전체적으로 보면 영화의 이미지가 너무나 철저해서, 모든 관객의 내부에 있는 그 무엇을 변하게 할 것이다.

'달콤한 인생'은 '제2의 해방'이라고 부를 수 있는 시기의 선언문 같은 영화다. 그 시기는 1960년대 초기로, 교황 요한 23세, 존 F. 케네디, 그리고 흐루쇼프가 세계의 무대에 등장할 때인데, 영화는 이 흐름과 상응한다. 사람들은 세계교회주의(교황), 뉴 프론티어(케네디), 인터내셔널리즘(흐루쇼프)에 대해 말하기 시작했다. 이 점에서도 이 영화는 다양한 스펙터클을 보여준다. '달콤한 인생'은 부정당했던 경험에 대해, 오랫동안 목말라 있던, 잡식성의 문화를 온전히 표현하고 있다. 말하자면 '달콤한 인생'은 실존적 호기심에서 태어났고, 자유에 대한 확산된 욕망으로 영양분을 보충받았다. 이 영화는 사건과 캐릭터를 분석하는 그 어떤 도덕적 틀도 거부했다. 대신 반(反)형이상학적인 태도를 취했다. 이 태도는 훗날 '연약한 생각'(pensiero debole)이라고 비판받기도 한다. '달콤한 인생'은 슈퍼 에고와 슈퍼 에고가 조건 짓는 것에 대항한 에고의 임시적 승리이다. 영화는 잠시 바캉스로 초대하고 있는데, 단 눈과 귀를 활짝 열고 있기를 바란다. 영화는 겉보기엔 아주 쉬운 것 같다. 하지만 1960년대로 돌입할 때, 이탈리아는 여전히 변방이었는데, 이 영화의 초대에는 병적일 정도로 반응했다.

'달콤한 인생'이 일으킨 사회적 공분

1960년 2월 3일 '달콤한 인생'이 로마의 피암마 극장에서 개봉됐을 때, 일부 야유도 나왔지만, 박수가 20초 이상 이어졌다. 사진 기자들은 늘 그랬듯 아니타 에크베르그의 얼굴 사진을 찍기 위해 배우의 주변에 몰려들었다. 바로 그날 밤, 우연의 일치인데, 이탈리아 팝 음악의 스타 프레드 부스칼리오네(Fred Buscagione)가 로마에서 교통사고로 죽는 사고가 났다. 영화가 개봉된 뒤, 제작사의 관심은 온통 밀라노로 향했다. 밀라노는 마케팅이 어렵기로 유명한 곳인데, 개봉은 2월 5일 카피톨 극장에서 열릴 예정이었다. 제작자 안젤로 리촐리는 제작회사인 리아마 필름(Riama Film)과 배급회사인 치네리츠

(Cineritz), 두 곳 모두로부터 많은 불평을 들어야 했다. 두 회사는 나쁜 결과를 두려워하고 있었다. 펠리니의 이번 영화에는 제작비가 많이 들었는데, 걸맞은 돈을 회수하지 못할 것 같았기 때문이었다. 또 소문이 돌았는데, 검열 당국의 개입이 있을 것이며, 심지어 법원도 개입한다는 것이었다.

당시 이탈리아는 검열이 대단히 심했다. 밀라노의 검찰총장 카르멜로 스파뉴올로는 루키노 비스콘티의 '로코와 그의 형제들'(1960)에서 섹스와 폭력 장면을 문제 삼아, 그 부분을 검게 처리하라고 요구했다. 안젤로 리촐리는 밀라노에서의 개봉을 앞두고 '달콤한 인생'의 프리뷰 시간을 가졌는데, 그때도 낙관적인 분위기가 아니었다. 크로치피소 거리에 있는 리촐리의 건물에서 특별 시사회가 열렸다. 그런데 밀라노의 엘리트들과 리촐리의 친구들은 영화에 별 관심을 보이지 않았다. 아마 영화가 너무나 로마적이어서, 역사적으로 오래된 두 경쟁 도시 사이의 묵은 반감이 그 이유일 수도 있었다. 혹은 그들은 수많은 소문을 사전에 들었고, 그래서 더욱 과감한 에로티시즘을 기대했는데, 이에 실망했을 수도 있다. 리촐리는 힘이 빠져 펠리니를 안으며 이렇게 말했다. "나의 예술가여. 당신은 좋은 영화를 만들었어. 하지만 이런 사람들에게 호평은 기대를 안 하는 게 좋겠네." 그리고 그는 맥없이 자신의 손님들을 가리켰다. 또 다른 프리뷰도 있었는데, 그건 1월 30일 종교 기관인 '산 페델레 센터'(Centro San Fedele)에서 열렸고,

그날의 폭풍 같은 반응은 예수회의 역사에 남을 것이다. 그 이야기는 뒤로 미루어두자.

밀라노의 카피톨 극장은 무료 시사회를 진행했다. 그래서 인지 관객은 새로운 영화를 시사했을 때, 가장 만나지 않았으면 하는 사람들로 꽉 찼다. 콧대 높은 밀라노 관객들은 이 영화가 너무 길며, 충분하게 재미있지도 않고, 무엇보다도 비윤리적이라고 봤다. 특히 난교 장면이 관객을 자극했다. "역겨워!" "중단해!" "부끄러운 줄 알라." 같은 비난이 터져 나왔다. 영화가 끝날 때 약간의 박수도 있었고, 반면에 어떤 이는 비웃음을 지었다. 펠리니는 지정석에서 나와 계단을 내려오는데, 목에 약간의 물기를 느꼈다. 고개를 돌려보니, 화가 난 어떤 관객이 펠리니에게 침을 뱉은 것이었다. 한편 또 어떤 이들은 마스트로이안니를 공격했다. "겁쟁이!" "부랑자" "코뮤니스트!" 그런가 하면 또 다른 이들은 펠리니와 악수하기 위해 서로 다투며 달려왔다. 펠리니는 약간의 한기를 느꼈고, 항생제 때문인지 방향 감각을 잃을 정도였다. 하지만 펠리니는 그날 저녁을 즐거운 날로 기억했다.

다음 날 아침, 펠리니와 프로듀서 클레멘테 프라카시는 카피톨 극장의 로비에서, 오후 2시의 첫 상영 관련 안내문을 보고 있었다. 프라카시는 이 영화가 정말 아름답다는 자신의 의견을 다시 말했다. 하지만 문학 시집 같고, 세련된 관객을 위한 콘서트 혹은 그림 전시회 같아서, 보통 사람들도 이 영화를 이해할 것으로 예상하느냐고 펠리니에게 물었다. 펠리니는 어깨를 으쓱하며, 어떤 일이 벌어질지 그냥 지켜보자고 했다. 두 사람은 샤프론 향의 리조토를 먹으려, 유명한 식당인 비피 스칼라(Biffi Scala)로 향했다. 점심을 먹으며 그들은 다른 이야기를 했다. 식사를 마치고 커피를 마실 때, 프라카시는 그만 일어나 극장에서 무슨 일이 벌어지는지 가서 보자고 제안했다. 스칼라 광장을 걸어 나오며 그들은 밀라노 그란드 호텔이 있는 만초니 거리 끝에 사람들이 몰려 있는 것을 보았다. 얼굴이 하얗게 된 펠리니는 소리를 질렀다. "오 하느님, 무슨 일이 분명히 벌어지고 있어!" 군중들은 유리로 된 문을 깨고 극장 안으로 들어갔다. 그들은 검열 당국이 끼어들기 전에 영화를 보기를 원했다. 안으로 들어가지 못하고 길가로 밀려난 사람들은 시위를 벌일 기세였다. 밀라노의 검찰은 이 상황을 이용하여, 공공질서를 지키기 위해 극장 문을 닫아야 한다고 위협했다. 리촐리는 즉시 자신의 변호사들을 소집했다. 하지만 이런 것은 아무 소용이 없었다. 곧 군중의 위세는 꺾을 수 없는 수준이었다. 카피톨 극장 바깥에서 기다리는 군중은 점점 더 늘어났고, 이런 흥분은 이탈리아 전체로 퍼져갔다. '달콤한 인생'은 극장표 가격을 1천리라로 인상했음에도, 모든 흥행기록을 깼다. 다른 도시, 다른 마을에서의 흥행도 모두 예상을 훨씬 뛰어넘었다.

'달콤한 인생'의 인기에 의미 있는 역할을 한 것은 '일 세콜로 디탈리아'(Il Secolo d'Italia, 이탈리아의 세기) 같은 우익 신문에서 전개하던 악의적인 움직임이었다. 이 신문은 보수적인 교회와 협력하며 발간되는데, 1면에 '밀라노의 신성한 야유! 부끄러워하라!'라는 제목을 단 기사를 보냈다. 파시스트들은 이 일을 2월 9일 하원에 상정했다. 이들은 풍자 신문에나 등장할만한 내용을 주장했다. 이 영화는 "로마 시민의 미덕과 정직성에 대한 명백한 공격이다." 덧붙이길 "카톨릭 세계의 중심이자 고대 문화의 중심인 로마의 지고한 임무에 대한 상투적인 조롱"이라고도 했다. '권위 있는 도시에 대한 공격'이라는 이 영화에 관련된 주장들은 의회에서 다른 정치가들에 의해 인용되기도 했다. 하지만 관광공연부 차관인 집권 기독교민주당의 도메니코 마그리는 2월 17일 의원들의 이런 주장에 대단히 품위 있게 대응했다. 한편 '카톨릭 영화 센터'는 이 영화를 '추천하지 않음'이라고 분류했었는데, 다시 '봐서는 안 됨'이라고 수정했다. 로마의 카톨릭 행동 주교회는 검열 당국이 이 영화를 다시 검사해야 한다고 요구했다. 존경할만한 백작 주세페 델라 토레가 편집권을 갖고 있던 바티칸의 신문 '로세르바토레 로마노'(L'Osservatore Romano, 로마의 관찰자)도 검열을 다시 하라고 요구했다. 백작 델라 토레는 영화를 보지도 않았다. 그는 이 사실을 안젤로 아르파 신부에게 뜻하지 않게 고백했는데, "무엇을 비난하기 위해 반드시 쓰레기를 볼 필요는 없다."라고 말했기 때문이다. 2월 말에, 로세르바토레 로마노는 이 영화를 '외설적인 삶'이라고 부르며, 공격적인 무명 기사를 시리즈로 게재했다. 그리고 청원하길, 누군가 "이를 멈춰야 한다!"라는 것이었다. 이름을 밝히지 않은 이 필자는 아프라 신부의 자유주의를 비판하며, 정부의 개입을 요구했다. 훗날 이 기사들은 미래에 공화국의 대통령이 되는 오스카 루이지 스칼파로(Oscar Luigi Scalfaro)가 쓴 것이라는 주장이 나왔다. 스칼파로도 이런 주장을 부인하진 않았다.

이런 시끄러운 논쟁이 있는 가운데, 밀라노의 '산 페델레'(San Fedele) 예수회와 관련된 특별히 불행한 사고도 있었다. 예수회에서 진행된 프리뷰를 위해, 아프라 신부는 제노바에서 직접 왔다. 하지만 그는 교회의 승인을 의미하는 '보라색 도장'을 갖고 있지 않았다. 사람들은 그가 당연히 승인을 받았을 것으로 생각했다. 제노바의 시리 추기경은 이번에도 펠리니의 '달콤한 인생'을 비공개로 보았다. 이번에는 과거처럼 제노바의 뒷골목 극장이 아니라, 아레코 학교(Istituto Arecco)의 강당에서 보았다. 시리 추기경은 이번 영화에 대해 특별히 부정적인 의견은 갖고 있지 않았다. 하지만 과거 '카비리아의 밤' 때처럼, 영화를 방어하기 위한 준비는 하고 있지 않았다. 과거에도 추기경은 많은 비판을 받는 대가를 치러야 했다. 그는 밀라노 교구와의 관계에서, 갈등을 빚고 싶어 하지 않았다. 또 다른 이유도 있었다. 곧 시리 추기경은 밀라노의 조반니 바티스타 몬티니 추기경이 '달콤한 인생'에 관한 칙령을 준비 중이라는 소식을 들었다. 밀라노의 추기경은 미래의 교황을 다투는 경쟁자였고, 훗날 그가 교황 바울 6세가 된다. 밀라노의 추기경은 새로운 교회의 건축을 지원하는 어떤 회사 회장의 청원도 받고 있었다. 그런데 아프라 신부는 공화국 대통령 조반니 그론키에게 영화에 관해 말하며, 시리 추기경의 중립적인 의견을 '부정적이 아닌 의견'이라고 자의적으로 해석했다. 이것은 '산 페델레 예수회'가 공격을 받는 빌미를 제공했다.

2월 15일 밀라노의 몬티니 추기경은 산 페델레 예수회의 수석 신부인 알베르토 바산 신부를 회의로 불렀다. 그리고는 수도원이 이미 밝혔던 긍정적인 의견을 다시 공개적으로 바꾸라고 명령했다. 몬티니 추기경은 '달콤한 인생'을 보지 않았기 때문에, 바산 신부는 바로 그날 밤 새로운 시사회를 준비했다. 하지만 시사회에는 추기경을 대신하여 그의 비서 신부가 왔다. 다음 날 아침, 몬티니 추기경의 편지가 산 페델레에 도착했다. 바로 논점으로 들어가서, 편지는 '영화를 본 영혼들과 영화를 볼 영혼들을 위로할 방법을 찾아라'라고 지시했다. 그 방법은 신중하고, 벌을 내리는 윤리적 심판에 기준을 두어야 한다고 했다. 그러자 이탈리아에서 영화를 제작하고 상영하는 것을 비준하는 사람은 바로 예수회 신부들이라는 좋지 않은 인상이 퍼졌다.

산 페델레의 형제들은 밀라노 대주교의 엄격한 입장을 이해할 수 없다고 주장했다. 이는 1959년 알폰소 스쿠라니 신부가 공개된 기사에서 용감하게 밝힌 내용이다. "누가 선동했는가? 바티칸의 누구인가? 로마의 귀족인가? 바티칸에 압력을 넣은 귀족들인가?" 압박감을 느꼈음에도 불구하고 예수회 형제들은 입을 다물고 있기를 거부했다. 이들은 '레투레'(Letture, 독서) 잡지의 3월 호에서 '달콤한 인생'에 관한 리뷰를 공개했다. 리뷰에서 나차레노 타데이 신부는 악의 재현은 긍정적인 메시지를 전달하는 수단이 될 수 있다고 주장했다. 그러자 밀라노의 몬티니 추기경으로부터 더욱 엄격한 편지가 왔다. 편지는 타데이의 입장을 개탄하며, 수도승들은 '레투레' 잡지의 발간을 비난하라고 명령했다. 몬티니 추기경은 예수회에 명령하길, 공적인 상영에 참석하지 말라고 했다. 그리고 타데이 신부는 자신의 리뷰를 공개적으로 철회하고, 다시는 글을 쓰지 말 것이며 또 영화도 보지 말라고 명령했다. 타데이 신부는 공영 라이(RAI) 방송에서 자신이 관여하던 종교 프로그램에서도 물러나야 했고, 임지를 바이에른의 뮌헨으로 옮겨야 했다. 바산 신부는 수도원장 자리에서 물러났고, 파도바로 옮겨야 했다.

아프라 신부는 바티칸의 최고 신도회로부터 경고를 받았다. 타데이 신부는 이렇게 기억했다. "페데리코 펠리니가 그 일 때문에 대단한 마음고생을 했다. 그는 '모든 게 내 잘못이야. 내 영화가 악의 근원이 됐어. 나는 카톨릭 영화를 만들었다고 생각했는데 말이야.'라고 말했다. 펠리니는 밀라노의 추기경을 만나려고 했고, 그때마다 바쁘다는 답을 들었다. 펠리니는 참을성 있게 기다렸고, 이는 2주 동안 이어졌다. 어느 순간 불가능하다고 판단하고, 펠리니는 포기했다." 그러나 교회의 군주 같은 추기경을 찾아가는 펠리니의 이야기는(이번이 두 번째다)[1] 다르게 전해지기도 한다. 아프라 신부는 〈펠리니의 하프〉라는 자신의 책에서 펠리니의 방문에 자신이 동참했으며, 그 일은 이랬다고 썼다. "대기실에서 두 시간 반을 기다렸다. 그런데 추기경은 그 어떤 이유도 대지 않고 약속을 취소했다. 지금도 기억하는데, 펠리니는 그런 냉대에 깊은 상처를 받았다. 그는 물러나야만 했고, 나에게 이렇게 말했다. 안젤로 (아프라 신부), 혹시 당신이 몬티니 추기경을 만나면, 나를 보기를 거절한 것이 너무 큰 상처가 됐다는 것을 전해주오."

로마에 있는 찰리 채플린 클럽에서 2월 17일 영화에 대한 공개 토론이 진행됐다. 다음 날에 신문 '파에제 세라'(Paese Sera, 석간 도시)는 이렇게 보도했다. "2천 명이 넘는 사람이 '린콘트로'(L'Incontro, 만남) 회의실의 방과 복도 그리고 계단을 가득 채웠다. 많은 관객이 입장하는 것을 포기했고, 경찰은 넘치는 인파를 통제하고 질서를 유지하기 위해 개입했다. 하지

---

1   펠리니는 '카비리아의 밤'의 발표를 앞두고, 교회의 실세 가운데 한 명인 제노바의 시리 추기경을 찾아가, 문제를 원만하게 해결한 적이 있다.

만 작은 사고들은 막을 수 없었다." 작가 알베르토 모라비아가 토론의 시작을 알렸다. 이어서 파졸리니가 '달콤한 인생'은 카톨릭 영화라고 주장했다. 그는 이 영화를 찬양하며, "아름답고, 가끔 놀라우며, 악마 같기도 하고, 자주 천사 같다."라고 말했다. 그리고 바티칸의 신문 로세르바토레 로마노를 공격했다. 한편 파졸리니는 당시 영화평론 담당으로 일하던 주간지 '리포터'(Reporter)의 편집 방향과 마찰을 빚은 뒤, 문을 박차고 사무실에서 나와버렸다.

그런데 이번에는 좌파가 역사적일 정도의 입장 변화를 보여주었다. 마치 그들은 '길' 이후 펠리니에게 퍼부었던 모든 모욕을 잊어버린 것 같았다. 사회주의와 공산주의 계열 신문과 정당들은 펠리니를 보호하기 위한 경쟁을 벌였다. 하지만 '달콤한 인생'은 로마 교구 성직자 협회의 총회에서 공격을 받았고, 또 이탈리아 귀족 계보 협회의 공격도 받았다. 귀족 계보 협회는 바사노 디 수트리에 있는 궁을 제작회사에 빌려줬다는 이유로 리비오 오데스칼키를 가혹하게 비판했다. 영화에 등장한 일부 귀족들은 극심한 후회를 했고, 신문에 속임수가 있었다고 썼다. 어떤 독자는 바티칸 신문에 투고하기를, 형법 498조를 들어, 아니타 에크베르그를 처벌해야 한다고 주장했다. 그 법은 성직자 복장의 남용을 금지하고 있기 때문이다.[2] 극장 개봉된 후 수개월 동안 모든 사람이 영화에 관해 쓰고, 말하고, 논쟁을 벌였다. 아마도 이들 가운데 가장 지적

이고 진지한 목소리는 우익 지식인이자 언론인인 인드로 몬
타넬리의 글일 테다. 우익 필자 가운데는 드물게 그는 1월 22
일 코리에레 델라 세라에 영화를 변호하는 기사를 썼다.

펠리니는 늘 편지, 스크랩한 기사, 그리고 전화를 받았다.
그는 사람들 때문에 길에서 자주 걸음을 멈춰야 했다. 인터뷰
에 응해야 했고, 찬양받았고, 모욕받았고, 또 추앙받았다. 훗
날 1989년 인터뷰에서 펠리니는 몇 개의 특별한 사고를 들려
주었다.

> 파도바의 어느 교회 문에 걸려 있던 큰 포스터가 기억난
> 다. 나는 기차를 기다리고 있었고, 잠깐 산책을 하려고 역
> 에서 나왔다. 나는 파도바의 유명한 카페인 '카페 페드로
> 키'(Caffè Pedrocchi)가 보고 싶었다. 그런데 나는 어떤 교회
> 때문에 멈췄다. 그 교회가 정확히 어떤 교회였는지는 모
> 르겠다. 교회의 전면이 대단히 인상적이었고, 중앙 입구
> 쪽에 큰 포스터 같은 게 보였다. 흰색 사각인데, 테두리는
> 검은 선으로 장식돼 있었다. 마치 죽음의 선고 같았다. 나
> 는 뭔가를 인식했고, 그래서 가까이 가 보았다. 놀랍게도
> 이렇게 적혀 있었다. 공공의 죄인 페데리코 펠리니를 위

---

2   영화 초반부 바티칸에서 에크베르그가 입고 있는 검은색 의상을 문제 삼은
     것. 신부들이 쓰는 모자와 상의 앞 장식을 닮은 옷을 입고 있다.

해 기도합시다.

펠리니는 리미니에도 가 보았다. 어머니 이다는 이 영화를
볼 엄두를 내지 못하고 있었다. 어머니는 오직 아들 걱정만
하고 있었다. 펠리니는 이렇게 기억했다.

어머니는 이미 리미니 대주교에 의해 공적으로 질책을 받
았다. 나는 직접 가서 대주교와 말해야겠다고 생각했다.
나는 대주교의 집을 알고 있었다. 학생일 때 우리는 그 집
옆을 지나치곤 했다. 우리는 창문을 통해 그를 볼 수 있다
고 생각했다. 그래서 그 옆에 멈춰서, 함께 찬양하곤 했다.
축복! 축복! 내가 만나러 간 대주교가 과거의 그인지는
모르겠다. 아마 아닐 것이다. 어쨌든 어머니 일로 만난 대
주교는 대단히 늙었고, 흔들의자에 푹 기댄 채 앉아있었
다. 의자가 일정하게 움직이지도 않았다. 그는 거의 알아
들을 수 없는 목소리로 말했다. 당신은 리미니 출신이요?
대화는 몇 분 만에 끝나버렸고, 나는 어머니 문제는 꺼내
보지도 못했다. 나는 그곳을 떠나면서, 뒤를 돌아보았는
데, 놀랍게도 그는 나에게 축복을 내리고 있었다.

지금 보면 그때의 일들은 우습게 느껴질 수도 있다. 하지만
그런 일들은 1960년대 초반, 이탈리아의 초상을 풍부하게 보

여주고 있다. 그리고 이 영화가, 사람들이 사회를 생각하는 방식에 관해 혁명적인 역할을 했다는 것도 확인할 수 있다. 이런 일은 다른 곳에서도 비슷하게 일어났다. 어떤 나라는 10년이 지나도 이 영화의 배급을 허락하지 않았다. 특히 스페인의 경우, 영화가 개봉된 지 20년이 더 지난, 1981년 6월 18일에 겨우 상영될 수 있었다.

칸영화제에서 심사위원들의 의견은 나누어졌다. 심사위원장은 펠리니가 좋아하던 작가인 조르주 심농이었다. 펠리니와 심농 사이의 상호 존중은 이때 빠르게 우정으로 발전했다. 두 사람은 칸의 크루아제트 해변을 따라 함께 산책을 즐기곤 했다. 하지만 우승자를 선택할 시간은 다가왔고, 훗날 심농은 〈내밀한 기억들〉(Mémoires intimes)에서 이렇게 썼다. "영화제 집행위원장인 로베르 파브르 르 브레는 분명한 의도를 갖고 내게 알렸다. 외교적인 이유로, 미국이 최소한 하나의 큰 상을 받아야 한다는 것이었다." 미켈란젤로 안토니오니의 '정사'도 경쟁 부문에 나왔는데, 시사회에서 대혼란을 일으킨 뒤, 다시 권위를 획득하고 있었다.[3] 일부 심사위원은 '더욱 예술적'이라는 이유로 펠리니보다 안토니오니를 선호했다. 하지만 심농은 미국 작가 헨리 밀러를 자기편으로 끌어오는 데 성공했

---

3   '정사'는 영화제 첫 시사 때 관객들의 야유를 받기도 했다. 하지만 안토니오니는 바로 다음 날부터 세계의 영화인들로부터 '걸작'을 보게 해주어서 감사하다는 찬사를 받았다.

다. 바로 그 투표 덕분에, 심농은 '달콤한 인생'에게 황금종려상을 줄 수 있었다. 심농은 이렇게 기억했다.

나는 수상자 명단을 복도에서 기다리고 있던 집행위원장에게 전했다. 그는 혼자가 아니라, 외교부의 대표와 함께 있었다. 그 외교관은 교양이 있었고, 영화의 팬이었다. 집행위원장은 우리의 선택에 행복해하지 않았다. 그리고 당시에는 심사위원장이 폐막식에서 모든 수상자의 이름을 발표해야 했다. 나는 비판과 조롱을 받았다. 일부 사람들은 진짜로 호루라기를 들고 와서 불었다. 줄리에타 마지나는 무대 뒤에서 나를 기다리고 있었다. 마지나는 완전히 정신을 잃었고, 나의 어깨에 기대 흐느끼기 시작했다. 이후에 나는 다시는 심사위원장을 맡아달라는 요구를 받지 않았다. 부담을 받지 않으니, 그게 나에게는 잘된 일이었다. 나는 나의 친구가 된 펠리니가, 지금은 우리 시대 최고의 감독으로 인식되고 있는 사실이 매우 기쁘다.

아카데미 시상식에서, 피에로 게라르디는 흑백 부문 의상상을 받았다. 그는 1962년 4월 9일 산타 모니카 시빅 오디토리움에서 에디 앨버트와 다이나 메릴로부터 그 상을 받았다. 그때 펠리니는 로마 근교의 만치아나에서 '8과 1/2'의 시나리오를 쓰고 있었다. 펠리니는 게라르디의 수상에 기뻐했고, 그렇지만 별다른 찬사는 내놓지 않았다. 왜냐면 당시에 '달콤한 인생'은 지구상의 거의 반 이상의 주요상과 작은 상을 휩쓸었기 때문이었다. 이상하게도 국내영화제인 은빛 리본상에서는 오직 세 부문에서만 수상했다. 그건 시나리오상, 남우주연상(마스트로이안니), 그리고 의상상(게라르디)이었다.

25. 영화사 '페데리츠'의 설립과 문제들

파졸리니와의 인연과 갈등

'달콤한 인생'이 개봉된 뒤, 몇 주 동안 펠리니는 어떤 정해진 것 없이 시간을 보냈다. 이를테면 그는 특별한 목적을 두지 않고, 이탈리아를 여행했다. 그는 사람을 만나고, 논쟁하고, 인터뷰하고, 사진 촬영에 임했고, 함께 식사하고, 전화를 받곤 했다. 이것이 긴장을 푸는 그만의 방식이었다. 그는 파도에 올라타서, 능동과 수동 사이를 부드럽게 즐겼다. 말하자면 그는 떠다녔다. 그는 충동적으로 로마와 밀라노 사이를 오가곤 했는데, 기차의 침실 칸에 누워, 시끄러운 고독 속에 잠들며, 평화로운 밤을 보내곤 했다. 이것이 그에게 어떤 쉼의 기분을 줬는데, 그는 행복하게 그런 조건에 미끄러져 들어갔다. 펠리니는 식당에서 식사하고, 친구 집에서 자고, 드문 경우이긴 하지만 다른 사람들의 대화에 귀를 기울였다. 그는 안개 긴 밤에 북쪽 도시(밀라노)에 도착하여, 자기 영화를 보기 위해 영화관 앞에 줄을 선 사람들을 보며 기쁨을 느꼈다. 리미니에서 사람들은 펠리니와 마스트로이안니가 바람이 몰아치는 겨울 바닷가를 함께 걷는 것을 보곤 했다.

영화의 성공은 펠리니를 놀라게 했다. 하지만 더욱 놀라운 것은 영화를 둘러싼 강력한 논쟁들이었다. 사람들은 길에서 그를 세워, 의문 나는 것을 묻곤 했다. 어떤 소녀는 이런 질문을 했다. "마지막에 파올라가 웅덩이 속으로 뛰어들어, 난교 파티 무리와 섞이려고 했다는 게 사실이냐?" 모든 사람이 영화에 관한 자기만의 해석을 내리려 했고, 자신들이 찾으려 했던 해석을 자기식으로 찾았다. 펠리니는 적의를 가진 사람들에 의해 밀쳐지기도 했다. 심지어 펠리니가 길을 걷거나, 신문 가판대 앞에 서 있거나, 또는 바에 앉아 있을 때, 대단히 위협적인 눈으로 그를 바라보는 사람들도 있었다. 펠리니는 파졸리니와 함께 논쟁적인 테마들을 토론하곤 했다. 당시 파졸리니는 박해를 받는 직업 정치인 비슷했다. 그러면서 알게 됐는데, 사람들이 펠리니를 지지하는 이유는 놀랍게도 펠리니를 지지하지 않는 이유가 되기도 했다. 사람들이 "잘했어요! 계속하세요!"라며 용기를 북돋을 때, 펠리니는 "무엇을 계속하지?"라며 의아해 했다.

'달콤한 인생'은 지진을 일으켰다. 영화는 옛 우정을 파괴하고, 새 우정을 창조했다. 거의 모든 영화 세상은 이 영화에 반대 의견을 냈다. 그건 환경을 병적으로 지배하려는 감정, 곧 시기심이었다. 이 시기심 때문에 펠리니의 동료들은 냉철한 시각을 갖지 못했다. 지식인들은 영화가 성공을 거두자, 이는 필름이 다시 깨끗이 청소됐고, 더빙됐고, 믹싱이 잘 됐기 때문이며, 그래서 더 아름다워졌다고 주장했다. 그리고 스타이너는 도저히 받아들일 수 없는 캐릭터라고 말했다. 파졸리니와 모라비아는 각자 이 영화에 대한 자신만의 해석을 내놓았는데, 펠리니를 안심시키기보다는 더욱 걱정시켰다. 펠리니는 '네오 데카당스'라는 해석을 좋아하지 않았고, 자신과 시인 조반니 파스콜리 사이의 대조는 황당하게 받아들였다. 펠리니는 자신의 영화는 전혀 다른 차원의 작품이며, 더욱 세속적이라고 생각했다. 펠리니는 일종의 주간지, 곧 필름으로 만든 잡지를 내놓았다고 생각했다.

　소피아 로렌은 특별 시사회에서 이 영화를 본 뒤, 펠리니의 차에 웅크리고 앉아서 그에게 이렇게 속삭였다. "불쌍한 사람, 도대체 당신 안에 무엇을 갖고 있어요?" 이는 '아니타와의 여행'의 대사였다. 두 사람은 그 영화를 만들 계획을 다시 잡고 있었다. 하지만 '달콤한 인생'은 펠리니의 삶을 매우 빠르게 바꾸어 놓았다. 그는 과거의 기획으로 되돌아가고 싶어 하지 않았다. 펠리니의 내부에서 그 무엇이 결정적으로 바뀌었고, 삶과 일에서 많은 것들이 바뀌어야만 했다. 타블로이드 신문들은 펠리니가 줄리에타 마지나를 떠날 것이라는 신호를 자기만의 방식으로 읽고, 보도했다. 하지만 늘 그랬듯 그런 소문은 사실이 아니었다. 펠리니는 부부 사이의 별거뿐 아니라 예술적 이혼의 아픔을 겪고 있다는 소문도 부정했다. 실제로 펠리니는 마지나가 참여하는 많은 기획을 세우고 있었고, 빠른 시기 안에 두 사람은 또 다른 영화를 함께 만들 것이라고 말했다. 가족의 삶에서는 큰 변화가 없었다. 하지만 펠리니는 제작자들과의 관계는 바꾸어야겠다는 강한 열망을 가졌다. 특히 안젤로 리촐리와의 관계가 그랬다. 그는 제작자들 가운데 가장 아버지상에 가까웠고, 실질적인 해결책(자금)을 제공했다. 펠리니와 리촐리는 회사를 함께 운영하기로 했다. 리촐리가 반을, 그리고 펠리니와 프로듀서 클레멘테 프라카시가 반을 소유하는 구조였다. 이들은 다음 영화의 제작에 관해 생각하기 시작했고, 다른 기획의 제작도 찾아보기로 했다. 그러면서 젊은 감독들, 존중받아야 할 친구들, 전통적인 프로듀서들과는 관계가 막혀버린 예술가들을 지원하기로 했다.

펠리니와 클레멘테가 잡지 '세티모 조르노'(Settimo Giorno, 제7일)에서 함께 한 유일한 인터뷰가 있다. 두 사람은 매우 솔직했다. 펠리니는 감독으로서 영화사를 만드는 것은 위험을 감수하는 것이라고 말했다.

펠리니: 피곤함, 위기, 탈진. 정말로 나는 묵시록적인 미래를 예상한다. 나는 인생이 덜 살인적이 되는 해결책을 찾으려고 한다. 그러면서 경제적으로 살아남을 수 있기를 바란다. 말하자면 내가 좋아하는 일을 하고, 나를 무너뜨리는 책임감에서 벗어날 수 있으면 좋겠다.

프라카시: 지금 펠리니는 개인적인 측면에서 말하고 있다. 사업적인 측면에서 보면, 그는 돈키호테 같은 성격을 갖고 있다.

펠리니: 나는 이 말을 꼭 하고 싶다. 만약 내가 클레멘테 프라카시를 만나지 않았다면, 이런 모험을 감행할 생각을 전혀 못 했을 것이다. 나는 내 주머니 속의 돈도 운영할 줄 모른다. 이런 내가 회사를 운영하는 걸 상상이나 하겠는가? 그리고 우리는 젊은 감독들을 돕는 사업도 병행해야 한다. 만약 그들이 지금 제작자를 만나면, 자신들은 예속적인 위치에 놓였다는 사실을 실감할 것이다.

프라카시: 어떤 권위적인 제작자의 전형은 이런 것이다. 곧 그들은 어떤 감독을 불러, 무엇을 만들라고 한다. 그리고는 감독을 지켜보고, 숨어서 염탐하고, 만약 그들이 어떤 선을 넘어가려 하면 바로 질책을 할 것이다.

펠리니: 그리고 그들은 영화의 엔딩을 바꾸려 든다. 그런 식이다. 우리는 그 어떤 엔딩도 바꾸지 않을 것이다! 보통 일어나는 일은 이렇다. 제작자들은 감독을 불러, 영화는

이렇게 만들어야만 하는 것이라고 말한다. 하지만 우리는 그 감독을 불러 이렇게 물을 것이다. 어떤 영화를 만들고 싶어요?

프라카시: 그래서 감독을 발견하기가 쉽지 않다. 만약 그들에게 완벽한 자유를 주면, 그들은 모두 도망갈 것이다. 그들은 겁을 먹고, 의심할 것이다.

새 회사의 이름은 쉽게 정해졌다. 곧 페데리츠(Federiz)라고 불렸다. 페데리코(Federico)와 리촐리(Rizzoli)의 이름을 합성한 것이다. 이들은 로마의 크로체 거리 70번지에 있는 건물에 아름다운 사무실을 열었다. 수염이 있는 커다란 두 개의 동상이 건물의 정문을 지키고 있었다. 9월에 펠리니는 지신의 새로운 사무실 장식을 마쳤다. 파졸리니는 그 장면을 '젊은 기쁨과 자부심'으로 표현했다. 펠리니는 수도원에서 주로 쓰는 긴 책상 3개를 들여놓았고, 녹색 줄이 쳐진 흰색 커튼을 달았다.

이때 이탈리아 영화는 완벽하게 회복됐다. 미켈란젤로 안토니오니는 '정사'로 칸영화제 경쟁에 초대됐고, 루키노 비스콘티는 밀라노에서 '로코와 그의 형제들'을 찍었다. 독립영화 붐도 생겼다. 펠리니의 성공은 감독의 역할에 관한 합리성과 카리스마를 가져왔다. 이때가 작가 영화 시대의 최고의 절정기였다. 그리고 누벨바그에 관한 이론도 등장했다. 곧 유일한 작가는 감독이며, 저예산으로 찍고, 카메라 작업은 '카메라-

스틸로'(caméra-stylo)[1]가 돼야 했다. 많은 프로듀서가 '달콤한 인생'을 거부한 사실이 알려지며, 그들은 산업 전반에서 누리던 평판에 스스로 상처를 냈다. 프로듀서들은 그들의 전통적인 역할, 곧 조직하고, 돈을 모으고, 사업을 관장하는 역할로 돌아가야 했다.

페데리츠 영화사에서는 이런 문제들을 주제 삼아 토론이 벌어지기도 했다. 얼마 동안 페데리츠 영화사는 전후의 '룩스 필름' 영화사와 비슷한 역할을 했다. 시나리오를 손에 든 떠오르는 감독들, 기자들, 그리고 친구들이 이곳에 함께 모였다. 페데리츠 영화사는 먼저 두 감독의 데뷔를 알렸다. 곧 북쪽 프리울리 출신으로 알베르토 소르디의 시나리오를 썼던 로돌포 소네고, 그리고 다큐멘터리 감독인 베르가모 출신의 줄리오 쿠에스티가 그들이다. 쿠에스티는 '달콤한 인생'의 바사노디 수트리 장면에서 귀족으로 출연했었다. 하지만 두 경우 모두 실현되기에는 너무 혼란스러운 기획이었다.

하지만 누구도 파졸리니의 데뷔는 의심하지 않았다. 파졸리니는 자신의 첫 번째 영화로 '아카토네'(Accattone)를 연출

---

1   프랑스의 알렉산드르 아스트뤽이 주장한 '카메라-만년필' 이론으로, 감독은 카메라를 문학 작가의 만년필(stylo)처럼 자신의 의도에 따라 자유자재로 이용해야 한다는 것이다. 그럼으로써 감독의 예술가적 특성이 나온다고 봤다. 영화의 예술적 책임은 프로듀서 등 다른 사람에게 있지 않고, 오롯이 감독에게 있다는 선언이었다.

하길 바랐다. 그는 이미 시나리오를 어떻게 끝낼지 생각해두었고, 촬영지는 로마의 변두리로 정해놓았다. 그는 리얼리티에 최대한 접근하기 위해, 자신의 친구들을 캐스팅하기를 원했다. 이것은 자신의 시나리오에 우아함을 첨가하길 요구했던 마우로 볼로니니 감독에 대한 일종의 반격이었다. 파졸리니는 볼로니니 감독을 위해 '훌륭한 밤'(La notte brava)과 '바보 같은 낮'(La giornata balorda)의 시나리오를 썼었다. 이런 특성들을 고려하면, 파졸리니의 '아카토네'는 펠리니 영화사에 완벽하게 맞는 작품 같았다. 그리고 몇 주 후, 곧 1960년 말에서 1961년 초 사이에, 페데리츠는 저예산의 대단히 아름다운 기획물 두 개를 더 만들 것이라고 발표했다. 먼저 다큐멘터리 작가인 비토리오 데 세다가 사르데냐에서 찍은 '오르고솔로의 산적'(Banditi a Orgosolo)이 있다. 이 작품은 감독이 아파트 두 채를 팔아 자비로 제작비를 마련했는데, 자금이 모두 떨어지는 바람에 제작이 중단된 상태였다. 밀라노에서 에르만노 올미는 시나리오 '걸어서 두 정거장'을 끝내고 다음 단계를 준비하고 있었다. 이 시나리오는 나중에 제목이 '일 포스토'(Il posto)로 바뀐다. 올미는 제작비를 구하고 있었고, 특히 배급업자를 찾고 있었다. '아카토네', '오르고솔로의 산적', 그리고 '일 포스토'는 나중에 모두 1961년 8월에 열리는 베네치아 영화제에서 소개되는데, 이는 새로운 영화의 선언 같았다. 이런 새로운 움직임에 대해, 미국인들은 '이탈리아의 새로운 르네상스'라고 이름 붙였다. 네오리얼리즘에 이어 새로운 영화가 드디어 도래한 것이다. 그런데 세 영화는 처음 몇 주 동안만 페데리츠와 함께 했다. 정확히 말하자면, 이들은 펠리니와 프라카시와 함께 했다. 리촐리는 자신의 한계를 알고 있었고, 예술적 결정에는 처음부터 따르지 않았다.

페데리츠는 바로 이런 영화들을 만들려고 창립됐다. 하지만 아쉽게도 세 영화 모두를 나중에 포기했다. 이런 결정에는 클레멘테 프라카시의 특성이 한몫했다. 프라카시는 세 기획의 약점을 세세하게 지적했고, 그럼으로써 모든 사람의 용기를 꺾어버렸다. 파졸리니는 시인이며, 소설가이고, 에세이 작가다. 그는 시나리오 작가로서는 매우 훌륭할 것이다. 하지만 그가 무엇으로 좋은 감독이 될 수 있는가? '오르고솔로의 산적'은 사르데냐에서 찍었다. 모두 알고 있는 사실인데, 당시에 그 섬은 영화계의 재앙이었다. 그리고 '일 포스토'는 사무직 하급 직원에 관한 영화다. 지금 이탈리아가 경제적으로 활기를 띠고 있는데, 이 영화를 만든다는 게 시기적으로 맞는가? 프랑스의 쿠르틀리느(Courteline)와 러시아의 고골(Gogol)이 이미 이런 것은 잘 썼는데, 지금 세상에 웃음을 주려는 것인가?

펠리니는 동료들의 생각을 별로 귀담아듣지 않았다. 그리고 몇 주간 이어진 창업의 흥분이 지난 뒤, 이것이든 저것이든 그 어떤 계획에 전혀 흥미를 보이지 않았다. 아니 그는 용기가 없어 마음속의 말을 하지 못 했을 수도 있다. 펠리니는 사실 자기 일에 몰두하고 있어서, 다른 기획의 시나리오조차 읽지 않았다. 더 나아가, 사무실에 앉아 있는 게 그를 지루하게 했다. 사무실에 출근하는 것이 즐거움보다는 의무처럼 느껴졌다. 짐작하겠지만 무언가를 결정해야 하는 일에서 펠리니는 도망가고 싶어 했다. 이런 사정을 펠리니는 간혹 가까운 친구들에게 고백했는데, 그가 페데리츠 영화사에 관여하게된 것은 사실 하나의 영화를 끝내고 다음 영화를 준비할 때까지의 공허함을 채우기 위해서였다. 그에겐 사람들을 만날 공간이 필요했다. 하지만 이후에 펠리니는 알게 됐는데, 그에겐 취미도 없고, 휴일도 없듯, 공허함도 존재하지 않았다. 그때에야 그는 항상 무언가를 기획하는 일로 자신에게 자발적인 처벌을 내렸다는 사실을 인식했다. 펠리니는 언제나 다음 일을 위한 편집광적인 욕망에 빠졌었다. 그런 식으로 펠리니는 하나의 영화를 끝내면, 어느새 새로운 영화에 몰입하곤 했다. 늘 그렇듯 새 영화는 방금 마친 영화에서 아이디어를 얻었다. 곧 촬영장 근처에서 그가 가졌던 만남, 혹은 그가 느꼈던 감정에서 얻었다. 펠리니는 다른 사람의 영화에 관해 생각할 시간도 욕망도 가질 수 없었다. 펠리니는 다른 사람의 영화를 보지도 않았고, 그들이 영화를 만드는 데 왜 신경을 써야 하는지 알수 없었다. 펠리니는 프라카시가 내리는 결정에 거의 반대하지 않았다. 프라카시와의 관계에서 문제가 있다면, 무언가 하지 않았으면 하는 기획에 펠리니 스스로 확신을 하지 못할 때였다. 펠리니는 확신하지 못할 때면 매우 느리게 행동했다. 아마 그런 식으로 펠리니는 다른 사람들에게 자신의 경험을 무의식적으로 투사했는지도 모르겠다. 프라카시는 '안드레아 셰니에'(Andrea Chénier, 1955)가 흥행에서 실패한 뒤, 연출은 하지 않고 있었다. 그는 이런 말을 하곤 했다. "이 바닥에서는 펠리니가 되든지, 아니면 아무것도 아니야."

펠리니는 '작은 형제'(fratellino, 파졸리니)가 카메라 뒤에 서는 문제를 너무 쉽게 자신했다. 파졸리니는 그래서 약간 혼란스러웠고, 당황스러웠다. 갑작스러운 파졸리니의 감독 데뷔를 앞두고, 사실 펠리니는 사랑스러운 시간이 끝나가고 있다는 안타까움을 느꼈다. 정말 두 사람의 관계는 전적인 헌신과 애정에 기초한 것이었는데 말이다. 펠리니는 파졸리니의 영화는 자기 영역에 대한 침범이라고 느꼈을지도 모른다. 그런데 파졸리니가 영화를 만드는 데, 기술적인 능력이 있고, 스태프를 지휘할 줄 알며, 일정을 조율할 수 있을지 누가 알겠는가? 프라카시는 그것을 알아내는 방법은 파졸리니를 테스트하는 것이라고 생각했다. 펠리니에게 이것은 결정을 연기하기 위한 음모처럼 보였다. 실제로 프라카시는 계획을 취소할 이유를 만들려고 했다. 10월 초, 프라카시는 파졸리니에게 3일의 작업을 위한 촬영팀을 보냈다. 파졸리니는 다른 프로듀서와 일할 때는 주역으로 프랑코 인테르렝기('비텔로니'의 모랄도)를 염두에 뒀다. 하지만 이번 테스트를 위해 파졸리니는 로마 근교 빈민촌인 토르피냐타라 출신의 친구인 프랑코 치티에게 연락했다. 촬영장에서 프랑코 치티와 작업하며, 파졸리니는 그가 주역에 완벽하다고 생각했고, 그래서 그를 캐스팅했다. 파졸리니는 두 장면을 찍었다. 하나는 판풀라 다 로디 거리에 있는 소나무 수풀 장면이고, 다른 하나는 산탄젤로 성 밖 장면인데, 여기서 수영하는 사람들은 일광욕을 즐긴다. 필름은 한 번 편집이 되었고, 이는 이스티튜토 루체(Istituto Luce) 영화사의 시사실에서 공개됐다. 첫 반응은 실망스러웠는데, 그들은 영화가 거칠고, 어떤 부분은 설명이 되지 않는다고 했다. 프라카시는 결정을 해야 할 시간이 왔다는 것을 알았다. 사무실에 돌아온 뒤 그는 이렇게 말했다. "책상 아래에 있는 죽은 고양이를 꺼내야 할 시간이 됐군." 상황은 그렇게 됐다. 그래서 펠리니는 자기가 항상 미워했던 그 역할을 해야 했다. 곧 거절하는 프로듀서가 돼야 했다.

파졸리니는 매우 화가 났다. 사고 바로 이후인, 10월 16일에 발간된 신문 '일 조르노'(Il Giorno, 낮)에서 파졸리니는 펠리니를 놀리는 칼럼을 썼다. 곧 펠리니를 수행단을 거느린 큰 주교라고 불렀다. 파졸리니는 칼럼을 끝맺으며 이런 예언을 했다. "페데리츠 영화사는 펠리니의 영화 말고는 다른 영화는 제작하지 못할 것 같다." 며칠 뒤, 펠리니는 토르 바야니카로 가는 자동차 안에서 파졸리니에게 '8과 1/2'의 아이디어를 이야기했다. 말하자면 이는 펠리니가 '아카토네'를 포함하여,

다른 영화 제작에는 별 관심이 없고, 자기 영화에만 몰두하고 있다는 신호였다. 그날의 마지막 여행에서 두 친구는 마치 아무 일도 일어나지 않은 것처럼 행동했다. 하지만 페데리츠 영화사가 파졸리니의 영화를 거절한 것은 두 사람의 우정에 영원히 말뚝을 박은 것이나 다름없었다. 5년간의 목가적인 시간이 지난 뒤, 펠리니에게 파졸리니는 형제가 되었지만, 동료는 되지 못했다. 또 파졸리니에게 펠리니는 형제가 되었지만, 친구는 되지 못했다.

페데리츠 영화사의 목표가 그렇게 빨리 잊힌 것은 부끄러운 일이었다. 그런데 그 영화사에서 다른 곳이었다면 일어날 수 없는 일이 일어났다. 감독 비토리오 데 세타는 운명의 메신저가 된 셈인데, 그가 자신의 정신분석의 에른스트 베른하르트(Ernst Bernhard) 박사를 펠리니에게 소개했다.

26. 꿈의 남자

카를 융의 세계 입문

'달콤한 인생'은 과거의 펠리니에서 새로운 펠리니로의 큰 변화를 가져왔다. 곧 과거와의 '이별의 의례' 속에 바빴던 젊은 펠리니(주인공 마르첼로의 부친과 관련된 에피소드는 이런 방향에 관한 통렬한 확장이었다)는 어른 펠리니로 변했는데, 그는 유아기의 조건에서 새롭게 해방되어, 현실을 직시할 수 있게 됐다. 1960년대 초반은 펠리니의 삶에서 새로운 국면을 여는 새벽이었다. 이런 존재론적 변화를 맞아 펠리니는 정신분석학자 에른스트 베른하르트(Ernst Bernhard) 박사를 만났다. 그는 1896년 베를린에서 태어났다. 그의 히브리어 이름은 하임 메나헴(Hajim Menahem)인데, 의미는 삶과 위안이다. 원래 동구 갈리시아(Galicia) 출신인 그의 가족은 자신들의 랍비를 따라 독일의 수도로 이주했다. 베른하르트 박사는 오토 페니헬, 산도르 라도 등과 함께 정신분석을 공부한 뒤, 취리히에 있는 카를 구스타프 융 학파에 들어갔다. 유대인인 베른하르트는 인종주의 문제 때문에 독일을 탈출해야 했고, 다시 영국에서 쫓겨난 뒤, 1936년 로마에 정착했다. 이후 로마에서 그는 30년간 살았다. 그의 이름이 새겨진 기념석은 로마의 그레고리아나 거리 12번지의 15호 아파트 벽에 지금도 남아 있다. 다음과 같은 일이 있었기 때문이다. 펠리니의 오랜 협력자인 프로덕션 디자이너 단테 페레티와 의상 감독 프란체스카 스키아보 부부가 바로 이 아파트로 이사 왔었다. 이들 부부는 아파트를 대부분 고쳤다. 하지만 베른하르트 박사에 대한 존경을 담아 기념석만은 그대로 남겨두었다.

1940년 베른하르트는 정신분석학자 도라 프리드랜더와 결혼했다(1896년 빈 출신인 프리드랜더는 1998년 로마에서 102살에 죽는다). 부부가 그레고리아나 거리에 살 때, 그 집은 미로 같았고, 흰색의 커다란 커튼이 도시를 바라보는 창들을 가리고 있었다. 베른하르트는 두 개의 방을 사용했다. 거의 아무도 들어가지 못했던 구석의 방에는 캐노피로 장식된 침대가 있고, 그 침대 위쪽에는 복제된 성의가 걸려 있었다. 다른 방은 박사의 진료실이다. 베른하르트는 자신의 손으로 직접 만든 책상 뒤에 앉아있었다. 모든 것이 완벽하게 조절돼 있었는데, 이는 방문객에게 지금 신비의 세계로 들어가고 있다는 감각을 주기에 충분했다. 베른하르트는 환자들에게 자기 옆에 있는 작은 침상에 앉으라고 권했다. 프로이트가 방문객들을 긴 의자 위에 비스듬히 눕게 하는 것과는 달랐다. 치료를 위한 시간은 반드시 정해져 있지는 않았다. 만약 먼저 방문한 환자와의 시간이 늘어나면, 다음 방문자는 기다려야 했다. 그는 방문자들에게 종종 차와 케이크를 제공했다. 그는 무언 가를 함께 먹는 것은 사람을 아는 데 좋은 방법이라고 믿었다.

베른하르트는 심리학의 세계교회주의를 믿었다("만국의 심리학자여 단결하라!"는 그의 좌우명이었다). 그는 경쟁학파인 프로이트학파 정신분석학자를 만나는 것도 좋아했다. 이를테면 트리에스테의 에도아르도 바이스를 자주 만났다. 유대인이라는 이유로 베른하르트는 전쟁 중에 많은 어려움을 겪었다. 1940년 그는 이탈리아의 남부 칼라브리아에 있는 강제수용소에 감금됐다. 그리고 로마에 있는 이웃 아파트에서 숨어지내기도 했다. 그때가 베른하르트에게는 성찰의 시간이었다. 그 기간에 박사는 자기의 생각과 기술, 그리고 의례를 발전시켰다. 베른하르트에 따르면, 모든 것은 원형적 요소를 갖고 있는데, 이는 괴테가 〈파우스트〉에서 말한 "모든 게 상징이다."라는 것과 비슷한 의미다. 또 모든 상징은 '수태돼' 있거나 혹은 '충분히 발전돼' 있다. 그리고 모든 경우에 있어, 상징의 내용은 신화다. 어떤 사람의 '신화-전기'(Mito-biografia, 이것은 사후인 1969년에 발간된 베른하르트의 에세이집 제목이 됐다)를 알려면, 그 사람의 운명의 심장에 새겨진 '신화소'(mitologema)를 빛으로 끄집어내야 한다. 사람들의 신화를 실현한 것이 역사이다. 이는 현실이 꿈에 구체적인 콘텍스트를 제공하는 것과 같다. 베른하르트에게 꿈은 깨어 있을 때의 사고만큼이나, 아니 그것보다 더욱 중요했다. 모든 사람은 자신에 관한 사고를 할 수 있거나 또 해야만 하는데, 꿈과 꿈의 해석은 그 사고의 기초가 됐다. 베른하르트는 주술에 관심이 많았고, 〈주역〉을 참조했다. 더 나아가 그는 마법과 비술의 세계를 탐구했다.

베른하르트는 이탈리아에서, 유대인 뿌리와 '위대한 지중해의 어머니'에 의해 지배되는 라틴 세계 사이의 깊은 공통점을 발견했다. 박사는 순수한 정신분석학자가 아니었다. 그는 정신분석의 엄격한 규칙을 따르지 않았고, 그가 이름을 붙이길 '심리학적 인터뷰'라는 느슨한 치료법을 사용했다. 비토리오 데 세타 감독은 박사의 사무실에 정기적으로 오는 방문객이었고, 그가 펠리니에게 박사 이야기를 했다. 그리고 펠리니에게 박사를 한번 만나보라고 설득했다.

작가 알도 카로테누토는 자신의 저서 〈융과 이탈리아 문화〉에서, 펠리니와 베른하르트가 처음 만나는 이야기를 들려준다. 그 부분은 펠리니가 즐겨 이용했던 동화 형식으로 서술돼 있다. 데 세타 감독이 전해준 베른하르트의 전화번호는 전혀 이용되지 않은 채 펠리니의 주머니 속에 그대로 들어 있었다. 펠리니는 어느 날 다이얼을 돌렸는데, 마리아라는 이름을 가진 어떤 여성에게 전화한다고 생각했다. 이름을 고려할 때, 신화학자라면 마리아라는 이름과 천상의 어머니 사이의 연결을 생각할 것이다. 베른하르트는 전화를 받았을 때, 발신자가 펠리니라는 사실에 전혀 놀라지 않았고, 즉각 그 사실에 흥미를 느꼈다. "창의력과 놀이는 서로 매우 닮았다."라고 카를 융은 말했는데, 베른하르트는 융의 제자다. 베른하르트는 펠리니의 일반적이지 않은 심리 상태를 바로 알았다. 또 펠리니도 대화자가 자신에게 자극적이고 긍정적인 영향을 미칠 사람임을 직감했다. 곧이어 펠리니와 베른하르트의 만남은 의례가 됐다. 펠리니는 그레고리아나 거리에 있는 박사의 사무실을 정기적으로 방문하는 사람이 됐다.

베른하르트 전공 학자 줄리아나 마리난젤리에 따르면, 펠리니는 박사의 정기 방문객이었다. 펠리니는 1주일에 세 번, 4년간 이곳에 왔다. 마리난젤리는 베른하르트 박사의 삶과 학문을 연구했고, 박사의 자료들을 충실하게 보관하는 일에 헌신했다. 펠리니는 이런 방문에 당연히 대가를 지불했다. 박사와 부인은 돈에 대단히 민감했다고도 전한다. 가끔 베른하르트와 펠리니는 사무실 근처에 있는 피자집에서 만나기도 했다. 그러면 더욱 우정어린 분위기가 만들어졌다. 박사는 펠리니에게 융의 대표적인 저서 몇 권을 추천했다. 그러면 펠리니는 그 특유의 탐욕스러움으로 책들을 독파하곤 했다. 가장 큰 영향을 받은 책은 〈기억, 꿈, 사상〉이었다. 펠리니는 볼링겐(Bollingen)에 있는 '융의 탑'을 방문했다. 이곳은 '잉태의 장소이자, 어머니의 자궁' 같은 곳인데, 취리히 호수 북쪽 '산 마인라트'(San Meinrad)에 융이 건설했다. 펠리니가 도착했을 때, 융의 손자가 그를 지성소로 안내했다. 그 방은 휴식을 취하고 게임을 즐기는 곳이었는데, 그림과 기념물로 가득 차 있었다. 그곳을 방문하고, 펠리니는 융의 인격을 이해할 수 있었다. 그 인격은 펠리니 자신의 인격과 많은 점에서 닮은 것이었다.

펠리니는 어릴 때부터 자신의 마음을 그냥 떠다니게 풀어 놓곤 했다. 그러면서 환상도 하고, 반은 자고 반은 걷는 상태에서 떠돌곤 했다. 그는 '길'을 만들어가는 과정에서, 곧 1953년에서 1954년 사이에 이런 버릇을 다시 시작했었다. 그리고 지금 베른하르트의 지도 아래서, 펠리니는 의식 차원 너머 무엇이 그의 마음에서 떠다니는지에 관한 심리학을 이해하게 됐다. 펠리니는 자신에게 위협적이었던 것, 곧 알지 못하는 것에 대한 생각을 집중하는 법을 배웠다. 그것이 마음속에 존재하고, 일상의 인식 너머에 존재하는, 그 어떤 삶에 대한 이해를 발전시키는 데 핵심이라는 사실을 알았다. 이런 이해가 펠리니 자신의 지식을 확장했고, 또 용기를 주었다. 펠리니는 자신이 직접 참석했던 강령회에 대해 박사에게 편지를 썼다. 하지만 베른하르트는 그런 점에 대단히 회의적인 반응을 보였다(이 이야기는 '영혼의 줄리에타'에서 다시 논의하겠다). 박사와의 토론을 이어가며 펠리니는 자신의 초감각적 지각을 통제하는 법을 배웠고, 〈주역〉을 이용할 줄 알았고, 가장 중요하게는 자신의 꿈을 기억하고, 쓰고, 그림으로 기록하는 것을 배웠다. 박사는 꿈을 기록하는 기술을 자신의 모든 방문객에게 추천했다. 1960년대 초의 펠리니의 작업은 이런 영향 아래서 발전했고, 따라서 그의 작품에는 꿈에 대한 개인적인 반향이 포함돼 있다. 작가 카로테누토에 따르면, 베른하르트 박사는 펠리니에게 '진정한 의미의 부친'이었다. 모든 인간적 한계를 갖고 있지만 말이다.

펠리니는 박사와의 만남을 비밀로 지키려 했다. 아주 친한 친구에게도 만남을 말하지 않았다. 그레고리아나 거리의 사무실로 갈 시간이 되면, 펠리니는 그냥 조용히 사라졌다. 펠리니는 깨질 수 있는 그 만남을 지켰고, 호기심 많은 소문이나 몰이해 때문에 만남이 훼손되는 것을 원치 않았다. 이것은 한 번에 한 사람과 집중적인 관계를 맺는 펠리니의 경향일 뿐 아니라, 특별한 만남이 오염되지 않기를 바라는 단호함도 보여주는 것이었다. 아쉽게도 펠리니의 진료 기록은 박사의 자료집에서 사라지고 남아 있지 않다. 하지만 박사의 분석에 관한 몇 개의 생각은 아내 도라의 일기에서 발견된다. 일기는 독일어로 쓰여 있었고, 얼마 전까지만 해도 빈에 사는 도라의 친구가 갖고 있었다. 도라는 펠리니에 관한 이야기를 줄리아나 마리난젤리 박사로부터 들었다. 펠리니의 문제는 그의 인성

26. 꿈의 남자　　467

이었다. 베른하르트 박사는 펠리니에게서 '영원한 아기'의 구
현 같은 걸 보았다. 하지만 그냥 아기가 아니라 '반항적인 아
기'였다. 이를테면 펠리니는 1968년 처음 학생 운동이 발발했
을 때 흥분도 했고 긴박감도 느꼈다. 하지만 운동이 정치화되
자, 펠리니는 그런 상황을 참지 못했다. 박사는 펠리니에게 그
가 갖는 이런 특별한 점을 보도록 유도했다. 만남을 계속 이
어가며, 베른하르트 박사는 펠리니가 일상에서 매번 보여주
는 유치한 성격을 스스로 보도록 했다. 예를 들어 편지를 찢
어버리는 이상한 분노 같은 것들 말이다. 그건 아기의 전형적
인 파괴 행위이다.

펠리니는 베른하르트의 죽음에 관한 트라우마를 예언적인
꿈을 통해 먼저 보았다. 꿈은 이랬다. 펠리니는 그레고리아나
거리에 도착했다. 펠리니는 전혀 모르는, 어떤 창백한 남자가
현관문을 열어주었다. 그는 검은 옷을 입고 있었다. 죽은 베른
하르트는 연구실에 누워 있었다. 그런데 펠리니가 그의 몸을
보기 위해 가까이 다가가자, 죽었다고 생각한 박사가 손을 들
더니 펠리니의 손목을 잡았다. 꿈은 호러 영화 같았는데, 엔딩
은 대단히 분명했다. 베른하르트는 이렇게 말하는 것 같았다.
"내가 죽었다고 생각하지 마라. 나는 절대 죽지 않는다." 베른
하르트 박사는 1965년 6월 29일 죽었다. 펠리니는 촬영 중이
던 '영혼의 줄리에타'의 작업을 몇 시간 동안 중단하고, 조문
하기 위해 달려갔다. 그레고리아나 거리에 도착했을 때, 문을

열어준 사람은 꿈에서 본 바로 그 사람이었다. 그는 언론인 안토니오 감비노였는데, 펠리니는 그를 처음 보았다. 침상 위의 베른하르트는 그의 삶 전체를 통해 그랬듯, 빛이 나고 있었다. 그리고 제자들에게 마지막 수업을 하는 것 같았다. "의식이 완벽한 상태에서 너의 죽음의 고통을 받아들여라." 1965년 여름 동안, 펠리니는 디노 부차티와 함께 슬픈 시나리오 'G. 마스토르나와의 여행'(미완성 작품)을 쓰고 있었다. 그건 죽은 베른하르트가 들려주는 마지막 우화의 삽화 같았다. 하지만 베른하르트와의 관계에서 펠리니가 얻은 가장 즉각적이고 실재적인 과일은 자신의 전설적인 저서 〈꿈의 책〉(Libro dei sogni)을 쓰기 시작한 것이었다.

〈꿈의 책〉은 한 권이 아니라, 펠리니가 사무실 책상의 서랍에 보관하고 있던 여러 권을 말한다. 그 책은 비밀처럼 보이지만, 사실 펠리니는 이를 비밀처럼 다루지 않았다. 펠리니의 많은 친구가 부피가 큰 이 책들을 볼 특권을 얻었고, 또 시간을 갖고 어떤 부분 전체를 통독해도 된다는 허락을 받기도 했다. 페이지들은 주로 텍스트와 스케치로 가득 차 있었는데, 또 어떤 곳은 발간된 잡지에서 오려낸 사진이 붙어 있기도 했다. 형식은 만평과 비슷했다. 펠리니 특유의 빠르고 분명한 글씨체로 직접 쓴 텍스트에, 흑백 혹은 컬러로 그린 스케치를 보완했다. 어떨 때는 아예 만화처럼 그리기도 했다. 예를 들어 이런 만화가 있다. 꿈속에서 펠리니는 코미디의 거장인 토토와 함께 리미니로 간다. 토토의 쇼를 보기 위해서다. 스케치에서 꿈꾸는 사람, 곧 펠리니는 캐릭터로 직접 등장하거나, 가끔은 캐리커처로 등장한다. 펠리니는 실제 사건을 표현하는 데는 의도적으로 분명하지 않고 모호하게 처리하는데, 자신의 꿈을 표현하는 데는 대단히 엄격했다. 그리고 대부분 그림에 기록한 날짜도 표시했다. 그래서 펠리니는 낮에 일어난 중요한 일들을 반드시 '밤의 일기'에 기초하여 재구성했다. 그러면 꿈과 연결된 일들은 기억에 오래도록 남았다.

펠리니는 꿈의 기록을 1960년 11월 30일 시작했다. 시간이 지나면서 쓰는 횟수는 줄었다. 내가 마지막 권을 볼 기회를 얻었을 때, 펠리니는 내 어깨너머로 함께 봤는데, 그가 쓰고 그린 마지막 꿈은 1984년 8월경이었다. 그의 기록을 보는 것이 비밀은 아니지만, 〈꿈의 책〉을 읽으면 거의 누구나 당황할 것이다. 당신은 누군가의 사적인 삶을 훔쳐보는 것 같은 기분을 느낄 것이다. 또 펠리니의 방대한 꿈의 풍경화 속에서 당신이 묘사돼 있고, 흉내 내져 있다는 사실을 발견했을 때는 일말의 공포도 느낄 것이다. 펠리니는 베른하르트의 부고를 책 속에 두 개 붙여놓았다. 그 부고는 일간지 '일 메사제로'(Il Messagero, 메신저)에 1965년 7월 1일 게재됐다. 하나는 아내와 가족이 독일어로 쓴 것이다. "사랑하는 남편, 우리의 아버지, 영원히 우리 곁을 떠났다." 다른 하나는 제자들과 친구들이 썼다. 이탈리아 분석심리학협회에서 거행되는 추도회를 알리는 것이었다.

펠리니의 병과 관련된 일련의 꿈은 'G. 마스토르나의 여행' 챕터에서 더 길게 다룰 것이다. 여기서는 〈꿈의 책〉에 등장하는 펠리니의 몇 가지 다른 판타지들을 보겠다.

1968년 5월. 펠리니는 '사티리콘'을 만들지 또는 그만둘지를 놓고 깊은 고민에 빠져 있다. 그는 두 개의 꿈을 꾸었고, 의미는 같은 것이다. 그는 비행기에서 탈출하기 위해 낙하산을 타고 허공으로 뛰어올랐다. 그런데 그는 잠수복을 입고, 깊은 바다를 탐험하고 있다.

1974년 12월. 펠리니는 열기구의 바구니를 타고 날고 있다. 그런데 열기구에는 풍선이 없고, 바구니에는 교황 요한 6세가 함께 타고 있다. 교황은 특유의 붉은 모자를 쓰고 있다. 두 사람은 사람들로 가득 찬 리미니 해변 위를 난다. 그때 수영복을 입은 어마어마하게 큰 여성이 나타났다. 교황은 그 여성을 이렇게 묘사한다. "구름을 흩어지게 한 위대한 제조자."

1975년 3월 13일. 다리가 없는 펠리니는 작은 수레 위에 앉아 있다. "이런 상태로 어디로 갈 수 있지?"라며 혼란스러워한다. 제작자 디노 데 라우렌티스의 아내이자 배우인 실바나 망가노가 말하길, 디노가 완전히 마비됐고, 그래서 지금 그를 병원으로 데려가고 있는데, 아마 죽을 것이라고 했다. 펠리니 자신도 매우 조심해야 했다. 끝에 흰색 부엉이가 어떤 여인 위로 날았다. 그 여성은 싱크대 앞에 서 있고, 노출된 커다란 엉덩이가 촛불 속에서 빛나고 있다.

1975년 4월 1일. 펠리니는 장밋빛 피부를 가진 누드 여인에 관한 꿈을 꾼다. 그 여성은 빛나는 하늘의 구름 위에 앉아 있다. 구름을 불면서 말한다. "이제 내려가서 번식할 시간이야." 가슴을 프로펠러처럼 이용하여, 그 여성은 구름을 타고 하늘을 난다. 그리고는 손으로 가슴을 쥐고는 밝고 부드러운 비가 내리게 한다. 꿈꾸는 자(펠리니)가 평을 달았다. "뭐지?"

1982년 2월. 그는 잠수함으로 변하는 검은색 배에 관한 꿈을 꾼다.

1982년 이후, 책에는 많은 폭발, 불빛, 배들이 등장하는데, 이는 '그리고 배는 간다'(1983)의 이미지를 예견하는 것이다.

여기저기, 또 다른 날짜들 사이에, 또는 날짜가 없는 것 사이에 여러 흥미로운 연결이 있다. 펠리니는 피카소의 꿈도 꾸었는데, 화가는 기분 나쁘지만 활달하게 영화 속에 표현된 애니메이션에 관해 이야기했다. 어떤 사람이 펠리니가 상을 받은 것에 대해 비난하자, 그에 반응하는 꿈도 꾸었다. 펠리니는 이렇게 말한다. "광대가 되는 것보다는 프랑스에서 학자가 되는 게 낫지 않소?" '아버지 머신'이라고 이름이 붙어진 '슬롯 머신'도 있다. 펠리니는 단추를 잘 못 누르면 모든 건물이 폭발한다는 사실을 앎에도 불구하고 계속 일하려고 하는 것도 있다. 이런 꿈들은 '여성의 도시'에 나온다. 이곳의 모든 여성은 전부 펠리니가 좋아하는 타입이다. 풍만하고 활기 넘친다.

또 다른 꿈들에서 펠리니는 아주 추한 여성들과 죽음 같은 섹스를 벌이기도 한다.

베른하르트와의 만남으로 펠리니는 판타지를 만들어내는 꿈이, 깨어 있을 때의 활동보다 더욱 중요하다는 사실을 확신하게 됐다. 1964년의 인터뷰에서 펠리니는 이렇게 주장했다. "꿈은 우리가 우리에게 들려주는 동화 같은 것이다. 꿈은 사람들을 이해하도록 돕는 크고 작은 신화이다. 당연히 당신은 일상의 태도를 변화시키기 위해 꿈에서 일시적 또는 영원한 도움을 얻을 수는 없다. 또 당신은 이런 밤의 스펙터클이 주는 쾌락에 당신을 온전히 내맡길 수도 없다. 둔감한 몽상가는 자신의 낮을 헛되고 아무것도 아닌 일로 허비할 위험을 안고 있다. 말하자면 단지 꿈을 꾸기 위해 밤을 기다리는 일에 빠져들 수도 있다. 하지만 이런 경우는 이미지에 아무 도움이 되지 않는다." 영화 문화의 전형인 이런 실용주의에 주목할 필요가 있다. 곧 영화는 매우 조심스럽게 건설된, 눈을 뜨고 꾼 꿈이라는 사실 말이다. 그래서 영화에는 현실과 환영, 존재와 재현, 삶과 판타지가 항상 공존한다. 따라서 영화인들에게 꿈꾸는 것은 유용한 활동인 셈이다.

펠리니는 〈꿈의 책〉을 '달콤한 인생'과 '8과 1/2' 사이에서 쓰기 시작했다. 이것이 그의 영화 세상에 결정적인 전환점이 됐다. 이후 그의 작품은 몽환적으로 변한다. 펠리니는 현실에 안녕을 고했는데, 그것은 마치 출생의 장소에서 자신을 멀리

때어놓기 위해 극단적으로 탯줄을 자르는 행위 같았다. 곧 그는 가족, 성장기, 그리고 그의 모든 역사적 사회적 배경과 단절했다(특히 파시즘 시절 학교에서 받았던 교육, 또는 나쁜 교육과 단절했다). 1960년대 초, 펠리니는 이런 주제에 관해 많은 말을 하지 않았다. 그는 네오리얼리즘의 대학에서 공짜로 교육받은 것에 대한 빚을 갚았다. 펠리니는 네오리얼리즘의 이론과 가르침을 넘어서서, 더욱 넓지만 헛될 수도 있고, 만져지지 않을 수도 있는 차원으로 들어갔다. 이 지점부터 펠리니에게 삶은 곧 꿈이라고 말할 수 있다.

27. '안토니오 박사의 유혹'(Le tentazioni del dottor Antonio, 1962)

모럴리스트 풍자극

펠리니는 그것을 그냥 '우스운 작은 것'이라고 불렀다. 어린
이 신문인 '코리에레 데이 피콜리'(Corriere dei Piccoli)에 나오는
이야기 같다고도 했다. 모든 일은 1961년 1월, 프로듀서 토니
노 체르비가 건 전화로 시작됐다. 검열에 항의하는 옴니버스
영화 '보카치오 70'을 만드는데, 펠리니도 하나의 에피소드를
연출해달라는 것이었다. 그때 펠리니는 제목도, 주연 배우도
정해지지 않은 다른 기획에 매달려 있었다. 펠리니는 주위에
"존재하지는 않지만 마흔 살쯤 되는 채플린" 같은 배우를 원
한다고 말하곤 했다. 펠리니는 수많은 얼굴 사진을 보고 있었
다. 펠리니는 프로덕션 디자이너인 피에로 게라르디를 위해

몇 개의 스케치를 그려 사무실의 칠판에 붙여놓았다. 그곳에 선 많은 조력자가 함께 일하고 있었다. 또 주역을 원하는 일군의 배우들이 발탁되기를 바라고 그 사무실 근처에서 기다리곤 했다. 그런데 펠리니는 계속 뒤쪽에 앉아, 수채화 그림이나 그리며, 주인공 문제를 놓고 동업자 프로듀서 클레멘테 프라카시를 애태우고 있었다.

다행스럽게도 '보카치오 70' 덕분에 펠리니는 그 어떤 결정을 내리지 않아도 됐다. 프라카시는 로렌스 올리비에 경을 만나게 하려고, 펠리니에게 뉴욕행 비행기 표를 예약해주었다. 뉴욕에서 올리비에와 펠리니는 마치 외교관처럼 행동하며, 아마 영화에 관해서는 한마디도 하지 않을 것이다. 하지만 이번 기회에 펠리니는 위대한 배우를 자세히 볼 수 있고, 관찰하고, 그가 캐릭터에 맞는지 아는 기회를 가질 수 있었다. 그런데 여행이 취소되자 펠리니는 무척 기뻐했다. 올리비에가 '연극계의 기념비'처럼 행동할 것 같아 걱정했는데, 그런 자리를 피할 수 있어서였다. 대신에 펠리니는 '보카치오 70'의 에피소드 '안토니오 박사의 유혹'에 전념할 수 있어서 행복했다. 제목은 귀스타브 플로베르의 소설 〈성 안토니오의 유혹〉을 비튼 것이다. 펠리니의 작품은 '보카치오 70'의 두 번째 에피소드이다. 상영시간은 1시간인데, 펠리니는 이 작품을 만드는 데 혼신을 바쳤다. 그러면서 안젤로 리촐리의 앓는 소리는 철저히 무시했다. 리촐리는 이렇게 말하곤 했다. "페데리츠 영화사는 벌써 창립 1년이 됐네. 그런데 우리는 어떤 작품도 발표하지 못했는데, 자네는 다른 사람을 위해 일해야 하나." 하지만 타이쿤인 리촐리는 페데리츠 영화사에서 세 사람이 합작할 기획에 참여할 것이고, 첫 번째 작업('8과 1/2')에 자신의 소중한 자금을 내놓을 것이다. 한편 카를로 폰티가 '보카치오 70'의 책임 프로듀서로 합류했다. 그가 두 개의 프랑스 회사를 끌어들였다.

　제작이 진전될 때, 펠리니는 조용히 일했다. '도시의 사랑'을 만들 때처럼, 체사레 차바티니가 집단 기획물을 지휘하는 상황이 매우 마음에 든다는 정도의 발언만 했다. 펠리니는 루키노 비스콘티, 비토리오 데시카, 마리오 모니첼리가 이번 기획에 참여한 점도 기뻐했다. 그는 로베르토 로셀리니와 미켈란젤로 안토니오니도 이번 일에 합류하기를 기대했다. 펠리니에게 이번 일은 위대한 문학이 그랬던 것처럼, 영화에 관한 표현의 자유를 선언하는 게 목표였기 때문이었다. 제목 '보카치오 70'도 이런 목표에서 정해졌다. 제목은 당시의 '공공의 도덕'(morale comune)이라는 용어에 대항하기 위한 것이었다. '공공의 도덕'은 주로 우익 언론, 검열 당국, 그리고 사법부가 표현의 자유를 억압하려고 쓰던 용어였다. 펠리니는 과거, 고위성직자에게 간접적으로 도움을 요청한 적이 있다. 이제 그는 단결된 전선을 형성할 시간이 왔다고 믿었다. 몇 년 뒤, 이와 비슷한 믿음이 그에게 또 찾아온다. TV에서 방영되는 영화가 광고 때문에 훼손되는 상황에 열정적으로 반대하는 운동을 이끌 때다. 펠리니는 대개 비정치적 개인주의자로 알려져 있다. 하지만 기본적인 가치, 곧 창조적 작업에 대한 충분한 존중이 위협받을 때, 펠리니는 용기를 내었고, 위험한 위치에 서기도 했다.

처음에 펠리니가 프로듀서인 토니노 체르비에게 요구한 것은 과하지 않았다. 펠리니는 단 한 명의 배우, 곧 로몰로 발리 (Romolo Valli)[1]만을 원했다. 발리는 '달콤한 인생'에서 스타이너의 목소리를 더빙했다. 펠리니는 로마 에우르(EUR) 지역의 거대한 광고 포스터 아래, 발리를 세워놓기를 원했다. 포스터에는 아니타 에크베르그가 가슴이 깊게 파인 드레스를 입고, 손에는 큰 유리잔을 든 채, 광고 문구 "우유를 더 마셔"와 함께 그려져 있을 것이다. 발리는 그 역을 맡을 생각에 스릴을 느꼈다. 그는 캐릭터를 발전시키기 위해, 우익의 유명 정치가인 줄리오 안드레오티의 모호하게 생긴 인상과 매너 등을 연구하기 시작했다. 하지만 발리와 계약을 맺는 게 쉽지 않았다. 그는 헨리 제임스의 소설 〈애스펀의 편지〉(The Aspern Papers)를 각색한 연극에 출연하고 있었다. 그런데 연극 연출가인 조르지오 데 룰로가 호의를 베푸는 덕분에 문제는 풀리는 것 같

---

1 로몰로 발리는 연극과 영화 모두에 큰 족적을 남긴 배우다. 특히 루키노 비스콘티와 자주 일했다. 예를 들어 '레오파드'에서 성직자로, '베니스에서의 죽음'에서 호텔 매니저로 출연했다.

았다. 룰로가 밀라노의 만초니 극장에서 공연할 다음 시즌에는 발리 역에 다른 배우를 캐스팅하겠다고 말했기 때문이었다. 하지만 정말로 타협하기 어려운 문제가 남았는데, 바로 돈이었다. 발리는 많이 원했다. 펠리니가 발리에게 전화를 걸어, 조금 작게 받으라고 청하자, 발리는 이렇게 답했다. "내 전투는 내가 하겠네." 펠리니는 희망이 없다는 것을 즉각 알았고, 전화를 끊자마자 프로듀서에게 전화했다. "페피노 데 필립포로 가세." 당연히 로몰로 발리는 펠리니가 배신했다고 비난했고, 펠리니도 마찬가지로 대답했다. 두 사람 모두 함께 일할 기회를 잃은 점에 관해서는 아쉽게 생각했다. 하지만 기회는 다시는 오지 않았다.

작업이 진행되자, 펠리니는 아니타 에크베르그의 사진만 있어서는 안 된다는 것을 알았다. 그는 에크베르그도 출연하길 원했다. 펠리니는 포스터 사진 속의 에크베르그가 살아서 내려오게 하고 싶었다. 거대한 이미지 그대로 내려와서, 작은 남자와 대조되게 하려 했다. 프로듀서 체르비는 그것이 대단한 아이디어인지는 알았지만, 어떻게 사진 속 이미지를 끌어내릴지 알 수 없었다. 펠리니는 이미 그 점을 생각해두었다. 특수효과 기술자들과 함께 작업하여, 포스터 주변을 전부 미니어처로 만들 계획이었다. 이렇게 해서 새로운 모험이 시작됐다. '달콤한 인생'과 사뭇 닮았지만, 규모는 적었다. 1961년 여름의 몇 주 동안, 펠리니는 피에로 추피가 만든 완벽한 복제 공간에서 에크베르그가 어떻게 위치해야 하는지를 연습하게 했다. 어린이용 신문인 '코리에레 데이 피콜리'에 실릴만한 작은 이야기가 조너선 스위프트의 〈걸리버 여행기〉 같은 풍자물로 변한 셈이다. 곧 속물에 도전하는 알레고리의 도덕 이야기가 됐다. 페피노가 연기한 주인공 안토니오 박사는 기괴하고 불안한 모럴리스트의 재현이다. 그는 에크베르그의 풍만한 이미지에 강박적이다. 안토니오 박사는 자신을 중요한 인물로 생각하는데, 안경을 끼고 늘 검은 옷을 입고 있다. 밤이면 그는 키스하고 있는 커플들 사이에 뛰어들곤 한다("부끄럽지 않은가! 비도덕적이야. 당신들은 결혼부터 먼저 해!"). 그는 차 안에서 데이트하고 있는 연인들을 보면, 경찰을 불렀다. 버라이어티 쇼를 보러 가서, 무대 위로 올라가 춤추는 무희들 중간에 끼어들어, 공연을 중단시켰다. 식당에서 식사할 때(이 장면은 흑백 무성영화 스타일로 찍었다), 안토니오 박사는 가슴이 파인 옷을 입은 여성을 보면, 냅킨으로 그 부분을 가렸다.

잠깐 뒤로 돌아가서 이 장면이 참고했던, 1950년 7월 21일의 유명한 사건을 설명할 필요가 있다. 로마의 비테 거리에 있는 식당 키아리나에서 우익 기독교민주당의 젊은 하원의원 오스카 루이지 스칼파로는 가슴이 파인 옷을 입고 있던 매력적인 여성에게 다가가서, 그 부분을 좀 가려달라고 요구했다. 이름이 에디트 민고니 투산인 그 여성에 관련된 이야기는 의회에서 거론되기도 했다. 사람들은 펠리니가 바로 그 사건을 흉내 내면서, 스칼파로가 바티칸의 언론인 '로세르바토레 로마노'에 썼을 것으로 추측되는(무기명 기사였다) '달콤한 인생'에 관한 혹독한 비평에 대해 복수했다고 여겼다. 의미심장하게도 스칼파로는 '안토니오 박사의 유혹'에는 전혀 개입하지 않았다. 그는 사람들이 과거의 당황스러운 사건을 잊어주길 바랐다. 검열 당국은 비스콘티와 데시카의 에피소드에는 몇 장면을 삭제하길 요구하면서, 펠리니의 작품에는 개입하지 않았다. 이런 일이 펠리니와 스칼파로 사이에 말없이 오래 이어진 적대감의 원인이 됐을 것이다. 훗날 스칼파로는 공화국의 대통령이 된 뒤, 펠리니를 명예 상원의원으로 만들려는 반복적이고 열정적인 의회의 요구를 항상 무시했다.

촬영장에서 에크베르그는 몹시 긴장했다. 그는 더는 '달콤한 인생'의 생각 없는 바이킹족이 아니었다. 이제 그는 세계적인 스타가 됐고, 본인이 그 사실을 잘 알고 있었다. 그의 명성은 그의 성격도 바꾸었는데, 무척 다루기 힘든 배우가 돼 있었다. 에크베르그는 "펠리니가 나를 망쳐놓았다."라는 말까지 했다. 아무리 뛰어난 마법사라고 할지라도, 그녀를 설득하여 밤새도록 카라칼라 목욕탕에서 맨발로 춤을 추게 한다거나, 옷을 모두 다 입고 트레비 분수로 걸어 들어가게 할 수는 없을 것 같았다. 실제로 복제된 에우르 지역의 모든 시민 사이에서 에크베르그가 가장 불행해 보이기도 했다. 사람들이 말하길, 에크베르그는 로마에 와서 기분이 상했는데, 원래 그의 역할은 광고판의 사진이었다는 사실을 알았기 때문이라는 것이다. 에크베르그는 실제적인 역할을 원했다. 에크베르그는 자신의 트레일러 안에 머물며, TV만 보고 있었다. 하지만 촬영장에서 펠리니가 미니어처로 만들어진 집과 가로등 사이를 어떻게 걸어야 하는지 시범을 보여주고 나면, 에크베르그는 여성의 영원한 화신으로 되돌아왔다. 내부 사정을 아는 사람들에 따르면, 펠리니는 매일매일 아이러니에 관한 작은 고전을 만들고 있었다고 한다. 또 다른 사람들은 펠리니가 너무 많은 돈을 쓴다고도 비판했다. 이제 제작비가 느는 것은 펠리니의 특성이 됐고, 이 영화도 '달콤한 인생'만큼 수익을 올려야, 그의 낭비벽에 대한 합당한 핑계가 될 수 있다고들 말했다.

영화는 1962년 2월 22일 밀라노의 카피톨 극장에서 개봉됐다. 결과는 그렇게 격렬하지 않았다. 관객들은 영화를 좋아했지만, 조심스러워했고, 비평가들은 비스콘티의 에피소드인 '일'(Il lavoro)을 더 좋아했다. '일'에서 주연을 맡은 로미 슈나이더의 연기는 특히 호평받았다. '안토니오 박사의 유혹'에 관해선 의견이 나뉘었다. 하지만 대부분이 초반부가 후반부보다 훨씬 낫다고 말했다. 사람들은 펠리니가 작품에 관해 너무 자신감을 가져서, 일관성을 잃었다고 말했다. 그래서 작품이 지나치게 바로크적이고, 복잡하고, 자기만족적이고, 또 길다고들 했다. 또 어떤 이는 펠리니의 에피소드는 긴 풍자만화 같고, 그렇게 펠리니는 과거의 시사지 '마르카우렐리오' 시절로 돌아간 것 같다고도 말했다. 에피소드로 구성된 '보카치오 70'의 형식 자체가 펠리니의 창의성에는 적합하지 않는 것으로 보이기도 했다. 이 작은 동화의 성공을 담보하지 못한 데는 또 다른 이유도 있었다. 무엇보다도 특수효과가 할리우드의 표준과 비교하면 너무 낯설었다(또 다른 동화인 비토리오 데시카의 '밀라노의 기적'도 같은 문제를 겪었었다). 주연인 페피노 데 필립포는 자신이 연기하는 복잡한 캐릭터에 좀 동떨어져 보였다. 그는 안토니오 박사의 영악함은 매우 효과적으로 연기했는데, 그의 성적 좌절은 그렇게 표현하지 못했다. 펠리니는 작은 남자와 풍만한 여성 사이의 에로티시즘에 불꽃을 일으키며 박사의 성적 좌절을 표현하려 했지만 헛된 시도가 되고 말았다.

'보카치오 70'은 5월 7일 개최된 15회 칸영화제의 개막작으로 상영됐다. 그런데 작은 소동이 일어났다. 상영을 몇 시간 앞두고 있을 때, 지역 사법부의 직원이 와서 필름을 회수해 가버렸다. 또 모니첼리 감독은 자신의 에피소드[2]가 너무 길다는 이유로 최종 판본에서 빠진 것을 알고, 소송을 준비하고 있었다. '보카치오 70'은 경쟁 부문 초청작은 아니지만, 당시 심사위원이었던 이탈리아 감독 마리오 솔다티는 연대의 표시로 심사위원을 사퇴했다. 카를로 폰티는 모니첼리의 에피소드가 빠진 이유를 설명했다. 곧 그것은 미학의 문제인데, 모니첼리의 에피소드는 지나치게 네오리얼리즘 스타일이어서, 영화의 전체적인 미학과 동떨어져 있다고 말했다. 최종적으로 프랑스의 그라스(Grasse) 사법부는 상영을 허용했고, 그럼으로써 영화제와 영화제의 집행위원장인 로베르 파브르 르 브레까지 구했다. 집행위원장이 중간 협상자 역할을 했고, 카를로 폰티를 설득하여 모니첼리의 에피소드도 상영에 포함하게 했다. 사건은 극적인 반전을 거듭했지만, 관객의 반응은 별로 없었고, 비평계의 의견도 나뉘었다. 미국에서도 '보카치오 70'은 관객들의 주목을 별로 받지 못했다. 그런데도 미국의 종교단체 '품위의 카톨릭 군단'(Catholic Legion of Decency)은 이 작품을 블랙리스트에 올렸다.

---

2   마리오 모니첼리의 에피소드는 '렌초와 루치아나'이다. 결혼한 젊은 부부인데, 직장에서 쫓겨나지 않기 위해 결혼과 임신 사실을 숨기고 산다. 당시 루치아나의 직장은 결혼한 여성과 임신한 여성은 퇴사하게 했다. 렌초는 루치아나의 비좁은 집에 함께 사는데, 돈을 모아 독립할 때까지 이런 비밀 생활을 유지하기로 한다. 그런데 교대 근무 시간 때문에 두 젊은이는 서로 얼굴도 거의 못 보는 생활을 해야 한다. 열악한 노동조건, 비밀 결혼생활 등이 문제가 됐다. 모니첼리의 에피소드가 포함된 판본은 208분, 나머지 세 에피소드만 편집된 판본이 주로 배급됐는데, 이는 150분짜리다.

28. '8과 1/2'(8½, 1963)

구이도의 의식[1]

페데리츠(Federiz)[2] 사무실에서 무슨 일이 벌어지고 있는지에 관한 영화계의 좋지 않은 소문은 펠리니에 대한 반감을 만들어 냈다. '달콤한 인생'의 어마어마한 성공에서 야기된 질투와 뒤섞여, 소문은 걷잡을 수 없이 홍수처럼 퍼져나갔다. 사람들은 펠리니는 탈진했으며, 더는 아이디어도 없고, '보카치오 70'에 참여한 것도 창작 위기를 피하려는 것이었다고들 말했

---

1   이탈로 스베보의 소설 〈제노의 의식〉(1923)을 인용한 제목. 〈제노의 의식〉은 프로이트의 정신분석학이 도입된 이탈리아 현대문학의 대표작임.

2   펠리니(Federico Fellini)와 제작자 안젤로 리촐리(Angelo Rizzoli)가 주도하여 만든 영화사. 회사명은 두 사람의 이름에서 따왔다. Fede+Riz.

다. 이상이 소문의 배경(소문이 그렇듯 확인되진 않는다)이다. 그런데 바로 이것이 '8과 1/2'의 전제가 된다.

페데리츠 영화사의 프로듀서인 클레멘테 프라카시와 펠리니(그도 프로듀서를 겸했다)는 서로에 대한 신뢰를 잃었다. 먼저 그들이 제작을 거부한 세 영화가 전부 베네치아영화제에서 성공을 거뒀다. 곧 파졸리니의 '아카토네'는 최종적으로 알프레도 비니가 제작했고, 비토리오 데 세타의 '오르고솔로의 산적'과 에르만노 올미의 '일 포스토'는 티타누스(Titanus) 영화사의 보석이 됐다. 그건 티타누스의 제작자 고프레도 롬바르도가 새로운 재능에 투자해서 긍정적인 결과를 끌어낸 것이었다. 로마의 델라 크로체 거리의 사무실에 있는 두 파트너, 곧 펠리니와 프라카시는 여전히 서로를 비난했다. 프라카시는 펠리니가 오직 자기 영화의 제작에만 관심을 보인다고 말했다. 펠리니는 프라카시가 그 어떤 영화도 제작하지 않으려 한다고 주장했다. 모두 맞을 수도 있다. 줄리에타도 기분이 좋지 않았다. 작가 살바토 카펠리가 그녀를 위해 쓴 작품, 곧 이민자들의 수호성인인 마드레 카브리니(Madre Cabrini)에 관한 작품을 제작하는 데도 펠리니가 관심을 두지 않아서였다.

한편 펠리니는 피에르 파올로 파졸리니와의 우정에 금이 간 사실 때문에 대단히 괴로워했다. 이 사건은 공개적으로 페데리츠의 위기 상태를 알리는 것이었다. 펠리니는 어떤 흥분에 휩싸여 갑자기 신인 에르만노 올미의 프로젝트에 큰 흥미를 보였다. 올미는 에디슨-볼타 영화사를 떠난 뒤, 친구들과 함께 밀라노에서 '12월 22일'이라는 제작사를 차렸다. 제작사 이름은 1961년 제작사가 등록을 공증받은 날이다. 밀라노에서 올미와 청년들은 페데리츠와 비슷한 작업 계획을 세웠다. 곧 젊은 영화인들을 지원하여 저예산으로 영화를 만드는데, 그들에게 예술적인 전권을 주는 것이었다. 펠리니는 그들의 계획이 자신의 것과 비슷하다는 사실에 놀랐다. 펠리니는 함께 일하기를 원했으며, 페데리츠와 '12월 22일' 영화사를 합칠 것도 고려했고, 큰손 안젤로 리촐리에게 투자하라고 제안하기도 했다. 하지만 아무것도 이뤄진 것은 없었다. 펠리니는 계획을 실천하려 했지만, 곧 흥미를 잃고 말았다. 사실을 말하자면 그는 영화의 역사에서 가장 '고백적인 영화'(곧 '8과 1/2') 로 큰 충격을 주려는 계획에 이미 몰두하고 있었다.

1961년 8월, 펠리니는 '안토니오 박사의 유혹'의 더빙과 편집을 지휘하고 있었다. 그는 다음 영화를 위한 촬영 장소를 물색하기 위해, 이탈리아 전역을 여행했다. 펠리니는 10월이면 촬영에 들어간다고 자주 말했지만, 그를 믿는 사람은 별로 없었다. 사실 자기 자신도 그 계획을 믿지 못했다. 펠리니는 마치 아니토나(Anitona)[3]처럼 많이 변했다. 그는 더욱 성숙했

---

3   '달콤한 인생'의 주인공으로 나왔던 배우 아니타 에크베르그(Anita Ekberg)의 애칭.

고, 더욱 사색적인 사람이 됐다. 그는 자신의 작업에 대해 말하기를 꺼렸고, 그와 관련한 대화를 피했다. 기자들은 펠리니로부터 차기작에 대한 코멘트를 끄집어내려고 했는데, 그의 코멘트는 더욱 혼란만 불러일으켰다.

고백은 거짓말로 시작할 것인가? "그런데 '8과 1/2'은 나쁜 제목이자, 오류가 있는 제목이다." 중견 평론가이자 펠리니의 친구인 피에트로 비앙키가 자주 했던 말이다. 만약 데뷔작 '버라이어티 쇼의 불빛'을 그의 온전한 필모그래피에 포함하면, '8과 1/2'을 완성할 때 그는 단지 8편의 영화를 만들게 된다. 만약에 1/2이 '보카치오 70'에 포함된 에피소드를 의미한다면, 그러면 다른 1/2 영화, 곧 옴니버스 영화 '도시의 사랑'에 포함된 '결혼상담소'는 어떻게 계산해야 할까? 만약 공동 연출한 '버라이어티 쇼의 불빛'을 1/2로 계산하면, 두 개의 단편은 묶어서 한 작품으로 계산될 것이다. 그렇게 하면 수학적으로는 맞다. 그러나 수학은 많은 해석 가운데 하나이고, 펠리니 자신이 제목으로 무엇을 의미할지 정확히 알지 못했다. 제목은 제작사 치네리츠로부터의 압박이 느껴지던 마지막 순간에 선택됐다. 한동안 펠리니는 제목이 '아름다운 고백'이 되어야 한다는 작가 엔니오 플라이아노의 아이디어에 끌렸다. 그리고 펠리니는 제목을 더욱 간단히 '코미디 영화'로 하자는 아이디어(나중에는 오류로 판명되지만)를 내놓았다. 펠리니는 카메라에 구호를 달고, 즐거운 영화를 만들 계획에 대단히 몰두하고 있었다. 그 구호는 "기억하라, 이것은 코미디 영화야."이다. 하지만 제작 의도와는 달리, 당시에 펠리니는 비극 직전에 놓인 것 같은 불안한 느낌을 받았다. 그것은 총체적인 추락 같은 것인데, '길' 작업의 마지막에서 느꼈던 것과 비슷한 기분이었다. 펠리니는 한때 그 기분을 이렇게 표현했다. "중국의 만리장성에서 떨어지는 것."

펠리니는 준비를 마치 '비텔로니' 때처럼, 곧 과거의 좋았던 시절처럼 시작했다. 그는 협업자나 친구 중 한 명을 선택해, 목적 없이 차를 몰고 함께 시내를 돌아다녔다. '달콤한 인생'은 로케이션의 전시장이었다. 하지만 이번 영화에서 펠리니가 더욱 주목한 항목은 주인공의 인격이다. 펠리니는 키안치아노(Chianciano) 온천에서 돌아올 때, 작은 시퀀스에 대한 하나의 아이디어를 갖고 왔다. 그것은 중년의 위기를 맞은 표준적인 40대 남자가 치료를 위해 온천에 갔다가, 일상의 리듬을 잃는다는 것이었다. 진흙과 수증기로 이뤄진 일종의 림보 같은 온천에서 즐기고 있을 때, 주인공은 자신의 문제들을 반추하고, 다른 사람들과도 교류한다. 그의 아내와 애인이 동시에 그곳을 방문하기 위해 등장하고, 그는 막혀 있는 작업에서 전혀 헤어나지 못한다. 이 남자는 누구인가? 그의 배경은 무엇인가? 이미 인생의 반은 썼고, 나머지 반을 준비해야 하는 그는 인생에 대해 어떻게 생각할까? 행복을 희망할 수 있을까? 그의 운명을 바꿀 수 있을까? 그 주변의 세상을 바꿀 수 있을까? 가장 중요한 것인데, 그는 자신을 바꿀 수 있을까?

1961년 늦여름에 펠리니는 '보카치오 70'의 에피소드를 완결지었다. 그는 다음 작품의 주인공, 곧 카를 융의 용어로 말하면 그의 '에고(ego)'[4]를 찾는 작업을 시작했다. 펠리니는 자신이 배우를 찾는다고 생각했지만, 실제로는 '인간 거울'을 찾는 것이었다. 누군가 펠리니 자신의 이미지를 반사하는 거울 말이다. 로렌스 올리비에를 캐스팅하려는 계획은 포기했다. 그는 너무 연극적이고, 너무 영국적이며, 자신이 천재라는 점을 너무 의식했다. 펠리니는 마르첼로 마스트로이안니를 선택했다. 마스트로이안니는 사실 몇 달째 기다리고 있었다. 그래서 하는 일을 줄였지만, 그렇다고 감독에게 부담을 주진 않았다. 두 사람은 여전히 강한 우정을 즐겼다. 특히 '달콤한 인생'을 찍을 때는 거의 매일 만났었다. 당시에 마스트로이안니는 이탈리아 영화계의 셀럽이었다. 알레산드로 블라제티 감독과 함께 한, 몇 편의 코미디 덕분에 대단한 대중적 인기를 누리고 있었다. 또 마스트로이안니는 루키노 비스콘티 극단 소속으로 연극 무대에서도 큰 성공을 거뒀다. 그는 테네시 윌

---

4   카를 융은 프로이트의 '에고' 개념을 두 부분으로 구분했다. 곧 사회적 '자아'(Ego), 그리고 내면적 '자기'(Self)가 그것이다. '자아'(에고)가 외부에 비치길 원하는 자기의 모습이라면, '자기'(셀프)는 그 모습에 대해 스스로 질문하는 자기의 모습이다. 카를 융, 〈카를 융, 기억 꿈 사상〉, 조성기 옮김, 김영사, 2007년

리엄스, 아서 밀러, 안톤 체호프, 그리고 카를로 골도니의 연극 작품으로 인기를 끌었다. 마스트로이안니는 영화계에선 펠리니의 라이벌인 비스콘티의 문화 세계(특히 영화와 연극)에서 예술적으로 성장했지만, 펠리니에게도 늘 열린 마음을 갖고 있었다. 만날 때마다 두 사람은 일종의 고백을 즐겼다. 그들은 당시에 몇 달간 공생관계였다. 모든 것을 나누고 경쟁했다. 이를테면 가장 빠른 차, 가장 미친 여성 팬, 가장 큰 인기 같은 것 말이다. 사실 두 사람은 그런 세속적인 일에 특별한 관심을 두지 않았다. 그런데 함께 있으면, 오직 즐기기 위해 서로 경쟁했다. 처음 만날 때부터 그들은 자신들만 아는 용어를 만들어 내고, 모든 사람, 모든 것을 대상으로 이를 써먹었다. 그들은 상대의 가족도 알게 됐고, 더욱 친밀한 관계로 발전했다. 마스트로이안니는 리미니에 있는 펠리니의 부모 집을 방문했다. 펠리니는 마스트로이안니 모친의 유명한 폴페테(polpette, 미트볼)를 즐겼다. 말하자면 두 사람은 달랐지만, 매우 닮았다고 느꼈다. 이것이 마스트로이안니가 펠리니의 영화적 또 다른 자아(alter ego)가 되는 주요한 고려 사항이었다. 마스트로이안니가 말할 때, 그건 자연스럽게 펠리니가 말하는 게 된다. 마스트로이안니는 과묵하고, 느긋하고, 숙명론적인데, 펠리니는 활기차고, 일 중독이고, 책임감이 컸다. 적어도 표면적으로는 그랬다. 간혹 다른 점이 문제가 되기도 했다. 마스트로이안니는 자신의 열정 때문에 사람들이 압도

되는 걸 좋아했다. 그의 삶은 수많은 연애 이야기(셀럽들 또는 일반인들과의 연애)로 복잡했으며, 그것은 종종 비극적 희극으로 끝났다. 반면 펠리니는 정서적으로 수렁에 빠지는 것을 경계했고, 사랑은 철저히 비밀로 했다. 마스트로이안니는 자신이 좋아하는 것, 곧 영화에서 뭔가를 이뤄내는 것을 행복으로 여겼다. 만족감도 컸다. 펠리니는 어떤 면에선 영화를 게임으로 여겼다. 그리고 생존을 위해 영화는 비판적으로 표현할 수 있는 수단이라고도 여겼다. 마스트로이안니는 진지한 배우가 되고자 했고, 펠리니는 감독으로서 농담을 즐길 줄 알았다.

두 사람의 우정은 10대와 같은 것이었지만, 자신들의 감정에 대해선 대단히 신중했다. 특히 마스트로이안니는 창의력에 있어선 경이로운 존재인 펠리니를 만나는 것은 운명의 선물로 여겼고, 이에 잘 부응하려 노력했다. 하지만 그는 펠리니의 질투를 자극하는 것을 즐겼다. 다른 감독들과도 일했고, 그럴 때면 전화 한 통 하지 않고 몰두했다. 마스트로이안니는 자존심이 강했다. 그는 펠리니의 차기작, 또는 캐스팅을 먼저 알기 위해 우정을 이용하려 하지 않았다. 하지만 그는 항상 하던 일의 계약을 취소할 수 있게 준비했다. 펠리니가 그를 원한다면 언제든 가능하게 하려는 것이었다. 마스트로이안니는 펠리니의 모든 영화에 출연하고 싶어 했다. 특히 펠리니가 그에겐 맞지 않는 역이라고 생각하면, 더 하려고 했다. 펠리니가 역할을 제안할 때마다, 마스트로이안니는 긴장했고, 디테일에 대해선 아예 묻지도 않았다. 또 시나리오를 보자고도, 심지어 다음 촬영 날의 대사를 보자고도 하지 않았다. 마스트로이안니는 촬영장에 아무것도 모르고 오는 게 더 즐겁다고 말했다. 그는 일정을 먼저 아는 게 아예 쓸모없는 일이라고도 했다. "촬영을 시작하면 펠리니는 항상 모든 것을 바꾸었다. 그리고 더빙을 할 때 대사를 다시 썼다. 그리고는 이 모든 것을 또 바꾸었다." 이런 일 스타일은 위험하다. 하지만 절대 지루하지 않다.

펠리니는 훗날 마스트로이안니가 25년 동안 5개의 주요한 역할을 맡았다는 사실에 대단히 기뻐했다. 그러면서도 만족은 없었다는 듯 말했다. 펠리니의 지적에 따르면, 마스트로이안니는 너무 많이 먹고, 너무 착해 보이고, 그의 눈은 너무 정직하고, 가끔 심하게 충혈되기도 했다는 것이다. 펠리니는 마스트로이안니가 마르고, 의심스럽고, 거의 사악하기를 바랐다. 펠리니는 '달콤한 인생'의 첫 시퀀스처럼, 여기서도 마스트로이안니의 눈 주위에 주름을 없애려고 테이프를 붙이고, 가짜 속눈썹을 달았다. '8과 1/2'을 연습할 때, 펠리니는 마스트로이안니가 낯설게 보이도록 했다. 머리를 염색하고, 눈썹은 하나만 더 검게 만들고, 눈 밑엔 다크 서클을 그렸다. 그는 마스트로이안니가 더 나이 들어 보이고, 머리칼은 더욱 회색이고, 더 뻔뻔스럽게 보이길 원했다. 그에게 안경도 쓰라고 요구했다. 그리고 펠리니는 마스트로이안니가 자신의 가는 다리를 부끄러워해서, 카메라 앞에서 옷을 벗는 것을 싫어한다는 사실을 알고, 목욕탕에서의 촬영은 완전 누드로 진행될 것이라고 겁을 줬다. 그 장면을 연습할 때, 펠리니는 우스꽝스러운 위협도 했다. "잘 기억해. 시트가 흘러내리면, 너는 엉덩이를 다 보여줘야 해." 마스트로이안니는 부드럽게 반격했다. "그건 나쁜 취향이 아닐까?"

그때까지 마스트로이안니가 알고 있는 사실은, 자신은 코믹한 영화, 이를테면 '온천에 간 채플린' 같은 영화의 주인공이라는 것이었다. 또 주인공은 자기 자신에 대해 잔인할 정도로 정직하게 말할 것이며, 영화는 미술감독 피에로 게라르디의 상상력과 테크닉에 의해 전부 세트에서 진행된다는 사실 정도였다. 그리고 음악은 니노 로타, 촬영은 펠리니의 새로운 친구인 과감한 성격의 잔니 디 베난초가 맡을 것이다. 펠리니는 디 베난초를 '결혼상담소'를 찍을 때 세트에서 만났고, 이후 피우미치노 해변에서 함께 아침을 먹었다.

잔니 디 베난초와 펠리니 사이의 비밀스러운 만남은 서로에 대한 호감에서 시작됐다. 비밀인 이유는, 만약 당시 펠리니의 촬영 감독인 베테랑 오텔로 마르텔리가 이 사실을 알면, 상황은 비극이 될 수도 있어서였다. '안토니오 박사의 유혹'을 찍을 때, 마르텔리가 반복적으로 하는 말, 곧 "그렇게 하면 안돼…" 같은 말에 펠리니는 질려 있었다. 그를 좋아하고, 존경했지만, 펠리니는 변화를 원했다. 디 베난초는 프란체스코 로지의 '살바토레 줄리아노'를, 그리고 미켈란젤로 안토니오니의 '일식'을 찍었다. 두 작품을 통해 그는 이탈리아 촬영 감독 가운데 최고급으로 인정됐다. 그는 흑백영화의 마지막 장인 가운데 한 명이며, 아마도 최고일 것이다. 그는 붙임성이 좋고, 감수성이 깊었으며, 진실했다. 기술적 변화에는 과감했고, 도전을 좋아했다. 폭력적인 역광, 카메라를 미끄러지게 하기, 옆얼굴 클로즈업, 일정 부분에만 조명 치기, 가짜 어둠 등에 능했다. 디 베난초와의 협업을 통해 펠리니는 더욱 더 '조명이 디자인한 세트'(scenografia della luce)를 만들 수 있었다. 그 한계를 아방가르드 영화 수준까지 밀고 갔다. 이를테면 온천 장면에서의 과다노출에 의한 반전 같은 것이다. 컬러 영화가 주도권을 막 쥐려고 할 때 발표된 '8과 1/2'은 10번째 뮤즈(영화)를 위해, 흑백 영화에게 안녕을 고하는 완벽한 방법이 됐다.

하지만 그때까지 실제로 이뤄진 것은 아무것도 없었다. 펠리니는 차기작에 대한 아무런 영감도 갖지 못했다. 늘 그렇듯 그의 탐험은 답이 분명해질 때까지 길어질 것이다. 피카소는 말했다. "나는 찾지 않는다. 나는 우연히 발견한다." 펠리니는 이렇게 답할 것이다. "나는 이미 발견했다. 하지만 여전히 찾고 있다." 펠리니는 누가 주인공의 연인 역할을 할지 알았다. 소프라노 마르첼라 포베를 만났고, 그 역에 출연한다는 허락까지 받았다. 하지만 펠리니는 캐스팅 탐험을 여기서 멈추지 않았다. 더 나아가 "과거 스타일이고, 수다스러우며, 살이 찐"

여성을 찾고 있다고, 전 이탈리아를 상대로 알렸다. 그는 설명을 붙이길, 루벤스 그림 속의 여성, 혹은 티치아노의 '뒤로 기댄 비너스' 또는 야코포 팔마 베키오의 '쉬고 있는 비너스' 같은 여성이라고 말했다. 후보자들은 늘어났고, 이들 모두를 보려고, 펠리니는 미지의 미녀를 찾기 위해 이탈리아의 전국을 여행했다. 여행은 사실 하나의 핑계였다. 이를 통해 펠리니는 스트레스를 해소했고, 재충전의 시간을 가졌다. 이것은 영화를 만들 때면 그가 즐겨 하던 의례 중의 하나였다. 1962년 2월, 홍역의 전염에 대한 우려가 있었다. 밀라노에 있는 '12월 22일' 영화사 지사에서 펠리니는 홍역 백신을 맞고 후보자들과의 인터뷰를 진행했다. 다음날, 백신의 미열 때문인지, 트리에스테 항구의 기차역에서 예언적인 환영을 본다. 그는 조명을 밝힌 대서양 횡단 증기선을 넋을 놓고 바라보고 있었다. 하지만 설사 그가 타고 싶어 한다 하더라도, 그것은 불가능한 일이었다. 이는 20년 후 그가 만들 영화 '그리고 배는 간다'에 대한 예시인데, 펠리니는 자신에게 중얼거렸다. "그런 영화를 찍고 싶다면, 스튜디오에 그 배를 만들어야 할 거야."

펠리니의 제작팀은 새로운 모험에 이미 깊이 관여해 있었다. 그런데도 그들은 펠리니의 변덕, 갑작스러운 주장, 그리고 갑작스러운 침묵에 당황했다. 그들은 지금껏 그렇게 불안한 기둥으로 세워진 대규모의 건축물(철제 탑)을 본 적이 없었다. 하지만 프로듀서 프라카시는 일을 앞으로 진행했다. 계약을 맺고, 배우와 기술자들을 고용하고, 그 자신도 지킬 수 없는 마감 시간을 정했다. 사람들은 펠리니가 너무 멀리 간다고 생각했다. 영화는 여전히 미스터리 속에 있었다. 정규로 고용된 사람이 아닌 외부인들의 눈에는 물론, 감독 자신에게도 미스터리였다. 펠리니의 사람들에겐 그건 정말 조마조마한 일이었다. "이번엔 펠리니가 무엇을 원하는지 진짜 모르는 것 같다."

사전제작 일정을 밀어붙이는 것은, 감독 스스로 자신의 모호함을 풀게 하려는 전략처럼 보였다. 하지만 세트 건설을 시작한 것은 몇 가지 심각한 문제를 일으켰다. 이때 펠리니는 자기 삶 자체에 대해 고통을 받고 있었고, 쉽게 히스테리를 부리곤 했다. 그는 자정의 어둠을 이용하여, 델라 크로체 거리(via della Croce)에 있는 사무실에서 탈출하기도 했다. 밤에 출입하는 트럭에 올라탄 뒤, 운전사들에게 그냥 '마법적인 장소'(교회, 오벨리스크, 역사적 유적지 등)로 가자고 했다. 이런 행위들은 전부 포 거리(via Po)에 있는 이사갈 사무실에 나쁜 징크스를 가져가지 않으려는 사려 깊은 계획이었다. 그 사무실은 '비텔로니'가 태어난 곳이며, 그에겐 친숙하고, 행운이 깃든 곳이다. 아피아 누오바(Appia Nuova) 근처에 있는 스칼레라 거리(via Scalera)의 새로운 스튜디오에서는 문제의 세트(철제 탑)가 이미 건설됐는데, 이것이 전혀 사용되지 않고 없어진다면 어떡할 것인가? 시간이 지남에 따라 펠리니는 그가 만들려고 했던 영화가 무엇인지 잊어버린 것 같았다. 사람들이 잠에서 깨어난 뒤, 자신의 꿈을 잊어버리듯 말이다.

어느 맑은 오후, 펠리니는 사무실 문을 닫고, 종이 위에 뭔가를 쓰기 시작했다. "친애하는 안젤리노..." 제작자 안젤로 리촐리에게 보내는 편지에서 펠리니는 작업을 진행할 수 없고, 포기하고 싶다는 고백을 하려 했다. 행운이 있는지, 그때 누군가가 문을 두드렸다. 세트의 어느 노동자인데, 펠리니를 데리러 왔다. 스튜디오에서 일꾼들은 가스파리노의 생일을 축하하기 위한 작은 파티를 준비했다는 것이다(가스파리노는 몸집이 큰 운전사인데, 훗날 '광대들'에 직접 출연도 한다). 그들은 펠리니를 따뜻하게 환영했다. 모두 가스파리노를 위해 축배를 들었고, 또 그들은 지금 작업 중인 걸작을 위해, 또 그것의 성공을 위해 축배를 들었다. 사실상 자신 때문에 고용돼서 임금을 받는 그들을 보자, 펠리니는 갑자기 부끄러움을 느꼈다. 그리고 파티가 끝났을 때, 펠리니는 책상으로 돌아와, 반쯤 쓴 편지를 찢어버렸다. 하지만 많은 문제, 너무나 많은 문제는 여전히 풀리지 않았다.

가장 급히 풀어야 할 문제는 주인공이 뭘 해서 먹고 사느냐는 것이었다. 펠리니는 몇 개의 가능성을 놓고 고민해왔다. 그는 교수일 수도 있다. 그래서 백과사전 팀에서 성인 프란체스코 혹은 메살리나[5] 항목을 연구할 수 있다. 또는 건축가, 소설가, 시나리오 작가일 수도 있다. 미술감독 게라르디는 마스트로이안니의 의상을 디자인하기 위해 몇 개의 의견을 요구했다. 펠리니는 밤낮으로 고민했지만, 답을 찾을 수 없었다. 펠리니는 이미 주인공을 알고 있다고 생각했다. 주인공의 행동은 물론, 작은 경련, 말할 때의 습관, 또 아주 작은 특성들까지 디테일하게 묘사할 수 있었다. 하지만 주인공의 전체 모습을 그릴 수는 없었다. 그때 갑자기 빛이 왔다. 이 문제에 대한 해답은 작업에 연관된 모든 사람에게 이미 분명하게 떠올라 있었다. 펠리니만 빼고 말이다. '8과 1/2'의 주인공은 얼굴이 없지만 벌써 오래도록 존재했다. 여전히 의심에 쌓여 있는 펠리니만 그를 보지 못한 유일한 사람이었다. 하지만 펠리니도 천천히 주인공을 알아보기 시작했다. 펠리니는 매우 걱정하고 있는 프로듀서 프라카시에게 물었다. "네 생각에 주인공이 영화 감독이면 어떨까?" 그날 이후 펠리니는 협업하는 다른 시나리오 작가들에게도 그 아이디어를 말했다. 하지만 공개적으로 밝히진 않았다. "나는 바로 내가 구이도 안셀미(주인공 이름)라는 것을 알았어." 펠리니는 오직 영화가 완성된 뒤에야 이 사실을 인정하기 시작했다.

구이도의 직업이 정해지자, 그동안 영화 만들기에서 사라졌던 삶의 에너지가 다시 솟아나기 시작했다. 펠리니는 항상

---

5   로마 황제 클라우디우스의 세 번째 아내. 관능적이고 향락적인 여성으로 전
      한다.

그런 에너지는 기본이라고 여겼다. "영화가 아름답고 추한 것은 나에게 별로 중요하지 않아. 정말 중요한 것은 영화가 살아 있는 거야." 펠리니는 자신의 의식을 활짝 열었고, 가장 깊숙한 비밀을 공개했다. 비밀은 바로 이 영화를 준비하며 직면했던 문제들이었다. 곧 불능에 빠진 창의력이라는 반복된 불안, 그리고 궁극적으로는 영화 자체의 카니발 같은 성격에 관한 것이었다. 마침내 펠리니는 게라르디에게 마스트로이안니의 의상에 대한 몇 가지 아이디어를 줄 수 있었다. 검은색 정장, 그리고 창이 넓은 검은색 모자였다. 그 의상은 당시 하녀의 강한 비판에도 불구하고 펠리니가 자주 입던 것이었다. "선생님은 감색 정장은 입지 않는군요." 이것이 왜 '8과 1/2' 이 영화의 역사에서 가장 존경받고 찬양받는 작품 가운데 하나인 가를 설명하는 이유다. 왜냐면 이 영화는 용감함과 그리고 (어려움, 노력, 고통, 기쁨으로)'나'에 대해서 어떻게 말하는지를 가르쳐주기 때문이다.

펠리니의 여덟 번째 반의 이 영화에서 그의 천재성이 폭발하고 있다. 많은 이들이 이 영화를 펠리니 경력의 최고점으로 여긴다. 어떤 비평가들은 이 영화에서 20세기 초반의 메아리를 발견한다. 그 시절에 대해 펠리니는 잘 모르지만, 예술가답게 본능적으로, 또 흥행사의 열정으로 그 시절을 다시 일깨우기 때문이다. '8과 1/2'은 많은 참조와 인용을 하고 있다. 마르셀 프루스트의 기억, 제임스 조이스의 '열린 작품', 초현실주의의 위대한 시기로의 귀환, 그리고 루이지 피란델로의 자전적 희곡 〈다른 어떤 사람이 될 때〉(Quando si è qualcuno)를 인용하고 있다. 하지만 이 영화가 더욱 강력하게 떠올리게 하는 것은 정신분석적 소설과 직접 영감을 준 다른 영화들이다. 우연이 아닐 텐데, 먼저 펠리니는 잉마르 베리만의 '산딸기'를 보고 대단히 좋아했다. 그런데 펠리니는 '8과 1/2'과 관련해서 당장 떠오르는 소설, 곧 이탈로 스베보의 〈제노의 의식〉은 읽지 않았다. 스베보도 주인공을 자신과 같은 정체성(작가)으로 설정했고, 이것이 일으킬 수 있는 모든 위험을 감수했다. 스베보는 무의식을 응시하는 것으로 시작하여, 인류 전체의 초상화를 그리는 데까지 이른다. 〈제노의 의식〉은 스베보가 자신의 피부 위에 자신에 관해 쓰기를 실험했던 고백 소설이다. '8과 1/2'도 그렇다. 그런데 소설의 비극적 결말은 영화에선 유머의 장점으로 극복돼 있다. 몇 년 뒤, 펠리니는 알베르토 리오넬로가 주역을 맡은 〈제노의 의식〉의 연극 버전을 보며, 막연한 불쾌감을 느꼈다. 그는 자신의 작품이 표절됐다고 느꼈다. 이는 펠리니의 무지다. 스베보는 아무 죄가 없으며, 이미 1928년에 죽었다.

'8과 1/2'을 해석하는 데는 두 개의 방법이 있다. 첫째는 펠리니의 친구와 지인들로 구성된 내밀한 그룹에서만 가능한 것이다. 이들은 다른 사람들과는 달리 펠리니가 어떤 사람을 참조했는지 알 수 있고, 스토리와 관련해서 특별한 재미를 즐길 수 있다. 이를테면 중년의 프로듀서인 메차보타와 그의 젊은 연인 캐릭터에서는 카를로 폰티와 소피아 로렌을 떠올리는 식이다. 하지만 이런 영화적 표현에 악감정이 끼어든 건 아니다. 메차보타 역은 펠리니가 아주 좋아하는 배우인 마리오 피주(그는 '영혼의 줄리에타'에서 펠리니의 또 다른 자아인 남편 역으로 출연한다)가 맡았다. 신경증적인 성격의 외국인 배우 역은 마들렌 르보(툴리오 피넬리의 미래의 두 번째 아내)가 맡았는데, 펠리니의 친구들은 르보에게서 루이제 라이너[6]의 초상을 볼 것이다. 라이너는 '달콤한 인생'을 만들 때, 세트에서 펠리니와 자주 쓸데없는 논쟁을 벌이곤 했다. 제작 담당 프로듀서인 코노키아 역(변호사인 마리오 코노키아가 연기했는데, 쾌활한 성격의 그는 '달콤한 인생'의 난교 파티 장면에서 대머리에 여성 브래지어를 끼고 등장한다)에서는 모욕과 눈물로 얼룩진 지제토 지아코지[7]의 초상을 볼 수 있다. 지아코지는 스크린에 그려진 자신의 모습을 볼 때 몹시 기분이 상했고, 그래서 그는 그것에 대한 특별한 지급을 요구하기도 했다. 이런 식으로 모든 사적인 영역을 넘나들며 계속 인물과 사건을 해독할 수 있다. 그러나 '8과 1/2'에서는 객관적 사실과 자전적 사실이 동시에 일어나고, 진실과 거짓은 동전의 양면처럼 놓여 있다는 점을 기억해야

---

6   독일 출신 할리우드 배우. '대지'(1937)로 아카데미 여우주연상을 받았다.

7   펠리니 제작팀의 일원. 특히 촬영 현장을 지휘하는 프로듀서로 오래 일했다.

한다. 펠리니가 어떻게 살고 있고, 어떤 문제를 안고 있는지에 대한 그림이 너무나 현실적이어서, 영화는 오히려 환상적인 결과를 냈다. 아누크 에메(펠리니는 그를 '아누키나'라고 불렀다)가 연기한 마스트로이안니의 아내는 줄리에타 마지나와 다를 게 없었다. 마지나를 조심스럽게 이상화해 놓았다. 감독의 연인 캐릭터는 그때 펠리니가 수년째 만나고 있던 안나 조반니니를 떠올리게 했다. 연인 캐릭터를 연기하는 산드라 밀로는 조반니니와 육체적으로도 비슷했다. 산드라 밀로는 프레제네에 있는 펠리니의 별장 '빌라 데이 피니'(Villa dei Pini) 근처에서 산책하다, 작가 엔니오 플라이아노의 소개로 감독을 우연히 만났다.

1932년 튀니지[8]에서 태어난 산드라 밀로는 파트너인 그리스 출신 프로듀서 모리스 에르가스의 도움을 받아 이탈리아와 프랑스에서 배우 경력을 쌓았다. 에르가스는 로베르토 로셀리니의 '바니나 바니니'의 제작자였는데, 이 영화를 통해 밀로를 권위 있는 배우로 격상시키려 했다. 그런데 영화는 1961년 베네치아영화제에서 크게 실패하고 말았다. 그 충격이 너무 커서, 산드라 밀로는 영화계에서의 경력을 중단하려 했다.

---

8   2차대전 전 튀니지는 프랑스의 식민지였는데, 지리적으로 이탈리아와 가까워서인지, 이탈리아인들, 특히 남부 이탈리아인들이 많이 살았다. 튀니지는 시칠리아와는 거의 붙어 있다. 이탈리아의 또 다른 스타 클라우디아 카르디날레도 튀니지 출신이다.

펠리니가 밀로에게 전화 한번 하라고 전했지만, 그녀는 그냥 하지 않았다. 밀로의 사라짐은 예상치 못한 일이었다. 펠리니는 에르가스와 작전을 짠 뒤, 미술감독 게라르디, 그리고 촬영감독 잔니 디 베난초와 함께 갑자기 그들의 집을 찾아갔다. 카메라를 작동했고, 즉흥적인 오디션이 진행됐는데, 이게 완벽하게 들어맞았다. 펠리니는 주저하지 않고 구이도의 연인 역을 밀로에게 제안했다. 이 일 이후, 영화 속의 이야기처럼 밀로는 펠리니의 세계로 빨려 들어갔다. 두 사람은 이때부터 우정어린 만남을 오래 이어 갔고, 밀로는 이 관계를 '17년간의 사랑'이라고 약간 과장하여 말하곤 했다. 그동안 '산드로키아'(펠리니는 '산드라' 밀로를 종종 이 애칭으로 불렀다. 간혹 행복한 인형이란 뜻의 '밤보차'라고도 불렀다)는 에르가스와 이혼하고, 다른 남자와 재혼한 뒤, 자식도 낳았고, 모든 것을 고백한 자서전도 썼다. 더 나아가 산드라 밀로는 펠리니가 죽은 뒤, 기회만 되면 자신이 마치 그의 미망인인 듯 행동하려고도 했다.

'8과 1/2'을 해석하는 두 번째 방법은 일반 관객의 시각에서 읽는 것이다. 영화 속 세상과 그 세상 속 '펠리니의 동물들'은 밝고 코믹한 유머로 잘 묘사돼 있다. 하지만 이것은 문제의 핵심 앞에선 그 중요도가 두 번째로 밀린다. 곧 영화의 핵심은 실존적이다. 왜 우리는 여기에 있는가? 펠리니가 마스트로이안니에게 자기 스타일의 옷을 입히고, 자기식으로 말하게 하는 데는 용기가 필요했을 것이다. 마스트로이안니가 그 유명한 검은색 모자 아래 얼굴을 숨기는 모든 순간은 바로 펠리니가 하던 것이다. 펠리니는 자기도 잘 적응하지 못하는 엄격한 문화적 규범을 따르지 않고, 대신에 그만의 방식으로 자기를 드러내는 위험을 감수하고 있다. 펠리니의 사적인 세계, 이것은 평범한 이탈리아 남자의 사적인 세계와 비슷한데, 그걸 모두 여기에 드러내고 있다. 이런 것들이다. 고통스럽고 억압적인 부모에 대한 기억(부친 우르바노 역엔 다시 안니발레 닌키가 나온다), 아내의 존재 그리고 베리만식으로 말한다면 '모든 또 다른 여성들'의 존재, 서커스처럼 널뛰는 일에 대한 야망, 그리고 삶의 조건이자 구원의 희망인 카톨릭 교회 등이다.

구이도는 영화 감독인데, 자기 일에 집중하지 못한다. 그의 곁에는 비협조적이지만 영리한 지식인이 있는데, 그는 구이도를 자기 불신의 심연으로 밀어버리거나 또 창의력이 없다고 까발리기도 한다. 사람들은 도미에라는 이 캐릭터가 비평가 구이도 아리스타르코(Guido Aristarco)에 대한 캐리커처라고 말한다. 권위 있는 비평가인 아리스타르코는 네오리얼리즘을 위한 순수한 전사이자, 펠리니를 네오리얼리즘의 이단적인 변절자라고 공격한 적대자이다. 도미에를 연기한 배우는 프랑스 작가 장 루즐인데, 그의 외모는 아리스타르코와 닮지 않았지만 말이다. 이와 대조되는 인물은 점성술가 모리스(이언 댈러스가 연기했다. 스코틀랜드 희곡 작가인데, 훗날 그는 신비주의에 빠진다)인데, 그는 구이도의 마음을 읽고, 수수께끼 같은 단어

'Asa NIsi MAsa'(Anima를 의미)를 말한다. 턱시도를 입고 있는 광대 모리스에게 쇼 비즈니스는 생존을 위해서는 유일하게 자연스러운 길이며, 이 일이 그를 '미스터리'와 연결한다. 자신의 마술을 완벽히 이해한다는 것은 불가능한 것이라고 말하면서 모리스는 "하지만 그 안엔 뭔가가 있지."라고 덧붙인다. 구이도는 상상 속에서 발군의 비평가 도미에의 목을 매달고, 대신 광대 모리스의 선택을 받아들인다. 더 나아가 광대와 자신을 동일시한다. 현실과 판타지의 구분되지 않는 혼합은 실제와 허구의 인물까지 합쳐, 152명의 캐릭터가 특별한 행진을 벌이는 결말에서 절정에 이른다. 이들은 함께 원을 그리며 돌고, 이때 아래위 모두 흰색 옷을 입은 소년의 지휘에 맞춰 광대들로 구성된 밴드가 팡파르를 연주한다.

'8과 1/2'의 새로움은 결말의 품위에 놓여 있다. 이것은 과거에 했던 것과는 달리, 더 이상 믿음이나, 임시방편의 해결을 제시하지 않는다. 대신 여기서는 '은총' 혹은 '영감'을 체현하는 캐릭터가 있는데, 클라우디아 카르디날레가 연기한 카르디날레가 바로 그 캐릭터이다. 그는 세속의 부드러운 인물이다. 노회한 추기경이 설명하듯, 종교는 이제 간결한 해결책을 제시하지 못한다. 대신 종교는 이해할 수 없는 언어로 말하고('달콤한 인생'에서 리미니의 주교가 말하듯), 완전한 체념을 요구한다. 반면에 지옥은 더 이상 무서운 곳이 아니다. 어린 구이도가 해변의 매춘부를 보러 갔다는 이유로 성직자들에게 벌을 받는 기숙학교에서의 매력적인 장면에서, 분명한 점은 연민이 불쌍한 사라기나(매춘부)를 향해 있는 것이다. 바다를 등지고 서 있는 사라기나의 모습은 너무나 기괴하고, 또 순결해서, 그녀는 절대 악마가 될 수 없는 인물로 그려졌다.

펠리니 영화 가운데 처음으로 '8과 1/2'은 불안 혹은 갑작스러운 희망의 재발견 등으로 끝나지 않는다. 대신 더욱 금욕적이고, 삶의 공격을 경쾌하게 받아들이며 끝난다. 펠리니는 신화를 초월한다. 신화를 총체적으로 재현하며 태워버리고, 그리고 신화의 모든 모순까지 받아들이면서 말이다. 이것은 높이 매달린 곡예사들의 공중그네처럼 위험하다. 고백하는 곡예사들은 펠리니와 그의 또 다른 자아, 두 존재 모두이다. 두 존재는 모두 쇼를 보여주기 위해 이미 등을 부러뜨릴 각오를 하고 있다. 그 쇼 속에는 모든 것이 총체적인 시각적 섬망의 일부가 되어 있다. 어떤 위기를, 이렇게 풍부한 발명과 이미지로, 또 자유로운 목소리와 연상작용으로 이야기하는 아티스트는 드물다.

펠리니의 모든 영화는 각각의 독특한 영혼을 갖는다고들 말한다. 그건 제작 전부터 감독이 갖고 있던 어떤 지배적인 분위기이다. 그 분위기가 영화의 처음부터 끝까지 유지되는 것이다. '8과 1/2'은 여기에다, 모든 걸 포기하고픈 유혹과 과도한 완벽주의 사이에서, 의심과 단호한 결정이 동시에 일어났던 작품이다. 계획을 세울 때는 안개가 자욱했지만, 실행에 옮길 때는 단호하고 정확했다. "명쾌한 꿈 같은 것이 완벽하게 초점을 맞추어야 한다."라고 펠리니는 강조했다. 펠리니에 따르면, 그의 모든 문제에 대한 해답은 장인정신에 의해 풀려야 한다는 것이다. 사전제작 기간에 펠리니는 이런 생각을 자주 했다. "나는 기차의 기관사 같다. 모든 승차권을 다 팔았고, 승객을 모두 제자리에 앉혔고, 모든 짐을 짐칸에 다 실었다. 그런데 궤도는 어디 있지?" 펠리니와 게라르디와의 협업 관계는 뒤에 '영혼의 줄리에타'를 찍을 때 잠시 손상되기도 하지만, 당시는 완벽했다. 미술감독 피에로 게라르디는 펠리니의 욕망을 예상하고, 실현했다. 그는 리버티 스타일[9]의 호텔을 만들고, 양차 세계대전 사이에 유행했던 여성 복장을 다시 응용했다. 다재다능한 게라르디는 영화 속의 농장은 그가 태어난 토스카나의 고향 집처럼 만들었다. 거대한 철제 우주선은 브뤼겔의 '바벨탑'에서 영감을 얻었다. '8과 1/2'은 펠리니가 더 이상 현지촬영을 하지 않으려고 계획했던 첫 번째 작품이다. 펠리니는 모든 것이 스튜디오에서 재건축되기를 원했다. 이런 경향은 '달콤한 인생'에서 베네토 거리를 재건축할 때 생겼다. 현실을 조작하려는 펠리니의 강박은 대단히 강해서 그는 배우들의 모습도 바꾸었다. 산드로키아(산드라 밀

---

9   Liberty Style. 일명 아르 누보 (Art Nouveau)라고도 불린다. 19세기 말부터 20세기 초까지 유행했던 모던한 디자인을 말함.

로)는 8kg을 찌워야 했고, 아누키아(아누크 에메)는 8kg을 빼야
했다.

1962년 5월 9일 시작된 촬영은 10월 14일까지 이어졌
다. 외부 장면은 각각 티볼리, 필라치아노, 비테르보, 오스티
아, 그리고 피우미치노에서 찍었다. 티타누스 아피아(Titanus
Appia) 스튜디오에서 촬영한 초반부 장면에는 처녀들이 침대
에 숨어 있는 모습도 포함돼 있다. 다음 장면은 에우르(EUR)
이웃에 있는 유칼리나무 숲에서 찍은 것인데, 영화에선 온천
에 있는 공원으로 나온다. 여름 내내 배우와 스태프는 대략
다음과 같은 순서로 촬영했다. 지하세계로의 하강, 호텔 로
비, 체키뇰라[10] 스타일의 작은 도시에 있는 중심 거리, 산드라
밀로 장면, 아기들의 농장, 구이도의 부모들이 등장하는 공동
묘지(이것도 체키뇰라에서 찍음), 그리고 여성들의 농장이다.

이때 펠리니의 방법론에 새로운 것이 포함됐다. 촬영이 시
작된 지 불과 몇 주 뒤, 사진부에서 긴 파업이 시작됐다. 펠리
니는 러쉬 필름을 볼 수 없었다. 하지만 그는 걱정하던 다른
스태프를 안심시켰다. "문제 될 건 없어. 어쨌든 앞으로 가자
고." 그리고 파업이 끝났을 때, 필름은 인화할 수 있었고, 매일
결과를 볼 수 있었다. 그런데 펠리니는 여전히 러쉬 필름을

---

10   체키뇰라(Cecchignola). 로마 남쪽 EUR 근처에 있는 지역구 이름. 모던한 건
      물들이 많다.

보지 않았다. 펠리니는 자기 대신 촬영 감독 잔니 디 베난초를 보내서 기술적 문제가 없는지 확인하게 했다. 훗날 펠리니는 말했다.

> 나는 영화 전체를 어둠 속에서 만들었다. 마치 긴 야간비행 같았다. 그런데 그때부터 나는 촬영한 필름을 매일 보는 건 하지 않는 게 낫다는 사실을 알게 됐다. 당신이 상상한 영화의 환영에 도달하기 위해선 그게 낫다. 당신이 찍은 영화는 결코 당신이 꿈꿨던 영화가 될 수 없다. 촬영한 걸 본다면 당신은 궤도에서 벗어날지 모른다. 나는 이 사실에 자신이 있었다. 알고 보니 히치콕도 러쉬 필름을 보지 않았다.

9월이 됐을 때, 영화의 엔딩을 찍을 순간이 왔다. 그건 이미 구상돼 있었다. 구이도와 아내는 로마로 돌아온다. 두 사람은 기차의 식당칸에 앉아 있다. 갑자기 구이도는 고개를 들어, 자신의 삶과 영화에 등장한 모든 캐릭터가 다른 식탁에 앉아 있는 것을 본다. 그들은 구이도를 보고 친근하게 혹은 모호하게 웃는다. 이 장면이 완성되고 난 뒤, 펠리니는 또 다른 짧은 장면(약 4분)을 찍을 계획을 잡는다. 이번엔 오스티아 해변에 있는 우주선 근처에서 찍는데, 이는 예고편에 쓰려고 했다. 역시 캐릭터들이 전부 나와서 어울리는데, 이 장면은 8대의 카메라로 찍었다. 시사실에서 이 장면을 보고, 해변 장면이 너무 재미있고 활기차서, 이것을 엔딩으로 쓰기로 했다. 많은 토의 끝에, 식당칸 시퀀스는 매우 아름답지만 안전하게 보관하고, 엔딩엔 쓰지 않기로 했다(오래지 않아, 네거티브 필름을 어디에 뒀는지 잊고 말았다). 새로운 마지막 장면은 '검투사들의 등장'(L'entrata dei gladiatori)이란 배경음악 속에 진행된다. 니노 로타는 마지막 장면을 위해 특별한 행진곡을 작곡했는데, 이는 이후 펠리니 영화의 국가가 되었다. 펠리니를 축하하는 공적인 자리에선 주로 이 곡이 연주됐다(니노 로타는 광대들의 팡파르를 위해서는 향수 어린 곡 '어린 시절의 기억'을 작곡했다. 이 곡도 대단히 유명해진다).

처음으로 펠리니의 이름이 오프닝 크레딧에서 타이틀과 함께 소개됐다. 게라르디는 이를 꽃무늬로 장식했다. '8과 1/2'은 1963년 2월 14일 개봉됐다. 상영시간은 2시간 15분이었다. 비평적으로는 '달콤한 인생'보다 더 큰 호평을 받았다. '달콤한 인생' 때는 수많은 정치적 문제들이 미학적 판단을 막아버렸다. 이번엔 최상급의 리뷰들이 나왔고, 이는 전 세계로 확산됐다. 펠리니는 마법사, 혹은 천재로 불렸다. 또 마술사의 솜씨, 천재의 스타일, 높은 영감 같은 상찬이 이어졌다. 물론 부정적인 비평도 있었다. 하지만 존중받을만한 것이었고, '길'에 대한 혹평과는 다른 종류였다. 부정적인 비평은 주로 이 영화가 산만하고, 자아도취적이며, 연극적 과장에 과시적이어서,

관객을 참여로 이끌지는 못한다고 말했다. 작가 알베르토 모라비아의 비평은 감독 자신이 인정했던 내용을 포함하고 있다. "펠리니의 캐릭터는 에로티시즘에 강박적이다. 그는 사디스트이자 마조히스트다. 자신을 신화화하며, 삶에 겁을 먹은 그는 엄마의 자궁 속으로 돌아가고 싶어 한다. 그는 광대이고, 거짓말쟁이이며, 사기꾼이다." 모라비아는 또 이렇게 덧붙였다. "이런 특성들은 그를 제임스 조이스의 〈율리시스〉캐릭터인 레오폴드 블룸과 닮아 보이게 한다. 영화의 몇몇 에피소드는 펠리니가 그 책을 읽었거나 참조했을 것이란 점을 알게 했다." 모라비아의 비평은 설득력이 있다. 하지만 조이스의 소설은 이탈리아 번역판이 1960년에 처음 나왔는데, 그 당시 펠리니 주변의 사람들은 그가 〈율리시스〉를 참조하지 않았다는 사실을 알고 있었다. 알베르토 아르바지노의 비평이 더욱 지지받았다. 그는 말했다. "이탈리아의 문학세계가 전통적인 문학과 아방가르드 문학으로 극심하게 대립할 때, '8과 1/2'이 도착했고, 영화는 실험적인 방향으로 좋은 진전을 이뤘다. 이것은 미래다." 영화가 개봉된 해에는 젊은 작가들 모임인 '그룹포 63'[11]이 조직됐다. 리뷰들, 에세이들을 보면 당시 '8과 1/2'은 전 세계의 영화전공자들을 자극했다. 크리스티안 메츠는 이 영화를 '창의력 불능에 관한 강력하게 창의적인 성찰'이라고 정의했다. '8과 1/2'은 흥행에서도 성공했는데, 영화가 대단히 어려웠고, 그래서 별로 이해되지 못한 점을 고려하면 놀랄만한 결과였다. 일부 지방에서, 시간의 변화를 관객에게 쉽게 전달하기 위해, 영화의 플래시백 부분을 세피아 색으로 바꾸어 상영했다는 사실이 알려지며, 시네필들은 분통을 터뜨리기도 했다.

1963년 6월 3일 교황 요한 23세[12]가 죽었다. 펠리니가 부모를 섬기는 자식 같은 마음으로 흠모했던 유일한 교황이었다. 가끔 로마의 밤을 차를 몰고 돌아다닐 때, 펠리니는 성 베드로 광장에 가서, 교황의 불 켜진 창을 애정 어린 눈빛으로 바라보곤 했다. "교황은 저기 있는 것 같아." 펠리니는 이렇게 말하곤 했다. 펠리니는 교황을 직접 만나지는 않았지만, 안젤로 론칼리[13]를 항상 그리워했다.

6월 말에 펠리니와 마스트로이안니는 미국 개봉을 앞두고 뉴욕에 갔다. 조세프 E. 레바인이 영화를 보지도 않고 배급 관련 전권을 샀다. 시사회는 페스티벌 극장에서 열렸고, 포시즌스 호텔에서 리셉션이 이어졌다. 소수를 제외하고 많은 비

---

11   'Gruppo 63'은 움베르토 에코 등이 중심이 된 청년 아방가르드 작가 모임이다. 문학의 내용과 형식에서 당대의 주류와 결별하려 했다. 이들은 자본주의의 소비주의, 부르주아 교육 시스템, 그리고 자본 중심의 매스미디어 환경 등을 특히 비판했다. '상상력에 권력을!'은 이들의 주요 슬로건 중에 하나다.

12   교황 요한 23세는 서민적인 분위기에 온화하고 탈권위적인 자세로 신도들의 큰 사랑을 받았다. 교황은 당대의 냉전을 평화로 바꾸기 위한 각별한 노력을 기울였다.

13   안젤로 론칼리(Angelo Roncalli)는 교황 요한 23세의 본명.

평가가 영화를 상찬했다. 소수 중에 폴린 카엘은 '구조의 재난'(disaster)이라고 말했고, 존 사이먼은 그냥 '재앙'(fiasco)이라고 불렀다. 이들 유명 비평가들은 관객의 반응은 전혀 예상하지 못했다. 성공은 광범위하게 일어났다. 어떤 회사는 마스트로이안니의 검은색 모자를 대량생산하겠다고 제안했다. '8과 1/2'은 이미 세상의 반을 정복했는데, 또 다른 반을 정복할 준비를 하고 있었다.

'8과 1/2'은 모스크바영화제의 경쟁부문에 초대됐다. 1963년 7월 18일 목요일, 영화는 크렘린의 대강당에서 8천 관객 앞에 상영됐다. 기술적 환경은 좋지 않았고, 사운드는 너무 낮았으며, 동시통역은 형편없었다. 모스크바에서 '8과 1/2'은 정치적 문제를 일으킬 수 있었다. 그들은 관객들이 서구사회의 데카당스를 좋아하지 않을까 대단히 염려했다. 당시 소련의 영화 책임자이자 감독인 세르게이 게라시모프('젊은 군대' 감독)는 공항에서 이미 펠리니에게 경고했다. 그가 말하길, "너무 행복해하지 마시오. 환호를 많이 받으면 받을수록 수상 가능성은 적어집니다." 하지만 소비에트 영화의 새로운 멤버들은 영사실의 불빛이 꺼지기 전에 이미 큰 환호를 보냈다. 펠리니는 모스크바에 머물 때, 자신을 돕는 삼총사 같은 사람들을 만났다. 이들은 블라디미르 나우모프(1927년생. 알렉산드르 알로프와 함께 '입장하는 그에게 평화를'의 시나리오를 썼다), 텐기즈 아불라제(1924년생)와 마를렌 후치예프(1925년생. 1965년 베네치아영화제에서 조국에선 공격받은 영화 '나는 스무 살'로 큰 성공을 거둔다) 등이다. 게라시모프는 활기를 느꼈지만, 눈치가 보여 아닌 척 무표정했고, 반면에 젊은 영화인들은 '8과 1/2'이 러시아 영화를 더 큰 표현의 자유 쪽으로 이끄는 데 도움이 되기를 공개적으로 원했다.

관객들에게 연설하는 시간이 됐을 때, 펠리니는 자신이 무엇을 해야 하는지 충분히 알고 있었다. 그는 간단한 사실을 말하려 했다. "나는 다른 나라에서 왔다. 당신들은 나를 모르고, 나는 당신들을 모른다. 이 영화에서 나는 당신들에게 나에 대해서 말했다. 아마도 우리는 몇 가지 유사점을 발견할 것이다." '8과 1/2'은 환영은 받았지만, 시사실의 분위기는 뭔가 차가웠다. 그러나 펠리니를 따르던 모스크바의 젊은 삼총사는 모든 게 끝날 때까지 펠리니를 자리에 머물게 했다. 펠리니는 어색해서 떠나려 했지만 그러지 못하게 했다. 그들이 옳았다. 왜냐면 마지막에 박수는 결국에 고함이 됐고 폭발음이 됐다. 그건 끝나지 않을 울부짖음 같았다. 관객의 광란은 영화가 마음에 들었다는 것만 의미하지 않았다. 그것엔 다른 무엇이 있었다. 영화제의 책임자에게 어떤 경고를 하는 것 같았다. 그건 자유에 대한 호소였다.

그날 밤 모스크바 호텔 7층에서 리셉션이 있었다. 최고위층 인사인 블라디미르 바스카코프는 아주 난처한 것 같았다. 하지만 다른 많은 사람은 펠리니에게 다가와서 슬쩍 손을 잡곤 했다. 우주비행사 게르만 티토프는 영화를 상찬하며 '8과 1/2'은 "우주보다 더 신비롭다."라고 말했다. 시인 예프게니 예프투센코는 행복한 마음을 가졌고, 오랜 뒤 자기식의 '8과 1/2'을 연출했는데, 영화 제목은 '유아원'(1983)이었다. 영화에 대한 여론은 분명했고, 관객은 아주 좋아했다. 게라시모프는 영화를 좋아하는 사람들과 반대 진영 사이에서 곤란에 빠졌다. 그는 영화를 좋아했는데, 바로 그 점 때문에 겁을 먹었다. 게라시모프와 펠리니는 밤을 새워, 서로에게 '너'라는 친밀한 호칭을 쓰며, 일대일 토론을 벌였다. 게라시모프는 새벽이 되자 흥분하여 러시아말을 쓰기 시작했고, 펠리니는 단 하나도 이해하지 못했다. 하지만 그가 걱정하고 있다는 사실은 알았다. 다음 날, 존경받는 비평가인 로티슬라프 유레니에프는 '소비에트 문화'라는 매체에서 '8과 1/2'을 공격했다. 영화가 개인주의적이고, 반사회적이며, 정치적으로 모호하여, 민중들로부터 너무 멀다는 것이었다.

영화제가 끝을 향해 가자, 심사위원들의 결정에 영향을 미칠 복잡한 작전들이 전개됐다. 영화제 측은 난니 로이[14]의 '나폴리의 4일'을 경쟁부문에 포함하여, 최고상을 다른 이탈리아 영화에 주려고도 시도했다. '병사의 발라드'(1959)의 감독인 그리고리 추크라이가 15명 심사위원단의 장이었고, 이들 가

---

14   난니 로이(Nanni Loy). 1960년대 이탈리아식 코미디의 대표적인 감독.

운데 7명이 외국인이었다. 이탈리아를 대표하는 위원은 작가 세르지오 아미데이인데, 그는 규율 같은 건 무시하는 성격 급한 공산주의자였다. 그의 대표 시나리오가 로셀리니 감독의 '무방비 도시'이다. 그는 모스크바 정부의 고민을 알았다. 모스크바 측은 그해 3월 8일 니키타 흐루쇼프가 냉전은 끝났다고 주창한 연설의 충격에서 벗어나지 못하고 있었다. 또 아미데이는 심사위원으로서, 각자의 의견에 따라 공개적인 전투에서 최선을 다해야 한다는 사실도 알고 있었다. 추크라이는 소비에트 심사위원들의 도움을 받아, '8과 1/2'에게 특별상을 주자는 의견을 내놓았다. 그럼으로써 '8과 1/2'이 최고상을 받을 가능성을 없애려 했다. 아미데이는 그답게 불같이 성질을 냈고, 외국인 위원들을 따로 불러 모았다. 이들 가운데는 미국 감독 스탠리 크래머, 프랑스 배우 장 마레, 그리고 인도 감독 사티아지트 라이가 포함돼 있었다('아푸 시리즈' 감독). 7월 21일 일요일 오후, 라이는 모스크바 호텔에 돌아와서 이렇게 말했다. 아미데이가 소비에트 위원들을 죽음으로 위협하고, '8과 1/2'에 만장일치로 최고상을 수여하기 위한 결정을 끌어냈다는 것이다. 이것이 펠리니가 경쟁부문에 참가한 마지막 영화제다. 펠리니는 사실 오랫동안 경쟁 영화제에 회의적이었다. 이후로는 비경쟁 부문을 통해 영화제에 참가했다.

1963년 7월, '8과 1/2'은 세인트 빈센트 영화제[15]에서 또 다른 성공을 거뒀다. 심사위원들은 루키노 비스콘티의 '레오파드'를 제치고 이 영화에 최고상을 수여했다. 비스콘티와 펠리니 사이의 경쟁을 의식하는 펠리니의 팬들에겐 기쁜 소식이 연이어 전달됐다. 곧 국내 영화제인 '은빛리본'(Nastri d'argento) 영화제에서 펠리니는 비스콘티를 제치고 7개의 본상을 받았다. 비스콘티의 '레오파드'는 3개의 상을 받았다. '8과 1/2'이 받은 상은 감독상, 제작상, 기획상, 각본상, 음악상, 촬영상, 여우조연상(산드라 밀로) 등이다. 그해 말 뉴욕영화비평가협회는 '8과 1/2'에게 최우수 외국어영화상을 수여했다. 그리고 1964년 4월 아카데미 영화제 시즌이 다가왔다.

제작자 안젤로 리촐리는 아카데미에서 4개 부문의 후보에 오른 '8과 1/2'의 운명을 지켜보기 위해 직접 여행단을 꾸렸다. 리촐리, 펠리니, 줄리에타 마지나, 프로듀서 프라카시, 작가 플라이아노, 그리고 밀로와 당시의 남편 에르가스 등이다. 이 여행에서 가장 예시적인 부분은 안개 낀 뉴욕에 착륙할 때 에르가스가 펠리니에게 한 질문일 테다. "하늘 너머의 세상에선 영화 한 편 만드는데 얼마를 요구할 텐가?" 아마도 이런 '죽음의 유머'에서, 미완성작 'G. 마스토르나의 여행'에 대한 아이디어가 떠올랐을 것이다. 할리우드에서 펠리니는 로마에서 그랬던 것처럼 밤에 길을 걸어 다녔다. 경찰이 검문을 위

---

15   이탈리아 북쪽 아오스타(Aosta)주의 세인트 빈센트(Saint Vincent)에서 1980
      년대 초반까지 열렸던 영화제.

해 그를 세웠고, 펠리니는 자기를 밝혔지만, 그들은 믿지 않았다. 펠리니가 그림처럼 아름다운 공원묘지 포레스트 론(Forest Lawn)에 갔을 때는 이런 일도 있었다. 펠리니는 음악은 물론 모든 부대 시설을 포함하여, 묘 한 개에 얼마인지 물었다. 3만 5천 달러라는 답을 듣고, 그는 말했다. "음악을 빼면, 할인됩니까?" 1964년 4월 13일 산타 모니카 오디토리움에서 펠리니는 또 승전보를 알렸다. 네 개 부문 후보에서, 두 개 부문 수상으로 '할인'됐지만 말이다. 먼저 흑백영화인데도 게라르디가 의상상을 받았다. 게라르디는 '달콤한 인생'에 이어 두 번째로 아카데미상을 받았다. 그리고 '8과 1/2'은 최우수 외국어 영화상을 받았다. 그런데 줄리 앤드류스로부터 상을 받을 때, 펠리니는 살짝 놀라는 표정을 지었다. 나중에 설명하길, 시상식 배경음악으로, 보통 쓰이는 음악이 아니라 이탈리아의 국가인 '이탈리아의 형제들'이 연주됐기 때문이었다. 조국에 돌아왔을 때, 펠리니는 아카데미상을 잠시 다른 곳에 맡겨야 했다. 왜냐면 조국에서 또 다른 의례를 위해, 총리였던 알도 모로(Aldo Moro)로부터 그 상을 다시 받아야 했기 때문이었다.

'8과 1/2'의 가장 큰 영향은 전 세계에서 많은 감독이 이 영화를 모방한 작품들을 내놓은 점이다. 영감을 받은 작품들은 너무 많다. 아서 펜의 '미키 원'(1965), 폴 마주르스키의 '이상한 나라의 알렉스'(1970, 펠리니가 출연하기도 한다), 라이너 베르너 파스빈더의 '성스러운 창녀를 조심하라'(1971), 프랑수아 트뤼포의 '아메리카의 낮과 밤'(1973), 밥 포시의 '올 댓 재즈'(1979), 우디 앨런의 '스타더스트 메모리스'(1980), 난니 모레티의 '좋은 꿈 꿔'(1981), 바딤 압드라시토프의 '행성의 행진'(1984), 그리고 카를로스 소린의 '왕의 영화'(1986) 등이다.[16] 모스크바영화제에서 '8과 1/2'이 최고상을 받은 뒤, 이 영화는 동유럽에서는 현대적 형식의 모델을 보여준 것으로 수용됐다. 특히 프라하의 봄 이후, 많은 체코 영화에서 뚜렷한 영향을 볼 수 있다. '8과 1/2'은 브로드웨이 뮤지컬에도 영향을 미친다. '나인'(Nine)이 대표적이다. 연출은 마리오 프라티, 대본은 아서 코피트, 그리고 가사와 음악은 모리 예스턴이 맡았다. 1982년 5월 9일 뉴욕의 '46번가 극장'(the 46th Street Theatre)에서 막을 올린 '나인'은 6개월간 미국 공연을 했고, 토니상 12개 부문 후보에 올랐다. 후보 중 하나는 이탈리아인 감독 구이도 콘티니 역을 맡은 라울 훌리아였는데, 그는 22명 여성으로 구성된 하렘에서 곡예를 벌이기도 했다. 펠리니로부터 각색 권리를 얻는 것은 어렵지 않았다. 펠리니가 요구한 조건은 간단했다. 곧 포스터에 펠리니라는 이름도, '8과 1/2'이라는 제목도 쓰지 않으면 된다는 것이었다.

한편 '8과 1/2'의 행복한 이야기의 뒤에는 슬픈 이야기도

---

16   열거된 영화들은 전부 감독 자신에 대한 영화이자, 영화에 대한 영화(메타-시네마)들이다.

있다. 아는 사람이 별로 없는 이야기다. 영화가 발표된 몇 년 뒤, 어린 구이도, 곧 기숙학교의 흰색 교복을 입고 구이도 역을 맡았던 어린 배우 마르코 제미니가 불치의 병으로 죽었다. 소년은 판타지의 화신이었는데, 소식을 들은 모든 이들을 슬픔에 빠뜨렸다.

울고 있는 '그림자'

1964년 여름, 로마의 사파-팔라티노(Safa-Palatino) 스튜디오에서 '영혼의 줄리에타'를 촬영할 때, 펠리니는 거의 영화의 왕이었다. '8과 1/2'은 세계적인 성공작이었고, 모스크바에서 할리우드에 이르기까지 수많은 조명이 비 오듯 펠리니에게 집중됐다. 6월 2일 이탈리아 공화국 기념일에 국가 훈장을 받았는데, 펠리니는 '위대한 지휘관'(Grande Ufficiale), 그리고 마지나는 '사령관'(Commendatore) 훈장을 받았다. 사진작가들, TV 방송 요원들, 마이크를 든 기자들은 스튜디오에 있는 감독 주위로 몰려들었다. 펠리니는 '8과 1/2'의 주인공 구이도 안셀미처럼 검은색 옷을 입고 있었다. 기자들은 감독의 창작 과정, 마법 같은 테크닉을 발견하기 위해 그가 말하는 것, 휘파람 부는 것, 심지어 그가 생각하는 것까지 듣고, 녹음하려 했다. 여기에 빠진 것이라곤 니노 로타의 행진곡뿐이었다. 말하자면 지금 펠리니는 '8과 1/2'의 리메이크 작품 속에 사는 것 같았다. 이번엔 감독이 아니라 배우라는 점이 다를 뿐이었다. 그런 상황에서 영화를 만든다는 것은 당신이 무엇을 하는지 바라보는 대중을 항상 등 뒤에 두고, 글을 쓰며, 생각하고, 다시 글을 쓰는 것을 뜻한다. 영화 일을 하는 것은 공개된 것이 됐고, 펠리니의 공개된 것은 더 변화무쌍했다. 사람들은 펠리니의 영화 세트에서 약속을 잡았고, 친구들은 응원하러 왔고, 적들은 훔쳐보러 왔다. 또 다른 이들은 그날의 사건을 토론하기 위해 펠리니의 세트장에 왔고, 그곳에서 흥미로운 사람들끼리 모였고, 새로운 우정이 만들어지고, 옛 우정은 사라지곤 했다. 펠리니는 이런 살롱 같은 분위기를 정말 싫어했는데, 이미 그는 덫에 빠졌다. 그는 이런 상황에서 일하고, 살아야 했다. 이것은 앞으로도 변하지 않을 것이다.

로마 근교 해변도시 프레제네(Fregene)의 소나무 숲에는 펠리니 부부의 빌라가 있었다. 줄리에타가 도목수의 도움을 받아 포르토베네레 거리에 지었다. 이 집을 방문한 사람이라면, 안토니오 루비노의 설계도에 따라 피에로 게라르디가 더 아름답고, 스타일 넘치게 만든 영화 속의 그 집을 금방 알아볼 것이다. 실내 장면을 위한 세트에는 늘 열대의 정글처럼 습기가 있었다. 제작자 안젤로 리촐리는 정원의 풀이 항상 물기를 머금고 있도록 하라는 명령을 내려놓았다. 세트를 둘러싸고 있는 크고 검은 장치를 이용하여, 그 어떤 공기도 들어오지 못하게 했다. 그럼으로써 이 환상적인 섬 같은 세트를 마치 오염된 현실 세계로부터 보호하려는 것 같았다. 펠리니는 세트에서도 자기 집에 있는 것 같은 기분을 느꼈다. '영혼의 줄리에타'(비행 중에 어느 기자의 집요한 질문을 받고 펠리니가 즉흥적으로 붙인 제목)는 1963년에서 1964년에 이르는 겨울에 다양한 동기에서 영감을 받아 잉태됐다.

이 영화에 대한 아이디어는 줄리에타 마지나를 위한 새로운 역할이 필요해서 만들어진 면도 있다. 마지나는 7년 전 '카비리아의 밤' 이후에는 남편과 한 편도 영화를 찍지 못했다. 그때의 화려했던 시절 이후, 마지나는 더 이상의 대중적 주목을 받지 못했다. 제작자 디노 데 라우렌티스는 펠리니와 피넬리가 함께 쓴 영화 '포르투넬라'(1958)에서 마지나에게 주역을 제안했다. 알베르토 소르디가 연기한 잠파노 같은 캐릭터에게 노예처럼 잡혀 있는 어느 행상의 이야기였다. '포르투넬라'에는 펠리니 영화의 특성이 많이 들어 있다. 예를 들어 니노 로타가 음악을 맡았는데, 그는 이 음악을 편곡하여 프랜시스 포드 코폴라의 '대부'에서 다시 썼고, 이 곡으로 아카데미상을 받았다. 어쨌든 '포르투넬라'는 관객의 큰 사랑을 받지 못했다. 같은 해인 1958년 마지나는 레나토 카스텔라니 감독의 '지옥의 도시'에 출연했는데, 공연한 스타 안나 마냐니와의 갈등으로, 불쾌한 경험만 하고 말았다. 마냐니는 억울하게 옥살이를 하는 결백한 여성 마지나에게 독하게 구는 범죄자로 나온다. 이 영화는 이자 마리(Isa Mari)가 쓴 실제 경험을 각색했다. 이자 마리는 '달콤한 인생'의 편집 조수였고, 배우 페보 마리의 딸인데, 만텔라테의 여성 교도소에서 경험한 잘못된 사법제도를 다루었다. 펠리니는 두 배우 사이의 갈등을 알고 있었지만, 어느 한쪽 편을 들 수 없었다. 펠리니는 부부관계의 단합과 '기적'(로셀리니의 '사랑' 속 에피소드)에서 함께 일한 이후 유지해온 마냐니와의 친밀감 사이에서 고통받았다. 펠리니가 '달콤한 인생'의 후반 작업을 하고 있을 때, 마지나와 리처드 베이스하트는 빅토르 비카스 감독의 '다른 남자의 여자'(1959)를 찍기 위해 폴란드로, 또 독일로 돌아다녔다. 하지만 이 영화도 성공을 거두지 못했다. 마지나는 또 다른 영화를 위해 베를린으로, 뒤셀도르프로 떠났다. 이탈리아, 독일, 프랑스 합작인 '위대한 삶'이란 작품으로, 줄리앙 뒤비비에르가 감독했다. 그는 마지나를 만나자마자, 펠리니가 그녀를 연출하는 스타일을 좋아하지 않는다고 말했다. 그는 마지나가 마릴린 먼로처럼 빛나는 금발로 염색하길 원했고, 어떤 장면에선 거품 있는 욕조에서 나체로 나타나라고 요구했다. 마지나가 거부하자, 뒤비비에르는 펠리니가 개입했다고 생각했고, 이탈리아 남편들은 너무 질투심이 많다고 불평했다. 하지만 그건 펠리니의 잘못이 아니었다. 그건 마지나의 종교적 교육 탓이자, '러브 신, 키스 장면, 그런 종류의 모든 것'에 대한 그녀의 부끄러움 탓이었다. 누드 장면에 대한 다툼에도 불구하고, 뒤비비에르와 마지나는 잘 지냈다. 마지나는 감독을 '까다로운 아저씨'(mon oncle chinois)라고 불렀다. 하지만 영화는 또 실패했다. 실망스러운 결과들이 쌓여가자, 마지나는 점점 의심이 많아졌고, 두 가지 큰 실수를 연속 저질렀다. 피에트로 제르미의 영화를 거절했고, 미켈란젤로 안토니오니의 '밤'의 주역을 거절했다. 그 역은 결국 잔 모로가 맡았다.

이럴 즈음 '달콤한 인생'이 폭발했다. 집에서의 생활 리듬도 미친 듯 빨라졌다. 업무도 봐야 하고, 펠리니의 여행도 따라가야 해서, 줄리에타 마지나는 자기 일에 집중할 수 없었다. 하지만 얼마 되지 않아 두 사람이 함께 일 할 수 있는 시간이 온 것이다. 과거에 펠리니와 마지나 커플은 많은 성공을 경험했다. 제작자 안젤로 리촐리는 더 큰 성공을 원했다. 새 영화에 더 많은 예산이 쓰일 것이란 사실을 알고, 치네리츠 영화사의 프로듀서들은 펠리니의 상품 가치를 더욱 높이기 위해, 미국의 스타 배우를 기용하려 했다. 프로듀서들은 비밀리에 캐서린 헵번을 논의했다. 펠리니는 그 사실을 알고 불같이 화를 냈다. 그때부터 주역은 줄리에타라는 사실은 더 이상 의문의 대상이 되지 못했다.

펠리니 뒤에서 프로듀서들이 말하길, 이제 그의 영화는 더 이상 열정과 충성심, 그리고 우정으로 빚어진 빛나는 환경에서 만들어지지 않는다고들 했다. 흥행업계에서 실패는 책임 추궁과 이별을 낳고, 성공도 함께 나누기가 대단히 어렵다고들 말한다. 사람들 사이의 문제는 더욱 날카로워지고, 내 문제니, 네 문제니 하는 말들이 생기고, 많은 낮과 밤 사이의 긴장은 동료 사이에 상처를 내고, 그 상처는 아물지 않은 채로 드러나기도 한다. '영혼의 줄리에타'의 시나리오 작업을 진행하면서, 펠리니는 사람들이 더 이상 그를 이해하지도, 믿지도 않는다고 느꼈다. 펠리니는 자신이 위험할 정도로 고립돼 있다고 생각했지만, 사람들은 변한 사람은 바로 그라고 말했다. '8과 1/2'에서 제작 프로듀서 코노키아가 주인공 구이도에게 말하듯 말이다. 그들은 펠리니가 참을성이 없고, 개방적이지도 않으며, 다른 사람과 소통하지 않고, 개인적인 문제에 갇혀 있다고들 말했다. 그것은 노화의 문제일 수도, 새로운 관계의 필요일 수도 있다. 어쨌든 이들 사이의 분열은 제작이 끝날 때 드러날 것이다. 한편 펠리니는 자신이 할 수 있는 최선을 다하며 일을 해나갔다. 과거의 세트장에서 느꼈던 목가적인 분위기는 없지만 말이다. 시나리오 작가들은 게을렀고, 감독의 아이디어는 혼란스러웠으며, 펠리니의 침묵은 과도했다. 갑자기 미술 감독 게라르디가 자기만의 방식에 따라 세트 디자인을 해서 펠리니에게 보여줬다. 펠리니와는 사전에 전혀 논의하지 않은 사항이었다. 이전에도 펠리니와 게라르디는 서로 말을 많이 하지는 않았지만, 무언의 상호이해를 나눴다. 그런데 지금은 무슨 이유인지 몰라도, 이를테면 관계의 단절인지, 외고집인지, 의견의 차이 때문인지, 과거의 상호이해는 사라졌다. 게라르디와 마지나와의 관계도 삐걱댔다. 줄리에타 마지나는 그의 재능은 인정했지만, 의상 컨셉이 자신의 캐릭터를 압도할 것 같아 걱정했다. 게다가 게라르디는 심술궂은 성격 탓에 의상 결정을 할 때, 문제를 일으키기도 했다. 예를 들어, 키가 별로 크지 않은 줄리에타에게 버섯 모양의 모자를 씌워, 그녀를 더 작게 만들기도 했다.

계속되는 논쟁은 컬러에 관한 것이었다. 이 영화는 펠리니에겐 장편으로 찍는 첫 컬러 영화였다. 테스트한 러쉬 필름에 실망한 펠리니는 '컬러 영화'라는 말 자체가 형용모순이라고 주장했다. 영화는 운동인데 컬러는 정지라는 것이다. 흑백영화의 장인인 촬영감독 잔니 디 베난초는 컬러에 경험이 없었고, 모든 것을 실험해야 하는 상황에 어려움을 느꼈다. 펠리니와 디 베난초는 촬영을 마칠 수 있게 합의에 이르기 전까지, 몇 주 동안 다른 스태프들에게 상대에 대한 불만을 털어놓곤 했다. 그런데 두 사람은 똑같은 말을 했다. "그는 컬러를 흑백처럼 생각해. 그는 그렇지 않다는 사실을 알아야만 해." 마지나도 디 베난초의 촬영 방식을 좋아하지 않았다. 촬영이 거의 끝나갈 때, 소문이 돌기를, 마지나가 과거에 펠리니와 자주 작업했던 오텔로 마르텔리를 비밀리에 불러, 밤 장면에서의 클로즈업을 다시 찍게 했다는 것이다(전설 혹은 사실?).

또 다른 의견 불일치는 영화가 완성된 뒤에도 흔적을 남기고 있는데, 스토리의 어떤 부분이 더 강조돼야 하는가였다. 곧 실제의 삶(중산층 아내, 불륜, 별거)인가, 혹은 상상의 삶인가 하는 점이다. 마지나는 실제 삶 부분을 더 좋아했다. 왜냐면 여성들은 그 부분에서 동일시를 경험하고, 더 큰 흥미를 느끼며, 감동할 것이란 이유에서였다. 반면에 펠리니는 마술적인 부분에 더 큰 매력을 느꼈다. '카비리아의 밤'을 찍을 때처럼 이번에도 남편과 아내 사이의 대화가 완벽하게 맞는 건 아니었다. 두 사람의 불일치는 이 영화의 의미에 대해서까지 이어졌다. 그들의 갈등이 세트장에서 다른 사람들에게도 드러나지 않은 것은 오로지 고도로 절제된 마지나의 프로 배우로서의 태도 덕분이었다.

그리고 펠리니는 이때부터 초자연적인 것에 큰 흥미를 갖기 시작했는데, 이것이 그의 오래된 동료들과도 약간 멀어지게 하는 이유가 됐다. 펠리니는 프랑스의 환상 문학 잡지 '플라네트'(Planète)와의 인터뷰를 통해 이렇게 말했다. "나는 모든 것을 믿는다. 나 스스로를 놀라게 하는 데 한계 같은 건 없다." 또 덧붙이길 어릴 때부터 경험했던 성향 곧 "현실에서 마술적인 면을 경험할 때 혼이 빠지는 점"도 밝혔다. 펠리니는 마술과 일 사이의 연관성도 토론했다. "영화 예술은 일상의 현실에 구멍을 뚫는 데 능숙하며, 그럼으로써 다른 현실, 형이상학적이고 초감각적인 현실을 드러낸다."

'8과 1/2'을 찍을 때, 펠리니는 마술사들과 영매들의 방문을 받곤 했다. 이들 중 구스타보 아돌포 롤(Gustavo Adolfo Rol)과의 만남이 가장 중요했다. 1903년 토리노에서 태어난 롤은 법학을 전공했는데, 졸업 뒤에는 화가이자 아마추어 마술사가되었다. 그때만 해도 직업적인 마술사가 되겠다는 생각은 하지 않았다. 그는 백과사전적인 지식을 갖고 있었고, 특히 나폴레옹 시대의 역사에 관해서 해박했다. 보통은 옛 그림을 복원하는 일을 했고, 가끔 토리노의 실비오 펠리코 거리 31번지에 있는 어두운 집에서 '다른 일'을 하기도 했다. 그는 알 수 없는 자연의 힘이 자기 손을 이끈다고 주장했다. 재주 많은 롤은 사람들을 놀라게 할 마술을 할 줄 알았다. 그는 덮여 있는 책을 읽었고, 어떤 물건을 전혀 손대지 않은 채 이 방에서 저 방으로 옮겼고, 텔레파시를 통해 수 백마일 떨어진 곳에서 진행되는 대화를 도청할 수 있었다. 또 빛의 속도로 카드를 섞을 수 있었고, 카드의 색깔을 바꾸고, 다시 순서대로 맞출 줄 알았다. 펠리니는 이 원맨쇼에 반했다. 또 자신의 신비한 재능을 오로지 다른 사람을 즐겁게 하려고 사용하는 롤의 관대함(이건 펠리니의 성격이기도 하다)에도 반했다. 롤의 마술은 보통 사람들이 갖는 이해력의 한계를 넘어가는 것이었다. 펠리니는 지치지도 않고 그 마술을 지켜봤다. 현대의 동화인 '영혼의 줄리에타'에서 펠리니는 그 한계에 도전하고 싶었다. 특히 그 한계가 태도에 억압을 가하거나, 혹은 사회적 역할에 장애가 될 때 더욱 그랬다.

이 시기에 펠리니는 'LSD 25'를 실험했다. 이 약은 환각을 유발하기 위해 멕시코 부족들이 사용했던 버섯과 같은 효과를 냈다. '길' 이후에 짧은 기간 동안 펠리니를 치료했던 정신분석학자 에밀리오 세르바디오의 제안에 따라 그는 의사의 입회 아래 그 약을 시험했다. 펠리니가 말한 바에 따르면, 어느 일요일 오후 실험은 비밀리에 진행됐다. 그곳엔 정신분석의, 심장전문의, 화학자, 두 명의 간호사, 속기사가 입회했고, 여러 마이크가 동원됐다. 약간의 우려도 있었지만, 펠리니는 실험실의 쥐처럼 심전도와 연결됐고, 각설탕 하나와 함께 그약을 먹었다. 약의 효과는 보통 7시간 혹은 8시간 진행되는데, 펠리니의 경우는 더 길었다. 그 시간 내내 펠리니는 쉬지 않고 말했고, 방의 이쪽저쪽을 돌아다녔다. 일정 시간이 지난 뒤, 흥분상태에 있는 펠리니는 진정제를 맞았다. 간호사가 그를 집으로 데려갔고, 펠리니는 깊은 잠에 빠졌다. 다음 날 펠리니는 실험에 대해 별로 기억을 하지 못했다. 펠리니는 자신을 녹음한 것과 의사들이 내린 진단과 이론, 그리고 결론을 들으려고도 하지 않았다. 펠리니에 따르면, 실험은 그가 말했을 어리석은 내용 때문에 황당한 기분만 들게 할 것이 분명했다. 하지만 실험에 대한 세르바디오의 기억은 아주 달랐다. 그는 90살이 넘었을 때, 동료인 시모나 아르젠티에리에게 이렇게 말했다. "그곳엔 3명이 있었다. 펠리니, 나의 제자인 정신분석의, 그리고 나였다. 실험 동안 펠리니는 그가 믿는 영혼들과 오래 대화했다. 그리고 나의 도움을 받아 펠리니는 그 영혼들이 사실은 자신을 투사한 존재란 점을 깨달았다. 그리고는 나와의 정기적인 교령회에 오지 않았다. 이어서 '영혼의 줄리에타'가 나왔다. 그건 정령 숭배의 포기이다."

그 교령회가 어땠는지에 대한 간접적인 묘사는 펠리니에게 헌정한 많은 책 중에서 발견된다. 펠리니에게 헌정한 책들의 저자는 주로 감독의 과거 여자친구들이었다. 안나 살바토레(Anna Salvatore)는 유명한 화가인데, '달콤한 인생'에서 슈타이너의 손님 중 한 명으로 출연하기도 했다. 화가 안나는 줄리에타의 친구도 되어, 이후에는 펠리니의 집을 방문하는 그룹 가운데 한 명이 됐다. 1966년 안나 살바토레는 〈잠재의식 너!〉(Subliminal TU!)라는 환상 소설을 발표했다. 작품은 보기에 따라서는 시대극이기도 했다. 소설은 현대 로마를 배경으로 일군의 사람들을 이야기한다. 그들은 재미 삼아, 혹은 진지하게 교령회에 와서 자신들의 열정과 약점을 마치 X선처럼 투명하게 드러냈다. 살바토레가 쓴 그룹의 멤버가 누구인지는 쉽게 알아볼 수 있고, 또 저자는 악의는 아니겠지만 인물들의 사적인 이야기까지 써놓았다. 주장하기를, 그건 '자동 기술의 선물'처럼 자신에게 일어났다고 말했다.

테이블의 중앙에 빅(Big, 펠리니)이 앉았다. 그 옆에 리에타

(줄리에타), 피프티(Fifty) 백작(살바토 카펠리[1]), 그리고 내레이터 안나 살바토레가 있었다. "리에타는 이상한 사람이었다. 이렇게 말해도 될지 몰라도, 그녀는 빅과는 달리 거의 아기 같았다. 두 사람의 성격은 극적으로 충돌했다. 우리들의 특별한 관계 때문에 나는 리에타를 위해 몇 번이고 호의를 베풀었는데, 이런 상황이 그녀의 삶을 극적으로 변화시켰다. 빅은 항상 딴데에 정신이 가 있었고, 구름을 좇았고, 리에타는 자주 혼자 남았다. 나는 리에타에게 상층부 출신의 매력적인 남자를 소개했다. 그는 리에타에게 빠졌고, 평생의 동료가 됐다." 빅은 피프티 백작이 늘 자기 집에 오는 걸 쉽게 받아들이지 못했다. "그는 늘 여기에 있네. 무릎 아래에 있는 크고 온순한 개처럼." 빅은 파티 게임을 주도하며 이에 대처했다. 우체국 놀이, 마임 하기, 생각 읽기, 특히 식탁 주변에서 '영적인 어떤 것'에 대해 말하기 등을 주로 했다. 안나 살바토레에 따르면, "빅과 리에타는 이제 우정조차 나누지 않았다... 그들은 말도 하지 않았고... 8년간 섹스도 하지 않았다." 리에타는 위스키를 너무 많이 마셨다. 그리곤 울었다. 그러면 피프티 백작이 리에타에게 달려갔고, 그럴 때 빅은 아내에게서 부친에게 늘 속아 고통받던 모친을 봤다. 그리고는 '진심으로 미안해하는 남편' 역을 충실히 했다. 은밀한 내용이 자주 동화처럼 부풀려졌지

---

1   살바토 카펠리는 희곡 작가. 줄리에타의 오랜 친구로 알려져 있다.

만, 살바토레는 자신의 책을 이렇게 변호했다.

"나는 이런 이야기에 가벼운 신화를 섞는 게 나쁘다고는 전혀 생각하지 않는다. 빅은 자신의 사적인 삶을 드라마(영화를 보시라)에서 이야기하고, 그뿐만 아니라 나의 이야기, 아내의 이야기, 그리고 그와 관계된 사람이라면 모두 드라마에서 이야기한다. 그는 믿을 수 없을 정도로 열려 있고, 자전적이다. 그가 참조하는 대상은 너무나 분명하고, 심지어 우리가 방금 했던 말을 그대로 인용하기도 한다. 그가 얼마나 많이 읽고, 얼마나 많은 사람을 만나는지를 고려하면, 어떤 사람이 등장하여 다들 이렇게 말해도 이상하지 않을 것이다. '아! 당신은 구이도 X가 말하던 바로 그 화가이군요. 모든 육체적 능력을 동원하여 신과 사랑을 나누고 싶다던 그 화가 말입니다.' 이런 식일 테다."

장황하고 균형이 맞지 않지만(7백 페이지 이상), 안나 살바토레의 책은 '친구들'(식탁을 계속 침범하는 영적인 피조물)과 정령 숭배에 대해 광적으로 묘사하며, 펠리니의 가정을 약간 악의를 섞어 표현하고 있다. 그 집에는 사실 영혼보다는 사람들의 출몰이 더 자주 일어났다. 이런 의미에서 이 책의 내용은 에누리하여 읽는다해도, '영혼의 줄리에타'의 몇몇 부분을 이해하는 데 도움을 줄 수 있다.

펠리니는 확신은 없지만, 저 세상의 영혼을 불러내려 했었다. 하지만 사실 그는 '이런 실험을 할 때 쓰이는 국화[2] 향'도 믿지 않았다. 그는 금방 영혼 게임에 싫증을 냈다. 살바토레, 카펠리 그리고 마지나는 깊게 관여했지만 말이다. 이때 펠리니는 여전히 베른하르트 박사를 만나고 있었고, 카를 융의 치료법에 집중하기 위해, 밤의 판타지에 모든 주의를 기울어야 했다. 이 영화를 준비하며 펠리니는 특별한 꿈을 꾸었다.

텅 빈 공간에 줄리에타가 혼자 있었다. 카메라는 트롤리[3]로 그녀 주변을 돌았다. 트롤리에는 소리 지르는 사람들로 꽉 차 있었는데, 그들은 광대 같았다. 나는 명령을 내리고, 감독을 하려 했지만, 트롤리 위의 사람들은 너무 시끄러웠고, 나의 목소리를 집어삼켰다. 그리고는 그들은 전부 땅에 떨어졌다. 아마도 그 꿈은 내가 문제의 중심에 놓여 있다는 것을 의미할 것이다. 위기는 완전한 추락일 테다. 나는 깨어날 때 위험을 느꼈고, 그건 배의 난파 같은 것이었다.

그 꿈의 의미는 광대들로 가득 찬 트롤리의 난파 이미지인

---

2   이탈리아에서 국화는 전통적인 장례용 꽃이다.

3   트롤리(trolley)는 바퀴 달린 운반체. 그 위에 카메라를 올려 찍거나, 궤도를 깔아 찍는 촬영법을 말한다.

데, 히에로니무스 보스가 그린 '바보들의 배'와 별로 다르지 않다. 그 그림은 뒷날 '그리고 배는 간다'에게 영감을 줄 것이다. 펠리니는 '영혼의 줄리에타'를 촬영하기 1주일 전에도 불안한 꿈을 꿨는데, 이도 기록해 두었다.

갑자기 누군가가 나의 오른쪽 눈을 숟가락으로 파냈다. 아프지는 않고, 나를 놀라게 했다. 이건 무슨 의미인가? 도무지 알 수 없네. 혹시 영화를 만드는데, 이젠 오른쪽 눈은 필요 없다는 뜻인가. 곧 확실하고 현실에 기반한 비전은 필요 없다는 뜻인가. 그렇다면 이제 왼쪽 눈에 의한 투명하고 상상적인 비전이면 되는가. 아니면 나에게 경고하는 것인지도 모른다. 너는 곧 혼란에 빠질 것이야. 너는 더 이상 오른쪽 눈을 갖지 못할 거야. 너는 이제 사물을 반으로만 볼 거야.

'달콤한 인생'과 '영혼의 줄리에타' 사이의 시간이 줄리에타 마지나의 인생에서 가장 힘들었다는 점은 분명하다. 마지나는 마흔 살을 넘겼고, 늙음을 잘 받아들이지 못했다. 때때로 그녀는 손님들이 있는 데서도 지나 롤로브리지다 혹은 소피아 로렌 같은 육체파 배우들과 자신을 비교하며 강한 열등감을 표출하기도 했다. 마지나는 그 배우들과 1950년대 내내 경쟁해야만 했다. "내가 갖지 못한 무엇을 그들이 갖고 있지?"

같은 답이 뻔한 위험한 질문도 종종 했다. 또 마지나는 안나 마냐니가 20세기 초에 태어났다고 주장하며, 라이벌들의 공식적인 생년월일을 집요하게 문제 삼기도 했다. 펠리니 집에서의 저녁 파티에는 항상 긴장감이 흘렀다. 펠리니는 도망가고 싶어 했고, 마지나는 치솟는 분노를 조절할 줄 몰랐다. 손님들이 있어도 마지나는 펠리니와 그의 가족들, 특히 남편의 동생 리카르도에게 심하게 굴었다. 줄리에타는 리카르도에게 돈을 빌려줬는데, 그는 갚을 생각을 하지 않는다고 주장했다. 가끔 펠리니는 마지나가 술을 너무 마신다고 책망했다. 그는 술을 마시지 않으니, 아내가 위스키 두어 잔만 마셔도 알코올 중독자처럼 바라봤다. 이런 모든 사실이 말해주듯, 마지나는 그때 신경쇠약의 위기에 있었다. 항상 질서 있고, 일관되며 이성적인 마지나의 삶에서, 그때는 고립된 순간이었다. 훗날 나이가 들었을 때, 마지나는 피할 수 없는 원초적 분노가 있었음을 인정했다. 그것 때문에 펠리니는 반항했는데 말이다. 마지나는 깊은 종교적 믿음으로 평온함을 되찾았고, 펠리니도 그런 아내에게 다시 기댔다.

'영혼의 줄리에타'는 다른 사람의 발자국을 절대 따르지 않는 펠리니의 경력에서 또 다른 장을 연 작품이다. 이 영화는 중년에 위기를 맞은 교양 있는 여성을 다루고 있다. 플롯은 심리학적 시각에서 봐도 유려하며, 설득력이 있다. 그러면서 강렬한 스타일을 가진 판타지로 향하고 있다. 그 스타일은 펠리니가 변증법적이고 정교하게 파편화된 '8과 1/2'을 만들며 더욱 완벽하게 가다듬은 것이다. '영혼의 줄리에타'는 신화의 형식을 반어법적인 자기분석과 결합하고 있는데, 이는 '길'을 '8과 1/2'에 결합한 것과 같다. 정신분석의 영향은 강한데, 이는 개인의 역사적 뿌리로 돌아가서, 논리적으로 원형을 점검하겠다는 절박함 같은 것이다. 펠리니는 결혼이라는 테마에 대해 수년간 생각했다. 그러면서 젤소미나의 실수는 참파노의 그림자 속에 산 것이라는 결론에 도달했다. 집시가 말한 형이상학적 구원은 젤소미나의 인간적 희생에 보상이 될 수 없다고 봤다. 줄리에타는 부르주아 젤소미나인데, 어떻게 하면 순교자가 되지 않는지, 자기 두 발로 홀로 서는지, 남편에게 의지하지 않는지, 어려웠던 성장기의 잔여물과 거리를 두고, 어머니에게 아기처럼 의존하는 것에서 벗어나는지를 배운다. 이런 교훈들이 줄리에타를 괴롭히며, 이 집에 출몰하여 마치 꿈이 사실인 것처럼 느끼게 했던 영혼들을 쫓아내는 유일한 방법이 된다.

펠리니의 창의적인 영감은 섬망과 현실 사이의 경계를 테스트하는 데까지 이어졌다. 그래서 사람들과 사물들이 어떨 때는 과장되게, 또 다른 때는 유령처럼 형상을 드러내는데, 이것은 마치 에고와 이드 사이에 진정한 경계가 없는 것처럼 보이게 했다. 그리고 꿈과 환상은 일상의 또 다른 면인 듯 표현돼 있다. 한때 위기의 분석가였던 펠리니는 이제 '영혼의 줄리에타'를 통해 도덕을 정의하고 있는데, 그것은 모호하지 않고 또 불확실하지도 않다. 곧 세상은 믿을 수 없는 속도로 변했고, 그래서 사람들은 어릴 때의 상처를 치유하겠다면서 시간을 낭비하지 말고, 그 변화에 맞는 굳건하고 의식적인 감수성을 가져야 한다는 것이다. 전통, 관습, 규칙의 무기고 같은 가족과 학교에서 배운 모든 것이 다시 토의되고, 제 자리를 잡아야 하고, 재건설돼야 했다. 더 나쁜 것은 그런 악령들을 몸에서 불러내는 힘을 스스로 기르지 않고, 몸속에 계속 내버려두고 있는 것이다. 신앙심은 별로 없지만 기적은 믿는 펠리니가 나이 들어 그랬던 것처럼, 줄리에타도 퇴마 의식을 한 적이 있다. 카톨릭 교육의 영향 아래 있는 펠리니는 그때 신의 은총 속에서 위안을 얻었다. 펠리니는 줄리에타를 의식의 차원에서 앞으로 가게 했다. 그건 카비리아를 위해 이미 발견했던 해결책으로 줄리에타를 데려온 셈이다. 말하자면 펠리니는 줄리에타가 영혼들과 함께 머물고, 같이 어울려, 친구가 될 수 있다는 점을 여전히 받아들이지 못한 것 같다.

'영혼의 줄리에타'는 주간지 '코리에레 데이 피콜리(Corriere dei Piccoli, 어린이 코리에레)'의 그림처럼 밝은 색깔의 분위기를 목표로 했다. 하지만 영화는 대단히 무거웠고, 전혀 어린이 같지도 않았다. 이것은 펠리니가 마술의 세계에 매혹을 느꼈지만, 그렇다고 이성을 포기한 것은 아니라는 점을 의미한다. 덧붙여 펠리니는 현대인은 지각 능력을 더 키워야 한다고도 강조했다. 말하자면 극적이고 결정적인 방식으로, 사유에 관한 과거의 방법론으로 돌아가자고 요구했다. 과학과 물리적 장애의 극복이 사람들에게 지각 능력을 잊게 했다는 것이다. '달콤한 인생'에서 이미 본 것처럼, 조롱하듯 기괴한 데카당스한 이미지들로 가득 찬 '영혼의 줄리에타'는 이렇게 애정 어린 메시지를 담고 있는데, 그건 곧 인생 교육이다. 청년 시절, 문제를 일으키는 방황과 조급한 무질서를 경험한 뒤, 펠리니는 점점 현명해지고 있는 것 같았다.

이 영화의 아이디어, 그리고 도덕적 궤적은 형식보다 더욱 분명했다. 특히 수지(산드라 밀로) 캐릭터가 등장할 때, 판타지에 대한 감독의 상상은 압도적이고, 미술 감독 게라르디의 기발함은 넘쳐났다. 의심의 여지 없이, 결혼 생활의 위기를 표현하는 장면이 가장 뛰어났다. 이 부분은 기억과 판타지가 섞여 있으며, 잔인하게 또 부드럽게 표현돼 있다. 줄리에타는 유혹녀 수지와 있을 때보다는 집에서의 진솔한 장면에서 더 큰 편안함을 느꼈다. 영화 촬영 내내, 줄리에타 마지나는 자신의 실제 삶에서 가져온 대단히 사적인 상황을 드러내는 데 믿을 수 없을 만큼의 용기를 보여줬다. 이를테면 영화에서 줄리에타는 남편이 자신을 속인다고 의심하여, 사립 탐정을 고용한 뒤, 남편을 추적하고 사진을 찍게 한다. 이는 실제 상황을 반영한 것이며, 펠리니는 부부의 삶에서 가져온 다른 에피소드처럼 이 부분도 시나리오에 포함시켰다. 마지나는 전혀 반대하지 않았다.

하지만 표면 아래에는 긴장이 흘렀다. 탐정 역을 맡은 마리오 카로테누토가 가장 큰 대가를 치렀다. 펠리니는 첫날부터 카로테누토를 싫어했다. 사실 카로테누토는 펠리니가 좋아하는 버라이어티 쇼 스타일의 배우라는 점을 고려하면 이상한 반응이었다. 펠리니는 평소와 달리 카로테누토에게 심하게 굴었다. 같은 장면을 몇 번이고 반복하게 했고, 도무지 이해할 수 없는 연출 지시를 내렸다. 그러면 업계 용어로 '이의'(la protesta)[4]라는 고통스러운 시간이 다가오게 마련이다. 곧 역할에 맞지 않는다는 이유로 배우를 교체하는 것이다. 이런 일은 사실 펠리니의 스튜디오에선 종종 일어난다. 하지만 이번 경우는 합낭한 이유도 없이, 교체가 진행됐다. 펠리니는 마리오 카로테누토 자리에 알베르토 플레바니를 기용했다. 사랑스러운 단역 배우인데, 이번엔 아무런 특별한 요구도 하지 않았다. 펠리니는 그에게 대사도 시키지 않고, 넘버링[5]만 하게 했다. 불쌍한 카로테누토는 아마도 그가 모욕을 당하고 희생해야 했던 실제의 심리적인 이유를 절대 몰랐을 것이다.

'영혼의 줄리에타'는 1965년 여름 제26회 베네치아영화제

---

4   영어로는 the protest

5   배우가 특정 대사를 말하지 않고, 그냥 숫자를 계속 말하는 것. 후시녹음이 관행이 된 이탈리아의 특별한 영화문화로, 나중에 녹음실에서 제대로 된 대사를 입힌다. 주로 아마추어 혹은 단역 배우에게 이런 방법을 썼다.

의 비경쟁 부문에서 상영될 예정이었다. 그런데 놀랍게도 참가 철회가 알려졌다. 영화제 감독인 루이지 키아리니[6]는 펠리니로부터 참가가 불가능하지 않다는 말을 듣고, 이 영화를 스케줄에 포함시켰다. 그런데 마감 시간은 다가오는데, 영화가 제시간에 완결될 것 같지 않았다. 더빙이 아직 진행중이었고, 특히 몇 장면의 더빙을 마치지 못한 산드라 밀로가 그만 쓰러지고 말았다. 10년간 이 영화제에 참가하지 않았던 펠리니는 합당한 불참 이유를 갖게 돼서 사뭇 기뻐했다. 그러나 키아리니는 단호했고, 그냥 넘어가지 않았다. 논쟁과 비난이 난무했다. 키아리니는 펠리니가 배신했다고 비난했고, 두 사람은 서로에게 법적 소송으로 위협했다. 법적 소송은 차치하고, 영화의 완결이 불가능했고, 그래서 상영은 할 수 없었다. '영혼의 줄리에타'는 펠리니 영화 가운데 영화제를 거치지 않고, 바로 극장에서 개봉한 첫 작품이 됐다. 영화는 1965년 10월 22일 이탈리아와 프랑스에서, 1966년 1월 4일 뉴욕에서 개봉했다. 미국 개봉 이전에, 1965년 11월 재클린 케네디가 사는 뉴욕 5번가 아파트에서 파티가 열리며 이 영화의 시사가 이뤄졌다. 펠리니와 마지나는 이 파티에 참석했다.

이탈리아와 외국 모두에서 작품에 실망한 비평이 주를 이

---

6   루이지 키아리니(Luigi Chiarini), 이탈리아의 대표적인 영화이론가. 로마의 국립영화학교(첸트로 스페리멘탈레) 창립자 가운데 한 명이며, 이론과 비평의 권위지 '비앙코 에 네로'(Bianco e nero)의 편집주간이었다.

뤘다. 부정적인 비평은 이 영화가 표피적이고, 모호하며, 혼란에 빠졌고, 거짓말을 하고, 통제돼 있지 않으며, 너무 길고, 허세이며, 무겁고, 공식에 따랐고, 차갑다고 말했다. 긍정적인 비평에서도 오직 소수만이 이 영화를 걸작이라고 평가했다. 긍정적인 비평은 이 영화가 일관되고, 학문적이며, 재능 있고, 상투적이지 않으며, 특이하고, 어렵고, 중요하다고 말했다. 카톨릭 영화협회는 단호했다. 협회는 사람들에게 이 영화를 보지 말라고 충고했다. 왜냐면 '영혼의 줄리에타'는 성과 속의 경계를 불쾌하게 흐리기 때문에 대단히 혼란스럽고 모호하다는 이유에서였다. 그리고 이 영화는 카톨릭과 종교적 교육에 대해 극심한 편견을 갖고 있고, 부당하게 비난하고 있다고 말했다. 또 자위적이고 쓸데없는 음탕한 이미지들이 포함돼 있다고 지적했다. 이 영화 때문에 펠리니는 카톨릭 계에 있는 많은 친구를 잃었다.

영화 개봉의 불만족스러운 결과에 덧붙여 안 좋은 일은 세트장에서 경험했던 충돌과 영화를 만드는 과정에서 파괴됐던 사람 사이의 관계였다. 15년간 이어졌던 작가 엔니오 플라이아노와의 관계가 틀어졌다. 펠리니는 플라이아노의 반어법을 좋아했지만, 동시에 그 반향을 감수해야만 했다. 플라이아노는 펠리니의 어떤 영화에는 비판적일 뿐만 아니라, 간혹 적대적이기도 했다. 그는 총명했고 재능이 있었지만, 성질이 급했고, 대단히 예민했다. 펠리니가 새로운 협력자를 소개하면, 플라이아노는 위협을 느꼈다. 플라이아노는 펠리니가 다른 작가 브루넬로 론디와 합의에 이른 점을 좋아하지 않았다. 교양 있는 남자 론디가 내놓는 장면 묘사와 아이디어는 종종 영감이 넘쳤다. 그런데 플라이아노가 함께 작업하기를 거절한 주요한 또 다른 인물이 피에르 파올로 파졸리니였다. 그는 파졸리니의 예술을 이해하지 못했고, 그의 성공을 혹평했다. 파졸리니가 '달콤한 인생'의 세트장에 왔을 때, 플라이아노는 분노했고, 그래서 펠리니의 만류로 출간하지는 않았지만 패러디물 〈파졸리니에 따른 달콤한 인생〉을 썼다. 1964년 4월 '8과 1/2'을 위해 로스앤젤레스로 여행할 때는 추한 에피소드도 있었다. 플라이아노는 이코노미석에 앉게 됐는데, 그는 펠리니가 일을 철저하게 하지 않아서 실수가 일어났다고 불같이 화를 냈다. 사실은 펠리니가 아니라 리촐리 영화사에서 자리 배정을 그렇게 했다. 의심할만한 팩트도 없으면서(펠리니가 여행을 계획하지 않았으며, 그도 초대받은 손님 중의 한 명이었다. 실제로 그가 여비를 지불하지도 않았다), 펠리니가 플라이아노를 이코노미석에 앉혔다는 소문은 그후 10년간 떠돌았다. 특히 지식인들은 펠리니 영화에서 비밀스럽게 모욕당한 작가는 플라이아노라고 생각했다. '영혼의 줄리에타'를 만들 때, 두 사람 사이의 긴장은 더욱 고조됐다. 플라이아노는 지식인의 조롱하는 태도로 영화 일을 받아들였다. 그는 문학세계에 영화가 침략해들어오는 걸 극도로 싫어했다. 뭐라 그럴까. 이런 주제는 정신분석 소설이 더 잘 풀어갈 것이다.

펠리니는 플라이아노가 이상한 질투심을 키워간다고 생각했다. 개인적이기보다는 영화계 남자에 대한 문학계 남자의 질투 같았다. 플라이아노는 모든 사람에게 펠리니는 과대망상증이라고 말했다. 두 사람은 '영혼의 줄리에타'를 찍을 때 서로 잘 보지도 않았고, 그 틈은 더욱 벌어졌다. 플라이아노는 펠리니가 더 이상 자신의 의견을 묻지 않는다고 말했고, 펠리니는 플라이아노가 작가이면서 더 이상 쓰지 않는다고 불평했다. '영혼의 줄리에타'가 완결된 뒤, 플라이아노는 비판과 불만으로 가득 찬 추한 편지를 펠리니에게 보냈다. 펠리니는 이 편지를 다 읽지 않고, 중간에 휴지통에 던져버렸다.

그 날 이후 두 사람은 거의 만나지 않았다. 그들은 사적으로 상대방을 비판했고, 간혹 친구들에게 이 사실을 말했다. 드물지만 상대를 자극하는 말을 공적으로 하기도 했다. 플라이아노가 쓰고, 엘리오 페트리가 감독한 혁신적인 영화 '10번째 희생자'에는 '롱고테베레 펠리니'(Lungotevere Fellini)[7]라는 거리명이 등장한다. 펠리니 주변에 감도는 점증하는 개인 숭배에 대해 공개적인 모욕이었다. 그런데 펠리니의 죽음 이

---

7 롱고테베레(Lungotevere)는 로마의 테베레 강을 따라 길게 흐른다는 뜻. 실제로 강 옆의 길 이름이기도 하다. 그러므로 '롱고테베레 펠리니'는 펠리니 곁에 길게 흐르는 테베레 강이란 뜻이 숨어 있다. 사람들이 펠리니 곁에서 길게 흘러간다는 개인 숭배를 풍자한 허구의 거리 이름이다.

후, 그곳엔 실제로 감독의 이름을 따서, 포르타 핀치아나(Porta Pinciana)에 '라르고 페데리코 펠리니'(Largo Federico Fellini)라는 광장이 생겼다. '영혼의 줄리에타'를 마친 몇 년 뒤, 플라이아노는 첫 마비 증상을 겪는다. 그래서 그는 이손조 거리에 있는 요양원에서 살기 시작했다. 그곳은 펠리니의 사무실이 있는 이탈리아 거리 바로 옆이었다. 그들은 다시 정기적으로 보기 시작했다. 오해는 결국 풀렸고, 우정은 플라이아노가 죽는 1972년까지 이어졌다. 펠리니는 친구를 잃으며, 그에 대한 흠모와 후회를 모두 표현했다. "플라이아노에겐 음모와 단결과 예민함이 섞여 있었다. 우리는 한심한 오해 때문에 수년간 친구가 아닌 채 지냈다. 그는 어떤 것에 대해 공격했고, 그러면 나는 공격 받은 그것으로 그를 다시 공격했다. 그러니 함께 일할 수가 없었다. 플라이아노는 전혀 부끄러워하지 않고 당신을 파괴할 수 있는 능력이 있다. 하지만 똑 같은 열정으로 당신과 화해할 수 있다. 그는 정말 소중한 친구였다."

'영혼의 줄리에타'를 마친 1년 뒤인 1966년 2월 3일 또 다른 협업자인 촬영감독 잔니 디 베난초가 바이러스성 간염으로 갑자기 죽었다. 펠리니는 밀라노의 비피 스칼라에서 마르첼로 마스트로이안니와 점심을 먹다, 이 소식을 들었다. 펠리니는 대단히 슬퍼했다. '8과 1/2'을 함께 한 기억 때문이기도 했고, '영혼의 줄리에타'를 찍으며 자주 싸웠기 때문이기도 했다. 작가 툴리오 피넬리도 피해를 입는다. 이때부터 피넬리는 줄리에타의 TV 프로그램을 위한 글쓰기에만 전념하게 된다. 미술 감독 게라르디도 멀어졌고, 그는 펠리니와 말을 할 때 결코 친절하지 않았다. 프로듀서 클레멘테 프라카시는 제작자 안젤로 리촐리의 오른팔이 되어, 감독인 펠리니와 격의 없는 관계를 유지하기가 어려웠다. 그의 경력에서 이때 처음으로 펠리니는 전쟁터에서 자신의 군사들을 뒤돌아봤지만, 뒤에는 아무도 없는 외로운 장군 같은 기분을 느꼈다. 그럼으로써 '달콤한 인생'부터 5년간 이어졌던 리촐리와의 파트너십도 끝났다. 몇 년이 지난 뒤에도 펠리니는 이 어두운 시절에 경험했던 분열과 이별에 대해 말하기를 주저했다. 그는 이렇게 말했다. "간혹 과도한 믿음은 친밀한 관계에 대한 배반으로 나타난다. 당신이 어떤 사람에 대해 정말 잘 알고 있다고 생각할 때, 갑자기 그에 대해 아무것도 이해하지 못하는 것과 같다."

달콤한 죽음

펠리니와 제작자 안젤로 리촐리는 다시 만났다. 이 자리에서
리촐리는 잊을 수 없는 실수를 하는데, '영혼의 줄리에타'의
예산 초과에 대해 지나치게 불만을 늘어놓았다. 리촐리는 펠
리니가 '나폴리의 제작자' 디노 데 라우렌티스와 계약을 맺을
것이란 소식을 듣고 대단히 불편한 마음을 가졌다. 프로듀서
클레멘테 프라카시는 펠리니가 결국 돌아올 것이라며 리촐리
를 안심시키려 했다. 하지만 펠리니는 다시는 리촐리와 일하
지 않는다.

이제 46살인 펠리니는 '8과 1/2'로 경력의 정점을 찍었는
데, 지금은 만족할 수 없는 영화 '영혼의 줄리에타'의 손아귀

에 잡혀 있다고 여겼다. 펠리니는 '영혼의 줄리에타'에 대한 비평에도 만족할 수 없었다. 펠리니가 여성을 이해하려 했고, 여성 영화를 만들려고 시도했다는 점은 부분적으로 성공했다. 하지만 여성이건 남성이건 그 누구도 펠리니의 노력을 알아주지 않는다고 생각했다. 자신의 영화를 지키려는 과정에서 펠리니는 그의 많은 동료와 친구들을 잃었다. 영리한 디노 데 라우렌티스가 감독의 그런 고립된 상황을 잘 알았고, 이때 개입했다. 1964년 1월 디노 데 라우렌티스는 폰티나 거리에 기념비적인 새 스튜디오를 세웠고, 자부심을 담아 '디노치타'(Dinocittà)[1]라고 이름 붙였다. 그는 존 휴스턴의 '천지창조'(1966), 그리고 여러 고예산 영화를 제작했다. 하지만 펠리니의 새 작품을 갖지 못한다면 행복할 수 없다고 여겼다. 펠리니는 '미친 세계'라는 제목의 영화를 만들기로 데 라우렌티스와 계약을 맺었다. 프레드릭 브라운의 SF 소설 〈미친 세계〉(What Mad Universe)를 각색한 시나리오였다. 펠리니는 '달콤한 인생'을 찍을 때 이 소설을 읽었다. 펠리니가 데 라우렌티스에게 소설의 각색에 대해 말할 때만 해도 이 작업에 여전히 흥미를 갖고 있었다. 하지만 곧 마음을 바꾸었다. 더 큰 야망을 갖고 만들고 싶은, 새 작품을 만났기 때문이었다.

---

1   로마의 국립 스튜디오 이름이 치네치타(Cinecittà)이다. 디노치타는 그것과 견주다는 의미를 담고 있다.

제작될(혹은 아닐) 영화 'G. 마스토르나의 여행'은 거의 30년 전으로 돌아가는 것이다. 펠리니는 로마로 오기 전, 리미니에서의 마지막 몇 달 동안, 디노 부차티(Dino Buzzati)[2]의 단편 연재소설 〈도메니코 몰로의 이상한 여행〉에 빠져 있었다. 이 소설은 1938년 10월 잡지 '옴니부스'(Omnibus)에 매주 연재됐다. 소설은 12살 소년의 이야기다. 그는 죽어 림보에 갔고, 그곳에서 심판을 받는다. 소년은 천국으로의 여정에 오르게 되는데, 그곳에 가지 않고, 대신 삶의 비밀을 안 뒤, 다시 지상으로 돌아오는 내용이다.

1965년 봄, 부차티는 펠리니로부터 만나고 싶다는 전화를 받았다. 펠리니는 밀라노에 여행 중이었다. 두 사람은 직접 만난 적은 없지만, 서로에 대한 존경심은 갖고 있었다. 부차티는 약간 별종인 남자로, 바로 얼마 전에 인도 뭄바이에서 마술사들을 인터뷰한 뒤, 돌아와 있었다. 그는 펠리니와 저녁 식사를 하는 기회를 놓치고 싶어 하지 않았다. 그들은 밀라노의 유명한 생선 전문 식당에서 만났다. 부차티의 젊은 아내 알메리나는 펠리니가 〈도메니코 몰로의 이상한 여행〉을 얼마나 좋아했는지를 말할 때면, 기이할 정도로 흥분했다고 전했다. 펠리니는 소설을 너무 좋아해서, 영화로 만들고 싶다고 했다. 펠

---

2 디노 부차티, 1906-1972. 부조리 소설의 대표 작가로, 종종 이탈리아의 카프카라고 불린다.

리니는 그때 자신과 일하던 작가들에게 지쳐 있었고, 새로운 무언가를 시도해보기를 원했다. 〈타타르의 사막〉이라는 대표작을 갖고 있던 부차티에게 펠리니는 'G. 마스토르나의 여행' 시나리오를 함께 쓰자는 제안을 했다. 부차티는 "그 제안은 나의 영예이며, 나에 대한 상찬"이라고 답했다. 그런데 협력을 위한 행복한 출발이 (징크스일 수 있는 데) 넘을 수 없는 일련의 장애에 봉착하고 말았다. 먼저 그 저녁이 문제가 됐다. 생선을 먹지 않은 부차티만이 별 탈이 없었다. 그의 아내 알메리나는 극심한 복통을 느끼며 새벽 4시에 일어나 병원으로 달려가야 했다. 그곳에서 그녀는 위를 씻어냈다. 7시에 집에 오니 콘티넨탈 호텔에 있던 펠리니로부터 전화가 왔다. 다 죽어가는 목소리로, 그는 밤새 구토와 경련으로 고생했고, 지금 로마로 돌아간다고 말했다.

이후에도 부차티와 펠리니 사이의 애정 어린 관계는 1년 이상 이어졌다. 펠리니는 아침 일찍 전화하는 습관이 있는데, 이것이 늦게까지 자는 부차티 부부를 방해하기도 했지만, 두 사람은 거의 매일 통화했다. 새 영화에 대해 말하면서, 그들은 다른 스토리의 구성에 대해서도 논의했다. 주로 마술과 초자연적인 세계를 이야기했다. 부차티는 신문에 '이탈리아의 신비를 찾아서'라는 제목의 연재물을 쓰고 있었다. 훗날 이 연재물은 〈이탈리아의 신비〉로 출간된다. 그때 부차티는 펠리니에게 조언을 구하곤 했다. 7월 21일 그들은 함께 토리노로 여

행했다. 그곳에서 펠리니는 마술사 구스타보 아돌포 롤에게
부차티를 소개했다. 이후 펠리니는 'G. 마스토르나의 여행'에
대한 의구심이 커질 때마다 마술사 롤을 방문했다.

펠리니가 들려준 허구 중에 이런 것도 있다. 그런데 그의
허구에는 거의 매번 진실의 맹아가 들어 있는 점을 기억해
야 한다. 그는 부차티와 함께 마르케 주의 포르토 치비타노바
에 사는 유명한 점성술가 파스쿠알리나 페촐라를 방문했다.
그녀의 집은 프랑스의 성지 루르드(Lourdes) 같았다. 페촐라
는 성스러운 그림으로 가득 찬 방의 테이블 뒤에 앉아 손님들
을 맞았다. 눈을 감고 있는데, 최면 상태 속에 있는 것 같았고,
또 불빛으로부터 자신의 눈을 보호하려는 듯 보였다. 그리고
는 방문객에게 손을 얹어, 어떤 신호나 감정을 느낄 수 있다
고 주장했고, 그 내용을 수수께끼 같은 그림으로 표현했다. 펠
리니의 간청으로 부차티가 먼저 페촐라 앞에 앉았다. 그녀는
자신이 본 것에 너무도 당황하여, 펠리니를 잠시 옆으로 데려
갔다. 그리고는 친구가 지금 병들었으니, 잘 보살피라는 충고
를 했다(부차티는 이미 병으로 치료를 받고 있었고, 결국 그 병 때문에
1972년 1월에 죽는다). 그러나 1965년 8월에 부차티가 밝힌 여
행 관련 르포르타주의 내용은 아주 달랐고, 펠리니가 동행했
다는 사실도 언급하지 않았다. 아내 알메리나도 동행자는 자
신이 유일했다고 말했다. 그런데 부차티의 르포르타주 결론
은 펠리니가 말한 내용과 전혀 다르지는 않았다. "페촐라는

따뜻한 마음을 갖고 있었고, 나를 이해한다는 듯한 미소를 지었다. 그녀는 뭔가를 숨기고 있었을까? 그녀는 나의 공포를 보았고, 그래서 진실을 말하지 않았을까? 지금도 나는 잘 모르겠다." 사실 여부는 차치하고, 이 '마법의 여행'은 두 사람을 더욱 친하게 만들었다. 여행은 부차티에게 더 큰 의미가 있었던 것 같다. 그는 나중에 이 여행에 관한 내용을 〈만화로 읽는 시〉로 발간한다.

펠리니는 영화에 대한 계획을 편지 형식으로 써서 디노 데 라우렌티스에게 보냈다. 날짜는 확인이 되지 않는데, 편지는 아마 1965년 여름에 그가 썼던 컨셉에 기초한 내용을 담고 있을 것이다. 펠리니는 당시 해변 도시 프레제네의 볼로스카 거리에 있는 새로 이사한 집에서 일했다. 이전에 살던 집과 형태가 비슷한데, 좀 더 컸다(펠리니 부부는 로마의 아르키메데 거리에 있는 아파트를 처분하고, 프레제네에 영원히 살기 위해 이곳으로 이사했다). 영화를 만들며 현실적인 문제들이 발생하면 펠리니는 마음을 바꾸겠지만, 처음엔 실제의 공간에서 펼쳐지는 이야기를 계획했고, 최소한의 기본적인 것만 설정했다. 그가 상상했던 세트는 이런 것들이다. "공항, 기차역, 지하철, 부두, 현대적인 도시의 거리와 고대 도시의 거리, 습지, 해변, 로마의 어떤 이웃들, 뉴욕, 암스테르담, 베를린, 바티칸, 라치오 주의 작은 마을, 그리고 베네치아..." 하지만 터무니없는 이 리스트는 제작자 디노 데 라우렌티스의 머리에 파산을 떠오르게 할 테니, 펠리니는 빨리 '경제적인' 세트로 조정해야 했다. '8과 1/2'을 만들 때처럼, 펠리니는 주인공 G. 마스토르나(G.는 주세페의 애칭)의 직업을 무엇으로 할지 애를 먹었다. 최종적으로 '여성의 엉덩이 모양인 소중한 악기' 첼로 연주자로 정했다. 제작자에게 보내는 편지에서 펠리니는 이렇게 썼다. "친애하는 디노. 주인공은 당신처럼 사업가일 수도 있어. 말하자면 살면서 무언가를 이룩하려고 부단히 노력하는 사람, 열정과 원기가 넘치는 사람 말이야." 제작자를 주인공과 동일시하여 데 라우렌티스를 설득하려는 시도는 결과적으로는 약간 표적에 맞지 않았다. 어쨌든 이 영화는 마스토르나의 죽음 이후를 다루게 된다. 데 라우렌티스가 아침에 가까운 편지를 읽었을 때, 그는 징크스를 없애려고 노력을 했을 것이다. 제작을 주저하는 디노 데 라우렌티스와 달리 그의 파트너들, 곧 형제인 루이지와 알프레도 데 라우렌티스는 이 영화를 아주 좋아했다. 이런 불일치는 영화 제작을 앞두고 형제들의 의견이 합의되지 않는 드문 경우였다. 특히 초자연적인 영화의 팬인 루이지는 이 영화에 아주 열정적이었다.

편지는 영화가 어떻게 시작하는지를 묘사하고 있다. 비행기 한 대가 눈보라를 뚫고 날아간다. 조종사는 균형을 잃었고, 승객들은 공포에 빠진다. 그런데 갑자기 모든 것이 조용해진다. 이들은 거대한 고딕 성당의 그림자 아래에 있는 이름 모를 도시의 어떤 광장에 조용히 착륙한다. 승객들은 비행기에서 내려 바람과 눈을 지나, 엷은 조명만 있는 길을 걸어 버스에 오른다. 펠리니는 "형언할 수 없는 신비한 경험을 표현하고, 모든 감정을 실어보겠다"라고 밝혔다. 하지만 그는 어떻게 끝맺을지 정하지 못했다. 펠리니는 '8과 1/2'의 환상을 언급하며, 어쨌든 영화는 희극이 될 것이라고 말했다.

제작자 디노 데 라우렌티스는 원래 SF 영화를 만든다는 계획에 서명했었고, 따라서 계약을 취소할 적절한 이유를 갖게 됐다. 하지만 그는 취소하지 않았다. 그는 여전히 '달콤한 인생'을 무시했던 과거를 후회하고 있었고, 다시 같은 실수를 반복하지 않으려 했다. 데 라우렌티스에게 편지를 보낸 뒤, 펠리니는 밀라노로 가서 부차티를 만났고, 영화의 스토리에 대해 이야기했다. 그런데 이 새로운 관계의 최고의 상섬이 어느새 삐걱대고 있었다. 부차티의 견고한 내러티브 구성, 그리고 문맥에서 이탈되는 상황마저 구조화하려는 그의 경향은 펠리니의 비결정적이고 환영적인 영화와는 잘 맞지 않았다. 어떤 경우든, 그들은 공유하는 것은 강조하고, 그렇지 않은 것은 예의를 갖춰 건너뛰며, 시나리오 작업을 해나갔다.

이후로도 10여 년간 펠리니는 'G. 마스토르나의 여행'에 대해 논의할 때면 두 가지 이유로 항상 조심하는 태도를 보였다. 먼저 그는 언젠가 이 영화를 만들 수 있을 것이라 믿었고, 그래서 플롯을 비밀에 부쳐야 했다. 둘째, 미신의 공포가 끼어들었다. 펠리니는 혼란의 순간이면 'G. 마스토르나의 여행'을 둘러싼 액운의 리스트를 썼다. 여정에서 갑자기 벗어나는 일은 물론, 그 결과로 빚어지는 황당한 판타지를 경험하는 것까지 리스트에 포함됐다.

이 시나리오는 미래에 펠리니가 만들 영화들의 맹아가 됐다. 제작 계획이 실패하자, 펠리니는 여기의 아이디어를 다른 영화에 써먹는다. 'G. 마스토르나의 여행'를 위해 고안된 더럽고 고립된 모텔은 '진저와 프레드'에 등장한다. 과거를 회상하는 꿈과 같은 공간과 이야기는 '아마코드'에서 자주 볼 것이다. '아마코드'에 나오는 예는 이런 것들이다. 옛 학교, 풀고르 영화관, 종교를 가르치는 성직자가 나중에 경찰서에 등장하는 것, 데 체르치스 철학 교사, 마르게리타(비앙키나라고 불리는 소녀), 옆집 소녀, 집안에서 부친이 받아쓰게 하는 명령("브루넬로 카사티, 체제나, 커피 4백 kg, 쌀 10자루, 잼 2백 kg...") 등이다. 그리고 강의가 있다. 강의의 내용은 주인공이 예술가가 되려고 할 때는 아무 소용이 없고, 안정된 직장을 구하려고 할 때는 아주 기본적인 것이다. 모친이 반복하는 말도 있다. "너 때문에 심장마비 걸려 죽을 거야."

U자형 식탁에 마스토르나 집안 혹은 펠리니 집안의 모든 구성원이 둘러앉아 있다. 마스토로나는 태아부터 시작하는 자신의 삶에 대한 영화를 본다. 그리고 자신을 스크린에서 확인한 뒤, 마스토르나는 다른 더 좋은 세상(천국?)으로 가는 여권을 받는다. 스크린에서 마스토르나는 교통체증에 갇힌 다

른 차의 차창 속 어떤 개에게 자신의 혓바닥을 내미는 모습으로 잡혀 있다. 식탁에 앉은 사람들이 크게 손뼉을 치고 있다. 혓바닥을 내민 행위는 주인공이 자신의 전 생애에 걸쳐 보인 가장 개인적인 제스처이다.

마침내 마스토르나는 '진저와 프레드'의 진저가 타는 버스와 아주 비슷한 것을 타고 공항으로 향한다. 그곳에서 마스토르나는 친절한 부모 같은 한 남자와 한 여자를 만난다. 그들은 시나리오에서는 적극적으로 제시하진 않지만, 동성애적인 관계까지 포함하여, 세 여행자 사이에 모든 관계가 가능할 완벽한 관용을 서로에게 보여준다. 마지막 비행에서, 비행기는 높은 산들로 둘러싸인 계곡에 착륙한다. 두 명의 세관 직원이 그곳에 있나(펠리니는 이 역을 희극배우인 프랑코 프랑키와 치초 인그라시아가 맡기를 원했다. 인그라시아는 나중에 '아마코드'에서 미친 삼촌 역으로 나온다). 스튜어디스(펠리니가 촬영을 했다면 가수 미나[3]가 이 역을 맡았을 것)가 춥고 밝은 밤길에 마스토르나를 안내한다. 여행은 피렌체에서 끝난다. 마스토르나는 걷고 있는데, 태양이 빛나는 맑은 아름다운 날이고, 그는 '오케스트라 리허설'에 늦을까 걱정하고 있다. 삶의 만다라는 죽음의 뒤에도 계속되고, 그 반대도 마찬가지다. 마스토르나는 지옥에도 가고, 그

---

3   미나(Mina). 1960년대부터 소위 국민가수 반열에 오른 이탈리아의 칸초네 가수. 강한 록스타일 칸초네를 잘 불렀다.

리고 돌아온다.

베른하르트 박사의 최근의 죽음이 일으킨 감정 때문에 펠리니는 이 영화를 앞으로 밀고 나갔는데, 결국 'G. 마스토르나의 여행'은 당시 펠리니가 고통 받던 여정의 마지막 목적지가 되고 말았다. 이 영화는 조화로운 평온의 호흡에서 보자면 '8과 1/2'과 '영혼의 줄리에타'의 의미를 확장한 은유다. 그것은 바로 너 자신을 받아들이고, 너 자신과 친구가 되고, 삶을 환영하듯 죽음을 환영하고, 그것처럼 과거 현재 미래를 모두 받아들이는 삶을 살라는 것이다. 어느 한쪽이 없다면 아무 의미가 없다. 그렇다면 왜 이 영화는 만들어지지 않았나? 펠리니는 종종 정의되지도 않고, 위협적인 수치 같은 어떤 '짙은 안개'를 말하곤 했다. 'G. 마스토르나의 여행'에 매달린 2년 동안 그는 어떤 불편한 감정을 느꼈다. 아마 이 영화는 마지막 유언처럼 그의 무의식에 들어갔을지도 모른다. 유언은 한 단어로 함축된 많은 이상한 암시로 채워져 있을 것 같다. 펠리니는 어떤 장소에 도착하는 걸 불행하게 여겼을 수도 있다. 대신 그곳을 지켜보는 걸 더 좋아했을 것 같다. 그가 자주 말했듯, 펠리니는 여행에서, 도착하는 것보다 그곳에 가는 여정을 더 좋아했다.

1966년 늦은 봄, 제작 프로듀서 루이지 데 라우렌티스는 미술감독으로 피에르 루이지 피치[4]를 고용했다. 제작부는 6월부터 나폴리와 밀라노에서 촬영 장소를 찾기 시작했다. 펠리니는 촬영감독 주세페 로툰노와 함께 이미 쾰른에 가서, 대성당을 찍었다. 펠리니는 '디노치타'에서 촬영하길 싫어했다. 그는 그곳을 '우주선 같고, 도착할 수 없는 체크포인트'라고 말했다. 펠리니는 나치오날레 거리 36번지에 있는 작은 사무실에서 혼자 일하길 좋아했다. 여느 때처럼 배우들 얼굴 사진 보는 것으로 일상적인 업무를 시작했다. 하지만 폰타나 거리로 돌아가야 했다. 그곳에서 피치는 중심 세트를 지었다. 쾰른 성당 같은 건물이 있는 광장과 다른 공간도 만들어 놓았다. 펠리니는 컬러 영화의 먼지에서 막 빠져 나왔고, 이번에는 촬영 감독 주세페 로툰노와 함께 흑백으로 영화를 찍기로 했다. 2천 벌이 넘는 의상들은 반드시 회색이거나 슬퍼 보이거나 재를 뒤집어쓴 것 같아야 했다. 그 옷을 입는 모든 배우는 그들의 인종적, 지리적 출신이 드러나도록 했다. 의상 담당자는 엄청난 업무를 책임진 셈이다. 펠리니는 슬라브 엑스트라들도 원했다. 군중 장면에서, 영화 속에 정의할 수 없는 어떤 공기를 불어넣기 위해서였다.

이 시기에 펠리니는 늘 비관적이었다. 앞으로는 영화를 만들지 않겠다는 말을 입에 달고 살았다. '8과 1/2'을 본 사람에게는 익히 잘 아는 이야기일 테다. 어느 날 바스카 나발레 거

---

4   피에르 루이지 피치(Pier Luigi Pizzi). 이탈리아의 대표적인 세트 디자이너. 훗날 오페라 연출가로 명성을 날린다.

리에 있는 사무실에서 혼자 있을 때, 펠리니는 설명이 안 되는 무서운 백일몽을 꿨다. 쾰른의 대성당이 모조리 자기에게로 무너지고, 돌 하나하나가 모두 그를 덮치려고 했다. 깨어날 때 그는 4m 위로 높이 점프한 것 같았다. 이 이상한 에피소드는 펠리니를 어리둥절하게, 또 겁을 먹게 했다.

한편 주인공 캐스팅 문제는 거의 질병에 걸리는 수준이었다. 일단 마르첼로 마스트로이안니는 제외했다. 펠리니 스스로 반복하는 걸 원하지 않았고, 만약 그가 출연하면 'G. 마스토르나의 여행'은 '마스트로이안니 돌아오다'가 될 것이란 다수의 의견을 수용해야 했다. 어쨌든 당시 마스트로이안니는 불가능했다. 그는 1월부터 로마의 시스티나 극장에서 뮤지컬 '차오, 루디'의 주인공 루돌프 발렌티노 역을 맡아 공연하고 있었는데, 이게 성공적이었고, 가을에도 무대에 올라야 했다. 펠리니가 얼마나 질투가 심한가 하면, 자신의 분신인 마스트로이안니가 다른 사람을 위해 연기하는 것은 일탈이라고 여겼다. 그건 프로 직업인으로서 해서는 안 되는 행위인 것처럼 말하며, 펠리니는 친구들에게 편지를 보내, 어처구니없게도 극장에 가더라도 마스트로이안니를 위해 박수를 보내지는 말라고 주문했다. 주연을 맡을 다른 후보들도 있었다. 로렌스 올리비에가 거론됐는데, 펠리니는 '8과 1/2'을 만들 때 원하지 않은 것과 같은 이유로 이번에도 그를 원하지 않았다. 스티브 맥퀸도 후보였다. 하지만 펠리니는 그를 직접 만난 적도 없고, 또 그런 스타 배우에 집중하고 싶어 하지도 않았다. 얼마 전 리처드 베이스하트와 이혼한 발렌티나 코르테제의 새로운 파트너 조르지오 스트레레르도 떠올랐다. 그는 발렌티나를 따라 펠리니의 패거리가 됐다. 연극연출가 스트레레르는 은밀하게 그 주역에 다가가고 싶어 했다. 펠리니는 그의 연극을 다 보지는 않았지만, 스트레레르를 좋아했다. 하지만 스트레레르가 원했던 영화에서의 일은 성사되지 않았다. 그 일로 스트레레르가 펠리니에게 나쁜 감정을 가진 건 아니다. 오히려 펠리니의 가장 열성적인 팬이 됐다. 더 나아가 그는 연극 무대에서 펠리니의 캐릭터와 상황을 참조하며, 새로운 것을 창조하는 작업을 이어갔다. 1990년대에 생의 말년을 맞았을 때, 이 연극계의 거물은 조심스럽게 자신의 영화 연출 데뷔를 타진하기도 했다. 그가 만들려던 영화는 'G. 마스토르나의 여행'이었다.

8월이 되자 펠리니의 우울한 기분은 디노치타에서의 일하기의 어려움 때문에 더욱 나빠졌다. 게다가 그는 실제로는 자신이 마스트로이안니를 원하고 있다는 사실을 인지했다. 그리고 마스트로이안니는 뮤지컬을 중단할 준비를 했고, 계약 위반에 따른 무거운 벌금까지 내려고 했다. 펠리니는 바닷가 프레제네에 물러나서, 조감독 릴리아나 베티, 미술감독 피치와 주로 이야기하며 지냈다. 두 사람은 일의 진척에 대해 많은 걱정을 하고 있었다. 펠리니가 말했다. "천천히 합시다. 우리는 아마 다른 곳에서 이 영화를 만들 수도 있어요." 어떤 사람들은 마법사 롤이 펠리니의 주머니에 이런 메모를 남겼다는 소문을 퍼뜨렸다. "이 영화를 만들지 마시오." 제작자 디노데 라우렌티스는 침착했다. 그는 펠리니가 단지 "초자연적인 것을 믿는 덩치만 큰 아기"라며, 모든 것이 잘 될 것이라고 말했다.

9월 14일 펠리니는 자신의 노트에 악몽을 기록한다. 기차는 8시 30분(아마 '8과 1/2'에 대한 연상)에 떠날 것이고, 펠리니는 기차역에 한 시간 전에 이미 와 있었다. 그런데 마치 마스토르나처럼 그 기차를 놓치고 말았다. 펠리니는 급히 점프하여 객차의 문 계단에 겨우 올라탔고, 달리는 기차의 외부에 위험하게 매달리게 됐다. 그는 점프하여 다시 내릴 수도, 그렇다고 문을 열고 안으로 들어가지도 못했다. 마지막 말은 "도와줘!"였다. 이 꿈을 꾼 뒤, 펠리니는 바로 디노 데 라우렌티스에게 자신이 영화에 대한 열정을 왜 잃었는지 설명하는 편지를 등기로 보낸다.

1966년 9월 14일, 로마

친애하는 디노,

내가 오랫동안 갈등해왔고, 이제 겨우 결론에 도달한 것에 대해 말해야만 하겠네. 이것은 진지한 결정이고, 그렇다고 크게 과장 하고 싶지는 않네. 하지만 나의 영혼에 대한 유일하고도 진솔한 답변이라네. 나의 영혼은 우정에 관한 의무의 감정 때문에, 더욱 깊고 더욱 진솔한 감정을 자꾸 외면하려고 하는 데 지쳐 있네. 나는 이 영화를 시작할 수 없네. 지금까지 일어난 모든 일 때문에 나는 이 영화를 만들 수 없을 것 같네. 나를 오해하지 말게. 이 영화 자체에 대해선 추호의 의심도 없네. 그러나 이 영화에 대한 적대적인 신호가 오래 이어졌네. 영화의 컨셉을 잡을 때부터 발전시켜 나갈 때까지. 그래서 장애와 정체가 많은 이상한 환경이 되고 말았네. 나는 무장해제됐고, 지쳤네. 이런 조건에서라면 나는 영화를 만들 수 없을 것 같네.

예언이 일어난 것 같이, 디노 데 라우렌티스는 '8과 1/2'의 제작자처럼 행동했다. '8가 1/2'에서 제작자는 종결부에 감독을 위협하며 "이 영화를 안 만들면, 너를 파멸시킬 거야."라고 말했었다. 데 라우렌티스는 곧바로 상황을 설명하기 위한 공개적인 성명을 냈다. 영화사는 1년의 준비 기간을 거쳤고, 9월 5일 '부조리한 우주'라는 제목의 영화 촬영을 시작하려 했다. 하지만 10월 3일로 연기하는데, 이유는 감독의 건강이 좋지 않기 때문이라고 알렸다. '거대한 세트'는 디노치타와 바스카 나발레 거리에 세워졌고, 그래서 이미 제작비로 6억 리라를 썼다(이 중 45%는 감독의 개런티이며, 이미 지급됐다). 펠리니의 편지를 전달받은 디노 데 라우렌티스는 곧바로 법적 절차를 밟았다. 그는 11억 리라를 잃었다고 주장했다. 6억 리라를 썼고, 5억 리라의 이익 손실을 봤다는 것이다. 펠리니의 경솔한 행동 때문에 70명이 일을 잃을 위기에 놓였다는 조항도 덧붙였다. 특별 법정의 판사는 데 라우렌티스에게 합의금으로 3억 5천만 리라를 받을 수 있음을 알렸다. 9월 24일 데 라우렌티스의 법률 대리인들이 '그림들과 예술 작품들'을 압수하려고, 펠리니가 사는 프레제네의 집에 왔다. 다음 날 언론에선 '그럼에도 합의금에는 미치지 못하는 액수'라고 보도했다. 화가 치민 데 라우렌티스는 펠리니의 모든 돈, 특히 리촐리에 관련된 돈을 압류하길 원했다.

집에 있던 펠리니는 언론에 포위됐지만, 기자들과 말하려고 하지 않았다. 디노는 10월 11일 나폴리의 산 카를로 극장에서 예정된 존 휴스턴의 '천지창조' 개봉으로 바빴다. 대도시 고향에서의 성공은 디노의 화를 조금 풀게 했지만, 펠리니에 향한 분노는 계속 이어졌다. 그의 형제 루이지는 상황을 좀 덜 비극적인 시각에서 보자고 설득하고 있었다. 디노는 재산을 압류한 건 심한 행위였다고 생각하기 시작했다. 그건 펠리니보다는 마지나에게 더 큰 상처가 될 것을 알기 때문이었다. 라이프 잡지가 말한 대로 데 라우렌티스가 '이탈리아의 드밀(DeMille)[5]'이라면, 펠리니는 세상에서 가장 중요한 감독일 것이다.

언론은 펠리니가 풀고르 필름(Fulgor Film)이라는 새로운 제작사를 세웠고, 미국의 스튜디오들도 'G. 마스토르나의 여행'의 제작에 흥미를 보였다고 보도했다. 1967년 2월 초, 펠리니는 런던으로 가서, 영국인 배우들을 보고 있다고 알렸다. 덧붙이길, 마스트로이안니는 지금 함께할 수 없으며(그는 루키노 비스콘티의 새 영화 '푸치니'에 집중하고 있었는데, 이 영화도 결국 완성되지 못했다), 그래서 주역으로 엔리코 마리아 살레르노를 선택했다고 말했다(살레르노는 '달콤한 인생'에서 스타이너 역을 놓고 알랭 쿠니와 경쟁했었다). 이제 걱정에 싸인 디노 데 라우렌티스는 변호사들을 보내 타협을 보려고 했다. 디노와 페데리코 사이의 화해는 안개 낀 아침, 로마의 빌라 보르게제 공원에서 진행됐다. 디노와 페데리코는 법률 자문단을 이끌고 도착했다. 그들은 마치 마피아 두목처럼 보였다. 변호사들은 차에 머물고, 싸웠던 두 친구만 약속된 장소로 걸어갔다. 그리고는 서로 나란히 서서 앞으로, 뒤로 여러 번 걸었다. 열정적으로 말하기도 한 뒤 악수를 했다. 그리고는 서로 포옹했다. 변호사들은 기뻐하며 차에서 나왔고, 그 포옹을 법적 화해로 해석했다. 한편 디노의 기억은 다른데, 만남은 끊임없이 이동하는 차 안에서 이뤄졌다고 했다.

다시 촬영을 시작하는 데는 여러 문제가 따랐다. 많은 스태

---

5   세실 B. 드밀, 할리우드의 대표적인 대작 감독이자 제작자. 대표작으로 '클레오파트라'(1934), '십계'(1956) 등이 있다.

프들이 이젠 다른 제작에 참여했고, 그들을 대신할 인력을 새로 뽑아야 했다. 가장 큰 문제는 주역 배우였다. 데 라우렌티스는 살레르노가 아직 유명하지 않다고 봤다. 데 라우렌티스는 여전히 주역에 미국 배우를 염두에 뒀다. 그들은 4월 20일에 촬영에 들어가야 하고, 아무리 늦어도 5월 15일엔 무조건 시작해야 했다. 이 일정에 맞춰, 오스카 베르너[6], 그레고리 펙, 또는 폴 뉴먼을 기용하는 것은 현실적으로 불가능했다. 디노와 페데리코는 계속 토론을 이어갔고, 어느 날 큰 분쟁이 벌어졌다. 펠리니가 다음 영화로 '사티리콘'을 찍을 것을 공개했는데, 영화의 제작자는 데 라우렌티스의 경쟁자인 프랑코 크리스탈디(Franco Cristaldi)였기 때문이었다. 주요 인물인 트리말치오네에는 알베르토 소르디가 나올 예정이었다. 최종적으로 펠리니는 'G. 마스토르나의 여행'의 주역에 우고 토냐치(Ugo Tognazzi)[7]가 나오는 데 합의했다. 3월에 토냐치는 계약할 것이다.

당시 토냐치는 경력의 절정에 있었다. 펠리니의 영화에 주인공으로 나온다는 사실에 대단히 기뻐했다. 기자들에게, "나

---

6   오스카 베르너(Oskar Werner), 프랑수아 트뤼포의 '쥘과 짐'으로 유명한 배우.

7   우고 토냐치(1922-1990)는 이탈리아를 대표하는 코미디 배우였다. 마르코 페레리('그란 뷔페'), 피에르 파올로 파졸리니('돼지 우리') 등 여러 유명 감독과 작업했다. 1981년 베르나르도 베르톨루치의 '우스운 남자의 비극'으로 칸영화제에서 남우주연상을 받았다.

는 아주 행복했다. 이 사실을 누구에게 먼저 알릴지 고민했다. 그래서 아버지에게 전화했다"라고 말했다. 토냐치도 버라이어티 쇼 출신 배우였지만, 그가 주인공으로 나오는 데, 펠리니는 행복한 마음을 가질 수 없었다. 주인공인 첼로 연주자는 약간 광기가 있고, 눈에 신경증의 흔적이 보여야 했다. 펠리니는 토냐치가 제안을 거절하길, 혹은 너무 바빠 받아들일 수 없기를 기대했다. 그 문제에 대해 펠리니는 좀 더 시간을 벌고자 했다.

한편 펠리니 부부는 해변 도시 프레제네를 떠났다. 그곳에서 사는 것은 불가능했고(습기가 너무 높았다), 로마의 에우르 지역에 있는 '그란드 호텔'(Grand Hotel)에서 살았다. 디노치타 바로 옆이었다. 촬영 날짜가 다가오자 펠리니는 더욱 신경증적으로 변했고, 잠을 거의 자지 못했다. 미친 꿈들을 기록하기 시작했다. 정지 신호들, 장애물들, 철도 건널목들, 세관 통과소, 총살들, 재앙들, 그리고 '축하해'(auguri)라는 글자가 중간에 찢어져 있는 것들이었다.

1967년 4월 10일 월요일, '길'이 제2 공영방송국(RAI 2)에서 방영됐다. 그날 밤 펠리니는 몸이 좋지 않았다. 그는 프레제네 해변을 걷다가, 기관지염에 걸리고 말았다. 펠리니는 매우 걱정했다. 왜냐면 다음 주에 디노의 동생 알프레도 데 라우렌티스와 함께 마지막 촬영지인 볼로냐, 나폴리, 슈투트가르트에 갈 예정이었기 때문이었다. 줄리에타는 '길'을 보기 위해 자매의 집에 갔고, 펠리니는 침대에 홀로 남았다. 의사가 담배를 피우며 왔고, 펠리니에게 증상을 완화하는 주사를 놓았다. 그날 밤 10시에 펠리니는 등과 가슴에 극심한 통증을 느꼈다. 전화를 걸기 위해 움직이는 도중에 그는 쓰러지고 말았다. 마지막으로 기억하는 것은, 그는 일어나려고 했고, 메모를 하나 문밖에 붙이려 했다. "줄리에타, 혼자서는 들어오지 마." 그는 의식을 잃은 채 카펫 위에 오래 누워 있었다. 먼지를 너무 많이 마셔, 이것은 알레르기가 됐고, 이후 그는 종종 숨이 막히는 통증을 느끼곤 했다. 의식을 찾았을 때, 그는 탈진했고, 바다의 밑바닥에 있는 것 같았다. 펠리니가 기억하길, 누군가 문을 부수는 소리를 들었고, 방에 들어와서, 그를 일으켰다. 자신은 계단을 따라 옮겨지고 있었는데, 홀에는 우아하게 옷을 입은 사람들로 꽉 차 있는 것 같았다. 아마 그곳에서 어떤 파티가 열리고 있었을 것이다. 다행히 담배 피우는 의사도 그곳에 있어서, 펠리니는 의사의 차에 타게 됐다. 차는 움직이기 시작했는데, 갑작스럽게 멈췄다. 충돌하는 소리도 들렸다. 차창을 통해 펠리니는 황색 신호등을 봤고, 사람들은 싸우고 있었다. 그는 의사가 근엄한 목소리로 말하는 걸 들었다. "나를 지나가게 해주시오. 차 안에 지금 사람이 죽어가고 있소." 능숙한 손들이 펠리니를 들어서 간이침대 위에 눕힐 때, 그는 고통을 느꼈다. 펠리니는 병원에 도착했고, 응급치료를 받았다. 그는 조용하고 약간 어두운 방에 누웠다. 진정제를 맞은 뒤 고통은 사라졌다.

4월 12일 수요일, 일간지 '일 메사제로'(Il Messaggero, 메신저)가 펠리니의 응급실행을 보도했다. "예술계에서 말하길, 펠리니는 심각한 호흡기 질환, 늑막염, 그리고 외상성 늑막폐렴에 고통받고 있다."라고 전했다. 디노 데 라우렌티스는 이 뉴스에 회의적이었고, 사실을 확인하기 위해 자신의 의사들을 보냈다(몰리에르의 희극처럼). 의사들은 심각한 얼굴로 돌아와서, 더 나쁜 뉴스를 전했다. 그들은 펠리니가 암에 걸렸다고 여겼다. 데 라우렌티스는 울었다. 한편 로마의 지아니콜로 언덕에 있는 살바토르 문디 병원의 1층 105호실에는 문에 '방해하지 마시오.'라는 표지가 붙어 있었다. 하지만 수백 통의 전보가 도착했다. 안첼로 리촐리가 장미 다발을 들고 왔다. 약간은 겁을 먹었고, 하지만 깊은 애정을 담아 그는 마치 펠리니의 아버지처럼 행동했다. 그는 펠리니의 모든 것을 용서했다. 마스트로이안니, 스트레레르, 그리고 친구 티타 벤치도 왔다. 그들에게 주어진 시간은 불과 몇 분이었다. 다른 사람들도 와서 슬픔을 표했다. 머리를 숙였고, 복도에서 한참 머물렀다. 이들 중엔 친구였지만 적으로 변한 사람, 이를테면 피에로 게라르디 같은 사람도 있었다. 게라르디가 나타난 것을 보고 펠리니는 자신의 병이 얼마나 심각한지 짐작했다. 펠리니는 교황 바울 6세의 메시지도 받았다. 그는 몇 년 전 밀라노의 주교로 있을 때, 펠리니를 '달콤한 인생'을 만든 공공의 죄인이라며 면회를 거부했던 사실을 잊은 것 같았다.

어떤 사람들은 이 병이 영화 만들기에서 빠져나오기 위한 전략이라고 주장하기도 했다. 하지만 위험을 알리는 경고는 퍼져나갔다. 언론은 펠리니의 부고 기사를 준비했다. 병에 대한 끝없는 분석이 이어졌고(펠리니는 7시간 동안 128번 X선 검사를 받았다고들 했다), 공식 진단은 안도감을 줄 수 있는 것이었다. 급성 늑막염이었다. 며칠 뒤, 펠리니는 이번에는 디노 데 라우렌티스가 맹장염으로 병원에 입원했다는 뉴스를 보고 웃을 정도로 건강을 회복했다. 4월 20일 펠리니는 병원에서 첫날 꿨던 꿈을 자신의 〈꿈의 책〉에 기록했다. 어느 남자가 신축성 있는 호흡 보조 튜브에 먹힌다. 그러나 그는 으깨지지도, 부서지지도 않는다. 펠리니는 생각했다. "나는 언제 그를 다시 볼까?" 5월 3일 펠리니는 데 라우렌티스에게 보내는 사업상의 편지를 받아쓰게 했다. 자신은 6월 15일로 예정된 건강 진단서의 결과와 관계없이 8월에 촬영에 들어가겠다고 전했다.

디노 데 라우렌티스는 펠리니의 건강이 가장 중요하다는 사실을 인정했다. 그런데 감독의 회복은 대단히 더뎠다. 에르콜레 세가라는 유명 내과 의사가 있는데, 그는 리미니 학교 때의 펠리니 친구였다. 그는 펠리니를 보러 왔다. 친구는 펠리니의 치료카드를 열심히 보더니, 다른 진단을 내렸다. 펠리니는 '슈바르츠만 신드롬'(sindrome di Shwartzman)을 겪고 있다고 말했다. 이 병원의 의사들은 그 진단에 회의적이었지만, 펠리니를 슈바르츠만 신드롬으로 다루기 시작했다. 그러자 펠리니는 빠른 회복을 보였고, 곧이어 퇴원할 수 있었다.

펠리니는 휴양을 위해 로마 근교의 만치아나(Manziana)에 갔다. 그곳에서 폴 뉴먼의 방문을 받았다. 데 라우렌티스가 'G. 마스토르나의 여행'에서 함께 일할 가능성을 타진하기 위해 보낸 것이다. 한편 토냐치는 신문에서 펠리니가 일종의 '토냐치 알레르기'를 앓고 있으며, 그래서 불안하고, 소송을 당할지 겁을 먹고 있다는 기사를 읽었다. 만치아나에서 큰 걱정 없이 지낼 때, 펠리니는 과거의 기억들을 기록했다. 이는 훗날 〈나의 리미니〉라는 제목으로 출간되며, '아마코드'의 기초가 된다. 펠리니는 로마 근처 물이 좋기로 유명한 피우지(Fiuggi)로 옮겼다. 한편 디노 데 라우렌티스는 건물 꼭대기에 있는 자기 사무실에서 디노치타에 세워져 있는 쾰른 대성당의 모형을 볼 수 있었다. 그는 'G. 마스토르나의 여행'이 만들어지지 못할 것을 걱정했다. 1967년 8월 21일 건강을 되찾은 펠리니는 'G. 마스토르나의 여행'을 대신하여, 데 라우렌티스와 5년 동안 3개의 작품을 만든다는 계약을 맺었다. 이 계약에는 5억 리라가 이미 제작비로 투자됐다고 명시됐다. 곧 펠리니가 갚아야 하는 금액이다. 좀 복잡해졌지만 달리 그들이 무엇을 할 수 있을까? 그날 펠리니는 이상한 꿈을 꿨다. 악몽은 아니었다. 펠리니는 운전 중에 아이들을 구하려다 목이 잘리는 꿈을 꿨다. 사실 그는 운전사(마스토르나)의 목을 자르면서, 만들어질 영화들(곧 그의 아이들)을 구했다. 그리고 '토비 댐잇'도 구한다. 에드거 앨런 포의 작품을 각색한 이 영화의 주인공은 악마와의 대결에서 자신의 목을 건다.

이 새로운 기획은 'G. 마스토르나의 여행'이 끝나는 곳에서 시작했다. 펠리니의 경우 늘 그렇듯 이것도 농담과 우연에 의해 태어났다. 1967년 여름 어느 날, 로마의 에우르에 있는 펠리니의 집에 그리말디라고 불리는 남자가 와서 면담을 요청했다. 펠리니는 그가 괴롭힐 것 같아, 집에 없다고 대답하게 했다. 데 라우렌티스처럼 나폴리 출신인 변호사 알베르토 그리말디(Alberto Grimaldi)[8]는 어떤 아이디어를 갖고 있었고, 쉽게 물러날 남자가 아니었다. 그는 집의 중원에서 펠리니를 기다렸고, 결국 만나게 되자 자신을 제작자로 소개했다. 이미 몇 편을 발표했는데, 이를테면 세르지오 레오네의 웨스턴을 만들었다고 말했다. 그는 펠리니와 영화를 만들고 싶다고 했다. 모든 것을 펠리니가 결정할 수 있으며, 'G. 마스토르나의 여행'도 된다고 말했다. 그런데 그 영화는 데 라우렌티스에게 권리가 있으니, 그것을 가져오기 위해 전혀 돈을 아끼지 않겠다

---

8   알베르토 그리말디는 소위 '스파게티 웨스턴'으로 영화산업계에 들어왔고, 특히 1960, 1970년대에 펠리니, 파졸리니, 베르톨루치와의 협업으로 좋은 결과를 내었다. 펠리니와는 '사티리콘'(1969), '펠리니의 카사노바'(1976), '진저와 프레드'(1986) 등을 제작했다.

고도 밝혔다. 그리말디는 침착했다. 상황을 지켜보자는 식이었다. 그는 펠리니의 영화를 만드는 것은 희생을 감수하는 것이라고 생각했다. 30분이 지나자 두 사람은 사적인 문제까지 서로 이야기하기 시작했다. 펠리니는 최근의 질병과 가족들, 그리고 삶 일반을 말했다. 바로 우정어린 관계가 만들어졌고, 둘 사이의 순수한 공감은 몇 번의 위기도 있었지만 오래 지속됐다.

펠리니는 프로듀서 엔초 프로벤찰레(Enzo Provenzale)를 불렀다. 그는 '백인 추장'을 만들 때의 친구이자 적이다. 연기된 영화가 어떻게 될지 알아보기 위해서였다. 세트는 여전히 디노치타에 있었고, 지금도 쓸 수 있었다. 예산은 다시 수정될 것이며, 하지만 너무 높지는 않을 것이다. 기본적으로 프로벤찰레는 비관적인 성격인데, 그럼에도 영화는 진척될 수 있다고 결론을 내렸다. 한편 디노 데 라우렌티스는 매우 초조했다. 다른 나폴리 남자가 자신의 펠리니를 훔쳐간다고 질투했다. 그리말디가 새롭게 기획하며 얼마나 많은 돈을 쓸지, 약간 걱정되기도 했다. 9월 13일 데 라우렌티스는 최후통첩을 보냈다. 영화를 사려면 9월 25일 이전에 해야 하고, 4억3천5백만 리라를 지급하고, 토냐치와의 계약 보상도 전부 책임지라고 알렸다.

그리말디는 디노치타로 가서 데 라우렌티스에게 모든 것을 지불했다. 그는 'G. 마스토르나의 여행'의 새 주인이 됐다. 펠리니에 따르면 데 라우렌티스는 자신의 손에 쥐어진 수표를 봤을 때 무릎을 꿇었다고 한다. 그리고는, "성인 젠나로(Gennaro, 나폴리의 수호성인)는 존재합니다. 바로 내 앞에 있습니다. 그의 이름은 알베르토 그리말디입니다."라고 말했다는 것이다. 데 라우렌티스는 "성인 젠나로도 펠리니가 그 영화를 만들게 하는 기적을 일으키긴 힘들 겁니다."라는 말도 덧붙였다. 이제 모든 장애는 없어졌고, 모든 것이 앞으로 나아갈 준비가 됐다. 미국 제작자들도 시나리오를 읽었고, 계약서에 서명했다. 프로벤찰레가 예산을 수정하고, 촬영 일정을 새로 짰다. 디자이너 마리오 키아리는 세트를 일부 수정하기 위해 바빴다. 마스트로이안니도 다른 일이 없었고, 참여할 수 있어서 기뻤다. 그런데 펠리니가 드디어 가면을 벗었는데, 그는 '진짜로' 이 영화를 만들고 싶어 하지 않았다. 그 영화에서 빠져나오기 위해 펠리니는 다른 대안들을 그리말디에게 제안했다. 그런데 그 모든 제안이 매력적이었다. 메로빙거 왕가의 이야기, 보카치오의 어떤 것, 〈광란의 오를란도〉, 또는 〈사티리콘〉의 각색 등이었다. 〈사티리콘〉은 과거에 제작자 프랑코 크리스탈디와 플롯까지 짜놓은 작품이었다. 그리말디는 전부 좋다고 했다. 단 한 가지 단서를 달았다. 펠리니가 여러 후보 중 하나를 선택하여, 바로 일을 시작하라는 것이었다. 앞으로 보겠지만 딜레마는 예상보다 빨리 해결됐다. 프랑스에서 제안이 하나 왔고, 그래서 'G. 마스토르나의 여행'은 다시 연기됐다.

　다음 해, 펠리니는 '토비 댐잇'(옴니버스 영화 '죽음의 영혼'의 한 부분)을 끝내고, '사티리콘'을 시작하기 전에 'G. 마스토르나의 여행'에 대한 묘비명을 하나 만든다. 한 시간짜리 다큐멘터리로, NBC의 피터 골드파브가 제작했고, 제목은 '펠리니: 감독 노트'(Fellini: A Director's Notebook)이다. 여기서 펠리니는 'G. 마스토르나의 여행'에 대해 작별을 고했다. 그리고 새 영화는 고대 로마에 대한 것이라고 알렸다.

　'펠리니: 감독 노트'는 디노치타 바깥의 거친 풀밭에서 시작한다. 일군의 히피들이(1968년이다) 성당의 그늘에서 캠핑하고 있다. 다큐멘터리의 첫 장면에서부터 이 영화는 당시 유행하던 앤디 워홀 스타일에 대해 패러디하고 있음을 알 수 있다(펠리니는 다른 사람들의 영화는 잘 보지 않는다고 자주 말했다. 하지만 무슨 일이 벌어지고 있는지는 잘 알고 있었다). 펠리니는 히피들과 친절하게 대화를 나눈다. 그때 마스토르나가 돌풍과 함께 나타난다. 그는 '8과 1/2'의 감독처럼 검정 옷을 입고 있다. 몇 개의 장면들이 이어진다. 치네치타에 있는 소품저장소, 그곳엔 스튜디오에서 사용할 물건들이 잔뜩 쌓여 있다. 모조 콜로세움도 보이는데, 회랑엔 여장남자들과 동성애자들이 서 있다. 줄리에타가 자루를 든 남자를 소개하는데, 이것은 '카비리아의 밤' 장면으로 연결된다. 포로 로마노에 대한 무성영화 장면, 그리고 1920년대 영화 스타일로 표현된 고대 로마에 대한 우스운 장면도 있다. 한 아이가 앞을 바라보고 있고, 해군복을 입고 있는 그는 아버지의 무릎에 앉아 있다. '펠리니: 감독 노트'에서 몽타주는 펠리니의 과거 작품을 새 영화인 '사티리콘'과 연결하는 것이다. 펠리니는 그의 새 작가 베르나르디노 차포니(Bernardino Zapponi)와 함께 아피아 안티가(Appia Antica) 거리의 아래에 있는 고대의 카타콤에 가서 '죽음의 소리'를 듣는다. 고딕처럼 괴상하고 이상한 의식에, 실제로 사람들이 참여하고 있는 장면도 있다. 지하철의 창문을 통해 터널을 걷고 있는 고대 로마 사람들의 모습도 보인다. '사비나 여인의 납치'를 재현하는 장면도 삽입돼 있다. 이 장면에서는 트럭 운전사들이 고대 복장을 한 매춘부들을 납치해와서, 들판에 풀어놓기도 한다. 아피아 거리의 포르타 산 세바스티아노에 있는 마스트로이안니의 새 집(실제 그가 사는 집)도 방문한다. 몇 마디 농담을 주고받은 뒤, 마스트로이안니는 마스토르나의 복장을 하고 첼로를 연주한다. 다큐멘터리의 끝에 도살장을 방문하는데, 어둡고 피가 흐르는 분위기와 로마의 전형적인 흉포함을 보여주기 위한 것이다. 펠리니가 '사티리콘'을 염두에 둔, 이상하고 위험하게 생긴 얼굴들이 연속하여 등장한다. 미국인 배우 마틴 포터의 스크린 테스트도 있다. 그가 '사티리콘'에서 주인공 엔콜피오를 연기할 것이다. 이런 뒤죽박죽이고 동시에 지적인 모험은 '8과 1/2'에 나왔던 니노 로타의 행진곡으로 끝난다. 미국인 관객들이 좋은 반응을 보인다. 그리고는 편견 없는 펠리니의 모습을 보여준다. 곧 큰 마술이 그에게 신비롭듯, 작은 속임수 같은 마술도 충분히 즐겁다는 것이다. '8과 1/2'에서 마술사가 마스트로이안니에게 "이해하지 못할지라도 마술에는 '그 무엇'이 있다."라고 말한 것처럼 말이다.

'감독 노트'는 'G. 마스토르나의 여행'의 문제를 풀지는 못했다. 계약과 계약 사이에서 고생하던 펠리니는 최종적으로 그리말디에게 새로 돈을 갚고, 1971년 드디어 전권을 가졌다. 1976년 '펠리니의 카사노바'를 마친 뒤, 그는 'G. 마스토르나의 여행'의 부활에 대해 작가 토니노 구에라와 이야기하기 시작했다. 부활된 작품은 정제되고 새로 고쳐질 것이다. 그런데 펠리니는 다시 그 일을 진행해선 안 된다는 경고 같은 장애에 부딪힌다. 어느 날 시스티나 거리에 있는 사무실에서 펠리니는 구에라와 논의하고 있었는데, 바로 그때 나쁜 뉴스를 알리는 전화를 받았다. 신호 같은 그 전화를 받고, 펠리니는 시나리오를 덮은 뒤, 찬장 안에 넣고 열쇠로 잠가버렸다. 한때 부차티는 작품 제목을 '달콤한 죽음'으로 붙이려 했는데, 그것처럼 펠리니는 다시는 그 영화에 대해 말하고 싶어 하지 않았다. 어떤 인터뷰에서 펠리니는 이렇게 말했다. "그 영화 'G. 마스토르나의 여행'은 바다 깊숙이 가라앉은 배의 잔해 같았다. 하지만 그 이후의 모든 나의 영화의 자양분이 됐다."

에드거 앨런 F.

제작자 알베르토 그리말디를 위해 만들기로 했던 'G. 마스
토르나의 여행'을 대신하여 어떤 영화를 만들 것인지에 대
한 결정은, 앞에서 말했듯, 외국에서의 개입으로 풀렸다. '마
르소 영화사'(Les Films Marceau)의 프랑스인 제작자 레이몽
에게르는 자신이 기획하고 있는 옴니버스 영화 '죽음의 영
혼'(Histoires extraordinaires)에서 펠리니가 한 부분을 맡아주기
를 제안했다. 영화는 에드거 앨런 포의 단편 소설에 기초한
것인데, 제작자 에게르는 이미 오손 웰스, 조셉 로지, 그리고
루키노 비스콘티 같은 유명 감독이 합류하기로 했다고 자랑
했다. 그런데 세 감독은 이런저런 이유로 결국 전부 중간에

포기했다. 펠리니는 끝까지 남았고, 이어서 루이 말('윌리엄 윌슨')과 로제 바딤('메첸거슈타인')이 합류했다. 그리말디는 펠리니 부분을 프랑스 회사와 공동제작하기로 했다. 펠리니는 짧은 것을 빨리 찍으며, 영화 만들기로 돌아온다는 사실에 기뻐했다. 세트에서 물러나 있은 지 2년 반이 지났고, 무엇이든 시작할 준비가 돼 있었다.

이제 문제는 어떤 포 단편을 영화화할 것인가였다. 제작자 에게르는 '폭로하는 심장'(The Tell-Tale Heart)을 제안했다. 살인자의 이야기로, 그는 사람을 죽인 뒤 육체를 조각내고, 마룻바닥에 묻었는데, 피해자의 심장은 계속 뛰는 내용이다. 펠리니는 그 이야기를 알고 있었다. 하지만 영화로 어떻게 옮겨야 할지 알 수 없었다. 그래서 펠리니는 포르투나 거리 27번지에 따로 사무실을 얻은 뒤, 조감독이던 릴리아나 베티를 고용하여, 포의 작품을 읽고 요점을 정리하게 했다. 요약본이 만들어진 뒤, 펠리니는 작가 베르나르디노 차포니와 여러 가능성을 논의했다. 차포니는 언론인 고프레도 파리제를 통해 만났는데, 나중에도 펠리니를 위해 많은 시나리오를 쓸 것이다. 마흔 살인 차포니는 상상력 뛰어난 문학을 옹호했고, 지적인 잡지 '밀고자'(Il Delatore)의 편집장이었다. 당시에 막 자신의 작품집 〈고발〉(Gobal)을 롱가네지 출판사를 통해 발간했다. 처음에 펠리니는 포 대신 차포니의 작품을 각색할 생각도 했다. '운전사'(L'autista)를 프랑스 말로 번역하여, 제작자인 에게르에게 보내기도 했다. 어떤 운전사가 이미 값을 치른 차를 때려 부수는 이야기였다. 제작자는 전혀 관심을 보이지 않았다. 그는 오로지 포를 원했다.

적절한 스토리를 찾기 위한 여정은 계속됐다. 펠리니는 소설을 읽지는 않았고, 베티가 작성한 요약본에 의지했다. 펠리니는 '생매장'(The Premature Burial)에 매료됐다. 나폴리에서 촬영하고, 주인공으로 알베르토 소르디를 캐스팅하여, 생매장되는 공포에 겁을 먹은 남자 역을 맡길 계획이었다. 그런데 펠리니는 밤에 차포니와 함께 시내를 돌아다니던 중, 최근에 붕괴한 아리치아 다리에 도착했다. 그 다리를 보니 펠리니는 다른 소설 곧 '악마에게 머리를 걸지 마라'(Never Bet the Devil Your Head)[1]를 떠올렸다. 이야기는 1인칭에 의해 서술된다. 그는 겉보기에는 동정심 많은 사람 같지만, 알고 보면 냉소적인 캐릭터인데, 친구인 토비 댐잇이 맨날 "악마에게 내 목을 걸겠다."라고 말하는 습관에 대해 불평하곤 한다. 악마는 결국 나타났고, 그는 문으로 닫힌 다리의 건너편 쪽에 서 있었다. 댐잇은 문을 뛰어넘을 수 있다고 내기를 하며, 자신의 머리를 걸었다. 그런데 공중에 걸려 있던 보이지 않는 날카로운 철사가 그의 목을 잘랐고, 내기에 이긴 악마는 토비의 머리를 갖고 간다.

---

1   영화 '토비 댐잇'의 원작 제목.

그런데 펠리니는 소설의 결말만 알고 있었지, 전개 과정은 알지 못했다. 촬영이 끝난 뒤에야 소설을 모두 읽었다. 펠리니는 마스토르나가 지옥으로 내려가는 여행을 다시 떠올렸고, 자신의 사적인 기억을 덧붙였다. 펠리니는 '사기꾼들'에서 미친 것처럼 행동하던 배우 브로데릭 크로포드를 떠올렸을지도 모른다. 하지만 이번에는 과거와 달리 유머를 뺐다. 현실과 환상 사이에서 모험할 주인공으로 펠리니는 영국 배우를 염두에 뒀다. 그 주인공은 '최초의 카톨릭 웨스턴'을 찍기 위해 로마에 올 것이다. 그 웨스턴은 어떤 신부에 의해 제작되며, 그는 로베르토 로셀리니 감독의 '로마에서의 밤이었다'(Era notte a Roma)를 후원한 아르파 신부[2]와 비슷한 사람이 될 것이다. 펠리니와 차쏘니는 며칠 만에 시나리오를 작성한 뒤, 바로 피터 오툴을 만나 주역을 제안했다. 처음에 오툴은 런던에서 이들을 만났을 때 대단히 흥미로워했고, 서로 금세 친해졌다. 그런데 '아라비아의 로렌스'로 영웅이 된 그는 번역된 시나리오를 읽은 뒤, 주인공과의 동일시에 대해 걱정을 많이 했다. 오툴과 펠리니는 전화로 서로를 욕하며 이 일을 끝냈다. 오툴은 "파시스트!"라고 소리질렀고, 펠리니는 "F××k You!"로 되받았다. 폰키엘리 라르고에 있는 제작회사, 곧 PEA의 사무실에

---

2   아르파 신부, 본명은 안젤로 아르파(Angelo Arpa)이며, 이탈리아의 영화감독들과 친분이 두터웠다. 영화비평, 시나리오 작성, 그리고 영화 제작에까지 참여했다. 펠리니와는 '길' 제작 때 만난 뒤, 오랫동안 친분을 유지했다.

위기의식이 감돌았다. 그들은 대체자를 찾아야 했다. 리처드 버튼, 제임스 폭스, 그리고 테렌스 스탬프가 거론됐다. 그들은 스탬프를 선택했고, 그를 이탈리아식으로 '테렌치노 프랑코볼로'[3]라고 불렀다. 결정은 적절했다. 그들은 테렌스 스탬프가 온화한 배우 이미지의 이면에 거친 삶도 살았다는 점을 알게 된다. 살면서 여러 위기에 놓여, 그는 수년 동안 저 멀리 오리엔트에 가 있었다(영화와도 멀었다). 게다가 테렌치노는 아주 젊었다. 자신의 외모 그대로 나오면 된다. 스태프들이 그를 유령처럼 분장하여, 작가 포처럼 보이게 했다.

37분짜리 단편 영화는 펠리니가 촬영감독 주세페 로툰노(Giuseppe Rotunno)와 처음 하는 작업이 됐다. 애칭이 페피노인 그는 미완성작 'G. 마스토르나의 여행' 때 계약했었다. 1953년 생인 로툰노는 이탈리아의 거장 촬영감독 가운데 한 명이다. 로툰노는 비스콘티가 '센소'를 만들 때, 촬영감독 G. R. 알도의 팀에서 일했다. 그때부터 비스콘티는 로툰노의 촬영에 대단히 만족하여, 이후에는 '로코와 그의 형제들'과 '레오파드'를 포함하여 자신의 거의 모든 영화의 촬영을 그에게 의뢰했다. 에바 가드너가 '벌거벗은 마야'(The Naked Maja)의 촬영

---

3 Terrence Stamp를 이탈리아식으로 푼 것. 테렌스(Terrence)의 이탈리아식 이름은 테렌초(Terenzo). 이것의 애칭은 테렌치노(Terrenzino)이다. 스탬프(Stamp)는 '우표'라는 뜻. 우표의 이탈리아말은 '프랑코볼로'(Francobollo). 합쳐서 테렌치노 프랑코볼로가 됐다.

이후, 계속 선호한 촬영감독도 그였다. 로툰노는 '그리고 배는 간다'에 이르기까지, 오랜 세월 펠리니와 떨어질 수 없는 촬영감독이 된다. 로툰노는 잔니 디 베난초처럼 친절하고 조용한 사람이었으며(하지만 더욱 많은 컬러 영화 경험을 했다), 실험하는 것을 두려워하지 않았다. 로툰노는 펠리니와 일할 때면 늘 "나는 바꿀 준비가 돼 있어."라고 말하곤 했다. '토비 댐잇'에서 밤 장면을 찍을 때, 펠리니와 로툰노는 평소와는 다른 시각적 실험을 컬러에서 해보기로 했다. 이들은 밤 장면을 화가 시피오네[4] 그림의 황혼 같은 붉은색과 짙은 검정으로 찍었다. 로툰노와 작업하며 펠리니는 가장 어려운 일이 어둠 속에서 촬영하는 점이란 사실을 알았다. 어둠은 깊이를 가지며, 이는 사물의 상내와 인물의 여정을 결정했다. "우리는 어둠의 원근법을 고안하기 위해 노력해야 한다." 펠리니가 촬영 내내 로툰노에게 한 말이다. 이를 달성하려면 로툰노의 노련한 솜씨가 필요했다. 로툰노는 자신의 시선뿐 아니라 관객의 시선까지 계산했고, 계속 실험하며 얼마나 다양한 것을 만들어낼 수 있는지 알았다.

펠리니의 친구들인 화가, 곧 파브리치오 클레리치와 렌초 베스피냐니가 세트 디자인을 도왔다. 하지만 최종적으로, 미

---

[4]   시피오네(Scipione, 1904~1933)의 본명은 지노 보니키(Gino Bonichi). 독일 표현주의의 영향을 받아 신비주의적이고, 초자연적인 그림을 많이 남겼다. 1920, 30년대 '로마 학파'(Scuola romana)의 리더.

술 디자인은 경쾌한 권위자인 피에로 토지(Piero Tosi)[5]가 맡았다. 펠리니가 촬영을 시작하기 바로 전, 도무지 피곤을 모르는 디노 데 라우렌티스가 찾아와서, '나폴레옹'[6](Waterloo, 1970) 감독을 맡아달라고 통사정을 했다. 펠리니는 잠시 자신을 메가폰과 트럼펫을 들고 전장을 지휘하는 사령관의 모습으로 상상했다. 그 상상은 단 5분 만에 끝났다. 그는 제안을 거절했고, '토비 댐잇'으로 돌아가서 열정적으로 일했다. 영화는 10월 말과 1월 초 사이에 촬영됐고, 단지 26일 걸렸다. 일부는 현장에서 또 일부는 로마의 국립영화학교(Centro Sperimentale) 스튜디오에서 찍었다. 편집실에서 펠리니는 웨스턴 스타일로 찍은 15분 분량의 에피소드를 전부 잘라냈다. 촬영할 때는 재밌었지만, 결과적으로는 과잉이었다.

'토비 댐잇'은 'G. 마스토르나의 여행'처럼 비행기가 착륙하는 장면으로 시작한다. 하지만 이번엔 치명적인 사고 대신, 주인공이 여행을 설명하는 목소리가 들린다. "나의 첫 번째 로마 여행이었다. 나는 이 여행이 내 인생에서 대단히 중요할 것임을 직감했다." 유명 배우 토비 댐잇은 '달콤한 인생'의 실비아처럼, 파파라치들의 광적인 환영을 받는다. 하지만

---

5   피에로 토지. 이탈리아의 대표적인 미술감독. 특히 비스콘티의 거의 모든 작품에서 미술을 맡았다.

6   '나폴레옹'의 감독인 세르게이 본다르추크와 주역인 로드 스타이거 사이의 불화로 영화 제작은 계속 어려움을 겪었다.

이번에는 축제의 분위기는 없다. 로마의 피우미치노 공항에 걸린 붉은 노을은 혼 들린 것처럼 보인다. 사진기자들이 터뜨리는 날카로운 플래시와 그들을 밀어내는 토비의 폭력은 환각처럼 느껴진다. 그는 술과 마약의 영향 때문에 오직 자기만 볼 수 있는 적과 싸우고 있다. 그 적은 어린 소녀 형태의 악마인데, 그래서인지 토비에게는 소아성애적인 특성까지 느껴진다. '달콤한 인생'의 카라칼라 나이트클럽의 독일 표현주의 판본 같은 야외의 나이트클럽에서, 토비는 이상한 시상식에 참여하고 있다. 그곳은 기괴하고 유령 같은 사람들로 꽉 차 있다. 토비는 〈맥베스〉의 독백으로 시작하는, 혼란스러운 연설을 하고 있다. 그는 영화 제작자로부터 선물로 받은 페라리를 타고 갑자기 밤으로 도주하기 시작한다. 차를 거칠게 몬 뒤, 토비는 무너진 다리 앞에 선다. 다시 나타난 소녀-악마가 그를 함정에 빠트린 뒤, 머리를 요구할 것이다.

제작자는 펠리니의 에피소드에 매우 만족했다. 그래서 처음의 계획과 달리, 이 에피소드를 옴니버스 영화 '죽음의 영혼'에서 빼내고, 펠리니의 단편을 하나 더 제작해, 펠리니만의 포 영화를 만들 계획을 잡았다. 작품으로는 '블랙우드식 기사 작성법'(How to Write a Blackwood Article)의 두 번째 이야기인 '곤경'(A Predicament)을 각색하길 원했다. 펠리니는 시에나의 캄포 광장을 세트로 상상했다. 어느 영국인 관광객 노부인이 팔리오(Palio)[7] 경기를 보기 위해, 시에나에서 가장 높은 만지아 탑(Torre del Mangia)에 올라간다. 탑의 거대한 시계 아래에는 조그만 구멍이 하나 있다. 그곳에 노부인이 고개를 내밀었을 때, 마침 분침이 그의 목을 겨냥했고, 바로 머리를 잘라버렸다. 포의 이야기에서 펠리니는 특정 순간을 강조할 참이었다. 그건 노부인의 목을 누르는 분침의 무서운 압력 때문에 그녀의 눈동자가 하나씩 차례로 튀어나오는 순간이었다. 눈은 탑의 아래로 굴러떨어지고, 그곳에서 그 눈은 나머지 장면들을 계속 볼 것이다. 펠리니는 영국 배우 마가렛 루더포드(Margaret Rutherford)를 만나기 위해 프라스카티[8]의 빌라 호텔에 갔다. 그녀는 애거시 크리스티 영화의 미스 마플로 유명했다. 저녁 식사 시간이었는데, 루더포드는 수영복 차림이었다. 풀장에서 다이빙도 하고, 코스를 몇 번이나 왕복했다. 펠리니는 운동을 잘하는 이 배우에 깊은 인상을 받았고, 두 사람은 함께 일하기로 약속했다. 그러나 영화계에서 자주 일어나는 일인데, 이번 기획도 불과 며칠 뒤에 없던 일이 되고 말았다. 제작자들은 포에 대한 영화는 하나로 충분하며, '토비 댐잇'은 원래 계획대로 3부작에 포함될 것이라고 결정했다.

---

7   시에나의 캄포 광장에서 매년 여름에 열리는 중세 스타일 경마.
8   프라스카티(Frascati). 로마 남쪽 20Km 지점에 있다. 아름다운 빌라가 많기로 유명하다.

옴니버스 영화 '죽음의 영혼'은 1968년 5월 17일 칸에서 상영됐다. 주상영관 '팔레'에서의 마지막 시사였다. 그때는 5월이었고, 파리의 학생들은 시위를 벌이고 있었다. 카를로스 사우라의 '페퍼민트 프라페'는 소요 때문에 영화제 시사가 불발됐다. 사회적 소요에 덧붙여 포의 영화를 싫어하는 사람들의 소음도 대단했다. 긍정적인 반응을 듣는 건 거의 불가능했다. 관객들은 포의 데뷔작 단편을 각색한 로제 바딤의 '메첸거슈타인'을 좋아하지 않았다. 제인 폰다는 그 역에 어울리지 않는다고 말했다. 이탈리아의 베르가모에서 알랭 들롱과 브리지트 바르도 주연으로 찍은 루이 말의 '윌리엄 윌슨'도 좋아하지 않았다. 펠리니의 단편만 환영을 받았고, 이후 비평에서도 좋은 싱적을 냈다. 이탈리아에서 여름에 개봉됐을 때, '토비 댐잇'은 다시 호평을 받았다. 어떤 사람은 이 영화에서 형식적 완벽주의를 기하는 테크닉의 장인정신을 봤고, 또 다른 이는 스타일에서의 변화를 주는 새로운 요소들을 주목했다. '토비 댐잇'은 '달콤한 인생'에서 하나의 에피소드를 뽑아낸 것 같았다. 하지만 이번에는 부드러움도, 또 활기도 없는 게 다르다. 서사는 삶의 어두운 면에서 나왔다. 그때 펠리니는 'G. 마스토르나의 여행' 때문에 좌절감이 극에 달해 있었고, 또 자신의 병에 대해서도 많은 걱정을 했다. 짧지만 번개처럼 번쩍하는 에피소드를 통해 펠리니는 당시의 사적인 감정을 드러내고 있는데, 그건 중년에 이른 남자의 위기, 그리고 여전히 카메라의 옆에 서서 살아남은 자에 대한 감탄 같은 것이다. 이건 'G. 마스토르나의 여행'을 위한 멋진 리허설인데, 아쉽게도 그 영화의 최종적인 제작은 무기한으로 연기됐다.

32. '펠리니 사티리콘'(Fellini Satyricon, 1969)

미지로의 여행

암시장에서 입장권 가격은 5만 리라로 뛰었다. 관객들은 오후 3시부터 라레나(L'Arena) 극장 앞에 줄을 섰다. 밀려오는 관객들을 위해 별도로 영화제 주상영관인 '팔라초 델 치네마'(Palazzo del Cinema, 영화의 궁전)에서 심야 상영이 추가됐다. 제30회 베네치아영화제의 마지막 날 밤에 있었던 '펠리니 사티리콘'의 첫 시사 장면이다. 1969년 9월 4일 목요일, 펠리니는 동료와 제자들을 데리고 베네치아의 리도섬에 도착했다. 그는 아침 10시부터 늦은 밤까지 의자에 앉아, 모든 부담되는 의무와 홍보를, 성공한 베테랑으로서의 배짱과 여유를 보이며 치러 냈다. '살라 그란데'(Sala Grande, 대강당)에서 있었던 기자회견에는 전례 없는 인파가 몰렸다. 펠리니는 자신이 뭘 해야 하는지를 잘 알고 있음을 보여줬다. 그는 매력적이었고, 여유 있었고, 재미있었다. 불과 몇 분 만에 분위기는 부정에서 긍정으로 변했다. 마치 셰익스피어의 〈줄리어스 시저〉에서 사람들이 마크 안토니오의 연설을 듣고 마음을 바꾸는 것과 같았다. 펠리니는 영리하고 정직했는데, 자신의 영화는 '미지'(sconosciutezza)[1]로의 여행이란 점을 반복했다. 일부러 사전에 없는 신조어를 이용하여, '사티리콘'의 비정상성을 강조했다.

시사회의 관객들은 대체로 이 영화를 본 뒤 약간 놀랐고, 당황했다. 2시간 이상의 상영이 끝난 뒤, 사람들은 존경은 표했지만, 박수는 별로 하지 않았다. 관객들은 자신들이 본 영화에 대해 다시 생각해보려는 것 같았다. 다음 날 아침, 비평가들도 신중했다. 그들은 섣불리 심판하려 하지 않았다. 대신 그들은 익숙한 옛 테마들을 반복했다. 영화 톤의 변주가 열정적이기보다는 조심스러워졌다는 것, 그리고 고대 문화에 대한 펠리니의 개인적인 관계, 그의 몽환적인 환상, 거장다운 영화적 만화경의 제시에 대해 서로 토론했다. 많은 비평가가 이 영화를 '달콤한 인생'과 비교했다. '달콤한 인생'도 라틴 문학

---

1   sconosciutezza는 조어로서 문법에는 맞지 않는 단어다. 바른 표기는 sconoscimento이다. 원서 32장의 제목도 펠리니의 조어를 이용하여 '미지로의 여행(Viaggio nella sconosciutezza)'으로 표기돼 있다.

고전인 〈사티리콘〉의 저자 페트로니우스(Petronius)의 유명한 작품을 일부 참조했기 때문이었다. 이번에는 '달콤한 인생' 때와는 달리 논란을 불러일으키는 즉각적이고 부정적인 반응은 없었다. 10년 전의 도덕 싸움은 이제 유행에서 벗어난 것 같았다. 어떤 점에선 펠리니에게 잘된 일이었다.

어떤 비평가는 용기를 내어 이번의 베네치아영화제는 새로운 펠리니를 발굴했다고 썼다. 이를테면 이제 거의 쉰 살이 된 펠리니는 연출법을 바꾸었고, 새로운 영역으로 가기 위해 자기 뒤에 놓여 있는 다리를 불태워버렸다는 것이다. 펠리니는 그의 타고난 재능, 곧 관객을 감동케 하고, 기쁘게 하고, 그래서 관객의 마음을 사로잡는 것을 그만두었다. 대신 더욱 복잡한 질문을 시작했다. 우리는 과거에 어땠을까?(혹은 지금은 어떤가? 또는 미래는 어떨까?). 펠리니가 말하길, 이 영화의 목표는 고대 로마 사람들의 삶을 묘사하는 것이었다. 그것은 당신이 송어의 자연스러운 습관을 묘사하는 방식과 같을 테다. 펠리니는 각색하고 영화화를 위한 계약을 맺을 때도 페트로니우스의 작품을 모두 읽지는 않았다. 모든 것은 1940년 펠리니가 시사지 '마르카우렐리오' 시절 갖고 있던 아이디어에서 시작됐다. 당시 펠리니는 마르첼로 마르케지와 함께 스타 배우 알도 파브리치를 위한 희극 아이디어를 짜내고 있었다. 라틴 희극 〈사티리콘〉의 영화화의 마지막 순간에 펠리니는 'G. 마스토르나의 여행'을 다시 만들 유혹을 잠시 느꼈다. 하지만 제작자 알베르토 그리말디가 '펠리니 사티리콘'을 더 좋아했다. 영화는 고예산으로 책정됐고, 단호하고 객관적인 작품이 될 것이었다.

펠리니는 현재의 도덕관으로 고대 로마의 인물들과 상황을 심판하는 위험을 피하려고, 최대한의 거리 두기를 유지하기 위해 노력했다. 펠리니는 의도적으로 자신에게 제한을 가했다. 우선 주인공 두 명을 모두 반감을 주는 인물로 정했다. 또 혐오감을 주는 얼굴들도 많이 등장시켰고, 더빙을 아주 과장하게 해서, 기술에 무슨 문제가 생긴 것처럼 들리게 했다. 이 모든 요소는 관객들이 불편함을 느끼고, 그래서 역사를 완벽하게 낯선 시선에서, 객관적 현실로 바라보게 하려는 것이었다. 펠리니는 영화 '사티리콘'이 '과거에 관한 SF'라고 말했다. 현대의 관객들이 타임머신을 타고 고대 로마인을 바라보며, 놀라면서 그 세계에 등장하는 기분을 느끼도록 했다. 이러면서 펠리니는 그의 가장 사적인 영화를 만들었다. 정신분석의 형식을 빌려서 말이다.

'펠리니 사티리콘'은 부패하는 로마 세계에 대한 진정한 반영인지, 혹은 페트로니우스의 로마에 대한 묘사인지 자문하는 것은 별로 중요하지 않다. 대신 펠리니 영화에서 놀라운 것은 과거와 현재의 역사적 연결을 제안하는 부분들이다. 비록 맹아의 수준일지라도 말이다. 예를 들어, 황제 살해와 그 결과로서 시골 빌라에서의 두 귀족의 자살은 '달콤한 인생'의

슈타이너 에피소드와 연결하고 있다. '펠리니 사티리콘'은 영화가 '독자들에게 그들이 배운 역사를 잊어버리게 하는 점'에서, 앙토넹 아르토의 작품 〈헬리오가발루스, 혹은 왕관을 쓴 아나키스트〉(1934)와 비교된다. 또 펠리니의 상상력 넘친 새로운 발명은 로마에 대한 풍부한 묘사일 것이다. 예를 들어, 수부라(Suburra)[2]의 재현, 기괴한 결혼식(알랭 쿠니는 미국 배우 대니 케이가 거절했던 폭군 리카 역을 신부의 베일을 쓰고 연기한다), 그리고 엔콜피오와 가짜 미노타우로스와의 싸움에 대한 환상적인 묘사 등이다. 분위기는 늘 병적이고 폐소공포증적이다. 또 어떤 비평가는 '펠리니 사티리콘'을 가브리엘레 다눈치오가 참여한 조반니 파스트로네의 무성영화 대작 '카비리아'(Cabiria)와 비교했다. '펠리니 사티리콘'은 '카비리아'의 밤이란 것이다. 또 다른 이들은 만화의 세계, 곧 '리틀 네모'(Little Nemo)와 '플래시 고든'(Flash Gordon)에서 참조 사항을 찾았다.

펠리니가 '사티리콘'을 만들기 전까지, 사람들에게 비친 그는 로마에서 성공한 '비텔로네'(비텔로니의 단수형)였다. 사람들은 '게으른 부자' 펠리니에 대한 강한 호기심을 가졌고, 생각이 깊고 약간 과시적인 감독으로 여겼으며, 자신의 고백을 공적으로 하는 사람이라고 생각했다. 하지만 페트로니우스를 해석한 펠리니는 이제 고통받는 성인이 된 것 같았다. 기

---

2   고대 로마의 빈민가.

쁨과 즐거움에 대한 그의 욕망은 이미 사라진 것 같았다. 이 영화를 보며 어떤 이는 모든 것이 멜랑콜리로 살짝 칠해져 있던 '비텔로니' 시대의 자유분방함에 대해 향수를 느낄 것이다. 그런데 지금 펠리니는 그가 직접 살아보지 못한 세상에 대해 더 깊은 관심을 두고 있다. 그건 아주 먼 과거인데, 펠리니에 따르면 당시의 그곳에 대해서는 오직 꿈만이, 설명할 수 없는 과거에 대한 기억을 보존하고 있다는 것이다.

　펠리니는 페트로니우스의 작품을 소심하게, 또 동시에 뻔뻔하게 접근하고 있다. 소심한 이유는 과거에 집중하지 못했던 학창시절과 관계있다. 그는 라틴어를 8년간[3] 배웠지만 라틴 문학을 원어로 읽을 수준에 이르지 못했다. 동시에 뻔뻔한 이유는 이 기획이 성공할 것이란 자신감이다. 철학자 베네데토 크로체는 번역은 원어에 '충실하면 추하고, 충실하지 않으면 아름답다'라고 말했다. 펠리니는 페트로니우스의 책을 충실하지 않게 자기식으로 읽었다. 이 특별한 책, 아니 신비로운 파편들의 모음은 어떤 학자들이 주장하길 네로 황제 시대(서기 69년 이전)에 쓰였다고 전한다. 다른 학자들은 2세기와 3세기 사이에 쓰였다고도 주장한다. 저자가 페트로니우스 아르비테르(Petronius Arbiter, 보통 페트로니우스로만 불린다)라는 사

3　이탈리아의 학제는 중학교 3년, 고등학교 5년이다. 라틴어는 중학교 때부터 배운다.

람도 있고, 저자는 특정할 수 없는 인물이라는 주장도 있다. 작품의 길이에 대한 논쟁도 있다. 원래는 대단히 긴 작품인데 지금은 일부 파편만 남았다는 사람들, 또는 그렇게 긴 적이 없다고 말하는 사람도 있다. 후자 가운데 한 사람이 펠리니의 자문이었던 라틴 학자 루카 카날리였다. 그는 펠리니에게 고대부터 전하는 가짜 번역을 조심하라고 경고했다. 위작은 원서에 있는 에로틱한 내용을 겁을 먹고 가리기 바빴다는 것이다. 그렇다면 '펠리니 사티리콘'은 더욱 솔직한 영화적 번역인데, 단지 의미를 살짝 흐리게 하고, 극단적인 상황은 피했다.

펠리니가 선택한 번역의 첫 번째 '자유'는 대부분 행위가 제국의 수도 로마에서 일어나게 한 점이다. 페트로니우스는 모든 일이 이탈리아의 남부인 마냐 그레치아(Magna Grecia)[4]에서 일어나게 했다. 이곳은 로마와는 아주 다르다. 원래 이야기는 마르세유에서 시작한다. 요즘 식으로 말하면 히피 같은 엔콜피오가 그곳에서 프리아푸스 신을 모독했고, 그래서 신은 보복을 다짐했다는 것이다. 지금 남아 있는 판본에서는 이야기가 캄파니아[5]의 어떤 도시에서 시작한다. 그곳에 폭군 리카의 상선에서 어려운 시기를 보낸 엔콜피오가 막 로마에 도착한

---

4   기원전 8세기경, 그리스인들이 식민화시킨 이탈리아 남부와 시칠리아 일대를 말함.

5   캄파니아는 이탈리아 남부를 지칭하며, 지금은 주의 이름이 됐고, 나폴리가 주도이다.

것이다. 엔콜피오는 화가 나 있는데, 친구이자 적인 아실토가 자신의 젊은 애인 지토네를 훔쳐갔기 때문이다. 세 청년은 부자 트리말초네의 집에서 열리는 파티에 참석한다. 지토네는 아실토를 더욱 따른다. 화가 난 엔콜피오는 중년의 시인 에우몰포(미완성 영화 '도시의 모랄도'에서의 가로네-가토네 캐릭터와 비슷하다)와 갑자기 친해진다. 그런데 시인도 지토네의 아름다움에 반한다. 한편 지토네는 쉬기 위해 집에 돌아와 있다. 아실토를 빼버리고, 엔콜피오와 지토네는 남쪽 타란토(Taranto)로 가는 배에 오른다. 이 배는 폭군 리카의 소유인데, 그만 난파하고 말았다. 그들은 남쪽 끝 크로토네(Crotone)에 도착했다. 이곳엔 유산을 사냥하는 위험한 사람들이 살고 있다. 두 청년은 시인 에우몰포가 부자 사업가인데, 상속자가 없다고 거짓말을 했다. 한편 이 지역의 귀족 부인 치르체가 엔콜피오와 사랑에 빠진다. 그러자 엔콜피오는 자신이 일종의 '스탕달의 갈등'[6]에 빠진 것을 알게 된다. 왜냐면 프리아푸스 신이 보복으로 그를 불능으로 만들었기 때문이다. 불행하게도 에우몰포에 대한 거짓은 밝혀진다. 하지만 시인은 누구든 자신의 재산을 원하는 사람은 자신의 시체를 먹어야 한다는 유언을 남긴다. 이 영화 관련 텍스트는 이렇게 종결된다.

---

6   스탕달의 소설 〈적과 백〉의 주인공인 쥘리앵 소렐의 갈등을 말한다. 그는 신을 믿지 않지만, 출세를 위해서는 종교 권력에 복종해야만 했다.

'펠리니 사티리콘'을 위해, 그리고 몇 년 뒤의 '펠리니의 카사노바'를 위해, 가장 어려운 일은 모든 것을 새로 만드는 것이었다. 큰 그림에서 디테일까지, 영화의 기본 의미에서 모든 장면의 아주 작은 디테일의 의미까지 말이다. 우리는 모든 것을 새로 만들었다. 그리고 우리는 물러서서, 만든 그것을 거리를 두고 냉정하게 바라보았다. 당신의 꿈은 당신의 것이지만, 종종 꿈 안에는 낯선 것이 있다. 꿈은 당신을 감동케 하고, 또 놀라게 하기도 한다. 어떤 도시를 만드는 게임도 그것과 같다. 도시를 만든 뒤, 우리는 마치 처음 본 듯 그 도시를 걸어 다닌다.

'사디리콘'에 대해 말할 때면, 펠리니는 늘 이 작품이 이전의 작품과 얼마나 근본적으로 다른지를 설명했다. 'G. 마스토르나의 여행'과 과로로 건강을 잃었을 때 이전의 모든 영화는 자신의 영감에서 나온 것이었다. 하지만 '토비 댐잇'과 특히 '사티리콘'을 만든 이후, 펠리니는 영화를 다른 사람으로부터 의뢰를 받아서도, 또 스스로 결정해서도 만들 수 있다는 사실을 알았다.

1968년 펠리니와 제작자 그리말디는 'G. 마스토르나의 여행'을 잠시 옆으로 미뤄두고, 대신에 화려하고 시장의 계산을 염두에 둔 영화, 특히 미국 관객(안될 이유가 있나?)을 노린 작품을 만들기로 했다. 최소한 펠리니는 그렇게 생각했다. 7개

월 동안 '펠리니, 감독 노트'를 기획하고 준비하고 제작하는
기간을 제외하고, 상대적으로 짧은 기간이지만 펠리니는 이
때 고대 로마 세계에 관한 책을 읽고, 역사가들과 라틴어 학
자들을 인터뷰했다. 이들 가운데는 유명 학자들도 있었는데,
이를테면 에토레 파라토레는 펠리니를 학계의 연구자 수준
으로 끌어들여 종종 혼란스럽게 만들기도 했다. 펠리니는 베
르나르디노 차포니와 함께 시나리오를 쓰고, 수백 개의 얼굴
과 장면들을 그렸다. 그의 목표는 로마 세계의 초상화를 그리
는 것이었다. 이것은 역사 교과서에 나와 있는 잘못된 정보를
넘어서려는 기획이었다. 초상화는 묻는다. 펠리니가 마음속
의 고향으로 선택한 노회한 수도 로마의 심장에, 황제의 로마
는 무엇을 남겨놓았는가? 본능적으로 펠리니는 고대 로마인
의 후예를 찾아 나섰다. 그는 도살장의 노동자들, 로마 주변
에서 노숙하는 집시들, 빈민촌의 주민들, 그리고 가난한 농부
들을 만났다. 그는 풍경이나 폐허를 사실주의적으로 찍으려
고 하지 않았다. 펠리니는 모든 것을 재창조하길 바랐다. 바
다 장면 같은 것을 비롯해 일부만 스튜디오 밖에서 촬영했다.
이것은 '벤허' 이후 치네치타에서 만들어진 가장 대규모의 영
화였다.

　펠리니는 최초로 치네치타에 자기만의 숙소(아파트)를 가진
감독이 됐다. 그는 마치 훈련받는 운동선수처럼 살았다. 7시
에 일어나 복서 출신 트레이너 에토레 베비라쿠아의 지도 아

래, 체조하고 마사지를 받았다. 적절한 체형을 유지하기 위해 펠리니는 자신의 키 190cm에 맞춰, 몸무게를 89kg으로 조절했다. 베비라쿠아는 다이어트도 철저하게 시켰다. 점심에 파스타는 금지되고, 오직 구운 스테이크와 샐러드, 그리고 과일만 먹게 했다. 펠리니는 원래 지칠 줄 모르는 스타일인데, 이번엔 더욱 열심히 일했다. 그는 마치 마지막 선고를 받은 사람처럼 밤과 낮을 가리지 않고 일했다. 펠리니는 자신에게 단호하고 철저했다. 그는 삶의 의미란 자기의 일을 잘하는 데있다는 것을 발견한 장인처럼 행동했다. '사티리콘'은 철저하게 자기를 바라보는 영화라는 점을 인식하며, 펠리니는 이렇게 반복해서 말했다. "이 영화와는 (너무 힘들어서)우정을 나누고 싶시 않아."

캐스팅은 유명 배우를 다시 모으는 것으로 합의됐다. 엔콜피오 역에 테렌스 스탬프, 아실토 역에 피에르 클레멘티, 트리말초네 역에 게르트 프뢰베(일명 골드핑거), 에우몰포 역에 반 헬핀 같은 식이었다. 그러나 제작팀은 곧 알게 됐는데, 이들은 전부 일정이 맞지 않거나, 또는 출연료가 너무 높아서 캐스팅할 수 없었다. 영화는 펠리니의 이름으로 팔려야 했다. 그렇다면 이런 경우의 옳은 결정은 비용을 너무 많이 쓰지 않는 한, 펠리니가 원하는 대로 캐스팅하는 것이었다. 영어 더빙을 런던에서 해야 하므로, 비용을 생각하면 영국 배우를 쓰는 것이 좋았다. 사진만 보고 펠리니는 비교적 저렴한 두 젊은 배우를 뽑았다. 아실토 역에 연극 〈헤어〉(Hair)에 출연한 미국 배우 하이램 켈러, 엔콜피오 역에 영국 배우 마틴 포터를 선택했다. 가장 많은 출연료를 받는 배우는 에우몰포 역의 살보 란도네 (Salvo Randone)였다. 그는 펠리니와 특별한 관계였고, 긴 대사를 외우는 것도 면제받았다. 어쨌든 그들은 더빙할 때 또 모든 걸 바꿀 것이다. 펠리니는 란도네의 대사 더빙은 성우 아돌포 제리에게 따로 맡길 계획인데, 이건 노장 연극배우 란도네에겐 일종의 모욕이었다. 시인 에우몰포가 부자 트리말초네를 비난하는 장면은 카메라의 각도 때문에 매우 복잡한 과정이 되는데, 그래서 펠리니는 란도네에게 대사 대신 그냥 숫자를 세라고 말했다.[7] 하지만 란도네는 자신의 연극 경력의 품위를 지키기 위해, 루이지 피란델로의 희곡 〈헨리 4세〉에 나오는 독백을 대신 읊었다.

펠리니는 부자 트리말초네 역에 '프랑켄슈타인'의 괴물로 유명한 보리스 카를로프를 원했다. 하지만 카를로프는 건강 문제로 아쉬워하며 제안을 거절했다. 그는 1969년에 죽는다. 그 역은 별명이 '모로'(Il Moro, 피부가 검은 사람)인 마리오 로마놀리에게 돌아갔다. 그는 볼레테 거리에 식당을 갖고 있었는데, 그곳은 펠리니가 로마에서 마음속으로 가장 좋아하던 두

---

7   당시 이탈리아 영화는 후시녹음이 관습이었다. 그래서 촬영 도중에는 정확한
    대사를 하지 않고, 그냥 숫자를 세며 연기하고, 나중에 더빙할 때 정확한 대사
    를 입히곤 했다.

장소, 곧 콜론나 미술관과 트레비 분수 사이에 있었다. 로마뇰리는 그 역을 대단한 명예로 받아들였다. 훗날 그의 식당에는 트리말초네 복장을 한 자신의 대형 사진이 걸렸었다. 하지만 그는 영화 세계에 잘 녹아들지 못했고, 속도를 따라가기도 어려워 했다. 그는 긴 대사를 외우지 못했다. 게다가 숫자를 세는 관습에 몹시 당황하여, 차라리 메뉴 목록을 말하겠다고 요구했다. 볼로냐 출신의 루이지 비스콘티(예명은 판풀라인데, 펠리니가 좋아하는 버라이어티 쇼 출신 배우다)는 배우 베르나키오 역을 맡았다. 그런데 그는 오래된 옛 동료와 추문을 일으켜, 자기 역의 분량을 낮춰달라고 요구했다. 다른 배역에도 정말 여러 방면에서 캐스팅이 됐다. 펠리니의 일반 영화보다 더욱 다양했다. 그는 강한 외모를 원했다. 허세의 귀부인, 미친 동성애자, 작은 괴물들, 양로원에서 도망친 노인들 같은 캐릭터들 말이다. 펠리니는 이미 만화 속 캐릭터 같은 사람들을 뽑았다. 하지만 그들을 더욱 과장되게 분장하기를 요구했다. 펠리니는 배우들을 변모시키기 위해 비스콘티의 미술감독인 피에로 토지(Piero Tosi)에게 일을 맡길 것을 고민했다.

하지만 '사티리콘'은 펠리니가 미술감독 다닐로 도나티(Danilo Donati)와 작업한 첫 영화가 됐다. 도나티는 만나자마자 가치를 매길 수 없는 협력자가 되었고, 미래에도 오랫동안 함께 일하게 된다. 도나티는 1926년생으로, 만토바 인근의 수차라 출신이다. 그는 루키노 비스콘티의 대작 연극의 의상 디자이너이자 버라이어티 쇼의 미술감독이었다. 도나티는 유명한 TV 음악 프로그램인 '칸초니시마'(최고의 노래)에서 일했고, 피에르 파올로 파졸리니의 '마태복음'(1964)에서 미술을 담당했다. 프랑코 제피렐리의 '로미오와 줄리엣'(1968)의 의상으로 아카데미상을 받기도 했다. 펠리니는 도나티와 일하는 것을 매우 기뻐했는데, 그처럼 세련되고 문화적인 미술감독이 동시에 세속적인 것에도 금방 적응하는 성격을 갖고 있어서였다. 두 사람은 비슷한 점이 많았다. 막판까지 몰려가면서도 새로운 시도를 하는 것, 넝마 같은 것을 갑자기 보석처럼 변신시키며 쾌감을 느끼는 기질, 현장에서 논쟁한다며 시간 허비하지 않고 빠르게 일하는 것 등이다. 의상과 무대를 위한 도나티의 디자인은 펠리니의 취향과 잘 맞았다. 펠리니는 디자인이 건축적이어선 안되고, 영화적이어야 한다고 생각했다. 말하자면 디자인은 오직 조명에 의해 존재해야 하는 것이었다.

펠리니는 이때 어떤 확신 같은 것을 갖고 있었다. 말하자면 리얼리즘의 이론을 따르지 않는다면, 재현을 위해 사물을 복사할 필요는 없다는 것이다. 대신 단지 꿈에서 그렇듯, 사물을 암시하면 된다는 믿음을 가졌다. 펠리니는 말한다. "이미지는 상징이며, 현실은 상징을 갖지 않는다. 그래서 상징화해야 한다. 화가가 하는 일이 바로 이런 것이다." 도나티는 그림을 좋아했고, 그 자신 화가였다. 도나티는 펠리니와 무언의 전신을 주고받는 것 같았다. 그건 다른 사람은 절대 풀 수 없는 암호 같은 것이었다. 펠리니는 도나티가 TV 프로그램 '칸초니시마'에서 일할 때 그를 인정했고, 어쨌든 쇼는 계속되어야 한다는 사실을 알고 있는 그의 프로로서의 천성을 찬미했다. "도나티는 버라이어티 쇼에 예술의 멋을 가져왔다."라고 펠리니는 말했다.

펠리니가 '사티리콘' 작업을 시작할 때, 1962년에 이미 라틴 고전의 영화화 저작권을 확보했던 다른 제작자 알프레도 비니(Alfredo Bini)[8]는 자신의 영화를 완결짓기 위해 속도를 냈다. 펠리니의 제작자 그리말디는 비니의 작업을 중단시키려고 소송을 냈지만, 패소했다. 그래서 그리말디의 P.E.A. 영화사의 작품은, 비니의 아르코 영화사(Arco Film)의 작품과 구별하기 위해 제목이 '펠리니 사티리콘'으로 바뀌었다. 잔 루이지 폴리도로가 감독한 아르코의 '사티리콘'은 펠리니 작품의 1/4의 예산으로 스페르롱가에서 촬영됐는데, 이 작품은 펠리니에 대한 일종의 공격적 성격을 갖고 있었다. 과거에 펠리니가 '버라이어티 쇼의 불빛'을 만들 때, 카를로 폰티가 '개 같은 인생'으로 경쟁자 구도를 만든 것과 같았다. 경쟁작에는 펠리니적인 요소들도 많이 들어 있었다. 시나리오는 리카르도 아라뇨가 썼다. 그는 펠리니와 니코테라 거리에서 함께 하숙한

---

8   이탈리아의 유명 제작자로, 특히 파졸리니의 영화를 대부분 제작했다.

옛 친구다. 시나리오 재작업은 로돌포 소네고가 맡았는데, 그는 페데리츠 영화사에서 감독 데뷔를 준비했었다. 'G. 마스토르나의 여행' 때문에 여전히 화가 나 있는 우고 토냐치(그는 기자들에게 "나는 바보처럼 1년을 잃어버렸다"라고 말했다)가 트리말초네 역을 맡았다. '사기꾼들' 이후 펠리니가 부르지 않았던 프랑코 파브리치(그는 이후에 펠리니 사단에 남아 '진저와 프레드'까지 협업한다)가 아실토였다. 시인 에우몰포 역에는 마리오 카로테누토가 나왔는데, 그는 '영혼의 줄리에타' 이후 펠리니와 대단히 좋지 않은 관계 속에 있었다. 어떤 사람들은 또 다른 복수를 고려하여 안젤로 리촐리에게 배급을 맡길 계획을 짰다고들 했다. 왜냐면 리촐리는 여전히 펠리니를 인정하지만, '친애하는 예술가'인 그가 한 번도 아니고 두 번이나 나폴리 출신 제작자(데 라우렌티스와 그리말디)와 함께, 자신을 배신한 점에 대해서는 여전히 불쾌함을 갖고 있어서였다. 폴리도로 연출의 '사티리콘'은 재밌고 멜랑콜리했으며, 빨리 만들어져 1969년 4월에 먼저 개봉됐다. 그때 펠리니는 여전히 작업 중이었다. 폴리도로의 '사티리콘'은 흥행에서도 좋은 성적을 냈고, 심지어 미켈란젤로 안토니오니로부터 축하 편지까지 받았다. 하지만 영화는 외설 혐의로 사법부의 명령을 받아 배급이 중단되고 말았다.

'펠리니 사티리콘'의 촬영은 1968년 11월 9일 시작됐다. 촬영 전에 치네치타의 '스튜디오 2'에, 화가 안토니오 스코르디아(Antonio Scordia)가 작업한 벽 아래에서 파티를 했다. 그림과 낙서가 인상적인 스코르디아의 벽에서 엔콜피오가 도입부의 독백 장면을 연기했다. 촬영은 1969년 5월 말에 끝났다. 프로듀서 엔초 프로벤찰레는 50억 리라로 예상된 비용의 절반만 사용하고, 모든 작업을 마칠 수 있었다. 이는 펠리니 덕분이기도 한데, 그는 이번엔 시나리오에 충실했고, 일정을 거의 다 지켰다. 하루에 동원된 인력은 적을 때는 100여 명, 많을 때는 270명 정도 됐다. 촬영된 시퀀스 순서는 이랬다. 배우 베르나키오, 마녀 에노테아의 젊은 시절(마카레제에서 촬영), 자살자의 저택, 늙은 에노테아, 자웅동체(1월 초 촬영), 수부라, 부자 트리말초네(1월에서 2월), 미술관, 미노타우로스의 미로, 에우몰포의 시체 장면(피우미치노에 있는 포체네 해변에서 3월에 촬영), 그리고 쾌락의 정원 순서다. 배에서의 마지막 장면은 폰차 섬에서 5월 초반에 찍었다. 모두 합쳐 영화에는 89개의 세트가 세워졌고, 8만 미터의 필름이 이용됐다.

루제로 마스트로이안니는 펠리니가 촬영을 하고 있을 때 편집을 시작하여, 6월 초에 끝냈다. 더빙과 음악 작업이 뒤따랐다. 니노 로타는 이번엔 크게 기여하지 않았고, 대신 펠리니는 전자음악 전문가인 일한 미마로글루, 토드 독스테이더, 그리고 앤드류 루딘 등과 협업했다. 이것은 이전의 펠리니 영화와 다른 점인데, 보통 펠리니가 사용하는 음악들과는 대단히 다른 음악이었다. 예를 들어 민속 음악들, 곧 일본, 아프리카, 티벳, 헝가리 집시 음악이 쓰였다. 덧붙여 12 음조 클래식 음악과 출처확인이 안 되는 음악도 썼다. 카날리 교수가 많은 대사를 라틴어로 옮겼고, 그것을 펠리니는 바티칸의 그레고리오 대학 독일인 성직자 두 명에게 녹음을 시켰다. 이들의 독일 억양은 또 배경음악처럼 들리기도 한다.

8월 중순에 테크니컬러의 첫 카피가 나왔다. 베네치아영화제에서 발표된 뒤, '펠리니 사티리콘'은 국제적인 성공을 거둔다. 이탈리아에서 기데온 바흐만(Gideon Bachman)은 '펠리니 사티리콘'의 제작에 관한 영화 '차오, 페데리코!'(Ciao, Federico!)를 발표한다. 이것이 펠리니의 영화에 대한 제작과정을 닮은 첫 작품이다. 이후엔 책과 더불어 제작과정을 담은 영화들이 계속 만들어진다. 바흐만의 영화 속에는 로만 폴란스키와 샤론 테이트가 촬영장을 방문하는 약간 씁쓸한 장면이 포함돼 있다. 테이트는 아름답고, 미소짓고 있으며, 금발은 햇빛에 빛난다. 그런데 '차오, 페데리코!'가 개봉되기 전인 1969년 8월 9일, 26살의 샤론 테이트는 자신의 집 '벨 에어'(Bel Air)에서 광신자들에 의해 무참하게 살해된다.

반고고학적 전제에서 탄생한 '펠리니 사티리콘'의 특별함은 펠리니가 의도한 대로 오늘의 현실과 강력하게 연결되는 점이다. '펠리니 사티리콘'에 대한 잊을 수 없는 장면 가운데 하나가, 뉴욕의 매디슨 스퀘어 가든에서 새벽 1시에 록 콘서트가 끝난 뒤 영화가 상영된 일이다. 1만여 명의 젊은 관객이 그곳에 가득 차 있었다. 그들은 대개 자발적 체제거부자(dropout), 히피, 레게 스타일 청년들이었다. 밖엔 눈이 오고 있었고, 실내에는 마리화나 연기가 구름처럼 자욱했다. 저 멀리 다른 별로 쏘아진 우주선 속에 있는 기분을 느낄 것 같다. 아주 먼 과거시제(영화의 이미지)가 들어 있는 여행 가방을 들고, 현재시제(관객)에 등장하는 것 같은 기분 말이다. 두 시제는 너무 멀고도 다르고, 서로에게 '미지'(sconosciutezza)이다. 펠리니는 이 순간 처음으로 자신의 과거에 대한 후회 같은 걸 느꼈다. 향수에 빠진 그는 옆에 있는 사람에게 고백했다. "오늘만은 청년이 되고 싶네."

33. '광대들'(I clowns, 1970)

소명의 대사들

쉰 살이 됐을 때 펠리니는 어떤 계시 같은 걸 받았다. 그날은 1970년 3월 8일이었고, 그는 이발소에서 영화 '아마코드'의 첫 아이디어를 떠올렸다. 이렇게 전설은 이어진다. 그러나 펠리니는 몇 년간 이 아이디어에 대해 구체적으로 말하길 원치 않았다. 그가 리미니에 대한 영화를 만들 것이란 사실을 알릴 때도 특정 지역을 적시하는 걸 피하려 했다. 펠리니는 도시의 이름조차 제대로 발음하려 하지 않았다. 언론들은 영화 제목이 '침입받은 남자'(L'uomo invaso)라고 알렸다. 언론의 설명에 따르면, 이 영화는 'SF, 정치적 허구, 침입에 대한 정신적 허구이며, 공격을 받고 결사적으로 탈출하려는 남자가 과거에서 피난처를 발견하는 내용'이라고 했다. 이 영화의 상황은 '영혼의 줄리에타'와 크게 다르지 않다고도 했다. 곧 여기서도 야만인들이 문 앞에 와 있고, 아니 그들은 벌써 방안에 들어와 있고, 우리는 그들과 마주해야 하기 때문이었다. 유일한 방어책은 자신의 내부에 있는, 약간 신비한 목소리에서 나올 것이다. 그 목소리가 용기를 주고, 무언가를 제안하고, 가장 중요하게는 무언가를 기억한다. 그러나 이것은 긴 여정이며, 거의 5년이 걸릴 것이다. 그 모성으로의 하강은 실존적인 여행이며, 일종의 일주 여행이다. 펠리니는 반세기를 순풍을 받으며 부표를 돌았고, 당시엔 자신에 대한 새로운 믿음으로 고무돼 있었다. '토비 댐잇'(미완성작 'G. 마스토르나의 여행'의 축소판)의 어두운 비관주의는 과거가 됐다. 이제 어깨엔 새로운 객관주의라는 '사티리콘'을 매고 있었다. 이 영화는 고고학적이기보다는 원형적이었고, 일종의 해독을 위한 치료였다. '사티리콘'은 인내가 필요한 오랜 기간의 작업이었고, 이미지에 대한 고도의 테크닉을 닦기 위한 섬세한 경험이었다. '사티리콘'의 전 세계적인 성공 덕분에 펠리니는 다시 '8과 1/2' 때의 명성을 되찾을 수 있었다. 그는 의심의 여지 없는 거장이 됐다. 이때 처음으로 펠리니는 영화를 만들려고 할 때, 어떤 아이디어 하나로 동요하지는 않았다. 대신 현실을 총체적으로 해석하길 원했다. 항상 그렇듯 역사적-신화적 열쇠로 해석할 텐데, 이번에는 실존적 영역에서도 그렇게 하길 바랐다. 여기선 시기와

33. '광대들'   609

날짜와 개인적 환경은 더욱 깊은 의미를 가질 것이다. 이것은 그를 위한 여정이 될 것이며, 과거와 현재에 대한 더욱 큰 믿음이 될 것이다. 이 여정엔 세 개의 영화가 등장한다. 곧 '광대들', '로마' 그리고 '아마코드'가 그것들이다.

시작은 잘못된 출발이었다. '사티리콘'의 세트에는 유명인들이 자주 찾아왔는데, 1969년 1월, 잉마르 베리만이 리브 울만을 동반하고 여기에 왔다. 두 감독은 이미 1년 전에, 스페인 광장에 있는 식당에서 만났었다. 이후로 둘은 형제처럼 친하게 지냈다. 베리만은 영화에 대해 어떤 종교적 경건함을 갖고 있었다. '사티리콘'의 촬영된 필름 일부를 본 뒤, 베리만은 몹시 흥분했고, 충격을 받았다. 베리만은 그때 영화의 많은 것에 대한 자신의 마음을 바꾸어야 했다고 펠리니에게 말했다. 이후 펠리니는 스페인 광장 주변에 있는 그의 호텔을 방문했고, 베리만은 프레제네의 펠리니 집을 방문하곤 했다. 두 감독의 만남은 실제적인 결과를 만들어 내기도 했다. 곧 미국인 제작자 마틴 폴(펠리니는 그를 이탈리아식으로 마르티노 폴로라고 불렀다. 폴로는 '겁쟁이'를 의미하는 닭이기도 하다)이 베리만, 펠리니, 그리고 구로사와 아키라와 함께 3부 옴니버스 영화 '여성에 관한 세 이야기'를 만들고 싶어 했다. 구로사와는 거절했고 두 감독만 남았는데, 1월 11일 '폴로'는 자신의 행운을 놓치고 싶지 않아, 홍보를 위한 기자회견을 로마의 엑셀시오르 호텔에서 열었다.

함께 일하는 것이 행복하고 명예로운 것은 차치하고, 두 감독은 자신들이 만들 영화의 제목이 '사랑의 이중창'(Love Duet)이라는 것 말고는 기자들에게 할 말이 없었다. 질문과 답변 시간에, 주로 이탈리아 말로 진행되는 언어 문제, 그리고 부조리한 상황에 잘 대처하는 성격 때문에라도 펠리니가 베리만보다 훨씬 말을 많이 했다. '겨울 빛'의 감독 베리만은 자신이 약간 배제된 것 같은 기분을 느꼈다. 마지막 의례인 축배도 별로 흥겹게 들지 않았다. 왜냐면 베리만이 물을 대신 주문했기 때문이었다. 사적인 영역에서도 두 감독은 이제 서로에게 솔직하지 않았다. 베리만은 다른 아이디어가 있었고 이는 '더 터치'(The Touch, 1971)로 완성되며, 반면에 펠리니는 베르나르디노 차포니의 시나리오 '미지의 여인'(Una donna sconosciuta)을 영화화할 계획이었다. 이는 훗날 '여성의 도시'로 발표될 것이다. 옴니버스 영화를 토론할 때, 두 감독은 조심스러워하며 자신들의 생각을 드러내려고 하지 않았다. 두 사람은 합쳐지기보다는 더욱 멀어졌다. 이미 합작을 발표했지만, 제작자는 두 감독이 따로 작업해야 한다는 결론에 이르렀다.

펠리니는 '사랑의 이중창'에서 자신의 분량을, 10월 혹은 11월에 찍기 시작하겠다는 계약에 서명했다. 하지만 '사티리콘'의 작업에 매달릴 때는 까맣게 잊어버렸다. 제작자 폴은 종종 펠리니에게 전화해서, 베리만은 자신의 분량을 작업하고 있고, 그것을 2부작의 초반부에 상영하고 싶다고 말했다. 펠리니는 괜찮다고 했다. 그런 뒤, 폴은 펠리니가 바캉스를 보내고 있던 유명 온천지 키안치아노를 방문해서, 계약은 없던 일이 됐다고 알렸다. 왜냐면 베리만의 에피소드는 장편이 됐고, 유니버설의 투자를 받기로 했다는 것이다. 펠리니가 화를 내며 반응했다는 사실이 언론에 약간 보도됐다. 하지만 펠리니와 베리만의 관계가 틀어질 정도는 아니었다. 1977년 그들은 다시 합작품의 완성 가능성에 관해 이야기했고, 그때는 루이스 부뉴엘도 합류시킬 계획이었다. 하지만 이때도 영화는 만들어지지 않았다. 훗날 펠리니는 친구 다리오 차넬리에게 베리만과의 독특한 관계에 대해 말한 적이 있다. "문제는 장난감 방에 아기 둘을 동시에 넣어둘 수 없다는 것이다. 그는 나의 장난감을 보고 싶어 했다. 하지만 자기의 장난감은 나에게 보여주려 하지 않았다."

1970년 1월, 펠리니는 '사티리콘'의 개봉에 맞춰 흥겨운 미국 여행을 즐겼다. 하지만 새로운 영화를 위한 어떤 아이디어도 준비하지 않았다. 그때 TV용으로 '피노키오'를 만들자는 제안을 받았다. 펠리니는 책 〈피노키오〉를 재밌게 읽었을 뿐만 아니라, 그 책이 알레산드로 만초니의 걸작 〈약혼자들〉보다 더 중요하다고 여겼다. 하지만 프로듀서와의 토론은 더 진전되지 못했고, 종국에는 루이지 코멘치니가 '피노키오'의 연출을 맡았다. 잠깐이지만 펠리니는 제작자 알베르토 그리말디와 'G. 마스토르나의 여행'을 만들 가능성을 다시 타진해보기도 했다. 하지만 상황이 너무 많이 바뀌었고, 그때는 시기도 맞지 않는다고 생각했다. 또 '펠리니, 감독 노트' 같은 '인스턴트 영화'를 만들 계획도 잡았다. 그래서 제작자 피터 골드파브와 새 작품에 대한 아이디어를 발전시키고 있었다. 이를테면 티베트의 수도원에 대한 다큐멘터리이거나 또는 마오쩌둥과의 인터뷰였다. 펠리니는 유명한 공산주의자인 자신의 친구 안토넬로 트롬바도리[1]에게 마오와의 만남 가능성에 대해 베이징에 알아봐달라고 부탁했다. 하지만 얼마 되지 않아 펠리니는 트롬바도리가 불가능한 것을 갖고, 게임을 하고 있다는 걸 알았다. 어차피 그 일은 자기의 성격에도 맞지 않았다. 펠리니의 생각에 트롬바도리는 신뢰할만한 리포터는 아니었다. 그는 사실을 일려주기보다는 사실을 만들어 냈다. 이때 서서히 '침입받은 남자'의 계획이 구체화 되고, 과거에 옆으로 제쳐놓았던 영화적 아이디어에 대해, 곧 기억과 판타지에 대해 시험하기 시작했다. 펠리니는 이를 '감독 노트 II'로 이름 붙이려 했다. 뭔가 빨리 찍을 수 있고, 가볍고, 비싸지 않은 작품을 상상했다. 펠리니는 레오네 영화사(Leone Film)의 엘리오 스카르다말리아와 논의했다. 그는 공영방송국 RAI를 끌어들일 수

---

1   안토넬로 트롬바도리(Antonello Trombadori)는 이탈리아 공산당 소속의 정치가이자 하원의원이었다. 기자이자 미술평론가였던 그는 문화예술계에 폭넓은 친분을 쌓아, 이탈리아 공산당과 예술가들 사이의 가교역할을 했다. 예를 들어 파블로 피카소, 루키노 비스콘티 등과 친했다.

있었다.

한편 펠리니의 생활 습관에 큰 변화가 몇 개 생겼다. 1967 년에 겪은 병 이후, 펠리니는 담배를 끊었다. 그랬더니 담배 연기에 알레르기가 생겼다. 그래서 그는 줄담배를 즐기던 줄 리에타를 포함하여 모든 사람에게 자기가 있는 곳에선 절대 담배를 피워선 안 된다고 말했다. 다른 사람의 저녁 초대는 간혹 응했는데, 주인은 공기를 깨끗이 유지한다는 약속을 해 야 했다. 이런 사실을 모르는 사람들은 펠리니가 폭군이며, 변 덕쟁이라고 여길 것이다. 항상 어디서나 존경을 받고 살더니, 결국 사람 버렸다고 말할 것이다. 펠리니는 트레이너 에토레 베비라쿠아의 건강에 관한 조언에 충실히 따른다고 말했다. 베비라쿠아는 펠리니에게 매일 아침 운동하기를 권했다. 하 지만 사람들은 그 아침 운동은 사실 베비라쿠아만 하는 것이 라고들 수군댔다. 마지막으로 가장 큰 변화는, 펠리니가 얼마 나 차를 사랑하는지를 아는 사람들에겐 충격일 텐데, 그는 더 이상 운전을 하지 않았다. 과거 수년간 펠리니는 자신의 차를 마치 사무실처럼 이용했다. 차 안에서 중요한 회의도 여러 번 했다. 그런데 1970년 초 리미니 해변에서 갑자기 운전을 관뒀 다. 오르페이 서커스(Orfei Circus)를 방문하기 위해 리치오네 로 가는 길이었는데, 스쿠터를 타고 가던 젊은이를 살짝 쳤다. 그 청년은 별 큰 상처를 입지 않았지만, 펠리니는 이를 어떤 신호로 여겼다. 독일 관광객 가운데 어떤 사람이 '거장'의 차를 산다는 것에 큰 흥미를 보이자, 즉석에서 차를 팔아버렸다. 그리고는 리치오네까지 택시를 타고 갔다. 그일 이후 그는 다시는 운전을 하지 않았다.

68혁명 이후, 펠리니는 당시의 사회 분위기에 대해 훗날 '오케스트라 리허설'에서 강하게 비판할 텐데, 그는 시대에 뒤떨어지는 반복은 피하고, 자신을 있는 그대로 표현하자는 생각을 했다. 그는 TV를 위해 일할 계획을 잡았다. 펠리니는 TV에서의 작업은 영화와는 달리, 과도한 사전준비와 조직해가는 과정에서의 장애 같은 것으로 고생하지 않는다고 생각했다. TV에서는 기획과 실현 사이의 거리가 거의 사라진 것 같았다. 그리고 영화의 관객이 줄어드는 것과 반비례해서 TV의 시청자는 어마어마하게 늘었다. 레오네 영화사와 RAI는 프랑스와 독일과의 공동제작으로 3개의 TV용 영화를 만들기로 계약을 맺었다. 펠리니는 로마 근교의 차가롤로에 있는 작가 차포니의 집에서 새로운 영화에 대해 논의했다. 두 사람은 첫 번째 TV용 영화는 광대들에 관한 것이어야 한다는 데 의견을 모았다. 펠리니는 "그들은 내 소명의 대사들"[2]이라고 말했다.

준비로 정신없이 바빴지만, 영화 만들기는 재미있었다. 아이디어에 대해 펠리니는 차포니와 수없이 토론했다. 펠리니

---

2   대사들, 곧 무언 가를 알려주는 사람, 메신저들이므로 이런 표현을 썼다.

는 이탈리아의 이곳저곳을 여행했고, 서커스에서 일하고 있는 옛 친구와 그 세계에 있는 새로운 사람들도 만났다. 그는 파리도 갔다. 펠리니가 말하길, "파리는 서커스를 진정한 예술로 변모시킨 도시"이기 때문이다. 여행할 때는 광대에 관한 주제에서, 매우 중요한 역사가인 트리스탄 레미(Tristan Remy)가 동행했다. 레미는 광대는 다른 시간에 속하는 존재들이라고 말했다. 펠리니는 자신의 말에 따르면, '웃음의 종교'인 광대의 유적을 찾아 계속 돌아다녔다. 펠리니는 늙은 광대, 젊은 광대를 두루 만났고, 찰리 채플린의 딸 빅토리아 채플린[3]도 만났다. 펠리니는 사라진 전통에 관한 편린들도 수집했다. 그가 만난 사람들, 그들과 나눈 대화들은 영화 속에 들어있다. 영화는 일종의 재구성한 다큐멘터리처럼 됐다. 시나리오는 자유롭게 쓰였는데, 어릴 때의 기억과 과거에 대한 판타지, 그리고 현재의 슬픈 이야기들이 포함됐다. 촬영은 3월 23일 로마 근교의 해변 도시 안치오에서 시작됐다. 그리고는 오스티아, 파리, 치네치타로 이동했다. 5주로 계획됐던 촬영 기일은 11주로 늘어났다. 하지만 촬영 일수는 모두 30일이었다. 도중에 새로운 아이디어들로 시나리오는 부풀려졌고, 예산은 3배로 뛰었다.

---

3   빅토리아 채플린(Victoria Chaplin)은 채플린과 그의 네 번째 아내 오나 오닐 사이에 태어난 딸이다. 외할아버지가 극작가 유진 오닐이다. 빅토리아는 서커스인으로 살았다.

펠리니는 파리에서 깨어진 유리창에 손을 다치는 바람에 잠시 휴식을 취했다. 그즈음 6월 8일, 펠리니는 몽마르트르의 명예시민으로 추대됐다. '광대들'의 예산은 빠듯했다. 하지만 수단이 별로 없으면, 천재성은 더욱 예리하게 버려지는 법이다. 그리고 영화계의 오랜 게임의 규칙을 무시하고 일을 한다는 기쁨은 값으로 매길 수 없는 경험이었다. 펠리니는 '광대들'을 35mm 컬러 필름에, 대형 스크린용 카메라로 찍었다. 펠리니는 TV의 특성에 민감하게 반응한 특별한 감독 중의 한 명이 되었다. 시사회에서 볼 때, 영화는 관객과 대화를 하는 것 같았고 또 친밀한 느낌이 났다. 서사 영화라기보다는 저널리즘 같았다. 간단한 형식과 가벼운 터치는 펠리니의 미래 영화에서도 유시될 것이다. 영화를 본 펠리니의 친구들은 감독과 얼굴을 맞대고 있는 듯한 기분을 느꼈고, 지인들 앞에서 그가 종종 그랬던 것처럼 이야기를 하는 도중에 옆길로 새는 것도 듣는 것 같았다고 말했다.

셰익스피어는 말했다. "세상은 모두 무대이고, 모든 남성과 여성은 배우다." 펠리니는 이 아이디어를 응용해, 세상을 서커스로, 모든 남성과 여성은 광대라고 생각했다. 광대에는 두 종류가 있다. 흰 얼굴 광대(il Clown bianco)와 아우구스토(L'Augusto, 이탈리아에서는 토니라고 부른다)가 그들이다. 그들은 주인과 노예를 대변한다. 말하자면 시스템의 조정자와 반항자, 부자와 빈자, 이성과 광기의 재현이다. 펠리니는 서커스를 세상에 대한 은유로 해석해, 모든 사람도 두 개의 카테고리로 나눌 수 있다고 봤다. 그는 역사적 인물로 예를 들어 흥미로운 분류를 했다. "히틀러는 흰 얼굴 광대, 무솔리니는 아우구스토, 파첼리(교황 피우스 12세)는 흰 얼굴 광대, 론칼리(교황 요한 23세)는 아우구스토, 프로이트는 흰 얼굴 광대, 융은 아우구스토"라는 식이다. 영화에서 펠리니는 역사적 패러다임까지 해석하는 시도를 한다. "흰 얼굴 광대는 어머니, 아버지, 스승, 예술가, 잘 생긴 남자들이며, 말하자면 그들은 자신들이 하고 싶은 것을 하는 인물들이다. 아우구스토는 만약 단호한 결의로 버티지 않으면, 흰 얼굴 광대들의 완벽한 매력 앞에서 고생할 텐데, 그래서 그들은 저항하고, 당차게 대응하려고 정신무장을 한다." 그러면 펠리니는 어떤 광대일까? "내가 만약 광대라면, 나는 아우구스토가 되고 싶다. 하지만 나는 흰 얼굴 광대도 된다. 혹은 나는 서커스의 감독이지 않을까?" 그래서 펠리니가 '8과 1/2'의 마지막 장면에서 손에 메가폰을 들고, 등장인물들의 행진을 지휘하는 현대판 서커스 단장으로 자신을 묘사한 것은 우연이 아닌 셈이다.

세상은 흰 얼굴 광대와 아우구스토로 구분된다는 생각에 덧붙여, '광대들'은 펠리니의 리얼리즘에 대한 오래된 불신, 곧 팩트를 확인할 수 있고, 현실을 다큐멘터리로 표현할 수 있다는 점에 대한 불신을 총체적으로 드러내고 있다. 이는 리얼리즘을 중시하는 체사레 차바티니의 미학에 오랫동안 반

대해온 펠리니의 태도가 되살아난 것이다. 역사적으로 위대한 광대들의 기술은 영화 아카이브에서 발견되지 않았다. 그건 펠리니가 '카비리아의 밤'에 대해 준비할 때, 신비한 매춘부 봄바에 대해 사방으로 찾았지만, 로마의 거리에서는 발견하지 못한 것과 같았다. 프랑스의 광대들인 프라텔리니 트리오 관련 필름은 시사도 하기 전에 불에 타 버렸다. 전설적인 광대 룸(Rhum, 이탈리아 트리에스테 출신인 엔리코 스프로카니)에 관한 필름은 고고학적 가치는 있을지 몰라도 펠리니에겐 소용없는 자료였다. 그래서 펠리니는 위대한 광대들의 공연을 재연한다. 증언도 오래 증명될 수 없었다. 그 증언을 반복하게 하면, 그 순간 팩트는 연기 속으로 사라지는 식이었다. 파리를 처음 여행했을 때, 펠리니는 옛 광대 바리오 메스키(Bario Meschi)를 인터뷰했다. 그런데 카메라가 돌자, 메스키는 너무 흥분하여 자기의 이야기조차 반복하지 못했다. 하지만 그와의 첫 녹음테이프를 이용하여, 펠리니는 이 영화의 마지막을 시적으로 종결지을 수 있었다. 마지막 이야기는 다른 배우가 들려준다. 아우구스토를 위한 장면인데, 그는 죽었다고 알려진 흰 얼굴 광대를 애타게 찾는다. 절망한 아우구스토는 마지막으로 자기들이 과거에 주로 연주하던 트럼펫을 분다. 그러자 죽은 줄 알았던 흰 얼굴 광대가 역시 트럼펫을 불며 나타나는 것이다. 이것이 바리오와 다리오 메스키 형제의 유명한 공연 장면이다.

시나리오에 쓰여 있는 몇몇 장면들은 영화화되지 못했다. 광대들 신발 만드는 사람과의 인터뷰, 지금은 바이에른식의 맥주 홀로 변한 메드라노 서커스(Circo Medrano) 방문, 광대들 전문 사진작가와의 만남, 그리고 코끼리 조련사와의 단편적인 토론 같은 것들이다. 펠리니가 처음에 꿈꿨던 것, 곧 찰리 채플린이 광대들의 선언을 읽는 장면은 시도도 못 했다. 영화계의 위대한 광대 채플린은 너무 늙었고, 병들어 있었고, 접근이 사실상 불가능했다. 펠리니의 친구인 미국 배우 대니 케이가 출연할 가능성을 잠깐 비쳤지만, 스케줄이 맞지 않았다. 그래서 펠리니는 자신의 오래된 배우들과 관련자들을 다시 모았다. 배우들과 실제 생활에서의 사람들을 유명한 그 광대들로 분장시켰다. 그리고는 그 사람들을 진짜 광대들과 섞어 흥겨운 기운이 나게 했다.

93분짜리 '광대들'은 제31회 베네치아영화제에서 공개됐다. 영화제는 68혁명 이후, 경쟁부문과 시상식 없이 계속 열리고 있었다. 8월 30일 일요일, 공영방송 RAI는 펠리니의 영화를 만들었다는 자부심을 갖고 화려한 라비아 궁에서 영화를 시사했다. 펠리니는 이 영화가 공영방송국과 영화산업계가 서로 경쟁하는 사업의 대상이 되어 있어서 기분이 썩 좋지는 않았다. 그래서 그는 베네치아에서의 의무를 피하는 방법을 모색했다. 펠리니는 로마에서 친구이자 홍보 담당인 마리오 롱가르디에게 전보를 쳤다. "친애하는 마리에토(마리오의 애칭). 강한 바람이 불어 보트를 베네치아에서 더욱 먼 곳으로 보내버렸네. 나는 정말 가고 싶지 않다네. 나는 지금 판테레리아[4] 섬에서 쓰고 있네." 롱가르디는 애타게 펠리니를 찾았고, 제발 오라고 애원했으며, 결국 펠리니는 받아들였다. 하지만 베네치아에 와서도 펠리니는 영화가 따뜻한 환영을 받았음에도 불구하고 별로 기분이 좋지 않았다. 리뷰들은 조금 나왔는데, 옛날의 관습들을 반복한다고들 했다. 곧 영화는 오래 다뤘던 주제에 대한 회상이며, 너무 자전적이고, 너무 자기애적이며, 좋은 아이디어와 그렇지 못한 것이 섞여 있다고들 했다. 이런 비평계의 반응은 연말에 극장에서 개봉할 때도 반복됐다.

영화가 배급될 때도 경쟁이 벌어졌다. 제작자들과 극장주들은 TV와 영화 가운데 무엇이 더 중요한지 물었다. 극장주들은 펠리니의 새 영화를 스크린이 아니라 TV에서 먼저 공개한다는 것은 이단이거나 적어도 배신이라고 생각했다. 하지만 RAI의 프로그램 감독 안젤로 로마노도 쉽게 물러서지 않았다. "나는 영화를 원했고, 지금은 내가 원하는 대로 영화를 방영할 수 있다." 최종적으로 합의가 이뤄졌다. '광대들'은 크리스마스이브에 RAI 2를 통해 첫방영됐다. TV는 여전히 흑백일 때였다. 이어서 12월 27일 영화는 극장에서 컬러로 상영

---

4   판테레리아는 시칠리아 서쪽, 아프리카의 튀지지 근처에 있는 섬이다.

됐다. 결과는 두 배의 재난이었다. 영화는 휴가 기간에 방영됐는데, 가족들의 주목을 별로 받지 못했다. 시청률도 예상보다 낮았다. 그런데 극장에서 컬러로 상영되어도 영화는 큰 관심을 얻지 못했다. 그리고 흥행에서 참패했다. 펠리니는 리미니 고향 집에서 어머니와 함께 영화를 TV로 봤다. 그때, 영화가 처음에 기획했던 것과 비교하면 너무나 줄어들어 있었다는 점을 뒤늦게 알았다.

'광대들'은 시간이 지남에 따라 다른 조명을 받기도 했고, 어떤 비평가는 이 영화를 펠리니의 영화 가운데 더 큰 의미가 있는 작품으로 해석하기도 했다. 하지만 이후에 '광대들'은 '토비 댐잇'과 묶여, '2 펠리니 2'(1977)로 다시 배급됐는데, 역시 성공을 거두지는 못했다. 한 가지 흥미로운 점은 1977년 배급 때, 펠리니는 자기의 목소리는 배우 지지 프로이에티가 더빙하도록 했다. 이 선택은 펠리니가 자신을 너무 드러낸다고 지적하는 사람들을 의식한 두려움의 결과로 읽힌다. 사실은 '광대들'은 물론이고, 펠리니는 다른 작품에서도 자신에 대해 말하는 것을 주저한 적은 없다. 그중에 '광대들'은 대중에게 공개한 가장 솔직하고 정직하며 내밀한 자화상일 것이다. 이 영화는 대단히 중요한 전환점인데, 다음에 발표될 영화들의 시적인 매트릭스가 되기 때문이다. '로마'에서 펠리니는 현실이 아니라 상상을 다큐멘터리처럼 찍는 리포팅을 또 할 것이다. 그리고 펠리니의 어린 시절에 대한 더욱 깊은 탐구가

될 '아마코드'에서 여행은 '광대들'의 날개를 타고 시작될 것
이다.

34. '로마'(Roma, 1972)

제2의 고향

1970년 10월, 펠리니는 3편의 새로운 영화를 기획하며, "모두 함께 촬영될 것"이라고 말했다. 하나는 모방과 변신의 천재인 나폴리 출신의 마법사 알리기에로 노스케제(Alighiero Noschese, 1932-1979)에 관한 작품인데, 펠리니는 항상 그를 흠모했으며, 동시에 그가 다른 사람으로 너무나 변신을 잘해서 조금 겁을 먹기도 했다. 두 번째로 펠리니는 미뤄났던 베르나르디노 차포니의 시나리오 '미지의 여인'을 이젠 찍을 것이라고 말했다. 파시즘 시절 지방의 어느 공장주인에 관한 영화인데, 남자 주인공이 자신을 버렸던 여성으로 조금씩 변해가는 이야기다. 이것은 변신의 또 다른 형태인데, 영화의 이야기는 거의 과학적인 변신을 보여주던 노스케제에 대한 찬사 같은 것이다. 여러 다양한 이유로 두 기획은 실현되지 못했다. 반면에 세 번째 기획, 곧 로마에 헌정하는 영화는 제작됐다.

'로마'에 대한 기본적인 아이디어는, 현재는 과거를 바탕으로 해서 성장하며, 그 역도 마찬가지라는 것이다. 펠리니는 당시 자유로운 형식의 제작에 강한 호기심을 갖고 있었다. '광대들'을 찍을 때처럼, 이것저것 조금씩 찍고, 종종 쉬고, 관습적인 플롯을 구성할 필요가 없다고 여겼다. 펠리니가 이런 계획을 '일요일의 영화'(film della domenica) 같은 것이라고 제안하자, 제작자 알베르토 그리말디는 잠시 뒤로 물러섰다. 펠리니가 설명하길, 일요일의 영화는 가능할 때 조금씩, 자유로운 시간에 찍는 것이라고 했다. 주제는 로마라는 도시에서의 삶인데, 주의를 끌고, 판타지를 자극하며, 주제를 더욱 심화시킬 수 있는 것이라면 모든 게 가능하다고 말했다. 예를 들어 저녁이면 바다에서 시원한 바람을 가져오고, 밤에 한여름 도시의 열기를 식히는 서풍(ponentino)도 주제가 될 수 있다는 것이다. 서풍은 언제 생기고, 어디에서 생기며, 어디로 가는가? 서풍이 도시를 지나 동쪽으로 갈 때, 누가 그리고 무엇이 그것과 마주칠까? 그리말디는 이 기획을 이해할 수 없었다. 그는 이를 좋아하지도 않았고, 만들고 싶어 하지도 않았다. 그래서 펠리니는 다른 제작자 엘리오 스카르다말리아 (Elio Scardamaglia)에게 접근해서, 그의 '레오네 필름'과 작업을 시작했다. 이어서 '울트라 필름'이 합류했다. 이 영화사는 국가로부터 인정받은 배급권을 갖고 있었고, 투리 바질레(Turi Vasile)가 대표였다. 그는 줄리에타를 발견하여, 그녀를 '구프 극단'(Teatro Guf)에서 데뷔시킨 사람들 가운데 한 명이었다.

펠리니는 차포니와 함께 시나리오를 썼다. 둘은 각자의 집에서, 또 로마의 플라차 호텔에서, 그리고 오스티아 해변에서 주로 만났다. 그들은 아이디어를 찾고, 영화 장면을 테스트하기 위해 이곳저곳을 돌아다녔다. 두 사람은 지하철 공사장에도 내려갔고, 엔지니어들은 이들을 '두더지'(talpa)라고 부르는 기계가 있는 데까지 데려갔다. 두더지는 땅을 파는 기계로, 도시의 내장 속으로 깊이 들어갈 때 쓰였다. 펠리니와 차포니는 보트를 타고 테베레강도 돌아다녔다. 로마에 대한 전문가나 역사가와 논의했고, 책에서 흥미로운 이야기도 찾았으며, 묘지와 국영 아카이브도 방문했다. 누군가가 펠리니에게 이런 이야기도 했다. 룽고테베레에 있는 대법원의 지하에 사는 쥐들을 소탕하기 위해 수백 마리의 고양이를 푼 적이 있었다는 것이다. 그런데 쥐들이 너무나 공격적이어서, 오히려 이들이 고양이를 잡아먹었다. 그래서 동물원에서 표범을 빌려왔고, 결국 쥐들을 처치한 것은 이들 표범이었다는 내용이었다. 이 이야기가 사실이든 아니든, 대법원 건물에서 맹수가 돌아다닌다는 아이디어는 펠리니의 구미를 당겼다. 그는 이 에피소드를 영화 속에 포함하길 원했다. 그런데 당시 법원은 시의 건축위원회에 의해 통제를 받았고, 불행하게도 펠리니는 촬영허가를 받지 못했다. 오손 웰스는 '심판'(1962)을 그곳에서 찍었는데 말이다.

펠리니는 점차 사소한 호기심은 제쳐두고 깊은 테마에 집중하기 시작했다. 그는 시나리오를 위한 노트를 늘 갖고 다녔다. 노트는 두 개의 카테고리로 나누어져 있는데, 바로 '어제와 오늘'이 그것이다. 펠리니는 먼저 30년 전 로마에 관한 이야기를 구성하고 있었다. 이는 자기 경력이 막 시작된 그 당시를 강조하는 자전적 증거물이 될 것이다. 이 영화에서 개인적인 기억으로 과거의 서사를 짠 실타래는 이렇다. 모두가 로마를 이야기하는 시골의 어린 시절, 로마의 테르미니 기차역에의 도착, 가격이 낮은 산 조반니(San Giovanni) 지역의 숙소, 도주하듯 매음굴에서 어떤 여인과 맺은 사랑, 그리고 독일 출신 버라이어티 쇼 댄서와의 사랑 순서다. 펠리니는 자신의 과거를 반추하는 동안 현대 로마의 이야기도 합치기를 결정했다. 그것은 '아마존에 관한 다큐멘터리'처럼 찍힐 것이다. 곧 펠리니는 새로운 렌즈를 통해 모든 것을 위에서 보기를 원했다. 이런 개념을 유지하며, 영화의 첫 촬영은 1970년 11월 2일, 곧 '죽은 자들을 위한 날'에 시작됐다. 첫 쇼트는 헬리콥터에서 찍은 베라노 묘지였다(하지만 이 장면은 영화에 포함되지 않았다). 더 많은 촬영은 1971년 2월과 3월에 이뤄졌다. 그런데 이때의 장면은 3월 말에 시작되는 진짜 작업을 위한 준비처럼 쓰였다. 제작비는 갑자기 올라가기 시작했다.

3월 말과 4월 초에 촬영된 초기의 장면 가운데 하나는 성직자들의 패션쇼이다. 미술 감독 다닐로 도나티가 아이러니컬하고 기괴한 디자인으로 최고의 무대를 만들었다. 이 시퀀스의 마지막은 과거의 시사지 '마르카우렐리오'의 희극 작가인 굴리엘모 구스타가 교황 피우스 12세 복장을 하고 왕관을 쓴 채 미끄러져 들어오는 장면이다. 곧이어 펠리니는 전통적인 다큐멘터리 기술과는 달리, 로마 순환고속도로(Raccordo Anulare) 세트를 500m짜리로 치네치타에 건축하여 작업을 진행한다. 세트는 40개의 가로등, 50개의 도로 표지, 15개의 광고 간판, 그리고 가드레일과 2개의 휴게소가 있는 4차선 고속도로로 구성돼 있다. 빌라 보르게제 공원에서 촬영할 때, 만화 〈마법사 맨드레이크〉(Mandrake the Magician)의 저자 리 포크(Lee Falk)의 방문을 받는다. 제작자 디노 데 라우렌티스가 그를 보냈는데, 디노는 그 만화의 주인공 마법사에 관한 영화를 펠리니가 만들었으면 하고 바랐다. 하지만 펠리니는 맨드레이크를 약간 즐기기만 했는데, 이를테면 마스트로이안니를 마법사로 상상해보는 정도다. 당시 프랑스 보그 잡지에 실렸던 마스트로이안니의 코믹한 사진들이 떠올랐기 때문이었다.

여름의 끝에 놀랄 일이 벌어졌다. 스위스 은행 '발 루가노'(Val Lugano)의 파산에 이어, '울트라 필름'의 대주주인 주세페 파스쿠알레의 왕국도 무너졌다. '로마' 작업은 중단됐다.

파편적인 구조의 특성을 고려해서, 울트라 필름의 대표 투리 바질레는 그 시점에서 작업을 끝내려 했다. 펠리니는 원래 기획했던 것의 반, 아무리 많아도 3/4 정도만 촬영했다며 반대했다. 아직 찍어야 할 중요한 장면들이 남아 있었다. 펠리니가 치네치타의 '스튜디오 5'에 새로이 건축하여 찍을 예정이었던 알바롱가 거리에서의 야외 식사(트람 시설 포함) 같은 것이다. 늘 그렇듯 많은 논쟁이 뒤따랐고, 촬영은 국민노동은행의 지원을 받아 10월에 재개됐다. 펠리니는 몇 장면의 촬영을 양보했다. 이를테면 라이벌 축구팀인 로마와 라치오의 경기, 야간의 버스 드라이브, 엔딩을 암시하는 만담(버라이어티 쇼 형식으로), 그리고 펠리니의 부친 무덤이 있는 묘지 코노키아의 방문 등이다. 차포니는 예감이 좋지 않다며 묘지를 제외한 것에 반대했지만 말이다. 그리고 더빙 작업이 이어졌다. 펠리니는 단지 세 명의 목소리(알리기에로 노스케제, 알베르토 리오넬로, 오레스테 리오넬로)만 필요하다고 말했지만, 더빙 작업은 오래, 힘들게 진행됐다. 영화는 1972년 2월에 완성됐다.

'로마'(2시간에서 1분 모자란 상영시간)는 펠리니 영화의 구조에 변화가 일어났음을 보여주고 있다. '비텔로니' 이후의 모든 영화에 적용되는 펠리니의 구조는, 내용을 이루는 챕터들의 연결이 의도적으로 잘 맞지 않게 짜인 것이다. '로마'는 더욱 파편적이고, 연결이 깨어져 있고, 대단히 은밀하다. 마치 엄마-창녀의 거대한 은유처럼 묘사된 로마에서, 펠리니는 모험을 즐기고, 과거와 현재를 넘나들며 자유롭게 이야기한다. '로마'는 '광대들'에서 파생된 작품이다. 아니 '광대들'의 후속편이라고도 말할 수 있다. 이런 방식은 '로마'에서 시작된 에밀리아−로마냐에 관한 사소한 기억들이 '아마코드'에서 다시 채택되는 것과 같다. 다큐멘터리 탐사에 대한 패러디인 '광대들'의 구조가 '로마'보다 더욱 탄탄했다. 그 패러디를 통해 '광대들'은 밀도 높고 시적인 작품이 될 수 있었다. 반면에 '로마'는 에피소드와 에피소드 사이의 봉합이 흥미롭게도 매우 헐거운 점에 있어서 '열린 예술작품'(opera aperta)인데, 이는 관객들에게 반복되는 느낌과 해석을 해야 하는 피곤함을 줄 수도 있다. 하지만 이런 단점은 '로마'가 유혹적이고, 장대하고 향기로운 큰 그림이 된 점을 생각하면, 그렇게 중요하지 않다. '로마'는 또한 명백히 죽음에 대한 영화이다. 죽음의 상징은 늘 제시되고 있다. 영화의 첫 장면은 큰 낫이며, 마지막 장면은 오토바이를 탄 무리가 '어둠' 속으로 사라지는 것이다. 이는 지하철 공사장의 고대 로마 벽화들이 '빛'에 노출됐을 때 사라지는 것과는 반대 방식으로 묘사돼 있다. 안나 마냐니는 펠리니와 함께 작업하기를 원하지 않았지만, 감독은 로마에 헌정된 이 영화에 마냐니를 포함하지 않을 수 없었다. 하지만 마냐니는 펠리니의 계획을 회의적으로 들었고, 그의 선한 의도에 감사했지만, 자신의 출연이 표피적이라고 생각했다. 하지만 영화의 마지막에 카메오로 잠시 출연하는 데는 동의했다. 마냐니는 밤에 알티에리 궁에 있는 집으로 들어가며, 친구 펠리니의 얼굴 앞에서 문을 닫아버린다. 그때 펠리니의 제안을 기쁘게 거절하며, "나는 당신을 믿지 않아."라고 말한다. 슬프게도 이 말은 '맘마 로마'(Mamma Roma)[1] 마냐니가 스크린에서 들려준 마지막 대사가 되고 말았다. 마냐니는 얼마 있지 않아, 1973년 9월 26일 죽는다.

로마의 내부는 땅을 움직이는 '두더지'에 의해 게걸스럽게 먹히고, 표면은 사나운 교통 체증으로 파괴되고 있다. 시민들은 거칠고, 천박하고, 욕심 많으며, 참을성이 없다. 대도시의 각 구역은 'G. 마스토르나의 여행'에 묘사된 지옥의 구역과 별로 다를 바 없다. 펠리니는 집요하게 예술적 일관성을 갖고 '도시의 모랄도'의 기억과 '날콤한 인생'의 과장되고 바로크적인 이미지로 되돌아갔다. 하지만 '로마'와 12년 전의 걸작 '달콤한 인생'과는 다른 점이 있다. 1970년대에 이르러 로마는 예상했던 것보다 더욱 빨리, 더욱 신경증적이고 무서운 미래의 도시로 변해 있었다.

'로마'의 에피소드들을 집합하는 구조는 광시곡처럼 자유로운 읽기와 취향의 자의적인 선택을 유도하고 있다. '로마'가 1972년 3월 16일 로마에서 개봉됐을 때, 평론가들은 펠리

---

1 '맘마 로마'는 피에르 파올로 파졸리니의 1962년 작품이다. 여기서 마냐니는 '맘마 로마'라는 별명을 가진 매춘부로 출연했다. 마냐니의 대표작 가운데 하나다.

니의 '영화 속 영화'의 장단점에 대해 길게 토론했다. '로마'는 마그마처럼 다양하고, 판타지의 보고이며, 넘치는 재능의 작품이고, 백 퍼센트 펠리니 작품이라고들 했다. 또 '로마'는 젊은이들 취향인 장-뤽 고다르, 그리고 아방가르드 영화와도 비교됐다. 하지만 비평가들의 리뷰는 엄격함이 부족했고, 자족적이었으며, 괴물성에 집착했고, 반복적이었다. '로마'는 이탈리아와 외국 모두에서 적지 않은 환영을 받았다. 어떤 경우에는 '8과 1/2' 이후로 도달한 적이 없는 열정적인 대접도 받았다. 사람들은 기억을 되살려주는 장면들을 최고로 꼽았다. 예를 들어, 떠돌이 악사가 등장하는 야외 대중식당에서의 식사, 버라이어티 쇼, 매음굴, 그리고 20년간 이어진 파시즘이 남긴 것들, 곧 로마 지역어로 '트루치도'(trucido)라고 불리는 모든 버려진 것들이다. 기억을 완벽하게 시학으로 변모시킨 이런 것들은 얼굴을 찌푸리게 할 정도로 폭력적인 신랄함을 갖고 있다. 펠리니가 '로마'에서 도시의 캐리커처를 그린 게 아니라, 사회학적 현실에 대한 초상화를 그렸다고 말하는 것은 사족일 테다. 현재에 대한 초상화를 위해 우리에게 주어진 것은 놀라운 모형인 로마 순환도로, 그리고 영화 속의 영화에 활력을 불어넣기 위해 펠리니 자신이 직접 출연한 것 등이다. 하지만 아쉽게도 그런 철저함이 트라스테베레에 있는 산타 마리아 광장에서 경찰들이 히피들을 진압하는 장면에서는 구현되지 못한 것은 부끄러운 일이다. 거기에서 펠리니의 상상력은 제한적이었다. 왜냐면 그건 당대의 뜨거운 사회문제이자 현실이라는 함정이었고, 결과적으로 펠리니와는 맞지 않는 주제였기 때문이었다. 지하철 장면이 간혹 SF의 긴장을 보여줬다면, 성직자들의 패션쇼는 순수한 패러디였다. 관습을 뛰어넘은 영화들이 처음에는 전혀 이해받지 못한 것처럼, '로마'는 관객들에게 새로운 연습을 하게 했다. 곧 '로마'는 관객들이 금기를 넘어서고, 현실을 볼 때 담대해지며, 상상력이 발동하여 경쾌해지고, 그래서 자유를 탐닉하는 데 자부심을 느끼게 하는 것이었다.

'로마'는 1972년 5월 4일 제26회 칸영화제를 통해 전 세계에 공개됐다. 영화는 페미니스트 사이에 즉각적인 반발을 불러일으켰다. 영화 포스터가 문제였는데, 세 개의 젖꼭지를 단 누드 여성이 네 발로 엎드린 채, 로마의 상징인 '암늑대', 곧 '루파 카피톨리나'(lupa capitolina) 형태를 취하고 있어서다. 이후 이탈리아에서 영화가 개봉됐을 때, 오직 로마와 밀라노에서만 환영을 받았다. 나머지 지역에선 거의 반응이 없었다. 처음엔 일반 관객들로부터는 미적지근한 대접을 받았지만, 시간이 지나면서 '로마'는 지식인들과 예술인들 사이에서 펠리니의 영화 가운데 가장 존중받는 영화가 됐다. 벨기에의 위대한 화가 폴 델보(Paul Delvaux)는 1986년 9월 자신의 89회 생일을 맞아 가진 어떤 인터뷰에서 '로마'의 매력을 이렇게 설명했다. "펠리니의 '로마'는 이교도적이며, 세속적인 카톨릭의 성격도 있고, 즐겁고, 태양처럼 밝으며 동시에 표면 아래 신비로운 점도 있는데, 이런 것들이 나를 매혹했다."

35. '아마코드'(Amarcord, 1973)

먼 기억들

1933년에서 1935년 사이, 대서양 횡단 선박 렉스(Rex)는 이탈리아 해양의 자존심이었다. 렉스는 경쟁 선박인 프랑스의 '일 드 프랑스', 영국의 '퀸 메리', 네덜란드의 '에우로파'를 이기고, 가장 빠른 대서양 횡단 선박이 되면서 '푸른 리본'(Nastro Azzurro)의 우승자가 됐다. 펠리니의 '아마코드'에서 렉스는 항구 도시 리미니의 바로 옆을 지나간다. 리미니의 남자, 여자, 아이들이 모두 몰려와, 렉스를 더 가까이에서 보기 위해 가지각색의 배를 타고 바다로 나간다. 하지만 사실 렉스는 리미니옆을 지나친 적이 없다. 렉스는 로마냐주 해변을 딱 한 번 접근하긴 했다. 제2차 세계대전이 발발한 바로 직후였고, 모든 불을 끈 상태였다. 그런데 렉스는 슬픈 운명을 맞았다. 트리에스테 만에서 폭격을 받고 노획된 뒤, 잔해는 슬로베니아 앞 카포디스트리아(Capodistria)의 깊은 바다에 가라앉고 말았다. 렉스는 전성기에 서쪽 제노바에 주로 정박했고, 이탈리아의 동쪽인 아드리아해를 운항하진 않았다. 말하자면 '아마코드'에 나온 렉스 장면은 펠리니의 영화 세계에서 가장 널리 알려진 장면 가운데 하나인데(1982년 칸영화제 포스터에도 그 장면이 묘사돼 있다) 그건 전적으로 감독의 상상력에 의한 결과였다. 말하자면 펠리니는 자기만의 방식으로 시와 현실을 섞는 것을 사랑하는 작가가 돼 있었다.

펠리니의 어린 시절 리미니에 대한 헌사인 '아마코드'에서의 행위는 어느 해 봄에서 시작하여 다음 해 봄까지 이어진다. 곧 광장에서 거대한 불놀이와 함께 진행되는 '산 주세페'(성 요셉) 축제에서 시작하여, 다음 해에 빛도 나고 비도 오는 날 진행되는 미용사 그라디스카의 결혼피로연까지 이어진다. 그런데 우리는 정확히 어떤 연도에 있을까? 펠리니는 늘 세부적인 점을 설명하는 데는 입을 다물지만, 여러 실마리를 제공하고 있다. 영화의 내레이터 가운데 한 명인 변호사 티타는 눈이 내리는 날 이렇게 말한다. "이 이야기는 폭설이 내린 연도로 기억될 것이다." 그 폭설이 실제로 일어난 것은 1929년 겨울이다. 영화 속 다른 정보는 1933년을 가리키는데, 제7회 '1천 마일'(Mille Miglia) 자동차 경주가 벌어지고 있고, 앞에서 말한 렉스가 진수한 해이기도 하다. 1935년일 수도 있다. 에티오피아 전쟁 이후 발표된 대중가요 '작은 검은 얼굴'이 유행해서다. 1937년도 가능한데, 진저 로저스와 프레드 아스테어가 주연한 '샬 위 댄스' 개봉 관련 포스터가 걸려 있다. 종합하면 '아마코드'는 1930년대 중반, 곧 1933년에서 1937년 사이 그 어떤 해를 배경으로 했다고 말할 수 있다. 제목은 '나는 기억한다'라는 뜻의 리미니 지역어인 '아마코드'(a m'arcord) 에서 나왔다. 이 단어는 시나리오 작가 토니노 구에라(Tonino Guerra)의 시에 등장하는 단어인데, 그는 펠리니와 동갑이고, 리미니 근처 출신이다.

   토니노 구에라는 1920년 3월 16일 로마냐주의 산타르칸젤로에서 태어났다. 리미니와 10km 떨어진 곳이다. 그의 부친은 생선을 굽거나 생선을 잡는 어부였다. 모친은 문맹이었다. 그는 독일 포로수용소에서 돌아온 뒤, 초등학교 교사가 되었고, 지역어로 시를 발표하기 시작했다. 그런데 이 시들이 지역을 넘어 다른 곳의 많은 독자에게 반향을 불러일으켰다. 구에라는 서른 살이 됐을 때 로마로 이주했다. 펠리니와 달리 그는 이후에도 고향과 깊은 관계를 유지했고, 자주 방문하여 오래 머물곤 했다. 구에라를 영화계로 이끈 이는 화가인 렌초 베스피냐니였는데, 그는 친구인 엘리오 페트리 감독을 소개했다. 페트리는 당시 주세페 데 산티스의 조감독이었다. 마르첼로 마스트로이안니도 구에라에게 기회를 줬는데, 자신에게 주어진 시나리오를 검증하는 자문으로 그를 고용했다. 데 산티스의 시나리오를 쓰며 구에라는 본격적으로 일을 시작했고, 이후 함께 일한 유명 감독들은, 미켈란젤로 안토니오니, 엘리오 페트리, 프란체스코 로지, 타비아니 형제, 테오 앙겔로풀로스 등이다. 펠리니가 '아마코드' 시나리오를 위해 그를 초대했을 때, 이미 구에라는 '새로운 체사레 차파티니'가 돼 있었다. 1970년대 이탈리아 영화계에서 구에라는 전후에 '자전거 도둑'을 썼던 시나리오 작가 차바티니만큼 중요한 작가가 된 것이다.

펠리니가 구에라를 놀려주려고 할 때면, 단지 산타르칸젤로가 '리미니의 변방'이라고만 말하면 됐다. 그러면 구에라는 주먹 소리를 내면서 반격했는데, 그렇게만 해도 리비에라 해변에나 어울릴 히죽거리는 비텔로니(펠리니)를 언덕 저 위까지 도망가게 할 수 있었다. 지역어를 섞어가며 주고받는 두 사람 사이의 농담은 완벽한 상호이해의 한 부분이었다. 토니노는 농촌 기반이고, 페데리코는 도시에 대한 기억이 큰 데, 두 사람은 자신들의 현실을 새로 발명해내려고 했다. 피에르파올로 파졸리니가 '아마코드'에 대한 리뷰를 썼다. 그때는 '아카토네' 사건 때문에 여전히 마음이 좋지 않을 때였다. 그는 영화 제목을 '우리는 기억한다'(Asarcurdem)로 고쳐야 한다고 말했다. 왜냐면 시나리오 작가의 기억과 펠리니의 기억이 서로 섞여 있었기 때문이었다.

영화 제목 '아마코드'(amarcord, 지역어 표기 a m'arcord와 다른 철자)라는 조어는 펠리니가 발명한 것이다. 어떤 식당에서 냅킨에 처음 그렇게 써봤다. 마치 초현실주의자들이 무아지경에서 쓴 자동기술 같은 것이다. 그런데 그것이 마법의 열쇠가 됐다. 그건 '8과 1/2'의 주문인 '아사 니시 마사'(Asa Nisi Masa, 곧 Anima)처럼, 펠리니를 매혹했던 여러 단어 중의 하나였다. 그 단어를 말하기만 하면, 조금씩 사라져서 조각이 되어버린 온 세상이 전부 그에게 다시 되돌아오는 것 같았다. 돌아온 것은 이런 것들이다. 파시스트 보병들의 행진, 울적한 신랑 신부, '백인 추장'에 관한 유명한 신화, '비텔로니'의 그들, '길'에서 본 시골 풍경, 그리고 그의 영화에 자주 등장하는 불멸의 매춘부들이다. '아마코드'라는 말로, 펠리니는 자신의 세상에 이미 침범해 있는 '영혼의 줄리에타'의 야만인들로부터 해방된 아침에 깨어나는 것 같았다. 펠리니는 그들을 모두 고향으로, 곧 펠리니 자신의 어린 시절로 다시 데려갔다.

이런 내부로의 어려운 여행에 몰두해 있을 때, 펠리니는 자신이 무엇을 하는지 말하는 걸 싫어했다. 언론 홍보를 위해 필요한 새 영화의 제목에 대해서도, 담당인 마리오 론가르디에게 일부러 '침입받은 남자'라고 알리길 부탁했다. 덧붙여 기자들에게도 거짓말을 하여 영화는 SF가 될 것이라고 전했다. 펠리니는 이전에 새 영화가 로마냐주와 어떤 관계가 있다고 말한 것을 후회했는데, 나중에는 그 말마저 부인했다. 기자들의 의심을 지우기 위해, 영화의 제목은 '암마코드'(Hammarcord)[1]가 될 것이라고 말했다. 이국적인 이 이름은 당시 외계인과 어떻게 소통할지에 대해 설명한 스웨덴의 유명한 과학자를 떠오르게 했다. 미술감독 다닐로 도나티는 치네치타에 리미니 도시를 만들고 있었다. 하지만 펠리니는 방문자들에게도 세트는 리미니가 절대 아니라고 말했다. 몇 개의 건물들은 방문객의 눈에도 리미니의 그것과 너무나 닮았는데도 그렇게 말했다. 이어서 영화를 만드는 과정에서 작은 전쟁이 시작됐다. 리미니의 많은 사람은 즐거워했다. 하지만 더 많은 사람은 자신들이 영화에 나오는 것을 걱정했다. 세트에서 찍은 드문 사진들이 퍼져가자 자신들이 등장인물들로 알려지지 않을까, 그래서 이상한 소문이 돌지 않을까 염려했다.

기획이 시나리오로 발전하며, 주인공의 이름은 보보에서 우리가 잘 아는 펠리니의 친구 티타(Titta)로 바뀌었다. 시사지 '마르카우렐리오' 시절부터 자주 언급됐던 친구 티타 벤치의 이름이다. 그래서 노무자들을 이끄는 사업가가 티타의 진짜 부친인 페루치오 벤치와 아무 관계 없는 것으로 유지하는 것도 어려웠다. 펠리니는 처음엔 그 역을 축구 코치이자 몸집이 아주 큰 네레오 로코에게 맡기려 했다. 그러다가 이제는 변호

---

1   이탈리아어에서 h는 묵음. 철자만 다를 뿐 '아마코드'와 비슷하게 발음된다.

사가 된 친구 티타 벤치가 직접 출연해 그의 아버지 역을 맡는 것도 좋겠다고 생각했다. 최종적으로는 당시 별로 알려지지 않은 배우인 아르만도 브란차가 맡았다. 주인공 티타 역은 베네토주 출신인 신인 브루노 차닌이 맡았다. 차닌이 펠리니의 영화에서 뛰어난 연기를 보여주자, 이후 연극 감독 조르지오 스트레레르는 밀라노의 '피콜로 극장'에서 골도니의 '작은 광장'(Il Campiello)을 무대에 올릴 때, 그에게 초르체토 역을 맡겼다. 변호사 티타 벤치가 '아마코드'를 처음 봤을 때, 젊은 차닌이 바로 자신임을 금방 알아봤다. 그리고 펠리니의 정확함에 너무 놀랐다. 펠리니는 어린 시절 벤치 집안에 일상적으로 드나드는 손님이었고, 거의 가족이나 다름없었다. 펠리니는 40년 전의 언어, 습관, 긴장과 더불어 감정의 아주 섬세한 느낌까지 모두 기억했다. 티타 벤치에 따르면 가족 장면은 어린 시절의 완벽한 복제품이었다. 펠리니가 그 당시를 녹음한 것 같았다고 말했다.

'아마코드'는 옛 리미니의 교사들과 성직자들로 구성된 학교를 마술처럼 온전히 살려냈다. 사람들이 가볍게 추측을 하면, 영화 속의 모든 인물이 실제로 누구인지, 또 특정 사건의 역사적 배경이 무엇인지 설명할 수 있을 정도였다. 펠리니는 작품에 대한 바로 이런 접근 방식을 아주 싫어했다. 이것이 펠리니가 '아마코드'의 마을이 왜 형이상학적 차원에 속해야 하는지를 고집한 이유이다. 이 마을은 약간의 변화를 주면 어느 시대에나, 또 어느 장소에나 어울리는 곳이어야 했다. 펠리니답게 '아마코드'는 어떤 특정 사실에 기초한 것이라고 절대 말하지 않았다. 대신 현실은 옆으로 제쳐두자고 했다. 그리고 펠리니는 현실을 발명하는 감독이라는 자기에 대한 비판을 반박하지 않았다. 대신에 그는 리미니 사람들의 호기심과 탐욕을 두려워했다. 가장 두려웠던 것은 동족들을 잡아먹는 리미니 사람들의 식인주의였다. 바로 이 점에서 '비텔로니'처럼 '아마코드'에서도 왜 리미니의 바다 관련 실제 장면이 단 하나도 없는지를 알 수 있다.[2]

만약 사회학자가 오직 '아마코드'를 이용해서 양차 세계대전 사이의 이탈리아를 연구한다면, 그는 무엇을 발견할까? 부족 같은 가족, 최악의 학교, 성적 억압, 감옥 같은 정신병동, 그리고 파시즘이 있을 것이다. 펠리니가 파시즘의 독재 아래에서도 일상을 유지하는 사회에 대해 관대한 것은 아니었다. 말하자면 '아마코드'는 독일의 교양소설이며, 티타에 대한 귀스타브 플로베르식의 '감정교육'이다. 그래서 고집스럽게 분노를 표출하는 이탈리아의 지역주의 사회를 묘사하고, 희극적 요소가 있지만, 사회에 대한 비판의 강도를 약화하진 않는다. 펠리니는 다시 한번 주류문화와 그 문화가 파시즘을 정당

---

2 '비텔로니'와 '아마코드'는 모두 고향 관련 작품이지만, 영화에 등장하는 바다는 전부 리미니가 아니라 로마 근처에서 찍은 것이다.

화하려고 시도하는 수정주의에 반기를 든다. 곧 펠리니는 합의의 시절(파시즘)의 윤리적 고통과 문화적 고통을 숨기려는 시도를 절대 하지 않는다. 이탈리아 사회에 대한 파시즘의 나쁜 영향에 대해 그렇게 강력하게 비난한 것이 보통 비정치적 감독이라고 알려진 펠리니로부터 나온 것은 흥미로운 사실이다. 그리고 우리가 기억해야 할 점은 펠리니의 불쾌감이 전투적인 파시스트들을 넘어 더 넓은 맥락으로 향하고 있다는 것이다. 예를 들어, 티타의 아버지가 파시스트들에 의해 강제로 피마자기름을 먹어야 하는 장면이 특별히 가슴 아픈 게 아니다. 펠리니는 누구를 진정으로 증오할 줄 모른다. 설사 대상이 파시스트일지라도 말이다. 펠리니는 단지 그들을 모두 광대로 그린다. 난, 다른 광대들보다 좀 더 음흉하게 그릴 뿐이다. 펠리니는 자신이 무슨 그림을 그리는지 모르는 상태로 역사를 그릴 때, 또 자신의 10대 시절을 재창조할 때 더욱 강하다. 그는 이때 관객들에게 매우 정직한 그림을 내놓는다.

여기서 펠리니가 복원한 형식은 그동안 저평가됐던 이탈리아 특유의 유머인 '말장난'(barzelletta)의 형식이다. 시작과 끝이 있는 지역사회의 수많은 이야기인데, 내용은 거의 다 아이러니의 조롱을 담고 있고, 여기서 판타지 넘치는 이야기의 맹아가 확장되는 것이다. '아마코드'는 기억으로 가득 찬 긴 대화이다. 감독 자신의 기쁨을 위해, 그리고 관객을 즐겁게 하려는 시선으로 만들어졌다. 어떤 장면은 스케치 수준인 것도 있는데, 이를테면 시크족 추장이 30명의 정부를 데리고 리미니의 그란드 호텔에 나타난 에피소드다(이후에 진짜로 이런 일이 일어났고, 그때 펠리니는 '토비 댐잇'을 찍고 있었다). 신비스러운 동화의 느낌이 나는 챕터들도 있다. 미친 삼촌(치치오 인그라시아가 탁월한 연기를 했다)과 시골로 소풍가는 장면인데, 그는 나무 위로 올라가, "나는 여자를 원한다!"라고 소리지른다. 이것은 모호함과 리듬에서 이야기꾼 펠리니가 얼마나 강력한 재능을 가진 감독인지를 보여주는 사례다. 이런 경우는 아주 드문데, 오직 희극의 대가 에두아르도 데 필립포의 연극에서 가끔 볼 수 있는 재능이다. 그의 연극에서는 부족 같은 이탈리아의 가족은 사랑과 붕괴의 시선으로 동시에 그려져 있다. 꼭 기억해야 할 장면은 또 있다. 식사 중에 싸우는 장면인데, 그것은 데 필립포의 연극 '토요일, 일요일 그리고 월요일'을 재연한 것이고, 바로 그 연극에서 명성을 날린 나폴리의 정통 연극 배우 푸펠라 마지오(Pupella Maggio)가 '아마코드'에서도 엄마를 연기한다. 영화에서 엄마는 작고 오래된 이 세상의 심장이자 중심이고, 그래서 종결부에서 엄마가 죽는 것은 더 큰 울림을 갖는다. '아마코드'는 부끄러움을 모르는 미용사 니놀라와 경찰의 결혼식으로 끝난다. 니놀라는 '그라디스카'(왕자에게 아부하며 했던 말)[3]라고도 불리는데, 이 결혼식은 유사 엄마 역할에 작별을 고하며, 아내로서의 새로운 역할을 받아들이는 의례이다.

'8과 1/2'의 여성처럼, 그라디스카는 무엇보다도 풍만하고 신비한 아름다움을 갖고 있어야 했다. 펠리니는 이탈리아 전체를 돌아다니며 찾았다. 이런 캐스팅 이야기는 늘 반복되며, 찾는 방법도 반복될 것이다. 하지만 최종적으로 펠리니는 '8과 1/2'에 나왔던 산드라 밀로를 선택했다. 찬사를 받은 밀로는 새로운 스크린 테스트를 준비하며 기분이 들떠있었다. 테스트 중에 펠리니는 자신의 모자를 밀로에게 씌우며 마지막 손질을 했다. 그래서 이번이 밀로와의 세 번째 영화가 될 것으로 짐작됐다. 그런데 밀로의 새 남편이 끼어들었다. 질투심이 폭발한 그는 심각한 협박까지 했다. 협상이 가능하지 않았고, 결국 밀로는 다른 배우로 대체돼야 했다. 최종적인 순간에 제작자 프랑코 크리스달디가 마갈리 노엘(Magali Noël)에게 전화했다. 노엘은 스위스에서 휴가 중이었는데, '달콤한 인생'에 출연할 때가 얼마나 행복했는지를 기억하고 있었다. 구원하듯 열정을 갖고 촬영장에 왔고, 귀중한 결과를 빚어냈다.

이 지역의 말썽꾸러기 청소년들과 마마보이들의 세계에서, 여성은 리비도를 자극하는 광기의 여성 '볼피나'(Volpina, 작은 여우)이거나, 공격적이고 몸집이 큰 담배 가게의 유부녀로 재

---

3   그라디스카(gradisca)는 '받아들이다', '수락하다'라는 뜻의 동사 그라디레 (gradire)의 2인칭 존칭 명령어이다. 이 지역의 항만 공사를 위해, 왕자에게 청탁하려고 니놀라가 밤에 그의 호텔 방에 들어가서 한 말이다. 영화에서는 '밤일'을 하며 왕자에게 지나치게 아부했다고, 놀림조로 따라붙은 별명이 된다.

현됐다. 하지만 외로운 여성에 대한 성적 판타지는 펠리니가 최고의 표현력을 드러낼 때와 비교하면, 그것에는 미치지 못했다. 영화는 대단히 주관적인 전제로 시작했다가, 강력한 객관성을 띤 것으로 변한다. 말하자면 1930년대에 관한 펠리니의 의견이 아니라, 팩트들의 간단한 제시가 관객들의 판단에 영향을 미쳤다. '아마코드'가 경이로운 점은 동정심을 갖고 그리고 있지만, 어떤 지방 도시의 어리석음에 대한 표현력이었다. 이 도시는 아직도 19세기 말의 도덕에 사로잡힌 채, 남성적인 과시의 그림자 아래에 살고 있다. 이 도시는 그걸 느끼고 싶어 한다. 그건 장대한 대서양 횡단 선박인 렉스 장면에서 가장 기억나게 드러나 있다. 잉태의 상징인 렉스 선박이 나오는 장면은 카를 융의 책에 나오는 삽화와 같았다. 젊은이들은 로맨틱한 음악에 정신이 빠진 채, 텅 빈 그랜드 호텔의 테라스에서 이국적인 여성에 대한 꿈을 꾸고, 그들 주위로 불어대는 가을바람을 맞으며 혼자 춤을 춘다. 당시에 이런 환영에 빠진 것은 그들만이 아니었다. 그런 환영은 리미니보다 덜 지역적이고 덜 무미건조한 곳에서도 마찬가지였다. 이를테면 프랜시스 스콧 피츠제럴드가 표현한 성공과 아름다움과 출세의 신화를 떠올리면 된다.

123분짜리 '아마코드'는 1973년 1월과 6월 사이에 촬영됐다. 세트장의 분위기는 매우 밝았다. 12월 18일 이탈리아에서 개봉됐고, 대단한 흥행 성공을 거뒀다. 평단의 비평도 아주 좋았다. 영화가 온화하고, 착하고, 간단하고, 부드럽고, 균형이 맞고, 깨끗하고, 진지하고, 슬프고, 원숙하고, 흥겹고, 시민적이라고들 말했다. 기억의 책이라고 했고, 좀 더 찬사를 섞어 마술적 리얼리즘 영화라고도 했으며, 감독은 경력의 절정에 도달했다고도 말했다. 물론 비판자들도 있었다. 펠리니는 현실이 아니라 지나치게 시학을 이용하고 있으며, 반복하고, 캐리커처에 의존하고, 천박하다고들 했다. 하지만 이런 의견은 대단히 소수였다. 1974년 5월 9일 '아마코드'는 제27회 칸 영화제의 비경쟁부문에서 발표됐다. 펠리니와 마지나는 참석했다. 시사 이전에, 장-클로드 브리알리가 76세의 심사위원장인 르네 클레르에게 찬사를 보냈다. 르네 클레르의 역사적인 단편 영화 '막간'(1924)이 '아마코드' 앞에 붙여 상영됐다. 잊을 수 없는 저녁이었고, 다음날 언론들은 찬사를 쏟아냈다. "펠리니는 몰리에르, 발자크, 도미에, 고야, 그리고 최근 인물로는 파뇰의 후예"라고들 했다. 프랑스 관객들은 '아마코드'를 대단히 좋아했고, 영화는 곧바로 극장에서 개봉됐다.

이 시기에 기억할만한 또 다른 만남이 하나 있다. 폴 마주르스키가 자서전 〈마법을 보여줘〉(Show Me the Magic)에서 밝힌 내용이다. 펠리니가 그에게 편지를 썼다. "친애하는 파올리노(Paolino, 폴의 애칭), 당신의 최근 영화('해리와 톤토')가 큰 성공을 거뒀다는 소식을 어느 젊은 미국 감독에게서 들었네. 그는 나를 만나려 로마에 왔었어. 그의 이름이 기억나지 않구

먼. 하지만 그가 최근에 TV 영화 '결투'(Duel)를 만들었다는 건 알고 있네..." 스티븐 스필버그를 로마의 체사리나 식당에 데려와서 펠리니 앞에 앉게 한 사람은 홍보담당 론가르디였다. 처음에 펠리니는 어떤 미국인 관광객을 기쁘게 하려는 것으로 오해하고 짜증을 좀 냈다. 하지만 나중에는 기분이 좋아졌고, 젊은 감독을 격려하기도 했다. 이름은 잊었지만 말이다. 점심을 먹으며 스필버그는 식사의 주인공(펠리니) 사진을 여러 장 찍었다. 몇 년 뒤 론가르디는 LA에 있는 스필버그의 사무실에서 그 사진들이 확대되어 벽을 가득 채우고 있는 것을 보고 크게 감동했다.

1975년 4월 9일 아침 '아마코드'가 아카데미 외국어영화상을 받았다는 소식이 로마에 도착했다. 이것이 '길', '카비리아의 밤', '8과 1/2'에 이어 펠리니가 아카데미에서 받은 네 번째 상이다. 펠리니는 그때 '카사노바' 작업으로 바빴고, 수상을 전혀 예상하지 않았기에 LA에 가지 않았다. 그래서 제작자 프랑코 크리스탈디가 재클린 비셋과 잭 발렌티가 수여하는 그 상을 대신 받았다. 그 당시에 했던 수많은 인터뷰에서 펠리니는 이 영화가 왜 세계적으로 성공을 거뒀는지 설명을 하려고 했다.

당신이 아는 것을 말한다거나, 또는 당신 자신, 가족, 고향, 눈과 비, 자부심, 어리석음, 무지, 희망, 판타지, 정치적 종교적 조건을 말할 때, 당신이 삶의 일들을 정직하게 말하고, 누군가에게 경고하려고 하지 않고, 무거운 철학 이야기도 하지 않고, 어떤 메시지를 전하려고도 않고, 그냥 겸손하게, 무엇보다도 사물들의 관계에 대한 감각을 유지하면, 내 생각에, 모든 사람이 당신이 말하고자 하는 것을 이해할 것이며, 그렇게 할 것이다. 내 생각에 '아마코드'에 나오는 모든 캐릭터, 곧 그 작은 도시의 사람들은 그럴 것이다. 그들은 이 작은 도시에 갇혀있다시피 하는데, 나는 그 도시를 잘 알고, 캐릭터들도 잘 안다. 그들이 내가 만들어낸 사람이든 실제로 아는 사람이든 관계없이 말이다. 하지만 내가 만들어냈든, 내가 잘 알든, 그 캐릭터들은 나의 것이 아닐 것이며, 또 다른 사람의 것도 아닐 것이다.

36. '펠리니의 카사노바'(Il Casanova di Federico Fellini, 1976)

열정 없는 유혹자

모든 것은 제작자 디노 데 라우렌티스가 제안한 계약서로 시작됐다. 펠리니 이름 아래의 서명란과 제목은 빈칸으로 남겨두었다. 그때는 1971년이었고, 디노는 당시에 10년간 꾸려오던 스튜디오 '디노치타'를 폐쇄했다. 미완성작 'G. 마스토르나의 여행'을 위해 준비했던 그 세트는 낡았고, 해고된 노동자들은 피켓 시위를 하며 붉은 깃발을 들었다. 그들은 이곳을 지나치는 운전자들에게 시위의 내용을 적은 현수막을 흔들기도 했다. 디노는 수완이 좋은 제작자였다. 그는 외국에 투자했다. 이후 15년 동안 디노는 미국에서 가장 영향력 있는 제작자 가운데 한 명이 되며, 최종적으로는 1986년 9월 20일 미국

시민이 됐다. 하지만 1971년 당시 디노는 신용을 더 쌓아야 했고, 추천서와 더불어 뉴욕의 투자 담당자들에게 자신의 신용도를 보여줘야 했는데, 펠리니와 맺은 서명된 계약서는 아주 효과가 있다는 것을 잘 알고 있었다. 증오와 사랑으로 점철된 옛 친구(당시는 아무래도 사랑이 더 컸다. 세월이 싸움과 법정 다툼의 기억을 지워버렸다)에게 펠리니는 계약서에 서명하는 것을 거절할 수 없었다. 하지만 디노는 제목까지 원했고, 그때 펠리니는 툭 던지듯 '카사노바'라고 말했다. 펠리니는 자코모 카사노바의 자서전 〈내 삶의 이야기〉(Histoire de ma vie)[1]를 읽지 않았다. 마치 포의 소설과 라틴 문학 고전 〈사티리콘〉을 읽지 않은 것과 같았다. 하지만 펠리니는 베네치아 출신의 이 모험가에 대해 영화를 만들겠다는 계획은 거의 20년 가까이 말하고 다녔다.

자코모 지롤라모 카사노바는 1725년 4월 2일 베네치아의 소위 '연극의 골목'(calle della commedia)[2]에서 태어났다. 그의 부모는 배우였고, 카사노바는 파도바대학에서 법학을 공부했으며, 속세를 피해 성직자 경력을 쌓기도 했다. 젊을 때부터 여행을 자주 하여, 코르푸(Corfù)[3], 콘스탄티노플, 로마,

---

1   수기의 원저는 모두 12권이며, 국내에는 한길사에 의해 3권으로 발췌 번역되어 〈카사노바 나의 편력〉으로 발간돼 있다.

2   18세기 베네치아의 극장이 몰려 있던 곳.

그리고 나폴리를 돌아다녔다. 그는 바이올린 연주자, 뛰어난 지식인, 팸플릿의 저자, 사기꾼, 모험가, 매음굴 이용자, 도박꾼, 밀교의 회원, 퇴마사, 프리메이슨 회원, 극작가였는데, 자신을 '생갈트의 기사'(Cavaliere di Seingalt)[4]라고도 불렀다. 카사노바는 1756년 10월 31일, 베네치아의 피옴비 감옥에서 탈출하며 유명해지기 시작했다. 그는 이단이라는 이유로 갇혀 있었다. 30여 년 뒤, 카사노바는 〈내 삶의 이야기〉를 프랑스어로 썼다. 1774년 여름까지 자신이 경험했던 모험의 이야기들이다. 이 책에서 밝히길, 그는 유럽을 횡단하고, 또 횡단하고, 이 왕정에서 저 왕정으로, 행복과 불행을 모두 맛보고, 권위를 얻고 모욕을 당하고, 글을 발표하고 선고를 받고, 사랑에 있어서 추잡한 행동을 하고 또 무지하게 순수한 경험도 했다. 1774년 11월 15일 카사노바는 드디어 베네치아로 돌아와도 된다는 허락을 받았다. 하지만 '10인 위원회'(Il Consiglio dei Dieci)[5]의 스파이 역할을 해야 했다. 얼마 되지 않아 그의 작품들은 다시 금지됐고, 그는 영원히 고향을 떠나, 유럽을 방랑했다. 1785년 9월 나이 예순 살이 됐을 때, 보헤미아에 있는 둑

---

3   이오니아해에 있는 그리스의 섬. 코르푸는 이탈리아식 이름이고, 현지에선 케르키라(Kerkyra)라고 불린다.

4   생갈트는 스위스의 도시. 수도원과 수도원 내의 화려하고 장대한 도서관으로 유명하다.

5   베네치아 공화국 정부의 비밀 정치조직.

스(Dux, 지금의 두흐초프) 성에서 발트슈타인 백작 아래 도서관의 사서로 일하기 시작했다. 그곳에서 카사노바는 귀족들에게 무시당하고 하인들에게는 조롱을 받았는데, 그런 와중에 열정적으로 자신의 책을 쓰기 시작했다. 이 책이 그를 불멸의 존재로 만들었다. 카사노바는 1798년 6월 4일 둑스에서 죽었다. 새로운 세기를 얼마 남겨 놓지 않을 때였다.

카사노바의 자서전은 사후 1820년에 출간될 수 있었다. 그런데 장 라포르그(Jean Laforgue)가 심각하게 손질한 편집본이었다. 그는 자유분방한 부분을 강조했고(12권의 원저에서는 제6권만이 여성을 유혹하는 것을 다루고 있다), 결과적으로 책의 정신마저 바꾸어놓았다. 곧 모험가는 열정의 '자유주의자'로 변모해 있었다. 이런 변질에도 불구하고, 책은 엄청난 성공을 거뒀다. 드 뮈세, 스탕달은 팬이 됐다. 스탕달이 진짜 저자라는 의심도 받았다. 역사가나 학자들이 이 책을 연구할 때 놀라는 점은, 자서전이 비도덕적인 내용 때문에 빈번하게 공격을 받는 것은 별도로, 18세기 유럽의 일들에 대해 너무나 정확하게 서술하고 있는 점이다. 주인공에 대해서는 여러 의견이 있다. 어떤 이는 경멸하고, 또 다른 이는 사랑한다. 그를 사랑하는 사람들은 '카사노비스티'(casanovisti)라고 불린다. 1960년 독일 비스바덴의 브로크하우스(Brockhaus) 출판사가 원저를 그대로 출간했다. 그때야 '생갈트의 기사'의 충실한 팬들은 큰 만족을 느꼈다.

영화 제작이 구체화 되자, 펠리니는 엄청난 양의 책 읽기에 도전해야 한다는 압박을 느꼈다. 브로크하우스-플론(Brockhaus-Plon) 판은 모두 6권인데, 다 합쳐 2천 페이지가 넘었다. 읽을 생각만 해도 머리가 아플 정도였다. 펠리니가 선택을 후회하고 있다는 소문도 돌았다. 어쨌든 '펠리니의 카사노바'라는 제목을 달, 모호하고 이상한 이 영화의 제작에 관한 고통스러운 이야기는 신중하지 못한 계약서에 신중하지 않게 서명함으로써 시작됐다. 디노 데 라우렌티스와 페데리코 펠리니는 다시 서로 오해하기 시작했고, 다시 협업은 좋지 않게 끝났다. 디노가 생각한 '펠리니의 카사노바'는 대담하고 모험 가득하면서, 또 미국 파트너들의 취향과도 맞아야 했다. 새 영화는 임시로 제목을 '카사노바의 꿈'으로 정했다. 펠리니는 '아마코드'가 끝나면 곧바로 작업을 시작하기로 했다. 계약서에 서명할 때는 '아마코드'를 아직 만들고 있었다. 1년 뒤, 리미니를 다룬 영화가 엄청난 성공을 거뒀지만, 디노는 제작을 포기했다. 공식적인 이유로는 미국 제작자들이 계속 스타 캐스팅을 요구했다는 것이었다. 그들은 말론 브랜도와 알 파치노를 염두에 뒀고, 최종적으로는 로버트 레드포드를 캐스팅하길 원했다. 하지만 펠리니가 거절했다. 레드포드는 지나치게 아름답고, 전혀 유럽적이지 않으며, 너무 유명하다고 했다. 또 펠리니는 디노와 미국 제작자들의 뜻과 달리, 영화를 영어로 만들고 싶어 하지도 않았다.

1974년 7월 치네리츠(Cineriz) 영화사가 제작권을 새로 샀다. 제작 준비팀은 로마의 가에타 거리에 있는 작은 빌라로 옮겼다. 안드레아 리촐리(안젤로 리촐리의 아들이다. 안젤로는 이미 죽었다)가 카프 페라(Cap Ferrat)[6]에 있는 자신의 집에서 8월 15일 계약했다. 펠리니의 오랜 친구인 클레멘테 프라카시가 총괄 프로듀서로 왔고, 40억 리라의 예산을 준비했다. 촬영은 10월 30일 시작될 것이며, 1975년 10월 개봉을 목표로 정했다. 8월 말에 펠리니는 영국 배우 중에서 주역을 발탁하기 위해 런던에 갔다. 언론들은 펠리니가 마이클 케인이나, 카바레 배우인 톰 딜, 혹은 할리우드 스타인 잭 니콜슨을 캐스팅한다며, 추측 기사를 썼다. 펠리니의 생각에 카사노바는 늙은 '비텔로니'였다. 알베르토 소르디가 그 역을 맡고 싶다고도 했다. 한참 배우를 찾는 가운데 펠리니는 프란체스코 로지 감독의 '럭키 루치아노'(Lucky Luciano)를 봤고, 지안 마리아 볼론테[7]도 염두에 뒀다. 최종적으로 펠리니는 캐나다 배우인 도널드 서덜랜드를 선택했다. 베르나르도 베르톨루치가 '1900'을 촬영할 때, 파르마의 촬영장에서 그를 봤다. 계약은 순조롭게 진행

---

6   프랑스의 니스 근처에 있는 갑으로, 아름다운 경관과 유명인의 별장이 많은
     곳으로 유명하다.

7   지안 마리아 볼론테(Gian Maria Volonté). 이탈리아의 대표적인 진보 배우이
     다. 1970년대 엘리오 페트리, 프란체스코 로지 감독의 정치 사회적인 영화에
     서 주역을 맡으며, 그런 페르소나가 굳어졌다.

됐다. 서덜랜드는 그렇게 많은 개런티를 요구하지 않았다(서덜랜드는 볼론테보다 적은 출연료를 받았다. 볼론테는 캐릭터를 정말 좋아하지 않았다. 레드포드는 백만 달러를 요구했는데, 서덜랜드는 그것보다 훨씬 적은 액수에 계약했다).

사전제작 과정은 이미 진행됐다. 펠리니는 베네치아 장면을 포함하여 모든 장면을 치네치타의 스튜디오에서 찍기를 원했다. 그런데 제작팀은 10월 마감을 넘겼고, 11월 마감도 넘겼고, 몇 번의 연기를 반복했다. 결국에 치네리츠도 제작을 포기했다. 치네리츠의 경영 담당인 풀비오 프리치는 새 영화를 계속 진행할 의욕을 잃었으며, 비용은 자꾸 더 들어가고, 국제시장에서도 작품에 대한 흥미가 별로 없다고 주장했다. 1975년 1월 23일 LA에서 제작자 알베르토 그리말디가 펠리니에게 전화했다. 그리말디는 이미 두 유명 제작자가 포기한 사실을 알고 있었지만, 자신이 새 영화를 만들겠다고 제안했다. 단 몇 가지 조건을 달았다. 예산은 55억 리라를 넘어선 안 되며, 영화는 런던에서 영어로 촬영되어야 한다고 했다. 그게 더 경제적이라는 이유에서다. 몇 달간 협상이 이어졌다. 4월이 되자 공식적인 뉴스가 나왔다. 천신만고 끝에 펠리니와 그리말디는 합의에 이르렀다는 내용이었다. 그리말디는 여러 요구 조건을 조정하여, 영화는 런던에서 촬영되며, 감독은 영어로 찍는 데 합의했다고 발표했다. 주역은 서덜랜드라고 알렸다. 그런데 펠리니는 폴 마주르스키의 '이상한 나라의 알렉스'(Alex in Wonderland)에서 카메오로 잠깐 출연하며 서덜랜드와 만난 적이 있는데, 그 사실을 잘 기억하지 못했다. 그래서인지 두 사람이 치네치타의 세트에서 처음 만났을 때, 어떤 긴장감이 흘렀다.

"다이빙 보드에서 3년을 기다린 다이빙 선수를 상상할 수 있겠어?" 펠리니는 불평했고, 이 영화를 만들기 위해 기다리면서 대단히 신경질적으로 변했다. 언론 앞에서 이 영화에 대한 흥미를 잃어버렸다고 공공연히 말했다. 그는 시대에 대해 욕을 하며 복수하기 시작했다. "18세기, 그건 똥의 세기야! 내가 할 수 있는 일이란 번지르르한 밀랍인형 박물관을 만드는 것이지!" 그는 〈내 삶의 이야기〉에 대해서도 화를 냈다. 그 책은 "참을 수 없는 잡탕이며, (두꺼운) 전화번호부야". 그의 분노가 집중된 것은 카사노바였다. "이탈리아 남자에 대한 악의적 판본이며, 그는 천박한 파시스트이다. 파시즘이 도대체 뭔가? 사춘기를 연장하려는 것 아닌가? 카사노바는 슈퍼 비텔로네(super-vitellone)인데, 착하지도 않다. 그는 올바른 소년이 되기를 거부한 엉큼한 피노키오이다." 기분이 대단히 좋지 않은 어느 날, 펠리니는 몬다도리 출판사에서 발간한 〈내 삶의 이야기〉의 이탈리아판을 박박 찢어서 산산조각으로 만들어버렸다.

이 위대한 책에 대한 펠리니의 혐오(이는 카사노비스티들을 놀라게 했고, 동시에 그들을 뭉치게 했다)는 갑자기 만들어진 게 아니었다. 펠리니의 조감독들인 잔프랑코 안젤루치와 릴리아나 베티가 만든 TV 다큐멘터리 '그리고 펠리니의 카사노바는?'에서 펠리니는 인류학적인 분석을 내놓는다. 펠리니는 "모든 작가는 자신들의 선도자를 창조한다."라고 보르헤스를 인용하며 말을 시작했다. "위대한 유혹자가 되고 싶어 하는 이탈리아 사람들은 카사노바를 자신들의 선도자로 만들었다. 이탈리아 사람들은 매일 확인되는 성적 좌절의 그림자 속에서, 모든 사람을 정복하는 남자에 대한 전설을 탄생시키는 운명을 가진 것이다. 수십 년 동안, 아니 수백 년 동안, 카톨릭 교회의 여성 혐오적이고 외국인 혐오적인 가르침 아래 성장한 라틴의 남성들은 여성에 대한 뜨거운 열망을 키워왔는데, 이런 불구와 같은 열망이 그들을 영원한 미성년으로, 곧 성장을 못 하는 개인으로 남게 했다." 그래서 결론은? "나는 카사노바를 증오한다."

　미국인 제작자들은 유명 작가 고어 비달을 시나리오 작업에 투입했다. 펠리니는 그 시나리오를 사용하지 않았다. 그는 자신과 베르나르디노 차포니가 함께 쓴 시나리오에 충실했다. 비달이 펠리니에게 물었다. "당신이 싫어하는 캐릭터에 대해 영화를 만드는 이유가 뭔가?" 언론들은 '피란델로 테마'의 변주라고들 했다. 곧 펠리니는 자신의 등장인물과 전쟁을 하고 있어서다.[8] 카사노바의 옹호자인 피에로 키아라는 개인적 의견이지만, '생갈트의 기사'는 18세기 이탈리아의 가장 중요한 작가이며, 펠리니의 작업을 제대로 읽기 위해서는 인내가 필요하다고 말했다. 그는 펠리니가 캐릭터에 대해 잘 읽었을 것으로 추측했다. "펠리니는 자신을 캐릭터 속에 숨기고 있다. 노골적인 증오는 진정한 사랑을 숨기는 방패이기도 하다. 왜냐면 펠리니 같은 수준의 예술가가 카사노바를 테마로 선택했다는 것은 캐릭터와의 정면승부를 염두에 뒀기 때문이다. 이런 정면승부는 사랑 없이는 불가능하다."

펠리니가 '8과 1/2'에 들어 있는 자전적인 요소를 인식하는데 얼마간의 시간이 필요했다. 그런데 '카사노바' 캐릭터의 특성은 캐리커처로 그린 표현주의적 자화상이란 점을 인식하는데는 더 오랜 시간이 걸렸다. 어쨌든 펠리니의 반감은 엉뚱하게도 '도날니노'(도널드의 애칭)에게 향했다. 펠리니에 따르면 모든 책임은 '불쌍한' 도널드 서덜랜드에게 있었다. 그 때문에 파멸이 예정된 이 영화를 찍게 됐고, 그런 결정이 수반한 모든 의무를 어쩔 수 없이 실천해야 했다. 분노는 영어로 촬영을 시작하며 폭발했다. 과거에도 펠리니는 배우들과 썩 좋은 관계를 유지하지는 못했다. 그때는 주로 배우들의 책임이 컸다. 곧 배역에 적응하지 못하거나, 집중하지 않거나, 혹은 세트에서의 불성실한 태도 때문이었다. 하지만 서덜랜드(당시

---

8   루이지 피란델로는 대표작 〈작가를 찾아가는 6명의 등장인물〉에서 자신이 창조한 캐릭터들과 일종의 전쟁을 벌인다.

마흔 살이었고, 영화계 경력이 20년은 됐다)는 능숙한 프로였고, 재능도 있었고, 훈련이 잘된 배우였다. 이전에도 장래가 촉망되는 감독들과 일했다. 몇 명의 이름만 대면, 로버트 알드리치, 로버트 알트만, 존 슐레진저 등이었다. 그는 펠리니가 자신을 캐스팅했다는 데 자부심을 느꼈고, 자신이 잘 할 수 있다는 점을 증명하고 싶어 했다.

이 영화에서 서덜랜드는 40벌의 의상을 입고, 10개의 가발을 하고, 126번의 다른 화장을 받아야 했다. 캐나다의 이 배우는 불평을 전혀 하지 않았다. 그는 자신의 화장을 받기 위해 매일 아침, 남들보다 3시간 일찍 세트에 도착했다. 분장사인 지안네토 데 로시와 파브리치오 스포르차의 화장을 마치 순교자처럼 조용히 받았다. 펠리니는 서덜랜드의 앞이마가 7센티는 더 위로 올라가기를 원했다. 그의 진짜 윗눈썹은 전부 뽑히고, 마지막에 세트에서 가짜 눈썹이 그려졌다. 그는 3백 번이나 코와 턱을 붙였다 뗐다 했다. 서덜랜드는 지적이었다. 그는 배역을 준비하며 카사노바에 관한 모든 것을 읽었고, 감독과 토론하기를 원했다. 서덜랜드는 캐릭터에 대해 더 많이 연구하고 더 깊이 들어가 결론에 도달하고자 했다. 하지만 펠리니는 그를 피했고, 서덜랜드는 실망했다. 펠리니가 마르첼로 마스트로이안니와 맺은 관계와 비교하면 극과 극처럼 달랐다. 펠리니는 촬영이 끝난 일과 후에도 서덜랜드와 가까이 하지 않았고, 그에게 설명하지도 않았으며, 의견을 구하지도 않았다. 당시에 펠리니가 서덜랜드에게 신체적 변형을 가하고, 태도를 모욕한 것은 거의 사디즘 같은 것이었다.

많은 세월이 흐른 뒤, 서덜랜드는 어떤 다큐멘터리에서 그 당시를 이야기했다. "펠리니와 배우들의 관계는 엉망이었다. 그는 군대의 선임하사 같았고, 타타르족이었으며, 독재자이자 악마였다. 그는 거의 매일 히스테리를 부렸다. 처음의 5주 혹은 6주는 지옥이었다." 하지만 서덜랜드는 자신의 신체가 전장이란 점을 이해하게 됐다. 그 전장에서 펠리니와 카사노바의 전투가 벌어졌다. 그건 정말 인상적인 전투였다. 서덜랜드는 그 전투를 볼 수 있는 특별한 위치에 있었다. 물론 감독과 캐릭터 사이에 갇혀서, 중간에 끼어야 한다는 위험이 있었지만 말이다. 어떤 도발이 있어도 서덜랜드는 화내지 않으려고 노력했다. 그는 입을 다문 채 그에게 요구되는 역할을 모두 해냈다. 촬영 불과 5분 전에 주어진 긴 대사도 다 외웠다. 서덜랜드는 기자들도 잘 대처했다. 그들은 현장에서 무슨 일이 벌어지고 있는지 스태프들로부터 이미 들어 알고 있었고, 감독에게 한 방 먹이기 위해 서덜랜드의 말을 듣기를 원했다. 서덜랜드는 공식적인 말만 했다. 천재와 작업하는 것은 배우 경력의 정점을 의미하며, 평생을 통해 잊지 않겠다고 말했다. 이런 외교적인 대답은 물론 현실과는 동떨어진 것이었다.

'펠리니의 카사노바'는 전혀 완결될 것 같지 않았다. 어쨌든 1975년 7월 20일 촬영이 시작됐고, 21주 동안 진행될 예정이었다. 예산은 자꾸 상승해 80억 리라에 이르렀다. 스태프는 백 명이 넘었고, 배우와 엑스트라는 모두 합쳐 2백 명이 넘었다. 언론들은 '영화의 역사에서 마지막 대작 영화'가 될 것이라고들 했다. 조연 배우들의 매력은 감독에게 달려 있었다. 펠리니 영화에서 유일한 스타는 펠리니 자신이었다. 아름다운 노인인 뒤르페 후작 부인 역에 1930년대의 스타들이 지원했지만, 최종적으로는 미국 배우 시슬리 브라운이 선택됐다. 또 다른 제법 비중 있는 역할인 수녀 마달레나 역은 피에르 클레멘티의 아내인 베트남 출신의 마가레트 클레멘티가 맡았다. 거인 여성 샌디 앨런이 도착했을 때 사진작가들은 수없이 셔터를 눌렀는데, 그녀는 키가 232cm, 몸무게가 210kg이었다.

이런 와중에 범인을 알 수 없는 절도 사건이 벌어졌다. 8월 27일 테크니컬러 냉장고에 보관돼 있던 필름의 1주일분이 사라졌다. 다른 영화의 필름과 함께, '카사노바'의 첫 3주 촬영분이 도둑맞았다. 거기에는 폭풍우 중에 배에서 카사노바가 체포되는 장면이 포함돼 있다. 이 절도 사건은 결국 해결되지 못했다. 언론에 따르면 도둑들은 5억 리라를 요구했고, 제작자는 지불을 거절했다는 것이다. 이에 따른 고통은 도둑맞은 필름 중 일부가 치네치타에 다시 나타난 다음 해 5월까지 이어졌다.

1975년 12월 중순이 되자, 제작은 마감을 넘기고 말았다. 예산은 늘어났고, 스태프 일부가 파업하는 바람에 피옴보 감옥 장면을 끝낼 수 없었다. 늘 그렇듯 외부 조건이 자기 일에 영향을 미치자 펠리니는 불같이 화를 냈다. 그의 분노는 이미 기획 중이던 '오케스트라 리허설'에서 폭발할 것이다. 12월 23일, 크리스마스트리 아래 놀라운 소식이 전해졌다. 알베르토 그리말디가 모든 스태프를 해고했다. 제작비가 이미 50억리라에 이르렀는데, 촬영은 60% 정도만 진행됐다는 점을 계산한 뒤 내린 결정이었다. 그리말디는 모든 작업을 중단했고, 모두를 집으로 돌려보냈다. 24시간이 지난 뒤, 펠리니는 최후통첩을 받았다. 펠리니는 일부 장면은 포기해야 하며, 앞으로 10억 리라만 더 쓸 수 있다는 내용이었다. 펠리니와 그리말디는 화가 잔뜩 난 편지를 주고받았고, 실제로는 전혀 만나지 않았다. 펠리니는 씁쓸한 표정으로 말했다. "이제 영화는 해체됐고, 나는 이 영화를 끝낼 수 있을 것 같지 않다." 그리말디가 응답했다. "펠리니는 훈족의 아틸라보다 더 나쁘다." 이런 말들은 세상을 돌아다녔다. 언론에서 문제 삼는 것에 대응하기 위해 변호사들이 꾸려졌고, 동시에 그들은 타협을 중재했다.

싸움은 심각해졌는데, 펠리니는 사뭇 이상한 인터뷰를 했다. 그는 워너브라더스의 사장인 존 캘리로부터 제작 제안을 받았다고 말했다. 영화는 '에로티콘'(Erotikon)이란 제목의 포르노그래피가 될 것이며, 자기 혼자 만들거나 잉마르 베리만과 협업할 것이라고 밝혔다. 또 증명될 수 없는 내용인데, 페르시아의 왕과 쿠웨이트의 왕이 자기들 나라에 대한 영화를 만들어달라고 요구했다고도 했다. "나는 치로와 세르제(Ciro e Serse)[9]의 공덕을 노래할 것이며, 시크족의 영광을 위해 '알렉산더대왕의 원정기'(Anabasis of Alexander)를 리메이크할 것이다." 이런 말들만 가지고는 당시에 펠리니가 농담했는지, 가능할 것 같지 않은 외국에서의 모험을 추구하기 위해 '카사노바'를 진정으로 포기했는지 알 수 없었다. 물론 친구들은 펠리니에게 '카사노바'를 끝내라고 압박을 가했다. 드디어 1976년 1월 말에 펠리니와 그리말디는 합의에 이르렀고, 모두 안도의 한숨을 쉬었다. 치네치타에서 샌디 노먼이 앞으로 찍어야 할 장면이 어떤 게 남았는지 조절했다. 예를 들어, 뷔르템베르크 성에서의 실내 장면(석 달의 중단 끝에 3월 23일 재촬영이 진행됐다), 둑스 성에서의 카사노바의 노년기, 복잡하고 비싼 베네치아의 카니발 장면, 이것은 치네치타에서 재건축된 것인데 6백 명의 엑스트라와 운하에서 올라오는 여성의 거대한 얼굴 조각이 포함됐다. 이 작업은 비아레지오 카니발의 목수들이 위임받아 완성했다. 뷔르템베르크 성 장면과 마지막에 베네치아의 얼어버린 석호 위에서의 카사노바의 꿈 사이에는, 발레리나 아델레 안젤라 로요디체가 기계 인형처럼 춤추는 환각적인 장면이 들어 있다. 1976년 5월 말이 되자, 언론들

─────────

9   페르시아제국의 역사적인 왕들.

은 '펠리니의 카사노바'가 오랜 기다림 끝에 완성됐다고 보도했다.

마지막 편집을 하고 있을 때, 펠리니는 인터뷰에서 자신의 태도를 바꾸기 시작했다. 카사노바를 향한 악감정도 옅어졌다. 감독과 캐릭터 사이에 새로운 무엇이 생겨난 것 같았다. 12월 영화가 개봉되기 전날 밤, 펠리니는 표정을 바꾸어 이렇게 말했다. "카사노바라는 사람은 알려진 그대로다. 그런데..." 펠리니는 끔찍한 책의 '종마' 같은 작가 카사노바를 좋아하게 됐다고 고백했다. 그가 압력에 의해 만들게 됐지만, 이 영화를 좋아하며, 서덜랜드도 좋아한다고 말했다. 어떤 목격자들은 펠리니가 세트에서 이별을 고할 때 눈물이 살짝 흘렀다고 증언했다. 그리고 베네치아 세트에서 마지막 장면을 찍은 뒤, 펠리니와 서덜랜드는 서로 애정 어린 포옹을 했고, 간단한 인사말을 건넸다. 그들은 제법 오래 안고 있었다. 목격자들은 펠리니가 서덜랜드와의 포옹을 푼 뒤, 곧바로 그와 영화를 그리워하는 것 같다고도 전했다. 펠리니는 당시에 이해하지는 못했지만, 자신이 18세기 신사의 복장을 한 풍자적인 자화상을 그렸다는 복잡한 감정을 느꼈다. 곧 여성들의 별에 도착한 뒤, 잘못된 교육 아래서 자란 최악의 남성 말이다.

'펠리니의 카사노바'는 온갖 어려움 속에서 촬영됐는데, 이 영화는 심연으로 내려가서 유령들과 정면승부를 벌이는 작품이 됐다. 엔딩은 '달콤한 인생'과 비슷하다. '달콤한 인생'에서 주인공 마르첼로는 밤새 술잔치를 벌인 뒤, 새벽의 푸른 하늘 아래서 어부의 어망에 잡힌 생선-괴물을 본다. '카사노바'에서도 펠리니는 마지막에 생선-괴물을 강조한다. 그 괴물은 어떤 점에선 영화의 도입부, 베네치아의 카니발에서 나타난 거대한 머리를 암시한다. '달콤한 인생'의 괴물이 주인공의 검은 아니마(Anima)를 반추하듯, '카사노바'에 나타난 두꺼운 종이로 만든 거대한 머리는 카사노바의 상징이다. 그건 여러 얼굴을 가진 사람의 형상인데, 그 얼굴들은 이미 우리가 본 것들이다. 이를테면 카사노바는 부패한 로마의 늪 위를 부유하는 '달콤한 인생'의 마르첼로처럼 돌아다니며, 또 그는 오직 파리에 있다는 상상만으로 기뻐 만족하는 시골 출신의 '비텔로니'이다. 카사노바는 또 여성들을 단지 소유의 대상으로만 이용하는 '길'의 집시 참파노이다. 그는 죽어가면서도 더 큰 사기를 꿈꾸는 '사기꾼들'이고, 〈내 삶의 이야기〉의 모험가처럼 여성과 거짓말을 섞어버리는 '8과 1/2'의 영화감독이다.

영화를 이해하기 위해선, 카사노바의 역사적 형상이나 전설을 잊어버리는 게 좋을 것이다. 펠리니가 브로크하우스판의 6권에서 무엇을 선택하고, 무엇을 빼고, 변화를 줬는지 그 이유를 찾아보는 것은 별 의미가 없다. 카사노바의 원저는 시각적 아이디어에 영감을 주는 것에 큰 영향을 미쳤다. 곧 그 책은 상상력과 상징의 퍼레이드를 위한 사전 텍스트였다. 예를 들어 베네치아 석호의 돌풍, 달빛이 빛나는 옥상을 통한 피옴비 감옥에서의 탈출, 꼽추 뒤 부아라는 인물이 동성애적이고 곤충학적인 연기를 펼친 뒤 연주되는 엔리케타의 첼로 소리, 그 소리에 울고 있는 카사노바, 윌리엄 호가드와 프랑스 삽화가 롤랑 토포르의 완벽한 조합인 안개 긴 런던의 시장에 전시된 박제된 고래, 라파엘전파의 그림 같은 거인 여성과 두 난쟁이 같은 것들이다.

　서덜랜드의 카사노바는 다닐로 도나티의 지적이고 의미가 풍부한 디자인에서 나왔다. 디자인은 추상화처럼 그린 만화에 기초했다(도나티의 역사와 꿈을 섞은 진귀한 연금술은 부분적인 인정만 받았다. 왜냐면 펠리니가 타이틀에서 '세트 디자인 기획'에 자기의 이름도 첨부했기 때문이다). 수녀 마달레나(이 이름은 '달콤한 인생'을 기억나게 한다)를 만나는 첫 장면부터 카사노바는 카마수트라(Kama Sutra)[10] 관련 버라이어티 쇼의 섹스 챔피언처럼 등장한다. 카사노바의 에로티시즘은 아주 과장된 반어법으로 표현돼 있다. 이는 카사노바가 여성과 관계를 맺을 때 항상 들고 다니는 퍼덕대고 찍찍대는 기계 새에 의해 강조돼 있다.[11] 이를테면 이런 모습들이다. 정신을 잃어가는 뒤르페 후작 부인의 육체 위에 몸을 던질 때, 카사노바는 촛불로 장식된 왕관을 쓰고 있다. 카사노바는 모든 형태의, 모든 나이의

10　고대 인도의 성애에 관한 문헌.
11　새는 남성의 성기관을 비유하기도 한다.

여성들과 가리지 않고 관계를 맺는다. 마부와의 외설적인 섹스 경쟁에서 승리하고, 드레스덴극장의 여러 여배우와 동시에 열정적으로 관계를 맺고, 그리고 병적으로 헛되게 기계 인형을 유혹하려고 노력한다.

또 영화는 호기심의 역학이 앞으로 밀고 가며 구축한 초상화인데, 그 호기심은 카사노바에겐 유일하게 건강한 점 같다(중단된 자살 시도 장면처럼).[12] 삶의 마지막 시간에 보헤미아의 둑스 성에서, 역겨움을 느끼고 모욕을 당하는 노인이 된 모험가 카사노바는 "나는 갖고 있었지..."라고 중얼댄다. '꿈'이라는 단어가 나오기 전에, 우리는 그가 고향인 베네치아의 불빛 속에서 젊은 카사노바로 나타나는 걸 본다. 이는 화가 폴 델보(Paul Delvaux)의 매혹적인 밤 그림을 떠올리게 하는데, 카사노바는 얼어버린 석호 위에서 기계 인형과 춤을 추고 있다. 그 자신이 기계 인간이 됐으며, 달리 말하면 행운의 마스코트처럼 갖고 다니는 기계 새가 된 것이다. 시간을 정지시킨 이런 형식 속에 펠리니는 반영웅을 그리고 있다. 그는 믿음을 잃었고, 신경증에 시달렸고, 어리석게도 정착하려는 불가능한 꿈에 매달렸고, 그를 둘러싼 요란하고 화려한 비문명에 삶을 탕진했다.

---

12   카사노바는 영국 템스강에서 자살을 기도하다, 거인 여성을 본 뒤, 호기심이 발동하여 밖으로 나온다. 자살은 호기심 때문에 중단됐다.

'펠리니의 카사노바'는 영화적 소설이 아니다. 곧 논리적 전개나 현실적인 서사의 연결이 결핍돼 있다. 전체 9장 혹은 10장으로 구성된 내용의 연결은 급하고 임기응변적이다. 마치 만화의 말풍선 같다. 펠리니의 위대한 서커스인 '카사노바'는 아방가르드와 별로 다르지 않다. 실제로 미국의 언더그라운드 영화인들은 '8과 1/2' 이후 펠리니를 아방가르드로 간주했다. 펠리니는 별로 조심하지 않고 수십억 리라를 이 영화를 만드는 데 썼을 것이다. 하지만 플로베르가 말한 '산업적인 예술'(l'arte industriale)[13]은 아니다. 차라리 '카사노바'는 앤디 워홀의 '프라이비티즘'(privatism)[14]의 판본에 가깝다.

만약 1975년에 개봉된 '배리 린든'과 '카사노바'를 비교한다면, 유사점보다는 차이점이 더 많이 발견될 것이다. 스탠리 큐브릭은 원작 소설의 사회학적이고 정치적인 면을 모두 고려하여, 18세기 코스튬 드라마를 매우 진지하게 받아들였다. 그는 영화를 준비하며 거의 모든 문헌을 참조했고, 그 시대와 캐릭터에 대한 자신의 도덕적 태도를 정했다. 반면에 펠리니는 카사노바의 〈내 삶의 이야기〉를 마치 오래된 행사가 기록돼 있는 달력을 넘기듯 봤다. 오직 인상과 분노와 경멸이 강조됐다. 만약 큐브릭이 바라본 18세기가 깊은 문화적 뿌리를

---

13 공산품처럼 대량으로 생산하고 소비할 수 있게, 거대 자본을 투자한 예술.

14 개인으로서 자신에게 영향을 미치는 개념에 대해서만 관심을 갖는 태도.

드러낸 것이라면, 펠리니가 자신의 영화에서 꿈꾼 18세기는 경고와 불가해한 예언으로 가득 차 있다. 카를 융이 '카사노바'를 봤다면, 과거에 대한 예언이라고 말할 것 같다.

영화는 1976년 12월 7일 이탈리아에서 개봉됐다. 기대했던 호평은 나오지 않았다. 크리스마스 기간 이전에 개봉된 것도 하나의 이유가 됐을 것이다. 일부 평론가들은 처음엔 찬사를 보냈지만, 곧바로 대부분 영화를 무시했다. 많은 이들이 펠리니의 카사노바는 역사적 인물과는 별로 관계없다고 말했다. 펠리니는 카사노바를 완벽히 불행한 캐릭터로 묘사했고, 18세기가 아니라 바로크적 인물로 그렸고, 더 참기 힘든 것은 텅빈 것으로 운명지어진 공허함의 상징으로 묘사했다는 이유에서다. 또 다른 비평가들은 영화의 시각적 과잉도 좋아하지 않았고, 논리적 서사의 구조가 아니라 에피소드가 축적되는 구조도 좋아하지 않았다. 외국에서의 반응도 거의 같았다. 대표적으로 폴린 카엘은 상영된 지, 한 시간 만에 화를 내며 극장에서 나와버렸다. 하지만 카엘도 뉴욕타임스의 영화 전문기자 빈센트 캔비처럼 훗날 자신의 의견을 바꾼다. 캔비는 1985년 펠리니에 오마주를 보내는 뉴욕 링컨센터 행사에서, 생각이 바뀌었다며 과거의 부정적인 비평을 철회했다. 카엘은 펠리니가 '카사노바'를 통해 '자신의 소외에 대한 서사시'를 썼다고 말했다. "펠리니는 위대한 인터뷰를 했다. 그는 이탈리아의 오손 웰스다. 펠리니는 영화에 대해 무수히 많은 말을 하여, 이젠 더 이상 영화를 만들지 않아도 될 정도다. 그 자신이 예술작품이 됐다." '펠리니의 카사노바'가 성공을 거둔 곳은 일본이 유일하다. 미국에서 '펠리니의 카사노바'는 대단한 인기를 끌었던 '아마코드' 다음에 개봉했음에도 불구하고, 거의 역사적인 흥행 참패를 겪었다.

펠리니는 저서 〈영화 만들기〉(Fare un film)에서 자기를 되돌아봤다. "이 영화 '카사노바'는 세계를 돌아다녔다. 하지만 어딜 가든 실망과 혼란과 반감, 심지어 분노까지 불러일으켰다." 1977년 3월 아카데미영화제에서 다닐로 도나티는 의상 디자인 상을 받았다. 반면에 영화는 시나리오상 부문의 후보에도 올랐지만, 거의 주목을 받지 못했다. 영화의 실패에 대해 그리말디는 두 가지 이유를 댔다. 서덜랜드의 모호하게 슬픈 연기, 그리고 영화를 홍보하기 위해 미국에 가야 하는 데 펠리니가 거절했다는 것이다.

하지만 '펠리니의 카사노바'는 많은 사람의 감각에 상처를 냈음에도 불구하고 이후에는 흠모자들을 갖게 된다. 시간이 지나며 그 수는 점점 늘어났다. 프랑스의 주간지 렉스프레스는 1977년 2월의 어느 표지에 펠리니와 조르주 심농의 사진을 실었다. 펠리니는 인터뷰를 위해 스위스의 로잔에 갔다. 펠리니가 심농을 마지막으로 본 것은 칸영화제에서 심농이 심사위원장을 하며, '달콤한 인생'에 최고상을 주기 위해 맹렬히 싸웠던 뜨거웠던 그 기간이었다. 17년 만의 만남에서 펠리니가 보기에 심농의 건강은 별로 좋지 않았다. 하지만 '펠리니의 카사노바'에 대한 그의 열정은 대단했다. 비전통적인 생각이 넘치는 이 대화에서 심농은 '펠리니의 카사노바'를 걸작으로 평가했고, 펠리니를 "비용(François Villon), 보들레르, 반 고흐, 포와 같은 저주받은 시인"으로 분류했다. 덧붙이길 "카사노바는 또 다른 저주받은 시인인 고야와 같다. 그도 궁전에서 일했다. 궁전 사람들은 고야의 작품을 화려한 것으로 봤지만, 사실 대단히 비극적인 것이었다. 펠리니도 궁전, 베네치아, 파티, 만찬, 무도회를 보여준다. 그런데 어디서든, 그리고 항상, 펠리니의 작품에는 고야의 그것처럼, 웃음 뒤에 죽음이 놓여 있다." 심농은 자기도 카사노바의 어떤 점을 갖고 있다며, 1만 명의 여성(8천 명은 매춘부)과 관계를 맺었다고 주장하여, 펠리니를 놀라게 했다. 심농의 말이 사실이라면 이 기록은 레포렐로(Leporello)의 카탈로그[15]에 등장하는 '1천 3명'의 스페인 여성이라는 기록을 무색하게 만들 정도다. 펠리니는 약간은 기괴하고, 예시가 풍부한 둘의 대화에서 대단히 밝은 모습을 보였다. 심농은 그렇게 스트레스가 많은 작품을 끝내고 나면 기분이 어떠냐고 물었다. "영화를 끝내고도 아주 오랫동안 만족을 느끼는 경우는 거의 없다. 작품을 시작하는 그 순간부터

---

15 레포렐로는 모차르트의 오페라 〈돈 조반니〉에 나오는 하인. 그가 주인인 돈 조반니의 여성 편력을 기록한 카탈로그를 보여주며, 스페인에서는 1천 3명의 여성과 관계했다고 노래한다.

내가 유일하게 원하는 것은 작품을 끝내는 것이다. 그 일이 너무 힘들고, 스트레스가 크기 때문이다. 하지만 끝냈다고 해서, 나는 긴장을 풀지 못한다. 나는 또 다른 새로운 작업을 바로 시작해야 한다. 공허함은 나에게 완벽하게 쓸모없음의 느낌을 주기 때문이다."

'펠리니의 카사노바'에 대한 주목할만한 회상은 또 다른 인터뷰에서인데, 펠리니는 이렇게 고백한다.

이 영화로 내가 하고자 했던 게 뭔가? 영화의 핵심에 도달하는 것이다. 나에게 그건 '총체적인 영화'(il film totale)다. 이는 영화를 회화로 변모시키는 것이다. 그림 앞에 서 있으면, 우리는 방해 받지 않고 그림의 모든 것을 가질 수 있다. 영화로는 그럴 수 없다. 그림에는 모든 것이 들어 있다. 발견하기 위해서는 보기만 하면 된다. 반면에 영화는 미완성의 회화이다. 관객들이 영화를 보는 게 아니라, 영화가 관객들에게 보기를 강요한다. 전혀 개별적이지 않은 속도와 리듬을 독재하면서 말이다. 나의 목표는, 영원히 고정돼 있고 항상 운동이 풍부한 단 하나의 쇼트로 영화를 만드는 것이다. '펠리니의 카사노바'를 통해, 나는 전체를 고정된 그림으로 만든 영화라는 아이디어에 도달하려고 했다. 아마 '사티리콘'이 그 목표에 가장 가까이 갔을 것이다.

몇 년 뒤 또 다른 기회에서, 펠리니는 자기의 일(영화감독)과 로마의 보헤미안 같은 청년 시절 개발했던 그림 그리기라는 옛 직업 사이의 깊은 연관성을 반복해서 말했다. "나의 영화는 문학적이지도 서사적이지도 않다. 나의 영화는 회화적이다. 조명이 존재와 스타일과 이데올로기를 표현한다."

37. '오케스트라 리허설'(Prova d'orchestra, 1979)

납의 시대[1]

1978년 봄, 펠리니는 노트에 이렇게 썼다. "만약 내가 최근 몇 년 동안의 뉴스에서 끔찍하게 폭력적인 장면만 발췌하여, 사운드를 발작적이고 파편화시켜 몽타주한다면? 카오스 같고, 무서운 사운드트랙은 이런 게 될 것이다. 총소리, 기관총 발사소리, 절규들, 큰 목소리로 외치는 광기의 슬로건들, 이는 계속 울려대는 사이렌으로 강조되고, 크게 울려 퍼지는 확성기소리, 화염병의 충돌과 함성 등이 포함된다. 이런 악몽 같은

---

1   납의 시대(Anni di piombo)는 특히 1970년대의 테러리즘 시대를 말한다. 납 (piombo)은 무거움의 상징이고, 곧 그 시대가 폭력으로 대단히 무거웠다는 뜻 이다.

혼합, 미친듯한 부조리한 세상은 영화의 배경이다. 스크린에 타이틀이 뜰 것인데, '오케스트라 리허설'이 될 것이다."

그때는 이탈리아 현대사에서 가장 추한 시절이었다. 총리 줄리오 안드레오티[2]는 3월 16일 자신의 네 번째 신임을 묻는 투표를 하려고 의회로 향했다. 그는 공화국 31년의 역사에서 처음으로 이번 투표에선 공산당의 신임까지 받을 수 있기를 기대했다. 이런 기대는 전 총리 알도 모로[3]의 협상력 덕분인데, 그는 조반니 레오네에 이어 이번엔 공화국 대통령으로 내정돼 있었다.[4] 그런데 3월 16일 목요일 그날, 오전 9시 15분, 알도 모로가 로마의 마리오 파니 거리에 있는 그의 집 바로 앞에서 납치됐다. '붉은 여단'의 테러리스트들은 납치 과정에서 모로의 경호 경찰 5명을 살해했다. 납치된 55일 동안 불안이 점점 가중됐다. 베티노 크락시[5]가 이끄는 일군의 정치가들은 알도 모로의 석방을 위해 테러리스트들과 협상하기를 원

---

2   줄리오 안드레오티는 보수정당 기독교민주당의 대표정치인. 당시 기민당은 사회당과 좌우 연정의 정부를 수립했고, 1978년에는 공산당의 지지까지 받으려 했다. 계획대로라면 우익 기민당의 주도 아래, 좌익 공산당과 사회당 등 주요 3당이 합쳐 대연정을 꾸리는 것이다. 안드레오티 관련 영화 가운데 대표작으로는 파올로 소렌티노의 '일 디보'(2008)가 있다.

3   알도 모로는 기독교민주당의 대표정치인. 안드레오티 이전에 총리를 역임했다.

4   이탈리아는 의원내각제 정부이다. 총리가 실권을 갖고, 대통령은 공화국을 대표하는 명예직에 가깝다.

5   사회당의 대표적인 정치인. 훗날 역시 총리로 선출된다.

했다. 하지만 집권보수당인 기독교민주당 강경파들의 완강한 반대에 부딪혔다. 이 드라마의 마지막 막은 5월 9일 벌어졌다. 신원을 알 수 없는 누군가가 경찰에 전화하여, 알도 모로의 시체가 카에타니 거리에 있다고 알렸다. 그곳은 이탈리아공산당 당사 근처였고, 모로의 시체는 차의 트렁크 속에 있었다.

펠리니가 작가 브루넬로 론디와 함께 '오케스트라 리허설'의 아이디어를 논의하고, 시나리오를 쓸 때가 바로 이런 일들이 벌어질 때였다. 이 영화는 펠리니의 경력에서 가장 열정적이고 가장 흥분한 영화, 그리고 가장 정치적인 영화가 될 것이다. 펠리니는 1977년 한 해를 '여성의 도시'를 준비하느라고 다 보냈다. 제작자들이 비용이 많이 드는 '여성의 도시'에 대해 결정을 미루는 농안, 펠리니는 짧고 비용이 적게 드는 TV용 영화를 하나 만들기로 했다. 공영방송 RAI의 제작부서에는 유명한 프로듀서 밈모 스카라노가 있었는데, 그는 위험이 따르는 작품을 만드는 걸 주저하지 않는 인물이었다(그는 시칠리아 마피아를 다룬 카탄차로 재판과 밀라노의 폰타나 광장 폭발 사건 관련 다큐멘터리 제작으로 유명했다). 스카라노는 펠리니의 제안을 바로 받아들였다. 그리고는 몇 가지 이유를 대서, 이 작품을 위해 고용된 외부 프로듀서는 RAI에서 수용할 수 없다며, 대신 레오나르도 페스카롤로를 추천했다. 페스카롤로는 쇼 비즈니스계의 스타 집안 출신이다(모친 베라 베르가니는 1920년대 연극계의 유명 배우였고, 이모 오리오 베르가니는 유명한 언론인이었다). 그는 프로듀서로서 풍부한 경험을 했지만, '악명' 높은 펠리니와 함께 일한다는 사실에 적지 않게 긴장했다.

펠리니는 오케스트라 리허설에 대한 일반적인 다큐멘터리를 만들려고 하지 않았다. 그렇다고 가벼운 마음으로 만든 '광대들' 같은 판타지도 만들려고 하지 않았다. 그는 의식을 치르 듯, 매일 아침 자신이 좋아하던 체사리나 식당에 오케스트라 단원들을 번갈아 초대하여, 그들을 인터뷰했다. 비서들이 기록했고, 펠리니는 오케스트라 단원 모두를 만났다. 바이올린, 하프, 첼로, 튜바, 플루트, 피아노, 트럼펫, 바순, 타악기, 트롬본, 오보에, 그리고 클라리넷 등이었다. 2주 동안 진행된 아침 인터뷰를 마친 뒤, 펠리니는 많은 정보를 얻을 수 있었고, 고전음악의 일상적이고 직업적인 성격도 이해했으며, 그들의 음악 세계에 접근할 준비를 마쳤다.

펠리니는 과거에, 응하지는 않았지만, 오페라 공연의 연출자로 여러 번 제안받았다. 하지만 인터뷰에서 음악에 대해 질문을 받을 때, 그때마다 음악의 세계에 대한 몰취미를 감추지 않았다. 니노 로타와의 놀랄 정도로 신비한 관계를 제외하곤, 펠리니에게 음악은 거의 소음이었다. 펠리니는 대단히 간단한 멜로디 몇 개 정도만 알고 있었다. 이를테면 '검투사의 입장'(L'entrata dei gladiatori), 버라이어티 쇼의 유명한 멜로디 몇 개, 바흐의 오르간 음악, 바그너 오페라에 나오는 '발퀴레의 도약', 그리고 주크박스에 나오는 음악 정도였다. 펠리니의 과거 편집 담당이자 음악학자인 레오 카토초로부터 수년에 걸쳐 수업을 받았지만, 효과가 없었다. 교향곡이건 실내악이건 펠리니에게는 별 흥미를 끌지 못했지만, 오페라는 그에게 재밌는 기억을 남겼다. 사실인지 허구인지 알 수 없지만 말이다. 어릴 때 펠리니는 찬도나이의 오페라 '에케부의 기사'(I cavalieri di Ekebù)를 할아버지의 품에 안겨 봤는데, 발코니에 있는 자기들의 자리가 누군가가 때리는 거대한 징의 바로 위였고, 소리에 몸이 굳어버렸다고 말했다. 또 펠리니는 젊은 시절 로마 카라칼라 극장에서 오페라 '아이다'가 공연될 때, 이집트 군의 개선 장면에서 엑스트라로 나왔다고 말하곤 했다.

오케스트라에 관한 영화를 만들겠다는 기획이 펠리니에겐 은유였지만, 영화는 눈동자와 같아서 그 무엇이든 앞에 펼쳐지는 것이라면 모두 그대로 기록한다. 상징이 추상적일수록 스크린 위의 표현, 곧 제스처, 언어들, 소품들은 더욱 구체적이어야 했다. 이런 이유로 펠리니는 주제를 더욱 깊이 파고들기 위해, 모든 연주자와 그들의 악기와의 관계를 공부했다. 펠리니는 그들의 고백, 가십을 들었고, 그들만의 독특한 표현을 수집했고, 실제로 일어났던 일화들을 기록했다. 그리고 펠리니는 아침 식사 데이트를 이용하여, 한 번도 초대하지 않은 지휘자에 대해 단원들과 이야기했다. 지휘자는 단원들과의 인터뷰에는 늘 등장한다. 단원들 사이에서 그는 신비화됐고, 멸시받았고, 우상화됐고, 저주받았다. 지휘자는 오케스트라의 영주이며, 맏형이고, 폭군이었다. 지휘자는 신과 같았고, 악마 같았고, 또 어떨 때는 둘 다였다.

이런 특별하고 가속도가 붙은 음악 수업으로 자극받은 펠리니의 상상력은 공영방송국 RAI의 관료주의를 훨씬 앞질렀다. 시나리오는 인쇄됐고, 단테 페레티[6]가 디자인한 예배당 같은 음악실 세트는 치네치타에 이미 지어졌다. 하지만 RAI와의 계약서는 아직 작성되지 않았다. 예산은 수 억리라 정도만 들 것으로 예상했다. 프로듀서인 페스카롤로는 펠리니가 자주 예산을 넘어 지출한다는 것을 알고 있어서 적잖이 걱정하고 있었다. 그런데 펠리니는 별다른 문제를 일으키지 않았고, 반면에 RAI의 사무 행정이 너무 늦었고, 대금 지급도 늦었다. 페스카롤로는 펠리니가 "천사이며, 친구이고, 함께 일한 감독 중에 가장 편안했다."라고 말했다. 펠리니는 변덕을 부리지도 않았고, 스타 대접을 원치도 않았으며, 고집을 부리지도 않았다. 영화를 준비하며 펠리니의 지상낙원 같은 곳에 살았던 페스카롤로는 독특한 서약을 하나 했다. "이 작품을 마치고 나면, 나에게 맹세하는데, 다시는 펠리니와 다른 영화를 만들지 않겠다."라고 말했다. 왜 그럴까? "절대 반복할 수 없는 이 경험에 대한 기억을 손상되지 않은 채 그대로 간직하고

---

6   단테 페레티는 이탈리아 출신의 세계적인 미술감독. 피에르 파올로 파졸리니
     와의 협업으로 이름을 알린 뒤, 할리우드에 진출하여 마틴 스코세지의 주요
     작품에서 미술감독으로 일했다.

싶다."

5월 22일 촬영이 시작됐고, 예상대로 딱 4주가 걸렸다. 지연도 없었고, 추가 지출도 없었다. 편집에서 예상보다 시간이 약간 더 걸렸다. 펠리니는 더빙 전문 배우를 몇 명 더 시험했고, 일부 대사를 바꾸었으며, 결과적으로 아주 특별한 더빙이 됐다. 다행히 페스카롤로는 최악을 대비해서 예산을 약간 아껴두었는데, 여기엔 더빙 비용도 들어있었다. 그런데도 페스카롤로는 예상과 비교하면 정말 소액의 비용 증가를 일으켰을 뿐인데, 부가 비용 문제로 스스로 물러났다. 하지만 펠리니 특유의 변덕스러운 일 처리와 비교하면 이번 작업은 너무나 부드럽게 진행됐다. 치네치타에선 두 가지 설명이 돌아다녔다. 첫째, 나쁜 소문과 달리 펠리니는 정말 자기가 되고 싶은 감독이 되고자 했다는 것이다. 곧 이탈리아 영화계에서 가장 빠르고, 가장 돈을 덜 쓰는 감독 말이다. 펠리니는 자신이 뭘 원하는지 알고 있었고, 많은 테이크를 찍지 않았으며, 합리적인 비판이라면 모두 받아들였다. 그렇다면 과거 그의 영화는 왜 그렇게 비용이 더 들었을까? 펠리니의 대답은 늘 같았다. 펠리니에 따르면, 이 사업을 이용하는 돈 먹는 기계가 있기 때문이었다. 판매업자, 투자자, 에이전트, 중개업자, 그리고 돈을 벌려는 온갖 종류의 사람들이 있다는 것이다. 만약 펠리니가 그들이 제공하는 편의를 이용하지 않는다면(누구든 그 유혹의 대상이 되기는 너무 쉬운데), 영화업에서 그들이 벌어들이는 돈은 줄어들 것이라고 말했다. 결과적으로 펠리니의 뜻과 달리, 그가 쇼 비즈니스계의 파라오라는 나쁜 전설로 통하게 된 것은 영화산업 그 자체라는 것이다.

두 번째 설명은 펠리니가 별로 동의하지 않는 내용이다. 펠리니의 옛 친구들이 말하길, 그는 함께 일할 사람을 임의로 정한 뒤, 그 사람과 일할 때 예상되는 것과는 정반대로 행동한다는 것이다. 이것이 펠리니가 페스카롤로와 일한 점을 설명하는데, 그는 함께 일할 미래 세대에게 자신이 평화롭고 빠르며 비용이 덜 드는 감독이라는 점을 보여주려 했다는 것이다. 언론에선 종종 펠리니가 과대망상증이고, 과다지출자라고 고발하는데, 이젠 그에게 유리하게 증언하는 목격자를 갖게 됐고, 그럼으로써 고발자들을 당황하게 만들고, 그들의 주장에 금이 가도록 만들었다는 것이다.

펠리니는 오케스트라의 세상이 우습고, 사랑스러우며, 그리고 끔찍한 캐릭터로 가득 차 있다고 봤다. 늘 그렇듯 펠리니는 얼굴에 집중해 배우를 캐스팅했다. 그들이 악기를 연주할 수 있는지, 또는 연주하는 것을 연기할 수 있는지는 무시했다. 자문위원단이 만들어졌고, 이는 지휘자 카를로 사비나가 이끌었다. 사비나는 직접 지휘봉을 들고, 카메라 가까이에 서서 오케스트라를 지휘했다. 지휘자 역은 네덜란드 출신의 발두인 바스가 맡았는데, 그도 얼굴 사진만으로 선택됐다. 그의 목소리는 우디 앨런 전문 성우로 유명한 오레스테 리오넬로가 더빙했다. 다른 배우 중에도 유명한 사람은 없다. 그들은 엑스트라이거나, 길거리 캐스팅이거나, 늘 그렇듯 마감에 쫓겨 선택됐다. 영화는 1시간 10분짜리인데, 철저한 비밀 속에서 촬영됐다. 언론에 어떤 이야기가 어떻게 찍히는지 전혀 정보를 흘리지 않았다.

세트장의 분위기는 펠리니가 사랑했던 루이스 부뉴엘의 '절멸의 천사'(1962)처럼 거의 폐소공포증을 느끼게 했다. 콘서트홀은 어떤 역사적 미학적 참조도 하지 않았는데, 창이 없는 이 세상은 과거에 대한 상징이다. 실내는 악의적이고 의문투성이인 외부 세상과 대조되게 묘사돼 있다(마치 루이지 피란델로의 생명과 형식 사이의 줄다리기를 떠오르게 했다). 이 공간 속의 음악가들은 일련의 캐리커처처럼 그려져 있다. '광대들'에서 펠리니는 서커스와 존재 사이의 등식, 광대와 사람 사이의 등식 등, 두 개의 등식을 소개했다. 그런데 이후 펠리니는 더욱 비관주의자가 됐다. 이제 광대들(단원들)은 웃기기보다는 우스꽝스러웠다. 펠리니는 순수하지 못한 단원들의 림보에는 그 어떤 희망도 없는 것으로 표현했다. 더욱 최악은 '달콤한 인생'에서 마지막에 구원의 상징으로 등장했던 천사 같은 어린 소녀도 여기엔 없다는 점이다. 펠리니의 과거의 판타지들과는 달리 여기선 자유를 알리는 승리의 트럼펫 연주도 없다. 펠리니는 지휘자 캐릭터(볼테르의 〈캉디드〉 캐릭터와 비슷한)와 동일시하고 있는데, 그가 "당신은 우선 당신의 악기를 잘 연주하는 데 헌신해야 한다."라고 말할 때 더욱 그렇다. 하지만 펠리니는 카를 융이 '아니마의 리얼리티'(realtà dell'anima)[7]라고 부르는 것이 해결책이라고도 생각하지 않는다. 펠리니의 분신인 지휘자는 마지막 디졸브 장면에서 독일어로 고함을 지른다. 사람들을 향한 그의 최종적인 이 호소는 초자아의 극단적인 가면을 의미할까? 아니면 우리 안의 바보가 어떤 순간이든 나치 깃발을 흔들 수 있음을 의미할까? 이 영화는 냉소적이고, 어두운 명상이며, 희망과 자비에 대한 어떤 위로도 택하지 않는다. 펠리니는 단원 사이에 논쟁이 폭발하여 반감을 드러내는 폭력으로 변할 때, 그들을 혐오의 눈동자로 바라보고 있다.

이번 영화는 오케스트라 음악의 리허설에 기초하기 때문에, 니노 로타는 촬영 전에 음악을 작곡해야 했다. 펠리니는 그 음악을 촬영 중에 이용했다. 니노 로타의 작품은 4악장으로 구성돼 있다. 모두 제목이 붙어 있는데, '거울 앞의 쌍둥이'(Gemelli allo specchio), '작은 멜랑콜리한 미소'(Piccolo riso melancolico), '짧은 기다림'(Piccola attesa), 그리고 '큰 무용'(Grande galop) 등이다. 4악장 모두 짧게 줄여 삽입되는데, 연습이 중단되고, 다시 시작하고, 웅웅거리는 소리, 진동 소리, 그리고 잡음과 섞이기 때문이다. 영화가 개봉된 뒤, 어떤

---

7   카를 융의 용어로, 가장 혐오하는 곳에 가장 원하는 것이 있다는 의미.

평론가들은 펠리니가 비교할 수 없는 음악적 가치를 지닌 니노 로타의 고전음악을 희생시킨 점에 놀라움을 표했다. 반면에 펠리니는 단원들 사이의 전투로 변해버린 특별한 콘서트를 중요시했고, 그럼으로써 역설적으로 무엇이 음악의 최우선적인 위대함인지를 강조할 수 있다고 봤다. 훗날 니노 로타의 음악을 이렇게 쓴 데 대해 직접적으로 비판하는 사람들도 있었다. 이 음악이 슬프게도 로타의 마지막 작품이 되고 말았기 때문이었다. 하지만 로타 음악의 낯설고 캐리커처 같은 특성은 펠리니 영화의 신비스러운 의도에 잘 들어맞았고, 반어법적인 표현이지만 예술이 사회에 대한 최후의 구원이란 점을 인식하게 했다.

'오케스트라 리허설'은 1978년 10월 19일 목요일, 대통령 관저인 퀴리날레 궁의 영사실에서 시사됐다. 그날은 거의 역사적인 행사였다. 국가의 고위급 인사들이 모여, 함께 영화를 보는 최초의 자리였다. 서민적인 공화국 대통령 산드로 페르티니, 그의 옆에 총리 줄리오 안드레오티, 레지스탕스 출신의 공산당 소속 하원의장 피에트로 인그라오, 그리고 다른 고위직들이 앉았다. 시사회가 끝나고, 능변가인 페르티니는 기자들에게 말하길, 대통령 궁에서 시사회를 열 계획을 잡은 것은 우연히 길에서 펠리니를 만났기 때문이라고 밝혔다. 그는 영화의 주제가 마음에 든다며, 하지만 그런 정치적 알레고리는 이탈리아의 상황에만 한정되지는 않는다고 말했다. 안드레오티는 영화의 이야기에 들어있는 건설적인 윤리를 주목했다. 곧 모든 사람은 자기의 악기를 사랑해야 하고, 협연의 기쁨을 경험해야 한다는 것이다. 하원의장 인그라오는 복원의 주제를 강조하며, 영화를 질서에 대한 호소로 해석했다. 인그라오의 공산당 동지인 안토넬로 트롬바도리는 다른 의견을 냈다. 곧 펠리니의 영화는 1968년의 광기에 대한 합당한 반응이자, 항의 시위라고 말했다. RAI의 사장인 파올로 그라시는 자신들의 방송이, 서로 섞이기를 꺼리는 정치가들의 흥미를 끌었다는데 큰 기쁨을 느꼈다. 하지만 그는 일반적인 영화 분석에는 동의하지 않았다. "나는 권위(의 주제)에는 동의하지 않고, 질서(의 주제)에 대해선 적극적으로 동의한다." 사람들은 알도 모로가, 펠리니가 표현한 자신에 대한 간접적인 오마주를 감사할 것이라고도 말했다. 모로는 영화를 가장 사랑한 이탈리아의 정치가였고, 회의 중간에도 시간이 나면 영화를 보러 나가곤 했다.

'오케스트라 리허설'을 둘러싼 논쟁은 바로 다음 날로 이어졌다. 영화의 사적인 시사회도 계속 열렸다. 특히 기자들은 표면의 스토리 뒤에 숨어 있는 알레고리를 해석하는 데 집중했다. 기자들이 드디어 '위대한 개인주의자'(펠리니)가 사회적 문제와 겨루기 시작했다고 쓴 것은 펠리니에겐 행운이었다. 그들은 마침내 펠리니가 선택한 것들의 의미를 이해하려고 노력했고, 투표소에서 펠리니가 특정 정당과 관련 있듯 둘을 서로 연결 지어 사진을 찍기도 했다. 기자들은 장관들, 당 서기들, 노조 위원장들, 그리고 작가들에게 몰려들어, 그들이 영화에 대해 말하는 것을 들으려 했다. 여기에 관련된 수백 명의 사람은 영화가 개봉하기 전에 이미 수많은 말들을 내놓았고, 관객과 스크린 사이의 공간은 이러한 심판과 상투적인 말들과 논쟁으로 매우 들끓었다. 관객의 가장 큰 오해는 '오케스트라 리허설'이 펠리니의 첫 번째 정치 영화라고 생각한 점이다. 그건 영화산업계에 퍼져 있는 펠리니에 대한 오해와 1950년대 펠리니 작품에 대한 왜곡된 읽기의 결과였다. 펠리니는 자신에 대해 말할 때, 다른 모든 사람에 대해서도 말했고, 당연히 사회에 대해서도 말했다. 사회가 어땠으며, 어땠어야 했는지까지 말이다. 장편이기보다는 단편소설 같은 이 영화는 펠리니의 작은 작품군 중의 하나가 됐다. 여기엔 '펠리니: 감독 노트'와 '광대들'이 포함되는데, 이런 작품들을 만들 때, 펠리니는 상황들과 원형들, 그리고 캐릭터들을 스케치하듯 썼다. 이는 주요 작품을 만들 때의 펠리니의 특성인, 고도의 집중하는 태도와는 다른 작업방식이었다. 그런데 이런 작품들에 더욱 기쁨이 넘치고, 표현이 더욱 창의적이었다. 사실 정직하고, 덜 심각하며, 호기심을 더 자극하는 펠리니의 작품은 이런 짧은 영화들이었다.

알레고리 극인 '오케스트라 리허설'은 1968년 청년 운동에 대한 성찰이다. 지난 10년 세월에 대한 조망이며, 그 운동의 결과로 나타난 개인적 책임의식의 해체와 정치적 전문성에 대한 반감을 그리고 있다. 펠리니는 '사티리콘', '광대들', '로마', '아마코드', '카사노바'를 통해 고대부터 현대까지, 역사적 과거와 개인적 과거를 여행했다. 이제 펠리니는 숙련된 직업에 대한 숭배를 드러냈고, 동시에 문법과 통사론과 방법론 그리고 가치 시스템이 무책임한 대중(오케스트라 단원만 그런 게 아니라)의 맹목적인 힘 때문에 무너져내리는 데 대한 공포를 그렸다. 그의 생각이 나쁜 방식으로 읽히면, 당황스러울 수도 있다. 하지만 펠리니의 특별한 능력은 그런 생각을 밝게 또 반어법적으로 표현하는 점이다. 그리고 현대의 역사를 인류의 자서전에서 아직 완결되지 않은 하나의 챕터로 보여주는 점이다. 곧 1968년 혁명을 분석하며, 펠리니는 그것으로 무엇을 잃었는지를 먼저 고려하고, 그래서 주인공들의 가치를 재평가하고, 신화에 대해 도전해야 한다는 생각을 전파하고 있다. 하지만 위험은 무질서를 악으로 동일시하는 데 있다. 마치 권위의 위기를 임박한 사회적 붕괴의 증상으로 표현한 점이다. 펠리니는 광기의 오케스트라를 통해 1975년 이후 나타난 희망의 붕괴를 그렸다. '오일 쇼크'로 유명한 그 시기는 이탈리아의 역사에서 일종의 경제적 후퇴로 정의될 때다. 다시 말해 희망의 붕괴는 무질서의 직접적인 결과가 아니란 점이다. 그건 잘못된 질서로의 퇴보에 가깝다. 영화에선 가끔 감독의 전염성이 강한 신랄함(〈부바르와 페퀴셰〉의 플로베르처럼)이 분노로 바뀌곤 한다. 이런 점에서 볼 때, 펠리니는 로맹 롤랑이 〈7월 14일〉에서 썼던 유명한 말을 충분히 인식하지 못한 것 같다. 롤랑은 이렇게 썼다. "질서가 정의롭지 못할 때, 무질서는 정의의 시작이다."

'오케스트라 리허설'에 대한 논쟁은 엘리트들 사이에서 좀 더 진행됐다. 그들은 영화를 개인적으로 보기도 하고, 특별 시사를 이용해 함께 보기도 했다. 이를테면 1978년 12월 4일, 피렌체의 '민중 축제'에서의 시사회엔 많은 사람이 몰려들었다. 극장 개봉은 '광대들' 개봉 때의 문제와 비슷하게, TV와 배급업자들 사이에서 벌어진 논쟁 때문에 연기됐다. 이번엔 오래 끌었던 논쟁을 끝내는 결정권은 방송국 RAI가 쥐고 있었다. 영화 개봉을 놓고 경쟁하던 배급업자들에겐 임시직인 조건이 부가됐다. 1979년 1월, 로베르토 로셀리니의 아들이 소유하고 있던 고몽영화사는 큰 예치금을 내고 배급권을 따냈다. 극장 개봉을 위한 프린트를 만드는 데 또 한 달이 걸렸다. 2월 22일 영화는 극장에 걸렸는데, 관객들은 이미 흥미를 잃은 뒤였다. 개봉의 매력이 지나갔기 때문일 테다. 관객들은 영화에 대해 이미 너무 많은 이야기를 들었고, TV용으로 만든 단편은 곧 방영되리라고 생각했다(실제로 10개월 후인 12월 26일 RAI 1을 통해 방영됐다). 여러 이유가 있었지만, 이탈리아에서의 흥행은 많은 긍정적인 비평에도 불구하고 빈약했다. 비평은 주로 '오케스트라 리허설'이 잘 통제됐고, 고골의 향기가 나며, 놀랍고, 적절한 역설이며, 경이로운 쇼이고, 형이상학적 성찰이라고 했다. 일부 비평가들은 펠리니의 영화에서 스타일의 변화와 희망의 부재를 주목했다. 영화는 제32회 칸영화제의 비경쟁부문에서 상영됐고, 늘 그렇듯 좋은 평가를 받았다. 그리고 미국에서도 긍정적인 평가를 받았다.

바쿠스의 여신도들(Le baccanti)[1]

"멜리에스 이래로 하나의 영화에 이렇게 많은 문제가 생긴 적은 없었다." 풀이 꺾인 펠리니의 이런 주장은 '여성의 도시'를 둘러싸고 처음부터 제기된 이상한 분위기를 요약하고 있다. '여성의 도시'를 위한 준비는 4년간 이어졌다. 이 영화는 원래 작가 베르나르디노 차포니의 아이디어에서 나온 것이다. 과거 잉마르 베리만과의 협업이 추진될 때, 펠리니는 자기의 에피소드로 이 영화를 기획했다. '제작자들의 춤'은 그 어느 때

---

1   술의 신 바쿠스 축제의 여신도들. 밤새도록 춤과 도취의 흥분으로 지새는 바쿠스 축제의 주역이다.

보다 동작이 느렸고 혼란스러웠다. 첫 파트너는 미국인 제작자였는데, 그는 금세 사라졌다. 이어서 로베르토 로셀리니의 조카인 프랑코 로셀리니가 자신의 애완견을 들고 등장했는데, 그는 제작회사 이름을 애완견에서 따와 '펠릭스 프로덕션'이라고 지었다. 투자와 관련하여 프랑코 로셀리니가 놀라게 한 것은 자신의 파트너로 성인 잡지 '펜트하우스'의 발행자인 백만장자 봅 구치오네를 내세운 점이다. 두 사람은 '펠리니의 카사노바'의 작업이 잠시 중단됐을 때인 1975년 크리스마스 즈음에 계약을 맺었다. 프랑코 로셀리니는 투자자를 찾아내는 데는 점쟁이와 같은 재능을 가진 것 같았다. 어느 순간에는 약 20명의 후원자가 제작자 목록에 이름을 올렸고, 그들은 모두 이 영화에 일정 부문 투자하기로 했다. 하지만 오랜 토론이 진행된 뒤, 이번에는 로베르토 로셀리니의 아들인 렌초 로셀리니가 자신의 회사 '고몽 이탈리아'(Gaumont Italia)를 통해 영화에 관한 모든 권리를 사들였다. 렌초 로셀리니의 프랑스-이탈리아 합작회사는 1978년 만들어졌다. 이 회사는 프랑스에서는 영화 관객이 줄고 있지만, 이탈리아에서는 영화 흥행이 여전히 좋은 성적을 내는 점을 주목했다. 프랑스 쪽 모회사 고몽은 두 나라가 힘을 합쳐 경쟁국 미국에 대항하는 것이 논리적이라고 봤다. 하지만 멀티플렉스 개관에 관련된 행정이 계속 지연되고, 이탈리아에서도 프랑스처럼 이미 만들어진 작품이 극장을 잡지 못하는 상황이 벌어지자(펠리니의 영화도 포함하여), 렌초 로셀리니의 회사는 1985년 문을 닫고 말았다.

출발부터 '여성의 도시'는 페미니즘 진영에 경보를 알린 셈이 됐다. 어떤 영화가 만들어지는지, 잘 알지도 못한 채 많은 사람이 논쟁을 벌이기 시작했다. 문맥이 맞지 않는 간섭, 공허한 공격이 이어졌다. 이 영화는 펠리니와 여성의 세계에 대한 더욱 깊고, 복잡한 토론을 위한 플랫폼이 될 수 있었다. 하지만 그런 가능성은 수많은 오해와 펠리니를 남성우월주의의 기수로 읽는 페미니즘계의 주장에 의해 없어졌다. 그들은 펠리니가 현대 영화의 특별한 여성 아이콘(젤소미나, 카비리아)을 만들었다는 사실을 무시했다. 또 '8과 1/2'의 하렘 꿈 장면, 해변의 여성인 사라기나('8과 1/2'의 매춘부)가 연상시키는 것, 그리고 풍만한 여성의 빈번한 등장은 자기 반어적 읽기를 위한 창작이고, 반복이며, 과장이란 점도 무시했다. 그들은 '영혼의 줄리에타'도 고려하지 않았다. 펠리니는 이 영화를 통해 아마도 독립을 주장하는 여성의 원동력으로서, 결혼의 위기를 이야기한 첫 번째 감독일 텐데 말이다. 이는 훗날 페미니스트들이 채택하게 될 슬로건, 곧 "나는 오직 나의 것(Io sono mia)"과 일치하는 주제였다. 펠리니의 판타지에서 남성과 여성은 평등하지 않다는 것은 사실이다. 하지만 그건 여성이 더욱 높은 곳에 있고, 신비 속에 싸여 있기 때문이다. 펠리니의 영화에서 진실의 담지자('긍정적인 캐릭터'라는 신화로 돌아가야 할까?)는 늘 여성이다. 다시 말해 남성의 구원은 오직 여성에게서만 나온다.

'여성의 도시'를 발전시켜갈 때, 펠리니는 이 영화에 대해 말하기를 원치 않았다. 그는 고통스럽게 계속되는 불면증에 시달리고 있었다. 간혹 잠드는 짧은 시간만이 고통을 완화했다("나는 다섯 달 동안 겨우 3일 잤다."). 그 잠도 반복되는 악몽으로 방해받았다. 이런 상황은 그가 미완성작 'G. 마스토르나의 여행'을 작업할 때와 비슷했다. 펠리니가 가장 자주 꾼 꿈은 특별한 해석이 필요 없다. 곧 그는 바다 한가운데 뗏목 위에 있는데, 주위에는 상어의 지느러미들만 보이는 꿈이다. 펠리니는 주위 친구들에게 영화에서 빠져나오는 출구를 찾을 것이라고 말했다. 과장이 아니라, 펠리니는 이런 말을 '8과 1/2' 이후 영화를 만들 때마다 해왔다. 고예산 영화는 만들기가 시작되면, 중단할 수 없는 법이다. 영화는 앞으로 나가야만 한다. 기자들이 영화의 플롯을 알기 위해 그를 압박하면, 펠리니는 움츠러들었다. "영화는 페미니즘과 아무 관계 없다. 그냥 광대의 영화이고, 버라이어티 쇼 같은 것이다." 하지만 그는 심하게 움츠러들지는 않았다. 이 '작은 버라이어티 쇼'의 예산은 50억 리라였는데, 하지만 그 어떤 영화보다 예산을 넘어갈 것이다.

1979년은 출발부터 불행했다. 펠리니 선단의 갑판장인 에토레 베비라쿠아가 죽었다. 그는 권투선수였고, 마사지사였으며, 피가로처럼 모든 걸 다 해내는 사람이었다. 그리고 4월 9일 월요일, 촬영 개시 3주 전에 또 다른 일이 벌어졌다. 펠리니는 화가 파브리치오 클레리치의 전시회에서 니노 로타를 만났다. 두 사람은 친구였던 화가의 작품을 보며, 다음 영화의 작업에 대해 서로 이야기했다. 펠리니는 촬영장에서 쓸 수 있게 음악을 먼저 만들어달라고 말했다. 두 사람은 다음 날 만나, 더 토론하기로 했다. 그런데 4월 10일 오후 3시, 치네치타에서 펠리니는 니노 로타가 심장마비로 죽었다는 전화를 받았다. 펠리니에겐 그건 형제를 잃어버리는 것 같았다. 그 소식을 듣자마자 펠리니는 자기로부터 활기차고, 아기 같고, 모차르트 같은 부분이 떨어져 나가는 것을 느꼈다. 창작의 면에서 보자면 펠리니는 팔을 하나 잃었다. 공허함을 채울 다른 음악가를 부른다는 것, 그래서 니노 로타를 대신할 사람을 찾는다는 건 불가능해 보였다. 작업은 진행돼야 했고, 제작진은 아르헨티나의 음악가 루이스 엔리케 바칼로프(Luis Enríquez Bacalov)를 주목했다. 그는 훗날 '일 포스티노'(1994)로 아카데미상을 받는다. 바칼로프는 당시 남미에서 피아노 순회공연 중이었고, 보고타에서 펠리니가 영화를 위해 자신을 원한다는 소식을 들었다. 니노 로타의 죽음을 몰랐던 그는 처음에 연락을 받고 놀랐다. 나중에 알게 됐는데, 펠리니가 연락한 것은 죽은 니노 로타가 바칼로프의 작품을 항상 존중하며 말했기 때문이었다. 펠리니와 바칼로프는 앞으로 강력한 관계를 맺어갈 것이다. 그들은 친구로서, 함께 나눴던 기억에 대해 항상 애정을 갖고 말하곤 했다.

로마 시내에 있는 작은 교회 산타고스티노(Sant'Agostino)에서 행해진 니노 로타의 장례식이 끝난 뒤, 작가 수조 체키 다미코(Suso Cecchi d'Amico)[2]가 펠리니에게 말하길, '증인'으로서 자기 집에 함께 가자고 했다. 다미코는 밀라노 출신인 로타의 친척들에게 무언가를 알려야 할 의무가 있다고 느꼈다. 그건 가족의 비밀에 관한 것이었다. 곧 니노 로타에겐 딸이 하나 있었다. 전쟁이 끝난 뒤 로타는 런던에 있었는데, 그때 이탈리아 출신 학생과 잠시 사귀었다. 아기는 엄마로부터 버려졌고, 영국인 가족에게 입양됐다. 그들이 입양비를 냈고, 미국에 갈 때 아기도 함께 데려갔다. 로타는 혼자서는 그 상황을 감당할 수 없어서, 항상 중개자로 체키 다미코에게 도움을 청했다. 그녀가 로타의 딸과 종종 연락했고, 돈을 보냈으며, 방문도 했다. 니나(Nina)라고 불리는 딸은 LA에 살았으며, 다큐멘터리 작업을 하고 있었다. 딸은 가끔 아버지를 보러, 이탈리아에 오기도 했다. 하지만 항상 은밀히 들어왔다. 에두아르도 데 필립포가 대사를 쓰고, 니노 로타가 작곡한 오페라 '나폴리의 여성 백만장자'(Napoli milionaria)가 스폴레토에서 첫 공연 될 때, 딸

---

2   수조 체키 다미코는 이탈리아의 유명 시나리오 작가다. 특히 루키노 비스콘티의 대표작 시나리오에는 거의 다 참여했다.

도 참석했지만 아무도 그녀를 알아보지 못했다.

펠리니는 친구의 인생 뒷이야기를 듣고 당황했으며 너무 놀랐다. 어쨌든 니노 로타는 자신에겐 절대 마음을 털어놓지 않은 것이었다. 펠리니는 체키 다미코가 그런 상황을 대단히 조심하며 다룬 사실에 강한 인상을 받았다. 그날 체키 다미코에게 꽃다발을 보내며, 쪽지를 남겼다. "당신은 사람들이 꽃을 보내는 것을 싫어한다고 들었다. 아마 당신은 꽃을 받는 것도 싫어할 것 같다. 어쨌든 나는 꽃을 보낸다. 그 꽃은 당신 마음대로 해도 된다. 나는 오늘 이런 놀라운 이야기를 듣고 당신을 정말 좋아하게 됐다. 그리고 만약 내가 고백할 일이 있다면, 믿을 수 있는 사람이 곁에 있다는 것도 알게 됐다. 음, 그건 나중에 말하겠다." 아마 펠리니는 자신의 복잡한 일들을 체코 다미코와 상의할 것을 심각하게 고민한 것 같다. 만약 그렇게 하지 않는다면, 그것이 더 부끄러운 일이 될 것이다.

영화 만들기는 계속돼야 하겠지만, 분위기는 어두웠다. 촬영이 시작되면, 기분은 흥겨워야 하는데 전혀 그렇지 못했다. 촬영은 치네치타에서 4월에 시작됐다. 5월 3일 프랑스 화가 발튀스(Balhus)가 일본인 아내 이데타 세츠코와 함께 촬영장을 방문했다. 이들이 도착했을 때, 마르첼로 마스트로이안니와 버니스 스티거스(Bernice Stegers)가 기차 여행 장면을 찍고 있었다. 발튀스 부부는 데리고 온 딸을 그 기차 위에 태웠다. 펠리니는 발튀스를 다시 만나자 아주 행복했다. 두 사람은 발튀스가 로마에 있는 '빌라 메디치'(Villa Medici)에서 일할 때 친구가 됐었다. 화가의 방문으로 잠시 즐거웠던 촬영장은 다른 뉴스 때문에 금방 어두워졌다. '붉은 여단'의 무장 테러리스트들이 니코시아 광장에 있는 집권당 기독교민주당의 당사를 공격했다는 것이었다. 실제 세상의 폭력은 영화에서도 큰 메아리로 울려 퍼지는데, 이는 펠리니의 경력에서 최초의 일이었다. 다시 말해 영화에선 오래 진행되는 불편한 꿈 장면으로 표현된다. 스나포라츠(마르첼로 마스트로이안니)는 기차에서 내려 매력적인 여성을 따라가는데, 이상한 장소와 상황에 빠지고 만다. 그곳은 오직 여성들만 거주하는 배타적인 세상이다. 여성들은 그를 유혹하고, 아부하고, 고통을 주고, 최종적으로는 붉은 여단처럼 그를 납치한다.

영화 속에서는 전투적인 페미니스트들을 포함하여, 2백 명 이상의 여성들이 '미라마레 그란드 호텔'에서 개최된 페미니즘 대회에 참석하고 있다. 어떤 이는 그곳에서 시위하고 있고, 또 다른 이는 끊임없이 펼쳐지는 논쟁에 감독을 끌어들이려 하고 있다. 페미니스트 기자는 펠리니 영화의 여배우들을 공격한다. "펠리니 영화에 참가하는 데 동의한 당신 같은 여성들, 당신들이 이 운동을 팔아먹었어. 당신들은 그런 혐오스러운 장면에서 연기하는 걸 부끄러워해야 한다. 당신이 불쌍하다고 느끼지 않는가, 또는 당신 자신이 역겹지 않은가?" 천천히 일이 진행되면서, 이런 우스꽝스러운 일들은 점점 줄어들고, 나중에는 모두 사라진다. 펠리니는 '8과 1/2'에서, 구이도가 채찍을 들었던 하렘에서의 남자 역할을 하면서 어떤 게임을 즐겼다. 하지만 그는 이 영화를 여성들을 공격하려고 만들지는 않았기에, 분노하는 바쿠스 신의 여신도들(Le baccanti)[3]을 설득하고 싶었다. 이 모든 것을 넘어서는 것이 펠리니의 미덕이다. 곧 그에게 더욱 중요한 것은 프로로서의 직업의식, 그리고 일할 때 보여주는 철저한 논리였다. 발튀스 이외에 다른 유명인들도 촬영장을 방문했다. 예를 들어, 미국 코미디 배우 대니 케이, 수전 손택, 러시아 시인 예브게니 옙투셴코, 마틴 스코세지, 이자벨라 로셀리니, 잉그리드 버그먼, 소설가 레오나르도 샤샤, 그리고 미셸 피콜리 등이었다.

촬영팀은 해변 도시 프레세네로 향했다. 5월 말, 그들은 롤러스케이트 장면을 찍었고, 캇초네(Katzone)[4] 박사의 집을 찍기 시작했다. 그곳엔 키스 반 동겐(Kees van Dongen)의 그림이 걸려있는데, 안토니오 스코르디아가 복제했다. 펠리니는 캇초네 박사 역에 에토레 만니(Ettore Manni)를 캐스팅했다. 캇초네 박사는 증오스럽고, 오만하고, 진짜 카사노바 같은 캐릭터

---

3 저자는 페미니스트 대회를 신화에 등장하는 바쿠스 축제로 비유하고 있다. 그 축제에서는 주신 바쿠스를 찬양하는 여신도들이 밤새 이성을 잃을 정도로 취하고, 춤을 추며, 광란의 시간을 보낸다.

4 일종의 언어 유희. 남자 성기를 말하는 '카초'(cazzo)를 변형시킨 단어. 곧 '큰 성기'라는 뜻.

인데, 이상하게도 유머 감각은 전혀 갖고 있지 않다. 에토레 만니는 1950년대의 섹스 심볼이었다. 그는 알베르토 라투아다의 '암늑대'(La lupa, 1952)와 미켈란젤로 안토니오니의 '여자 친구들'(Le amiche, 1955)에 출연했다. 그는 과시하는 삶을 살았는데, 크고, 흥겹고, 열정이 넘치는 남자였다. 펠리니는 규율을 넘어가는 사람들을 항상 좋아했다. 그런데 만니가 보여주는 촬영장에서의 프로답지 않은 행동에는 관용을 잃어버렸다. 만니는 그의 역량을 넘어서는 캐릭터 때문에 겁을 먹고, 주눅이 들어서인지, 종종 취한 채 세트장에 나타났다. 펠리니는 만니를 도우려고 노력했다. 마르첼로와의 장면을 찍을 때 어떻게 연기하는지를 설명하기 위해 직접 붉은 가운을 입고 시범을 보이기도 했다. 하지만 세트장에서 매일 고함과 맞대응이 끊이지 않았다. 배우를 교체한다는 이야기가 나왔지만, 그동안 촬영된 장면을 고려하면 더 큰 문제를 일으킬 수 있었다. 펠리니는 이 상황에 대해 믿을 수 없을 만큼 참았지만, 만니는 무책임한 행동을 계속했다. 어느 날 펠리니는 만니의 황당한 행동에 지쳐, "그만 됐어!"라고 소리를 지른 뒤, 모두를 집으로 돌려보냈다.

당시 언론계에서 일하던 소니아 슈네얀스는 이 영화의 제작에 관한 흥미로운 기록을 남겼다. 여기서 소니아는 작곡가 바칼로프가 말한 그 날의 이야기를 들려주었다. 펠리니가 온몸에 힘이 빠져 앉아 있을 때, 세트장에는 바칼로프만이 감독 옆에 있었다. 바칼로프는 피아노에 앉아 모차르트 곡을 약간 쳤다. "펠리니는 내 옆에 앉아 있었다. 화가 나서 떨고 있었고, 숨을 몰아쉬고 있었다. 걱정됐던 게, 그는 혈압에 문제를 갖고 있었기 때문이었다. 얼마 뒤, 나는 연주를 중단했는데, 펠리니가 더 쳐 달라고 했다. 조금씩 그는 진정됐고, 제정신을 차렸을 때, 술이 일으키는 피해에 대해 말하며 다시 화를 내기 시작했다."

몇 주가 지났지만, 상황은 매한가지였다. 그리고는 갑자기 비극으로 변했다. 7월 27일 만니는 플라미니아 베키아 거리에 있는 집에서, 38구경 스미스 앤드 웨슨 권총을 손보고 있었다. 갑자기 총이 격발됐고, 다리의 동맥을 끊어놓았다. 만니는 출혈 과다로 죽고 말았다. 어떤 이는 사고라고, 또 어떤 이는 자살이라고들 했다. 소니아는 이렇게 썼다. "펠리니의 첫 반응은 분노와 실망이었다. 마치 자기의 극 중의 인물 가운데 한 명이 승인받지 않은 행동을 했고, 시나리오에서 제 맘대로 빠져 나와, 어떤 자율을 획득한 것을 보듯 했다. 그리고는 화를 진정시켰고, 깊은 불안에 빠졌다."

죽음에 대한 조사가 이어진 뒤, 7월 31일 장례식이 치러졌다. 8월 15일 축제[5]를 앞둔 8월 10일, 고몽 영화사는 제작을

---

5   페라고스토(Ferragósto)로 불리는 8월 15일은 성모 마리아의 승천을 기리는 축제이다.

연기했고, 알베르토 그리말디가 '카사노바'를 만들 때 그랬던 것처럼 모든 스태프를 해고했다. 만니의 죽음은 캇초네 박사의 등장 장면을 어떻게 끝낼 것인가 하는 큰 문제를 남겨 놓았다. 이상적으로 말하자면, 모든 것을 재촬영해야 했다. 하지만 세트는 상당 부분 이미 해체됐고, 보험회사는 재건축에 따른 비용을 감당하려 하지 않을 것이다. 제작자 렌초 로셀리니에게 파산을 안길 수는 없고, 펠리니는 타협안을 찾기로 했다. 펠리니는 만니의 적절하지 않은 연기를 본 뒤, 그의 목소리는 이미 더빙을 했다. 이제 문제는 마지막 장면에서 어떻게 만니를 뺄 것인가였다. 만니의 대역으로 굴리엘모 스폴레티를 기용하고, 모든 장면을 그의 뒤에서 찍었다.

6주 동안의 촬영 중단 뒤, 9월 24일 작업이 재개됐고, 이틀 뒤 펠리니는 어린 시절 꿈 장면을 찍기 시작했다. 그런데 촬영이 다시 중단됐다. 마스트로이안니의 눈에 낭포가 생겨 부풀러 올랐기 때문이다. 그는 이미 네 번의 수술을 받았지만 자주 재발했다. 제작비는 70억 리라로 증가했다. 렌초 로셀리니의 인내에도 한계가 왔다. "미켈란젤로를 위한 통 큰 교황은 없었다."[6] 덧붙이길, "펠리니를 위한 통 큰 제작자는 없다."

---

6   미켈란젤로는 로마에서 교황으로부터도 특별한 대접을 받았다. 하지만 미켈란젤로는 자신의 마음에 들지 않을 때는 교황의 지시도 무시할 정도로 전례가 없던 행동을 하곤 했다. 이를테면 교황 율리우스 2세가 미켈란젤로의 알현을 연기하자, 바로 하던 일을 중단하고 피렌체로 돌아간 적도 있다.

그런데 10월 6일 좋은 뉴스가 생겼다. 렌초 로셀리니가 포리노(Forino) 집안의 공주 엘리자베타(리자) 카라치올로와 결혼하게 됐다는 것이었다. 결혼식은 신부 부친의 저택이 있는 토디에서 열릴 것인데, 펠리니는 증인으로 초대됐다. 그런데 불행하게도 신혼의 즐거움은 오래 가지 못했다. 1984년 12월 8일, 그들은 끔찍한 교통사고를 당했다. 렌초 로셀리니는 심각한 부상을 입었고, 리자는 4개월 동안 의식불명 속에 있다 죽고 말았다.

10월 10일, 펠리니는 오른팔을 부러뜨려, 한 달 동안 깁스를 해야 했다. 우여곡절 끝에 마지막 촬영은 11월 29일 목요일, 치네치타의 '스튜디오 5' 뒤에 있는 야외에서 진행됐다. 스나포라츠는 열기구를 타고 공중으로 올라가는데, 기관총으로 무장한 두건 쓴 테러리스트가 총을 쏘는 장면이다. 제작이 시작된 지 7개월 조금 넘을 때였고, 세트장의 분위기는 여전히 긴장됐다. 큰 사고 말고도, 촬영을 중단시키는 작은 사건들도 많았다. 펠리니는 친구이자 사진작가인 피에르 루이지, 그리고 타치오 세키아롤리와 싸우기도 했다. 어떤 여배우는 주간지 인터뷰에서 자신과 펠리니 사이에 친밀함이 있다고 주장해, 작은 스캔들을 일으키기도 했다.

카를 융이 좋아했던 라틴 속담이 하나 있다. "개가 빵을 꿈꾼다면, 어부는 생선을 꿈꾼다." 그렇다면 '여성의 도시' 도입부 장면의 기차에서 스나포라츠는 무슨 꿈을 꿨을까? 꿈을 추동하는 지배적인 힘은 소원성취라는 건 잘 알려진 사실이다. 따라서 이 영화의 첫 장면과 마지막 장면의 이미지, 곧 터널 속으로 기차가 들어가는 이미지를 해석하는 건 어렵지 않은 일이다. 앨프리드 히치콕은 '북북서로 진로를 돌려라'(1959)에서 같은 방식으로 영화를 끝맺었다. 그 장면으로 금발 동반자와 사랑을 나누고 싶어 하는 캐리 그랜트의 꿈이 실현됐다는 사실을 알게 했다. 그러나 펠리니 영화의 끝 장면은, 주인공이 입술에 옅은 미소를 띠며 잠에서 깨어나지만, 해석이 그렇게 쉬운 게 아니다. '여성의 도시'는 '작은 꿈'이다. 그건 미완성작 'G. 마스토르나의 여행'의 '큰 꿈'을 또 한 번 환기하고 있다. 두 작품은 비슷한 구조로 돼 있다. 유일한 차이점은 '여성의 도시'는 여성들에 관한 작품이고, 'G. 마스토르나의 여행'은 죽음에 관한 것이다. 펠리니는 '여성의 도시'라는 영화를 정의하는 데 대단히 조심했다. 그리고 이 영화를 '어떤 작은 것, 혹은 농담'이라고 말했다. 펠리니는 스나포라츠의 꿈을 통해 프리드리히 니체가 말했던 '휴머니티에 관한 고대의 비극'을 재현하려고 하지 않았다. 대신 펠리니는 '아마코드'의 좀 더 쓰라린 잔여물, 곧 어머니상이 없는 것, 그래서 애무하듯 부드러운 분위기도 없고, 그 어떤 즐거움도 없는 것을 그렸다. 극단적인 시각적 표현은 대단히 생생하여, 이 영화를 복잡한 것으로 인식시켜 놓았다. 가장 강력한 이미지는 여성들이 현실에 대한 전망을 표현하는 것들이다. 예를 들어 폭력

일보 직전에 있는 승용차 안의 여성들, 혹은 죄수에 대한 도덕적 고문 등인데, 이는 알도 모로의 고통에 대한 대단히 사적인 표현이다. 스나포라츠는 떠돌고, 영화의 침울한 분위기 속에서 꿈과 신의 섭리에 반어법적으로 자신을 내맡긴다. 이 영화에서 협업한 펠리니의 일급 동료들의 작업은 값을 매길 수 없을 정도였다. 주세페 로툰노가 촬영했고, 단테 페레티는 50개의 세트를 디자인했으며, 가브리엘라 페스쿠치가 의상을 맡았고, 루제로 마스트로이안니가 편집을 했다.

그러면 여성은? 전투적인 페미니스트들은 제쳐 두고, '여성의 도시'에서 말하고자 하는 것은 여성 편에 서는 것이다. 스나포라츠는 불안하고, 당황하고, 화도 냈지만, 남성들을 변호하는 시도는 전혀 하지 않는다. 심지어 남성은 부가치한 존재라는 점도 고백한다. 반면에 수백 개의 다른 모습으로 등장하는 여성들은 공격적이고, 압력을 가하고, 사납기까지 하지만, 이들이 영화의 공간을 지배하고 있다. 감독은 초월적인 존재를 의식하며 무릎을 꿇은 것 같다(방식은 약간 반항적이고 냉소적이지만). 어떤 비평가들은 마지막에 등장하는 열기구-매춘부-마돈나의 이미지를 괴테의 〈파우스트 II〉에 나오는 마지막 대사, 곧 "영원한 여성성이 우리를 위로 이끌 것이다."에 대한 패러디로 해석한다.

'여성의 도시'는 1980년 9월 개봉 예정이었는데, 그보다는 빨리 3월 말과 4월 초 사이 80개의 이탈리아 극장에서 개봉됐다. 영화를 편집하고 있을 때인 1월 20일, 펠리니는 60회 생일을 맞았다. 이에 맞춰 인터뷰도 하고, 인사도 받고, 선물도 받았다. 애석한 일도 일어났다. 며칠 뒤인 1월 28일 페피노 데 필립포(Peppino De Filippo)[7]가 죽었다. 그는 사람들이 많이 웃던 행복한 그 시절부터 폭소를 터뜨리게 하는 잊을 수 없는 장인이었다. 펠리니의 이번 영화는 찬사보다는 존경을 많이 받았다. 이런 평들이 나왔다. "펠리니의 전형적인 영화", "감독의 진화 목록", "한계 없는 천재의 작품", "공허함과의 게임" 등이다. 비평가들은 즐거움과 아이러니 대신 데자뷔에 대해 많은 말을 했다. 그들은 판타지의 내용은 풍부하지만, 분위기가 늘 맞는 건 아니라고 말했다. 5월 19일, 제33회 칸영화제의 비경쟁부문에서 영화는 소개됐다. 그곳의 비평은 매서웠고, 어떤 것은 대단히 무례하기도 했다. "펠리니에게 (점수)제로", "지겨운 사기", "실패", 심지어 "자만과 권태의 산더미"라고도 말했다.

스나포라츠의 아내 역(당시의 무대 감독 글렌다 잭슨이 역할의 강도를 낮췄다)을 맡은 가수 겸 배우 안나 프루크날은 프랑스 언론 '니스 마탱'에 재밌는 인터뷰를 남겼다. 그는 자신의 모든 경험에서 전혀 열정을 느낄 수 없었다고 말했다. "당신은

---

7   페피노 데 필립포는 이탈리아의 희극 배우. 작가이자 배우인 에두아르도의 동생이다. 펠리니의 데뷔작 '버라이어티 쇼의 불빛'에서 유랑극단의 리더로 나왔다.

펠리니에게 '아니요'라고 말할 수 없다. 만약 내가 다시 한다면 그렇게 말하고 싶다." 일부 평론가들은 스나포라츠와 아내와의 관계에서, 펠리니와 마지나 사이의 유사한 갈등을 읽었다. 하지만 프루크날은 자신의 경험에 대해서만 말하고자 했다. 그는 펠리니를 스탈린과 비교했다. 폴란드 여성의 입에서 그런 비교가 나온 것은 끔찍했다. 하지만 그는 역설적으로 자신의 말을 끝맺었다. "펠리니는 폭군이며, 괴물이고, 광인이며, 천재다. 나는 그를 사랑한다." 일부 긍정적인 평론도 있었고, 한두 개는 대단히 열정적이기도 했다. 하지만 펠리니는 낙담한 채 로마로 돌아왔다. 그곳에서의 일이 어땠냐고 물으면, 펠리니는 기가 죽어 이렇게 대답했다. "왜 우리는 계속 작품을 영화제에 보내야 해?"

바보들의 배(Stultifera Navis)

1980년 가을, 스페인 광장에 있는 식당에서 펠리니는 작가 나탈리아 긴츠부르그(Natalia Ginzburg)[1], 그리고 몇몇 친구들과 함께 에이나우디 출판사에서 발행한 자신의 책 〈영화 만들기〉 출간 기념 파티를 했다. 이 책은 사적인 기록들의 모음인데, 인터뷰를 발췌해 편집했으며, 펠리니 자신을 설명하는 생각들을 모아놓았다. 이탈리아 판본인 이 책의 원본은 취리히에 있는 디오게네스(Diogenes) 출판사에서 발행했다. 이 출판

---

[1] 나탈리아 긴츠부르그는 이탈리아의 진보 작가로 펠리니, 파졸리니 같은 영화인들과도 친분이 두터웠다. 대표작 〈가족어 사전〉이 국내에 번역돼 있다.

사는 펠리니의 모든 저작물에 관한 독점권을 갖고 있었다. 스위스의 편집자 다니엘 켈, 그의 아내인 화가 안나 켈, 그리고 펠리니 사이의 우정은 우연히 생겼다. 어느 날 부부는 로마의 마르구타 거리(via Margutta)를 걷고 있었다. 펠리니를 흠모했던 부부는 감독의 집을 찾은 뒤, 멀리서 바라보려고 했다. 그때 길거리에서 이들은 펠리니와 마주쳤다. 우정은 곧 강력한 사업 파트너 관계로까지 발전했다. 다니엘 켈은 출판과 미술 전시회를 통해, 펠리니의 그림에 대한 사람들의 호기심을 확산시켰다. 그때까지 펠리니는 자신의 그림에 대해 큰 가치를 부여하지 않고 있었다. 가장 중요한 전시회는 1982년 11월 파리에서 열린 '펠리니, 그의 디자인, 그의 사진'이었는데, 이는 정말 많은 관심을 끌어보았나.

　'여성의 도시'가 이탈리아와 외국 모두에서 환대를 받지 못한 뒤, 펠리니는 자신의 관객들을 직접 만나야 한다고 느꼈다. 그들은 예측 불가능하고, 거침없는 괴물로 변한 것 같았다. 1980년 말에 펠리니와 제작자 렌초 로셀리니는 로마의 시내와 인근에 있는 영화관 18곳을 방문했다. 주로 첫 회, 또는 2회차 상영 시간[2]을 이용했다. 두 사람은 대부분 영화관이 텅텅 빈 사실에 큰 충격을 받았다. 1980년대 초의 영화관은 베리만 영화에 나오는 을씨년스런 교회 같았다. "관객들은 모두

2　이탈리아의 영화관은 보통 오후 4시경에 첫 회를 상영한다.

떠나서, 다른 행성으로 갔다. 그들은 더 이상 여기에 있지 않다." 펠리니는 말했다. 그는 인터뷰할 때, '참사', '묵시록', 그리고 (조심!) '난파선'이라는 말을 자주 했다. 10월 6일, 펠리니는 상황을 정리해서 제작자 디노 데 라우렌티스에게 편지를 보냈다. 디노는 당시 LA에서 살았고, 그곳에서 일했다. "여기서 사람들은 더 이상 극장에 가지 않는다는 사실을 알아? 여긴 관객이 없어. 그들이 어디로 갔는지도 몰라. 그들은 전부 그곳에 있나? 만약 그렇다면, 이곳으로 다시 돌아와서, 우리 극장에도 간혹 한번은 가라고 말해줄 수 있겠나?"

20살에 영화계에 들어온 뒤, 60살이 된 노장이 영화 산업의 위기를 맞아 무엇을 더 할 수 있을까? 디노 데 라우렌티스는 자신이 해결책을 갖고 있다고 생각했다. 그리고 옛 친구에게 그 해결책을 제시하는 기회를 놓치지 않았다. 그건 펠리니가 미국으로 와서 할리우드에서 일하는 것이었다. 디노는 펠리니에게 성공과 명예를 가져다주는 황금의 다리를 놓으려 했다. 하지만 펠리니는 캘리포니아가 자신의 뿌리와는 너무 멀어서, 낯선 곳처럼 느꼈다. 그가 할 수 있는 일이라곤 입술을 꽉 깨물고, 도망간 관객들이 다시 극장으로 돌아오도록 유혹하는 길을 찾아내는 것이었다. 그래서 1981년 펠리니는 낙관주의를 과장하며, 새로운 프로젝트를 세 개 발표했다. 첫째는 고대 그리스 신화에 관련된 영화였다. 펠리니는 이 영화를 영국 작가 앤서니 버지스(Anthony Burgess)[3]와 함께 영어로 쓰기를 원했다. 펠리니는 버지스의 백과사전 같은 광대한 지식을 존경했고, 동시에 바로 그 점에 겁을 먹기도 했다. 두 번째 계획은 더욱 실현될 가능성이 컸다. '경찰'이라는 제목으로, 네 개의 스릴러로 구성된 시리즈를 공영방송 RAI에서 만드는 것이었다. 하지만 공영방송국의 행정이 너무 복잡해서, 계획은 금세 사라지고 말았다. 세 번째 계획에는 사람들이 별 관심을 보이지 않았다. 하지만 '사라예보의 살인'이라는 이 아이디어는 훗날 영화로 만들어질 것이다.

펠리니와 작가 토니노 구에라는 몇 해 전 여름에, 영화를 위한 몇 개의 아이디어를 써놓았다. 펠리니는 그 아이디어에 다시 관심을 가졌다. 제작자 프랑코 크리스탈디는 자신이 만들 수 있을 것으로 봤고, 공영방송국 'RAI 1'은 반대하지 않을 것 같았다. 처음에 펠리니는 '오케스트라 리허설' 같은 유사 다큐멘터리를 만들려고 했다. 빨리 찍을 수 있는 것으로, 이번에는 흑백으로 촬영할 계획이었다. 하지만 제작자들은 아이디어를 뭉개고 앉아, 별일을 하지 않았다. 그러는 사이 아이디어는 더욱 발전했고, 구체화 됐다. 몇 달이 지나갔다. 이번에도 평소처럼 사업상 할 일이 생겼다. 펠리니는 아내 마지나, 그리고 마스트로이안니와 함께 '여성의 도시' 개봉을 앞두고

---

3   희극, SF, 디스토피아 소설 등으로 유명한 작가. 대표작 〈시계태엽 오렌지〉가
     국내에 출간돼 있다.

4월에 뉴욕에 가야 했다(그곳에서도 반응은 좋지 않았다). 어떤 이들은 펠리니가 '뉴욕에서의 펠리니' 같은 영화를 만들 수 있다고도 말했다. '로마'와 비슷한 스타일이면 되는데, 펠리니는 충분히 숙고한 뒤, 그 계획을 거절했다. 펠리니는 볼로냐 시립극장 음악 감독이 제안한 오페라 '아이다'의 연출 건도 거절해야 했는데, 정당한 이유도 대야 했다. 펠리니가 단테의 〈지옥〉을 연출하기를 원했던 CBS와도 오랜 시간을 허비했다. 디노 데 라우렌티스가 주도하고 다른 제작자들도 제안했던 〈지옥〉 관련 계획은 이번에 다시 언급된 것이다. 펠리니는 〈지옥〉의 제안에는, 그때마다 매혹은 느꼈지만, 최종적으로는 항상 거절했다. 〈지옥〉의 영화화는 기념비적인 스토리를 형상화한다는 매력을 갖고 있지만, 동시에 위험도 컸다. 시작도 전에, 이건 미국의 제작자에겐 불가능한 계획임을 알았다. 곧이어 시장 조사 결과, 단테의 〈지옥〉을 TV로 방영할 경우, 어떤 누드 촬영도 불가능하다는 것을 확인했다. 그리고 물속에 있는 저주받은 영혼을 어떻게 찍을 것인지를 놓고 토론을 벌이다, 계획은 저절로 좌초됐다.

미국 제작자들의 초대는 계속 이어졌다. 이들은 펠리니를 미국으로 초대하여 석 달 동안 살게 하면서, 그를 지켜보고, 그가 다시 영화를 만들 의욕을 가지는지 확인하려 했다. 이는 25년 전 버트 랭카스터의 회사로부터 받았던 제안과 비슷한 내용이었다. LA에 있던 디노 데 라우렌티스는 천둥이 치듯 화를 냈다. "만약 네가 다른 미국 제작자와 계약을 한다면, 무릎을 쏴버릴 거야." 펠리니는 호기심도 느꼈고 동시에 화도 냈다. 펠리니는 개성과 유연성을 보여주는 할리우드 사람들로부터 찬사를 많이 받았다. 또 그는 자신의 새 계획을 좌초시키고 있는 이탈리아의 지겨운 관료주의 때문에 지쳐있기도 했다. 그래서 그는 할리우드의 제안을 받아들였다. 언론들은 수많은 뉴스를 쏟아냈다. 펠리니의 예상치 못했던 결정은 플로리다 해안에서 찍을 예정인 미켈란젤로 안토니오니의 '승무원'(La ciurma)[4]과 바로 비교됐다. 언론은 이탈리아로부터의 '두뇌의 탈출'이라는 주제로, 온갖 옳고 그른 이유를 대며 연일 기사를 썼다. 펠리니가 미국으로 감으로써 이런 혼란은 곧 잠잠해진다. 왜냐면 여행은 겨우 1주 만에 끝났기 때문이었다. 그때 지병이 있던 펠리니의 모친이 더욱 안 좋아졌다. 펠리니는 그 이유를 대서 미국의 제작자들에게 감사를 표시한 뒤, 이탈리아로 돌아왔다. 이제야 안심됐던 디노 데 라우렌티스는 펠리니의 미국 여행은 사실 일어나지 않은 것이라고 주장했다. 그에 답해 펠리니는 "디노는 작은 광대"라고 말했다. 그들은 또 다투었고, 다시 화해했다.

펠리니는 그렇게 미국에서의 논쟁을 끝내고, 이제 '그리고 배는 간다'라고 제목이 정해진 새 영화에 몰두했다. 1982

---

4   안토니오니의 이 작품은 제작되지 못했다.

년 4월, 펠리니는 원양 여객선 '굴리엘모 마르코니'(Guglielmo Marconi)를 방문하기 시작했다. 이 배는 사용되지 않은 채, 제노바 항구에서 안살도(Ansaldo) 회사가 전유하는 곳에 정박해 있었다. 펠리니의 전 조감독인 스테파노 우베치오는 당시 밀라노에서 CF를 만들고 있었는데, 그가 펠리니를 리비아 출신의 사업가 알도 넴니(Aldo Nemni)에게 소개했다. 넴니는 사업의 확장을 위해, 영화 쪽에 투자하기를 원했다. 그의 주요 사업은 순록 가죽과 가전제품의 수출과 수입이었다. 넴니는 안드레아 리촐리처럼 프랑스의 페라(Ferrat) 만에 저택을 갖고 있었다. 그 집은 리촐리의 집 가까이에 있었는데, 그래서인지 펠리니는 이번에 북아프리카 출신의 새로운 후원자를 만났다고 느꼈다. 처음에 넴니의 관심은 돈을 투자하는 것보다는 주로 말로 약속하는 것으로 표현됐다. 하지만 그가 실제로 투자하자, 영화는 생명을 얻기 시작했다. 몇 달의 숙의를 거친 뒤, '그리고 배는 간다'의 촬영은 1982년 11월 15일 시작됐다.

루브르에는 히에로니무스 보스의 유명한 그림 '바보들의 배'가 있다. 물속 깊이 빠질 게 분명해 보이는 허약한 배에서 사람들이 흥겹게 놀고 있는 그림이다. 승객들을 죽음으로 이끄는 이 배의 상징은 훨씬 더 과거에, 고대세계에 이미 등장했다. 지하세계의 뱃사공 '카론'을 떠올리면 될 테다. 제임스 홀이 쓴 〈예술에서의 주제와 상징 사전〉(Dictionary of Subjects and Symbols in Art)에는 '바보들의 배'가 이렇게 서술돼 있다.

제목이 '바보들의 배'(1494)라고 붙은 알레고리 시가 있다. 독일의 학자이자 풍자 시인인 세바스티안 브란트(Sebastian Brant)가 썼다. 바보들이 가득 탄 배는 나라고니아(Narragonia)라는 상상의 나라로 떠난다. 브란트는 시로, 당대 사회의 모든 결점을 풍자하는 초상화를 그렸다. 이를테면, 색욕, 모든 악덕, 술주정, 음탕함, 정치인과 성직자의 부패, 수전노 같은 돌팔이 의사와 사기꾼 등이다.

'바보들의 배'(Stultifera navis)라는 고대의 테마는 영화에 종종 등장한다. 예를 들어 스탠리 크래머의 '바보들의 배'(1965)가 있는데, 비비안 리가 주연을 맡았고, 캐서린 앤 포터의 아름다운 소설을 각색한 것이었다. 내용은 나치즘 등장 직전의 독일의 화려한 여객선에 관한 것이었다.

바다 한가운데 있는 거대한 배는 펠리니의 신화에서 지속적으로 등장하는 상징이다. 구경꾼들이 가득 찬 작은 배들로 둘러싸인 '아마코드'의 렉스 같은 경우다. 이번엔 작은 배 가운데 하나가 대형 선박 옆에 붙더니, 큰 배에 매혹된 방문자가 그 위에 오른다. 그리고는 '달콤한 인생'의 거대한 무덤이었던 원양의 도시를 향한 시간 여행을 떠난다. 언론에 의해 펠리니오폴리스(Felliniopolis)[5]라고 불렸던 치네치타의 세트에

---

5   펠리니의 도시라는 뜻.

는 배가 매우 정확한 과정을 통해 재건조되고 있었다. 마치 이 배가 재건이 아니라, 원조인 것처럼 말이다. 세트 속을 돌아다니면, 현실을 그대로 모방했지만 실은 꿈에 존재하는 하이퍼리얼리즘 스타일의 극장에 와 있는 듯한 기분을 느낄 것이다. 이 영화는 바람과 바다의 영화인데, 실제 바다에는 근처에도 가지 않았다. 아니 실외에도 가지 않았다. 프로덕션 디자이너 단테 페레티의 도움으로, 펠리니는 세트 안에 동화 같은 세상을 만들었다. 이곳엔 카프카적인 화물실, 무도회장, 권위 있는 도서관, 시커먼 석탄 연기가 가득한 기관실, 식재료가 풍부한 부엌, 그리고 진짜 조약돌로 힘들게 만들어진 나폴리 항구가 있다. 치네치타의 '스튜디오 5'[6]에는 거대한 식당이 '평형 상태'로 만들어졌다. 다시 말해, 파도치는 바다를 항해하는 것처럼 표현하기 위해, 수력 기관이 식당 아랫부분을 조절하게 돼 있다. 벽에는 모든 스타일과 표현법을 동원한 환상적인 그림들이 걸려 있다. 알레고리 그림들, 풍경화, 파리, 런던, 베네치아, 로마, 카이로, 파에스툼을 그린 것인데, 이는 전부 펠리니의 친구인 리날도 제렝과 그의 아들 줄리아노의 작품이다.

'그리고 배는 간다'는 영화가 환영을 만들어내는 특별한 능

---

6   치네치타에 있는 많은 촬영장 가운데 '스튜디오 5'(Teatro 5)는 펠리니 전용 세트장이 됐다. '펠리니오폴리스'라고 불렸다. 지금도 펠리니를 기억하는 장소로 기념되고 있다.

력이 있음을 축하(현재는 드물고, 앞으로도 반복되지 않을)하는 개념으로 잉태됐다. 영화의 환경은 세심하게, 또 유사-문헌학적 상상력으로 묘사돼 있다. 이런 영화는 지금도 대단히 드물고, 영화의 환경이 작품의 진정한 본질이 됐다. 이 영화의 의미는 배의 이야기 속에 모두 들어있다. 이 배는 진주 같은 빛으로 비추어진 갑판, 석탄 기관실의 지옥 같은 불덩이, 대연회가 펼쳐지는 무도장, 식당, 선실, 복도, 창문을 통해 볼 수 있는 갈매기, 그리고 화물실에 내려지는 코뿔소 등을 강조하고 있다.

주세페 로툰노(애칭은 페피노)가 찍은 배의 촬영은 대단히 창의적이다. 화면은 흑백도 아니고, 또 컬러도 아니다. 그가 말하길, "색깔은 흑백에서 끝없이 세피아 톤으로 조삭뇌는 것"이라고 했다. 게다가 그는 색깔을 생기게 하기도, 사라지게 하기도 했다. 제작 관련 프로듀서는 피에트로 노타리안니였다. 그가 세트의 건설과 철거를 감독했고, 일반적인 업무의 일정을 모두 결정했다. 노타리안니는 1950년대에 비스콘티와 펠리니 사이에 이데올로기 전투가 벌어질 때, 비스콘티 쪽이었다. 그런데 펠리니와 함께 일을 하며, 두 라이벌이 매우 닮았다는 것을 알았다. "나는 간혹 실수로 페데리코를 루키노라고 부르기도 했다."

대단히 우아한 복장을 한 승객들, 1914년의 숙녀들, 웨이터들, 그리고 선원들은 펠리니의 전형적인 외인구단 배우들로 채워졌다. 유명 배우는 소수였고, 나폴리 출신 배우들이 많았다. 그리고 영국 배우들이 돋보였다. 이를테면 프레디 존스는 왕립 셰익스피어 극단 출신인데, 그는 피터 브룩이 연출한 '마라/사드'에 출연하기도 했다. 펠리니는 그를 오를란도(유명한 TV 사회자인 루제로 오를란도의 이름에서 영감을 받았다) 역에 캐스팅했다. 이 역을 위해 이탈리아 배우는 물론, 프랑스 배우들까지 후보에 올려놓고, 오랜 논의 끝에 결정했다. 마르첼로 마스트로이안니는 이번에도 출연하길 원했다. 하지만 그는 자진했음에도 불구하고, 처음부터 은밀히 배제돼 있었다. "승선하는 승객 중 한 명이 될 수 없을까? 그리고 갑판 위로 잠시 나가서, 바닷바람을 쐴 수 없을까?" 펠리니는 가장 친한 친구 가운데 한 명인 마스트로이안니에게도 어떨 때는 아주 정색하고 대답하기도 했다. "네가 여기서 뭘 하게?" 어떤 이는 신뢰할 수 있는 노장 스나포라츠('여성의 도시'에서 마스트로이안니가 맡은 주역)의 제안을 수락하는 게 더 나았을 것이라고 말하기도 했다.

펠리니가 디자인한 경쾌하고 빠른 스케치에 따라 출연진은 색깔이 풍부하고 즐거운 '합창단'을 형성했다. 이들은 이탈리아의 멜로드라마 작가인 안드레아 찬초토의 시에 따라 노래를 불렀다. 예술에 있어서의 판타지로의 회귀에 덧붙여 이 영화에서 강조되는 것은 오페라의 리바이벌이다. 오페라의 리바이벌은 당대 다른 감독들에게 큰 영향을 미쳤다. 예를 들어,

프란체스코 로지가 비제의 '카르멘'을 영화로 각색하기도 했다. 배의 승객 가운데는 몇 명 유명 배우들도 있는데, 10대로서 영원한 여성성을 재현한 사라-제인 발리(Sarah-Jane Varley)가 있고, 부퍼탈 무용단의 피나 바우쉬(Pina Bausch)는 시각장애자 공주 역을 맡았다. 이들 모두는 '달콤한 인생' 스타일의 벽화를 구성했다.

"나는 영국 배우들의 성직자 같은 인상을 좋아한다." 세트장에서 진행된 어느 인터뷰에서 펠리니가 말했다. '성직자 같은'의 뜻은 "어떤 이가 겸손한 방식으로 다른 사람에게 무언가를 봉사하는 것"이라고 정의했다. 펠리니는 영국 배우들을 목록을 보고 뽑았다. 오직 얼굴 사진만 참고했고, 무대 또는 영화에서의 연기는 전혀 보지 않았다. 펠리니가 말했다.

영국 배우들은 런던의 윌리엄 모리스 사무실에 있는 나를 향해 행진해 들어왔다. 유명하든 그렇지 않든 모든 이에게 주어진 시간은 10분이었다. 그들은 모두 정확히 시간을 지켰고, 쓸모가 많은 사람이었으며, 말을 간결하게 했다. 유일한 사교적 대화는 날씨에 관한 것 정도였다. '오늘 날씨 좋지요.' 그들은 자신들이 그곳에서 보여주기 위해 있다는 사실을 잘 알고 있었다. 우리는 영화나 캐릭터에 대해 무거운 논쟁 같은 것을 할 필요가 없었다. 그들은 자신들에 대해 감독이 어떤 생각을 하는지 알려고도 하지 않았고, 약속을 받아내려고도 하지 않았다. 9분이 지나면 그들은 일어나고, 인사하고, 나갔다. 그들은 직업의식이 투철하여 세트장에서 그 어떤 것이라도 그들에게 요구할 수 있다. 이를테면 옆으로 재주넘기를 해보라고도 할 수 있다. 영국 배우들은 설명을 요구하지도 않았고, 그 어떤 것에도 놀라지 않았다.

펠리니는 1982년 11월 15일 심리적으로 매우 지친 상태에서 세트장에 도착했다. 촬영이 진행되는 넉 달 동안, 그는 항상 지친 상태를 숨기려고도 하지 않았다. 그가 말했다.

나는 이 영화의 이야기를 3년 전 여름에 토니노 구에라와 함께 빨리 썼다. 우리는 이 영화가 완성되지 못할 것으로 생각했다. 스토리는 소소한 것이고, 짧은 원고였다. 그리고 늘 그랬듯, 잘못된 출발이 있었고, 바보 같은 휴지기가 있었고, 잠시 열정이 생겼다가, 모든 흥미를 잃었다. 영화에 대한 향기와 진실, 그리고 상상했던 영감을 어떻게 그렇게 오랫동안 유지할 수 있는가? 3년이 지나면 모든 것을 잃어버린다. 그건 가버리고, 썩어버린다. 그래서 이 영화에 관련된 모든 선언과 지연에도 불구하고 배가 실제로 항해를 시작했지만, 나는 그 사실을 믿을 수 없었다. 나는 이미 집중할 수 없었고, 다른 계획을 세웠다. 이 영화는 너무 오래 기다려서 지쳐버린 손님과 같았다. 그래서 그 손님은 가버린 것이다. 그런데 바로 이런 점이 영화에선 좋을 수도 있다. 영화에 대해 갖고 있던 원래의 열정은 사라졌지만, 영화 만들기는 스스로 초래한 너무나 많은 실제적인 문제들을 포함하고 있기 때문이다. 비록 그 문제들을 기억하지 못한다고 할지라도 말이다. 영화는 무엇을 다룰지 모르고서도 찍을 수 있다. 당신은 영화를 만드는 그 작업 자체에 대해 열정을 갖기 때문이다. 이를테면 많은 액자, 못들, 직물들, 사람들, 감정의 표출, 흥분의 순간, 그리고 지쳐버리는 것 말이다. 이런 게 바로 중단하지 않고, 내가 늘 그렇게 되기를 원해왔던 순간이라고 생각한다. 왜냐면 이것이 나의 인생이고, 아니 이것이 '인생'일 것이기 때문이다. 영화는 거대한 아이디어, 거대한 사랑과 미움이 필요한 게 아니다. 영화는 매일 실천해야 하는 일이고, 그 일을 해야 한다. 이것이 최근의 몇 년을 경험하며, 내가 확신하는 사실이다. 바로 이 점이 나에겐 의미가 크다. 비록 영화가 인화되지 않고, 편집되지 않고, 상영되지 않는다고 해도 말이다. 카메라에 필름이 없다고 할지라도, 심지어 카메라가 없다고 할지라도 그렇다.

'그리고 배는 간다'를 만드는 과정에서 펠리니는 나이 들어감에 대한 모호한 교훈 가운데 하나를 이렇게 정의한다.

나는 시나리오를 쓰면서, 연출할 때는 내가 다 해야 한다는 생각을 공식적으로 포기했다. 내가 배를 몰고 있다고 확신하면 할수록, 그 배는 더욱 자기가 가고 싶은 데로 갔다. 처음 2주가 지난 뒤, 나는 더는 감독을 하지 않았다. 영화가 나를 감독했다. 이건 새로운 것도 아니다. 피노키오를 만든 제페토에게 일어난 일이다. 제페토가 자신의 소중한 인형을 만드는 데 한창 집중하고 있을 때, 피노키오는 이미 그를 차버렸다."

영화를 만들며, 영화에 대해, 펠리니는 다양한 해석을 내놓았다.

배에 타고 있는 스태프들은 리얼리티를 잡으려 했다. 리얼리티는 점점 의미를 잃어가고, 종국에는 아무것도 남기지 않는데 말이다. 영화 속에서, 영화를 만드는 사람들은 자신들이 그 무엇도 재현하지 못한다는 사실을 인식하게 됐다. 아마도 영화를 찍는 그들을 찍는 우리도 이런 불안을 공유하고 있을 것이다. 간단히 말해 이 영화는 공허한 공간, 곧 바다를 여행하는 많은 캐릭터의 이미지를 잡으려는 시도이다. 공허의 공간은 우주일 수도 있다. 그렇다면 영화 속 '글로리아 N.'(Gloria N.) 선박은 우주선일 테다. 이 영화는 영화의 유언처럼 만들어졌다. 영화에 대한 영화, 곧 재현하는 것에 대한 영화이다. 재현, 다시 말해 다른 현실을 증언하려는 현실에 대한 영화이다. 하지만 그 현실은 최종적으로는 멀어지고, 사라진다. 반복하자면, 영화를 만드는 것은 아름다운 일이다. 다시 함께 뭉치고, 무언 가를 재창조하려고 노력하고, 목표를 갖고, 고립과 소외 그리고 무관심으로부터 탈출하는 일이다.

펠리니는 자기가 가고 싶은 데로 가고 있는 이 배를 타고 여행하면서, 위험을 감지했지만, 또 생생하게 살아있음을 느꼈다. 수백 명의 캐릭터가 기자 역의 오를란도 뒤에 있는 펠리니를 유혹했다.

여러 사람을 동시에 찍는 데는 큰 매력이 있다. 각자의 인생에 어울리는 그 얼굴들을 생생하게 살아있도록 표현하고 싶다는 유혹이 생긴다. 얼굴의 심리와 크로키, 그 너머를 표현하고 싶은 것이다. 각자의 얼굴에 관한 이야기를 다 하자면, 수백 개의 영화가 필요할 것이다. 나는 그건 할 수 없다는 걸 알고 있다. 하지만 계속 관심을 가져야 한다는 것도 알고 있다. 한편 나는 이 영화가 대단히 객관적인 것이 되면 좋겠다고 바란다. 아카이브에서 발견돼서 인화되고, 편집되고, 사운드를 입힌 영화적 가공품 같은 것 말이다. 또 이 작품을 하며 위대한 음악가를 만난 것도 행운이었다. 베르디, 로시니, 벨리니...

　앞에서 언급한 객관성의 목표와 큰 대조를 이루며, 결말 부분에 감동적인 장면이 들어있다. 펠리니는 이 여행의 안내자이자 기자인 오를란도와 동일시하며, 그를 노출된 스튜디오[7]의 카메라 뒤에 세워, 기술적인 경이로움의 논리와 방법을 모두 보여줬다.[8] 펠리니는 영화 속 캐릭터들의 멜로드라마처럼, 자신의 예술이 어떤 순환의 끝에 도달했음을 느꼈다. 그러나 도전하고 마법을 부리는 영화의 가치도 재확인했다. 펠리니를 아는 사람은 그의 상상력에서 바다는 모친의 자궁에 대한 상징임을 인식할 것이다. 바다는 스토리와 캐릭터를 다시 빨아들인다. '아마코드'에서 바다 위에 나타난 대형 선박은 기쁨과 변화와 희망의 상징이었다. 반면에 여기서 배의 이미지는 역전됐고, 히에로니무스 보스의 감각처럼 '바보'(stultifera)의 상징이 됐다. 사실 처음부터 분명했는데 '글로리아 N.' 호는 절대 목적지에 도달하지 못할 것이다. 그 배는 서유럽 사회(영화적 배경인 1914년의 사회보다는 현재의 사회)의 거울이다. 곧 그 사회는 지나친 편리함으로 경박해졌고, 유치한 의례가 넘쳐

7　결말 부분에서 이 영화를 찍고 있는 스튜디오 자체를 보여주고 있다.

8　배의 아랫부분을 노출하여, 스크린에서 배가 어떻게 움직이는지를 알 수 있도록 했다.

나고, 특권적인 서유럽 바깥에 있는 모든 것을 불편하게 여겼다. 배의 홀 안에 갇힌 갈매기 한 마리가 필사적으로 날며 벽에 부딪힐 것 같은 동작 하나만으로, 모든 이를 겁먹게 할 수도 있었다. 이는 세르비아인들의 도착을 예시한다. 곧 진짜로 위험에 처한 세르비아인들은 그들의 고통과 기쁨과 모든 자연스러운 감정을 전혀 이해받지 못한다. 이들을 넘기라는 오스트리아군의 전함이 도착했을 때, 그 전함은(시나리오에 쓰인 대로는) '우주선 같은 모습'이었다.[9] 세르비아 사람들은 마치 자신들이 포위된 듯 행동했고, 영화는 부분적인 묵시록을 표현하며 종결된다. 이것이 일부 전쟁 학자들에 따르면, 세상이 맞을 운명이다.

펠리니와 구에라가 쓴 시나리오에 따르민 프레디 존스가 연기한 오를란도 기자는 미술관 안내자 혹은 버라이어티 쇼의 사회자처럼 부드러워야 했다. 그런데 그는 무성영화 카메라 앞에 서서 마이크도 없이 배 위에서 리포팅을 하며, 시대적 배경이 전혀 맞지 않는 이런 조건에 바짝 긴장했다. 그런데 이것은 설사 그 표현이 전해지지 않는다 해도, 펠리니에겐 우리가 영화를 보고 있다는 사실을 강조하는 그만의 방식이었다. '달콤한 인생'의 마르첼로가 늙어, 옛 시대로 돌아간 인

---

9 제1차 세계대전은 사라예보에서 오스트리아 황태자가 세르비아 청년에 의해 암살되면서 벌어진다. 오스트리아가 세르비아에게 선전포고를 했다.

물이 오를란도일 것이다. 오를란도는 사건 기자인데, 발길질 당하고, 모욕도 당하는데, 사실 그는 이런 푸대접에 예민하다 (이런 캐릭터의 원형은 미완성작 '도시의 모랄도'의 가토네이다). 역사에서 스토리를 끌어올 결정을 내린 것은 1980년대 이탈리아에서 유행하던, 중부 유럽에 대한 복고 취향을 염두에 둔 것이며, 동시에 그런 유행에 대한 패러디이기도 하다. 영화는 의도적으로 모호함의 길을 걷고 있다. 예를 들어 사진 앨범처럼 표현된 오페라의 세계는 웃음을 터뜨리게 하지만, 여전히 그곳에 존재하는 예술의 성스러운 세계에 대한 마법과 존중을 보여주고 있다. 위대한 오페라 가수 테투아 에드메아[10]의 재를 마지막 안식처로 옮기는 장례식 여행은 1979년 봄에 있었던 실제 사건에서 영감을 얻었다. 그때 마리아 칼라스의 재가 고국 그리스로 옮겨졌고, 에게해에 뿌려졌다. 그 장면은 우스개처럼 보일 수도 있는데, 하지만 영화에서 죽은 여성의 재가 뿌려질 때, 몇몇 배우들은 실제로 눈물을 흘리기도 했다. 이영화의 구성은 별로 중요하지 않고, 등장인물들은 깊이가 없을 수도 있다. 아마 동화 같은 이 영화에는 도덕적 주제도 없을 것이다.

하지만 '그리고 배는 간다'에는 비밀과 놀라움으로 가득 찬 많은 숨겨진 서랍이 있다. 이 영화는 행위와 컬러로 어떤 것

---

10   허구의 인물임.

을 바라보는 것 이상이다. 이 영화는 특별한 성찰의 대상이기도 하다. 다시 말해 그 대상이 논리적으로, 또 문제를 해결하는 정신으로 제시되지 않더라도 말이다. 펠리니 특유의 모순 가운데 하나는 그가 모든 종류의 참여를 반대한다고 하지만, 그 자신 삶의 순간을 회피한 적도 없고, '스승'이 되고 싶은 유혹을 누그러뜨린 적도 없다. 요청을 받으면, 그는 자신의 주장을 밝혔고, 사람들이 살면서 지킬 의례를 만들어내기도 했다. 코뿔소와 함께 조각배에 떠 있는 오를란도는 모비 딕을 끌고 있는 이슈메일[11]이다. 다시 말해 이들은 목격자와 괴물이며, 전체적으로 보면 지성과 자연이고, 둘은 같은 여정에 올랐고, 거대한 배들이 모두 침몰하고 난 뒤, 물 위에 떠 있는 마지막 존재들이다. 서로는 상대에게서 벗어날 수 없고, 떨어질 수 없는 근본적인 고리이다. 모르는 것(갈매기, 세르비아 사람)이라면 거절부터 하는 죽은 사회에 대해 분노하며, 오를란도는 야수, 곧 근원적인 생명의 힘을 끌어안고, 그 야수의 우유에 영양소가 있음을 발견한다. 사람과 코뿔소 사이에 특별히 다른 게 존재하는 게 아니다. 둘 다 프로이트가 말하는 '내부의 외부 세계'를 방황한다. 영화의 끝에 등장하는 이들의 존재 의미는 에고가 마침내 이드를 끌어안은 데 대한 알레고리일까?

---

11   허먼 멜빌의 소설 〈모비 딕〉에서 선장 에이해브의 백경에 대한 모험을 모두 목격하고, 전달하는 유일한 생존자가 이슈메일이다.

하지만 우리는 그때 다시 '그리고 배는 간다'를 그 어떤 초인적인 사상이나 책임감에 대한 두려움 없이 읽을 수 있을 것이다. 어떤 면에서 이 영화는 펠리니가 항상 말했듯 동화책 같은 것이다. 삽화가 많고, 페이지를 넘기며 이미지를 연이어 보고, 앞으로 또 뒤로도 가고, 빠지지 않는 기적의 계시에 참여하는 것 말이다. 우리는 모두, 행복하고 겁을 먹고 만화 같은 캐릭터로 구성된 군중 속에서 자신을 발견할 것이다. 우리는 그룹 초상화의 구석 어딘가에 들어있다.

영화 속의 일화들은 엉뚱하기도 하다. 곧 패배와 죽음의 꿈, 미끄러지는 피아노, 임박한 비극이 있다. 그리고 폭탄은 터지고, 사람은 죽고, 생존은 모두에게 중요한 문제가 된다. 이는 우리의 불행한 현재에 보편적인 문제가 됐다. 현재의 우리는 비행기가 이륙하는 건 안다. 하지만 비행기가 착륙하기 전에 미사일에 의해 공격받을지는 알 수 없다. 펠리니는 어떤 특별한 사건을 재현하려고는 하지 않았다. 그는 과거든 미래든 실제로 일어났고 일어날 일을 참조하진 않았다. 하지만 펠리니는 영화에서 오스트리아 대공이 말한 대로, 자신이 '화산의 입' 위에 앉아 있는 사실은 알았다. 그래도 그는 세상이 끝날 것이란 사실은 받아들이지 않았다. 항상 누군가 생존하여, 세상이 어떻게 됐는지 말해줄 것이기 때문이다. 그곳엔 코뿔소도 있을 것이다. 그의 피부는 너무 두꺼워, 폭탄도 뚫지 못할 것이다. 그렇다면 지금의 장례식 여행은 신비스러운 생명력,

더 나아가 낙관주의의 암시마저 표현하고 있다. 영화는 도입부에서 가짜 무성 다큐멘터리처럼 시작했다. 종결부도 그것만큼 놀라운 방식을 보여준다. 영화는 마지막의 경이로운 장면에서 자신의 신비를 스스로 드러낸다. 펠리니(조르지오 스트레레르가 해석한 〈템페스트〉의 프로스페로처럼)는 뒤로 물러나, 자신의 카메라로 영화를 찍고 있는 스태프를 찍고 있다. 그럼으로써 환영을 만드는데 동원된 트릭과 기술을 스스로 드러내고 있다.

'그리고 배는 간다'의 첫 시사는 1983년 9월 10일 토요일, 제40회 베네치아영화제 비경쟁부문에서 진행됐다. 펠리니는 런던에서 막 돌아와 있었고, 그는 그곳에서 영국인 사운드 디렉터 마이크 호지스와 함께 몇 개의 목소리를 점검했다. 그에게 영화제의 참석은 의무처럼 치러야 할 일종의 의례였다. 펠리니는 영화제가 진행되는 리도섬 대신에, 베네치아 시내의 호텔에 머물렀다. 그는 인터뷰도 별로 하지 않았고, 기자회견도 열지 않았다. 며칠 전에 잉마르 베리만이 베네치아에 와서 TV판 '화니와 알렉산더'의 전편을 소개하고 돌아갔다. 일정이 달라, 펠리니는 그를 만나지 못했다. 그런데 베리만이 '살라 그란데'(Sala Grande, 대강당)에서 있었던 상영회가 끝난 뒤, 관객들의 박수를 받으며 인사말을 할 때, 펠리니의 영화를 보라고 권했다. 이는 특별한 경험이 될 것이라고도 말했다. 그는 영화제의 메인 상영관이 있는 '팔라초 델 치네마'(Palazzo del

Cinema, 영화의 궁전)의 지하에 있는 조그만 방에서 혼자 그 영화를 즐겼다고 밝혔다. 그 방은 1966년 이탈리아의 대홍수 이후 습기 때문에 거의 이용이 되지 않는 곳이었다. 펠리니는 이 소식을 전해 듣고 기뻐했다. 그런데 그는 베리만의 '화니와 알렉산더'를 보라는 말은 하지 않았다. 이것이 일부 관객에겐 잘못된 인식을 심어주기도 했다. 곧 스웨덴 감독이 펠리니에게 보인 존경만큼, 펠리니는 베리만에게 존경을 보이지 않았다는 오해다. 사실을 말하자면, 펠리니는 영화 만들기를 좋아하며, 영화 보기는 거의 하지 않는다. 그는 다른 사람의 영화에 관심이 없고, 자신의 영화도 끝내고 나면 거의 보지 않는다.

'그리고 배는 간다'를 의무처럼 본 뒤, 펠리니는 이렇게 말했다. "의무적으로 나의 영화를 보게 되면, 그때마다 가게 윈도 앞에 서 있는 나를 본 듯한 불편함을 느낀다. 윈도에는 몸을 떨고 있는 덩치 큰 사람이 있다. 그리고 두려움마저 느낀다. 마치 내 앞에서 의자에 앉아 있는 나를 보는 것 같다." 이런 말도 했다. "나에게 영화는 어디에서 보이냐에 따라 변하는 외형질(ectoplasma) 같다. 이를테면 당신이 친구를 다른 도시 혹은 예상하지 않은 상황에서 만났을 때, 그를 처음에는 잘 알아보지 못하는 것과 같다. 이것이 마법의 트릭인데, 영화는 자기의 관객을 거울처럼 비춘다. 만약 관객이 지루해하면, 그 영화는 나에게도 지루하게 보일 것이다. 만약 관객이 안달하면, 나에게도 그럴 것이다." 그런데 이는 좀 이상한 발언이다. 펠리니는 자기 자신에 대한 불편함과 불안을 드러냈고, 외부에서 자기가 자신을 바라보는 것을 원치 않는다는 점을 밝힌 셈인데, 사실 지금까지 그는 자기의 영화에서 다양한 방법으로 가장하여 등장했기 때문이다.

베네치아에서의 반응은 성공적이었다. 아레나 극장에서의 상영에서 환대를 받았고, 극장에서 나올 때는 관객들의 큰 박수를 받았다. 약간의 야유도 있었다. 자칫 행복한 마음을 다치게 할 수도 있었지만, 다음 날 거의 모든 언론에서 호평을 쏟아냈다. 펠리니 스타일의 특성에 대해 상찬했고, 상영 길이(2시간 5분)에 대한 불만이 조금 나왔다. 전체적으로 중요한 작품만이 받을 수 있는 협의된 지지를 이끌어냈다. 이런 반응은 외국에서도 비슷했다. 특히 파리에서는 1984년 1월에 개봉됐는데, 걸작이라는 평가도 받았다. 미국에선 조심하는 반응이 나왔고, 어떤 비평가는 '장대하고 지루하다'라고 말했다.

미국에서의 조용한 반응 때문인지, 영화는 아카데미 최우수 외국어영화상의 최종 다섯 후보에 포함되지 못했다. 이탈리아의 후보작인데, 충분한 투표수를 확보하지 못했다. 어떤 사람들이 말하길, 아카데미에서 간과된 것은 시사용 스크리너가 없었기 때문이라고 했다. 그때 제작팀은 해체돼 있었고, 이탈리아 영화 에이전시는 개입하지 못했다. 결과적으로 아무도 스크리너를 아카데미 측에 전달해야 한다는 생각을 하지 않았다.

'그리고 배는 간다'의 아이디어를 발전시키고, 촬영하고, 개봉하는 사이, 펠리니는 언론에서 카리스마 넘치는 인물이 됐다. 그는 신문이든 TV든 거의 모든 곳에 나왔다. 그때마다 펠리니는 자신에게 따라다니는 과잉의 인상을 바로잡으려고 했다. 영화의 역사에서 이 영화만큼 언론의 주목을 받은 작품도 드물 것이다. 플롯은 마지막 순간까지 비밀에 붙여졌지만, 언론들은 온갖 뉴스들을 쏟아냈다. 곧 뒷이야기, 인터뷰, 사진 배포, TV 스페셜, 그리고 영화 제작 과정을 다루는 프로그램들이 잇따랐다. 펠리니는 TV가 선호하는 셀럽이 됐고, 거의 모든 쇼 프로그램은 그를 원했으며, 신문 편집자들의 애정의 대상이 됐다. 심지어 그는 자기 역할로 고예산 영화인 '택시운전사'(Il tassinaro)에 출연하기도 했다. 아마도 감독이자 주연인 알베르토 소르디의 부탁 때문일 테다. 알다시피 펠리니는 과거에 제작자들이 소르디를 모르고, 그를 출연시키려고도 하지 않을 때, 그를 캐스팅한 뒤로는 한 번도 그와 함께 일하지 않았다.

펠리니의 유명세, 펠리니의 관객을 끌어들이는 마케팅 강점을 고려할 때, 이 영화가 많은 관객을 만나지 못한 것은 의외였다. '조르날레 델로 스페타콜로'(Giornale dello spettàcolo, 공연 신문)는 이렇게 말했다. "펠리니의 영화 '그리고 배는 간다'의 관객 반응은 흥미로운 경우다. 영화는 개봉됐을 때 많은 정치가(공화국 대통령까지), 지식인 그리고 비평가들의 상찬을 받았다. TV 프로에서도 큰 지지를 받았다. 방법은 겸손했지만, 거대한 홍보 활동이 처음 다섯 달 동안 이어졌다. 하지만 극장에서 개봉되자, 영화는 회복하기 어려운 침체에 빠졌다. 극장에서의 '그리고 배는 간다'의 운명은 언론의 홍보로부터 전혀 영향을 받지 않았다. 이탈리아인들은 문화에 대해 말하는 것을 좋아한다. 하지만 문화의 작품을 직접 가서 보는 데는 지루함을 느꼈다."

우리는 펠리니라는 캐릭터에 대해 광범위하게 퍼져 있는 관심과 펠리니의 작품에 대한 무관심 사이의 단절에 대해 길게 토론할 수도 있을 것이다. 아마 사회는 드러난 외관에 더 큰 관심을 두고, 보증된 가치만 사랑하며, 가치를 검증하기 위한 모험을 하지 않으려는 것으로 변한 것 같다. 또 이는 리모콘 세대 관객의 반발일 수 있다. 이들은 영화가 무엇을 말하는지는 별 관심이 없고, 그 영향만 주목한다. 또는 이는 예술가와 보통 사람들 사이, 전문가와 일반인들 사이에 점점 커지는 차이를 드러냈던 1980년대 이탈리아에 대한 징후일 수도 있다.

어떤 이들은 펠리니의 후반기 영화는 사람들을 웃게 하지 않았기 때문에 흥행에 별로 성공적이지 못했다고 말했다. '라임라이트'에 나오는 찰리 채플린의 캐릭터 이름을 따서 펠리니는 '칼베로 신드롬'(sindrome di Calvero)[12]의 희생양이 됐다고도 했다. 또 이제 늙은 광대가 된 펠리니는 인간의 곤경에 내재된 비극을 분명히 의식하고 있고, 따라서 사람들을 웃게 할 수도 없다고 말했다. 어떤 기자가 펠리니에게 왜 이제 그의 영화가 더 이상 웃기지 않냐고 묻자, 펠리니는 이렇게 답했다. "사람들을 웃게 하는 것은 확실히 나의 임무였고, 나의 직업이었다. 하지만 당신은 영화를 통제한다는 환영을 가진 것 같은데, 사실 당신이 실행하고 있는 법칙들은 더 이상 당신의 것이 아니다. 영화는 자율적이다. 다시 말해 영화는 이전에 전혀 보지 못한 것들을 스스로 제안하고 또 드러낸다. 웃든 울든 그건 당신이 아니라, 영화가 하는 일이다."

이탈리아에서 '그리고 배는 간다'는 1983년 9월 25일 개봉됐다. 그날을 리미니 시는 펠리니의 날로 정했고, 그란드 호텔에서 1천 5백 명이 모인 큰 환영회가 열렸다. 호텔은 '아마코드'의 대형 선박 렉스처럼 장식됐다. 그날 펠리니와 마지나 부부는 일요일 오후의 TV 프로그램에 출연했다. 펠리니가 이런 종류의 이벤트를 아주 싫어한다는 사실을 사람들은 잘 알고 있었다. 하지만 이번에 펠리니는 약간 감동한 듯 보였다. TV에서 리미니 시는 항구에 있는 어떤 집을 선물로 줬기 때문이었다. 아마 '탕아' 펠리니가 고향에 돌아오길 기대하는 마음도

---

12 '라임라이트'의 주인공 칼베로는 과거에 유명 희극배우였지만, 나이 들어, 점점 비극적인 인물로 변해간다.

있었을 것이다. 그런데 펠리니는 너무 일찍 감동한 사람이 되고 말았다. 작고 오래된 집은 거의 버려져 있었는데, 저당 잡혀 있었고, 소유권은 여전히 전 주인이 갖고 있었다. 시 당국이 한 일은 일부 예치금을 지불한 것 정도였다. 펠리니 부부가 실제로 그 집을 쓰려고 할 때, 시 당국은 어떤 중재도 하지 않았고, 잔금도 지불하지 않았다는 사실을 알았다. TV에서 행복한 장면을 내보냈지만, 그 선물은 창피스러운 법정 다툼으로 이어져 몇 년을 끌었다. 리미니에 떠도는 농담은 이렇다. "펠리니가 '사기꾼들'을 만들었는데, 이번에 리미니 시가 그에게 사기를 쳤다."

카를로스 카스타네다의 세계

항구의 작은 집을 두고 황당한 일이 벌어졌지만, 다음 해(1984
년 10월 1일) 리미니에서 펠리니의 새로운 작업이 공개됐다. 단
편인데, 이는 이탈리아의 유명한 술 캄파리(Campari)의 광고
영화였다. 리미니에서 열렸던 국제영화제인 '에우로파치네
마'(EuropaCinema)를 위해 노벨리 극장에서 소개됐다. 광고영
화의 매력적인 디자인은 티셔츠와 영화제의 포스터에도 등장
했다. 상영 시간은 1분 30초였는데, 펠리니는 이를 두 가지 판
본으로 만들어, 각각 60초와 30초짜리로 내놓았다. 그리고 펠
리니는 리미니에서 불행하게도 더욱 고통스러운 행사에도 참
석해야 했다. 그의 어머니가 돌아가셨다.

짧은 광고영화에서, 수염이 많은 배우 빅토르 폴레티가 기차 안에 앉아 있다. 그는 '그리고 배는 간다'에서 테너 가수로 나온 배우다. 맞은 편에는 실비아 디오니지오가 연기한 금발 여성이 앉아 있다. 여성은 리모콘을 들고, 기차의 차창 밖에 보이는 풍경을 신경질적으로 바꾸기 시작한다. 연속하여 등장하는 풍경은 전부 실제의 모습이다. 데스 밸리(Death Valley), 사막, 중세, 요르단에 있는 페트라(Petra) 유적, 그리고 달의 고원 등이다. 지루해진 여성은 리모콘을 옆으로 던져 놓는다. 그러자 폴레티가 리모콘을 들고, 풍경을 피사에 있는 '기적의 광장'으로 바꾼다. 광장의 가운데는 캄파리 병이 마치 피사의 사탑처럼 서 있다.

단지 1분 안에(물론 30초 안에서도 그렇다) 펠리니는 남성과 여성 사이의 전쟁의 역사, 신경증적인 TV, 자연과 역사의 기적적인 선물에 대해 우리가 폄하를 한다는 사실을 암시할 뿐만 아니라, 영화가 즐거움을 다시 가져다줄 수 있다는 희망을 모두 담고 있다. 짧은 이야기는 기차처럼 빠르고, 놀랄 정도로 가벼운 터치를 보여줬다.

펠리니는 이 경험을 즐겼다. 얼마 뒤, 펠리니는 파르마 출신의 사업가이자 친구인 피에트로 바릴라[1]를 위해 광고를 또 만

---

1   피에트로 바릴라(Pietro Barilla)는 이탈리아의 유명 식품회사인 바릴라의 대표였다. 바릴라는 특히 각종 파스타로 유명하다.

든다. 이번엔 바릴라가 만든 특정 파스타를 광고하는 것이었다. 펠리니의 아이디어는 그가 공격적으로 캐리커처를 그릴 때처럼 해학이 넘쳤다. 우아한 식당이 하나 있다. 지나치게 신사적인 주인은 수많은 웨이터를 이끌고, 세련된 여성 손님에게 그날 요리사의 특별 요리를 길게 소개한다(주로 프랑스식 이름들이다). 그런데 그 여성은 야릇한 웃음을 띠고 간단히 주문한다. "리가토니"(Rigatoni)[2]. 광고는 대성공이었고, "리가토니"라는 대사는 유행어가 됐다.

1985년 가을, 이상한 일이 일어났다. 펠리니는 LA로 여행했고, 이어서 멕시코로 향했다. 이 모든 건 오랫동안 비밀에 부쳐졌다.

여행의 요점: 펠리니는 어떤 남미 학자의 작업에 매혹됐다. 그의 책은 고대 아스텍의 수많은 이야기, 캐릭터, 전설, 그리고 마법적인 의례로 넘쳤다. 펠리니는 그런 것들로 영화를 만들 것을 결정했다. 펠리니는 새로운 영화 계획이 가능한지 현지에서 보고 싶었고, 그 학자를 만나, 그와 함께 특정 장소를 방문하려 했다.

이렇게 '툴룬 기행'(Viaggio a Tulun)의 시나리오 작업이 시작

---

2   바릴라 회사에서 만든 구부러진 튜브 모양의 파스타.

됐다(간혹 '툴룸'이라고도 불린다). 펠리니는 1986년 5월 일간지 코리에레 델라 세라에 5회에 걸쳐 기행을 시리즈로 발표했다. 시리즈의 마지막 문장은 이렇게 끝난다. "여행과 신비스러운 모험은 실제로 일어난 것이다. 나는 자유롭게 그것을 재건축했고, 작가 툴리오 피넬리와 함께 영화의 초안을 만들었다." 이는 항상 상상력의 중요성을 강조하던 펠리니로서는 특이한 언급이었다.

'진저와 프레드'를 준비하던 1984년 10월로 돌아가 보자. 펠리니는 오래전부터 학자이자 작가인 카를로스 카스타네다(Carlos Castaneda)의 〈주술사의 학교에서〉(A Scuola dallo stregone)[3]를 비롯해 다른 작품들까지 열정적으로 읽었다. 펠리니는 페루 출신의 이 유명 삭가와 몇 번 접촉을 시도했다. 하지만 그때마다 접촉에 성공하지 못했다. 항상 누군가가 중간에 개입했다. 학자는 여행 중이라거나, 지금은 연락이 닿지 않는다거나, 또는 즉답을 피하는 말뿐이었다. 펠리니는 카스타네다는 존재하지 않는 인물이 아닌가 의심하기 시작했다. 누군가 학자는 죽었다고도 했다. 또 다른 이는 학자는 정신병동에 있고, 새로운 책들은 인류학 위원회가 공동 집필하는 것이라고도 했다. 그럴 즈음 '여성의 도시'에 출연할 때, 펠리니와

---

3   이는 이탈리아 번역본 제목이고, 일반적으로는 〈돈 후앙의 가르침〉으로 소개된다. 한국에도 번역, 출간돼 있다.

껄끄러운 관계였던 멕시코의 젊은 여성 배우 요기(Yogi)가 난데없이 전화를 걸어왔다. "카를로스는 로마에 있어요. 그를 만나길 원해요?"

펠리니가 카스타네다를 만났을 때, 그에게서 주술사 혹은 어떤 종교의 시조 같은 외모는 전혀 발견하지 못했다. 그는 50대 혹은 60대였고, 몸이 다부졌으며, 대단히 친절했다. 그에게 신비스러운 분위기는 전혀 없었다. 카스타네다는 펠리니의 영화들을 봤고, 그것들에 대해 열정적으로 이야기했지만, 두 사람 사이의 대화는 친밀한 관계로까지 발전하지 못했다. 펠리니는 카스타네다가 파악하기 어려운 개성을 가진 사람이라고 생각했다. 그는 자기 내부에 잘 숨어 있는 사람이었다. 그럼에도 펠리니와 카스타네다는 LA에서 만난 뒤, 신비한 계시를 추적하기 위해 '남쪽 국경'을 함께 여행하자는 계획을 잡았다. 펠리니의 머릿속에는 이미 어떤 이야기를 할지 아이디어가 들어 있었다. 그리고 그때는 이탈리아 바깥에서 영화를 만든다는 사실을 전혀 개의치 않았다. 제작자 알베르토 그리말디가 모험의 비용을 댈 것이며, 카스타네다의 모든 작품의 저작권을 살 준비를 했다. 펠리니는 간단한 수행단을 꾸렸다.

들려온 이야기에 따르면, 여행에서 예상되는 일어날 만한 보통 일은 제외하고, 다른 모든 특별한 일이 일어났다. 펠리니는 냉소적인 기자 잔 마리아, 그리고 그리말디의 아들 제랄도와 동행했다. 펠리니와 카스타네다는 LA에서 만나, 남쪽 여정을 함께 짰다. 그런데 이상한 일들이 벌어졌다. 신분을 밝히지 않은 사람으로부터 메시지가 왔고, 의문의 전화가 걸려왔다. 제랄도의 미국인 여자 친구 시빌이 일행에 합류했다. 믿기 어렵지만, 그녀는 초자연적인 경험을 했다고 강력하게 주장했고, 한참이 지난 뒤에야 제랄도와 논쟁하는 것을 관두었다. 제랄도는 낯선 사람들에게 대단히 열려 있는 태도를 보인 시빌을 질투했다. 결국에 두 사람은 여행에서 빠졌다.

하지만 카스타네다가 사라진 사건이 가장 놀라웠다. 그는 위협하는 메시지에 기분이 몹시 상해있었다. 그리고 마치 전형적인 모험 영화처럼, 예상하지 못했던 새로운 사람들이 탐험대에 합류했다. 콜럼버스 이전 문명의 전문가인 토비아 교수, 초감각적 능력을 지닌 아름다운 처녀 헬렌이 그들이었다. 이들 일행은 그들을 위협하는 경고, 기분 나쁜 분위기, 좌절, 그리고 황홀경의 순간을 함께 경험했다. 비행기와 차를 이용하여 그들은 드디어 치첸이차(Chichen Itza)[4]에 있는 피라미드에 도착했다. 그곳에선 과거에 사람을 희생양으로 바치는 의례가 진행됐었다. 그런데 전화를 걸어온 어떤 사람은 이들이 툴룸(Tulum)[5]에 있는 죽음의 도시로 가야한다고 말했다. '지상

---

4   멕시코 유카탄반도에 있는 마야 문명의 대표 유적지.

5   멕시코 유카탄반도에 있는 마야 문명 유적지.

으로 내려온 신의 사원' 유적지를 찍어야 한다는 것이었다. 그곳에서 하늘과 땅은 상징적으로 만나기 때문이다. 탐험 길에서 일행은 원주민 주술가인 돈 미구엘을 만났다. 카스타네다가 책에서 썼던 스승인 돈 후안 마투스와 매우 닮은 사람이었다. 돈 미구엘은 펠리니와 일행을 기이한 의식에 참여시켰다. 그곳에서 일행은 숭고하고, 또 견디기 어려운 환각을 보거나 혹은 꿈꾸면서 밤을 새웠다. 일행이 이동할 때면, 매 한 마리가 그들의 머리 위로 날며 상형문자 같은 것을 그렸다. 그 매는 먹이를 노리는 보통의 새일까? 펠리니와 기자 잔 마리아는 아름다운 헬렌과 현명한 토비아에게 작별을 고하고, 비행기를 이용하여 LA로 돌아왔다. 펠리니와 잔 마리아는 자신들이 공유한 경험을 묘사할 수 없을 것이란 점을 알고 있었다. 여행을 마친 뒤, 그들에게 남은 것은 보잘것없었고, 무의미했지만, 콜럼버스 이전 시대 유적에 관한 의문 가득한 사진은 갖게 됐다. 펠리니와 잔 마리아는 집으로 향하며 비행기에 앉았다. 실내의 불이 어두워지면, '툴룬 기행'이라는 영화는 시작될 것이다. 그러면 마치 '8과 1/2'처럼, 우리는 플롯 자체가 영화라는 점을 알게 된다. 곧 그것은 영화 만들기에 대한 영화이며, 영화적 만다라일 것이다.

펠리니는 여행 중에, 열려 있는 마음과 불신 사이에서 늘 힘들어했다. 곧 그는 자신에게 익숙해지는 미지의 세계에 푹 빠지고 싶은 욕망과 그것을 설명해야 하는 필요 사이에서 고통받았다. 어린애 같은 믿음과 아이러니에 대한 의심 사이에서, 펠리니는 결국 거울에 비친 당황하고 있는 자신을 발견하기 위해 수천 마일을 여행했다는 사실을 알았다. 시나리오는 카스타네다의 저술에 관한 해설, 곧 조금 가린 풍자였다. 이국적인 배경은 펠리니의 일관된 주제, 다시 말해 자연과 문화 사이의 관계, 미스터리와 코미디 사이의 관계를 조사하는 또 다른 그림이다. 펠리니는 여행을 시작할 때 게임의 모든 규칙을 받아들였다. 가장 이상하고 가장 기괴한 규칙도 받아들였지만, 웃음을 금지한다는 규칙은 받아들일 수 없었다. 아마도 이것은 기적이 나타나기 바로 전에 기적을 막아버리는 웃음 속에, 불안을 해소하는 거부할 수 없는 유혹이 있기 때문이 아닐까? 혹은 쉘리니 내부에 있는 '만리장성'에서의 무서운 추락을 막아주는 자기 정신에 대한 적절한 방어가 아닐까?

펠리니는 말년에 멕시코 여행에 대해 반추하며 의미를 찾으려 했다. 가장 적절한 설명은 더욱 조직을 잘하고, 모험을 통제하는 권력을 가진 누군가가 있어야 했다는 것이다. 영화 '톨룬 기행'을 못 만들게 하는 게 아니라, 여행 방향을 제대로 짰더라면 하고 바랐다. 마지막의 의문스러운 전화(여전히 누군지 알 수 없고, 이번엔 이탈리아 말을 했다)는 펠리니가 작가 피넬리의 집에서 여행에 관한 시리즈의 첫 기사를 쓰고, 일간지 코리에레 델라 세라를 통해 발표한 뒤에 왔다. 그 사람은 펠리니에게 글에 언급된 사건들은 사실이었다는 점을 시리즈의 에필로그에서 반드시 강조해달라고 요구했다. 약간 겁먹은 펠리니는 그러겠다고 대답했다.

'툴룬 기행'이라는 이름으로 시나리오가 먼저 발표되자, 사람들은 영화가 만들어지지 못할 것이라고 여겼다. 하지만 멕시코에서의 모험은 영화에 관한 한, 좋은 요소를 갖고 있었다. 이를테면 자극적인 스토리, 강력한 캐릭터(이국정서와 밀교 사이를 화해시키려는 유럽인 지식인), 여러 사건, 그리고 현지에서 영어로 촬영하는 기회 등이다. 펠리니는 영화를 만들지 않기를 결정한 이유를 이렇게 설명했다.

"나는 영화가 충분하게 단단하지 않다는 인상을 받았다. 피넬리의 투입이 있었지만, 그건 일상적으로 행하는, 플롯을 구축하는 작업이었다. 나는 엔지니어가 할 법한 의심을 시작했다. 4층은 없이, 3층과 5층으로 된 건물을 지을 수 있을까? 말하자면 나는 예술적 개연성은 어떤 사실을 목격했다는 것과는 전혀 별개의 문제라는 점을 다시 확인했다. 그렇게 '툴룬 기행'은 'G. 마스토르나의 여행'처럼 끝나고 말았다."

이것 말고, 더 복잡한 설명도 있었다. 펠리니는 유카탄반도로의 여행에서, 무슨 일이 일어났는지에 대해 진정으로 파악하지 못했다. 그는 이상한 전화와 메시지를 어떤 '우수한 지능'이 보냈는지도 알지 못했다. 그래서 그들의 의도를 해석할 수 없었다. 따라서 이름을 밝히지 않은 그들이 확실하게 목적을 달성한 셈이다. 첫 번째 메시지를 받고, 카스타네다는 사라졌다. 그가 어디로 갔는지 지금도 아무도 모른다. 그의 저작물에 대한 권리는 이미 계약이 됐어야 했다. LA에 있는 그리말디의 변호사 사무실에서 카스타네다를 기다렸지만, 그는 나타나지 않았다. 12년 동안, 유명한 인류학자 카스타네다는 로마에 나타나기 전에 자신을 둘러싸고 있던 의문의 마그마 속에 다시 빠져버린 것 같았다. 카스타네다는 1997년 11월 코리에레 델라 세라와의 인터뷰를 위해 나타났다. 죽기 몇 달 전이었다. 그는 무슨 일이 일어났는지를 설명하는 대신에, 펠리니가 자신과 더불어 마스트로이안니와 함께 로마의 어느 식당에서 어떻게 점심을 먹었는지를 기억했다. 그들은 12개의 요리를 주문했다. "나는 놀랐다. 그들은 그것을 전부 다 먹었다." 그리고 카스타네다는 펠리니에게 신인장 약(peyote)을 먹지 말라고 권유했는데, 이유는 "먹는 양을 보니, 그 약이 해로울 것 같아서"였다. 이 말만 들어도 카스타네다는 펠리니를 잘 모른다는 점을 알 수 있다. 왜냐면 펠리니는 음식을 지극히 간소하게 먹고, 보통은 다른 사람의 접시에서 몇 개 덜어 먹는 정도로 끝내기 때문이다.

'툴룬 기행' 이야기에는 공개되지 않은 에필로그가 있다. 기자이가 작가인 빈첸초 몰리카가 목격자다. 몰리카는 펠리니와 만화가 밀로 마나라가 1988년 이 책을 놓고 함께 일하기로 결정했을 때, 두 사람 사이의 중개자였다. 펠리니는 마치 영화 만들기 작업을 하듯 스토리보드를 만들었다. 그리고 첫 장면에서 카스타네다를 등장인물에 포함했다. 펠리니는 그에 관한 몇 개의 스케치까지 했다. 바로 그때 의문의 전화가 다시 걸려오기 시작했다. 남자 목소리의 그는 펠리니에게 카스타네다의 이미지를 그리는 것을 하지 말라고 말했다. 이미 몰리카에게 스케치를 넘겼던 펠리니는 즉시 그에게 말하길, 스케치를 마나라에게 넘기지 말고, 그 누구에게도 보여주지 말라고 했다. 몰리카는 펠리니가 시키는 대로 했다. 카스타네다는 그 책에서 지워졌고, 더 이상 전화는 오지 않았다.

41. '진저와 프레드'(Ginger e Fred, 1985)

TV에게 고함

펠리니의 19번째 영화인 '진저와 프레드'의 준비는 1985년 초 치네치타에서 시작됐다. 아니, 이 영화는 그의 18번째 영화이 다. 또는 20번째일 수도 있다. 펠리니는 자신의 사적인 삶에 서도 그렇듯, '8과 1/2'로 계산을 복잡하게 하면서 영화목록 의 숫자를 일부러 헝클어 놓았다. 앞에서 보았듯, '8과 1/2'이 라는 제목은 그때까지 펠리니가 만든 영화의 숫자를 자의적 으로 계산한 것이다. 1963년부터 1985년 사이 22년 동안, 펠 리니는 8편의 영화와 '죽음의 영혼'의 에피소드('토비 댐잇'), 그 리고 TV용 영화들('펠리니: 감독 노트', '광대들')을 만들었다. 그 렇다면 전체 영화목록은 16편의 장편, 3편의 단편, 2편의 TV

용 영화가 돼야 한다. 이 모든 것을 합하여 계산하면, '진저와 프레드'는 펠리니의 22번째 영화가 된다.

영화 제목은 할리우드 스타 전저 로저스와 프레드 아스테어에서 따왔다. 그들은 미국영화계의 가장 유명한 댄싱 커플이며, 1933년부터 1949년 사이에 10편의 뮤지컬에 함께 출연했다. 대표작으로는 '로버타'(Roberta), '탑 햇'(Top Hat), '스윙 타임'(Swing Time) 등이 있다. 펠리니 영화의 진저와 프레드라는 이름은 과거에 버라이어티 쇼에서 활동했던 볼품없는 노인 커플의 재등장을 표현하기 위해 반어법으로 쓰였다. 이들은 아멜리아 보네티와 피포 보티첼라인데, 각각 줄리에타 마지나와 마르첼로 마스트로이안니가 그 역을 맡았다. 두 사람은 오랜 세월이 흐른 뒤, TV 프로그램인 '자 여러분 앞에 있어요'(Ed ecco a voi)에서 춤을 추기 위해 다시 뭉쳤다.

마지나는 남편 펠리니의 영화에 6번 등장했다. 하지만 1965년 '영혼의 줄리에타' 이후에는 한 번도 같이 일하지 않았다. 마스트로이안니는 오랜 세월 펠리니의 영화 속 분신이었다. '달콤한 인생', '8과 1/2', 그리고 '여성의 도시' 등에서다. 마지나와 마스트로이안니는 펠리니와는 독립적으로, 둘 사이의 인연도 오래됐다. '진저와 프레드'의 아멜리아와 피포처럼 그들은 대학 연극 무대에서부터 함께 일했다. 두 주연 배우는 펠리니의 영화들이 늘 그렇듯, 자신들이 무엇을 해야 하는지 모른 채 치네치타의 '스튜디오 5'로 왔다. 미술감독 단테 페레티는 스튜디오5에 엄청난 규모의 TV 세트장을 만들었다. 수많은 캐릭터가 그곳에 모였는데, 얼핏 봐도 그들은 유명인들과 비슷하게 분장을 하고 있었다. TV 스튜디오에서 주로 그렇듯, 야심을 가진 배우들을 자극하는 정신없는 부산함이 감돌았다. 의상 감독 다닐로 도나티는 천벌 이상의 옷을 준비했다. 촬영감독은 엔니오 구아르니에리였는데, 그는 펠리니 사단의 새 인물이었고, 나중에 유쾌하지 않은 방식으로 토니노 델리 콜리(Tonino Delli Colli)[1]로 교체되었다. 니노 로타가 죽은 뒤로는 음악 감독을 선택하는데 늘 애먹었다. 이번엔 니콜라 피오바니(Nicola Piovani)[2]가 합류했고, 그는 이후 펠리니의 작품에서 음악을 맡을 것이다.

마르첼로는 대단히 늙은 사람으로 변하여 분상실에서 나왔다. 그는 바에서 어떤 사람이 친구에게 이런 말을 하는 것을 몰래 듣고 대단히 기뻐했다. "마스트로이안니가 얼마나 끔찍하게 변했는지 봤니?" 그리고 하나의 전설이 나돌았는데, 영화에서 마르첼로가 쓰고 있던 모자에 관한 것이었다. 사람들

---

1   토니노 델리 콜리(1923-2005)는 피에르 파올로 파졸리니의 촬영감독으로 이름을 알리기 시작했다. 파졸리니의 주요작 모두를 찍었다. 이후 세르지오 레오네의 주요작, 그리고 펠리니의 후반기 작품을 찍었다. 마지막 작품은 로베르토 베니니의 '인생은 아름다워'(1997)이다.

2   니콜라 피오바니(1946-). 베니니의 '인생은 아름다워' 음악으로 아카데미상을 받았다. 펠리니의 후반기 작품, 그리고 난니 모레티의 주요작에서 음악을 맡았다.

이 말하길 그건 마법의 모자였다. 마법사 구스타보 아돌포 롤이 토리노에서 펠리니와 함께 모자 가게에 갔을 때, 그 모자에 마법을 걸었다고들 했다. 펠리니는 늘 하던 대로 대답했다. "그건 사실이 아니다. 하지만 나는 그걸 믿는다." 알다시피 펠리니는 초자연적인 요소에 종교적인 믿음을 보였다. 다시 말해 그는 그것을 좋은 징조로 여겼고, 프레드가 항상 그 모자를 쓰고 있게 했다.

항상 그렇듯, 무대 뒤에서는 영화를 이 제작자에서 저 제작자로 넘기는 끊임없는 게임이 진행됐다. 큰 희망이 생기기도, 또 실망이 뒤따르기도 했다. 최초의 아이디어는 줄리에타 마지나가 출연하고, 몇몇 감독이 연출한 TV용 시리즈를 만드는 것이었다. 그런데 이것이 최종적으로는 펠리니가 만드는 장편영화가 됐다. 예산은 90억 리라로 책정됐다. 할리우드에서 좋은 시기를 보낸 알베르토 그리말디가 이 영화를 제작하러 이탈리아로 돌아왔다. '카사노바'를 둘러싼 펠리니와의 불협화음은 이제 과거의 일이 됐다. 그들은 평화로운 관계를 회복했다. 이 영화에 대한 기대는 높았다. 영화사 '이스티투토 루체'(Istituto Luce)와 공영방송 RAI는 필요한 자금을 거의 다 댔다.

1985년 2월 12일 촬영이 시작됐다. 하지만 펠리니가 미신에 집착하는 관계로, 늘 그렇듯 그의 촬영은 시작도 없고 끝도 없었다. 곧 정확한 촬영 첫날이 없고, 마지막 날도 없다. 항상 예정된 촬영 이전과 이후에, 펠리니 사단이 '돼지 간'(fegatelli)이라고 부르는 추가촬영이 진행된다. 이곳저곳에서 짧게 또는 길게, 필요한 촬영이 덧붙여진다(혹은 필요 없을지도 모른다. 여하튼 촬영이 추가된다). '진저와 프레드'의 추가촬영은 이런 것들이다. 버라이어티 쇼가 진행되는 동안 TV 단말기에 나타나는 모든 프로그램, 광고들, 새로운 쇼를 알리는 안내 방송, 비디오 클립 등이다. 이들 중 많은 것을 펠리니는 유카탄 여행을 다녀온 뒤에 찍었다. 펠리니는 세트에서 사람들에게 그것을 보여주었다. 매일 보는 TV를 이야기하려면, TV에 관한 모든 것을 새로 만들어내야 했다.

어떤 인터뷰에서 펠리니는 '진저와 프레드'를 '80년대의 달콤한 인생'이라고 정의했다. 또 다른 경우에서는 의미를 줄이려 했고, 그것을 '작은 영화'라고 불렀다. 촬영에 들어가기 바로 직전까지도 쇼의 사회자가 캐스팅되지 않았다(펠리니에 따르면 알베르토 소르디가 완벽한 캐스팅이다. 단 소르디가 자신의 캐릭터로 너무 유명하지 않다면 말이다). 또 다른 여러 결정할 문제들이 촬영이 시작된 뒤에도 정해지지 않았다. 과거처럼 영화 제작은 최소한의 의도를 갖고 시작됐다. 곧 영화는 짧을 것이며, 길어도 백 분을 넘기지 않을 것이고(최종판은 126분이 됐다), 그리고 더욱 중요하게는 끊임없이 연기됐지만 '코미디 영화'가 될 것이란 약속이었다(하지만 그로테스크하고 감성적인 영화가 된다).

영화 제작이 시작될 때부터 사람들은 '진저와 프레드'는 반 (反) TV 영화가 될 것이라고 말했다. 어떤 면에선 그건 사실 이다. 펠리니 자신과 그가 성장한 세계와의 궁극적인 화해를 그린 '아마코드'가 발표된 뒤, 그는 반사회적인 인물로 인지되 기 시작했다. '카사노바'는 지중해의 초(超) 남성우월주의자 에 반하는 작품이며, '오케스트라 리허설'은 파괴적인 '68' 세 대에 반하고, '여성의 도시'는 상승하는 페미니즘에 반하고, '그리고 배는 간다'는 묵시록의 신호를 무시하는 사회에 반하 는 작품이라는 것이다. 이런 식의 해석에 따르면 '진저와 프레 드'는 상업 TV에 반하고, 실비오 베를루스코니[3]에 반하는 작 품이 된다. 상업적인 민영방송의 확대 현상에 대해 펠리니는 자기의 생각을 대단히 거친 방식으로, 어쩌면 전례 없이 특별 한 방식으로 드러냈다. 1985년 12월 7일 자 주간지 '레우로페 오'(L'Europeo, 유럽인)의 짧은 글에서 이렇게 말했다. "이런 TV 들은 생존할 가치가 없다." 이는 민영 상업 방송을 지칭한 것

---

3   베를루스코니는 1970년대 말에 민영방송 그룹(Fininvest)을 만들어, 공영방 송 RAI에 버금가는 TV 네트워크를 구축했다. 그가 1994년 처음 총리가 됐을 때, 이탈리아의 TV는 사실상 그의 통제 아래에 들어갔다는 비판을 받았다. 당 시 베를루스코니가 소유한 3개의 민영방송 채널은 친정부적인 뉴스를 쏟아냈 고, 그리고 그가 개입할 수 있는 3개의 공영방송 채널도 친정부적인 뉴스를 늘 렸다. 베를루스코니는 3번 총리를 역임했다. 1994년~1995년, 2001년~2006 년, 그리고 2008년~2011년이다. 이탈리아 TV의 사유화(베를루스코니의 TV) 와 상업화는 지금도 이탈리아 미디어의 오점으로 남아 있다. David Forgacs, Robert Lumley(ed.), Italian Cultural Studies, Oxford University Press, Oxford, 1996.

이다. TV에서의 민영화 현상은 1970년대 말에 시작됐고, 이후에 더욱 거침없이 확장됐다. 매주 수백 편의 영화를 수천 개의 지방 방송국에서 무료로 방영한다는 것은 영화관에서 수많은 관객을 빼앗는 것이었다. 영화인 펠리니가 이런 현상에 반대하는 것은 이해할만한 일이다. 펠리니의 입장에서 가장 참을 수 없는 것은 영화 방영 중에 광고가 미친 듯 끼어드는 현상이었다. 펠리니는 자신의 저작권을 지키기 위해 소송도 마다하지 않았다.

> 민간 상업 방송에서 영화가 방영될 때, 광고로 영화가 끊임없이 중단되는 것은 나를 무척 화나게 한다. 그건 감독과 그의 작품뿐 아니라, 관객에게도 상처를 준다. 관객은 결국 이런 방식에 익숙하게 된다. 다시 말해 딸꾹질하는 언어, 말을 더듬는 것, 주목하는 흐름을 막는 심리 활동의 중단에 익숙해질 것이다. 결국에 관객은 참을성 없는 백치가 되어, 집중할 수 없고, 성찰할 수 없고, 지적인 연결을 할 수 없으니, 앞을 내다볼 수도 없다. 관객은 서사의 흐름에 근본적인 음악성, 조화, 그리고 균형 감각을 잃을 것이다. 이런 통사론(sintassi)에 대한 방해는 서사의 수준에서 문맹의 종족을 만들어낼 것이다.

TV의 광고보다 '진저와 프레드'가 더욱 주목한 것은 당시

속칭 '콘테이너'(contenitori)라고 불리던 새로운 세대의 버라이어티 쇼의 유행이었다. 여기선 과거 버라이어티 쇼의 조각들이 토크 쇼의 형태로 등장했는데, 그건 백치들의 야외극 같았다. '진저와 프레드'를 만들 때, 펠리니는 TV에 등장하는 광기, 천박함, 염치없는 행동을 이해라기란 참 어렵다고 말했다. 그런데 그것은 사람들이 자기 집에서 매일 보고 있는 것들이었다. 반(反)TV로서의 '진저와 프레드'의 아이디어는 특히 프랑스에서 크게 인기를 끌었다. 영화가 개봉될 때, 이탈리아에 본사가 있는 민간 상업 TV인 '5'(Cinq)가 프랑스에서 개국한 이유가 컸다. 당시 프랑스의 사회당 정부가 개국을 허락했는데, 방송국은 풍파를 일으킨 뒤, 얼마 가지 않아 없어졌다. 그런데 영화 '진저와 프레드'의 중요한 요소는 이미 모든 곳에 존재하고 있었다.

여름을 앞두고 펠리니는 '진저와 프레드'의 편집을 시작했다. 몇 가지 일들 때문에 그는 작업에 집중할 수 없었다. 6월 10일 펠리니는 뉴욕에 가서, '링컨센터 영화협회'에서 수여하는 상을 받았다. 행사는 애버리 피셔 홀에서 거행됐는데, 펠리니는 그 상을 받은 최초의 비(非)할리우드 감독이었다. 주최 측은 '버라이어티 쇼의 불빛'부터 '그리고 배는 간다'까지의 모든 영화에서 화면을 발췌하여 2시간짜리 영상자료를 만들어 상영했다. 중간에 감독의 인터뷰도 삽입했다. 펠리니의 영화에 출연했던 몇몇 배우는 무대 위로 초대받았다. 알베르토 소르디, 아누크 에메, 도널드 서덜랜드, 줄리에타 마지나 그리고 마르첼로 마스트로이안니였다. 펠리니는 관객들의 따뜻한 환호에 약간 고무됐다. 펠리니는 어릴 때부터, 또 '고양이 펠릭스'(Felix the Cat)[4]를 처음 볼 때부터 미국인은 좋았다고 말했다.

8월 15일경에 작업은 다른 이유로 또 중단됐다. 아마 뜨거운 여름 날씨 탓이거나 혹은 지나치게 일을 많이 했기 때문일 테다. 펠리니는 몸이 너무 아파 병원에 입원했다. 이런 일은 좀체 일어나지 않았다. 미완성작 'G. 마스토르나의 여행'을 찍을 때의 유일한 입원을 제외하곤, 펠리니는 늘 건강했다. 의사들은 일시적인 혈전이며, 며칠 지나면 낫고, 그가 좀 지친 것이라고 말했다. TV 시청자들은 경쟁적인 카메라가 고스란히 찍은 그의 지친 모습을 모두 보았다. 9월 6일 금요일, 제42회 베네치아영화제 폐막식이 '팔라초 델 치네마'(Palazzo del Cinema, 영화의 궁전)에서 진행될 때, 펠리니는 무대 위에서 영화제 측이 수여하는 가장 권위 있는 상인 평생공로상을 받았다. 이는 위대한 감독의 판테온에 포함되는 것이기에, 약간의 만족을 느껴도 전혀 어색할 게 없었다. 하지만 펠리니는 무슨 기념식 같은 데는 알레르기를 보이는 사람이었다. 그는 이렇게 말했다. "내가 계속 일을 할 수 있게 나를 내버려 둔다는 조

---

4   할리우드에서 만든 흑백 애니메이션의 제목. 검은색 고양이가 주인공이다.

건으로, 이 상을 받겠습니다. 감사합니다." 마르구타 거리에 있는 펠리니의 새집은 이전의 집보다 작았다. 과거 집에 있던 수많은 상을 보관하던 방, 곧 '성스러운 사랑의 지성소'도 없었다. 그렇다면 별로 의미를 부여하지 않던 평생공로상 트로피(황금사자)는 어디에 뒀을까?

펠리니는 10월에 뉴욕영화제에서 '진저와 프레드'를 시사할 계획을 취소했다. 대신 이탈리아 공화국의 대통령궁, 곧 퀴리날레 궁(Palazzo del Quirinale)에서 대통령인 프란체스코 코시가와 다른 정치가들, 그리고 지식인들이 참여한 시사회를 열었다. 영화는 12월 5일 일요일 오후에 상영됐고, 뒤이어 만찬이 이어졌다. 행사는 사뭇 공식적이었지만, 펠리니의 영화에 대한 친절한 상찬이 이어졌다. 참석자 중 줄리오 안드레오티 의원은 이틀 후 일간지 코리에레 델라 세라 1면에 영화에 관한 리뷰까지 썼다. 이 신문의 영화담당 기자 조반니 그라치니는 이런 게 마음에 들지 않았는지, 정치인의 기고에 대해 반어법적인 코멘트를 남기기도 했다.

1986년 1월 13일, '진저와 프레드'는 마지나와 마스트로이안니가 참석한 가운데 파리에 있는 사요 궁(Palais de Chaillot)에서 개봉됐다. 이는 펠리니의 영화 중 최초로 외국에서 먼저 개봉된 경우이고, 이후 이탈리아에서 개봉됐을 때 일부 사람들은 이 점에 대해 기분 나빠 했다. 프랑스의 언론은 거의 만장일치로 우리가 알고 있던 펠리니가 돌아왔다며 호평했다.

그들은 영화를 대단히 열정적으로 좋아하여, 펠리니가 행사에 참석하지 않은 점도 용서했다. 펠리니는 종종 그러듯 의무처럼 행사에 참석하는 걸 극도로 혐오했다. 1월 21일, 이탈리아 로마의 시스티나 극장에서 영화는 개봉됐다. 이탈리아 사람들도 경의를 표했다. 많은 귀빈이 참석했고, 생중계됐으며, 큰 박수를 받았다. 처음이자 마지막으로, 이탈리아 언론들은 만장일치로 이 영화를 상찬했다. 미국에서의 비평도 좋았다. 타임, 뉴스위크, 버라이어티 등에서 '진저와 프레드'를 호평했고, MGM이 이 영화를 배급했다(결과는 실망스러웠다).

2월 14일 베를린에서 많은 축하가 잇따랐다. 제36회 베를린영화제에서 '진저와 프레드'는 비경쟁부문의 작품으로 소개됐다. 이번에는 펠리니도 참석했고, 심지어 수많은 취재진이 몰려온 기자회견도 오랜만에 열었다. 프랑스 기자가 펠리니에게 "변했냐?"고 물었다. "그 점에 대해선 나의 의사가 나보다 더 나은 대답을 할 수 있을 것 같다. 모든 사람은 변하며, 각자의 전망도 변한다. 변하지 않는 것이 있다면 나의 호기심과 새로움 앞에서 생존해내는 나를 바라보고자 하는 욕망이다." 펠리니는 사자의 소굴 같은 여기서 동시통역에만 의존했는데도, 관객들의 마음을 사로잡았다. 3월 24일 아카데미시상식에서 펠리니는 최우수 외국어영화상을 받지 못했는데(만약 받았다면 다섯 번째 상), 이는 이탈리아의 제작자들이 이탈리아를 대표하는 영화로 다른 작품을 밀었기 때문이었다. 펠리니는 '진저와 프레드'의 홍보를 위해 뉴욕에 있었는데, 하필이면 발을 다쳐, 시상식 수여자로 예정된 할리우드에 갈 수 없었다. 뉴욕 일정도 진저 로저스가 영화에 대해 소송(최종적으로 부끄럽고 헛된 것이 됐지만)을 제기할 준비를 한다는 뉴스 때문에 방해받기도 했다. 이해할 수 없는 내용이었지만, 로저스는 영화가 자신의 명예를 훼손했다고 주장했다.

이탈리아에서의 흥행 성적은 이 영화가 불러일으킨 흥분이나, 비평적 상찬에 어울릴만한 결과를 내지 못했다. 1985-1986년 1년 동안의 흥행 성적 결과에 따르면, 이 영화는 28위였다. 하지만 제작자 그리말디는 실망하지 않았다. 이유는 펠리니 영화의 최종적인 수입은 국제적인 수준에서 정산되기 때문이라는 것이다. 실제로 '진저와 프레드'는 거의 모든 곳에서 좋은 반응을 끌어냈다.

당시 66살인 펠리니는 또 다른 전투에서도 승리를 거뒀다. 왜냐면 영화는 정신 착란적인 복잡성도 갖고 있지만, 동시에 펠리니가 항상 말해온 간단한 동화에도 도달했기 때문이었다. 주인공들이 등장하는 거대한 화면은 스토리에서 일탈하지도 않았고, 더욱 중요하게는 스토리의 섬세한 균형을 깨지도 않았다. 이것은 펠리니와 함께 시나리오를 쓴 작가들 덕분이기도 하다. 우선 토니노 구에라는 1960년대부터 시적 열정으로 이탈리아 영화에 빛을 밝힌 인물이고, 툴리오 피넬리는 드라마 작법의 대가인데 오랜만에 펠리니 사단에 합류했다.

이미지들은 다닐로 도나티의 의상과 단테 페레티의 용감한 미술에 힘입은 바 크다. 촬영감독 엔니오 구아르니에리는 펠리니가 광고영화를 찍을 때 협업했는데, 이번 영화의 전반부는 그가 찍었다. 치네치타에 만든 TV 스튜디오에서 찍은 후반부는 토니노 델리 콜리가 촬영했다. 그는 피에르 파올로 파졸리니가 선호하는 촬영감독이었다. 펠리니는 델리 콜리의 일하는 방식에 매혹됐는데, "그는 1등 항해사의 투지를 갖고 있다"라고 말했다. 그건 델리 콜리의 특성이기도 하지만, 촬영장에 임하는 펠리니 자신의 특성이기도 했다.

배우들을 보자면, 줄리에타 마지나는 '카비리아의 밤' 이후 다시 배우이자 무용수인 자신의 놀라운 자태를 보여줬다. 마스트로이안니는 아름다운 패배자를 간결하게 표현했다. 두 사람은 자신들의 오래된 춤 루틴에 맞춰, 열심히 연습했다. '콘티넨탈'(The Continental)에서 시작하여, 어빙 벌린의 노래 메들리로 이어졌다. 벌린의 노래 가운데 '칙 투 칙'(Cheek to Cheek)에 맞춰 마르첼로는 탭 댄스 독무를 연습했는데, 다리에 쥐가 나서 쓰러지기도 했다. 한편 춤 솜씨에 자부심을 느끼던 줄리에타는 자신과 파트너가 완벽하게 춤을 췄던 장면을 편집에서 빼버린 펠리니로부터, 가까스로 그 필름만은 구해놓을 수 있었다. 그런데 문제는 가격을 매길 수 없는 이 장면에서 무슨 일이 일어났느냐는 것이다. 앞으로 볼 수 있을까, 혹은 미래의 DVD에 삽입될 수 있을까?

많은 사람이 '진저와 프레드'는 대가다운 작품이라고 말한다. 펠리니라는 이름에 권위를 되찾아줬다는 것이다. 하지만 이 영화가 두 배우를 위한 완벽한 무대였는지는 생각해보아야 하지 않을까? 우리가 알고 있는 펠리니와 그의 세계에 대해 새로운 지식을 제공하는 진정한 영감에서 그 무엇이 탄생했을까? 프랑스 언론들은 베를루스코니가 벌이는 이탈리아 상업 TV 방송국의 침범에 대해 대단히 방어적이었고, 그래서 '진저와 프레드'가 TV의 문화적 학살을 비판하고 있다는 점에 대부분 동의했다. 또 다른 이들은 이 영화가 TV를 공격할 뿐만 아니라, 현대사회의 모든 점에 도전하는 작품이라고들 했다. 그래서 '오케스트라 리허설 II'라고도 했다.

제목을 포함하여 '진저와 프레드'의 전체 분위기는 애상적이고 과거에 대한 향수를 불러일으킨다. 하지만 이 영화는 잔인한 쓰레기, 나태, 무례함이 만연하는 '현대' 사회와 날카로운 대조를 보여준다. 이와 달리 진저 로저스와 프레드 아스테어가 전성기를 보내던 1930년대 중반에 그들은 우아함이라는 마법적인 교훈을 남겼다는 점을 잊지 말자. 한편 F. 스콧 피츠제럴드는 새로운 세계의 천박함에 분노했고, 그 이전 10년의 우아함과 생명력을 잃어버린 점을 아쉬워했다. 향수는 시대의 함정이다. 펠리니는 그 향수에 거의 항복하기도 하지만, 그것을 어떻게 표현하는지를 잘 알고 있었다. 1980년대 로마에 대한 감독의 시선은 덜 잔인했던 로마를 처음 발견한 사람의 시선과 같았다. 하지만 '진저와 프레드'에 묘사된 이미지들은 파졸리니가 로마에 반(反)하여 표현한 것과 대단히 닮았다. 파졸리니는 충분히 나이 들어 향수를 갖기 전에, 이미 로마의 근교에서 살해됐었다. 영화의 도입부에서 아멜리아(마지나)는 세상이 자신과 맞지 않는다 할지라도, 자기만의 방식으로 느끼기를 원하는데, 이건 펠리니의 자화상이나 다름없다. 아멜리아는 수줍어하고, 호기심 많고, 깨어지기 쉽고, 참을성 없으며, 화를 잘 내고, 진지하다. 한편 백발의 댄서 피포(마스트로이안니)는 펠리니의 가장 화해적인 특성을 재현하고 있다. 명석하고, 자기 반어적이며, 관용적이다. 감성의 폭넓은 표현을 통해 영화는 진저와 프레드의 성격적 융합에 도달했다. 그건 펠리니로의 삼투(osmosi)일 것이다. 다시 말해 여성의 실용주의와 교양은 남성의 광대 같은 기질과 비극적 캐릭터를 거부하는 성격과 합쳐진 것이다. 두 댄서는 줄리에타와 마르첼로가 실제 생활에서 다르듯, 아주 다른 성격을 갖고 있다. 하지만 그들은 공통적인 부분도 갖고 있는데, 그건 약간의 낭만주의, 겸손함, 고귀함, 그리고 충성심일 테다. 그들은 무의식적으로, 그리고 현대적이고 세속적인 방식으로 세상에 대해 눈을 뜨고 있으려고 노력한다. 설사 세상이 불쾌하더라도 말이다.

'진저와 프레드'의 놀라운 결말은 이탈로 스베보의 유명한 소설을 떠올리게 한다. TV 프로그램 '자 여러분 앞에 있어요'에서의 아멜리아와 피포의 공연은 '성공한 농담'(Una burla riuscita)으로 간주될 수 있다. 스베보의 동명 소설 〈성공한 농담〉에서 주인공인 노작가는 자신의 소설이 재인쇄된다는 말을 들었을 때, 잃어버린 청춘과 영광을 되찾을 것이란 환상을 갖는다(재인쇄는 거짓말이었다). 하지만 거짓은 최종적으로 작가에게 많은 돈을 벌게 해주면서 끝난다. 비슷한 방식으로 진저와 프레드는 웃음거리가 되는 공연에서 거짓 찬사의 함정에 스스로를 빠트렸지만, 쇼가 모두 끝났을 때, 공연을 해냈다는 자부심을 갖게 됐고, 팬들의 사인 요청까지 받는다. 이는 펠리니의 생각, 곧 각자의 삶에서 맞닥뜨리는 기회는 후회를 남기지 말고 잡는 게 더 낫다는 생각으로 보인다. 다시 말해, 절망에 빠져 스스로를 차단하기 전에, 춤을 추고, 농담하는 게 더 낫다는 것이다. 설사 우리가 이해하지 못하는 영화처럼 삶을 살든지(진저는 프레드의 사랑의 의도를 이해하지 못한다), 혹은 그 영화를 의미 없는 꿈이 지나가듯 바라볼지라도 말이다. '진저와 프레드'의 금욕주의적 의미라면, 아마 그것은 이해해야 하는 것은 없고, 우리는 그냥 삶을 살아야 한다는 사실일 테다. '달콤한 인생'의 마르첼로처럼 그냥 떠도는 것을 배워야 하며, 결코 완성되지 못했던 'G. 마스토르나의 여행'에서처럼 물은 천천히 흐르지만, 결국 죽음의 스틱스강에 이른다는 점을 배워야 한다는 것이다.

42. '인터뷰'(Intervista, 1987)

우리는 모두 일본인

치네치타의 밤. 차들이 문을 통해 들어와, 길 위를 달린다. 차에서 스태프들이 내리자, 개들이 다가와 짖거나 주위를 마구 뛴다. 검은 천으로 덮여 있는 카메라가 트롤리 위에 올려진 채 들어온다. 늙은 광대 스타일의 조감독이 도착하여, 바쁘게 명령을 내리고 소리를 지르며 지시한다. 불빛이 꺼지더니, 첫 번째 조명이 켜진다. 촬영감독 토니노 델리 콜리가 전기기사들과 함께 있다. 펠리니는 주 건물의 계단에서 나와, 이런 움직임을 뒤따른다. 그때 길의 골목 어귀에서 작은 여성이 조명 속에 들어온다. 그는 고개 숙여 인사하며 자신을 소개한다. 그는 펠리니와의 인터뷰를 원하는 일본 기자들의 통역가

이다. 그들은 다음날 오기로 했었는데, 예정보다 일찍 왔다. 그들은 지금 몇 개의 질문을 할 수 있을까? 떠오르는 태양(Sol Levante)[1]의 아들들과 대화가, 아니 비(非)대화[2]가 시작되고, 그렇게 인터뷰가 시작된다. 두 개의 높은 크레인이 아리오스토 (Ariosto)[3] 스타일의 환상적인 기계처럼 서로 마주 보고 있다. 펠리니는 자신의 통역을 통해 말한다. "나는 영화의 도입부를 찍고 있다. 꿈에서 시작해보려 한다. 하늘을 나는 흔히 등장하는 꿈이다. 당신도 일본에서 하늘을 나는 꿈을 꾸지요?" 펠리니는 '죄수의 꿈'이라고 정의하는데, 우리는 어둠 속에서 밖으로 빠져나가는 것을 가리키는 그의 손을 본다. '8과 1/2' 시절에는 하늘을 나는 것이 상대적으로 더 쉬웠다. 지금은 두 배로 어려워진 것 같고, 날지 못할 것이란 두려움이 있다. 드디어 꿈꾸는 사람은 하늘로 오른다. 그는 저 높이 올라, 위에서 치네치타를 바라보고 있다.

1986년 8월에 작업이 시작된 이 영화의 원제목은 '치네치타'(Cinecittà)였다. 그건 다른 어떤 경우보다 더욱 큰 비밀이었다. 펠리니는 일본 기자들에게서 벗어나기 위해 작은 농담을 하나 던진다. "제목이 '인터뷰'인 영화에 대해 무슨 인터뷰를

---

1   떠오르는 태양은 일본을 의미.

2   언어 문제로 대화가 원활하게 진행되지 않기 때문이다.

3   루도비코 아리오스토는 르네상스의 이탈리아 작가다. 대표작 〈광란의 오를란도〉에는 커다란 날개를 가진 기계가 등장한다.

하려고 합니까?" 기자들의 호기심을 자극하려면 이것보다 더 나은 질문을 하기는 어려울 것이다. 다시 말해 지금 펠리니는 무슨 영화를 하려는지 암시했다. '인터뷰'는 일반적인 영화가 아니다. TV 특집 같은 것으로, 1968년부터 만들어오던 여담과 친밀함을 섞어놓은 전형적인 펠리니 스타일의 쇼이다. 이 영화에 가장 알맞은 제목은 '감독 노트'일 것이다. 이 작품은 알로샤 영화사가 제작했는데, 나스타샤 킨스키의 남편이었던 이브라힘 무사가 경영하던 회사였다. 그는 배우 에이전트였다가 제작자가 된 인물이다. 공영방송 RAI와 치네치타가 제작 파트너로 참여했다. 치네치타의 대표는 이 영화를 헌정 작품으로 생각했다. 1937년 1월, 무솔리니에 의해 창설된 치네치타는 50주년을 맞이했기 때문이었다. 펠리니는 그런 것을 예상하지 않았지만, 어쨌든 50주년 때문에 펀딩이 순조롭게 된 것을 기뻐했다. 펠리니는 이 작품을 3부작 TV 특집의 첫 번째로 염두에 뒀다. 두 번째는 리미니에 있는 풀고르 극장에, 그리고 마지막은 오페라에 헌정할 예정이었다. 작업을 시작하자마자 펠리니는 세 작품을 모두 만드는 건 불가능하다는 것을 알았다. 특히 짧은 기간 안에 완성하는 것은 더욱 그랬다. 9월 중순, 펠리니는 새 영화 만들기에 온 정신이 빠져 있었고, 다른 것은 생각할 겨를이 없었다.

영화 촬영이 시작되었지만, 펠리니는 전체 스토리를 완결 짓지 못했다. 스토리는 펠리니의 충실한 작가인 잔프랑코 안젤루치와의 대화에 기초한 간단한 초안 수준에 머물러 있었다. 안젤루치는 유령 작가로 여러 번 펠리니와의 작업에 참여했지만, 크레딧에 이름이 오르기는 이번이 처음이었다. '인터뷰'는 영화 속의 영화(사실 두 개 이상의 영화이다. 마치 중국식 상자처럼 영화는 영화 속에 무한정으로 영화를 갖고 있다)이다. 그래서 펠리니는 자신도 펠리니 역할로 등장하기로 했고, 스태프들도 스태프이자 배우로 등장시키기로 했다. "무엇을 찍을지 모를 때, 우리는 카메라를 180도 돌리고, 우리 자신도 찍는다." 결과는 대단히 솔직한 작품이 됐다. 이전의 고백 영화보다 더 솔직했다. 그래서 영화를 찍는 펠리니와 영화를 찍는 펠리니를 연기하는 펠리니 사이의 구분이 대단히 어렵게 됐다. 이건 드디어 리얼리티와 환상이 서로 합쳐진 것을 의미할까? 또는 저장된 환상이 모두 고갈된 것을 의미할까? 혹은 펠리니의 세계에서 리얼리티는 더 이상 존재하지 않는 것일까? 그리고 펠리니는 '인터뷰'에서 실제로 출연하는데, 이는 '8과 1/2'에서 '나는'이라고 말했던 용기를 여기에 가져왔기 때문이 아닐까? 아마 펠리니는 실제 생활에서 배우처럼 행동하기 때문에(일부 사람들이 암시했듯), 큰 어려움 없이 여기서도 자신의 역할을 계속할 수 있었을 것이다.

간결해 보이는 이 영화의 외관은 펠리니가 행한 많은 작업과는 역설적으로 대조된다. 곧 그는 수많은 배우와 엑스트라를 고용했고, 수천 벌의 의상과 다양한 세트를 만들었고, 그리고 최후의 순간까지 세트를 변경하기도 했다. 세트장은 흥겨운 혼돈의 분위기였는데, 무슨 영화를 만드는지에 대한 비밀을 지키는 것은 대단히 어려웠다. 왜냐면 펠리니 자신부터 세트장을 지나치는 동료들, 친구들, 지인들을 초대하여 머물게 했다. 이 영화는 '치네치타 아마코드'라는 식으로 알려졌다. 그런 표현을 펠리니는 별로 좋아하지 않았지만 말이다. 신문과 잡지들은 앞다투어 목격자들을 통해 세트장의 소식을 알아냈고, 이런저런 장면에서의 스캔들 같은 것을 캤다. 소위 펠리니 전문가라는 사람들은 이런 조각들을 서로 맞추어, 이 영화가 무엇에 관한 것인지 예측하려 했다.

우리는 모두 일본인이다. 이 작은 영화의 최종적인 의미는 이것이다. 우리는 인터뷰를 할 때, 혹은 우리가 말하는 사람에 대해 무언가를 알고 싶을 때, 영화의 처음부터 끝까지 펠리니를 따라다니는 일본인 인터뷰어가 된다. 곧 다른 언어로 말하는 까닭에, 자신을 겨우 표현하고, 서로 이해하는 것도 힘든 일이 된다. 우리는 호기심이 많지만, 서툴고, 웃기기도 한다. 우리는 자신들이 아웃사이더 임을 알지만, 동시에 인사이더가 되기 위해 전력투구한다. 우리는 이미 성장한 어른처럼 행동하는 아이들이다. 우리는 부조리한 목적과 달성할 수 없는 영감을 찍고 있다. 우리는 '인터뷰'를 찍고 있는 펠리니처럼, 친구들에 둘러싸여, 만족감을 주는 즐거운 일을 하고 있지만, 어떤 면에선 항상 행복하지는 않다. '인터뷰'는 '8과 1/2'처럼,

일하고 있는 감독에 대한 새로운 자화상이다. 그런데 이번엔 마스트로이안니 대신에 펠리니가 직접 나왔다. 영화의 아이디어는 실제로 있던 것이었다. 곧 펠리니가 영화 속에서 만들고 있는 영화는 프란츠 카프카의 〈아메리카〉(Amerika)[4]인데, 이 소설은 펠리니가 진짜로 영화로 만들기 위해 여러 번 생각한 작품이다. 소설은 사건들에 대한 거짓 기록이며, 가상의 노동일기인데, 안에 들어 있는 캐릭터, 이름들, 그리고 사실들은 종종 진짜다.

펠리니는 마스트로이안니의 도움이 필요했다. 펠리니는 〈아메리카〉의 브루넬다[5] 역을 위해, 아니타 에크베르그가 스크린 테스트에 응하기를 바랐다. 두 친구는 아니타가 사는 로마 근교 그로타페라타의 판도라 빌라(Villa Pandora)로 향한다. 펠리니는 즐거운 마음으로 대문의 인터폰을 통해 자신을 알리지만, 아니타는 의심을 하고(페데리코 누구?), 문을 열기까지 시간을 지체한다. 하지만 아니타는 곧 자신의 옛 친구들을 보고 기뻐한다. 그리고 사나운 감시견을 통제하여, 카메라도 들어오게 한다. 스웨덴 출신의 이 배우는 마르첼로와 포옹하며 인사하고, 그러면서 방문의 목적은 송두리째 잊히고, 이들은

---

4   최근엔 〈실종자〉라는 제목으로 주로 소개된다.

5   〈아메리카〉(실종자)에서 청년 카를을 유혹하는 풍만한 하녀 이름. 브루넬다와의 정사로 카를은 집에서 쫓겨나 미국으로 간다.

대신 즉흥적으로 파티를 연다. 맨드레이크[6]의 초월적인 힘을 빌려, 마스트로이안니는 마법의 주문을 외운다. "맨드레이크의 마법 지팡이, 나의 명령은 즉각적이다, 나는 돌아오길 원한다, 영광의 옛날이!" 공중에 흰색 천이 펼쳐지고, 니노 로타의 음악이 흐르며, 베네토 거리에 관한 영화의 이미지가 투영된다. 다시 말해 '달콤한 인생'의 주인공 마르첼로와 실비아는 카라칼라 목욕탕에서 춤추고, 트레비 분수의 물속으로 들어간다. 두 배우는 자기들이 만든 전설을 바라보며, 캐릭터가 말하는 대로 유명한 대사를 따라 한다. 이 장면은 마치 시네마 베리테(cinéma vérité)[7] 스타일의 '진저와 프레드' 판본 같다. 최소한 마스트로이안니는 관습과 달리 그런 스타일로 연기했다. 밖에서 개들은 마치 마법에 설린 듯 조각처럼 꼼짝 않고 음악을 듣고 있다. 사라진 시간에 대한 회한보다 더욱 강한 것, 또 모든 사물의 해체에 반하는 유일한 치료법은 장인의 노동이라는 믿음보다 더욱 강한 것은 여태까지 살아남았다는 깊은 감성일 테다. 그건 펠리니 시학의 생물학적 뿌리일 텐데,

6   미국 만화 'Mandrake the Magician'의 주인공 이름. 이탈리아에서는 이름을 이탈리아식으로 '만드라케'라고 발음한다. 마스트로이안니도 '만드라케'를 부르며 마법을 부린다.

7   프랑스에서 주로 1960년대에 유행한 다큐멘터리 스타일. 미리 준비한 장면을 찍는 게 아니라, 작고 가벼운 장비를 이용하여, 즉흥성과 직접성을 확보하려 했다. 장 루슈와 에드가 모랭 연출의 '어느 여름의 기록'(1961)이 대표적인 작품이다.

자신의 철학에 따라 세상을 바라보고 받아들이는 것이다. 그 철학은 간단하다. 나는 농담한다, 고로 나는 존재한다.

'인터뷰'에는 두 개의 인터뷰가 등장한다. 하나는 일본인 기자들과 오늘의 펠리니 사이의 인터뷰이고, 또 다른 하나는 과거의 인터뷰인데, 청년 펠리니(세르지오 루비니가 연기)와 치네치타의 셀럽들 사이의 인터뷰이다. 두 인터뷰는 50년의 시차를 두고 진행되는데, 모두 실패로 끝난다. 일본인 기자들은 펠리니에 대해 아무것도 알아내지 못하고, 젊은 기자의 시선에서 표현된 셀럽들은 다른 행성의 피조물처럼 보인다. 두 경우 모두 인터뷰를 하는 사람들은 자신들의 대상과 소통하는 데는 실패하지만, 집에 돌아올 때는 기억과 캐릭터들, 장면들, 이미지들, 그리고 웃음을 갖고 있다. 그들은 삶과 삶의 열정을 되찾았다. 열정 속에서 진리를 발견하는 것, 또는 진리에 이르는 공식을 발견하는 것은 어려운 일이지만 말이다. 펠리니의 내밀한 영화 작업 중에서('감독 노트'부터 '광대들'까지) '인터뷰'는 펠리니의 더욱 진솔한 모습을 보여준다. 이를테면 관객들과 친해지려 하고, 매일 자신이 어떻게 비치는지 준비하는 펠리니의 모습을 볼 수 있다. 펠리니는 이번에 그의 영화가 어떤 스펙터클 특성을 갖는지 보여준다. 상상의 영화 '아메리카'는 중요한 게 아니다. 우리가 보고 있는 진정한 영화는 경쾌하고 따뜻하며, 즐겁고, 깨어 있는 것인데, 특히 과거를 바라볼 때 엄청난 감성적인 순간을 맞이하는 것이다.

종결부에서, '인터뷰'는 마치 무(無)를 향한 여행의 항해일 지처럼 변한다. 이는 '그리고 배는 간다'가 종결부에서 '마지막 저항'에 대한 당황스러운 애가로 변하는 것과 비슷하다. 그래서 후반부 장면이 커스터 장군이 리틀 빅 혼(Little Big Horn)에서 수족 인디언에 의해 공격을 당하는 것처럼 표현된 것은 우연이 아니다. 이렇게 진행된다. 세트장에서 새벽에 제작팀 관계자가 모두에게 알린다. "그들은 공격할 것이다." 그리고는 치네치타 주변의 모든 비스듬한 TV 안테나가 보인다. 그런데 이 안테나들은 알고 보니 말을 탄 인디언들이 던지려고 들고 있는 창들이었다. 인디언들은 영화 촬영에서, 마지막으로 명령하는 자리를 차지하려 한다.[8] 영화의 중간에는 '스파게티 웨스턴' 스타일의 지옥 같은 광고가 있다. 여기서 제작자들은 TV 서커스에 등장하는 인디언들에 둘러싸여, 영화는 TV의 공격을 받을 것이란 '진저와 프레드'의 묵시록적인 예언을 재연한다. 그런데 펠리니의 묵시록은 총체적 파국으로 치닫지는 않는다. 펠리니는 미소지을 수 있는 어떤 것, 비극을 완화하고 뒤로 연기하는 방법을 찾는다. 난파를 당한다 할지라도, 펠리니는 부조리한 희망을 살아 있게 만든다. 그래서 항상 그를 새로운 영화의 지평으로 데려갈, 노 젓는 배가 등

---

8   그래서 펠리니를 포함한 영화인들은 TV 안테나 같은 창을 들고 있는 인디언들의 공격에 맞서, '마지막 저항'을 전개한다. 마치 TV의 공격에 대한 영화인들의 방어처럼 묘사돼 있다.

장하곤 한다. 그리고 우리는 다시 치네치타의 '스튜디오 5'에 돌아온다. 그곳은 이제 어둡고 비어있다. 그때 펠리니의 목소리가 들린다. "영화는 여기서 끝나야 해. 실제로 여기서 끝났어." 도피의 꿈은 이제 조명이 들어와 있는 밝은 스튜디오에서 끝났다. 과거에 제작자들은 항상 '태양 빛의 조명'을 요구해야만 했다. 이제 그들은 인공의 투광조명을 이용하면 된다. 다음 영화의 첫 촬영을 위한 모든 것이 준비돼 있는 것이다. "조명, 카메라, 액션."

'인터뷰'의 촬영은 1986년 말까지 이어졌다. 많은 중단이 있었는데, 가장 큰 문제는 자금 때문이었다. 펠리니는 중단 기간을 이용하여, 이미 찍은 필름들은 니노 바랄리[9]와 함께 편집을 시작했다. 사전 편집 덕분에 새해 1월 중순에는 더빙과 최종적인 마무리를 할 수 있었다. 상영시간은 1시간 45분이었다. 이는 TV 특집으로는 길었다. 비디오로 출시되기 전에, 극장 상영을 먼저 한다는 계획이 세워졌다. 50억 리라의 제작비를 들인 영화로서는 당연했다. 펠리니는 이런 계획이 좋은지 확신할 수 없었다. 왜냐면 '인터뷰'에는 일반적인 개봉작과는 다른 영화적 요소들이 들어 있어서, 관습적인 영화 배급이 맞을지 알 수 없었다. 이를테면 현실적인 이야기는 부족했고,

---

9   니노 바랄리는 이탈리아의 유명 편집자이다. 촬영감독 토니노 델리 콜리와 함께 피에르 파올로 파졸리니, 그리고 세르지오 레오네의 주요 작품에 모두 참여했다.

사적인 부분이 많았다. 그러나 펠리니는 어떤 시점에선 더 이상 이야기하지 않았다. 결정은 제작자들에게 맡겨두었다.

펠리니는 특유의 열정에 사로잡혀 수개월 동안 열심히 일했다. 그는 프레임의 세세한 부분까지 대단히 신경 썼다. 프레임은 원래 계획과는 달리 더욱 넓게 확장되기도 하고, 더욱 복잡해지기도 했다. 펠리니는 자신의 삶과 자신의 일에 각고의 노력을 쏟듯, 결국 최종적으로는 일 자체와의 사랑으로 끝맺곤 했다. 당시에 그가 자주 말했던, '만들기의 품위'(la dignità del fare)를 행복한 마음으로 확인했다. 펠리니에겐, 결과보다는 영화 만들기 과정이 더 중요하다는 점은 명확했다. 영화를 끝맺는 것보다는 의례를 치러 듯 아침마다 치네치타에 가는 게 더 행복했다. 그곳에서 펠리니는 싱싱을 펼치고, 정확성을 가하고, 이런 일들로 밤늦도록 머물곤 했다.

영화제에 대한 예전의 의심을 씻어 내진 못했지만, 펠리니는 제40회 칸영화제 비경쟁부문에 참석했다. 영화제의 마감에 맞춰, 펠리니가 편집본을 완결할 수 있었던 이유도 컸다. 5월 18일 월요일, 영화제가 끝나기 하루 전에 시사회가 열렸다. 펠리니는 영화제의 열기가 식어가고, 비가 오는 날 칸의 크루아제트 거리에 도착했다. 펠리니는 이탈리아 기자들과 소담을 나눴고, 관객들의 환영을 받으며 주상영관 계단을 올라갔다. 마스트로이안니는 이곳에 없었다. 당시 그는 부다페스트에서 영화를 찍고 있었다. 하지만 마스트로이안니는 니키타 미칼코프의 '검은 눈동자'가 칸영화제에서 상영될 때 특별한 호평을 받았다. 그는 폐막식에서 남우주연상을 받으며, 한 번 더 큰 찬사를 받았다. '인터뷰'의 시사회는 펠리니의 경력에서 일종의 승리였다. 기립 박수는 마지막 장면이 끝나지 않을 것처럼 길게 이어졌다. 프랑스의 언론들은 이 영화에 대해 호평 일색이었다. 이런 합의된 지지는 '아마코드' 이후 처음이었다. 이브 몽탕이 이끈 심사위원단은 열광했고, 이 영화가 비경쟁부문에 소개됐음에도 불구하고 특별한 상을 만들어 수여했다. 그건 영화제 40주년 기념상이었다. 아무도 펠리니에게 그 소식을 알리지 못했는데, 그는 로마로 돌아온 뒤에서야 명예로운 상에 대해 들었다. 5월 19일 화요일, 제작자 이브라힘 무사가 펠리니를 대신해 그 상을 받았다. '인터뷰'는 '아카데미 영화사'를 통해 이탈리아에서 배급됐다. 만프레디와 바니아 트락슬러(Traxler) 부부가 소유한 전위적인 이 영화사는 주로 독립영화들을 취급했다. 하지만 10월에 영화가 이탈리아에서 개봉됐을 때, 결과는 별로 좋지 않았다. 비평은 환상적이었지만, 극장에는 관객들이 별로 오지 않았다. 특히 비도시 지역이 심했다. 극장에서의 흥행 참패는 예상치 못한 결과였다. 하지만 '인터뷰'는 거의 모든 국제영화제에서 지지받았다. 7월에 제15회 모스크바영화제에서는 최고상을 받았다. 심사위원장인 로버트 드 니로가 그 상을 수여했다. 1963년 '8과 1/2'로 모스크바에서 그 상을 받은 뒤, 다시 수상한 셈이다

(1963년 그때 펠리니는 다시는 영화제의 경쟁부문에 참석하지 않겠다고 맹세했는데, 마음을 바꾼 것이다). 7월 말에 리미니(영화제)에서는 관객들이 열정적이었고, 8월에 로카르노영화제의 광장은 영화를 보기 위한 관객들로 꽉 찼다. '인터뷰'는 몬트리올영화제에서 기립 박수를 받았다. 말하자면 여름에 연이어 행해진 성공의 대관식이었다.

치네치타가 50주년 기념식 준비로 분주할 때, 펠리니는 위대한 영화, 또 이탈리아 스타일 영화의 절대적인 거장으로 대접받았다. 한동안 펠리니는 '종신 상원의원'의 훈장을 받을 것이란 소문이 돌았다. 이 소문은 펠리니를 기쁘게 하기 보다는 당황스럽게 만들었다. 아마 일에 대한 열정이 대단한 펠리니로서는 일이 중단될 것이란 두려움을 느꼈기 때문일 테다. 그는 여전히 계획이 많았고, 아이디어도 넘쳤다. 펠리니는 단테의 〈신곡〉을 영화화하려는 계획을 세우고 있었다. 좀 더 자세히 말하면 '지옥편'을 만들 계획이었다. 그리스 신화를 영화화할 아이디어도 여전히 논의 중이었다. 하지만 이런 대작을 위해서는 얼마나 많은 예산이 필요할까? 혹시 어떤 제작자가 'G. 마스토르나의 여행'을 만들 제안을 하지는 않을까? 그리고 왜 '툴룬 기행'의 미스터리를 다시 이야기하지 않을 이유가 있을까?

43. '달의 목소리'(La voce della luna, 1990)

침묵에 대한 향수

1988년 8월, RAI TV는 펠리니의 새 영화 두 편을 제작한다고 발표했다. 먼저 마스트로이안니와 마지나 주연의 연기에 관한 TV 특집 '배우'(Attore)가 준비됐다. 그리고 장편영화 '베네치아'(Venezia)도 준비 중이라고 알렸다. '베네치아'는 '로마' 스타일의 작품이다. 곧 짧은 장면들, 기록들, 비논리적 연결의 챕터들로 구성된 '지어낸 다큐멘터리'(un documentario inventato)가 될 것이다. 일부 장면은 베네치아에서, 그리고 나머지는 전부 치네치타에서 촬영될 것이다. 펠리니는 이 계획을 호기 있게 선언했지만, 불행하게도 '베네치아'는 만들어지지 못했다. 협상이 길게 이어졌고, 몇 달 뒤 펠리니는 자신이 이미 다른 말을 갈아탔다는 점을 알았다.

펠리니는 바뀐 아이디어를 어딘 가에 급히 써놓았다. 이는 프랑크푸르트 도서전시회 관련 기사에서 나왔다. 기사는 1987년 11월에 출간된 에르만노 카바초니(Ermanno Cavazzoni)의 소설 〈광인의 시〉(Il poema dei lunatici)를 다뤘다. 소설가는 레지오 에밀리아 출신의 40대로, 볼로냐대학의 교수였다. 펠리니가 에드거 앨런 포, 페트로니우스, 카사노바, 그리고 '인터뷰'를 만들 때의 약간의 카프카를 제외하고, 책에서 아이디어를 얻는 경우는 거의 없었다. 그렇다고 반드시 그렇게 하지 않는다고 말한 적도 없다. 펠리니는 말년에, 불면증의 결과이기도 하지만, 책을 가리지 않고 많이 읽었고, 현대문학, 특히 이탈리아 문학에 대한 전문가적인 독서가가 됐다. 긴혹 펠리니는 밤새워 소설을 모두 읽고, 다음 날 아침 일찍 작가에게 전화하여, 업적을 축하하며 명석한 분석까지 내놓기도 했다. 카바초니에게도 이런 일이 일어났고, 그를 놀라게 했다. 펠리니는 아침에 작가에게 전화하여 소설이 인류학적 광시곡이라며 상찬했다. 소설은 농촌에서 매일 만날 수 있는 광기를 비추고 있다고 말했다. 펠리니는 이 책의 잠재성을 즉각 알아챘다. 말하자면 그는 이 책 덕분에 자연의 세상, 곧 흙, 계절, 태양과 비, 낮과 밤을 묘사하려던 혼란스럽고 오래된 계획을 다시 떠올렸다. 그는 책에 들어있는 가설을 좋아했다. 곧 밤에 우물의 물은 달에 의해 깨어나, 희미한 메시지를 전달하기 시작하는데, 이는 오직 광인과 방랑자만이 모호하지만 듣는다는 것이다. '길'에서 다뤘던 환상적인 요소가 여기서 다시 나왔다. 덧붙여 피카레스크 소설다운 에너지가 새로 들어있는데, 이는 가끔 희극적으로 보이기도 하지만, 대개는 불안감을 느끼게 했다. 펠리니는 농촌의 문화를 다시 발견하기 위해 카바초니의 인물 가운데 가장 특이한 커플, 곧 웃음을 주고, 약간 돈키호테와 산초 판사 같은 커플을 뒤따르기로 했다. 그 농촌에는 모든 게 들어있다. 이를테면 카톨릭과 이교도의 영향, 파시즘과 소비주의, 유토피아와 타락이 공존한다. 그곳은 공기, 풍경, 강, 초원, 그리고 작은 마을로 이루어진 만화경 같은 공간이다. 이곳엔 그 어떤 논리적인 태도와는 상관없는 인물들이 살고 있다.

펠리니는 잠시 네오리얼리즘으로 돌아갈 생각에 기분이 들떴다. 첫 아이디어는 과거에 '전화의 저편'[1]을 만들 때처럼, 촬영 현장에서 모든 것을 즉흥으로 하는 것이었다. 일을 진행하며 펠리니는 툴리오 피넬리와 공동으로 시나리오 작업을 했고, 두 주일 만에 간단한 스크립트를 완성했다. 9월에 펠리니는 포강 유역을 광범위하게 여행했다. 그리고는 레지올로 근처에 머물렀는데, 이곳에서 당시로는 가제가 '달의 작은 시'(II

---

1   '전화의 저편'은 로베르토 로셀리니 감독의 1946년 작. 펠리니는 그때 조감독
     이었다.

poemetto della luna)였던 이 영화의 촬영을 시작할 계획이었다. 처음엔 브루네토의 농장에서, 그리고는 노벨라라와 포강 사이에서 찍을 것이다.[2] 지역 언론들은 '영화 하는 사람들'이 탈곡 장면을 찍기 위해, 건초 6백 다발을 옆으로 밀어놓았다고 보도했다.

혼란스러운 충동 속에 갈등했지만, 펠리니는 여러 문제는 '인터뷰'처럼 작업을 빠르게 하면 저절로 풀린다고 생각했다. 그는 모든 사람에게 '아무것도 없이 영화를 만들 것이며, 영화는 자율적으로 만들어질 것'이라고 말했다. 그의 이런 주장은 베테랑 제작자 마리오 체키 고리와 그의 아들 비토리오 체키 고리의 입술에 회의적인 미소를 짓게 했다. 이들은 150억 리라의 고예산이 드는 이번 영화를 만들기로 계약한 제작자들이다. 하지만 영화가 완성됐을 때, 펠리니는 제작자들에 대해 이렇게 말했다. "그들은 완벽했다. 나는 그들을 만나지도 않았다. 그렇지만 그들은 내가 원하는 모든 것을 제공해주었다."

펠리니는 여러 미결정 사항을 남겨둔 채, 건설 현장의 완고한 책임자처럼, 하나의 마을을 만드는 데 정신을 집중했다. 펠리니는 건물들, 재료들, 벽돌들, 색깔, 그리고 표지판을 결정하는 작업을 진행했다. 이 마을엔 광장, 교회 그리고 가게들이 있는데, 이번엔 치네치타가 아니라 폰타나 거리에 있는 디노

---

2   모두 이탈리아 북부 포강 유역의 작은 도시들이다.

치타(Dinocittà)[3]의 옛 스튜디오에 건설될 것이다. 그곳엔 얼마 전까지만 해도 미완성작 'G. 마스토르나의 여행'을 만들 때의 유령 도시가 남아 있었다. 여전히 미신을 믿지만, 이번에 펠리니는 범죄의 장소[4]로 돌아가는 것을 별로 신경 쓰지 않았다. 제작자 체키 고리 부자와 합의한 뒤, 펠리니는 '엠파이어 스튜디오'에서 촬영하기로 했다(당시 몇 번의 주인이 바뀐 뒤, 디노치타는 이렇게 불렸다). 왜냐면 치네치타는 이미 큰 건물에 의해 점령돼 있었고('인터뷰'에서 확인할 수 있다), 엠파이어 스튜디오는 도시 외곽에 있어서, 파다니아(Padania)[5]에 있을 법한 공간을 만들 수 있었다. 게다가 제작 본부로부터 아주 가까웠다.

피에트로 노타리안니가 프로듀서로서 다시 제작팀을 총괄했다. 하지만 처음부터 몇 가지 어려움에 부닥쳤고, 그래서 몇 사람을 교체해야 했다. 미술감독 다닐로 도나티는 세트에 대해 불같이 화를 냈고, 그래서 단테 페레티가 그의 자리를 대신 맡았다. 펠리니는 집들을 만드는 것, 길을 배치하는 것, 그리고 세트의 장식을 감수했다. 마을이 살아 있는 것처럼 보일 때, 펠리니는 자신의 내부에서 무언가가 꿈틀거리는 것을 느꼈다. 마을은 실제처럼, 열려 있는 창문들이 있고, 광장엔 신

---

3 제작자 디노 데 라우렌티스의 스튜디오.

4 디노치타를 말함. 과거에 펠리니는 'G. 마스토르나의 여행'의 제작 포기 때문에 디노 데 라우렌티스와 법정 싸움까지 했다.

5 이탈리아 북부 포강 유역을 말한다.

문가판대가, 그리고 카페엔 누군가가 앉아 있었다. 훗날 펠리니는 이렇게 말했다. "내가 이 영화를 끝낼 수 있었던 것은, 내가 마을을 만들었고, 마을은 생명을 얻었기 때문이었다. 나는 레지올로를 만든다던가, 혹은 또 다른 실재하는 이탈리아 마을을 만들려고 하지 않았다. 나는 누군가가 이 마을을 인디언 마을이라든지, 혹은 브라질 마을, 또는 다른 행성의 마을이라고 오인하면 아주 기쁠 것이다." 이것이 이 영화는 '아마코드'가 아니라는 점을 말한다. 곧 유아기의 기억도 아니고, 향수도 아니다.

가장 관심을 자극하는 뉴스는 주역으로 두 명의 유명한 희극배우를 캐스팅한 것이다. 토스카나 출신의 로베르토 베니니는 자신이 감독하고 주연한 영화 '삭은 악마'(Il piccolo diavolo, 1988)로 엄청난 성공을 거두었다. 제노바 출신의 파올로 빌라지오(Paolo Villaggio)는 최근에 '판토치, 연금생활자가 되다'(Fantozzi va in pensione, 1988)를 발표했는데, 이건 시리즈물 영화의 성공작이 됐다. 세트장에서 흘러나온 첫 번째 사진들을 보면, 베니니와 빌라지오의 외모부터 바뀐 것을 알 수 있다. 작은 안경을 낀 베니니는 극 중에서 '시뇨르 살비니(signor Salvini)'라고 불리는데, 정신적인 역할을 맡았고, 우물을 조사하는 엉터리 수사관이다. 회색 수염과 긴 머리를 가진 빌라지오는 전 주지사인 곤넬라 역을 맡았다. 촬영이 진행되는 동안 두 배우와 감독은 언론에 늘 상대방에 대해 최고의 찬사를 표현했다. 그러면서 일종의 삼각형 소통을 통해, 세 유명 영화인들은 서로를 비추고 서로에게 본질적인 존재가 됐다. 이번 작업에 참여한 사실에 큰 기쁨을 느낀 베니니는 펠리니와 다른 스태프에게 애정 어린 별명을 붙여주었고, 그 특유의 번개처럼 빠른 말솜씨로 개그를 하거나 시를 낭송했다. 빌라지오는 상대적으로 내성적이다. 그는 자신을 천생 희극배우라고 여겼다. 그런데 그는 정말로 타고난 배우인지, 그리고 진지한 캐릭터에 함몰되지는 않았는지 의문을 품었다. 빌라지오는 펠리니가 자신의 연기에 만족하지 않을지 걱정했다. 이런 불안들은 곧 필요 없는 것으로 드러났다. 세트장에서의 분위기는 상대에 대한 존중과 진정한 애정으로 흥이 넘쳤다. 모든 사람은 감독에게 확신을 주려고 노력했다. 펠리니는 관객 앞에서 자부심 넘치는 진정성을 갖고, 자기 자신의 위기를 다루는 사이코드라마를 연출하고 있었다. 보통 때처럼, 아니 사실을 말하자면, 보통 때보다 더 자주 펠리니는 자신이 하는 작업에 대해 일말의 아이디어도 갖고 있지 않다고 주장했다. 더 나아가 펠리니는 지금 만드는 동화는 앞뒤가 맞지 않으며, 어떻게 끝낼지도 모른다고 말할 때, 사람들이 자신을 믿어주지 않는다며 화를 내기도 했다.

무대 뒤에서는 작가 툴리오 피넬리와의 작은 위기가 있었다. 몇 년 뒤 피넬리는 이렇게 말했다.

펠리니와 내가 일할 때면 항상 나눴던 총체적인 이해는 '달의 목소리'를 만들 때는 없었다. 처음 시작할 때부터 나는 우리 두 사람이 다른 파동 속에 있다는 점을 말했어야 했다. 그는 영화를 그만의 방식으로, 나는 또 나만의 방식으로 이해했다. 더욱 중요한 점은 펠리니가 자신의 오래된 작업 방식을 바꾼 것이다. 어떤 순간 그는 이렇게 말했다. '나는 시나리오와 대사로 일하던 과거의 방식으로는 작업하지 못하겠어. 나는 윤곽선만 원해. 나머지는 촬영 중에 즉흥으로 할 거야.' 그래서 긴 토론 끝에 우리는 짧은 초안을 만들었다. 내 생각에 그것은 더욱 발전하여, 최종적인 시나리오가 돼야 했다. 그런데 펠리니는 마치 초안이 최종적인 것인 듯 타이프를 쳤고, 작업을 시작했고, 자신이 원한대로 즉흥을 실험했다. 나는 그것이 영화에 상처를 낼 것이라고 여겼다.

하지만 '달의 목소리'에서 일했던 사람들은 그곳이 펠리니의 작업장 가운데 가장 평화롭고 금지가 없던 현장이었다고 기억했다. 2월 22일에 시작된 촬영(늘 그렇듯 비밀스러운 사전 작업이 있었다)이 끝을 향해갈 때, 모든 사람이 빨리 마지막 날이 오기를 기다리기보다는 그날을 두려워했다. 6월 중순에 모든 스태프가 참석하는 마지막 만찬이 있었다. 베니니는 발군의 실력을 발휘하여, 지난 몇 달 동안 일어났던 일과 그때 느꼈던 것을 담은 아름다운 8행시를 지어 낭송했다.

이 영화는 몇몇 신비를 드러내고, 우리를 불가해의 세상으로 끌어가는 것일까? 이 영화가 아기와 같은 순진한 마음으로 질문을 하는 것은 사실이다. 이를테면 죽은 사람과 대화하려는 시도 같은 것이다. "네가 자신에 대해 아무것도 모른다는 게 가능한가? 너는 어디에 있는가?" 또는 살아 있는 사람과는 어떻게 대화하는가 같은 시도도 들어있다. 특히 그들이 아주 다른 유형들인데 말이다. 예를 들어 이보(로베르토 베니니)는 반은 피노키오이고, 반은 자코모 레오파르디(하지만 펠리니는 이 캐릭터는 지금은 잊힌 작가인 얌보[6]의 주인공인 메스톨리노에서 영감을 얻었다고 주장했다)이며, 곤넬라는 전 주지사인데 과대망상증을 앓고 있다. 덧붙여 군중 속에서 등장하는 거의 모든 사람이 자기만의 개성을 갖고 있는데, 외모는 역설적으로 보인다.

인생의 황혼기를 맞아 펠리니는 젤소미나가 걸었던 오래된 길, 곧 유년기 감베톨라(Gambettola)[7]의 마법 같은 환경으로 돌아갔다. 하지만 소비주의에 물든 그 지역은 과잉의 건축물을 가진 기괴한 축제의 장으로 변해 있었다. 지방도 이젠 '달콤

---

6   얌보(Yambo)는 이탈리아의 만화가 엔리코 노벨리(Enrico Novelli)의 예명이다. 환상과 모험 관련 만화를 잘 그렸고, 그의 유명한 캐릭터 중에 하나가 메스톨리노(Mestolino)이다.

7   펠리니가 유년기 한때를 보냈던 그의 부친의 고향.

한 인생'이 됐고, 온갖 저속한 행사들, 곧 뇨키를 먹어치우는 이벤트, 지역의 미인대회, 그리고 정치계와 종교계가 후원하는 천박한 축제들로 넘쳤다. 어디서든 사람들은 소리지르고, 시끄럽게 연주하고, 뛰어다니고, 종종 총도 쏘았다. 이런 소동 속에서 달의 목소리를 영원히 잃을 위기가 왔다. 그 소곤대는 목소리는 단지 상상의 산물이고, 웅얼거리는 소음이며, 미친 사람과 숭배하는 사람들에게만 들릴지도 모른다. 그럼에도 영화에서 미켈루치 형제들이 수행했던 달을 잡으려는 일은 단지 또 다른 혐오스러운 이벤트로 바뀌고 만다. 곧 정치가들은 이를 이용하여 공식적인 정치행사를 만들려고 했다. 그래서 미친 남자 이보 살비니가 당대의 질병에서 찾아낸 도덕은 충분히 되돌아볼 가치가 있다. "우리가 조금 조용히 하면, 무언가를 이해할 수 있을 텐데."

베니니가 남긴 메시지로 영화를 끝맺을 때, 우리는 안타깝게도 침묵과 시와 황홀경의 세계는 이미 잃었다는 사실을 인식하게 된다. 그리고 우리의 운명은 이처럼 지옥 같은 대소동의 와중에서 내세를 향한 좁은 길에 올라섰다는 점도 알게 된다. '달의 목소리'는 '여성의 도시'와 비슷한 광시곡 같은 특성을 갖는다. 시대의 흐름에 역류한다는 점에선 '사티리콘'과 '카사노바'와도 닮았다. 이 영화는 카바초니의 소설에 자신의 아이디어를 투사한 어느 불행한 철학자의 상상이다. 철학자의 1인칭 시점은 영화에서 두 명의 대조되는 인물의 시선으로 나누어져 있다. 곧 창의력이 지나치게 넘치고, 활달하고, 영원한 사춘기의 인물(로베르토 베니니)과 피할 수 없는 인생의 외통수에 걸린 나이든 금욕주의자 인물(파올로 빌라지오)이 그들이다. 좌절되고 어두운 휴식기를 보내고 있는 파올로 빌라지오로부터 '사기꾼들'에서 브로데릭 크로포드가 보여준 간절한 시선을 희미하게나마 볼 수 있을 것이다. 그리고 미인대회의 무대 아래에서 등을 굽히고 무릎을 구부린 채 달리고 있는 베니니를 볼 때, 우리는 펠리니가 마침내 희대의 인형, 곧 작은 도깨비를 발견했다는 점을 알 수 있다. 언론들은 두 사람이 함께 '피노키오'를 만들 계획을 잡았다고 보도했다. 하지만 베니니는 2002년에 혼자 그것을 만들 것이다. 그 영화의 세트와 의상은 펠리니의 남자 다닐로 도나티가 맡는다.

20세기의 마지막 10년이 시작될 때, 펠리니는 자신을 인용하고, 과거의 작품을 다시 방문했다. 말하자면 그는 작품들을 재기억했고, 반복했고, 재발명하고, 그리고 부정도 했다. 니콜라 피오바니의 섬세한 음악 조합은 니노 로타를 반향했다. 곧 명료한 신호, 니노 로타와 비슷한 모티프, 그리고 우울의 해독제 같은 음악이었다. 과거의 아이디어도 다시 돌아왔다. 영화 속에서 오보에 연주자는 "음악은 약속한다. 하지만 그 약속을 지키지는 않는다."라고 말했는데, 이는 사실일 것이다. 낙관주의의 음악들은 '달의 목소리'가 비관주의에 빠질 때 터져 나왔다. 영화에는 연주가 충만한 순간이 있다. 펠리니의 팬들은 감독이 걱정이 많고, 낙담하고 있지만, 존재의 형태를 알수 없는 혼돈에 대한 답을 찾기 위해 그곳에 있다는 사실에서 위로를 받을 것이다. 그 답은 수수께끼 같고, 적대적이고, 조소하고, 심지어 경멸하는 것일 수도 있지만 말이다. 하지만 영화는 스타일 면에서 진지하고, 예술적으로 고급스럽고, 기술적인 면에선 견고했다.

언론들은 1990년 1월 20일, 펠리니의 70회 생일을 축하했다. 그날은 2월 1일 '달의 목소리'가 개봉되기 얼마 전이었다. 영화에 대한 관객의 반응은 뜨거웠다. 그런데 영화를 흠모하는 리뷰를 받았지만, 존중할만한 리뷰는 별로 없었다. 순수한 열광의 순간도 적었고, 비례해서 혹평도 별로 없었다. 영화 산업의 슬럼프를 고려할 때, 흥행에서는 제법 좋은 성적을 냈다. 펠리니는 당시의 주류 관객이었던 젊은이들이 이 영화를 본 사실에 놀랐다. 어떤 이들은 펠리니의 집 앞에 찾아와서, 영화의 유명 대사를 다시 하곤 했다. 그들은 질문하려 했다. 하지만 늘 그렇듯, 펠리니는 이미 다음 국면으로 향했고, 차기작 준비를 하고 있었다. 불행하게도 TV 프로그램을 위한 펠리니의 영화는 공영방송 RAI의 사업부 복도 어딘가에서 엉키고 말았다. 일본인 혹은 러시아인과의 다른 계획들도 실현되지 않았다.

펠리니는 오랜 기간의 휴식기에 들어갔다. 그리고 처음이자 마지막으로 그는 정치적 싸움을 시작했다. TV에 방영되는 영화에 광고가 끼어드는 것을 막으려 했다. 상원에서는 일시적인 성공을 거뒀다. 상원에서는 예상과는 달리 영화 방영 중에 광고가 끼어드는 것을 금지하는 법이 통과됐다. 하원에서는 수정안이 나왔는데, 그건 사실상 광고의 개입을 법적으로 허용하는 것이었다. 제한 사항에 대한 최종적인 결정은 연기됐다. 여기서 1990년 6월 펠리니가 '비디오 편지'(Videolettera, 국립영화제작자협회의 발간물)에서 공개한, 유창하고 냉정한 경고 일부를 인용하는 것은 가치 있는 일일 테다.

우리는 이 문제를 논의하기 위해 여전히 여기에 있다. 그 점을 나는 믿을 수 없다. 말하자면 어떤 한 사람에 대한 공격, 폭력, 무뢰한 같은 태도에 대해 합법성을 논의해야 하는 게 가능한 일인지 묻지 않을 수 없다. 왜냐면 예술 작품은 자기만의 삶이 있고, 그래서 자신의 개성과 인격을 가진 사람처럼 변하기 때문이다. 영화 방영 중간에 다른 게 개입하는 것은 그것의 신체를 절단하고 변형시키는 것과 같다. 그건 내러티브의 구조, 리듬, 감각, 의미를 바꾼다. 따라서 광고의 개입은 일종의 형사법 위반의 행위이다.

어리석음에 대한 펠리니의 불관용은 이미 '진저와 프레드'에서 도출됐다. 그리고 '달의 목소리'의 비관주의는 이탈리아가 힘든 시기를 맞고 있다는 점에 대한 총체적인 이해에서 나왔다. 펠리니가 대단히 중요하게 생각하는 광고의 개입, 곧 TV 방영 중인 영화의 중간에 광고가 개입하는 것은 그에겐 돌이킬 수 없는 퇴보의 신호 같았다.

1990년 5월 18일 '달의 목소리'는 제43회 칸영화제의 비경쟁부문에서 시사됐다. 펠리니는 처음으로 영화제에 가지 않았다. '달의 목소리'의 메시지에 맞춰, 펠리니는 행사들이 자신을 피곤하게 만든다고 주장하며, 또 영원한 혼란 속에 빠진 사회에 기여하는 일은 더 이상 하지 않겠다고 말했다. 예외가 있다면, 9월 15일 펠리니는 우정의 마음으로 베네치아의 리도섬에 있는 '영화의 궁전'(Palazzo del Cinema)에 가서, 마스트로이안니에게 수여되는 평생공로상의 시상자로 영화제에 참석했다. 시상식이 진행되는 무대에서 오래된 두 친구는 서로에게 애정을 표현했다. 하지만 펠리니는 행사가 진행될 때의 무질서에 마음이 상했고, 나쁜 기분을 숨기지 않았다. 그래서 빨리 무대를 빠져나갔다.

'달의 목소리'는 이탈리아 국내에서 특별한 상을 받지는 못했다. 그리고 아카데미상 후보로 이탈리아는 다른 작품을 선택했다. 그런데 일본으로부터 놀라운 소식이 전해졌다. 그것은 '세계문화상'(Praemium Imperiale)[8] 수상 소식으로, 이 상에는 1억 리라의 상금이 수표로 지급된다. 하지만 상을 받기 위해서는 펠리니는 도쿄에 가야만 했다. 여행에 알레르기가 있던 펠리니는 편지를 써서 농담으로 심사위원들을 놀라게 했다.
"할인해줄 테니, 곧 5천만 리라만 받을 테니, 여기 로마의 카노바 카페에 있는 나에게 수표를 보내줄 수 있나요?" 펠리니는 결국 줄리에타 마지나와 함께 여행했다. 이들은 도쿄에 있는 오쿠라 호텔에서 특별한 1주일을 보냈다. 두 사람은 교토도 방문하고, 미유키자 영화관에서 진행된 '달의 목소리' 상영회에도 참석했다. 일본 산업계의 거물인 시카나이 노부타카(불행하게도 그는 며칠 뒤 죽었다)가 후원하는 '세계문화상'은 시각예술 분야 등 예술가에게 수여하는 일종의 노벨상 같은 것이다. 10월 23일 턱시도 복장을 한 펠리니는 엄숙한 시상식에서 이 상을 받았다. 펠리니는, 얼마 후면 일본 천황이 되는 아키히토의 궁에도 초대받았다. 그곳에서 펠리니는 황제의 아내 미치코도 만났다. 공식적인 분위기 때문에 감베톨라 출신의 세일즈맨 아들로서, 펠리니는 이 먼 곳까지 온 점에 대해 불평할 수는 없었다. 하지만 구로사와 아키라와의 저녁 식사는 친밀했고 즐거웠다. 일본식 관습에 따라, 두 사람은 신발을 벗고, 칸다 지역에 있는 유명한 식당인 텐마사의 방바닥에 앉았다. 이들은 생선튀김 요리를 즐겼다. 펠리니는 이번 여행의 모든 점을 좋아했다. 여행은 꿈처럼 집중적이고 짧았다. 특

---

8   상 이름의 뜻은 '황제 상'(Praemium Imperiale)인데, 보통 '세계문화상'이라고
     소개한다. 2001년 한국의 이우환 화가도 이 상을 받았다.

히 그가 좋아했던 것은 일본인들의 예의, 조심성, 그리고 조용함이었다. 일본인들은 길에서 펠리니를 바로 알아봤고, 머리를 숙여 인사하고, 미소를 보냈다. 사실 미소는 줄리에타에게 더 자주 보냈다. 줄리에타는 이탈리아보다 일본에서 더 인기가 높았고, 더 존중받았다. 이번 여행에서 펠리니에게 큰 인상을 남긴 다른 일도 있었다. '길'의 모든 것이 담겨 있는 손바닥 크기의 디스크를 받았다. 디스크는 아직 시장에서 판매되지는 않았다. 그런데 화면과 소리가 완벽했다. 펠리니는 깊게 감명받았다. "일본인들은 거의 40년 전 포노 로마 스튜디오에서 녹음했던 니노 로타의 바로 그 음악을 내게 들려줬다."

펠리니는 다음 해인 1991년 봄, 동생 리카르도가 오랜 기간의 마비를 겪은 뒤, 3월 26일 죽자 큰 슬픔에 빠졌다. 수십 년 동안 두 형제의 관계가 깨진 것은 아니었다. 하지만 존재한 것도 아니었다. 누이인 마달레나는 형제의 균열 때문에 자주 비탄에 빠졌다. 하지만 그녀는 형제들을 이야기할 때면, 늘 같은 마음으로 언급했다. 리카르도의 꿈인 직업 가수가 되는 것, 또 배우가 되는 것은 실현되지 않았지만, 그는 조용하고 부드러운 에피소드 영화 '모래 이야기'(Storie sulla sabbia, 1963)를 연출하며, 형 페데리코의 경력을 뒤따랐다. 리카르도는 TV에서 몇몇 성공작을 내놓기도 했다. 그런데 로마의 동물원에서 다큐멘터리 작업 중일 때, 침팬지가 그의 엄지를 물어뜯는 일이 생겼다. 그 일 이후 사람들이 별문제 없냐고 물으면, 리카르도는 이렇게 대답하곤 했다. "문제는 내가 아니라 침팬지에게 있다. 그가 나의 엄지를 먹은 뒤, 그 어떤 것에도 식욕을 느끼지 못하고 있다." 전형적인 펠리니 스타일의 이 재담은 두 형제가 함께 갖는 유머 감각과 태도를 잘 보여준다. 어떤 이들은 두 사람이 피를 나눈 형제가 아니었다면 가장 친한 친구가 되었을 텐데, 그런 일은 일어나지 않았다고 말했다. 페데리코 펠리니는 동생의 삶과 경력에 전혀 개입하지 않는 냉담함을 보였다. 리카르도는 '아마코드'에 대해 어떻게 생각하냐는 질문을 받았을 때, "나는 보지 않았다."라고 대답했다. 잘못된 형제 관계를 후회하며 고통을 받은 펠리니는 1991년 초에 병원을 몇 번 방문하여, 병 든 동생과 화해의 여지를 찾으려고 노력했다. 병원에서 대단히 슬픈 동생의 모습이 펠리니를 아주 우울하게 만들었다. 관계 회복은 필요 없게 됐다. 그전에 리카르도가 죽고 말았다.

이 시기에 펠리니는 영화에 대한 책 작업을 하며 시간을 보냈다. 어떤 창의적인 작업에 참여한 것은 아니었다. 그의 삶은 여느 때와 다름없이 지나갔다. 그는 전화를 걸고, 사람을 만나고, 아침을 먹으며 구체적인 목적 없이 사업상의 이야기를 나누었고, 좋아하는 식당에서 친한 친구들과 저녁을 먹고, 낮에는 신문을 읽고 밤엔 책을 읽었다. 반쯤 잠든 로마라는 소우주에서는 놀랄 일도 새로운 발견도 거의 없었다. 이런 생활은 전쟁 이후 펠리니가 행해오던 방식과 거의 같은 것이었다. 그는 열려 있었고, 집중했으며, 생각이 깊었고, 항상 준비돼 있었다.

펠리니에 대해 불평하는 사람들도 있었다. 말하자면 펠리니는 지나치게 과거에 집중하며, 이미 말한 것, 이미 써먹은 아이디어를 반복한다는 것이었다. 그래서 시간을 낭비한다고도 했다. 또 어떤 이는 펠리니를 마치 인도의 스승 구루처럼 대하기도 했다. 그가 세상의 운명에 대해 말해주길 바랐으며, 그래서 우리는 무엇을 생각하고 다음에는 무엇을 해야 하는지 말해주길 기다렸다. 또 어떤 이는 펠리니를 어제의 뉴스로 간주했고, 다른 이는 말년의 그가 더욱 고귀한 시각과 더욱 유용한 예언을 가져다줄 것이라고 여겼다. 이런 가설은 1992년 4월, 펠리니가 캐나다의 다큐멘터리 작가 데이미언 페티그루(Damien Pettigrew)와 가진 진지하고 사려 깊은 인터뷰로 확인되는 것 같았다.[9] 이것은 펠리니가 남긴 마지막의 길고 내밀한 대담이 됐다. 그것을 보면 누군가는 펠리니의 경력 모두, 곧 유머가 있는 농담부터 진지한 금욕주의적 형식까지, 다시 말해 '마르카우렐리오'부터 마르쿠스 아우렐리우스까지, 말장난부터 철학까지를 종합하는 좌우명 같은 것을 보게 될 것이다.

---

9   이때의 인터뷰는 '펠리니 또는 삶에 대한 사랑'(Fellini ou l'amour de la vie, 1993), 그리고 펠리니 관련 최고급의 다큐멘터리로 평가받는 '펠리니: 나는 타고난 거짓말쟁이'(Fellini: I'm a Born Liar, 2002)에 남아 있다.

가부장의 가을

펠리니의 마지막 작품의 길이는 불과 7분 이하이다. 아니, 더욱 정확하게 말하면, 펠리니가 '로마은행'(Banca di Roma)을 위해 만들었던 세 개 광고의 총 길이는 6분 10초이다(1:51, 2:10, 2:09). 세 개의 광고에는 모두 똑같은 종결부(광고 대상이 나올 때)가 들어 있다. 그런데 가치를 말하는 데, 길이가 반드시 중요한 것은 아니다. 이를테면 모차르트의 '빈 소나타'(Sonatina Viennese)[1], 피카소의 간단한 스케치, 또는 단지 몇 초만 이어지

---

1 '빈 소나타'는 모차르트의 피아노곡으로, 전체 6곡인데, 연주시간은 모두 30분 정도 되는 짧은 곡들로 구성돼 있다.

는 파바로티의 고음은 가치가 낮은가? 그런 것들은 가치가 없어, 모차르트와 피카소 그리고 파바로티를 대변할 수 없는가? 다른 누가 그런 것을 해낼 수 있을까? 아무도 없을 것이다. 6분의 광고영화는 펠리니라는 이름 때문이 아니라, 세 개의 광고 속에 펠리니가 죽기 1년 전에 유언을 남겼다는 점에서 중요하다. 어쨌든 '유언'은 당시 펠리니가 자주 사용한 단어인데, 그는 역설적으로 재산에 관련된 그 어떤 유언도 쓰지 않았다. 그렇다고 광고를 만들 때 펠리니가 어두운 예감을 가졌다는 것은 결코 아니다. 아니 정반대였다. 광고 제작의 세트장에서 찍은 밝고 화려한 사진들은 펠리니의 마지막 이미지가 됐는데, 그는 기운이 충만했다. 펠리니는 세트에서 여전히 신과 같았다. 행복하고, 미소를 띠고, 애정이 넘쳤다. 그는 40년 경력 동안, 24편의 영화를 만들 때면 늘 그랬듯, 소풍을 이끄는 완벽한 리더였다. 펠리니는 대화를 이끌었고, 재기가 넘쳤고, 소통을 잘했고, 모두의 친구였다. 몇 주간 진행됐던 이 광고영화 만들기는 펠리니에게 삶의 즐거움을 회복시켰다는 점에서 기적에 가까웠다. 삶의 즐거움, 그것은 자기만의 방식으로 작업을 할 수 있는 가능성을 말한다. 곧 세트장에 머물며, 할 것과 하지 말 것에 대한 연출 지시를 하고, 장면과 대사를 즉흥적으로 바꾸고, 자기 주위의 사람들과 관계를 맺는 것 등이다. 게다가 항상 방문자들이 있었고, 그리고 기자들, 카페의 웨이터까지, 이들은 전부 주고받는 것에 기초한 이중적인 관계를 형성하고 있었다.

펠리니의 삶에 있어서, 세 개의 광고영화는 일종의 '인디언 섬머'(Indian Summer)[2]였다. 곧 영화계 가부장의 '황금 가을'이었다. 펠리니는 잠시지만, 창의력의 고삐를 다시 쥘 수 있었다. 이는 1990년 2월 '달의 목소리'를 발표한 뒤, 오랫동안 활동하지 못해 지쳐있던 기간 뒤에 찾아온 예상치 못한 놀라운 선물 같은 것이었다. '달의 목소리'를 편집한 뒤, 처음으로 펠리니는 곧바로 다음 영화에 착수하지 못했다. 제작자들, 관객들, 그리고 주변 사람들 모두 그 사실을 두려워했다. 그들은 펠리니가 시간을 많이 보냈는데도, 새 영화를 시작하지 못한 점을 의식하고 있었다. 펠리니는 TV 영화를 만들었으면 했다. 그는 과거에 준비했던 특집물 '배우'의 아이디어를 다시 떠올렸다. 펠리니는 옛날과 지금까지 함께 했던 배우들 모두를 새 작업을 위해 부르려고 했다. 줄리에타 마지나와 마르첼로 마스트로이안니, 그리고 파올로 빌라지오와 로베르토 베니니까지 모두 불러, 자신들의 직업에 대한 고백과 성찰을 하게 할 계획이었다. 그러면 조용하고, 비싸지 않은 작품이 될 것이다. 하지만 공영방송 RAI는 자기만의 리듬, 장애물과 무관심, 그리고 관료주의와 정치적 시의성 등의 문제를 갖고 있

---

2   가을에 여름처럼 따뜻한 날이 찾아오는 것을 말한다. 삶의 말기에 찾아온 행복한 시기의 비유법으로 쓰인다.

었다. 관련 위원들은 만나지 않았고, 방송사의 간부들은 서명하지 않았으며, 해외의 후원자들도 나타났다가 사라졌다. 그러는 사이, 위대한 '인형 조종사' 펠리니는 2년 동안 아무 일도 하지 못하고 시야에서 점점 멀어졌다. 당시에 펠리니는 건강도 좋았고, 음식도 잘 먹었다. 협상하기 위해 펠리니는 좀 더 야망을 줄이고, 예산도 줄인 작품을 계획했다. 배우들에 관한 영화인데, 단지 자신과 파올로 빌라지오의 대화만으로 만든다고 했다. "빌라지오는 이상적인 마스크를 갖고 있다. 광대의 마지막 변형이다. 나는 1인칭 시점에서 그를 인터뷰할 것이다. 인터뷰는 숨기는 게 없고, 부끄러움 없이, 삶과 일에 대한 수다 같은 게 될 것이다." 믿어지지 않게도, 이렇게 대단히 간단해진 계획도 발전되지 못했다. 펠리니는 그 계획에 대해 말하지 못한다는 사실에 매우 낙담했다. 가장 좋지 않은 순간은 자신이 은퇴 당한 것 같았고, 그래서 다른 사람들을 위로하고 있는 자신을 발견했을 때다 "그렇지 않아. 잘될 거야."

사실은 전혀 잘되지 않았다. 1992년 1월 19일, 펠리니의 생일 하루 전에, 일간지 코리에레 델라 세라 1면에는 '펠리니, 생일에도 일하지 못하다'라는 제목으로 기사가 실렸다. 부제는 '펠리니의 72회 생일. 그는 2년 동안 일하지 못했다. 이탈리아 영화에 무슨 일이 생겼는가?'였다. 1년 뒤인 1993년, 곧 펠리니가 죽는 그해, 1월 21일 자에서 코리에레 델라 세라는 같은 상황을 다시 묘사했다.

> 지난해 우리 신문은 페데리코 펠리니의 72회 생일을 맞아 1면에 사뭇 씁쓸한 기사를 썼다. 우리는 가장 사랑받고, 재능 있는 감독이 일을 못 하고 쉬고 있는 점에 대해 공영방송국 RAI와 이탈리아 영화계 전반을 비판했다. 즉각적인 답변들이 날아왔다. 그렇지 않다는 항의들, 편지들과 전화들, 그리고 안심시키는 답변들이었다. 사람들은 항의했다. '그렇지 않다! 무슨 말을 하는 거야? 우리는 여기 있어. 우리는 그를 위해 준비돼 있어...' 하지만 다시 파티는 끝났고, 아무런 일도 일어나지 않았다.

기사는 아카데미에서 평생공로상(1993년 3월)을 받을 펠리니를 축하하며, 당시 공화국 대통령인 스칼파로에게 펠리니를 종신 상원의원으로 임명하라고 제안했다. 하지만 펠리니는 9개월 뒤 죽었고, 대통령 궁으로부터 그 어떤 소식도 듣지 못했다. 단, 그가 죽은 뒤 정부는 장례식을 사회장으로 할 것을 발표했다.

이런 상황에서 펠리니는 1992년 로마은행으로부터 세 개의 광고영화를 만들어달라는 제안을 받았다. 그 기획이 어떻게 시작됐는가에 대해선 여러 의견이 있다. 어떤 이는 파올로 빌라지오가 먼저 캐스팅됐고, 그가 연출자로 펠리니를 추천했다고 말했다. 다른 이는 역할이 뒤바뀌었다고 말했다. 다시 말해 은행 총재 체사레 제론치가 먼저 펠리니를 만났고, 펠리니는 빌라지오에게 전화했다는 것이다. 어쨌든 펠리니는 1992년 2월 18일 긴 편지를 보내며, 은행의 제안을 수락했다. 편지에서 펠리니는 진심으로 감사를 표했고, 은행계에 대한 추상적인 생각들을 관객들에게 이해하기 쉽고 연민을 갖도록 만든다는 분명한 의견을 냈다.

"은행들은 대리석 건물들, 화폐에 관한 근엄한 차원, 출납원과 회계원의 복잡함으로 먼저 다가온다. 그래서 은행은 존중보다는 공포로 먼저 인식된다. 어쩌면 피할 수 없는 소외의 느낌마저 있다. 이런 이유로, 광고의 메시지는 반드시 정반대의 방법으로 소통돼야 한다. 광고는 은행이 친절하고, 쉽게 다가갈 수 있고, 도움을 줄 수 있는 곳으로 만들 것이다."

광고의 주제에 대해 솔직하게 말하는 '총재에게 보내는 편지'는 마케팅 전문가들에 의해 연구될만한 작은 걸작이었다. 펠리니의 조심스럽고, 생각이 깊고, 지적이고 자극적인 접근은 그 특유의 절대적인 진지함을 확인하는 것이었다. 그럼으로서 펠리니는 소통의 방법에 도전하려 했다. 펠리니에게 설렁설렁 일하는 직업이란 존재하지 않는다. 그는 자신을 위해서도 '오케스트라 리허설'의 도입부에 나왔던 메시지를 마음에 새겼다. "생존의 비밀은 자신의 악기를 잘 연주하는 것이야." 편지는 광고의 플롯을 어떻게 짤지에 대한 아이디어도 넘쳤다. 아쉽게도 그런 아이디어는 최종적으로는 사용되지 않았다. 펠리니의 풍부한 상상력은 늘 그렇듯 놀랄만한 수준이었다. 새 작품에 대한 펠리니의 개방성은 자신의 언어로 시사지 '마르카우렐리오'의 페이지를 채우던 젊은 시절 그대로였다. (펠리니가 자신의 이런 개방성을 충분히 개발하지 않은 것은 애석한 일이다. '카메라 만년필' 이론에 따라 영화에서도 그 작업을 계속 이어갈 수 있었을 것이다). 펠리니가 제론치 총재에게 보낸 아이디어에는 꿈은 물론 현실적인 스토리도 포함돼 있었다. 하지만 최종적으로 광고영화는 꿈에만 기초해서 만들어졌다. 세 개를 모두 보면, 광고는 미완성작 'G. 마스토르나의 여행'의 리허설 같았다. 광고는 판타지와 꿈으로 이루어졌는데, 그건 펠리니가 지난 25년 동안 해오던 것이었다.

첫 번째 꿈에서, 파올로 빌라지오는 터널 속을 운전하고 있다. 중압감을 풀어주는 로시니의 음악이 배경으로 흐른다. 사랑스러운 순간은 천둥처럼 깨지는 소리로 갑자기 중단된다. 터널의 표석과 물이 떨어지기 시작하고, 길이 갈라지고, 시멘트 덩어리가 굴을 막아버린다. 지금 주인공은 꿈을 꾸고 있는데, 그 꿈은 바로 악몽이다. 그는 침대에서 뛰쳐 나와, 자신의 정신분석의인 페르난도 레이(루이스 부뉴엘의 유명 배우)와 얼굴을 맞대고 앉아 있다. 의사는 환자를 이렇게 안심시킨다. "이제 당신은 좋은 꿈을 꿀 것이요. 로마은행이 안전을 제공하는 덕분이요." 곧이어 은행의 문은 활짝 열리고, 파올로 빌라지오는 커다란 은행의 한복판에서 파자마를 입은 채 자신의 침대 위에 있다. 한 가지 기억할 게 있다. 펠리니는 자신이 정신 분석의로 연기하면 큰 보수를 받는다는 제안을 받았다. 펠리니 자신이 그렇게 부자도 아니었기에 노년에도 불구하고 도전을 할 수도 있었을 것이다. 펠리니는 그 제안을 거절했다.

두 번째 꿈에서, 빌라지오는 세일러복을 입은 소년 학생으로 나온다. 그는 이국적인 미인을 따라 지하로 내려간다. 그때 눈에 빛이 나는 사자가 바로 앞에 나타난다. 그런데 이상하게도 야수는 갑자기 울기 시작한다. 소년도 흐르는 눈물을 멈추지 못한다. 정신분석의가 이번에는 이렇게 처방을 내린다. "왜 당신은 사자를 지하에 두면서, 그를 모욕하고 수모를 주느냐? 만약 당신이 잘살고 싶다면, 안전이 필요하다. 로마은행에서는..."

세 번째 마지막 꿈(이 꿈은 펠리니 〈꿈의 책〉의 1974년 10월 30일자에 나온다)에서 빌라지오는 아름다운 배우 안나 팔키와 함께 시골 들판에서 아침을 먹고 있다. 그는 갑자기 자신의 의자 다리가 기차의 궤도에 끼었다는 점을 알았다. 그리고 팔키는 나무 위로 올라가, 기차가 점점 다가오고 있다고 경고한다. 운 좋게도 그때 정신분석의가 나타나 이렇게 말한다. "당신 혼자 상황을 개선할 수는 없다. 반드시 안전을 확보해야 한다." 그리고 다시 로마은행이 마지막에 나온다.

여기서 의미 있는 일이란, 펠리니가 은행 광고를 위해 작은 이야기들을 만들어내기로 했을 때, 오래전부터 기록해왔던 자신의 꿈을 이용하기로 한 점이다. 사실 삶의 마지막에서, 펠리니는 결코 만들지 못했던 위대한 영화 'G. 마스토르나의 여행'의 그림자가 더욱 무겁게 느껴졌다. 그리고 그 영화를 만들지 못한 점을 매우 후회했다. 작가 에르만노 카바초니는 '달의 목소리'를 촬영할 때, 펠리니는 그의 소설은 별로 각색하지 않았고, 대신 'G. 마스토르나의 여행'의 분위기와 테마를 다양하게 변주하고 있음을 인식했다고 말했다. 은행 광고영화에도 같은 일이 일어났다. 펠리니는 자신이 계속해서 제작을 연기했던 그 영화를 다시는 만들지 못할 것이란 사실을 알았다. 그래서 그는 그 영화에 대한 광고를 섞었다. 아마 비평가들은 이런 점을 알아낼 수도 있었을 것이다. 하지만 그 사실을 아는 사람은 거의 없었다. 1992년 9월 9일, 베네치아영화제에서 은행 광고영화는 상영됐다. 거의 관심을 받지 못했고, 관객은 스무 명 정도 들어왔다. 위대한 마법사는 자신의 매력을 잃었을까?

위대한 미래가 시작되다

나는 무엇을 해야 할까? 나는 여행하는 걸 좋아하지 않는다. 나는 미술관에도, 영화관에도, 극장에도 가지 않는다. 하지만 로마는 항상 존재한다. 이것은 사실이다. 그리고 나의 '인민광장'(Piazza del Popolo)[1]도 존재한다. 하지만 나에겐 친구가 없다. 나는 거대한 열정이라는 재능도 없고, 나에겐 일이 전혀 없다. 모든 이들이 나를 기념비처럼 대한다. 누구도 내게 영화를 만들게는 하지 않는다. 나에게 일이란 존재의 바다로 내려갈 수 있게 하는 잠수복이다.

---

1   로마에 있는 대표적인 광장 가운데 하나.

이제 나는 잠수복 없이 가야만 한다. 하지만 나는 물고기가 아니다. 혹은 물고기일지도.

사실에 매우 가까운, 무장해제된 이 고백은 펠리니와의 사랑을 암시하는 수많은 소설 가운데 하나에서 나온다. 그건 네덜란드 출신의 아름다운 여성 로지타 스텐벡(Rosita Steenbeek)이 쓴 〈마지막 여성〉(L'ultima donna)이란 소설이다. 작가는 자신과 직접 관계없는 척 쓰고 있지만, 다루는 내용은 펠리니와의 관계임을 짐작할 수 있다. 소설에서 펠리니는 마르첼로 레오니라는 이름으로 불린다. 그는 더욱 쉽게 식별할 수 있는 소설가 알베르토 모라비아의 사랑의 경쟁자로 등장한다. 이는 판타지인가 혹은 사실인가?

인생의 막바지에 꽉 막혀 있던 상황과는 아주 대조되게, 1993년 초, 곧 펠리니와 마지나의 결혼 50주년에 희소식이 도착한다. 1월 20일, 펠리니는 그의 73회 생일에, 아카데미가 그에게 평생공로상을 수여하기로 했다는 소식을 듣는다. 기자들이 몰려오고, 코멘트를 따려고 경쟁할 때, 펠리니는 간단히 이렇게 말한다. "이 상으로 일을 할 수 있으면 좋겠다." 그는 거의 모든 곳으로부터 축하를 받았다. 특히 펠리니는 즉각적으로 나오는 박수를 받았을 때 더욱 감동했다. 이를테면 택시 운전사들, 집시들, 인민광장에 있는 그의 단골 카페인 '카노바 카페'(Caffè Canova)의 웨이터들이 박수를 보낼 때다. 하지만 그의 건강 문제 때문에 L.A.까지의 여행은 가능할 것 같지 않았다. 과거의 졸도 사건 이후, 펠리니는 대동맥류를 앓았고, 이것 때문에 목에 관절염이 생겼고, 현기증을 자주 느꼈으며, 다리 한쪽에 순환문제까지 갖고 있었다. 언론인 빈첸초 몰리카에 따르면, 어느 날 밀라노에서 함께 걷고 있을 때, 펠리니는 갑자기 방향을 틀더니, "개야! 개야!"라며 소리를 질렀다. 그때 펠리니는 정강이에 찌를 듯 아픈 통증을 느꼈는데, 개가 자신을 물었다고 생각했다. 몇 분이 지난 뒤에야 사실을 알았다.

그 사고 이후, 펠리니는 서 있는 것을 힘들어했고, 다시 쓰러질지 모른다는 두려움을 느꼈다. 이런 증상들을 고려하여, 펠리니는 캘리포니아로 가지 않기로 했으며, 몰리카에게 아카데미에 감사 인사를 전하는 비디오를 녹화해달라고 부탁했다. 펠리니는 스튜디오 '사사 루브라'에서 오후 내내 영어 연설을 준비했다. 늘 그렇듯 디테일에 집중했고, 또 편집은 스스로 하려고 했다. 그런데 줄리에타 마지나가 마지막에 그의 마음을 바꾸었다. 그를 설득하여 여행의 위험을 마주하게 했다. 펠리니는 다시 할리우드에 도착했고, 베벌리 힐튼 호텔에 숙박했다. 그는 몸이 좋지 않아, 호텔에서 바로 이탈리아인 의사를 불렀다. 의사는 가능한 한 빨리 수술을 받을 것을 제안했다.

3월 29일 펠리니는 소피아 로렌과 마르첼로 마스트로이안니가 수여하는 상을 받기 위해, '도로시 챈들러 파빌리온'(Dorothy Chandler Pavilion)의 무대 위를 조심스럽게 몇 발 걸었다. 그는 연설에서 자신이 그렇게 자주 했던 즉흥은 할 수 없었다. 연설은 반드시 30초 안에 끝나야 했고, 프롬프터에 있는 대로 말해야 했다. 하지만 나이 든 '쇼맨'은 자신의 불안정한 영어로 짧은 연설을 하며 관객들을 기쁘게 하고, 또 감동하게 했다.

나에게 이런 기분을 느끼게 한 모든 여러분에게 감사한다. 이런 상황이라면 관대해지고, 모든 사람에게 감사를 표하는 것은 쉬운 일일 테다. 당연히 나는 나와 함께 일했던 모든 사람에게 감사를 전하고 싶다. 그 모두의 이름을 댈 수는 없다. 하지만 오직 한 명의 배우 이름을 말하게 해달라. 그는 나의 아내이기도 하다. (객석을 바라보며) 사랑하는 줄리에타, 감사합니다. 하지만 제발 울지 마세요. 감사합니다.[2]

이후의 라디오 인터뷰에서 펠리니는 약간 반어법적인 내용을 보탰다. "나는 지금 죽을 수 없다. 나는 대단한 만족감을 느낀다. 그래서 지금 죽어야 할 이유를 모르겠다. 아마도 이런

---

2   무대 아래서 그 연설을 듣고 있던 줄리에타 마지나는 몹시 울고 있었다.

이유일지도 모른다. 다시 말해 나는 불멸을 확신할 수 있는데, 왜냐면 죽음은 더 이상 의미가 없고, 모든 좋은 일들이 가능하며, 그리고 애정과 존중을 드러내는 모든 것이 이번 경우에 다 왔기 때문이다."

축제가 끝난 뒤, 그는 로마로 돌아왔고, 일상은 과거처럼 흘러갔다. 영화 만들기 계획은 여전히 없었고, 펠리니의 건강은 악화됐다. 몇 번의 숙고 뒤에 펠리니는 대퇴부 동맥에 혈관형성수술을 받기 위해, 6월 16일 취리히에 있는 칸토날 병원에 입원했다. 오전 7시 30분에 시작된 어려운 수술은 정오에 끝났다. 하지만 1시간 후 펠리니는 내부 출혈 때문에 또 다른 수술을 받아야 했다. 수술과 세 번의 마취에는 모두 합쳐 14시간이 걸렸는데, 중간에 심장혈관 우회 수술까지 받았다. 6월 28일 퇴원한 펠리니는 줄리에타와 함께 몇 주 동안 취리히에 머물렀다. 그리고는 리미니로 옮겼다. 8월 3일, 펠리니는 누이 마달레나와 그의 남편인 조르지오 파브리와 함께 그란드 호텔에서 아침을 먹었다. 그리고 자신이 묵고 있던 스위트 룸 315호에 돌아갔는데, 오후 3시 30분에 쓰러지고 말았다. 그는 인페르니 병원에 입원했다. 의사가 진단을 내렸다. 뇌의 국소 빈혈로 몸의 왼쪽에 마비가 왔고, 이는 운동 능력을 악화시킨다고 했다. 의사의 결론은 대단히 조심해야 하지만, 재앙적이지는 않다는 것이었다. 이 뉴스는 마치 폭탄처럼 여름의 신문을 뒤덮었다.

기자들, 친구들, 단지 호기심을 가진 사람들이 우르르 병원으로 몰려왔다. '인터뷰'를 함께 썼던 작가 잔프랑코 안젤루치는 어떤 매력적인 중년 부인을 만났다. 그 부인은 끈기 있게 홀에서 기다리며, 주기적으로 환자의 상태에 관한 뉴스를 묻곤 했다. 안젤루치는 펠리니 인생의 세세한 부분과 은밀한 부분까지 소설화한 작품 〈페데리코 F.〉(Federico F.)에서 그 부인의 특별한 이야기를 회고했다. 부인은 배우였던 엘레오노라 디오다티인데, '사기꾼들'을 찍을 때 펠리니를 처음 만났고, 수십 년 뒤 '달의 목소리' 때 다시 만났다. 아마도 두 번째 만남이 특별히 따뜻했던 것 같다. 그때 펠리니는 마지막으로 비밀스러운 열정을 터뜨렸을 것 같다. 당시에 펠리니가 그린 29점의 그림으로 이를 추측할 수 있다. 그림들은 펜, 굵은 펜, 굵은 연필, 그리고 수채물감 등으로 그려져 있다. 디오다티는 그림들을 갖고 있었고, 그것들은 피카소가 말년에 그린 그림들처럼 활기차 있었다. 안젤루치는 그림들을 '사랑과 포기에 대한 에로틱한 행복감'이라고 해석했다. 하지만 그림들은 어떤 설명도 뛰어넘는 놀라움 그 자체였다. 그림들은 괴기했고, 광적인 섹스 장면이 많았고, 잔인할 정도로 반어법적이고 가끔 코믹했다. 그런데 그림들은 펠리니의 또 다른 비밀스러운 면모에 대한 증거이기도 하지만, 동시에 화가로서의 재능이 더 발전했음을 보여주는 증거이기도 했다. 캐리커처들, 무대와 의상을 위해 그렸던 스케치들, 이것 이외에도 펠리니가 남긴 여러 종류의 스케치들은 공격적인 표현주의 스타일인데, 이들은 인물 묘사에 대한 그의 독특한 감각이 계속 발전했음을 보여주고 있다. 삶의 말년에, 펠리니는 그가 젊은 시절부터 원했던 화가가 되어 있는 것 같았다.

펠리니의 회복은 더뎠고, 그가 신체 기능을 되찾을 가능성은 거의 없었다. 8월 30일 그는 페라라의 산 조르지오 병원으로 옮겼다. 그곳에서 펠리니는 더 큰 우울증을 느꼈지만, 각고의 노력을 통해 자신의 몸을 어떻게 움직일지 조금씩 알아갔다. 회복의 진척은 느렸다. 그런데 줄리에타가 큰 병에 걸려 쓰러졌다는 소식을 들었을 때, 펠리니는 아내를 보기 위해 로마의 병원으로 옮겨달라고 요구했다. 의사의 허락도 받지 않았고, 대단히 고통스러웠던 여행은 신문의 1면을 장식했다. 10월 1일 줄리에타는 터번을 쓰고, 남편을 보기 위해 병원에 왔다. 터번은 화학요법 때문에 빠진 머리를 가리기 위한 것이었는데, 별로 성공적이지 못했다. 펠리니는 자신의 재활에 회의적이었고, 그래서 집으로 가기를 원했다. 하지만 10월 9일 펠리니는 로마의 움베르토 1세 종합병원으로 옮겨졌다. 공교롭게도 펠리니는 동생 리카르도가 죽었던 1층의 그 방에 입원했다. 펠리니는 잠을 자지 못했고, 또 밤이면 극심한 공포에 빠졌다. 펠리니는 친구인 화가 리날도 제렝에게 며칠 밤을 함께 보내자고 청했다. 펠리니는 불안에 휩싸였고, 갑작스러운 호흡 장애를 일으켜, 제렝은 한숨도 잘 수 없었다.

이런 비극의 시기에도 펠리니의 쾌활한 성격을 엿볼 수 있는 일들이 있었다. 빈첸초 몰리카가 쓴 책 〈페데리코 펠리니, 텍스트의 작가〉(Federico Fellini autore di testi)에는 이런 작은 이야기가 전한다. "나는 펠리니가 혼수상태에 빠지기 하루 전날, 그를 마지막으로 봤다. 그때 리날도 제렝이 잡지를 하나 들고 왔는데, 표지에는 육감적인 배우 발레리아 마리니(Valeria Marini)가 찍혀 있었다. 사진에서 마리니는 카메라로부터 약간 떨어져 있었고, 얇은 옷을 입고 있었는데, 거의 누드나 다름없었다. 페데리코는 제렝에게 잡지를 달라고 했다. 그리고 그녀의 엉덩이 위에 작은 인물 그림을 그리며 '바로 여기 머물고 싶어.'라고 말했다. 풍선을 들고 있는 작은 머리의 인물은 펠리니가 젊은 시절 잡지 '420'(Il 420)에서 그렸던 만화의 인물과 같은 모습이었다."

이후 펠리니의 몸 상태는 변함이 없었고, 어떤 특별한 관심을 가질 징조 같은 건 없었다. 10월 17일 일요일, 의사들은 펠리니가 외출하여, 줄리에타와 친구들과 함께 포르타 피아에 있는 식당에서 점심을 먹는 것을 허락했다. 식사 이후 동료들은 펠리니를 카포 레 카제 거리 18번지에 있는 새로운 사무실로 데려갔다. 제렝이 사는 바로 그 건물이었다. 펠리니는 그곳을 좋아했고, 그곳에서는 일을 잘 할 수 있을 것 같다고 느꼈다. 그가 말하는 것을 들으면, 펠리니는 이제 더 이상 영화 만들기는 염두에 두고 있지 않았다. 대신 그림 그리기를 심각하게 고려했다. 실제로 펠리니는 친구들에게 이젤, 붓, 그리고 물감을 갖다 달라고 요구했다. 펠리니는 자신의 평화로운 사무실에서 그림 도구들을 이용할 수 있기를 바랐다.

이런 아름다운 계획은 병이 회복될 수 없다는 충격에 대한 타협이었다. 하지만 이는 실현되지 못했다. 그는 로마의 종합병원으로 돌아갔고, 침대에서 저녁을 먹는 동안 갑자기 목이 질식하는 것을 느꼈다. 이후 혼수상태에 빠졌고, 며칠 동안 그런 상태가 이어졌다. 언론은 펠리니의 건강 상태에 대해 수많은 뉴스를 쏟아냈다. 혼수상태가 이어지자, 언론은 생명 유지 시스템을 지나치게 유지하는 것이라고 격정을 토했다. 펠리니는 혼수상태에서 돌아오지 못했다. 그는 10월 31일 한낮에 죽었다. 그날은 50주년 결혼기념식 바로 다음 날이었다. 기념식은 물론 하지 못했다. 펠리니는 인생의 마지막 막을 마치 자기 영화의 그것처럼 만든 것 같다. 그의 영화는 결코 '끝'(fine)이라는 단어로 종결되지 않는다.[3] 펠리니는, 끝은 수많은 작은 디테일을 거친 뒤, 차근차근 도착한다고 생각했다. 그러므로 영화의 끝을 가리키는 정확한 순간은 없다는 게 펠리니의 믿음이었다.

펠리니의 죽음에 대한 소식이 남긴 고통은 일일이 묘사할

---

3   초기 영화를 제외하고, 펠리니의 영화에는 마지막에 '끝'(fine)이라는 단어가 올라오지 않는다.

수 없는 수준이었다. 펠리니는 아카데미상을 받을 때 입었던 턱시도를 입고 있었다. 11월 2일 그의 관은 방문객에게 보여주기 위해 치네치타의 '스튜디오 5'에 놓였다. '인터뷰' 때의 밝은 청색 풍경 앞이었다. 세트의 일꾼들이 무료로 그 배경을 만들었다. 고요하고 끝없는 방문객 줄이 이어졌다. 어떤 사람들은 그날의 방문객 수가 7만 명 정도였다고 알렸다. 공식적인 장례식은 에제드라 광장(Piazza Esedra)에 있는 산타 마리아 델리 안젤리 교회(Basilica di Santa Maria degli Angeli, 천사의 산타 마리아 교회)에서 거행됐다. 보기에도 대단히 병들어 있던 줄리에타도 참석했는데, 그는 5개월 뒤인 1994년 3월 23일 죽었다. 펠리니의 시신은 마지막 인사를 위해 리미니로 옮겨졌고, 그는 가족묘에 묻혔다. 전 세계의 언론은 그 소식을 휴머니티의 커다란 손실처럼 다루었다. 애정 어린 통곡이 터지는 와중에, 어떤 확신을 묘사하는 이런 희망찬 헤드라인이 돋보였다. "펠리니를 위한 위대한 미래가 시작되다."

감사의 말

이 전기는 나의 이전 판본인 〈펠리니〉(Fellini)를 새로 개정하고 증보한 것이다. 이전 판본은 카무니아(Camunia) 출판사에서 1987년 5월에, 그리고 리촐리(Rizzoli) 출판사에서 1988년 9월에 출간됐다. 펠리니의 삶과 작품을 재구성하는 일은 많은 부분 40년 이상 이어진 우정의 기억과 그가 죽기 전후에 쓴 나의 기사들과 책에 기초하고 있다. 강조하고 싶은 게 몇 개 있다. 〈페데리코 펠리니와 함께 '달콤한 인생'에 관해〉(Su la dolce vita con Federico Fellini, 1960. 증보판은 1996), 〈'영혼의 줄리에타'에서의 긴 인터뷰〉(L'intervista lunga in Giulietta degli spiriti, 1965), 〈줄리에타 마지나〉(Giulietta Masina, 1991), 〈그날 이후의 펠리니〉(Fellini del giorno dopo, 1996), 〈치네치타의 봄-'달콤한 인생'의 전환점을 맞은 이탈리아 영화〉(Primavera a Cinecittà- Il cinema italiano alla svolta della 'Dolce vita', 1990) 등이다. 그의 습관이나 알려진 소문과는 달리, 페데리코 펠리니는 이 전기의 첫 판본 원고를 꼼꼼하게 모니터하고, 타당성을 확인해주었다. 그는 쉽게 잘 잊는다고 말했지만, 비상한 기억력을 갖고 있었고, 자료에 의존하는 것은 하나도 없었다. 사실 그는 기억을 도울 아무것도 갖고 있지 않았다. 기억에 관련된 편지, 계약서, 비평기사, 사진 같은 게 전혀 없었다. 그는 모든 것을 찢어 버렸다. 그는 이것을 '살인자의 콤플렉스'라고 말했다.

  이 책은 또 지난 50년 이상 펠리니와 관련된 다양한 사람들을 만나 나눈 끝없는 대화에 기초하고 있다. 펠리니의 정기적인 만남 대상이 아닌 사람도 포함됐다. 나는 그런 대화를 친구에 관해 말하는 순수한 즐거움으로 경험했다. 이 책에 관련된 사건과 테마에 관해 설명했던 수많은 사람의 이름을 모두 기억하는 것은 나로서는 불가능한 일이다. 그들 가운데는 이미 죽은 사람도 있다. 그 사람들을 큰 애정으로 기억하고 싶다. 줄리에타 마지나, 릴리아나 베티, 살바토 카펠리, 알랭 쿠니, 루이지 데 라우렌티스, 잔니 디 베난초, 리카르도 펠리니, 클레멘테 프라카시, 피에로 게라르디, 루이지 지아코지, 루제로 마카리, 오텔로 마르텔리, 마르첼로 마스트로이안니, 알레산드로 폰 노르만, 앤서니 퀸, 피에르 파올로 파졸리니, 프랑수아 페리에, 엔초 프로벤찰레, 마시모 미다 푸치니, 니노 로타, 루이지 로베레, 스테파노 반치나(일명 '스테노'). 이 명단은 계속 이어질 수 있지만, 여기서 멈추겠다. 그리고 나는 행복한 마음으로 또 다른 많은 사람, 살아 있는 사람들인데, 아카이브, 연구소, 필름 보관소, 박물관 등에서 내가 연구를 계속하도록 돕고, 영화를 보게 하고, 자신들을 다시 만나게 허락해준 사람들에게도 감사한다. 하지만 그 목록은 너무 길 것이며, 나는 틀림없이 누군가를 빼먹을 것이다.

　내 생각에, 나는 펠리니에 관련된 것이라면 거의 모든 인쇄된 것(기사, 에세이, 또는 책)을 읽고, 또 읽고, 주석을 달고, 어떤 경우에는 그런 것들과 경쟁했다. 그래서 나는 여기에 참고도서 목록을 따로 정리하지 않았다. 이미 발간된 그런 책들은 쉽게 손에 넣을 수 있다. 하지만 몇 권만 강조하고 싶다. 우선 1978년에 발간된 광대한 자료 도서 두 권이 있다. 하나는 바바라 앤 프라이스와 테오도르 프라이스가 쓴 〈페데리코 펠리니: 주석을 단 국제 참고도서〉(Federico Fellini: An Annotated International Bibliography, Metuchen, N.J. and London, Scarecrow), 또 다른 하나는 존 C. 스텁스의 〈페데리코 펠리니: 참고도서와 자료 안내〉(Federico Fellini: A Guide to References and Resources, London/Boston, G.K. Hall & Co.)이다. 마르코 베르토치가 뼈를 깎는 노력을 기울인 세 권짜리 책 〈문헌 펠리니〉(BiblioFellini)도 있다(연구원 주세페 리치와 시모네 카세베키아 참가). 2002년 국립영화학교(첸트로 스페리멘탈레)와 페데리코 펠리니 재단에 의해 3권 중 첫 번째 책이 발간됐다. 피터 본다넬라의 〈페데리코 펠리니의 영화〉(Il cinema di Federico Fellini)는 사실에 엄격하고, 주석이 광대하고, 중요한 수기 원고와 자료를 잘 이용하고 있다. 이 자료들은 인디애나 대학에 있는 '릴리 회귀본 도서관'에서 구한 것이다. 만약 당신이 더 많은 자세한 읽기를 원한다면, 이 책 속에서 내가 언급한 많은 자료(책)를 주목하면 된다. 하지만 전기적 사실을 다룬 책들을 읽을 때는 아주 조심할 필요가 있다. 특히 펠리니와의 로맨틱한 관계를 말하고 있는 여성 저자들의 책을 읽을 때는 더욱 그렇다.

새로운 전기(나로서는 이게 결정판이다)를 발간하며, 나와 아주 가까웠던 사람들에게 감사를 표하지 않고 글을 마칠 수는 없다. 곧 잔프랑코 안젤루치, 알레산드라 레반테지, 그리고 빈첸초 몰리카가 그들이다. 이들이 나의 원고를 지칠 때까지 읽어주었고, 종종 큰 도움이 되는 제안을 해주었다. 그리고 나는 비할 데 없는 친구였던 고(故) 레오폴도 트리에스테에게 특별한 감사를 보내고 싶다. 그가 50년도 더 전에, 나를 편하게 펠리니의 서클 속으로 끌어들였다.

편집부에도 나는 다시 감사를 표해야 한다. 파라르, 스트라우스, 지루는 굳건한 프로 정신을 보여주었다. 그리고 섬세한 편집을 이끈 데니스 오스왈드에게 감사한다.

-2002년 툴리오 케치치

꿈과 기억의 주술사

펠리니는 어릴 때 서커스단의 광대가 되고 싶었다. 해프닝으로 끝났지만, 서커스단에 들어가려고 심지어 가출도 했다. 그들은 웃기고, 재주도 넘고, 마술도 부렸다. 현실에서 가능할까 싶은 묘기도 보여주고, 어떨 때는 눈물이 나는 슬픈 연기도 펼쳤다. 소년 펠리니는 그런 서커스의 세계에 매료됐다. 그건 소원성취의 꿈처럼, 이룰 수 없는 꿈을 눈앞에 펼치는 신비의 세상이었다. 펠리니의 영화가 그럴 것이다.

광대를 꿈꾼 소년 펠리니

소년의 꿈이 세상과 만나 엄청난 반향을 불러온 작품이

'길'(1954)이다. 펠리니 자신은 가출을 시도했지만, 상상의 세계에서는 젤소미나(줄리에타 마지나)가 서커스 하는 사람 참파노(앤서니 퀸)에게 팔려가는 것으로 바꾸어 놓았다. 말하자면 차라리 누군가 나타나서, 가출도 못 하는 나를 이 질곡에서 구해줬으면 하는 무의식적 바람이 작동했을 것이다. 폭력적 가부장 같은 참파노, 억압된 '노예' 젤소미나, 세상에 나가 서커스를 하며 밧줄을 타듯 모험하는 불안한 삶, 이 모든 것은 소년 펠리니의 마음속에 묻어둔 자기 삶에 대한 성찰이자, 세상을 바라보는 시선이었다.

성인이 된 펠리니는 영화 속에 소년 시절에 대한 기억을 펼쳐놓는다. 그런데 아름다운 기억에 향수를 느끼며 은근히 다른 사람들에게 자랑하는 게 아니다. 혹은 기억에 설탕을 발라, 아름다운 것이었다고 기만하는 것도 물론 아니다. 펠리니는 남에게 보여주기에는 좀 부끄러운 기억들, 아니 스스로 완벽하게 잊어 흔적조차 남기지 않았으면 하는 어두운 기억들을 불러낸다. 사실 자신은 젤소미나처럼 바보 같았고, 누군가에게 종속된 어리석은 존재였다는 고백이다. 또 자신은 참파노처럼 정처 없이 유랑하며 자기 마음대로 살았으면 했던 어린 시절 이기적인 꿈에 대한 기억이다. 과거는 아름답기보다는 지우고 싶은 기억으로 자기를 옥죄는데, 펠리니는 이를 용기 있게 스크린 위에 펼쳐놓는다. 저자 툴리오 케치는 이런 '고백의 용기'를 상찬하며, 비교할 수 있는 거의 유일한 감독으로 스웨덴의 잉마르 베리만을 꼽는다.

유명한 사실인데, 펠리니는 네오리얼리즘의 거장 로베르토 로셀리니의 조감독 출신이다. 사제 관계를 맺은 두 감독이 모두 영화의 역사에 이름을 올리는 흔치 않은 사례를 남겼다. 그래서인지 펠리니의 출발도 네오리얼리즘에 뿌리를 두었다. 다른 점이 있다면, 다루는 내용에 로셀리니처럼 역사의식이 강조됐다거나, 혹은 루키노 비스콘티처럼 역사적 유물론의 시선이 들어 있는 건 아니었다. 곧 형식은 리얼리즘에 뿌리를 뒀지만, 내용은 꿈과 기억의 만화경이었다. 그래서 펠리니는 적지 않은 비판에 시달렸다. 미래에 대한 전망 부재, 게다가 네오리얼리즘에 눈물을 섞었다는 것이었다. 이탈리아 영화는 네오리얼리즘이 지배할 때이고, 로셀리니와 비스콘티는 영화계의 리더였다. 펠리니는 영화적 권력에 순응하든지, 아니면 더욱 대중적인 영화를 만들며 세속적 기쁨을 즐기든지, 결정해야 할 순간과 맞닥뜨렸다. 이때 펠리니는 미학적으로는 스승 로셀리니와 이별하고, 자기만의 영화세상을 여는 걸작을 내놓는다. 말하자면 시대적 한계를 넘어가는 것이다. '달콤한 인생'(1960)이 그것이다.

모더니즘 영화의 선구자

당대의 주류 영화는 대체로 '영웅 서사'였다. 문제적 인물이 등장하여, 기승전결의 인과율에 따라 갈등을 풀어가는 아리스토텔레스적 '시학'이 주류였다(사실 지금도 그렇다). '달콤한 인생'은 전혀 다른 영화적 세상을 연다. 인과율, 기승전결, 갈등을 푸는 주인공 같은 전통적인 서사 재료들이 깡그리 무시됐다. 황색 저널의 기자 마르첼로(마르첼로 마스트로이안니)가 주인공인데, 그가 '춤추는 로마'에서 경험하는 기이한 에피소드들이 비논리적으로 연결돼 있다. 군이 예술적 전례를 찾자면 세르반테스의 〈돈키호테〉가 언급됐다. 모험을 연결하는 피카레스크 소설 같다는 뜻이다. 삼류 기자가 할리우드 스타를 만나고, 재벌의 딸과 데이트하고, 귀족들의 난교 파티에서 설쳐대는 등 부유하듯 사는 삶이 전시된다. 전통적인 심리적 드라마가 아니라, 좌충우돌하는 모험극이었다.

보통은 이야기를 일관된 실로 꿰매려고 하는데, 그래서 논리를 확보하려 하는데, '달콤한 인생'은 일관되지 않은 이야기를 비논리적으로 풀어놓았다. 결론에도 관객이 합의할 수 있는 하나의 메시지를 담고 있지 않다. 보기에 따라서는 '어려운' 영화인데, '달콤한 인생'은 예상과 달리 대중의 사랑을 받는 덕분에 흥행에서도 대성공을 거두었고, 칸영화제에서의 황금종려상 수상으로 미학적 평가마저 받았다. 뭔가 좀 특별한 점이 있었다면, 정신없이 에피소드를 따라갔는데, 묘하게도 관객은 어떤 억압에서 풀려나는 상쾌한 해방감 같은 것을 느낀 것이다. 비유하자면 구상미술에 익숙한 관객이 피카소의 그림을 처음 보며, 형식의 쾌감을 느끼는 것과 비슷한 경험을 '달콤한 인생'은 준다.

바로 '형식의 쾌감'이 '달콤한 인생'엔 들어 있다. 그즈음, 움베르토 에코는 '열린 예술작품'이라는 개념을 제시한다(움베르토 에코, 〈열린 예술작품〉, 조형준 옮김, 새물결, 2006). 새로운 상상, 혁신적인 태도와 같은 미래적인 변화를 주기 위해서는 내용이 중요한 게 아니라, 그런 경험을 가능하게 하는 형식이 더 중요하다는 주장이었다. 그래서 그는 아방가르드 예술을 지지했다. 고정관념을 깨는 것은 낯선 형식에 대한 지적 경험에서 온다는 믿음 때문이었다. 지금도 훌륭한 내용을 가졌지만, 결국 남성 백인 중심의 세계관을 그대로 노출하는 전통 형식의 '성공작'들이 적지 않은 사실을 떠올리면 에코의 개념이 설명될 것이다. 펠리니는 이후, 전통적인 서사 구조와는 이별한다.

전환점, 카를 융 심리학 입문

지중해의 태양처럼 밝은 펠리니의 마음에, 달의 그림자가 스며들 때가 '8과 1/2'(1963)을 준비할 즈음이다. 그 당시 펠리니는 로마에서 카를 융의 제자 에른스트 베른하르트 박사를 만나, 심리 상담을 받았다. 그때 펠리니는 융 심리학의 중요한 개념인 '그림자'를 만난다. 내 마음속에 숨어 있는 '그림자' 말이다. 내가 해야 했는데 하지 않았던 것, 내가 하지 말았어야 했는데 했던 것, 어쩔 수 없이 포기했던 것, 싫었지만 어쩔 수 없이 했던 것, 그런 것들은 전부 잊었다고, 또 극복했다고 오인하기 쉬운데, 사실은 마음 한구석에 '그림자'가 되어 숨어 있다는 것이다. 우리가 그림자와 대화를 하지 않는다면, 우리는 자기도 이해하지 못하는 괴물로 점점 변해갈 것이다. 상처를 안은 채 숨어 있는 '그림자'와 대화하라고 융은 권한다. 그럼으로써 우리는 자신을 온전히 받아들이고 사랑하게 된다. 그 그림자를 만날 수 있는 대표적인 공간이 꿈이다(카를 융, 〈카를 융, 기억 꿈 사상〉, 조성기 옮김, 김영사, 2007).

'8과 1/2'은 융 심리학을 만난 뒤 변한 펠리니의 걸작이다. '그림자'를 만나는 꿈을 펼쳐놓고 있다. 다시 말해, 펠리니는 부끄럽고 창피하여 숨겨놓았던, 혹은 잊고 있었던 '그림자'를 하나씩 들추어낸다. 출세작 '달콤한 인생'을 발표하여 유명 감독이 됐지만 그게 진짜 실력이었는지 의심스럽고, 그런데도 자기를 믿고 투자한 제작자들의 자본으로 겁 없이 거대한 세트(철제 우주선)는 덜컹 만들어 놓았고, 그래서 금방 끝없이 추락할 것 같은 불안에 시달리고... 펠리니는 이런 것들을 숨기지 않고 영화의 재료로 모두 표현한다. 게다가 그 와중에도 육체적 쾌락의 일탈은 포기하지 않으며, 자신의 비천한 속물근성을 다 드러낸다. 자신의 이런 허세, 불안, 도덕적 타락, 그리고 낙관적 희망은 도대체 어디서 연유하는 것일까? 펠리니는 숨기고 싶었던 기억을 찾아가고, 부끄러운 꿈을 꾸고, 발칙한 백일몽을 상상한다. 펠리니의 시선은 외부의 세상이 아니라 자기의 내부로 향해 있는 것이다. 전통적인 서사는 무시되고, 내적 고백의 에세이 같은 영화가 나왔는데, 전혀 개인적인 넋두리가 아니라, 우리의 불안까지 어루만지는 주술사의 마법이 된 것이다. 이렇게 펠리니는 다른 사람을 재현하기보다는 바로 자기 자신을 재현한다. 다시 말해 자기 반어법에, 자기 풍자적이다. 그래서 그의 영화에는 감히 타자를 재단하는 것 같은 오만함이 없다.

'8과 1/2'은 흔히 '자기반영적 영화'의 대표작으로 소개된다. 모더니즘 예술의 특성처럼, 영화도 자신에 대해 말하는 발전 단계에 이르렀고, 이런 변화를 이끈 작품으로 '8과 1/2'은 장-뤽 고다르의 '경멸'(1963)과 함께 자주 거론된다. 비로소 영화도 모더니즘 시대를 연 것이다. 이제 펠리니의 영화는 자기 내면을 성찰하는 한 편의 에세이가 된다. '8과 1/2' 이후 영화적 문법은 급격한 변화를 겪는다. 1960년대 후반 이후 장-뤽 고다르가 펼친 정치철학적 에세이 필름들, 그리고 최근에는 파올로 소렌티노의 '그레이트 뷰티'(2013) 같은 상상의 기행문 같은 작품은, 펠리니의 '8과 1/2'이 보여준 '비서사'의 새로운 형식과 떼어서는 생각할 수 없을 것이다.

평전의 조건, 이 책의 미덕

잘 된 감독 평전은 크게 세 가지 미덕을 포함한다. 먼저 평전 대상, 곧 감독에 대한 인간적인 이해다. 이를 위해서는 수

많은 취재와 자료 수집, 연구가 뒤따라야 한다. 그리고 이를 종합하는 인간에 대한 이해의 시선이 필요할 것이다. 이것은 저자의 인격을 걸고 벌이는 지적 전투 같은 것이다. 마치 초상화는 인간에 대한 이해가 깊어진 화가에게만 가능한 그림인 것과 같다.

둘째, 개인의 특정한 삶을 이해하기 위해서는 당대의 정치역사에 대한 이해가 요구된다. 펠리니는 왜 영화 속에 파시스트들을 그렇게 자주 등장시켰을까? 이탈리아 파시즘의 이해없이 펠리니라는 사람을 알기는 어렵다. 펠리니는 파시즘과 함께 고스란히 성장기를 보냈다. 이를테면 아르놀트 하우저가 〈문학과 예술의 사회사〉에서 특정 미학을 설명하기 위해, 당대의 정치역사를 통찰하듯, 감독 관련 역사적 배경에 대한 풍부한 해석이 있으면, 우리의 이해는 깊어진다.

셋째, 당연하게도 영화에 대한 이해다. 예술가 평전이 어려운 게, 인간적, 정치역사적 식견을 갖춘 필자도 해당 예술까지 이해하는 경우는 흔치 않기 때문이다. 예술을 좋아하는 것과 전공 수준의 지식을 갖는 것은 다른 차원의 문제이다. 아마추어와 프로 사이의 간격일 것이다.

저자 툴리오 케치치는 이 세 가지 미덕을 골고루 갖추고 있다. 그는 이탈리아의 중도 일간지 '코리에레 델라 세라'의 영화 전문기자였다. 이 신문은 프랑스의 '르몽드'처럼, 사실 이탈리아를 대표하는 최고급의 일간지다. 현역일 때는 이탈리아에서 가장 유명한 영화 관련 언론인이었다. 기자답게, 펠리니의 출생 관련 서류까지 샅샅이 뒤져, 사실에 가장 가까이 가려고 노력한다. 인간에 대한 이해는, 평가받는 기자들의 깊이 정도는 가졌다고 상상해도 될 것 같다. 특히 카를 융 심리학의 방법론으로 접근하는 '달콤한 인생' 이후의 작품 해석은 그것 자체가 펠리니라는 한 인간에 대한 애정 어린 접근이라고 할 수 있다.

기자는 시의성과는 떨어져 살 수 없다. 곧 정치역사에 관해 늘 촉을 세우고 살아야 하는 운명이다. 그런데 이탈리아의 대표 기자라는 평가를 받는다면, 그건 정치역사에 대한 탁월한 시각을 가졌기 때문일 것이다. 펠리니는 1920년에 태어나 1993년에 죽는다. 곧 그는 20세기의 인간이다. 저자 케치치는 1차대전, 파시즘, 2차대전, 미국의 등장, 냉전, '68혁명', 1970년대의 테러리즘, 그리고 1980년대의 신자유주의 경제 질서까지, 개인 펠리니의 삶에 흔적을 남긴 당대의 정치를 한눈에 읽고 있다. 이 책은 20세기 관련 정치사 개론이 되기에도 모자람이 없다.

그리고 마지막으로 영화에 대한 이해력의 문제인데, 일반적인 기자가 아니라 전문기자였다는 점, 1950년대부터 40년 가까이 현역이었다는 점을 기억하면 될 것이다. 그리고 '감사의 말'에 밝힌 대로, 저자는 영화 관련 주요한 저서를 여러 권 남겼다. 특히 펠리니의 에피소드 형식의 혁신성을 설명하며,

당대 아방가르드 예술가 조직을 이끌던 움베르토 에코의 '열린 예술작품' 개념을 적용한 것은 케치치의 전문성을 확인하게 하는 사례일 것이다.

덧붙여 잘 된 평전은 전공자는 물론 입문자에게도 매력이 있어야 한다. 입문자 대상으로 쓴 책을 읽으면, 쉽지만 독자는 늘 제자리에 머물기 쉽다. 그래서는 미래로 가기 어렵다. 그렇다고 전공자 위주로만 쓴 책은 오히려 공허하고, 지식의 폐쇄성 속에 안주하는 듯한 느낌을 주기도 한다. 그래서는 상상력에 호기심을 자극하기 어렵다. 이 책은 영화 입문자가 읽기에도 충분한 설명과 풍부한 해석을 담고 있다. 그리고 전공자들은 알 것인데, 펠리니 관련 평전 가운데, 가장 자주 인용되는 문헌이 바로 이 책이다. 영국의 영화학자 피터 코위는 펠리니 관련 감독론 가운데 이 책이 최고라고 평가하기도 했다. 이 책은 영어, 불어, 독어, 스페인어, 일본어 등으로 번역돼 있다.

번역 관련 주 텍스트로는 이탈리아 원서인 〈Federico Fellini, la vita e i film〉(Feltrinelli, Milano, 2002)을 이용했다. 그리고 보조 텍스트로 영어판인 〈Federico Fellini, His Life and Work〉(Farber and Farber, New York, 2006)를 참조했다.

이 책은 원래 펠리니 탄생 100주년에 맞춰, 2020년에 내려고 했는데, 이리도 연기되고 말았다. 모두 나의 무능과 게으름 탓이다. 이 책을 번역하고, 발행하는 데 여러 사람의 도움을 받았다. 하지만 누구를 특정하면, 또 누구를 빠뜨리는 무례를 범할 것 같다. 그래도 에디터출판사의 김태진 대표, 그리고 승영란님과 김태정님에게는 특별한 감사를 표하고 싶다.

2022년 8월 9일
한강이 보이는 김포 운양에서, 한창호

페데리코 펠리니

발행일   2022년 10월 14일 초판 1쇄

지은이   툴리오 케치치
옮긴이   한창호
펴낸이   한창호

디자인   여상우
인쇄   다라니인쇄
제본   제이엠플러스

펴낸곳   볼피출판사
주소   경기도 김포시 김포한강11로 328, 더리버뷰 509호
전화   031-982-9540
팩스   031-982-9542
이메일   volpibooks@gmail.com
출판등록   2020년 2월 27일 제409-2020-000014호

값 35,000원
ISBN 979-11-979808-0-0 03680

표지도판 © 게티이미지 gettyimageskorea